Dorothy L. Cheney
Robert M. Seyfarth

Wie Affen die Welt sehen

Das Denken
einer anderen Art

Aus dem Amerikanischen
von Ellen Vogel
und Andreas Paul

Carl Hanser Verlag

Titel der Originalausgabe: *How Monkeys See the World*
The University of Chicago Press, Chicago, London 1990

1 2 3 4 5   98 97 96 95 94

ISBN 3-446-16451-0
© der deutschen Ausgabe:
Carl Hanser Verlag München Wien 1994
Satz: Fotosatz Reinhard Amann, Aichstetten
Druck und Bindung: Friedrich Pustet, Regensburg
Printed in Germany

Inhalt

Kapitel 3
Soziales Wissen
85

Kapitel 4
Lautkommunikation
136

Kapitel 5
Was die Laute der Affen bedeuten
188

Kapitel 6
Mentale Repräsentation von Lautäußerungen und Sozialbeziehungen:
Zusammenfassung
234

Kapitel 7
Täuschung
245

Kapitel 8
Zuschreibung
272

Kapitel 9
Soziale und nichtsoziale Intelligenz
339

Kapitel 10
Wie Affen die Welt sehen
401

Anhang
415

Kapitel 1
Wie ist das, ein Affe zu sein?

Als am 5. September 1379 zwei Schweineherden, die eine gehörte der Gemeinde und die andere dem Kloster von Saint-Marcel-le-Jeussey, in der Nähe der Stadt gemeinsam gefüttert wurden, stürzten sich drei Mutterschweine der gemeindeeigenen Herde, aufgeschreckt und aufgebracht durch das wimmernde Kreischen eines der Ferkel, auf Perrinot Muet, den Sohn des Schweinehirten, und noch ehe sein Vater ihm zu Hilfe eilen konnte, warfen sie ihn zu Boden und verletzten ihn so schwer, daß er bald danach starb. Die drei Säue wurden in einem angemessenen Gerichtsverfahren zum Tode verurteilt; da aber beide Herden zu dem Schauplatz des Verbrechens eilten und durch Schreie und aggressives Verhalten ihre Billigung des tätlichen Angriffs bekundeten, ja sich willens und sogar begierig zeigten, *Participes criminis* zu werden, wurden sie als Komplizen eingesperrt und durch das Gericht verurteilt, dieselbe Strafe zu erleiden (Evans 1906 / 1987, S. 144).

Der vorangehende Bericht ist keineswegs ungewöhnlich. In ganz Europa war es im Mittelalter üblich, Tiere, von Insekten bis hin zu Pferden, vor Gericht zu bringen, sie mit Verteidigern zu versehen und ihnen Verbrechen wie die mutwillige Zerstörung von Ernten, Mord und Sodomie zur Last zu legen. Die Menschen des Mittelalters haben nicht unbesonnen anthropomorphisiert; sie erkannten zweifellos, daß Tiere keine Menschen waren. Nichtsdestotrotz veranlaßte das Verhalten ihrer Tiere die Menschen häufig zu glauben, daß Tiere sich ihres Tuns durchaus bewußt sind und daß sie für ihre Taten verantwortlich gemacht werden können. Warum sind wir manchmal geneigt, Tieren Absichten, Meinungen und Bewußtsein zuzuschreiben? Welche Aspekte ihres Verhalten deuten darauf hin, daß komplexe mentale Prozesse am Werk sind?

Wir borgten den Titel für dieses Kapitel von einem 1974 verfaßten Artikel des Philosophen Thomas Nagel, der fragt: »Wie ist das, eine Fledermaus zu sein?« Nicht gerade ein besonders glücklicher Anfang, da Nagels Schluß im wesentlichen war: »Wir werden es nie wissen.« Fledermäuse orientieren sich beim Fliegen nach dem Prinzip der Echopeilung. Sie achten regelmäßig auf Hochfrequenzlaute, die außerhalb des menschlichen Hörbereichs liegen. Da ihre sensorische Welt von der unsrigen so verschieden ist, argumentiert Nagel, können wir niemals wirklich verstehen, wie es ist, eine Fledermaus zu sein, ganz egal, wieviel wir möglicherweise über die biologischen Prozesse lernen, die der Existenz einer Fledermaus zugrunde liegen. Ludwig Wittgenstein (1953) meinte ebenfalls, daß die enge Verwobenheit von Sitten, Begriffen und Bedeutungen in jeglicher Gesellschaft immer Barrieren zwischen unterschiedlichen Kulturen oder zwischen verschiedenen Spezies schaffen wird. »Wenn ein Löwe sprechen könnte«, sagte er, »so würden wir ihn nicht verstehen.«

Manche Philosophen argumentieren aus einer ganz anderen Perspektive: selbst wenn es Dinge in der geistigen Welt eines anderen Tieres (oder einer anderen Person) gäbe, die wir nicht in Erfahrung bringen könnten, so müßten wir diese vermutlich tieferen Wahrheiten wegen ihrer absoluten Unzugänglichkeit wissenschaftlich vernachlässigen – oder vollends ignorieren. In seinem Buch *Wort und Gegenstand* stellt sich W. v. O. Quine (1960/1980) vor, wie ein Linguist ein unbekanntes Land betritt, wo ihm keiner der Laute der Menschen vertraut ist. Das Ziel des Linguisten besteht darin, ein Wörterbuch der lokalen Sprache zu erstellen, um die Bedeutung eines jeden Wortes zu erlernen und auf diese Weise allmählich zu verstehen, wie die Menschen denken. Aber wenn ein Eingeborener beim Auftauchen eines Kaninchens »Gavagai!« ruft, kann der Linguist dann schließen, daß *gavagai* dasselbe bedeutet wie Kaninchen im Deutschen? Quine glaubt, daß es der Linguist ohne übereinstimmende Worte und nur mit Gesten, wie zum Beispiel mit dem Finger die Richtung anzeigen, niemals wissen kann. Er könnte in der Lage sein, die Bedingungen zu spezifizieren, unter denen gavagai ausgerufen wird, aber seine Einschätzung der exakten Bedeutung dieses Lautes für die Eingeborenen wird immer nur eine Annäherung sein. Natürlich, fügt Quine abschwächend hinzu, ist die Restunsicherheit nicht schlimmer als die Unsicherheit, die wir bezüglich der Bedeutung unserer eigenen Worte haben. Wir können nie sicher sein, daß die anderen, die (offensichtlich) unsere Sprache sprechen, Objekte und Worte in exakt derselben Weise zuordnen, wie wir es tun. Also schließt Quine, daß die Verständigungsbarrieren zwischen Arten eigentlich unüberwindbar, aber im Prinzip nicht größer als die Verständigungsbarrieren zwischen uns und unseren Freunden und Nachbarn sind.

Zweifellos unterscheiden wir uns von anderen tierischen Lebewesen, und diese Unterschiede komplizieren unvermeidlich jeden Versuch zu verstehen, wie Tiere kommunizieren und wie sie die Welt sehen. Dennoch hoffen wir, Sie zu überzeugen, daß Nagel und Wittgenstein zu pessimistisch waren und für unmöglich hielten, was bloß schwierig ist – und faszinierend. Ihre Vorbehalte müssen Forschung nicht von vornherein ausschließen; im Gegenteil, wir wollen zeigen, daß wir eine ganze Menge über die Geisteswelt einer anderen Spezies erfahren können. Wir machen das, indem wir die Arbeit einer Reihe von Ethologen, uns eingeschlossen, beschreiben, und zwar von Ethologen, die – wie Quines imaginärer Linguist – Feldforschung betrieben und sich intensiv mit der Entschlüsselung der Gesten und Laute anderer Geschöpfe, insbesondere von Affen und Menschenaffen, beschäftigt haben.

Menschen blickten stets neugierig auf das Verhalten nichtmenschlicher Primaten. Während der letzten 30 Jahre jedoch lebte das Interesse am Verhalten und an der Kommunikation von Primaten und insbesondere an der Frage, ob Forschung nachweisen könnte, wie Tiere denken, neu auf. Die Motivation, in die geistige Welt von Affen und Menschenaffen vorzudringen, entsprang mindestens 4 Quellen.

Erstens stellen die ausgesprochen detaillierten, deskriptiven Berichte über das Primatenverhalten, die während der letzten 20 Jahre verfaßt wurden (z. B. Goodall 1983, 1986; de Waal 1982, 1989; Fossey 1983 und Smuts 1985), wichtige – und größtenteils vernachlässigte – Fragen nach der Art und Weise, wie Tiere kommunizieren, täuschen, Strategien entwickeln oder anderen Motive zuschreiben. Vieles in diesen Büchern ist anekdotenhaft, aber Ethologen werden sich zunehmend bewußt, daß solche Anekdoten ernst genommen werden sollten und in jedem Fall als Arbeitshypothesen für weitere Beobachtungen und Untersuchungen dienen können (Byrne und Whiten 1988b, 1988c; Whiten und Byrne 1988c).

Zweitens haben die berühmten Sprachprojekte mit Menschenaffen (z. B. Gardner und Gardner 1969; Premack 1976; Rumbaugh 1977; Patterson 1978; Terrace u. a. 1979; Miles 1983; Savage-Rumbaugh 1986) ganz klar gezeigt, daß Menschenaffen unter Laborbedingungen in der Lage sind, Elemente der menschlichen Sprache zu erlernen. In einigen Fällen hat die Forschung bei Menschenaffen in Gefangenschaft auch kognitive Fähigkeiten aufgedeckt, die für dieselbe Art in ihrer natürlichen Umgebung noch nicht nachgewiesen wurden. Einige an diesen Projekten beteiligte Leute erklären den Unterschied zwischen der Leistung im Laboratorium und im Freiland einfach als einen Trainingseffekt: Die Erfahrung im Umgang mit Zeichen verschaffe den Tieren Fertigkeiten, die sie unter natürlichen Bedingungen weder bräuchten noch besäßen (z. B. Premack 1983b; Savage-Rumbaugh u. a. 1983). Dieser Schluß ist vielleicht jedoch verfrüht, weil bisher niemand Menschenaffen in Freilandversuchen systematisch mit derselben Art von Problemen wie im Laboratorium konfrontiert hat.

Evolutionär orientierten Ethologen sind die Unterschiede zwischen Freiland und Labor dagegen ein Rätsel, und sie stellen für sie eine fesselnde Herausforderung dar. Die Evolutionstheorie behauptet, daß allgemeine Fertigkeiten, wie der Gebrauch von Zeichen, um Objekte darzustellen oder Bewertungen vorzunehmen, die auf analytischem Denken beruhen, sich nicht eher entwickeln, als bis sie irgendeine adaptive Funktion erfüllen (z. B. Humphrey 1976; Dawkins 1986). Die evolutionäre Sichtweise nimmt als Arbeitshypothese an, daß die bei der Erforschung von Menschenaffen in Gefangenschaft aufgedeckten Fertigkeiten Teil des natürlichen Verhaltens der Tiere *sind* und regelmäßig unter natürlichen Bedingungen angewandt werden. Das Fehlen systematischer Daten über derartige Fähigkeiten bedeutet einfach, daß Primatologen weder genau genug die Probleme beachtet haben, denen sich ihre Studienobjekte im Freiland gegenübersehen, noch die Fertigkeiten, die sie zur Lösung derselben anwenden. Und nicht zuletzt liefert diese evolutionäre Perspektive einen Rahmen, in dem man Feld- und Laboruntersuchungen vergleichen und interessante Fragen stellen kann.

Drittens zeigten Ethologen, angespornt durch die Entwicklungen in der Evolutionstheorie, daß viele Tiere, von Insekten bis zu Menschenaffen, ein außerordentlich differenziertes Wissen über ihre Umwelt und ihre sozialen Artgenossen besitzen (z. B. berichtet bei Griffin 1984). In ihrer natürlichen Umgebung verhalten sich Tiere, als ob sie Verwandte erkennen, die Eignung von Partnern oder die Größe und Aggressivität von Gegnern beurteilen, sich an vergangene soziale Interaktionen erinnern und komplexe Probleme lösen können, was ihnen ermöglicht, Nahrung rasch zu lokalisieren und an sich zu bringen (siehe z. B. Holmes und Sherman 1983; Cheney, Seyfarth und Smuts 1986; Kamil, Krebs und Pulliam 1987; Waldman, Frumhoff und Sherman 1988 für Übersichten). Das Bild von der tierischen Intelligenz, das sich aus der Feldforschung entwickelt, ist reicher und komplizierter als frühere Studien erwarten ließen, die vornehmlich an Labortieren vorgenommen wurden. Doch diese außerordentliche Reichhaltigkeit fordert um so mehr heraus, die Unterschiede zwischen Tieren und Menschen zu spezifizieren. Kröten, Erdhörnchen und Affen mögen auf Voll- und Halbgeschwister unterschiedlich reagieren, aber ihr Verständnis von Verwandtschaft ist wahrscheinlich nicht dasselbe wie das unsere. Wie ließe sich der Unterschied charakterisieren?

Viertens wird man sich zunehmend bewußt, daß Untersuchungen über das Sozialverhalten von Tieren für einen wachsenden Forschungsbereich, der im weiten Sinne als *kognitive Wissenschaft* bezeichnet wird, einen Beitrag leisten können. Hier ist das höchste Objekt des Interesses – für Philosophen, Linguisten, Computerwissenschaftler, Anthropologen und Psychologen – das menschliche Gehirn. Wie repräsentiert und verarbeitet das Gehirn Informationen? Können wir eine Maschine bauen, eine andere Spezies finden oder ein Computerprogramm schreiben, das die Leistungen des Gehirns kopiert? Was würde es bedeuten, wenn wir es könnten? Eine Forschungsstrategie, der vielfältig nachgegangen wurde, war, »Beinahe-Gehirne« zu untersuchen, wie zum Beispiel die Gehirne von Kindern oder die »Gehirne« von Computerprogrammen, um zu sehen, was sie von unseren Gehirnen unterscheidet und was wohl nötig wäre, um sie auf den Stand eines erwachsenen Menschen zu bringen. Wie wir hoffentlich zeigen werden, bietet das Sozialverhalten nichtmenschlicher Primaten einen flüchtigen Einblick in funktionierende »Beinahe-Gehirne« – ein Einblick, der uns letztlich erzählen wird, wie im Verlauf unserer eigenen Evolution manche Gehirne einen Vorteil über andere gewannen.

Wie wir das Problem angehen

Viele Wissenschaftler nehmen stillschweigend an, daß uns von allen Tieren die nichtmenschlichen Primaten in Verhalten und Intelligenz am meisten ähneln. Nichtmenschliche Primaten besitzen relativ größere Gehirne und proportional mehr Neocortex als andere Arten (z. B. Passingham 1982; Martin 1983; Jerison 1985), und es scheint derzeit wahrscheinlich, daß Menschen, Schimpansen und Gorillas noch vor 5 bis 7 Millionen Jahren einen gemeinsamen Vorfahren hatten (Weiss 1987). Die Annahme, daß die Primatenintelligenz einzigartig ist, ist eben nur eine Annahme. Der Zusammenhang zwischen Intelligenz und Gehirngröße ist nur dürftig erforscht, und evolutionäre Verwandtschaft garantiert nicht immer Ähnlichkeiten im Verhalten. Mehr noch, neben der Ansicht, daß nichtmenschliche Primaten von allen Tieren uns am ähnlichsten sind, gibt es in unseren Köpfen beunruhigenderweise gleichzeitig die vorherrschende Meinung, daß diese Primaten sich grundsätzlich von uns unterscheiden, weil sie keine Sprache haben; da ihnen die Sprache fehlt, fehlen ihnen auch viele der Fähigkeiten, die zum Schlußfolgern und abstrakten Denken notwendig sind (Premack 1983b).

Um unsere Position von Anfang an klarzustellen: wir akzeptieren die allgemeine evolutionstheoretische Ansicht, die argumentiert, die Erforschung des Verhaltens nichtmenschlicher Primaten könne Licht auf die Ursprünge der menschlichen Sprache, des Denkvermögens und Selbstbewußtseins werfen, ebenso, wie man über den Ursprung der menschlichen Hand oder des Gehirns etwas erfahren könne, indem man die Anatomie nichtmenschlicher Primaten untersucht. Das heißt nicht, daß die heute lebenden Affen und Menschenaffen uns ein vollständiges und genaues Bild von der Beschaffenheit unserer menschlichen Vorfahren bieten, und auch nicht, daß ähnliche Verhaltensweisen bei menschlichen und nichtmenschlichen Arten notwendigerweise durch die gleichen zugrundeliegenden Mechanismen verursacht werden. Auf einer rein deskriptiven Ebene gibt es zum Beispiel viele Ähnlichkeiten zwischen den Interaktionen innerhalb der Matrilinien von Affen und den Interaktionen innerhalb menschlicher Familien. Solche Daten beweisen jedoch nicht, daß menschliche und nichtmenschliche Primaten in exakt derselben Art und Weise Verwandte erkennen oder soziale Beziehungen vergleichen (z.B. Hinde 1987). Doch die evolutionstheoretische Perspektive lenkt unsere Aufmerksamkeit auf die vielen offenkundigen Ähnlichkeiten zwischen menschlichem und nichtmenschlichem Primatenverhalten. In Anbetracht dieser Beobachtungen ist das Ziel unserer Forschung (wie auch das vieler anderer Wissenschaftler), genauere Untersuchungen anzustellen und nachzuweisen, wo solche Ähnlichkeiten aufhören.

Mehr noch, die evolutionstheoretische Sicht anzunehmen bedeutet, daß wir die Erforschung der Primatenintelligenz aus einer praktischen, funktionalen Perspektive angehen. Welches sind die Probleme, denen Affen in ihrem täglichen Leben gegenüberstehen? Was *müssen* sie wissen, und wie könnte eine Methode, Wissen zu erlangen und zu speichern, bestimmten Individuen einen Reproduktionsvorteil über andere geben? Mit gebührender Sorgfalt durchgeführt, kann eine solche Analyse nicht nur aufzeigen, wie menschliche Intelligenz sich entwickelt, sondern auch *warum*.

Ungeachtet der jeweiligen theoretischen Sicht bleibt das Problem, wie man Intelligenz empirisch erforscht. Die Schwierigkeit besteht zum Teil darin, daß bei Intelligenzuntersuchungen im Feld und im Labor traditionell mit unterschiedlichen Methoden und grundlegend anderen Fragestellungen gearbeitet worden ist.

Im Labor wurden Lernen und Intelligenz gewöhnlich durch vereinzelte und recht spezifische Experimente erfaßt (siehe Skinner 1974; Rescorla 1985; Herrnstein 1970; Essock-Vitale und Seyfarth 1987; Kamil 1987 und Roitblat 1987). Ob sie nun die Leistung bei Assoziationsbildung, bei »Lernreihen«, beim Diskriminationslernen, analogem Denken oder Spracherwerb erfaßten, solche Experimente sind aus zahlreichen Gründen attraktiv. Es ist zum Beispiel ziemlich unwahrscheinlich, daß irgendeine Feldstudie ihnen in ihrer Präzision und Kontrolliertheit gleichkommen kann. Verschiedene Experimente können sich exakt auf verschiedene kognitive Fähigkeiten konzentrieren; dadurch kann explizit erklärt werden, was denn den Beweis für eine bestimmte Fähigkeit bei einem Individuum ausmacht. Labortests bieten Methoden, Intelligenz artenübergreifend zu vergleichen (siehe aber Warren 1973), und da ähnliche Tests an Menschen vorgenommen werden können, ermöglichen sie auch einen Vergleich zwischen menschlicher Leistung und der von nahverwandten Arten.

Gleichzeitig schafft der stark kontrollierte, objektive Charakter von Laborexperimenten Probleme. Es war zum Beispiel das Ziel vieler Untersuchungen an Primaten in Gefangenschaft, eine Methode oder eine Methodenreihe zu entwickeln, die Intelligenzvergleiche zwischen verschiedenen Arten erlaubt (zum Beispiel Harlow 1949, Schrier 1984). Obwohl derartige Experimente streng kontrolliert und systematisch sind, haben sie typischerweise mit Fragen nach der evolutiven Funktion nichts zu tun, und ihre Bedeutung für das natürliche Sozialverhalten der Tiere ist oftmals unklar. Darüber hinaus ignorieren Vergleiche über Arten hinweg im allgemeinen die Tatsache, daß sich verschiedene Arten in verschiedenen sozialen und ökologischen Lebensräumen entwickelt haben. Bei irgendeiner beliebigen Aufgabe oder einer Aufgabenreihe werden einige Arten ausnahmslos besser als andere abschneiden, und man kann immer argumentieren, daß eine Spezies prädisponiert ist, bestimmte Aufgaben leichter zu lernen als andere (Seligman und Hager 1972; Hinde und Stevenson-Hinde 1973), oder daß eine Spezies einfach vertrauter mit den jeweiligen Reizen ist oder mehr Erfahrung mit der Art der Aufgaben hat (z. B. Bittermann 1965; siehe auch Kamil 1987). Natürlich wird diese Art von »Speziesrelativismus« leicht tautologisch; um Arten gerecht zu vergleichen, muß man alle möglichen Zusammenhänge berücksichtigen, die einen Leistungsunterschied zur Folge haben könnten, was es andererseits fast unmöglich macht, herauszufinden, ob ein Unterschied zwischen den Arten besteht. Wie Niko Tinbergen (Tinbergen 1951, S. 12) bemerkte: »Man sollte *nicht* identische experimentelle Verfahren anwenden, um zwei Spezies zu vergleichen, weil sie mit großer Wahrscheinlichkeit nicht dasselbe für *sie* bedeuten.«

Auf der Suche nach einer objektiven Methode zur Erfassung von Leistung entwickelten Laborpsychologen von jeher Tests. Sie gebrauchten willkürliche Reize wie Lichter, Töne oder unterschiedlich geformte Klötze, denen Tiere in ihrer natürlichen Umgebung niemals begegnen würden. Diese Methode ermöglicht unmittelbar vergleichende Tests an verschiedenen Arten, erhöht aber auch die Wahrscheinlichkeit, daß Ergebnisse die wahre Fähigkeit eines Versuchsobjekts unterschätzen oder gar nicht aufdecken. Ein Tier versteht vielleicht die Fragestellung nicht, oder es fehlt ihm einfach an der Motivation, Leistungen in einem ihm unvertrauten oder sogar feindlichen Umfeld zu erbringen (z. B. Terrace u. a. 1979).

Schließlich haben Labortests trotz der schlagenden Beweise, daß Primaten soziallebende Geschöpfe sind, meistens die soziale Dimension der Primatenintelligenz ignoriert. Mit einigen bemerkenswerten Ausnahmen (die wir in den folgenden Kapiteln behandeln) wurden nur wenige Tests entworfen, die die sozialen Probleme nachempfinden, denen sich gruppenlebende Tiere gegenübersehen, und wenige Tests haben die Leistung eines Individuums erfaßt, indem sie soziale Reize wie Bilder oder Laute vertrauter Artgenossen einsetzten.

Die Forschungsarbeit, die wir hier beschreiben, wählt einen anderen methodischen Ansatz in der Frage, wie Tiere denken. Wir stützen uns auf unsere eigene Arbeit mit Grünen Meerkatzen (*Cercopithecus aethiops*) in Ostafrika und auf die Forschungen von Wissenschaftlern, die andere Spezies untersuchen. Wir dokumentieren, was Affen und Menschenaffen in ihrer natürlichen Umgebung tun, und überlegen, welche mentalen Operationen diese Verhaltensweisen erklären könnten. Obwohl dieser Ansatz den Vorzug hat, daß er Verhalten und Kommunikation innerhalb eines evolutionären Rahmens betrachtet, besteht sein Nachteil in der starken Abhängigkeit von Beobachtungen, Experimenten und Anekdoten, die zwar Vermutungen über die mentalen Fähigkeiten eines Tieres zulassen, aber niemals definitive Beweise erbringen können.

Um unseren Ansatz ins rechte Licht zu rücken, beginnen wir mit einer grob skizzierten Darstellung einer philosophischen Debatte, deren Diskussion uns eigentlich nicht zusteht und die nicht in voller Länge abgehandelt werden wird. Für detailliertere Berichte sowohl zur Geschichte der Ethologie und vergleichenden Psychologie als auch über die Debatten, die ihre Entwicklung markieren, verweisen wir den Leser auf Hinde (1982), Dewsbury (1984), Boakes (1984) und Roitblat (1987).

Seit mehr als 200 Jahren sind die Wissenschaftler, die sich mit der Natur des Geistes beschäftigen, in ungefähr zwei Lager gespalten, auch wenn sich die Grundregeln der Auseinandersetzung mit den Jahren ausgesprochen verschoben haben. Ursprünglich konzentrierte sich die Debatte auf die verschiedenen Interpretationen der Rationalisten wie zum Beispiel Descartes und Leibniz und der Empiristen wie Locke, Berkeley und Hume. Die Rationalisten folgten Descartes' Beispiel und stellten die Selbsterkenntnis an den Anfang. Sie offenbarte eine Fülle mentaler Inhalte – Gedanken, Empfindungen, Träume, Wünsche, »Konzepte« –, die durch einen aktiven Geist oder das Selbst manipuliert und erschlossen werden. Viele dieser mentalen Inhalte, so behaupteten die Rationalisten, wären angeboren und gingen nicht auf Erfahrung zurück. Die Empiriker waren bei einigen der Kräfte, die von den Rationalisten dem Geist zugesprochen wurden, außerordentlich im Zweifel, aber sie konnten die einleuchtenden Offenbarungen der Selbstprüfung nicht verneinen. Statt dessen versuchten sie die Wissenschaftlichkeit ihrer Kategorien mentaler Inhalte zu sichern, indem sie für ihre Existenz strikte »empirische« Bedingungen stellten. Was sich im Geiste befand, so argumentierten die Empiriker, war nur das, was durch sensorische Erfahrung hineingelangt war, und was im Geiste passierte, sei einzig und allein der *Assoziation* zuzuschreiben – mechanischen Prinzipien der Verknüpfung, verursacht durch Nähe und Wiederholung per Erfahrung. Der Geist war nicht ein aktiv denkendes Etwas, sondern eher ein passives Feld, wo sensorische Eingaben, die nach simplen Gesetzmäßigkeiten kombiniert werden, Verhalten hervorbringen. Dieser nüchterne, skeptische Minimalismus der Empiriker provozierte eine Gegenrevolution durch Kant. Er formulierte die Lehre vom Geist, der aktiv Erfahrungen gestaltet und Verhalten auf der Basis präexistenter Schemata präsentiert (Gardner 1987).

Im zwanzigsten Jahrhundert haben die Nachkommen der radikalen Empiristen, die Behavioristen, eine noch extremere Haltung eingenommen. Manch einer argumentiert, daß mentale Prozesse wie Denken und Bewußtsein überhaupt nicht existieren, sondern irrtümlich aus dem Verhalten abgeleitet wurden (z. B. Skinner 1957, 1974). Andere haben die Existenz mutmaßlicher mentaler Inhalte nicht verneint, insistierten jedoch, daß sie nur »operational« in Form von meßbarer Stimulation und Verhalten definiert werden können; anstatt zu versuchen, Wissenschaft in Form dieser im übrigen nicht meßbaren und trügerischen Phänomene zu betreiben, sollten wir uns auf das Vorhersagen und Erklären von Verhalten konzentrieren (Fancher 1979; siehe auch Ryle 1949 für eine andere Art von Behaviorismus).

Obwohl der Behaviorismus die vergleichende Psychologie Amerikas dominierte, hielten sich einige europäische und amerikanische Psychologen fern von dem Paradigma der Behavioristen und machten in der Tradition der Mentalisten weiter. Ein extremer Verfechter des Mentalismus bei Tieren, George Romanes (1882) sah den Beweis für Bewußtsein im Verhalten von praktisch allen Tierspezies. Etwas zurückhaltender war der mentalistische Ansatz im

Hinblick auf das Verhalten von Tieren, der von Psychologen wie Margaret Washburn (1908), Robert Yerkes (1916, 1925) und Wolfgang Köhler (1921/ 1973) unterschiedlich ausgeprägt vertreten wurde. Als Vorläufer der modernen vergleichenden kognitiven Wissenschaft hoben sie hervor, wie mentale Ereignisse das Verhalten formen und erklären. Als Gegenargument zu der Auffassung, daß Lernen meistens durch relativ einfache Reiz-Reaktions-Ketten erklärt werden kann, unterstrich Köhlers Pionierstudie an Schimpansen in Gefangenschaft das Lernen durch Einsicht, Vorsatz und erkannte Ziele.

Ein großer Teil der Anziehungskraft des mäßigen Antimentalismus der Behavioristen geht auf das Konto eines (berechtigten) Mißtrauens gegenüber Descartes' metaphysischem Dualismus, der Doktrin, daß der Geist anders als der Körper, aus einem anderen, sozusagen nichtphysischen Stoff besteht. Dieser Antimentalismus beherrschte viele Philosophen, bis mit der Ankunft der Computer eine neue materialistische, in der Tat mechanistische Klasse von Mentalismus formuliert wurde. Heute wird dieser Ansatz am besten durch Jerry Fodor (z. B. 1975) veranschaulicht, der nicht nur meint, daß der Geist das Denken organisiert, sondern auch, daß der Geist eine angeborene »Sprache des Denkens« besitzt, die die Welt repräsentiert und das Verhalten beeinflußt (siehe auch Churchland 1984; Beer 1990). Während also ein Forscher in der empirisch-behavioristischen Tradition das Verhalten nur in Form von Erfahrung (wie frühere allgemein bekannte äußere Ereignisse nachfolgende Aktivitäten beeinflussen) zu erklären versucht und jede »nicht zurückführbare« Bezugnahme auf den Geist vermeidet, so betrachten Rationalisten und ihre Jünger mentale Operationen als Träger kausaler Kraft, sowohl im Strukturieren, also was Tiere wahrnehmen, als auch im Hinblick auf die Entscheidung, was sie tun. Tatsächlich beschäftigt sich die moderne vergleichende kognitive Wissenschaft in vieler Hinsicht mit Fragen, wie Tiere ihre Welt innerlich repräsentieren und wie sie Beziehungen zwischen Reizen wahrnehmen (Roitblat 1987).

Die bei weitem wichtigste Herausforderung für den Behaviorismus kam jedoch von den europäischen Ethologen. Wissenschaftler wie Konrad Lorenz, Niko Tinbergen und Karl von Frisch, die Tiere in ihrer natürlichen Umgebung studierten, betrachteten Verhalten als Produkt natürlicher Selektion, die auf bestimmte Merkmale in bestimmten Umgebungen einwirkt. Sie betonten die enge Interaktion zwischen den wahrnehmenden Fähigkeiten einer bestimmten Art und ihrer Adaptation an eine bestimmte Umgebung. Gewissermaßen war die evolutionäre Perspektive mehr mentalistisch als behavioristisch, da sie sich auf artspezifische Anpassungen und Merkmale konzentrierte, die die Erfahrungen eines jeden Tieres gestalten. Wie einer unserer Lektoren herausstellte, erinnert der Titel unseres Buches tatsächlich an einen phantasiereichen Essay, der 1934 von dem Ethologen von Uexküll mit dem Titel *Streifzüge durch die Umwelten von Tieren und Menschen* geschrieben wurde und auch an Tinbergens Klassiker *Die Welt der Silbermöwe* (1953/1958). Beide betonen die einzigartige Perspektive von der subjektiven Welt oder *Umwelt* (von Uexküll 1934) einer jeden Art.

Allerdings kündigten die Forschungsarbeiten von Lorenz, Tinbergen und anderen nicht eine Rückkehr zum unkritischen Mentalismus Romanes' an. Ihre Arbeit gründete, geführt von aus der Evolutionstheorie abgeleiteten Voraussagen, fest auf dem experimentellen Ansatz der Empiristen und vermied Fragen nach bewußtem Denken. Wenn ein bestimmtes Verhalten als eine Adaptation an eine bestimmte Reihe von Umweltfaktoren betrachtet wurde, dann war die Frage, ob nun eine Art menschenähnliches Bewußtsein besitzt oder nicht, freilich irrelevant (Roitblat 1987).

Wie die frühen europäischen Ethologen klar erkannten, sind Vermutungen über die mentalen Prozesse bei anderen schon kontrovers genug, wenn wir über unsere eigene Spezies diskutieren; wenn es um die mentalen Abläufe bei Tieren geht, ist die Problematik sogar noch schwerer in den Griff zu bekommen. Angesichts dieser Schwierigkeiten entstand unsere Erklärung zum einen aus der Notwendigkeit und gleichermaßen auch aus der Überzeugung heraus: wir borgen uns die Methoden der Empiristen, plazieren sie aber vorläufig innerhalb des Gerüstes eines eher mentalistischen Ansatzes. Da wir unsere Studienobjekte nicht interviewen und um introspektive Berichte über ihre momentanen oder jüngsten Empfindungen bitten können, müssen wir bei der Durchführung unserer Beobachtungen und Experimente eine nicht-mentalistische Position beziehen und Kommunikation und Verhalten operational untersuchen, also hinsichtlich der Reaktionen, die sie bei anderen hervorrufen. Natürlich birgt diese Methode alle Einschränkungen in sich, die Quine aufzeigte. Können wir jemals allein aus der Untersuchung der Reaktionen wirklich erfahren, was *gavagai* heißt?

Andererseits sind wir trotz behavioristischer Methoden weniger Agnostiker in bezug auf den Geist als kausal wirkende Kraft, als es die Behavioristen gerne hätten, und wir wählen solche Worte wie *Zuordnung, innere Repräsentation, Bewußtsein und Strategie* mit aller Vorsicht. Mit dieser Terminologie ist unser Ansatz, philosophisch gesprochen, eher mentalistisch als behavioristisch, da wir annehmen, daß mentale Zustände nicht nur durch äußere Umgebungseinflüsse, sondern auch durch die Beziehung zu anderen mentalen

Zuständen charakterisiert werden (Churchland 1984). Dieser Ansatz muß nicht implizieren, daß psychologische Begriffe wie *Meinungen* und *Ängste* intrinsische oder invariante Bedeutungsinhalte einführen. Wenn es tatsächlich »semantische« Eigenschaften für mentale Repräsentationen gibt, so können sie wahrscheinlich nur »syntaktisch«, also in ihrer Beziehung zueinander, interpretiert werden (siehe Dennett 1987 für weitere Diskussionen zu diesem Thema).

Unsere Aufgeschlossenheit bei der Verwendung mentaler Begriffe bedeutet auch, daß trotz unserer Bemühungen, das Wort *Kognition* zu vermeiden, es gelegentlich auftaucht und deshalb einer Definition bedarf. Als gegenwärtig zweckdienlich nehmen wir Markls (1985) Definition von Kognition als die Fähigkeit, verschiedene unverbundene Informationseinheiten auf neue Art zu verbinden und die Ergebnisse auf sinnvolle Art zu verwenden. Diese Definition ist jenen nützlich, die Tiere untersuchen, weil sie Kognition hinsichtlich dessen untersucht, was Individuen *tun*, ohne zu spezifizieren oder auf irgendwelche bestimmten mentalen Mechanismen, die dem Verhalten zugrunde liegen könnten, begrenzt zu sein.

Vom Verstand her ist folglich unser Ansatz, tierische Intelligenz zu untersuchen, eine Mischung, da wir die Methoden der Behavioristen (die nicht an Mentalität glauben) mit vielen Interpretationen der Mentalisten (die den behavioristischen Ansatz für inadäquat halten) kombinieren. Die unbequeme Allianz zweier verschiedener historischer Standpunkte erinnert an den Kommentar von Sakis Figur, Reginald, der, als er nach seiner Religion befragt wurde, sagte, »zur Zeit ist eine römisch-katholische Stimmung mit einem agnostischen Gewissen in Mode: man bekommt das mittelalterlich Malerische der einen zusammen mit den modernen Bequemlichkeiten der anderen«.

Trotz ihres hybriden Status ist unsere Methode weder neuartig noch einmalig. Sie gibt eine wachsende Überzeugung in der Ethologie wieder, daß nämlich viele Aspekte des Tierverhaltens nicht erklärt werden können, ohne den Tieren gewisse komplexe mentale Prozesse zuzuschreiben (z. B. Griffin 1982, 1984). An diesem Punkt stimmen wir Kamil (1987) zu, daß es wahrscheinlich voreilig und unproduktiv ist, darüber zu debattieren, ob assoziative Lernparadigmen alles Verhalten adäquat erklären oder nicht erklären können, oder zu versuchen, alle Möglichkeiten zu spezifizieren, wie Tiere mentale Repräsentationen ihrer Welt bilden könnten. Tatsächlich ist die Dichotomie zwischen behavioristischen und kognitiven Ansätzen nicht mehr so eindeutig, wie sie einmal war. Moderne Assoziationstheorien haben eine starke kognitive Komponente (Rescorla 1985; Kamil 1987), und mentale Repräsentationen können sehr wohl eine wichtige Rolle bei der Bildung von Assoziationen zwischen zwei Reizen spielen (Dickinson 1980; Mason 1986; Rescorla 1988). Wir aber haben bescheidenere Ziele, als uns auf einen oder mehrere Prozesse, die dem Erwerb von Wissen zugrunde liegen, festzulegen: nämlich zu dokumentieren, was Tiere anscheinend wissen und was sie mit diesem Wissen anfangen können und warum sie dieses Wissen unter natürlichen Bedingungen *benötigen*.

Dieser letzte Punkt ist heikel. Wie wir erwähnt haben, glauben wir, daß es sich als schwierig, wenn nicht unmöglich erweisen wird, die Denkprozesse von Tieren zu verstehen, es sei denn, wir nehmen eine funktionale Haltung ein und konzentrieren uns auf den Kontext, in welchem sich diese Fähigkeiten entwickelten (Seligman 1970; Seligman und Hager 1972; Hinde und Stevenson-Hinde 1973). Wiederum ist dieser Ansatz überhaupt nicht neuartig. Die Ethologie (oder die Verhaltensökologie, wie die funktionelle Analyse tierischen Verhaltens allgemein genannt wird) nimmt als Arbeitshypothese an, daß sich die meisten Verhaltensmuster, wie ja die meisten morphologischen Strukturen, entwickelt haben und gewissen adaptiven Funktionen dienen. Solch ein »panglossianisches Paradigma« (Dennett 1983, 1987) ist nicht so naiv, wie es den Anschein erwecken könnte. Adaptionismus ist eine Annahme, keine Schlußfolgerung, mit dem primären Ziel, testbare Voraussagen vorzuschlagen, die schließlich sowohl die Vorteile, die durch ein bestimmtes Merkmal verliehen werden, als auch die Zwänge, innerhalb derer die Evolution arbeitete, ans Licht bringen. Der naturalistische Ansatz kann Widersprüche aufdecken, neue Experimente anregen und eine Menge Licht auf Forschungsarbeiten werfen, die andernfalls in einem evolutionären Vakuum betrieben würden.

Betrachten wir zum Beispiel Tests, die untersuchen, ob Primaten logisch schlußfolgern können (Wenn A größer als B ist und B größer als C, ist dann A größer als C?). Obwohl Totenkopfäffchen und Schimpansen in Gefangenschaft lernen, diese Aufgaben zu lösen, bleibt jedoch unklar, warum sie dazu in der Lage sein sollten (McGonigle und Chalmers 1977; Gillan 1981; D'Amato und Colombo 1988). Gibt es irgendeine denkbare Funktion, Probleme durch logische Schlußfolgerung zu lösen, oder ist diese Fähigkeit einfach funktionslos – ein Artefakt, abhängig von menschlichem Training? Allerdings deckt sogar eine oberflächliche Untersuchung des Sozialverhaltens von Primaten unter natürlichen Bedingungen auf, daß Affen und Menschenaffen in ihren Interaktionen regelmäßig mit Problemen des logischen Schlußfolgerns konfrontiert werden. Feldbeobachtungen haben behauptet (obwohl noch nicht definitiv bewiesen), daß Affen Rangfolgen für die Mitglieder ihrer Gruppe ableiten, die auf der Beobachtung der Interaktionen zwischen jeweils zwei Individuen basieren (Kapitel 3; siehe auch Cheney 1978; Seyfarth 1981; Datta 1983a; Gouzoules, Gouzoules und Marler 1984). Es gibt Anzeichen, daß möglicherweise sogar Vögel untereinander die relativen Rangpositionen kennen (Popp 1987) und daß deshalb die Fähigkeit, Probleme mittels logischer Schlußfolgerung zu lösen, weit verbreitet ist. Solche Ergebnisse lassen vermuten, daß sich die Aufgaben, denen sich Tiere im Laboratorium und im Feld gegenübersehen, möglicherweise formal gleichen. Wir brauchen beide Ansätze, wenn wir gänzlich verstehen wollen, warum sich eine Fähigkeit entwickelt und inwiefern sie einem Tier in seinem täglichen Leben nützt.

Weitere Beweise für die Notwendigkeit einer ökologischen Validität bei Laborexperimenten liefern Tests über das räumliche Gedächtnis bei Ratten und Vögeln. Ursprünglich testeten die Experimente, ob sich Ratten erinnern konnten, welche Gänge eines 8- oder 12armigen sternförmigen Labyrinths sie schon aufgesucht hatten. Die Ergebnisse zeigten, daß diese sehr opportunistischen Futtersucher ein außerordentlich genaues räumliches Gedächtnis besitzen (Olton und Samuelsen 1976). Dagegen schienen Tauben, sogar nach intensivem Training, unfähig zu sein, Informationen darüber zu speichern, welche Gänge sie bereits besucht hatten; ein Ergebnis, das einige Forscher zu der Schlußfolgerung veranlaßte, daß das räumliche Gedächtnis bei Vögeln allgemein schwach entwickelt sein dürfte. Als jedoch Balda und Kamil (1988) einen ähnlichen Test mit Clarks Tannenhähern durchführten, einem Vogel, der sein räumliches Gedächtnis gebraucht, um Plätze wieder aufzusuchen, wo er zuvor Samen versteckt hat, leisteten die Vögel ebensoviel wie Ratten (Kapitel 9). Auf Grund dieser Ergebnisse wird die Notwendigkeit einer evolutionären, ökologischen Perspektive bei Untersuchungen über das Lernverhalten bei Tieren zunehmend anerkannt (z.B. Johnston 1981).

Während einige, die das Lernverhalten bei Tieren erforschten, wegen Mißachtung der Funktion kritisiert wurden, gab es auch eine Tendenz unter den evolutionär orientierten Verhaltensökologen, die Bedeutung proximater verhaltenssteuernder Mechanismen zu bagatellisieren (z.B. Wilson 1975). Diese Ansicht scheint kurzsichtig zu sein, weil Mechanismen (wie z.B. ein Tier denkt) entweder die Evolution einengen oder neue Adaptationsmöglichkeiten eröffnen können. Die Leistungsfähigkeit eines Vogels bei der Futterbeschaffung hängt zum Beispiel von seiner Fähigkeit ab, sich zu erinnern, welche Futterplätze er schon aufgesucht hat, sodann zu überwachen, wieviel Futter er an seiner jetzigen Stelle gerade ausschöpft, und dieses Ausmaß mit

Rückkehrhäufigkeiten zu anderen Stellen zu vergleichen und so weiter (siehe Krebs und McCleery 1984; Kamil und Roitblat 1985; Kamil, Krebs und Pulliam 1987; und Gallistel 1989a und 1989b für Übersichten). Die Grenzen dieser Fähigkeiten werden bestimmen, wie leicht der Vogel neue Lebensräume kolonisieren oder sich an neue Umgebungen anpassen kann.

Als ein zweites Beispiel für die enge Verknüpfung zwischen Evolutionstheorie und den verhaltenssteuernden Mechanismen betrachten wir die Evolution kooperativer Interaktionen, die bei den meisten Tierarten vornehmlich zwischen nahen genetischen Verwandten auftreten. Damit sich ein derartig spezifischer Altruismus entwickelt, muß es gewisse Mechanismen geben, durch die Individuen ihre genetischen Verwandten von anderen unterscheiden können. Und tatsächlich ist Verwandtenerkennung jetzt bei einer außerordentlichen Vielfalt von Tieren nachgewiesen worden, eingeschlossen soziallebende Insekten, Amphibien, Reptilien, Vögel und Säugetiere (z.B. Gouzoules 1984; Sherman und Holmes 1985; Waldman, Frumhoff und Sherman 1988). Bei den meisten Arten ist der der Verwandtenerkennung zugrundeliegende Mechanismus eine enge Beziehung im Verlauf der Entwicklung. Wenn Nichtverwandte gemeinsam aufgezogen werden, behandeln sie einander wie Verwandte; wenn Verwandte getrennt aufgezogen werden, verhalten sie sich, als wären sie nicht verwandt (Sherman und Holmes 1985). Bei anderen Arten scheint jedoch eine Art von *phänotypischem Verbundensein* aufzutreten, so daß sich Geschwister bevorzugt zusammentun, auch wenn sie nicht gemeinsam aufgezogen wurden. Die Mechanismen, die beim phänotypischen Verbundensein eine Rolle spielen, sind noch nicht gut erforscht, dürften aber zumindest teilweise vom visuellen und olfaktorischen Unterscheidungsvermögen abhängen (Bateson 1980; Sherman und Holmes 1985).

Obwohl viele Tiere zwischen ihren eigenen Verwandten und anderen Individuen unterscheiden können, ermöglichen anscheinend die Mechanismen, die die Verwandtenerkennung bei nichtmenschlichen Primaten steuern, diesen, einige Schritte weiter zu gehen. Affen unterscheiden nicht nur zwischen ihren eigenen Verwandten, sondern sie scheinen, wie die Menschen, die verwandtschaftlichen Beziehungen zu erkennen, die zwischen *anderen* Individuen existieren (Kapitel 3). Verglichen mit einfacheren Formen der Verwandtenerkennung verleiht dieses komplexere Erkennen natürlich eine größere Fähigkeit, soziale Interaktionsmuster innerhalb von Gruppen zu kontrollieren und zum Beispiel vorauszusagen, welche Gruppenmitglieder sich wahrscheinlich bei aggressiven Interaktionen unterstützen werden.

Verwandtenerkennung scheint sich bei vielen Insekten, Vögeln und Säugetieren unabhängig entwickelt zu haben, weil die natürliche Selektion den Individuen einen Vorteil verleiht, die sich gegenüber nahen genetischen Verwandten anders verhalten (Hamilton 1964). Aus einer allgemeinen evolutionären Perspektive ist die Variation bei den zugrundeliegenden Mechanismen unwichtig, weil die Funktionen oder evolutionären Konsequenzen der Verwandtenerkennung über die Arten gleichartig sind. Zur selben Zeit hat die natürliche Selektion eindeutig verschiedene Grade in der Flexibilität des Verhaltens – und damit verschiedene Stufen des sozialen Wissens – bei verschiedenen Arten begünstigt. Unterschiedliche Mechanismen zu erkennen ist wichtig, weil ein bestimmter Mechanismus vielleicht den Boden für zunehmend komplexere soziale Interaktionen bereitet, die wiederum selektiven Druck für komplexere und ausgefeiltere Erkennungs- und Klassifikationssysteme schaffen können.

Wie dieses Buch aufgebaut ist

Dieses Buch untersucht die kommunikativen und kognitiven Fähigkeiten nichtmenschlicher Primaten, die unter natürlichen Bedingungen leben. Sein Schwerpunkt liegt im funktionalen Bereich, denn unser Interesse gilt dem Wissen von Affen und was sie an Wissen in ihren sozialen Interaktionen brauchen. Von Beschreibungen des Sozialverhaltens und Interpretationen seiner Folgen gehen wir über zu Spekulationen über die möglichen Faktoren, die die Evolution der Primatenintelligenz begünstigt haben dürften.

Es gibt mehrere Dinge, die dieses Buch nicht leistet. Erstens haben wir uns nicht um einen vollständigen Überblick über die Literatur des Lernens bei Tieren bemüht. Wir erörtern wohl einige Laborstudien, aber unsere Abhandlung konzentriert sich selektiv auf jene, die mit dem Primatenverhalten unter mehr oder weniger natürlichen sozialen Bedingungen in direkter Beziehung stehen. Zweitens unternehmen wir keinen Versuch, die vielfältigen Sprachprojekte an Menschenaffen zu bewerten, außer wenn ihre Ergebnisse für die natürliche Kommunikation von Primaten unmittelbar relevant sind. Schließlich vermeiden wir, wenn immer möglich, jeglichen Vergleich zwischen nichtmenschlicher Primatenintelligenz und der anderer Tiere (die Menschen größtenteils eingeschlossen), da diese Thematik doppelte Schwachstellen besitzt, nämlich sowohl höchst umstritten als auch, wenigstens im Augenblick, unlösbar zu sein. Wenn wir *doch* in einen Vergleich zwischen Arten geraten, so sind unsere Ideen bloße Spekulation und nicht Meinungen, die einer festen Überzeugung, geschweige denn handfesten Beweisen entspringen.

Wir beginnen dieses Buch so, wie wir auch unsere Forschungsarbeit begonnen haben: wir vertiefen uns in die soziale Organisation und das Verhalten der Grünen Meerkatzen Ostafrikas. Kapitel 2 gibt wieder, was wir über das Verhalten und die Ökologie der Grünen Meerkatzen über einen Zeitraum von 11 Jahren gelernt haben, in denen wir und unsere Studenten kontinuierlich eine Anzahl von Meerkatzengruppen im Amboseli-Nationalpark in Kenia beobachtet haben. Obwohl wir uns hauptsächlich auf die Grünen Meerkatzen konzentrieren, greifen wir auch auf andere Forschungsarbeiten zurück, insbesondere auf Untersuchungen an Pavianen und Makaken. Ein Ziel von Kapitel 2 ist, die Vielfältigkeit der sozialen Organisation der Grünen Meerkatzen und die Probleme zu beschreiben, denen sich die Tiere bei dem Versuch zu überleben, sich fortzupflanzen, zu kooperieren und miteinander zu konkurrieren, gegenübersehen.

Kapitel 2 ist nicht nur deskriptiv, es versucht auch zu erklären. Allerdings ist es fast unmöglich zu beschreiben, was Grüne Meerkatzen (und andere Primaten) tun, ohne zu implizieren, daß dem Verhalten der Tiere spezifische Absichten und Strategien zugrunde liegen. Folglich ist ein weiteres Ziel von Kapitel 2, einige der Regeln abzuleiten, die die Grünen Meerkatzen bei ihren sozialen Interaktionen anzuwenden scheinen. Unsere Arbeitshypothese ist, daß natürliche Selektion einige Strategien vor anderen begünstigte und daß das Verhalten, das wir heute beobachten, Ergebnis dieser Selektion ist. Nachdem wir eine Reihe von Regeln abgeleitet haben, diskutieren wir, warum sich die eine eher als eine andere hat entwickeln können.

Doch all dieses Reden über Regeln, Strategien und soziales Wissen wirft wichtige Fragen auf – offen gesagt, einige zentrale Fragen unserer Forschung. Wenn wir diese Begriffe gebrauchen, beschreiben wir die soziale Organisation von Primaten in menschlichen Termini, aus einer menschlichen Perspektive. Wie sieht das vom Standpunkt der Affen aus? Meinen wir tatsächlich andeuten zu können, daß Affen wissen, wo sie in ihrer Gruppe stehen, daß sie langfristig planen und glauben, daß andere Tiere ähnliche Ansichten haben? Sind sie sich in irgendeiner Weise ihres eigenen Verhaltens bewußt? Nachdem wir in Kapitel 2 auf Verknüpfungen zwischen Evolution und sozialem Verhalten hingewiesen haben, kommen wir in den Kapiteln 3 bis 9 zu einer kritischen Überprüfung der Verknüpfungen zwischen Verhalten und Kognition.

In Kapitel 3 untersuchen wir das Wissen der Affen über Gruppenzugehörigkeit, Dominanz, Verwandtschaft, Reziprozität und soziale Allianzen. In Anbetracht der Komplexität des sozialen Verhaltens von Primaten werfen wir einen kritischen Blick auf die zugrundeliegenden Mechanismen und fragen, was Affen tatsächlich wissen, und zwar nicht nur über ihre eigenen sozialen Beziehungen, sondern auch über die sozialen Beziehungen von anderen in ihrer Gruppe. Wir überlegen, ob Affen soziale Konzepte besitzen und zwischen verschiedenen *Typen* von Beziehungen, unabhängig von den einzelnen beteiligten Individuen, unterscheiden. Wenn wir das Wissen der Affen über ihre Gruppengefährten untersuchen, knüpfen wir an andere an, die den Unterschied hervorheben zwischen dem, was Jackendorff (1987) »intelligente Sensitivität« und dem, was er »bewußte Kenntnis« nannte. Affen können sehr wohl flexible, innovative Verhaltensweisen entfalten und feine Unterschiede zwischen anderen erkennen, ohne notwendigerweise zu begreifen, was sie tun (siehe auch Dennett 1983; Premack 1988). Deshalb müssen wir gemeinsam mit der Frage, wieviel Affen über das, was sie tun, wissen, auch fragen, wieviel sie über das wissen, was sie wissen.

In Kapitel 4 untersuchen wir detaillierter das Laut-Kommunikationssystem bei Grünen Meerkatzen. Ein Teil unseres Interesses an Vokalisationen rührt von einem Interesse an der Lautkommunikation selbst her. Nichtmenschliche Primaten sind ohne Frage unsere nächsten lebenden Verwandten. Wenn deshalb irgendwo im Tierreich ein Kommunikationssystem wie unsere Sprache existiert – oder ein System, das uns Hinweise über die Entwicklung unserer Sprache geben kann –, wird es wahrscheinlich bei den Affen und Menschenaffen gefunden werden. So vernünftig diese Auffassung auch scheint, so wurde sie doch jahrelang nicht allgemein akzeptiert. Trotz der vielen Parallelen zwischen menschlichen und nichtmenschlichen Primaten in Morphologie, Physiologie und Verhalten glaubte man, daß in der Lautkommunikation fundamentale Unterschiede existieren. Wir stimmen da nicht zu, und in Kapitel 4 geben wir einen Überblick über Beweise, die zeigen, daß Meerkatzen und andere Primaten Ruflaute in einer Weise einsetzen, die viele wichtige Parallelen zum Sprachgebrauch bei uns Menschen hat.

Ungeachtet dessen, ob sich die Lautäußerungen von Affen als Sprache eignen (und wir glauben das nicht), so können Laute, wenn erst einmal gezeigt werden kann, daß etwas in der Information, die die Ruflaute der Affen beinhalten, Objekte oder Ereignisse in der Außenwelt bezeichnet, ein wichtiges Instrument werden, um zu verstehen, wie Affen denken. Ebenso wie die Sprache »Tor zum Denken« der Menschen genannt wurde, so kann uns die Erforschung der Kommunikation zwischen Affen und Menschenaffen verstehen helfen, wie diese Tiere die Welt sehen und was sie über sie wissen (Griffin 1984). Kapitel 4 untersucht deshalb die Lautkommunikation nicht nur aus eigenem thematischen Interesse, sondern auch, weil Lautäußerungen uns ein Bild von der Welt aus der Sicht der Affen liefern.

Das in Kapitel 4 vorgestellte Beweismaterial wirft einmal mehr das Problem auf, Affen aus einer menschlichen Perspektive zu erforschen und ihr Verhalten mit unseren eigenen wertbeladenen Begriffen zu beschreiben. Was genau meinen wir, wenn wir sagen, daß eine Grüne Meerkatze einen bestimmten Laut gab, um andere zu warnen, weil ein Adler in der Nähe war? Können wir ernsthaft behaupten, daß die Affen wußten, daß andere den Adler nicht gesehen hatten, und also beabsichtigten, sie zu informieren? Verstehen Affen, die so etwas machen, tatsächlich die Beziehung zwischen Lauten und den Dingen, für die sie stehen?

In Kapitel 5 betrachten wir ausführlicher, was Affen meinen, wenn sie Laute abgeben. Wir untersuchen die Frage nach der Bedeutung auf dreifache komplementäre Weise. Zuerst überlegen wir, was der Rufer mitzuteilen »beabsichtigt«, wenn er Laute abgibt, wobei wir untersuchen, inwiefern die Lautproduktion von der Anwesenheit oder vom Verhalten anderer beeinflußt wird. Ein bedeutender Unterschied wird zwischen Kommunikation gemacht, die durch das Verhalten anderer Tiere beeinflußt wird, und derjenigen, die durch das *Denken* anderer Tiere beeinflußt wird. Zweitens untersuchen wir, was Affen über die Beziehung zwischen ihren Rufen und den Dingen, für die sie stehen, wissen. Hierbei ziehen wir Experimente heran, in denen Grüne Meerkatzen zwei Laute vergleichen mußten, die sich in der Bedeutung oder in den akustischen Eigenschaften unterschieden. Die Ergebnisse legen nahe, daß Affen, wie Menschen, Rufe nicht nur als physikalische Entitäten klassifizieren, sondern als Laute, die Dinge *repräsentieren*. Drittens vergleichen wir den Lautgebrauch bei Affen mit den allerersten Gahs, Gurglern und wortähnlichen Lauten, die Menschenkinder produzieren.

Bis zu diesem Punkt haben wir zwei Behauptungen aufgestellt über das Wissen, das dem Sozialverhalten und der Kommunikation von Meerkatzen und anderen nichtmenschlichen Primaten zugrunde liegt: erstens, daß Affen bei ihren sozialen Interaktionen nicht einfach einige Individuen mit anderen assoziieren, sondern vielmehr Beziehungen in Typen klassifizieren. *Mutter-Kind-Bindungen* oder *Bindungen zwischen den Mitgliedern der Familie X* sind Abstraktionen, die einen Vergleich zwischen verschiedenen Beziehungen ermöglichen. Zweitens, daß Affen Laute entsprechend den Objekten und Ereignissen, für die sie stehen, klassifizieren. Wie bei der Bewertung der sozialen Beziehungen scheinen Affen die Bedeutung eines Lautes mental zu repräsentieren und die verschiedenen Laute auf der Basis dieser mentalen Repräsentationen zu vergleichen.

Die Idee von *mentalen Repräsentationen* – bei Kindern, Erwachsenen, Tieren und sogar Maschinen – steht vielfach im Mittelpunkt der modernen kognitiven Wissenschaft (z. B. Gardner 1987; Johnson-Laird 1988). Bei mentalen Repräsentationen kann man sich Bilder, Regeln, Pläne oder Symbole, die das Verhalten eines Organismus (oder einer Maschine) steuern, vorstellen. Das Problem ist herauszufinden, was diese Repräsentationen wirklich sind – welche Information sie enthalten und wie die Information kodiert, gespeichert, transformiert oder verglichen wird. Während kognitive Wissenschaftler viele Aspekte des Verhaltens erforscht haben, schenkten sie überraschenderweise einem allgegenwärtigen Teil unseres Lebens relativ wenig Aufmerksamkeit: den sozialen Interaktionen und der mentalen Repräsentation sozialer Beziehungen. Und während den Repräsentationen, die der menschlichen Sprache zugrunde liegen, beachtliche Aufmerksamkeit zuteil wurde, gab es keine vergleichbare Arbeit über die einfacheren Kommunikationssysteme nichtmenschlicher Arten, vielleicht wegen der fälschlichen Meinung, daß sich Tiere untereinander niemals *über* Dinge verständigen.

Mit diesen Versäumnissen vor Augen überprüfen wir in Kapitel 6 das Beweismaterial für mentale Repräsentationen bei Affen, da sie sowohl in den sozialen Beziehungen als auch bei der Bedeutung von Lautäußerungen eine Rolle spielen. Wir überlegen, welche Art von Information solche Repräsentationen enthalten, wie sie gespeichert werden und wo die Grenzen in der Anwendung von Konzepten, verglichen mit unseren eigenen, bei den Affen liegen könnten. Unter der Annahme, daß Affen *Verhaltens*merkmale anderer Tiere mental repräsentieren können, wenden wir uns dann in den Kapiteln 7 und 8 der Frage zu, was Affen möglicherweise über das *Denken* anderer Tiere wissen.

Kommunikation wird von unserer eigenen Art nicht nur angewandt, um andere zu informieren, sondern auch, um zu manipulieren, zu argumentieren, zu überzeugen und sogar zu täuschen. Sind wir Menschen da einzigartig? Viele Jahre lang nahmen Ethologen an, daß Tierlaute insofern verläßliche Informationen lieferten, als kommunikative Abläufe eine genaue Einschätzung der nachfolgenden Verhaltensweisen ermöglichten. Diese Meinung ist jedoch kürzlich aus empirischen und theoretischen Gründen angefochten worden. Empirisch deshalb, weil eine wachsende Liste von Beispielen zeigt, daß Tierlaute häufig ungenaue oder sogar falsche Information liefern (nachzulesen bei Markl 1985; Byrne und Whiten 1988b, 1988c; Whiten und Byrne 1988c; Cheney und Seyfarth 1990a). Aus theoretischer Sicht, weil aus der Spieltheorie herangezogene Modelle nachdrücklich aufzeigen, daß in jedem Wettstreit zwischen ehrlichen und täuschenden Lautgebern die Täuscher wahrscheinlich gewinnen (Dawkins und Krebs 1978; Andersson 1980; Maynard Smith 1982; Krebs und Dawkins 1984). In Kapitel 7 geben wir einen Überblick über das Beweismaterial für Täuschungssignale bei Tieren. Wir beschreiben die Formen, die täuschende Laute annehmen können, wie modifizierbar und flexibel solche Laute sind und wie Tiere ihre Bedeutung einschätzen.

Wenn Menschen versuchen, einander zu täuschen, wollen sie unter anderem das, was ein anderes Individuum denkt, ändern. Umgekehrt müssen wir, um Täuschung zu entlarven, die Gedanken eines anderen lesen können: zum Beispiel zwischen einer Person, die Hilfe sucht und aufrichtig beabsichtigt, sich erkenntlich zu zeigen, und einer, die aus mehr selbstsüchtigen Gründen Hilfe sucht, unterscheiden. Das Verhalten des Bittstellers mag in beiden Fällen dasselbe sein – es ist der Unterschied zwischen den mentalen Zuständen, der entdeckt werden muß. Mit anderen Worten setzen Täuschung und ihre Entlarvung (zumindest im Fall der Menschen) voraus, daß Individuen anderen Individuen mentale Zustände zuschreiben können. Kann dasselbe von Tieren gesagt werden? Mit David Premacks Worten: Ist also die Annahme begründet, daß Tiere eine »Theorie des Geistes« besitzen? In Kapitel 8 gehen wir der Frage der Zuschreibung nach und untersuchen, ob Affen und Menschenaffen die Existenz mentaler Zustände bei anderen erkennen. Es gibt Beweise, daß nichtmenschliche Primaten die sozialen Beziehungen zwischen anderen Individuen wahrnehmen. Erkennen sie auch, daß andere Individuen Emotionen, Pläne, Meinungen und Absichten besitzen? Sind sie sich ähnlicher geistiger Zustände bei sich selbst bewußt? Wie könnten wir es erfahren, wenn es so ist? Wenn wir genötigt sind, auf mentale Prozesse ausschließlich durch die Reaktionen, die sie bei anderen hervorrufen, zu schließen, dürften solche Fragen weiterhin größtenteils schwer zu bearbeiten sein, einfach weil es vielleicht immer möglich ist, Verhalten in Begriffen zu erklären, die nicht von abstrakten mentalen Repräsentationen abhängen.

Der Frage, ob Tiere einander Absichten, Wünsche und dergleichen zuschreiben, ist man bisher nicht besonders systematisch nachgegangen, und allzuoft beruht unser Wissen auf Anekdoten. Allerdings sind wir nicht der Meinung, daß es gerechtfertigt wäre, solche Anekdoten ins Lächerliche zu ziehen, weil sie unweigerlich zu einer übermäßigen Vermenschlichung der

Tiere führen mußten (z. B. Thompson 1986, 1988). Wie Kapitel 8 zeigt, dekken Anekdoten andererseits oftmals rätselhafte Lücken und Fehler in den Theorien des Geistes bei Affen und Menschenaffen auf. Es scheint, daß nichtmenschliche Primaten Experten in der Analyse ihres *Verhaltens* sind, aber bei der Analyse ihrer *Gedanken* schlechter abschneiden. Der zukünftigen Forschung bleibt es vorbehalten, diese Lücken und Fehler zu bestimmen.

Ein verblüffendes Merkmal menschlicher Intelligenz ist unsere Fähigkeit, das, was wir in einem Kontext gelernt haben, auf andere, ganz verschiedene Kontexte anzuwenden. Wir nehmen es zum Beispiel als selbstverständlich hin, daß die Grundregeln der Physik gelten, ob wir nun Billard spielen, ein Bild aufhängen oder ein Haus bauen. Kurz gesagt, das Wissen, das wir besitzen, ist in vielen Fällen für uns zugänglich: Wir sind uns dessen bewußt oder wissen, daß wir es wissen. Folglich ist ein Kennzeichen menschlicher Intelligenz unsere Fähigkeit, von einem genau definierten Problem auf logisch ähnliche unter neuen Bedingungen zu generalisieren (Rozin 1976).

Im Gegensatz dazu scheinen Tiere eine Art »Laserstrahl«-Intelligenz zu besitzen – außerordentlich wirksam, wenn sie sich auf ein einziges Gebiet konzentriert, aber außerhalb dieser begrenzten Sphäre viel weniger gut entwickelt. Vögel wie die Haustauben können mit Hilfe der Sonne, der Sterne, geographischer Markierungen oder eines magnetischen Sinns gewaltige Entfernungen überwinden (nachzulesen bei Gould 1982). Honigbienen tanzen, um einander über Entfernung, Größe und Ort einer Nahrungsquelle zu informieren. Dabei kompensieren sie den sich über den Tag verändernden Standort der Sonne, so daß der Flug vom Bienenstock zur Nahrung immer als eine gerade Linie angezeigt wird (von Frisch 1965; Gould und Gould 1988). Und doch denken wir wohl kaum bei Tieren wie Haustauben oder Bienen an Intelligenz im menschlichen Sinne, vor allem weil ihre ausgefeilte Darbietung auf spezifische, höchst begrenzte Bereiche beschränkt ist. Nach Paul Rozin haben Haustauben auf ihre navigatorischen und Bienen auf ihre kommunikativen Fähigkeiten keinerlei »Zugriffsmöglichkeiten«: Die Tiere wissen nicht, was sie wissen, und können ihr Wissen nicht auf Probleme in anderen Bereichen anwenden. Die meisten Affen und Menschenaffen sind soziale Geschöpfe, und ihre Fachkenntnis auf dem Gebiet sozialer Interaktionen ist verblüffend. Aber welche Zugriffsmöglichkeiten hat ihre Intelligenz? Begreifen sie, wieviel sie wissen? Unser erster Versuch, die Frage nach Metawissen anzugehen, folgt in den Kapiteln 3 und 8, in denen wir erforschen, inwieweit sich Affen nicht nur mit flexiblem, adaptivem Verhalten beschäftigen, sondern auch *erkennen*, daß sie und andere das tun. Kapitel 9 nähert sich dem Thema aus einer anderen Ecke: nämlich dem Vergleich zwischen Leistungen nicht-menschlicher Primaten bei ihren sozialen Interaktionen und ihrem Verhalten außerhalb des sozialen Bereichs. Bei dem Vergleich von sozialer und nicht-sozialer Leistung hoffen wir sowohl die Vielfalt als auch die Grenzen der Primatenintelligenz genauer zu spezifizieren.

Bei sozialen Interaktionen werden Affen und Menschenaffen mit Aufgaben konfrontiert, die formal den Aufgaben im Labor ähneln. Eine Ranghierarchie zu begreifen, spiegelt sich zum Beispiel in Aufgaben mit logischer Schlußfolgerung wider, während sich das Begreifen von Beziehungen innerhalb der Verwandtschaftsgruppen an Aufgaben der Konzeptbildung ablesen läßt. Dennoch haben wir keine Vorstellung, ob die Fertigkeiten, die Primaten bei sozialen Interaktionen einsetzen, jemals auf andere, nichtsoziale Aufgaben übertragen werden können. Wenn wir zeigen können, daß ein Pavian die Verwandtschaftsgrade anderer Gruppenmitglieder erkennt, folgt dann daraus notwendigerweise, daß er auch in der Lage ist, eine Rangfolge von Wasserbehältern zu bilden? Anders gesagt, wir wissen schon, daß Affen exzellente Primatologen abgeben, aber läßt sich ihr Wissen auch außerhalb dieses Bereiches auf andere Wirkungskreise übertragen? Erweisen sie sich als ebenso gute Naturkundler?

Eine Hypothese besagt (z. B. Jolly 1966; Humphrey 1976), daß Primatenintelligenz (unsere eingeschlossen) sich ursprünglich entwickelte, um soziale Probleme zu lösen und erst später auf Probleme außerhalb des sozialen Bereichs übertragen wurde. Wenn diese Hypothese irgendeine Gültigkeit besitzt, sollten eigentlich zumindest einige der Fähigkeiten, die Grüne Meerkatzen und andere Primaten bei ihren sozialen Interaktionen zeigen, relativ unzugänglich und nicht leicht auf nichtsoziale Probleme zu generalisieren sein. In Kapitel 9 versuchen wir, das Wissen der Grünen Meerkatzen über andere Grüne Meerkatzen mit ihrem Wissen über andere Arten wie Leoparden, Flußpferde, Stare und Menschen zu vergleichen. Wir finden, daß sich Grüne Meerkatzen manchmal rätselhaft ignorant gegenüber dem Verhalten anderer Arten zeigen, auch wenn sie genügend Gelegenheit haben, sie zu beobachten, und wenn ›Erfahrungen über sie zu sammeln‹ einen großen Überlebenswert besäße. Obwohl sie in ihren jeweiligen sozialen Interaktionen kleine Hexenmeister sind, scheinen sich die Affen ihrer Fähigkeiten größtenteils nicht bewußt und folglich unfähig zu sein, sie außerhalb dieses engen Bereichs anzuwenden.

In den folgenden Kapiteln ist also unser Ziel, nicht nur die wunderbaren Dinge, die Affen tun, zu beschreiben, sondern noch tiefer in die Mechanismen, die ihrem Verhalten zugrunde liegen, einzudringen. Wir wollen nicht nur klären, was Affen wissen, sondern auch, was sie nicht wissen. Wenn wir diese Informationen besitzen, gewinnen wir eine bessere Vorstellung, inwiefern sich die Welt aus Sicht eines Affen von der unseren unterscheidet.

Kapitel 2
Sozialverhalten

Die Hauptakteure dieses Buches sind die Grünen Meerkatzen Ostafrikas (*Cercopithecus aethiops*), Mitglieder der größten Familie der Altweltaffen, der Cercopithecidae. Meerkatzen sind nahe – aber keineswegs die nächsten – nichtmenschlichen Verwandten des modernen Menschen. Die Vorfahren der modernen Altweltaffen zweigten vor ungefähr 20 Millionen Jahren (Fleagle 1988) vom gemeinsamen Vorfahren der Altweltaffen, Menschenaffen und Menschen ab. Im Gegensatz dazu sind die Menschen und die großen Menschenaffen viel näher verwandt; man schätzt, daß Menschen, Schimpansen und Gorillas sich noch vor 5 bis 7 Millionen Jahren (Weiss 1987) einen gemeinsamen Vorfahren teilten. Für Leser ohne biologische Vorkenntnisse sollten wir anmerken, daß Menschenaffen *keine* Affen sind. Der Begriff *Affe* ist den Alt- und Neuweltaffen vorbehalten, wohingegen *Menschenaffe* sich auf Schimpansen (*Pan troglodytes*), Bonobos (*Pan paniscus*), Gorillas (*Gorilla gorilla*), Orang-Utans (*Pongo pygmaeus*) und Gibbons (*Hylobates species*) bezieht. Den Begriff *Primaten* oder *nichtmenschliche Primaten* gebrauchen wir, um sowohl auf Affen als auch auf Menschenaffen Bezug zu nehmen.

Erwachsene Grüne Meerkatzen (Abb. 2.1) haben annähernd die Größe einer Hauskatze – sie sind kleiner und leichter als andere teilweise am Boden lebende Altweltaffen. Erwachsene Männchen wiegen ungefähr 4 bis 5 Kilogramm und Weibchen 3 bis 4 Kilogramm; Kinder wiegen unter 1 Kilogramm. Im Unterschied zu anderen Mitgliedern des Genus *Cercopithecus*, die auf Bäumen lebende Waldbewohner sind, verbringen die Grünen Meerkatzen ihre Zeit während der Tagesstunden zu annähernd gleichen Teilen auf dem Boden und auf Bäumen. Sie sind eine der meistverbreiteten Arten in Afrika. Obwohl ihr bevorzugter Lebensraum das Waldgebiet der Savanne ist, sind Meerkatzen eine höchst anpassungfähige Art und auch in Wäldern und Halbwüsten großer Teile der südlichen Sahara zu finden. Man kennt zwei Unterarten der Meerkatzen, *Cercopithecus aethiops sabaeus* in Westafrika und *Cercopithecus aethiops johnstoni* auf dem restlichen Kontinent. Auch lebt eine Population von westafrikanischen Meerkatzen auf den Karibischen Inseln von Saint Kitts, Nevis und Barbados; ihre Vorfahren segelten vermutlich auf Sklavenschiffen während des 17. und 18. Jahrhunderts über den Atlanik (Denham 1987).

Abb. 2.1: Das erwachsene Weibchen Escoffier. Erwachsene Meerkatzen haben ungefähr die Größe einer Hauskatze.

Im Gegensatz zu vielen waldlebenden Primaten sind die Grünen Meerkatzen den Afrikanern und Europäern seit Jahrhunderten bekannt. Die meisten afrikanischen Stämme, die die Regionen bewohnen, wo man die Grünen Meerkatzen findet, haben einen besonderen Namen für die Meerkatze: bei den Massai, dem vorherrschenden Stamm der Region, wo wir unsere Forschung durchgeführt haben, werden sie *Enderei* genannt. Meerkatzenähnliche Affen, vermutlich als Schmusetiere aus Afrika mitgebracht, werden auf Fresken des späten minoischen Zeitalters (ca. 1500 v. Chr.) in Knossos auf Kreta dargestellt (Hill 1966). In Westeuropa tauchen Meerkatzen in taxonomischen Klassifizierungen und Zeichnungen spätestens seit dem 17. Jahrhundert auf.

Doch trotz ihrer Allgegenwärtigkeit scheinen Meerkatzen fast unsichtbare Geschöpfe gewesen zu sein. Sie kommen in fast keiner der afrikanischen Mythen oder Legenden vor, und es hat den Anschein, daß sich insbesondere die Europäer anstrengten, sie zu ignorieren. Die europäischen Forscher und Kolonisten des neunzehnten und frühen zwanzigsten Jahrhunderts in Ostafrika waren begeisterte Naturforscher. Sie erstellten ellenlange Listen über die Vögel, die sie sammelten, und die Großwildtiere, die sie schossen, doch bemerkenswerterweise fehlen Primaten in ihren Beschreibungen, insbesondere Meerkatzen. Soweit man Meerkatzen überhaupt erwähnte, wurden sie als boshafte, die Felder plündernde Plage charakterisiert, deren Felle von geringem Interesse oder Wert seien.

Erst in den frühen 60er Jahren dieses Jahrhunderts wurden die ersten Langzeituntersuchungen an Meerkatzen von K. R. L. Hall und Stephen Gartlan (1965) auf der Lolui-Insel des Viktoriasees und von Tom Struhsaker (1967b, 1967d) in Amboseli in Kenia aufgenommen. Seitdem sind die Meerkatzen eine der am intensivsten untersuchten Primatenarten; Langzeituntersuchungen an Meerkatzen wurden an einer ganzen Reihe von Plätzen in Ost-, West- und Südafrika durchgeführt, ebenso auf mehreren Karibischen Inseln und in Gefangenschaftskolonien in den USA.

Die Affen und ihr Lebensraum

Unsere Forschungsarbeiten führten wir im Amboseli-Nationalpark durch, der am Fuße des Kilimandscharo im südlichen Kenia (Abb. 2.2) liegt. Zwischen 1977 und 1989 beobachteten wir bei elf soziallebenden Meerkatzengruppen, die am westlichen Ende des Parks lebten, demographische Veränderungen. Drei dieser Gruppen untersuchten wir intensiv und kontinuierlich über den ganzen Zeitraum von 11 Jahren und zusätzlich drei Gruppen über 5 Jahre zwischen 1983 und 1988. Die Verhaltensdaten, die in diesem Buch diskutiert werden, stammen aus den Untersuchungen von 1977 bis 1978 (16 Monate), 1980 (9 Monate), 1983 (9 Monate), 1985 bis 1986 (9 Monate) und 1988 (3 Monate). Wenn wir nicht im Feld waren, beobachteten unsere Kollegen Sandy Andelman, Marc Hauser, Lynne Isbell, Phyllis Lee, Shari Milgroom und Richard Wrangham wie auch unser Forschungsassistent Bernard Musyoka Nzuma kontinuierlich die Hauptstudiengruppen. Wir stehen außerordentlich in der Schuld aller dieser Wissenschaftlerinnen und Wissenschaftler, denn ohne diese Teamarbeit und Kooperation wäre es nicht möglich gewesen, Langzeitdaten über das Verhalten der Grünen Meerkatzen zusammenzutragen. Besonderer Dank gilt auch Tom Struhsaker, der als erster die Grünen Meerkatzen in Amboseli erforscht hat, und David Klein, der 1975 eine Untersuchung an Gruppe A aufnahm und uns großzügig Informationen über ihre Demographie zukommen ließ, als wir 1977 mit unserer Forschungsarbeit begannen.

Abb. 2.2: Der Amboseli-Nationalpark liegt im Süden Kenias, am Fuße des Kilimandscharo. Eine Impalaherde grast im Vordergrund.

Die Meerkatzengruppen in Amboseli bewohnen Gebiete von 11 bis 100 Hektar Größe. Jedes Territorium wird gegen Einfälle durch benachbarte Gruppen energisch verteidigt (einen detaillierten Überblick über die Demographie der Meerkatzen in Amboseli finden Sie bei Cheney und Seyfarth 1983, 1987; Cheney, Lee und Seyfarth 1981; und Cheney u. a. 1988). Im Durchschnitt besteht eine Meerkatzengruppe aus einem bis sieben erwachsenen Männchen, zwischen zwei und zehn erwachsenen Weibchen und ihrem Nachwuchs. Weibchen werden mit 4 bis 5 Jahren geschlechtsreif, Männchen hingegen sind mit circa 6 Jahren voll erwachsen. Obwohl die Sterblichkeitsrate hoch ist, weiß man von zwei Weibchen, die mindestens 17 Jahre alt wurden.

Die soziale Struktur bei Grünen Meerkatzen ähnelt derjenigen, die bei anderen Altweltaffen gefunden wurde, insbesondere bei Pavianen (*Papio cynocephalus*) und bei verschiedenen Makakenarten (*Genus Macaca*). Die erwachsenen Weibchen bleiben normalerweise ihr ganzes Leben lang in den Gruppen, in denen sie geboren wurden, und halten, auch als Erwachsene, enge Verbindung zu ihrer mütterlichen Verwandtschaft. Folglich besteht der stabile Kern jeder Meerkatzengruppe aus mehreren Familien mit eng verwandten erwachsenen Weibchen (Müttern, Schwestern und ihren erwachsenen Töchtern) und ihrem unselbständigen Nachwuchs.

Anders als Weibchen ziehen Meerkatzenmännchen zur Zeit der Geschlechtsreife aus ihren Geburtsgruppen fort und wechseln in eine benachbarte Gruppe über. Das Abwandern ist riskant in Amboseli, und während der Reifezeit ist die Sterblichkeitsrate unter den Männchen höher als unter den Weibchen. Manche Männchen verschwinden einfach; von anderen weiß man, daß sie Raubtieren zum Opfer gefallen sind, und wieder andere werden zu Zielscheiben erheblicher Aggression seitens der erwachsenen Männchen und Weibchen ihrer neuen Gruppen. Um vielleicht die Nachteile bei einem Überwechsel gering zu halten, wechseln viele Männchen, besonders die, die es das erste Mal tun, in Gesellschaft von Gleichaltrigen oder Brüdern derselben Mutter über. Oftmals hat die Gruppe, der sie sich anschließen, schon in den vergangenen Jahren Übersiedler aus der Geburtsgruppe jener Männchen aufgenommen. Der Wechsel zu einer benachbarten Gruppe minimiert die zurückzulegende Distanz und erhöht die Wahrscheinlichkeit, daß ein Männchen Verbündete in seiner neuen Gruppe haben wird.

Männchen wechseln zwei, drei oder mehr Male im Laufe ihres Lebens. Voll erwachsene Männchen gehen eher allein und legen weite Strecken zurück. Dabei durchqueren sie eine Reihe von Meerkatzenterritorien, ehe sie sich einer neuen Gruppe anschließen (Cheney und Seyfarth 1983). Soweit wir wissen, kehrt kein Männchen jemals in seine Geburtsgruppe zurück. Diese Merkmale des Männchenwechsels sind nicht einzigartig für Grüne Meerkatzen, sondern wurden auch für andere Altweltaffen mit ähnlichen sozialen Organisationen dokumentiert (beschrieben bei Pusey und Packer 1987).

Bei den Pavianen erreicht die Genitalschwellung der Weibchen ihr Maximum ungefähr zur Zeit der Ovulation. Folglich können Pavianmännchen jene Weibchen, die im Begriff sind zu ovulieren, identifizieren, und dominante Männchen können den Zugang zu sexuell empfangsbereiten Weibchen monopolisieren (z. B. Hausfater 1975). Im Gegensatz dazu machen Meerkatzenweibchen keine sichtbaren Veränderungen in der Physiologie oder im Verhalten um die Zeit der Ovulation durch (Andelman 1985). Vielleicht können deshalb ranghohe Meerkatzenmännchen keinen exklusiven Zugang zu Weibchen um die Zeit der Ovulation erreichen. Ranghohe Männchen haben zwar bei Paarungen einen Vorteil vor anderen, aber die Vorteile eines hohen Rangs sind nicht absolut: Über einen 5-Jahreszeitraum paarten sich mehr als die Hälfte aller Männchen mit mindestens 80 Prozent der Weibchen ihrer Gruppe (Andelman 1985).

Obwohl uns Amboseli anfangs als einförmiger, eintöniger Lebensraum mit einer offenen, durch Akazienwälder aufgelockerten Savanne erschien, gibt es doch verblüffende lokale Unterschiede in der Vegetation, die hauptsächlich durch vereinzelte, ständig bestehende Sümpfe verursacht werden. Sümpfe treten da auf, wo unterirdische Flüsse, die durch Regenfälle auf den nahen Kilimandscharo anschwellen, an die Oberfläche sprudeln (Western 1983). Einige der Sümpfe in Amboseli sind klein, nicht größer als 10 Quadratmeter mit schlammigem, nassen Boden, während andere die Größe von Seen erreichen und permanent Populationen von 10 oder mehr Flußpferden beherbergen.

Einige Meerkatzengruppen unserer Zielpopulation lebten am Rande der ständigen Sümpfe und hatten somit ganzjährig Zugang zum Wasser. Andere Gruppen besaßen jedoch keine ständige Wasserquelle innerhalb ihrer Territorien und konnten nur temporär aus Tümpeln trinken, die sich während der Regenzeiten von November bis Dezember und April bis Mai bildeten. Unterschiede in der Verfügbarkeit von Nahrung und Wasser bei »nassen« und »trockenen« Gruppen bewirkten signifikante Intergruppenunterschiede in bezug auf Überleben, Wachstum, Reproduktion und Sterblichkeit (Cheney u. a. 1988). Bei den Naßgruppen hatten die meisten Weibchen ihr erstes Kind mit 4 Jahren und zeugten im allgemeinen ein Kind pro Jahr während der Geburtensaison (Oktober bis Februar). Obwohl sich die Weibchen der Trockengruppen an dieselbe Geburtensaison hielten, bekamen sie dagegen gewöhnlich erst mit 5 bis 6 Jahren ihr erstes Kind und typischerweise nur jedes zweite Jahr Nachwuchs. Meerkatzen in Naßgruppen gerieten häufiger mit Raubtieren aneinander und starben dabei häufiger als Meerkatzen in Trockengruppen. Im Gegensatz dazu starben Meerkatzen der Trockengruppen, obgleich sie nicht so raubtiergefährdet waren, häufiger als Meerkatzen in Naßgruppen an Krankheiten. Todesfälle infolge von Krankheiten waren in der langen Trockenperiode (Juni bis November), wenn die Affen die längste Zeit ohne Wasser waren, am häufigsten.

Egal ob sie nun in Trocken- oder Naßgruppen leben, das Leben ist hart für die Grünen Meerkatzen in Amboseli. Während unserer Untersuchungszeit starben über 60 Prozent aller Kinder im ersten Lebensjahr. Von den verbleibenden Tieren erreichten nur 27 Prozent die Geschlechtsreife. Raubfeinde wie Leoparden, Adler, Pythons und Paviane waren für wenigstens 70 Prozent aller Todesfälle verantwortlich (Cheney u. a. 1988; Isbell 1990).

Seit Mitte der 60er Jahre, als Tom Struhsaker erstmals seine Forschungsarbeit in Amboseli aufnahm, hat es eine stetige Abnahme des Meerkatzenbestands gegeben (Struhsaker 1967c, 1973, 1976). Dieser Rückgang ist einem merklichen Verfall der Akazienwaldgebiete zuzuschreiben, der durch das Absterben von *Acacia-xanthophloea-* und *A.-tortilis*-Bäumen verursacht wird. Das Absterben der Akazienbäume kann wiederum mit ökologischen und sozialen Faktoren in Beziehung gebracht werden. Ein steigender Wasserstand (vermutlich infolge eines zunehmenden Wasserablaufs vom Kilimandscharo, dessen Ursache unbekannt ist) hat Mineralsalze an die Oberfläche gespült, die viele Akazien (*A. xanthophloea*) vernichteten, die Hauptnahrungsquelle der Meerkatzen. Außerdem verhindert eine wachsende menschliche Bevölkerung außerhalb des Parks, daß die 700 Amboseli-Elefanten wie früher jenseits der Parkgrenzen umherstreifen. Die intensivere Beanspruchung des Parks durch die Elefanten hat den jungen, sich regenerierenden Baumbestand, der noch nicht vom angestiegenen Wasserstand vernichtet wurde, weitgehend zerstört. In unserem Untersuchungsgebiet reduzierte der Verfall des Lebensraumes den Meerkatzenbestand von 215 Individuen in 11 Gruppen Anfang 1978 auf 35 Individuen in 4 Gruppen im Jahre 1988.

Beobachtungsmethoden

Es ist kein Zufall, daß die detailliertesten Verhaltensstudien über nichtmenschliche Primaten an bodenlebenden Arten wie Pavianen, Makaken, Meerkatzen, Schimpansen und Gorillas durchgeführt wurden. In deutlichem Gegensatz zum unglücklichen Forscher, dessen Job es ist, einer baumlebenden Art zu folgen, die hoch oben im Blätterdach eines Regenwaldes umherstreift, sind diejenigen von uns, die semibodenlebende Affen- und Menschenaffenarten erforschen und also ihre Studienobjekte aus geringer Entfernung auf dem Boden beobachten können, verwöhnt worden. Nach einer 2 bis 3monatigen Eingewöhnungszeit hatten sich alle unsere Meerkatzengruppen an Beobachter zu Fuß gewöhnt, und wir konnten den Tieren in einem Abstand von 2 bis 3 Metern folgen. Wir markierten oder fingen die Tiere nicht einfach, sondern identifizierten die Individuen statt dessen an ihrer Fellfarbe, Knicken und Lichtungen in Schwänzen und Ohren und, am wichtigsten, an ihrem Gesichtsausdruck. Die Namen und Stammbäume aller erwachsenen Weibchen und Jugendlichen unserer drei Hauptforschungsgruppen sind im Anhang A aufgelistet.

Um systematische Daten über das Sozialverhalten Grüner Meerkatzen zu

sammeln, wandten wir die Methode der Beobachtungsstichproben an, die zuerst von Jeanne Altmann beschrieben wurde (1974; siehe auch Hinde 1973;
Dunbar 1976 und Cheney u. a. 1987 für eine umfassendere Beschreibung von
Stichprobenerhebungsverfahren). Ein typischer Tag verlief folgendermaßen:
Wir wählten eine Gruppe für die Untersuchung aus und fuhren morgens zwischen 7:00 und 7:30 Uhr zu ihren Schlafbäumen. Dort suchte sich jeder von
uns aus einer zuvor erstellten Liste der Individuen der Gruppe ein Tier aus
und folgte ihm 10 Minuten lang, wobei er alle sozialen Interaktionen, die
Identität der jeweils involvierten Individuen und die Dauer der Groomingsit-
zungen aufnahm. Diese *gezielten Tier-Stichproben* wurden durch beliebige
Daten ergänzt, die über besonders interessante Verhaltensweisen gesammelt
wurden, zum Beispiel über Allianzen (wenn sich zwei Tiere verbünden und
aggressiv gegen ein drittes vorgehen) oder Zusammenstöße zwischen benachbarten Gruppen. Zusätzlich zeichneten wir so viele Lautäußerungen wie
möglich auf Tonband auf, notierten den Zeitpunkt des Rufes, die beteiligten
Tiere und das Verhalten, das der Vokalisation unmittelbar vorangeht und
nachfolgt. Die Beobachtungen wurden so lange fortgesetzt, bis alle Individuen der Gruppe mindestens einmal erfaßt worden waren. Dann zogen wir
zu einer anderen Gruppe.

Die Vorteile einer gezielten Tierbeobachtung sind, daß sie Informationen
über Interaktionssequenzen sicherstellt und eine direkte Berechnung von
Verhaltenshäufigkeiten erlaubt. Mehr noch, indem wir die Länge unserer gezielten Beobachtungsproben relativ kurz hielten (z. B. 10 Minuten gegenüber
30 Minuten oder 1 Stunde), verringerten wir die Wahrscheinlichkeit, daß ein
Tier während der Beobachtungsdauer aus dem Blickfeld geriet, und mini-
mierten die Zeitspanne zwischen den Stichproben. Im Laufe eines typischen
Monats machten wir bei jedem Individuum in jeder Gruppe zweimal alle
3 Tage Stichproben und erhielten mit der Zeit eine recht kontinuierliche Auf-
zeichnung von Verhaltensänderungen. Die Beobachtungssitzungen wurden
tabellarisch aufgelistet, so daß gegen Ende eines jeden Monats eine gleiche
Anzahl von Daten über alle Individuen gesammelt war, wobei die Daten über
jede Gruppe aus einer ähnlichen Verteilung von Zeitabschnitten stammen. Im
Idealfall ergab ein solches Stichprobensystem für jede Gruppe einen reprä-
sentativen Querschnitt des Verhaltens der Grünen Meerkatzen über den Tag
gesehen.

Unsere Analyse hat der Arbeit Robert Hindes (1976a, 1976b, 1983a, 1983b,
1987) viel zu verdanken, der nicht nur die Grenzen einer rein deskriptiven
Arbeit herausstellte, sondern auch ein theoretisches System für das Studium

dessen einführte, was er die »verborgene Struktur« nichtmenschlicher Primatengruppen nannte. Die Ziele und Methoden dieses Ansatzes sind nunmehr gut dokumentiert, überall im Einsatz und bilden die Basis für vieles in diesem Kapitel.

Charakteristische Merkmale des Sozialverhaltens von Meerkatzen

Verwandtschaft

Die Untersuchungen des Sozialverhaltens japanischer Makaken (*Macaca fuscata*) (Kawai 1958; Yamada 1963; Koyama 1967, 1970) dokumentierten erstmalig die engen sozialen Bindungen zwischen erwachsenen verwandten Weibchen. Spätere Forschungen an den Rhesusaffen (*Macaca mulatta*) von Cayo Santiago, Puerto Rico, durch Donald Sade (1965, 1967) brachten weitere Beweise, daß Bindungen zwischen weiblichen Verwandten zur Bildung von großen, eng verbundenen Matrilinien mit Großmüttern, Müttern, Töchtern und ihren Nachkommen führen können. Das Verhalten innerhalb solcher Matrilinien unterscheidet sich meßbar von dem Verhalten, das von denselben Individuen gegenüber nichtverwandten Individuen gezeigt wird.

Bei den Meerkatzen, ebenso wie bei Makaken, Pavianen und vielen anderen Primaten, haben verwandtschaftliche Bindungen ihren Ursprung in der engen Beziehung zwischen Mutter und Kind (Kummer 1971; Abb. 2.3). Meerkatzenmütter verbringen eine Menge Zeit in der Nähe ihres Nachwuchses, groomen ihn sehr häufig (Struhsaker 1971; Lee 1983a; Fairbanks und McGuire 1985; Hauser und Fairbanks 1988) und eilen zu seiner Verteidigung herbei, sobald die Kinder signalisieren, daß sie in Nöten sind (Cheney und Seyfarth 1980). Das hohe Ausmaß kooperativer sozialer Interaktionen hält auch an, wenn die Kinder älter werden und insbesondere weiblichen Geschlechts sind. Jugendliche und heranwachsende Töchter erwidern das Grooming ihrer Mütter, schließen sich ihnen bei der Bildung von Allianzen an und beaufsichtigen gelegentlich ihre jüngeren Geschwister mütterlicherseits (Lee 1983a; Fairbanks und McGuire 1985). Folglich werden nicht nur zwischen Mutter und Kind, sondern auch zwischen Geschwistern mit derselben Mutter Bindungen geschaffen. Bei den meisten sozialen Gruppen findet ein

Abb. 2.3: Mitglieder der Matrilinie des erwachsenen Weibchens Carlyle sammeln sich um Carlyles neugeborenes Kind. Foto von Marc Hauser.

Groomingaustausch unter erwachsenen Weibchen in der Mehrzahl zwischen nahen genetischen Verwandten statt (Abb. 2.4).

Dasselbe gilt für Allianzen. Eine Allianz tritt immer dann auf, wenn zwei Individuen aggressiv zusammenstoßen und ein drittes, bisher unbeteiligtes Tier interveniert, um einem von ihnen bei Angriff oder Verteidigung zu helfen (Abb. 2.5). Wenn wir die Häufigkeit der Bildung von Allianzen zwischen allen Paaren von Individuen berechnen (gemeint ist die Wahrscheinlichkeit, daß B A zu Hilfe kommen wird, vorausgesetzt, daß A in einen Kampf mit einer dritten Partei involviert ist), sind die Raten der Allianzbildung zwischen Verwandten durchweg höher als jene bei nichtverwandten Tieren (Abb. 2.6).

Bei Populationen, die mit Nahrung versorgt werden, bei denen infolgedessen die Mortalitätsraten niedrig sind, besteht die gegenseitige Kooperation zwischen Müttern und Töchtern sogar über die fruchtbaren Jahre der Mutter hinaus. Bei einer von Lynn Fairbanks (1988) untersuchten Meerkatzenkolonie in Gefangenschaft leisteten Großmütter beachtliche Hilfe bei der Aufzucht ihrer Enkel.

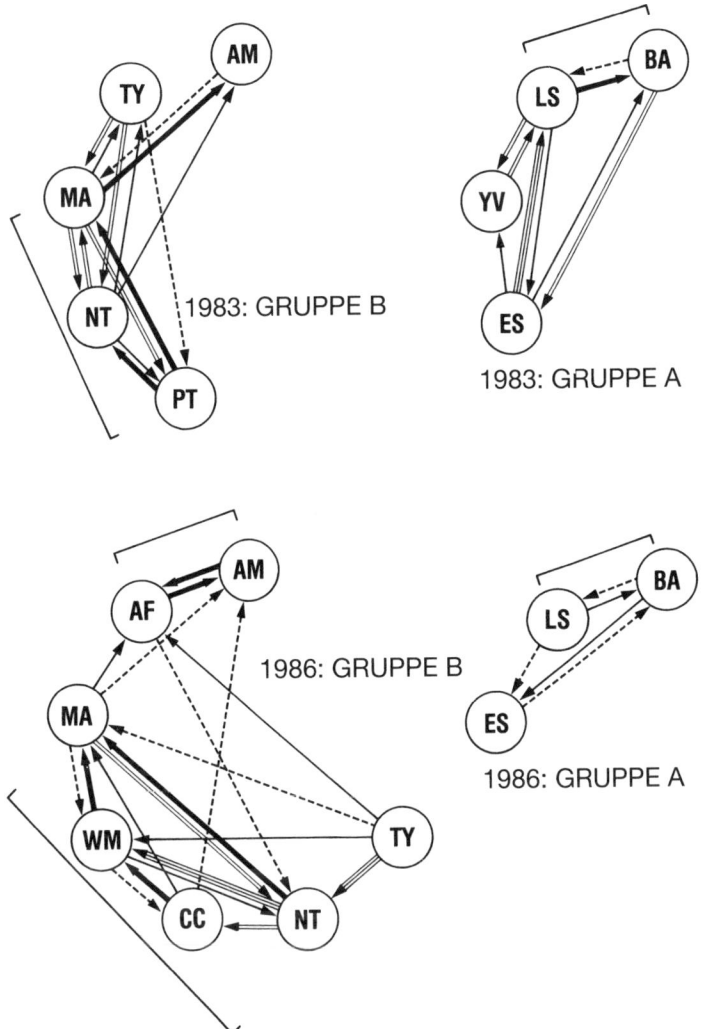

Abb. 2.4: Die Groomingverteilung zwischen erwachsenen Weibchen zweier Meerkatzen-gruppen während 9 Monaten im Jahr 1983 und 9 Monaten von 1985 bis 1986. Die Weib-chen sind durch Kreise gekennzeichnet, die die Initialen eines jeden Individuums wieder-geben. Die Weibchen sind in absteigender Rangfolge angeordnet, von oben entgegen den Uhrzeigersinn zu lesen. Nahe Verwandte (entweder Mutter und Tochter oder Schwestern) sind durch Klammern verbunden. Die Linienstärke zeigt die Groomingdauer für jedes In-dividuum wie folgt an: durchbrochene Linie: 5 bis 10 Minuten; einfache, durchgehende Linie: 10 bis 15 Minuten; Doppellinie: 15 bis 20 Minuten; Dreifachlinie: 20 bis 25 Minu-ten; dicke durchgehende Linie: mehr als 25 Minuten.

Abb. 2.5: Zwei Weibchen, Disney und Leslie, bilden eine Allianz gegen ein erwachsenes Männchen.

Weibchen mit einer noch lebenden Mutter gingen mit ihren Kindern weniger fürsorglich um, und Kinder mit Großmüttern wurden früher sozial unabhängig. Der Einfluß einer solchen »Großmütterlichkeit« kann Langzeitfolgen haben. Fairbanks und McGuire (1988) haben gezeigt, daß Kinder von weniger restriktiven Müttern mehr Interesse an ihrem Umfeld zeigen und neuen Situationen weniger ängstlich begegnen, wie man es sonst erst bei 3 Jahre älteren Kindern beobachtet.

Obwohl über die mütterliche Linie verwandte Individuen häufig interagieren und enge soziale Bindungen unterhalten, gibt es wenige Beweise, daß Meerkatzen ihre väterliche Verwandtschaft erkennen. Erwachsene Männchen interagieren nur selten mit Kindern und zeigen keine besondere Präferenz für jene Kinder, die aller Wahrscheinlichkeit nach ihre eigenen Nachkommen sind (siehe jedoch Hauser 1986 für eine Ausnahme). Und obwohl oftmals eine hohe Wahrscheinlichkeit besteht, daß zwei in demselben Jahr von verschiedenen Müttern stammende Kinder Halbgeschwister sind (Altmann 1979), haben wir keine Beweise dafür, daß Halbgeschwister väterlicherseits kooperativer sind als andere Altersgenossen. Wie bei vielen anderen

Abb. 2.6: Häufigkeit, mit der erwachsene Weibchen dreier Meerkatzengruppen Allianzen mit jeder ihrer Verwandten (offene Histogramme) und Nichtverwandten (schraffierte Histogramme) bildeten, 1985 und 1986. Die Daten der Gruppen A, B und C basieren jeweils auf 3, 6 und 7 Weibchen, in dieser Reihenfolge. Die Histogramme zeigen die Mittelwerte und Standardabweichungen. Für die Gruppen B und C war der Unterschied zwischen der Häufigkeit von Allianzbildungen mit Verwandten und der mit Nichtverwandten statistisch signifikant (zweiseitiger Mann-Whitney-U-Test, $P < 0.05$). Für Gruppe A näherte sich der Unterschied der Signifikanzgrenze ($P = 0.067$).

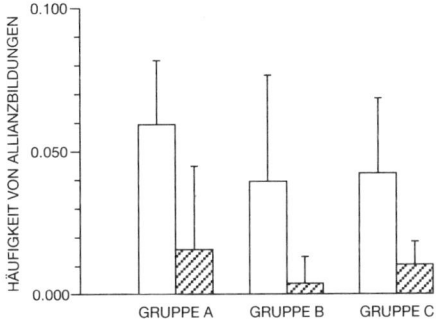

Arten nichtmenschlicher Primaten scheint der primäre Mechanismus der Verwandtenerkennung bei Meerkatzen eng mit einer gemeinsamen Mutter während der Entwicklung verbunden zu sein (Gouzoules 1984; Gouzoules und Gouzoules 1987). Die Affen verhalten sich so, als ob sie nicht erkennen, wer ihre Väter sind, und folglich Verwandtschaft väterlicherseits nicht ausmachen können. Wenn wir also im Verlauf dieses Buches von Verwandten sprechen, beziehen wir uns nur auf Individuen, die über die Mutter verwandt sind.

Die Daten von Meerkatzen und vielen anderen Primaten zeigen, daß kooperatives Verhalten zwischen mütterlicherseits Verwandten den Reproduktionserfolg beeinflussen kann. Wenn etwa ein Kind verwaist ist, sind es aller Wahrscheinlichkeit nach seine Geschwister, die für es sorgen, und eine solche Fürsorge kann entscheidend für Tod oder Überleben sein (siehe Lee 1983c für Meerkatzen; Hamilton, Busse und Smith 1982 für Paviane; Berman 1983 für Rhesusaffen; Goodall 1983 und Pusey 1983 für Schimpansen). Zweitens können enge Bindungen zwischen mütterlicherseits Verwandten den ranghohen Matrilinien helfen, ihren Status zu behaupten, oder rangniederen Matrilinien, insgesamt im Rang über andere aufzusteigen (siehe Seiten 51–53). Da reproduktiver Erfolg häufig mit dem Rangplatz (in der Hierarchie) korreliert, existiert möglicherweise eine eindeutige Verbindung zwischen starken matrilinearen Verwandtschaftsbeziehungen und Fitness. Drittens kann die Fürsorge, die Kindern durch ihre älteren Geschwister und / oder Großmütter zuteil wird, nicht nur die Unabhängigkeit fördern, sondern auch das Trauma der Entwöhnung lindern (Fairbanks 1988) und die Effizienz der Mutter bei der Nahrungssuche zu einer Zeit steigern, da sie unter beträchtlichem Nahrungsstress steht. Eine Groomingsitzung oder eine einzige Allianz, die zwar nicht unmittelbar die Fitness der beteiligten Individuen steigert, mag dennoch über längere Zeiträume zunehmend zu einer sozialen Beziehung beitragen, die selbst adaptive Konsequenzen für die Beteiligten hat (Hinde 1976a; 1976b; Seyfarth, Cheney und Hinde 1978).

Enge Bindungen zwischen verwandten Weibchen sind auch für eine erfolgreiche Verteidigung der Ressourcen einer Gruppe bei Überfällen durch benachbarte Gruppen entscheidend. Eine Meerkatzengruppe kann man sich als eine Allianz mehrerer Matrilinien gegen andere Gruppen verbündeter Matrilinien vorstellen (Wrangham 1980). Fehlen starke Allianzen innerhalb und zwischen Familien, kann es sein, daß eine Gruppe nicht in der Lage ist, ihre Ressourcen zu verteidigen, und zwar nicht nur zum Nachteil des reproduktiven Erfolges der Weibchen, sondern auch ihres Überlebens. Verwandte Weibchen helfen einander bei aggressiven Intergruppenauseinandersetzungen eher als nichtverwandten Gruppenmitgliedern; Gruppen mit mehreren großen Matrilinien scheinen in der Verteidigung und sogar bei der Ausdehnung ihres Territoriums besser als kleine Gruppen abzuschneiden (Cheney und Seyfarth 1987).

Dominanz

Eine der häufigsten sozialen Interaktionen bei Meerkatzen besteht darin, daß sich ein Tier einem anderen nähert und jenes andere sich davonmacht. Solche Annäherung-Rückzugs-Interaktionen (Rowell 1966) sind eine subtile Form von Konkurrenzkampf und treten in verschiedenen Kontexten auf. In einigen Fällen übernimmt das dominante Tier vielleicht das Futter, den Ruheplatz, den Gefährten oder Grooming-Partner des Rangniederen. In anderen Fällen wird nicht um eine einschlägige Ressource konkurriert. Bei den Meerkatzen ist die Richtung der Annäherung-Rückzugs-Interaktionen zwischen zwei beliebigen Individuen relativ stabil über die Zeit. Wenn ein Tier über ein anderes an einem bestimmten Tag dominant ist, stehen die Chancen gut, daß es Tage, Wochen, Monate, ja sogar Jahre später noch dominant sein wird. In unserer Untersuchung definieren wir Dominanz hinsichtlich der Richtung von Annäherung-Rückzugs-Interaktionen zwischen zwei Individuen und benutzen den Begriff Dominanz, um eine Beziehung zu beschreiben, in der diese Richtung über die Zeit stabil und voraussagbar ist.

Dominanz ist bei den Meerkatzen ein nützlicher Begriff, denn einmal als Richtung von Annäherung-Rückzugs-Interaktionen definiert, hat er einen beachtlichen Voraussagewert in vielen anderen Kontexten. Wenn sich beispielsweise eine Grüne Meerkatze bei der Konkurrenz um Nahrung als dominant über eine andere erweist, so wird dasselbe Individuum auch dominant sein, wenn um Groomingpartner, Geschlechtspartner oder Ruheplätze konkurriert wird (Seyfarth 1980; Andelman 1985). Wenn ein Tier bei Annäherung-Rückzugs-Interaktionen dominant über ein anderes ist, wird es auch bei Kämpfen dominant sein. Schließlich groomt bei den meisten Meerkatzenbeziehungen das rangtiefere das dominante Tier und bildet häufiger Allianzen mit ihm als umgekehrt (siehe Seiten 56–62). Diese vorhersagbaren Merkmale dominanter Beziehungen findet man jedoch nicht bei allen Arten. Beispielsweise sind die Dominanzbeziehungen bei Pavianmännchen von einem Kontext zum nächsten ziemlich unberechenbar (Strum 1982; Smuts 1985). Bei den Meerkatzen sind die Dominanzbeziehungen zwischen Männchen und Weibchen ähnlich kontextabhängig: Männchen sind bei »Mann-gegen-Mann«- oder dyadischen Interaktionen grundsätzlich dominant über Weibchen, aber zwei verbündete Weibchen können leicht ein erwachsenes Männchen verjagen.

Dominanzbeziehungen zwischen Meerkatzen sind nicht nur über Kontexte konsistent, sondern auch transitiv: Wenn A über B dominiert und B über C, so ist A ausnahmslos dominant über C. Folglich können Männchen und Weibchen jeder Gruppe in eine lineare Dominanzhierarchie, basierend auf der Richtung von Annäherung-Rückzugs-Interaktionen, eingeordnet werden.

Bei den Meerkatzenweibchen wie bei Pavian- und Makakenweibchen existiert eine eindeutige Verbindung zwischen Rangposition und Verwandtschaft; die Ranghierarchie zwischen Weibchen und Jugendlichen ist in der Tat eine Hierarchie der Familien (nachzulesen bei Walters und Seyfarth 1987). An der Spitze steht das älteste erwachsene Weibchen der ranghöchsten Familie. Ihre Nachkommen rangieren unmittelbar unter ihr, wobei Töchter in umgekehrter Beziehung zu ihrem Alter einzustufen sind (unveröffentlichte Daten). Die Rangnächste ist das älteste erwachsene Weibchen der im Rang zweithöchsten Familie, dann deren Nachkommen und so weiter. Dieselbe Beziehung zwischen Verwandtschaft und Rangposition gilt auch in anderen Meerkatzenpopulationen (Horrocks und Hunte 1983; Fairbanks und McGuire 1984). Das Phänomen »Rang dank Familie« wurde besonders ausführlich für die Rhesusaffen von Cayo Santiago dokumentiert, wo die Überlebenschancen der Kinder und die Lebenserwartung der Erwachsenen hoch sind (Sade 1965, 1967, 1972a; Datta 1983a). Unter diesen Bedingungen können Familiengenealogien ziemlich umfangreich sein und Großmütter, Mütter, Enkel und sogar Urenkel einschließen (Berman 1982).

Rangerwerb

Unter Kindern beiderlei Geschlechts wird der Rangplatz zumindest teilweise durch Allianzen mit Familienmitgliedern erworben (Cheney 1977, 1983a; Horrocks und Hunte 1983; Lee 1983b). In über 20 Prozent der aggressiven Interaktionen von weiblichen oder jugendlichen Meerkatzen interveniert ein drittes Individuum zugunsten des Aggressors oder des Empfängers der Aggression und hilft seinem Bündnispartner, den Gegner zu verjagen. Die Mehrheit aller Bündnisse (65 Prozent) wird zwischen genetisch engen Verwandten gebildet, entweder zwischen einer Mutter und ihrem Kind oder zwei Geschwistern. In einer typischen Interaktion zwischen zwei spielenden Kindern kommen beide Mütter angerannt, wenn eines der Kinder oder beide zu kreischen anfangen, weil das Spiel zu grob wird. Die dominante Mutter wird dann der rangtieferen Mutter und ihrem Kind drohen oder sie verscheuchen, und das rangtiefere Paar wird sich zurückziehen. So erlangt das Kind buchstäblich den Rang, den seine Mutter für es gewinnt.

Es gehört jedoch noch mehr zum Rangerwerb als nur eine ranghohe Mutter, die lediglich Rangtiefere einschüchtert, damit sie ihr Kind als dominant akzeptieren (Walters und Seyfarth 1987). Gruppenmitglieder verhalten sich beispielsweise schon in einem frühen Alter unterschiedlich gegenüber Kindern von ranghohen und rangniederen Müttern. Ranghohe Kinder werden häufiger als Spiel- oder Groomingpartner begehrt, und in vielerlei Hinsicht werden Interaktionen mit ihnen auf eine vorsichtigere Art ausgetragen als Interaktionen mit Kindern niederen Ranges (Lee 1983a; Whitten 1982; siehe auch Nicolson 1987). Vielleicht erben deshalb Jugendliche, deren Mütter gestorben sind, häufig den Rang ihrer Mütter (Lee 1983c; Berman 1983). Bei den Rhesusaffen (Datta 1983b) fordern Jugendliche beharrlich Erwachsene heraus, die im Rang unter ihren Müttern stehen, aber selten Erwachsene, die über ihren Müttern rangieren. Das läßt vermuten, daß ein jugendlicher Affe seine zu »erwartenden« Dominanzbeziehungen zu anderen in einem sehr frühen Alter erlernt, und zwar sowohl über seine eigenen Erfahrungen als auch durch Beobachten der Interaktionen zwischen seiner Mutter und anderen Gruppenmitgliedern (Datta 1983b; siehe auch Gouzoules 1975; Altmann 1980; Berman 1980; Horrocks und Hunte 1983).

Rangbehauptung

Auch wenn der Rangerwerb in der Kindheit für Männchen und Weibchen ähnlich verläuft, gestaltet sich die Behauptung eines Rangplatzes bei älteren Tieren beiderlei Geschlechts bemerkenswert verschieden. Bei den Weibchen sind die Verhaltensweisen, die einen Rangplatz sichern, subtil, und es ist nicht einfach, sie präzise zu beschreiben. Ranghohe Weibchen sind normalerweise weder größer, schwerer oder, soweit wir das sagen können, in besserer physischer Verfassung als andere, noch sind ranghohe Weibchen notwendigerweise aggressiver (Seyfarth 1980). Wenn also Weibchen ihren Status offenbar nicht durch Körpergröße oder Aggressivität behaupten, so scheint die Bedrohung durch Allianzen wirklich wichtig zu sein (Chapais 1988a, 1988b). In dieser Hinsicht besitzen Weibchen zwei Vorteile. Erstens: Bei vielen Populationen (doch nicht unter den Amboseli-Meerkatzen) haben ranghohe Weibchen größere Familien (z. B. Fairbanks und McGuire 1984; Drickamer 1974; Sade u. a. 1976). Da die meisten Allianzen zwischen Familienmitgliedern gebildet werden, genügt anscheinend die »implizierte Bedrohung«, Aggressionen vieler Individuen auf sich zu ziehen, um Unterwerfung bei rangtieferen Tieren zu erzeugen. Tatsächlich fand Datta (1983c) bei einer Untersuchung an Rhesusaffen, daß ranghohe Aggressoren besonders wahrscheinlich die Unterstützung ihrer Verwandten gegen rangtiefere Gegner erlangten, wenn sie klein und jung waren. Obwohl diese Interventionen das unmittelbare Ergebnis des Disputs nicht beeinflußten (da das jüngere Tier bereits dabei war, den Kampf zu gewinnen), ermöglichten sie vielleicht ranghohen Weibchen, ihren jüngeren Verwandten zu helfen, deren Rang gegen potentielle Herausforderungen zu behaupten.

Zweitens: Auch wenn ranghohe Familien nicht größer sind, so schneiden ranghohe Weibchen in der Anwerbung von Verbündeten unter *nichtverwandten* Individuen besser ab als rangniedere Weibchen (siehe Seiten 55–57). Auch hier mag wieder die Bedrohung durch Vergeltung seitens einer großen Anzahl von Tieren rangniedere Tiere abschrecken, die etablierte Hierarchie herauszufordern.

Verglichen mit der männlichen Rangposition ist der weibliche Rangplatz relativ stabil über die Zeit. Über einen Zeitraum von 4 Jahren wechselten zum Beispiel erwachsene Weibchen dreier Meerkatzengruppen ihre Rangplätze mit einer Häufigkeit von einem Rangplatzwechsel pro Weibchen alle 10 Jahre. Die vergleichbare Zahl für Männchen war siebenmal größer (Cheney 1983a). Die Stabilität der weiblichen Dominanzhierarchie wird auch durch die Tatsache veranschaulicht, daß sich in der Regel Bündnisse nicht über bestehende Rangpositionen hinwegsetzen können: Zwei koalierende Weibchen können ein drittes nur verjagen, wenn das dritte Tier zumindest unter einer von beiden rangiert (Cheney 1983a; für vergleichbare Daten bei Rhesusaffen siehe Datta 1983c; Walters und Seyfarth 1987). Eine logische Frage ist also, warum

Weibchen überhaupt Bündnisse bilden, da doch in den meisten Fällen Bündnisse dem Individuum nicht zu irgend etwas verhelfen, was es nicht auch bereits allein erlangen könnte?

Trotz ihrer relativen Stabilität sind die Rangpositionen der Weibchen nicht unantastbar. Mehr noch, die Umstände, die zu Umkehrungen in den weiblichen Rangpositionen führen, liefern manche Erklärung für die Bedeutsamkeit von Koalitionen unter Weibchen. Unter Pavianen, Makaken und Meerkatzen treten die meisten Rangumschwünge auf, wenn ein Weibchen mit weniger oder gar keinen nahen Verwandten ihren Status als Folge beständiger aggressiver Herausforderungen durch eine größere Matrilinie von niederem Rang verliert (Koyama 1979; Chance, Emory und Payne 1977; Gouzoules 1980; Smuts 1980; Ehart und Bernstein 1986; Samuels, Silk und Altmann 1987). Gelegentlich erhöhen größtenteils zufällige Ereignisse – was bei kleineren Gruppen nicht ungewöhnlich ist – die Wahrscheinlichkeit, daß eine Matrilinie niederen Ranges eine solche Herausforderung erfolgreich meistern kann. In unserer Gruppe B zum Beispiel gebar das erwachsene Weibchen Marcos, die ursprünglich an sechster Stelle von sieben Weibchen rangierte, drei überlebende Töchter zwischen 1977 und 1981. Während derselben Zeit gebar das erwachsene Weibchen Duvalier, die an Position 5 unter 7 stand (höher als Marcos), zwei Töchter, die überlebten. Im Jahr 1981 wurde Duvalier jedoch von einer Pythonschlange getötet und aufgefressen. Zweieinhalb Jahre lang behaupteten Duvaliers junge Töchter beide ihren Rangplatz über der Marcos-Matrilinie, aber in dieser Zeit gebar Marcos zwei weitere Töchter, und ihre älteste Tochter hatte auch zwei Töchter. Im Jahr 1984 starb dann eine von Duvaliers Töchtern. Die sieben Weibchen der Marcos-Matrilinie inszenierten unmittelbar danach aggressive Herausforderungen gegenüber dem einzigen überlebenden Weibchen in der Duvalier-Matrilinie. Innerhalb weniger Monate war die gesamte Marcos-Matrilinie im Rang über sie aufgestiegen.

Dieses Beispiel veranschaulicht, daß erfolgreiche Herausforderungen einer etablierten Weibchenhierarchie, obwohl sie zweifellos selten sind, doch auftreten. Und Herausforderungen einer etablierten Hierarchie sind um so wahrscheinlicher, wenn Weibchen von hohem oder mittlerem Rang nicht in der Lage sind, Verwandte als Verbündete zu rekrutieren (Chapais 1988b). Die Behauptung einer Rangposition unter Weibchen mag uns subtil erscheinen, weil es nur zu geringfügigen Aggressionen kommt und tatsächliche Rangumschwünge selten sind. Die Begleitumstände bekannt gewordener Rangwechsel zeigen jedoch, daß sich der Prozeß »herauszufordern und zu verteidigen«, zu jeder Zeit, wenn auch subtil, zwischen Weibchen abspielt.

Auch wenn der Rangplatz eines jungen Männchens von der Unterstützung seiner weiblichen Verwandten abhängt, so hängt sein Rang, wenn es älter wird (und besonders nach dem Verlassen seiner Geburtsgruppe), zunehmend von Alter, Größe, Stärke und anderen kämpferischen Eigenschaften ab. Männchen erreichen typischerweise ihren höchsten Rang während der Jahre, da sie ihre volle Erwachsenengröße erlangt und soziale Erfahrungen gewonnen haben (mit ungefähr 6 bis 10 Jahren bei Grünen Meerkatzen), danach sinken sie im Rang (Henzi und Lucas 1980; für Daten über Paviane siehe Packer 1979; Rasmussen 1980; Busse und Hamilton 1981; Strum 1982; Bercovitch 1988). Wie schon früher erwähnt, sind die Rangpositionen bei den Männchen weniger stabil als bei den Weibchen, und ein Männchen kann seinen Rangplatz viele Male während seines Lebens wechseln. Mehr noch, bei einigen Arten können Koalitionen einen bedeutenden Einfluß auf die Fähigkeit eines rangniederen Männchens nehmen, Zugang zu Ressourcen zu gewinnen, von denen es sonst ausgeschlossen wäre. Bei Pavianen können zum Beispiel zwei verbündete rangniedere Männchen ein Männchen verjagen, das normalerweise über jedem der beiden rangiert (Hall und DeVore 1965; Packer 1977; Noë 1986; Bercovitch 1988). Männchen-Männchen-Bündnisse bei Pavianen unterscheiden sich daher auffallend von Weibchen-Weibchen-Bündnissen, die selten auch nur in einem vorübergehenden Wechsel in der bestehenden Ranghierarchie enden. Angesichts der Tatsache, daß bei vielen Pavianpopulationen Männchen-Männchen-Allianzen überwiegen, und der klaren Vorteile, die Männchen niederen Ranges aus ihnen ziehen können, ist es überraschend, daß diese Allianzen bei Meerkatzen und Makaken äußerst selten vorkommen. Während unserer gesamten Studie bildete nur ein männliches Paar jemals regelmäßig Allianzen, obwohl vielen Gruppen auch Brüder oder Männchen angehörten, die ursprünglich aus derselben Geburtsgruppe mit übergewechselt waren.

Die Funktion von Rangpositionen

Warum sollten männliche und weibliche Affen bestrebt sein, eine hohe Rangposition zu behaupten? Bei den Meerkatzen liegen die Vorteile eines hohen Rangs, gemessen an seinen unmittelbaren Verhaltenskonsequenzen, auf der Hand. Ranghohe Individuen haben bevorzugten Zugang zu Ruheplätzen, Nahrung, Geschlechtspartnern, Sozialpartnern und anderen erstrebenswerten Ressourcen, die nur begrenzt zur Verfügung stehen.

Die evolutionären Langzeitfolgen eines hohen Rangs sind schwerer abzuschätzen. In unserer Untersuchung waren die Lebensspanne eines Weibchens und das Überleben ihrer Nachkommenschaft die Hauptfaktoren, die den reproduktiven Erfolg beeinflussen (Cheney u. a. 1988). Die Haupttodesursachen waren Raubfeinde (verantwortlich für mindestens 70 Prozent aller Todesfälle), Krankheit oder Hunger. Raubfeinde waren für die Mehrheit der Todesfälle beim oberen Dreiviertel der Ranghierarchie verantwortlich, während Tiere im untersten Viertel ebenso wahrscheinlich durch Raubtiere wie an Krankheiten starben. In dieser Hinsicht besaßen ranghohe Weibchen möglicherweise einen Vorteil: Die Wahrscheinlichkeit, daß ein Individuum durch einen Raubfeind sterben würde, stand nicht mit dem Rangplatz in Beziehung, während die Wahrscheinlichkeit, daß ein Weibchen an Krankheit oder Hunger sterben würde, am größten für Individuen im untersten Rangviertel war. In Whittens (1983) Studie über Meerkatzen im Samburu-Reservat in Kenia hatten ranghohe Weibchen häufiger Zugang zu knappen Nahrungsressourcen und bekamen mehr Kinder. Dennoch fand Whitten keine Beziehung zwischen dem Rang eines Weibchens und dem Überleben seiner Kinder, in unserer Untersuchung hingegen war weder die Überlebenschance der Kinder noch die Lebensspanne für ranghohe Weibchen größer. Ähnlich gab es bei den Männchen keine signifikante Korrelation zwischen Rangpositionen und Kopulationshäufigkeit.

Berichte, die die Beziehung zwischen Rangpositionen und reproduktivem Erfolg bei nichtmenschlichen Primaten (Dewsbury 1982; Clutton-Brock 1988) oder bei Primatenarten außer bei Meerkatzen bewerten (Fedigan 1983; Robinson 1982; Silk 1987), liefern übereinstimmendere Beweise für eine Korrelation zwischen hohem Status und hohem reproduktiven Erfolg. Sowohl unter Männchen als auch unter Weibchen existiert häufig eine positive Verknüpfung zwischen Rangposition und einem oder mehreren Faktoren der reproduktiven Aktivität. Quer durch viele Untersuchungen und Arten übertreffen die positiven Korrelationen die negativen. Daraus können wir schließen, daß im Durchschnitt ranghohe Individuen beiderlei Geschlechts auf Grund ihrer Rangposition einen reproduktiven Vorteil besitzen (Silk 1987).

Gleichzeitig stehen bei einigen Populationen, die Meerkatzen eingeschlossen, die Rangpositionen von Männchen und Weibchen in keinem Bezug oder korrelieren sogar negativ mit dem reproduktiven Erfolg (McGinnis 1979; Taub 1980; Strum 1982; Smuts 1985). Im Falle der Weibchen müssen wir noch mehr über die Beziehungen zwischen den verschiedenen Faktoren erfahren, die bei der reproduktiven Aktivität eine Rolle spielen. Reproduktiv erfolgreichen Weibchen wird im allgemeinen unterstellt, diejenigen zu sein, die in einem frühen Alter beginnen, sich zu reproduzieren, die die Reproduktion über viele Jahre fortsetzen, in kürzeren Intervallen gebären, mehr Kinder produzieren oder gesündere Kinder zeugen. Einige dieser Faktoren können jedoch negativ miteinander korrelieren; zum Beispiel in den Fällen, in denen die zwischengeburtlichen Abstände nach überlebenden Kindern länger sind als nach jenen, die sterben (Cheney u. a. 1988; siehe auch Altmann, Altmann und Hausfater 1978; Altmann, Altmann und Hausfater 1988 für Paviane).

Es ist häufig schwierig, den männlichen Reproduktionserfolg zu erfassen, da sich die Sicherstellung der Vaterschaft als problematisch erweist. Genetische Untersuchungen haben in einigen Fällen gezeigt, daß nicht immer Übereinstimmung besteht zwischen indirekten Verhaltensfaktoren der reproduktiven Aktivität, wie zum Beispiel wer am häufigsten kopuliert, und dem tatsächlichen Vater eines bestimmten Kindes (Estep, Johnson und Gordon 1981; Stern und Smith 1984; siehe auch Duvall, Bernstein und Gordon 1976). Außerdem werden einfache Beziehungen zwischen Rangplatz und reproduktivem Erfolg durch Faktoren wie Alter des Männchens, Aufenthaltsdauer in der Gruppe, Bevorzugung durch Weibchen und elterliche Fürsorge seitens des Männchens kompliziert; für alle diese Faktoren wurde nachgewiesen, daß sie bei Männchen den Zugang zu Geschlechtspartnern beeinflussen. Weil Männchen im Laufe ihres Lebens häufig die Rangposition wechseln, ist es nicht zuletzt notwendig, wie Hausfater (1975) herausstellte, Daten über die reproduktive Aktivität *im Leben* eines Männchens zu erlangen, bevor all diese den reproduktiven Erfolg beeinflussenden Faktoren vollständig bewertet werden können. Im Augenblick scheint die Schlußfolgerung, daß sowohl bei den Männchen als auch bei den Weibchen die Rangposition einige, aber keineswegs alle Unterschiede im reproduktiven Erfolg erklärt, am gesichertsten zu sein (Silk 1987).

Statusstreben

Es ist leider schon gängig, daß in populären Artikeln oder Fernsehshows über das Verhalten von Tieren ein Kommentator allwissend erklärt: »Bei diesen Tieren wäre das Leben ein beständiger Kampf ums Überleben, gäbe es nicht die Ranghierarchie, die Regeln setzt, wer wen herausfordern darf, und somit der Gruppe Frieden verschafft.« Nach der Vorstellung des Kommentators ist es, als hätten sich die Tiere getroffen und hätten vereinbart, daß einer als erster rangieren sollte, ein anderer als zweiter, dritter und so weiter, was zu einer Art panglossischem Paradies führt, wo keiner kämpfen muß, weil jeder den Status quo akzeptiert. Ethologen krümmen sich, wenn sie so etwas hören, weil nichts weiter von der Wahrheit entfernt ist als das.

Beispielsweise fordern Meerkatzen in dem Versuch, ihren Status zu verbessern, nicht nur ranghöhere Individuen heraus, sondern wenden auch eine Reihe spitzfindiger Strategien an, die offenbar darauf abzielen, einige der mit einem hohen Rang verbundenen Vorteile zu gewinnen, selbst wenn ihr tatsächlicher Status niedrig bleibt. Beweise für Statusstreben entstammen zwei alltäglichen sozialen Interaktionsformen: Allianzen und Grooming.

Allianzen

Da aggressive Interaktionen häufig sind, bieten sich den einzelnen Meerkatzen viele Gelegenheiten zu »wählen«, ob sie zugunsten einer anderen intervenieren. Bei einer Datenanalyse der Jahre 1977, 1978 und 1980 fanden wir heraus, daß Weibchen bei aggressiven Auseinandersetzungen Unterstützung in direkter Beziehung zu ihrem Rangplatz erhielten (Cheney 1983a). Mit anderen Worten, außer ihrer Präferenz, Verwandten zu helfen, bevorzugten weibliche Grüne Meerkatzen auch die Bildung von Allianzen mit ranghohen Individuen. In Abbildung 2.7 stellen wir Daten aus den Jahren 1985 und 1986 vor, als uns alle Verwandtschaftsbeziehungen bekannt waren. Auch hier gingen erwachsene Weibchen und Jugendliche, neben einer häufigen Allianzbildung mit ihren Verwandten, pro Gelegenheit häufiger Allianzen mit ranghöheren Individuen ein als mit rangtieferen.

Wir haben behauptet, daß Präferenzen für ranghohe Allianzpartner Versuche darstellen, Langzeitbindungen zu ranghohen Individuen herzustellen (Cheney 1977; Seyfarth 1977). Obwohl solche Bindungen den Rang eines Individuums vielleicht nicht tatsächlich anheben, so erlauben sie dennoch rangniederen Tieren, einige der Vorteile zu ergattern, die ranghöhere Gruppenmitglieder genießen. Dieses Argument stützt sich auf drei Punkte.

Erstens: Bei Arten wie Pavianen, Makaken und Meerkatzen gewinnen ranghohe Weibchen die Mehrheit der Auseinandersetzungen, auf die sie sich einlassen, und haben bevorzugt Zugang zu knappen Ressourcen. Zweitens: Sogar unter nichtverwandten Tieren gibt es häufig eine starke positive Korrelation zwischen Allianzenbildung und anderen kooperativen Verhaltensweisen wie zum Beispiel Grooming oder Toleranz an Futterplätzen (z. B. Packer 1977; Seyfarth 1977; Colvin 1983b). Tiere, die häufig Allianzen bilden, sind auch jene, die am häufigsten miteinander groomen, fressen oder spielen (Seyfarth 1980; Cheney 1983a; Lee 1983d; siehe auch Walters und Seyfarth 1987, die über Ergebnisse bei anderen Arten berichten). Drittens behaupten wir, daß diese Korrelationen *kausale* Beziehungen widerspiegeln: Wenn ein rangniederes Tier ein Bündnis mit einem ranghöheren schließt, so wird das

Abb. 2.7: zeigt die Häufigkeiten, mit denen erwachsene Weibchen Allianzen mit jedem nichtverwandten erwachsenen Weibchen bildeten, die über und unter dem Rangmittel zwischen 1985 und 1986 rangierten. Die Daten stammen von allen erwachsenen Weibchen (N = 7), die die Möglichkeit hatten, mit ranghöheren und rangtieferen erwachsenen Partnerinnen zu interagieren. Alle 7 Weibchen bildeten häufiger Allianzen mit Weibchen oberhalb des Rangmittels (zweiseitiger Wilcoxon-Test, P < 0.05).

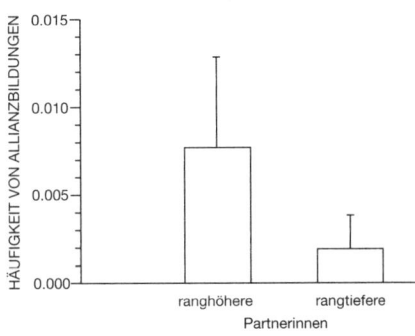

ranghöhere Tier in der Folge mit größerer Wahrscheinlichkeit seine Partnerin in einer Allianz unterstützen oder ihr den Zugang zu einer Ressource erlauben, den sie sonst nicht erhalten könnte. Oder das ranghöhere Tier ist in Zukunft vielleicht einfach weniger aggressiv gegenüber seiner Partnerin und deren Nachwuchs (Silk 1982). Experimente mit Grünen Meerkatzen haben gezeigt, daß, wenn ein Individuum ein nichtverwandtes Tier groomt, die Empfängerin eher bereit ist, in der Folgezeit auf ein Hilfegesuch seitens des groomenden Tieres zu reagieren (Seyfarth und Cheney 1984a; siehe auch Kapitel 3). Natürlich sind vollkommen reziproke Beziehungen zwischen Weibchen unterschiedlichen Rangs weitgehend auszuschließen oder sogar höchst unwahrscheinlich, zumindest teilweise wegen der Asymmetrie der Vorteile, die jede Partnerin der anderen anbieten muß: Ein rangniederes Weibchen hat viel mehr von einem ranghohen Weibchen zu gewinnen als umgekehrt. Auch wenn ranghohe Tiere sich nur selten bei ihren rangniederen Partnerinnen revanchieren, mag es jedoch für rangniedere Weibchen noch immer vorteilhaft sein, die Etablierung von Bindungen zu jenen anzustreben, die potentiell den größten Vorteil einbringen könnten (Cheney 1983a; Seyfarth und Cheney 1988b).

Grooming

Grooming (Abb. 2.8) ist das häufigste soziopositive Verhaltensmuster bei Primaten. Obwohl eine Funktion des Groomens zweifellos die Entfernung von Ektoparasiten ist (z. B. Freeland 1976; Hutchins und Barash 1976; McKenna 1978), stützt eine Reihe von Beweisen Carpenters ursprüngliche (1942) Meinung, daß die primäre Funktion des Grooming darin besteht, Hilfestellung bei der Schaffung und Aufrechterhaltung enger sozialer Bindungen zu leisten

Abb. 2.8: Mitglieder der Borgia-Matrilinie groomen einander.

(siehe auch Marler 1965). Quer durch viele Primatenarten gibt es zum Beispiel keine Korrelation zwischen der Körpergröße und der Zeit, die mit Grooming verbracht wird, während eine signifikante Korrelation mit der Gruppengröße existiert (Dunbar 1991). Bei Meerkatzen groomen sich die Tiere, die am wenigsten von anderen gegroomt werden, untereinander nicht am häufigsten (Seyfarth 1980), und bei allen Arten zeigen einzelne Affen starke Präferenzen für bestimmte Groomingpartner.

Wenn Grooming primär dazu dient, soziale Bindungen zu schaffen und zu erhalten, würde man prophezeien, daß Weibchen einen großen Anteil des Groomings ihren Verwandten zukommen lassen. Das ist in der Tat so (siehe Abb. 2.4). Wenn wir der Begründung folgen, die für Allianzbildung vorgebracht wurde, könnten wir jedoch auch voraussagen, daß uns Grooming Beweise für Statusstreben liefern sollte. Weibchen sollten jene mit einem hohen Rang groomen, da Grooming mit ranghohen Individuen möglicherweise den größten Vorteil bringt. Während die Allianzenbildung jedoch frei von Konkurrenzstreben ist (beliebige Tiere können sich der Allianz anschließen – keiner wird davon ausgeschlossen), groomen sich Meerkatzen und andere Altweltaffen vornehmlich paarweise. Folglich kann es zu Konkurrenz um

Groomingpartner kommen. Wir könnten deshalb voraussagen, daß das Zusammenspiel zwischen der Konkurrenz um und einer Vorliebe für ranghohe Partner sowohl zu einem häufigen Grooming ranghoher Tiere als auch zu häufigem Grooming zwischen Tieren benachbarter Rangpositionen führen wird. Und zwar deshalb, weil ranghohe Weibchen, die keinem Konkurrenzzwang unterliegen, das Gros ihres Groomings nichtverwandter Tiere auf solche mit hohem Rang verteilen sollten. Dagegen sollten Weibchen mittleren Rangs in Konkurrenz um den Zugang zu ranghohen Tieren treten und einen Kompromiß durch Grooming nichtverwandter Tiere mittleren Ranges schließen. Schließlich sollten rangniedere Individuen in Konkurrenz um den Zugang zu allen Individuen treten und konsequent jene von niederem Rang groomen (Seyfarth 1977, 1980, 1983).

Weil im Rang benachbarte Individuen häufig verwandt sind und Verwandtschaftsbeziehungen in den Anfangsstadien jeder Langzeitstudie (unsere eingeschlossen) im allgemeinen unbekannt sind, ist es oftmals schwierig zu sagen, ob eine hohe Groomingrate zwischen zwei beliebigen Individuen aus verwandtschaftlichen Präferenzen resultiert oder aus den Kompromissen in Zusammenhang mit der Konkurrenz um ranghohe Tiere. Wenn wir das im Kopf behalten, können wir drei Voraussagen über die Verteilung von Grooming und verwandten Verhaltensweisen bei Meerkatzen und anderen Affen machen. Erstens sollte es hohe Groomingraten zwischen Verwandten geben. Zweitens sollten Weibchen, wenn sie Nichtverwandte groomen, ranghohe Partnerinnen bevorzugen. Und schließlich sollten sich Weibchen benachbarten Ranges, auch wenn sie nicht verwandt sind, gegenseitig häufig groomen.

Diese Voraussagen werden in hohem Maße durch Daten von Untersuchungen an Meerkatzen und anderen Affen gestützt. Bei Meerkatzenweibchen tritt beispielsweise Grooming in der Mehrheit unter Verwandten auf. Dennoch konkurrieren dieselben Weibchen weniger um den Zugang zu ihren eigenen Verwandten als um die Gelegenheit, ranghohe Individuen zu groomen.

In unserer Untersuchung definierten wir eine Konkurrenzinteraktion um den Zugang zu einer Groomingpartnerin als gegeben, wann auch immer ein Weibchen sich zwei Groomingpartnerinnen näherte, eine von ihnen verdrängte und dann die andere groomte. In Abbildung 2.9 veranschaulichen wir die Verteilung solcher Konkurrenzinteraktionen unter Weibchen in drei sozialen Gruppen während der Jahre 1977, 1978, 1980, 1983 und 1986. Weibchen aller Rangpositionen rivalisierten um den Zugang zu Groomingpartnerinnen, und die attraktivsten Partnerinnen waren ranghohe Individuen.

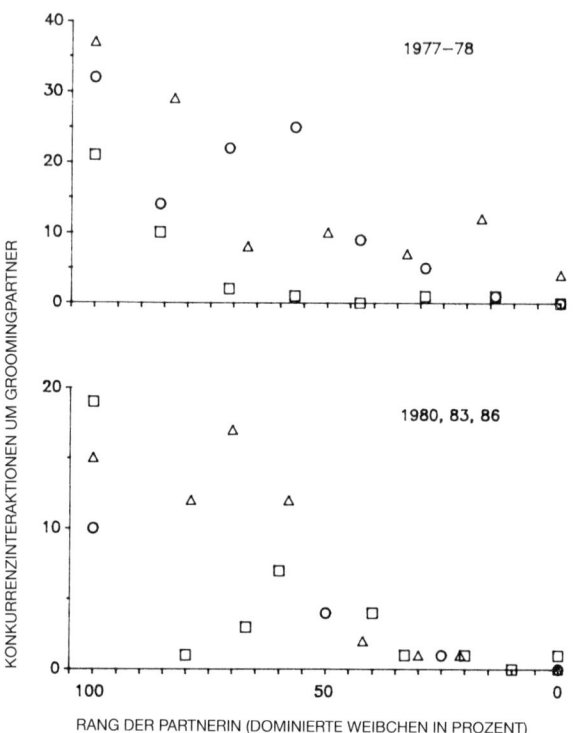

Abb. 2.9: Die Beziehung zwischen der Rangposition eines Weibchens und der Anzahl der Konkurrenzinteraktionen um Zugang zu ihr als Groomingpartnerin. Als Maßstab für die Rangposition eines Weibchens dient das Verhältnis, in dem es über andere erwachsene Weibchen dominiert (100 % = oberste Rangposition). Die Daten der oberen Darstellung stammen aus einem Zeitraum von 15 Monaten in den Jahren 1977 bis 1978 und sind Seyfarth 1980 entnommen; die Daten in der unteren Darstellung sind aus Beobachtungen über einen Zeitraum von insgesamt 9 Monaten in den Jahren 1980, 1983 und 1985 bis 1986 zusammengestellt. Die Weibchen der Gruppe A sind durch Kreise gekennzeichnet, die in Gruppe B durch Dreiecke und die in Gruppe C durch Quadrate.

Weibchen von hohem und mittlerem Rang verteilten ihr Grooming wie vorhergesagt. Ranghohe Weibchen groomten nichtverwandte Tiere in direkter Beziehung zu deren Rang, nämlich meist ranghohe und am wenigsten rangniedere Weibchen (Abb. 2.10). Dagegen groomten Weibchen mittleren Rangs die unter ihnen rangierenden in direkter Beziehung zu deren Rangpositionen und die über ihnen rangierenden in umgekehrter Beziehung zu deren Rangpositionen (Abb. 2.10). Wir sagten voraus, daß auch rangniedere Weibchen ranghöhere in umgekehrter Beziehung zu deren Rang groomen würden, so daß sie das Weibchen mit dem höchsten Rang weniger als jene mit mittlerer Rangposition groomen. Jedoch verteilten rangniedere Weibchen ihr Grooming ungefähr gleich unter den über ihnen rangierenden (Abb. 2.10). Offensichtlich hat Konkurrenz das Grooming rangniederer Weibchen nicht so stark gehemmt wie vorausgesagt, und sie konnten bedingt Zugang zu den Mitgliedern ihrer Gruppe mit den höchsten Rangpositionen erlangen.

Bei Groomingmustern, die eine Interaktion unter Verwandten widerspiegeln, sind Konkurrenz und die Attraktivität ranghoher Tiere nicht auf Grüne Meerkatzen beschränkt. Wie schon erwähnt ist häufiges Grooming unter Verwandten bei Primaten weit verbreitet. Und obwohl einige Untersuchungen keine Korrelation zwischen Rang und Attraktivität bei einem Grooming-

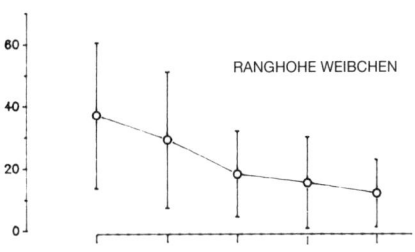

Abb. 2.10: Die Groomingverteilung bei Weibchen hohen, mittleren und niedrigen Rangs an nichtverwandte Partnerinnen. Die obere graphische Darstellung zeigt, daß ranghohe Weibchen andere in direkter Beziehung zu deren Rang groomten; die mittlere Graphik zeigt, daß Weibchen mittleren Rangs die unter ihnen rangierenden in direkter Beziehung zu deren Rangposition und die über ihnen rangierenden in umgekehrter Beziehung zu deren Rangpositionen groomten; die untere Graphik zeigt, daß bei rangniederen Weibchen keine solche Beziehung besteht zwischen dem Rang der Partnerin und dem Maß, in dem man ihr Grooming zukommen läßt. Die Darstellungen zeigen Mittelwerte und Standardabweichungen für alle Weibchen in den Jahren 1983 und 1985 bis 1986.

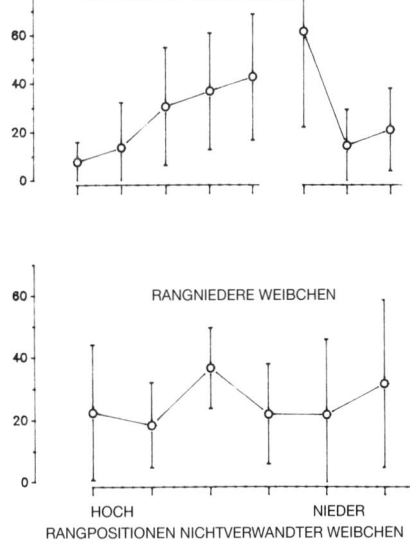

oder Bündnispartner gefunden haben (für Daten bei Pavianen siehe Rowell 1966 und Walters 1986, für Daten bei Blutbrustpavianen ⟨ *Theropithecus gelada* ⟩ siehe Dunbar 1983a), ist diese Korrelation bei vielen anderen dokumentiert worden (Fairbanks 1980 für Meerkatzen; Seyfarth 1976 und Pereira 1988 für Paviane; Kummer 1968 und Stammbach 1978 für Mantelpaviane ⟨ *Papio hamadryas* ⟩; Kummer 1975 für Blutbrustpaviane; Sade 1972b, Chapais 1983, de Waal und Luttrell 1986 für Rhesusaffen; Oki und Maeda 1973 und Mehlman und Chapais 1988 für Japanmakaken; Silk, Samuels und Rodman 1981 für Hutaffen ⟨ *Macaca radiata* ⟩).

Außerdem ist Statusstreben nicht auf erwachsene Weibchen beschränkt, noch manifestiert es sich nur beim Grooming oder bei der Bündnisbildung. Frans de Waal (1982, 1987), der den Begriff als erster verwandte, beschreibt eine Reihe von Interaktionen zwischen männlichen und weiblichen Schimpansen über einen Zeitraum von 2 Jahren, die nur durch die Annahme erklärt werden können, daß die Tiere gezielt Bindungen mit jenen eingingen (mittels Grooming, Bündnissen, Toleranz, Versöhnung und Rückversicherung), von denen sie potentiell den größten Nutzen ziehen konnten (siehe auch Nishida 1983).

Erst kürzlich trainierte Eduard Stammbach (1988a, 1988b) rangniedere Weibchen einer Gefangenschaftsgruppe von Javaneraffen (*Macaca fascicularis*), eine Reihe von Hebeln zu drücken, um von einer Maschine ein höchst begehrenswertes Futter (Popcorn) zu bekommen. Jede rangniedere »Spezialistin« wurde einzeln trainiert, und ein Versuchsleiter kontrollierte die Einstellung der Maschine, so daß jeweils pro Tag nur eine der Spezialistinnen und kein anderes Gruppenmitglied an Popcorn kommen konnte. In der ersten Experimentalphase, als die Futterspendemaschine noch in Betrieb war, begannen ranghohe Weibchen den Spezialistinnen zu folgen, wann auch immer sie sich der Maschine näherten. Sie unterließen es auch, Spezialistinnen von der Maschine zu verjagen. Bei vielen Dyaden nahmen Grooming und räumliche Nähe zu. Der größte Zuwachs zeigte sich bei solchen Dyaden, bei denen das ranghohe Weibchen auf Grund des Verhaltens der Spezialistin den größten Anteil an Futter bekam. Noch interessanter ist, daß ranghohe Weibchen, selbst nachdem die Futtermaschine abgestellt worden war und es keine Aussicht auf unmittelbare Belohnung gab, das Grooming fortsetzten und weiterhin in der Nähe der Spezialistinnen blieben. Stammbach schließt: »Wenigstens einige der Gruppenmitglieder bemerkten die Fähigkeiten der Spezialistinnen und paßten ihr Verhalten entsprechend einer Maximierung von Vorteilen an.« (1988b, S. 265)

Um diese experimentellen Beweise zu ergänzen, bringen wir zwei Fallbeispiele von Meerkatzen, die veranschaulichen, wie ein offensichtliches Bewußtsein von der realen oder potentiellen »Macht« bestimmter Individuen soziale Interaktionen beeinflussen kann. In beiden Fällen brachen bestimmte Weibchen beständig die Beziehung zwischen hoher Rangposition und Attraktivität, indem sie entweder mehr oder weniger Grooming erhielten, als auf Grund ihres Ranges vorausgesagt werden konnte. In jedem Fall war es, als ob andere Weibchen das zukünftige Potential dieser Individuen erkannten, nämlich Verbündete anzuwerben und im Rang zu steigen.

Unser erster Bericht konzentriert sich einmal mehr auf Marcos, ein Weibchen, das durch List und das Zeugen vieler Töchter und Enkelinnen stetig an Bedeutung in Gruppe B gewann. Als wir 1977 unsere Untersuchung starteten, hatte Gruppe B eine seltsame demographische Zusammensetzung; sechs der sieben Weibchen lebten allein, und es gab keine Jugendlichen in der Gruppe. In absteigender Rangfolge waren die erwachsenen Weibchen: Bokassa, Somoza, Amin, Franco, Duvalier, Marcos und Pinochet. Obwohl die Verwandtschaftsbeziehungen zwischen diesen Weibchen nicht bekannt waren, hegten wir auf Grund der Beziehungsmuster und der physischen Ähnlichkeit (Walters 1981) den starken Verdacht, daß die Gruppe aus zwei Matrilinien naher Verwandter bestand, wahrscheinlich Schwestern. Die erste Matrilinie umfaßte die drei ranghöchsten Weibchen, Bokassa, Somoza und Amin, und die zweite die beiden rangtiefsten Weibchen, Marcos und Pinochet.

Während der nächsten 10 Jahre zeugte Marcos nicht nur mehr überlebende Nachkommen als jedes andere Weibchen in der Gruppe, sondern auch mehr überlebende Töchter. Somit hatte Marcos, wenn wir in der Folge Groomingdaten sammelten (1980, 1983 und 1986), immer mehr lebende weibliche Verwandte als irgendein anderes Weibchen der Gruppe. Die anderen Weibchen schienen zu erkennen, daß es Marcos wegen ihrer größeren Familie beschieden war, mehr Verbündete zu werben, und sie groomten sie in durchweg höherem Maße, als man in Anbetracht ihres geringen Status hätte erwarten können. Wie wir schon erwähnten, stieg Marcos 1984 tatsächlich im Rang auf und war über dem einzigen Abkömmling von Duvalier dominant. Um 1986 war Marcos das rangzweite Weibchen in der Gruppe und rangierte lediglich unter Amin und ihrer erwachsenen Tochter Aphro. 1987 starben Amin und Aphros Tochter und ließen Aphro als einzig Überlebende der ranghöchsten Matrilinie zurück. Fast unmittelbar stieg Marcos' Matrilinie über Aphro auf und wurde die dominante Matrilinie. 1988 erhielt Marcos mehr Grooming als irgendein anderes Weibchen der Gruppe.

Ein anderes Beispiel dafür, daß sich Affen offenbar in ihrer relativen Bedeutung gegenseitig einzuschätzen vermögen, stammt von Borgia, einem Weibchen aus Gruppe A. 1977 hatte Borgia eine jugendliche Tochter, Leslie, und rangierte als dritte in einer Gruppe von acht erwachsenen Weibchen. Im Laufe der nächsten 4 Jahre starben viele rangniedere Weibchen in Gruppe A (Wrangham 1981), und um 1981 belegten Borgia und Leslie Platz 2 und 3 in einer Gruppe von vier Weibchen. Das dominante Weibchen, Escoffier, war jung und besaß keine lebenden weiblichen Verwandten; ihre Schwester war 1977 von Pavianen getötet worden, und ihre Mutter kam 1980 durch einen Leoparden ums Leben. Borgia und Leslie stiegen bald im Rang über Escoffier auf und wurden Erste und Zweite in der Rangfolge. Dagegen fiel Escoffier bis ans untere Ende der Hierarchie zurück. Doch trotz des geringen Status von Escoffier groomte Borgia sie auch weiterhin häufiger als jedes andere Weibchen, ihre eigene Tochter eingeschlossen. Borgia verhielt sich so, als ob sie sich des früheren Status von Escoffier erinnere und diese irgendwann einmal wieder im Rang aufsteigen könnte, nämlich dann, wenn sie selbst Nachkommen zeugen würde. 1986 starb Leslie; Escoffier und ihre jugendliche Tochter stiegen sofort im Rang über Borgia auf, die ihr langes Leben auf der untersten Stufe der weiblichen Ranghierarchie beendete.

Diese Interaktionen spiegeln die Spannung zwischen jenen wider, die im Augenblick Macht besitzen, und jenen, die mächtig werden könnten. Sie legen nahe, daß, obwohl das dominante Weibchen immer am meisten anzubieten hat, der Verlust der weiblichen Verwandtschaft die Aussichten trübt, den Status beizubehalten. Ranghohe Weibchen ohne weibliche Verwandte erhielten weniger Unterstützung und Grooming als ranghohe Weibchen mit Verwandten, während rangmittlere oder rangniedere Weibchen mit großen Familien mehr Grooming erfuhren, als erwartet werden konnte, auch bevor sich ihre Rangpositionen veränderten. Die Tiere verhielten sich, als wollten sie ihre Wetteinsätze sichern, indem sie Bindungen mit jenen eingingen, die momentan Macht besaßen, zur selben Zeit aber Bindungen zu jenen aufrechterhielten, die in Zukunft mächtig werden könnten (für weitere Beispiele siehe de Waal 1982; Chapais 1988b; Raleigh und McGuire 1989).

Natürlich haben wir keine Vorstellung, welche Mechanismen – kognitive oder andere – hinter Borgias Verhalten gegenüber Escoffier oder der Achtung, die dem aufsteigenden Star Marcos von anderen zuteil wurde, steckten. Diese zwei Anekdoten *deuten* auf Planung, Voraussicht und die Fähigkeit *hin*, einen Unterschied zwischen jetzigem und zukünftigem Status zu machen; aber Beschreibungen allein sind zweifellos ein unzureichender Beweis für die tatsächliche Existenz solcher kognitiven Mechanismen. In den Kapiteln 3 und 8 betrachten wir ausführlicher, was Affen wirklich voneinander wissen.

Reziprozität

Eines der zentralen Probleme in der Ethologie betrifft die Evolution des Altruismus (Wilson 1975). Obgleich Darwins (1859) Theorie der natürlichen Selektion voraussagt, daß Tiere immer egoistisch handeln sollten (in ihrem eigenen reproduktiven Interesse), haben Naturforscher, Darwin eingeschlossen, längst erkannt, daß Individuen altruistisch sein können, indem sie ihr Leben oder zumindest ihren reproduktiven Erfolg zum Vorteil anderer opfern. Die Theorie der Verwandtenselektion (Hamilton 1964) liefert eine Lösung des Altruismusproblems, indem sie zeigt, daß natürliche Selektion die Kooperation zwischen zwei oder mehr Individuen begünstigen kann, wenn die betreffenden Tiere genetisch nahe Verwandte sind. Eine zweite Theorie, die Robert Trivers (1971) entwickelt hat, widmet sich der Evolution altruistischen Verhaltens unter nichtverwandten Individuen. Trivers argumentiert, daß natürliche Selektion die Individuen begünstigt, die selektiv altruistisch sind und kooperatives Verhalten nur auf jene richten, die ihrerseits kooperieren. Solch reziproker Altruismus kann sich immer dann entwickeln, so argumentiert Trivers, wenn drei Bedingungen zusammentreffen: wenn der Nutzen für den Empfänger größer ist als die Kosten für den Altruisten; wenn Individuen mit hoher Wahrscheinlichkeit erwarten können, einander wieder zu begegnen, und wenn die Individuen sich erinnern können, wer sich ihnen gegenüber in der Vergangenheit altruistisch verhalten hat, und ihr zukünftiges Verhalten entsprechend anpassen (Trivers 1971; 1985; siehe auch Axelrod und Hamilton 1981).

Die Theorie des reziproken Altruismus ist für Arbeiten über die soziale Intelligenz von besonderer Relevanz, weil die Evolution der Reziprozität anscheinend eine Reihe komplexer mentaler Vorgänge erfordert, einschließlich individuelles Wiedererkennen, Erinnerungsvermögen, Kalkulation von Kosten und Nutzen verschiedener Interaktionen und, vielleicht am wichtigsten, die Fähigkeit, Täuscher zu entlarven. Folglich hat der reziproke Altruismus möglicherweise einen starken selektiven Druck auf zumindest einige Aspekte der sozialen Intelligenz bei nichtmenschlichen Primaten und anderen Arten ausgeübt (z. B. Wilkinson 1984; Trivers 1971, 1985). Wir kommen in Kapitel 3 auf diesen Punkt zurück.

Beweise für reziproken Altruismus bei nichtmenschlichen Primaten wurden erstmals von Craig Packer (1977) in einer Untersuchung über Allianzenbildung bei Pavianmännchen vorgestellt. Packer fand, daß ein in eine aggressive Interaktion mit einem anderen involviertes Männchen häufig um Unterstützung bei einem dritten, bisher nicht involvierten Individuum warb. In vielen Fällen bat zum Beispiel ein Männchen ein anderes um Hilfe, und die beiden Angreifer verjagten dann gemeinsam ein drittes, das gerade mit einem sexuell attraktiven Weibchen verkehrte. Das Weibchen tat sich dann mit dem Männchen zusammen, das ursprünglich um Unterstützung bat. Packer beobachtete 140 Hilfegesuche, 97 verliefen erfolgreich. Trivers' Theorie wird hiermit direkt unterstützt, denn männliche Individuen tendierten dazu, diejenigen am häufigsten zu unterstützen, die ihrerseits ihnen am meisten Hilfe leisteten.

Auch wenn einige spätere Untersuchungen an Pavianen (z. B. Smuts 1985) Packers Beobachtung reziproker symmetrischer Allianzen bestätigten, so taten dies andere nicht (z. B. Rasmussen 1980; Smuts 1985; Bercovitch 1988). Noë (1986) fand beispielsweise, daß Männchen am häufigsten Allianzen mit Rangnachbarn bildeten, die am wahrscheinlichsten reziprok handeln würden. Die Reziprozitätsraten lagen nicht besonders hoch und rangniedere Männchen schienen das Beste aus einer schlechten Lage zu machen. Das bedeutet jedoch nicht, daß Allianzen nicht auf Reziprozität basierten. Genauso, wie das für Weibchen zutrifft, so können Unterschiede im Rang und im Kampfvermögen zu Asymmetrien bei den Vorteilen führen, die verschiedene Männchen gegenseitig anzubieten vermögen (Seyfarth und Cheney 1988b). Noë betont, daß ein Partnerschaftsbündnis, in welchem ein ranghohes Männchen seinem Partner nur einmal für jeweils zwei Hilfeleistungen im umgekehrten Fall beisteht, dennoch gänzlich reziprok sein kann, wenn jedes Individuum relativ gleich viel im Hinblick auf Nutzen und Kosten investiert.

Wenn Meerkatzen wenigstens einen Teil ihres hilfsbereiten Verhaltens in der Hoffnung, dafür Vorteile zu erhalten, unter andere verteilen, so betreiben die Tiere möglicherweise eine Art reziproken Austausch. Reziprozität scheint sicherlich eine Rolle bei den engen Bindungen zwischen Familienmitgliedern zu spielen, da die höchsten Werte für Grooming und Allianzbildung bei Verwandten auftreten. Daten von nichtverwandten Tieren unterstützen allerdings auch die Auffassung, daß ein reziproker Austausch von kooperativem Verhalten zwischen Individuen stattfindet, auch wenn die Asymmetrien bei rangabhängigen Vorteilen noch nicht berücksichtigt wurden. In den Jahren 1985 und 1986, als sowohl Verwandtschaften als auch Nichtverwandt-

Tab. 2.1: Die Beziehung zwischen Grooming und Allianzbildung bei nichtverwandten Meerkatzenweibchen

Weibchen	Anzahl der Partnerinnen	Korrelation zwischen der Häufigkeit von Allianzangeboten und erhaltenem Grooming
CY*	4	0.950
AO	4	0.750
AC*	5	0.750
LO*	5	0.750
AU	5	0.725
AM*	5	0.750
AF*	5	0.750
TY	6	− 0.114

Bemerkung: Die angegebenen Werte sind Spearman-Rangkorrelationskoeffizienten. Ein Sternchen kennzeichnet das Weibchen, das Allianzen am häufigsten mit jenem Individuum einging, das sie am häufigsten groomte.

schaften bekannt waren, testeten wir, ob *nichtverwandte* Meerkatzenweibchen am häufigsten Allianzen mit jenen Individuen bildeten, die sie am häufigsten groomten. Acht Weibchen besaßen eine genügend große Anzahl von nichtverwandten Partnerinnen, so daß dieser Test durchgeführt werden konnte. In sieben von acht Fällen war die Korrelation zwischen der Bildung von Allianzen und dem zuteil gewordenen Grooming stark positiv (Tab. 2.1). Mehr noch, fünf der acht Weibchen bildeten am häufigsten Allianzen mit dem Individuum, das sie am häufigsten groomte.

Sexuelle Anziehung

Neben Verwandtschaft, Dominanz und Reziprozität entstehen viele Merkmale des sozialen Verhaltens der Meerkatzen aus der Anziehung zwischen Männchen und Weibchen. In dieser Tatsache liegt nichts Überraschendes, und wir werden diesen Punkt nicht mit unnötigen Beispielen strapazieren.

Um die Rolle der sexuellen Anziehung zu veranschaulichen, lassen Sie uns den Zeitpunkt und die Folgen bei einem Gruppenwechsel der Männchen betrachten. Wie wir schon erwähnt haben, verlassen Meerkatzenmännchen zur Zeit ihrer sexuellen Reife ihre Geburtsgruppen und wechseln in benachbarte Gruppen über. Viele Beweise belegen, daß die unmittelbare Ursache für die

Verteilung von Meerkatzenmännchen (wie bei anderen Altweltaffen; siehe Pusey und Packer 1987) die sexuelle Anziehung durch Weibchen in anderen Gruppen ist. Wenn sich zum Beispiel zwei Gruppen an der Grenze ihrer Territorien treffen, so ist ihr Verhalten gewöhnlich aggressiv. Wenn die Intergruppenbegegnung während der Fortpflanzungszeit stattfindet, sind die Männchen jedoch weniger aggressiv und versuchen häufig, Weibchen der anderen Gruppe zu groomen, zu besteigen und mit ihnen zu kopulieren. Zum Teil als Folge davon ereignen sich Männchenüberwechsel vornehmlich während der Paarungszeit (Cheney 1983b; Henzi und Lucas 1980). Gewöhnlich erhöhen Männchen durch den Überwechsel ihre Rangposition im Verhältnis zu anderen Männchen, verringern die Häufigkeit, mit der die Weibchen ihre Paarungsversuche abweisen, und steigern so ihre Kopulationsrate (unveröffentlichte Daten).

Wenn ein Männchen einmal einer neuen Gruppe beigetreten ist, interagiert es mit anderen Männchen in erster Linie im Konkurrenzfeld um den Zugang zu sexuell empfangsbereiten Weibchen. Männchen-Männchen-Aggression tritt am häufigsten während der Paarungszeit auf, wenn die Wahrscheinlichkeit von Wechseln in der männlichen Rangfolge auch am größten ist (unveröffentlichte Daten). Wie bei allen unseren Merkmalen für den Männchenüberwechsel, sind auch diese Beobachtungen nicht nur auf Meerkatzen beschränkt. Smuts (1987a, 1987b) stellt Beweismaterial vor, daß Konkurrenz um den Zugang zu Sexualpartnern einen beträchtlichen Anteil der Männchen-Männchen-Interaktionen bei einer Reihe von Primatenarten ausmacht.

Bei den Amboseli-Meerkatzen sind die Bindungen zwischen Männchen und Weibchen relativ schwach, und einzelne Männchen und Weibchen bilden selten feste Beziehungen während oder außerhalb der Paarungszeit aus (Andelman 1985). Das gilt jedoch nicht für alle Altweltaffen oder gar Meerkatzen in Gefangenschaft (Keddy 1986). Unter Pavianen und einigen Makakenarten treten zum Beispiel Konkurrenz um den Zugang zu Weibchen und starke gegenseitige Anziehung zwischen Männchen und Weibchen (in Form von Grooming, gemeinsamer Nahrungssuche und dem Aufsuchen von Ruheplätzen) sogar während der Phasen des weiblichen Reproduktionszyklus auf, wenn es zu keiner Kopulation kommt (Seyfarth 1978a, 1978b; Collins 1981 und Smuts 1985 für Paviane; Chapais 1981 für Rhesusaffen; Fedigan 1982 und Takahata 1982 für Japanmakaken). Langzeit-»Freundschaften« zwischen Männchen und Weibchen sind besonders bei Pavianen gut dokumentiert; bei diesen Beziehungen können die Individuen hohe Raten von Grooming, Nähe und Allianzen über Zeiträume von zwei Jahren und mehr aufweisen (Smuts 1985).

Barbara Smuts argumentiert, daß enge Bindungen zwischen Männchen und Weibchen letztendlich mit dem reproduktiven Erfolg in Beziehung stehen. Sie liefert Beweise, daß Weibchen und ihre Nachkommen von männlichen »Freunden« vor der Aggression durch Mitkonkurrenten und möglicherweise Raubtieren beschützt werden, wobei Männchen Zugang zu Weibchen gewinnen, mit denen sie sich sonst nicht paaren könnten. Smuts betont auch, daß der höchste Nutzen von Freundschaften zwar ein erhöhter reproduktiver Erfolg sein kann, die Fortdauer solch starker Bindungen über lange Zeiträume, wenn Weibchen stillen oder schwanger sind, jedoch zeigt, daß sexuelle Anziehung nicht der einzige Faktor ist, der die Interaktionsmuster zwischen männlichen und weiblichen Primaten beeinflußt. Es ist unklar, warum Meerkatzen, deren Sozialverhalten sonst dem der Paviane und Makaken so ähnlich ist, keine Langzeitfreundschaften zwischen Männchen und Weibchen ausbilden.

Gruppenverteidigung

Nicht alle sozialen Interaktionen zwischen Meerkatzen betreffen Mitglieder derselben Gruppe. Die Meerkatzengruppen von Amboseli leben territorial gebunden, und die Mitglieder jeder Gruppe streifen fast ausschließlich innerhalb eines Gebiets von durchschnittlich 28 Hektar Größe umher (Cheney, Lee und Seyfarth 1981; Cheney und Seyfarth 1987). Meerkatzen verbringen einen beträchtlichen Teil ihrer Zeit damit, die Bewegungen benachbarter Gruppen zu verfolgen und ihr Territorium gegen Außenstehende zu verteidigen (Cheney 1987). Wenn die Mitglieder einer Gruppe eine andere Gruppe erstmalig ausmachen, geben sie bezeichnenderweise einen lauten, trillerähnlichen Laut, *Wrr* genannt, der ganz offensichtlich dazu dient, Mitglieder der eigenen Gruppe zu informieren und die benachbarte Gruppe wissen zu lassen, daß sie entdeckt wurde. Nach diesem Erstkontakt können die Tiere beider Gruppen einfach ihre Tätigkeiten fortsetzen und für die nächsten paar Stunden gelegentlich die Aktivitäten ihrer Nachbarn überwachen, bis sich die Gruppen aus den Augen verloren haben. Doch insbesondere, wenn sich Wasser, frisches Gras oder ein Baum mit reifen Früchten oder Blumen in der Nähe der Grenze befinden, können die Gruppen aufeinandertreffen, und die Begegnung kann in Drohungen, Verfolgungsjagden und Kämpfen zwischen Erwachsenen eskalieren (Abb. 2.11).

Erwachsene Weibchen spielen eine bedeutende Rolle bei der Gruppenver-

Abb. 2.11: Mitglieder der Gruppen A und B drohen einander bei einer Intergruppenbegegnung. Weibchen sind aktive Teilnehmerinnen bei Intergruppenbegegnungen.

teidigung (Cheney 1981, 1987), und Langzeitdaten lassen vermuten, daß Erfolg bei der territorialen Verteidigung letztlich den reproduktiven Erfolg eines Individuums beeinflußt. Zwischen 1977 und 1988 verblieben die Territorien jeder Gruppe im selben Hauptgebiet, aber die Territoriumsgröße veränderte sich bemerkenswert. Größere Gruppen (gemeint sind Gruppen mit mehreren erwachsenen Weibchen) fielen eher in andere Territorien ein und konnten Größe und Qualität ihrer Territorien auf Kosten kleinerer Gruppen steigern. Große Gruppen wiesen auch leicht höhere Überlebensraten bei Kindern und Jugendlichen auf, was die Vermutung nahelegt, daß die Fähigkeit, kleinere Gruppen zu dominieren, wichtige Folgen für die Reproduktion hat (Cheney und Seyfarth 1987).

Die adaptiven Folgen von Gruppenverteidigung fallen besonders auf, wenn wir Fälle von Gruppensterben betrachten. Wie schon früher erwähnt, hat die Zahl der Meerkatzen in Amboseli im Laufe der letzten 25 Jahre abgenommen. Seit 1984 beobachteten wir das Aussterben von sechs Gruppen, vier davon gingen eine Fusion mit einer benachbarten Gruppe ein. (In den beiden anderen Fällen starben alle Weibchen, ehe es zu irgendeiner Fusion kam.) Alle

Fusionen ereigneten sich, nachdem sich die Gruppengröße bis auf ein oder gar kein Weibchen und ein paar Jugendliche verringert hatte und die Gruppe anscheinend einfach zu klein war, um effektiv mit ihren Nachbarn zu konkurrieren. In jedem der Fälle schlossen sich die Weibchen und Jugendlichen der benachbarten Gruppe mit den *wenigsten* erwachsenen Weibchen an (Hauser, Cheney und Seyfarth 1986; Isbell 1990). Dies scheint in zweifacher Hinsicht eine adaptive Entscheidung zu sein. Erstens kann, rein zahlenmäßig, die kleinste Nachbargruppe die geringste Aggression gegen Eindringlinge aufbringen. Zweitens können Weibchen kleiner Nachbargruppen sogar neuen Mitgliedern gegenüber sexuell empfangsbereit sein, weil die Auffrischung durch mehr Weibchen möglicherweise ihre Konkurrenzfähigkeit gegenüber Nachbarn steigern kann (Hauser, Cheney und Seyfarth 1986; Cheney und Seyfarth 1987).

Schließlich liefern die Unterschiede im Territorialverhalten einzelner Affen weitere Beweise für eine Verknüpfung von Intergruppenverteidigung und reproduktivem Erfolg. Bei manchen Meerkatzengruppen (Cheney, Lee und Seyfarth 1981), Kapuzineraffen (*Cebus olivaceus*) (Robinson 1988) und Rhesusaffen (Vessey 1968; siehe auch Hausfater 1972) sind ranghohe Weibchen, die am meisten Nutzen aus den in ihrem Gebiet liegenden Ressourcen ziehen, die aggressivsten Teilnehmerinnen bei Intergruppenkämpfen. Rangniedere Meerkatzenweibchen dagegen (die geringeren Nutzen aus den Ressourcen innerhalb ihres Gebietes ziehen) sind die Individuen, die am ehesten freundschaftliche Interaktionen mit Angehörigen anderer Gruppen initiieren (Cheney, Lee und Seyfarth 1981). Ähnliche individuelle Unterschiede existieren zwischen Männchen. Beispielsweise verhalten sich bei Pavianen dominante Männchen Mitgliedern anderer Gruppen gegenüber aggressiver als rangniedere Männchen (Cheney und Seyfarth 1977). Auch rangniedere Meerkatzenmännchen sind eher als andere bereit, freundschaftliche Interaktionen mit Mitgliedern anderer Gruppen aufzunehmen (Cheney 1983b; Cheney und Seyfarth 1983). Wie wir schon anführten, gehen solche freundschaftlichen Interaktionen häufig dem Überwechsel eines Männchens in eine andere Gruppe voraus.

Obwohl sich Grüne Meerkatzen bei Interaktionen zwischen Gruppen, ebenso wie andere Primaten, im allgemeinen feindlich und konkurrierend verhalten, sind nicht alle Intergruppenbeziehungen gleich. Es gibt sehr wohl Beweise, daß Affen zwischen verschiedenen Nachbargruppen unterscheiden, die Individuen in ihnen erkennen und ihr Verhalten entsprechend anpassen (siehe auch Kapitel 3).

Bei territorial nicht gebunden lebenden Arten wie Pavianen, Makaken und Kapuzineraffen können zum Beispiel Gruppen einer lokalen Population oft in eine Ranghierarchie eingeordnet werden, die auf der Gruppengröße basiert, wobei größere Gruppen durchweg die kleineren verdrängen (bei Cheney 1987 besprochen). Die Beibehaltung solcher Beziehungen hängt jedoch nicht von der physischen Präsenz aller Gruppenmitglieder ab, ja das Auftauchen von nur einem Mitglied einer dominanten Gruppe kann sogar genügen, alle Mitglieder einer rangniederen Gruppe zu veranlassen, das Gebiet aufzugeben (z.B. Kawanaka 1973). Gelegentlich hängt die Intergruppenrangfolge sogar von noch subtileren Faktoren ab wie den Beziehungen zwischen den männlichen Mitgliedern verschiedener Gruppen in der Vergangenheit (Gabow 1972).

Entsprechend waren die Verteilungsmuster von in Amboseli geborenen Männchen nicht zufällig. Obwohl zum Beispiel Männchen der Gruppe B fünf benachbarte Gruppen besaßen, in die sie hätten überwechseln können, wechselte die Mehrheit zu Gruppe A über; dagegen wanderten Männchen der Gruppe A vornehmlich zu Gruppe B (Cheney und Seyfarth 1983). Auch Weibchen zeigten die Tendenz, weniger aggressiv gegenüber Gruppen zu sein, mit denen ihre eigenen Gruppen Männchen ausgetauscht hatten, als gegenüber anderen benachbarten Gruppen (Cheney und Seyfarth 1982b, 1983).

Die genaue Kausalbeziehung zwischen der »Gruppenwahl« eines Männchens und der geringeren Aggressionsbereitschaft von Weibchen ist nicht klar. Männchen mögen Gruppen gewählt haben, von denen geringe Aggressionen ausgingen, weil gemäßigte Aggressionen die soziale Integration erleichtern. Weibchen waren vielleicht auch weniger aggressiv zu den Männchen, mit denen sie irgendwie vertraut waren. Was auch immer der genaue Grund ist, es scheint offensichtlich, daß Meerkatzen und andere Primaten, obwohl sie in separaten Sozialgruppen leben, dennoch Unterscheidungen zwischen ihren Nachbarn treffen, die Mitglieder anderer Gruppen als Individuen erkennen und ihr Konkurrenzverhalten den einzelnen Gruppen entsprechend anpassen.

Die Anwendung von Verhaltensregeln zur Beschreibung und Voraussage einer sozialen Organisation

Obwohl das Sozialverhalten der Grünen Meerkatzen größtenteils durch allgemeine Merkmale, die wir gerade diskutiert haben, *beschrieben* werden kann, so muß man, um zu *erklären*, warum Interaktionen eben gerade so und nicht anders ablaufen, die Motive spezifizieren, die das Verhalten von Individuen steuern. Als ersten Schritt bei unserem Versuch, die Interaktionsmuster zu erklären, konzentrierten wir uns auf die Motive und das Verhalten erwachsener Weibchen. Wie die Charaktere in einem Roman von Jane Austen versuchen Meerkatzenweibchen enge Bindungen zu Verwandten zu unterhalten, fügen sich jenen mit höherem Rang und versuchen gleichzeitig, Bindungen zu Tieren mit einem hohen Status herzustellen. Hinsichtlich der evolutiven Funktion glauben wir, daß jedes dieser Motive sich letztlich als ein Beitrag zum reproduktiven Erfolg eines Individuums erweisen wird und eine optimale Strategie darstellt in Anbetracht der Zwänge, die den Weibchen durch das Leben in einer Sozialgruppe auferlegt sind. Verwandtenanziehung spiegelt den evolutiven Nutzen wider, der durch Verwandtenselektion gewonnen wird (Hamilton 1964); denen mit hohem Rang Platz zu machen, während man gleichzeitig bemüht ist, seinen Status zu erhöhen, erweist sich als die beste »Mischstrategie« (Maynard Smith 1974) für gruppenlebende Tiere, bei denen ein hoher Rang mit besserem reproduktiven Erfolg korreliert.

Die Hypothese, daß diese Motive dem Sozialverhalten vieler Altweltaffenweibchen zugrunde liegen, stammte von Daten mehrerer Sozialgruppen (Seyfarth 1977); zweifellos kann ihre allgemeine Gültigkeit nicht an denselben Gruppen überprüft werden. Dennoch kann die Hypothese unabhängig davon auf zumindest dreifache Weise getestet werden. Erstens: Wenn Verwandtenanziehung, Achtung gegenüber Ranghohen und Statusstreben wirklich für einen großen Teil des Verhaltens erwachsener Weibchen verantwortlich sind, sollten wir in der Lage sein, nur mittels dieser Strategien Modelle der sozialen Interaktion zu entwerfen, die exakt das widerspiegeln, was in der Natur beobachtet wird. Zweitens sollten dieselben Strategien ermöglichen, die Folgen eines sozialen Wandels vorauszusagen. Drittens sollten wir, wenn wir die Interaktionen zwischen den Strategien betrachten, Merkmale sozialer Beziehungen aufdecken können, die uns sonst entgangen wären.

Simulation einer sozialen Struktur

Hinde (1976a, 1976b) definiert eine soziale Struktur bei nichtmenschlichen Primaten als jene inhaltlichen, qualitativen und strukturellen Aspekte sozialer Beziehungen, die über Individuen und über Gesellschaften hinweg Gesetzmäßigkeiten aufweisen. Bei Meerkatzen und anderen Primaten bleiben bestimmte soziale Verhaltensmuster konstant, trotz großer Variationen in der Gruppengröße, Gruppenzusammensetzung und Qualität des Lebensraumes; diese Muster definieren die soziale Struktur der Art. Starke soziale Bindungen, gemessen an hohen Grooming- und Allianzbildungsraten existieren zwischen Verwandten in ähnlichen Rangpositionen. Gleichzeitig werden schwächere soziale Bindungen erzeugt, wenn rangniedere Tiere versuchen, mit jenen von hohem Rang zu interagieren, und wenn die Anziehung durch ranghohe Individuen, durch Konkurrenz modifiziert, zu Bindungen zwischen Individuen in benachbarten Rangpositionen führt, sogar wenn sie nicht Mitglieder derselben Verwandtschaftsgruppe sind.

Eine Methode, diese Ideen zu testen, besteht darin, mittels Computersimulation eine künstliche Affengruppe zu schaffen, bei der die Individuen verschiedene Verhaltens-»Strategien« annehmen. Wenn unsere Hypothese stimmt, ergeben sich zwei Voraussagen. Erstens: Affen, die sich entsprechend der von uns beschriebenen Regeln verhalten, sollten eine Verteilung von Interaktionen bewirken, die genau der gleicht, die wir in der Natur sehen. Ranghohe Tiere sollten mehr Grooming erhalten als andere, Verwandte sollten sich häufig groomen und nichtverwandte Tiere in benachbarten Rangpositionen sollten einander häufiger groomen als nichtverwandte Tiere in entfernteren Rangpositionen. Zweitens: Die so beschaffene Verteilung von Interaktionen sollten von Variationen in der Zahl der Verwandten, der Gruppengröße, der für Grooming verfügbaren Zeit oder der relativen Stärke der Verwandtenanziehung eines Individuums und seiner Anziehung durch jene mit hohem Rang relativ unbeeinflußt bleiben. Verglichen mit den drei von uns herausgestellten Motiven spielen diese Faktoren bei der Bestimmung des Groomingmusters zwischen Weibchen vermutlich eine unwichtige Rolle.

Eine Simulation beginnt, als Teil eines Computerprogramms, mit der Erschaffung einer Anzahl erwachsener Weibchen; sie sind in einer linearen Rangfolge angeordnet, die die Priorität im Hinblick auf den Zugang zu den Ressourcen definiert (Seyfarth 1977). Manche der Weibchen sind verwandt, andere nicht. Alle Weibchen versuchen jedoch, denselben Verhaltensstrategien zu folgen: die Hälfte allen Groomings unter nahe Verwandte und die andere Hälfte, direkt proportional zu ihren Rangpositionen, unter nichtverwandte Tiere zu verteilen. Obwohl dies die gewünschte Strategie ist, können sie nicht alle Weibchen durchsetzen. Weibchen F auf dem sechsten Rangplatz kann zum Beispiel keinen Zugang zum ranghöchsten Weibchen A erreichen, wenn A gerade mit B, C, D oder E interagiert.

Nur unter dem Einsatz dieser Strategien können die Weibchen frei interagieren, wobei jede ihr »Ziel« innerhalb der durch Konkurrenz gesetzten Zwänge verfolgt. Nach einer Interaktionsphase erzeugt der Computer ein Groomingmuster, das dann mit Daten aus einer echten Gruppe verglichen werden kann. Abbildung 2.12 vergleicht die Groomingverteilungen in den drei simulierten Affengruppen (die Daten wurden original bei Seyfarth ⟨1977⟩ veröffentlicht) mit den Groomingverteilungen, die in einer Meerkatzengruppe während der Jahre 1985–86 beobachtet wurden. In jeder der simulierten Gruppen gleicht die geschaffene Struktur derjenigen in der Natur und stützt somit die erste, zuvor gemachte Voraussage. Grooming wird größtenteils zwischen Verwandten ausgetauscht, ranghohe Weibchen erhalten mehr Grooming als andere und nichtverwandte Weibchen, die benachbarte Rangpositionen einnehmen, groomen einander häufiger als nichtverwandte Weibchen, deren Rangplätze weiter voneinander entfernt liegen. Mehr noch, die drei Simulationen selbst besitzen, trotz Variationen in der Gruppengröße, Zahl der Verwandten und der relativen Stärke der Anziehung eines Individuums durch Verwandte und ranghöhere Tiere, gleiche Merkmale. Dies unterstützt die zuvor gegebene zweite Voraussage und erklärt, warum zwischen erwachsenen Affenweibchen trotz breiter Variation in der Zahl der anwesenden Verwandten, der Gruppengröße, der ökologischen Bedingungen oder der relativen Stärke der Bindungen zwischen verwandten Individuen gleiche Groomingverteilungen entstehen.

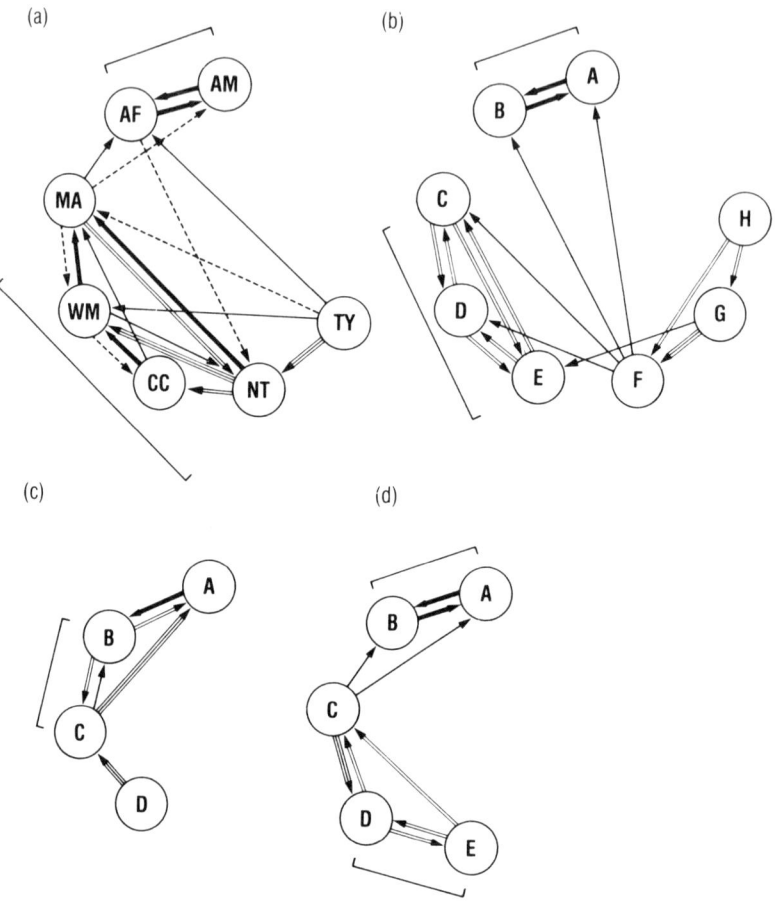

Abb. 2.12: Vergleich zwischen dem Groomingmuster in Gruppe B von 1985 bis 1986 (a) und einem Grooming-Simulationsmodell, das auf der Anziehungskraft verwandter Individuen und der Anziehungskraft eines hohen Ranges basiert (b, c, d). In allen Simulationen können Weibchen bis zu vier Groomingeinheiten geben und bis zu fünf erhalten. In (b) läßt die Simulation vermuten, daß jedes Weibchen mit einer Verwandten soviel Grooming wie möglich ihrer Verwandten zukommen läßt und daß jedes Weibchen mit zwei Verwandten so viel Grooming wie möglich zu gleichen Teilen auf ihre Verwandten verteilt. Nachdem sie ihre Verwandten gegroomt hat, verteilt jedes Weibchen den Groomingrest auf andere, jeweils entsprechend deren Rangpositionen und Verfügbarkeit, wobei sie soviel Grooming wie möglich dem ranghöchsten verfügbaren Weibchen zukommen läßt. Bei (c) und (d) gibt die Verteilung vor, daß jedes Weibchen die Hälfte ihres Grooming auf ihre Verwandten verteilt und den Rest unter nichtverwandten Weibchen nach deren Rangpositionen und Verfügbarkeit aufteilt (für Einzelheiten siehe Seyfarth 1977).

Abb. 2.13: Wie Meerkatzenweibchen werden auch Pavianweibchen von Kindern angezogen und diese Anziehung kann die Groomingmenge, die rangniedere Mütter von anderen erhalten, zeitweise erhöhen.

Die Folgen eines sozialen Wandels voraussagen

Gelegentlich verursachen demographische und soziale Veränderungen, wie Geburten und Todesfälle, Umschwünge in den relativen Rangpositionen oder in der »Attraktivität« einzelner Individuen. Ob diese Ereignisse nun natürlich eintreten oder vom Experimentator geplant werden, sie erlauben uns, unsere Hypothese zu testen, weil die Hypothese in jedem Fall explizite Voraussagen macht über die Art der Veränderungen in den sozialen Interaktionen, die eintreten sollten.

Betrachten wir zum Beispiel, was passiert, wenn ein erwachsenes Meerkatzen-, Makaken- oder Pavianweibchen ein Kind zur Welt bringt. Unabhängig von ihrem Rang wird sie sofort außerordentlich attraktiv für andere Weibchen in der Gruppe, die sich nähern, nahebei sitzen und die Mutter und ihr Kind groomen und berühren (Abb. 2.13). Auch wenn die Attraktivität der Mutter als einer sozialen Partnerin abnimmt, wenn ihr Kind älter wird (besprochen bei Nicolson 1987; Walters und Seyfarth 1987), überlagert für eine kurze Zeit die Attraktivität infolge der Präsenz eines Kindes die Attraktivität, die von Verwandtschaft und Rangposition herrührt (siehe auch Weisbard und Goy 1976).

Die Beobachtung, daß Mütter, die frisch entbunden haben, für andere attraktiv sind, läßt uns zu drei Voraussagen über die sozialen Interaktionen von Weibchen kommen: Erstens: Wenn ein ranghohes Weibchen gebärt, wird sie, unabhängig davon, ob gleichzeitig irgendwelche anderen Weibchen mit Kindern in der Gruppe sind, von denselben Individuen gegroomt werden, die sie auch sonst groomen. Das ist so, weil ranghohe Weibchen immer attraktiv sind und die zusätzliche Attraktivität, die mit der Präsenz eines Kindes verbunden ist, wenig Einfluß auf ihre Groomingbeziehungen hat. Dagegen werden rangniedere Weibchen, die ein Kind bekommen, einen bemerkenswerten Partnerinnenwechsel beim Grooming verspüren, wenn keine weiteren Weibchen mit Kindern in der Gruppe sind (z. B. bei Beginn einer Geburtensaison). Und zwar deshalb, weil die Gegenwart eines Kindes die relative Attraktivität der Mutter zeitweise erhöht, die Konkurrenz um den Zugang zu ihr steigert und ebenso die Wahrscheinlichkeit, daß sie von ranghohen Weibchen, die sie sonst selten groomen, gegroomt wird. Schließlich sollten rangniedere Weibchen, die gebären, wenn schon andere Weibchen mit Kindern in der Gruppe sind (z. B. in der Mitte einer Geburtensaison), wenig Veränderungen hinsichtlich ihrer Groomingpartnerinnen erfahren, aus Gründen, die nunmehr auf der Hand liegen sollten. Daten, die diese Voraussagen stützen, werden in Abbildung 2.14 gezeigt.

Andere Untersuchungen demonstrieren die Bedeutung von sozialen Zwängen mit Hilfe von Experimenten, bei denen ein entscheidender Konkurrent aus der Gruppe entfernt wird. Vaitl (1978) zum Beispiel testete paarweise von ihrer Gruppe isolierte Totenkopfäffchen (*Saimiri sciureus*), um herauszufinden, wer mit wem bevorzugt interagiert. Dann wurden die Tiere in die Gruppe zurückgebracht, und in getrennten Tests wurde der Lieblingspartner eines jeden Individuums entfernt. In Abwesenheit ihrer bevorzugten Partner nahmen die Individuen Groomingbeziehungen zu einem Tier auf, das sie vorher ignoriert hatten. Diese neuen Beziehungen wurden jedoch unterbunden, als die Lieblingspartner zurückkehrten.

Auf ähnliche Weise verglichen Stammbach und Kummer (1982) das Grooming zwischen Mantelpavianweibchen, wobei Paare getrennt wurden, die Teil einer größeren Gruppe waren. In der Gruppensituation nahm dann das Grooming zwischen bevorzugten Partnerinnen signifikant zu. Es war, als ob diese Tiere ihre Beziehungen zu intensivieren trachteten, um zu verhindern, daß ihnen die Partnerin von einer Rivalin abspenstig gemacht wird.

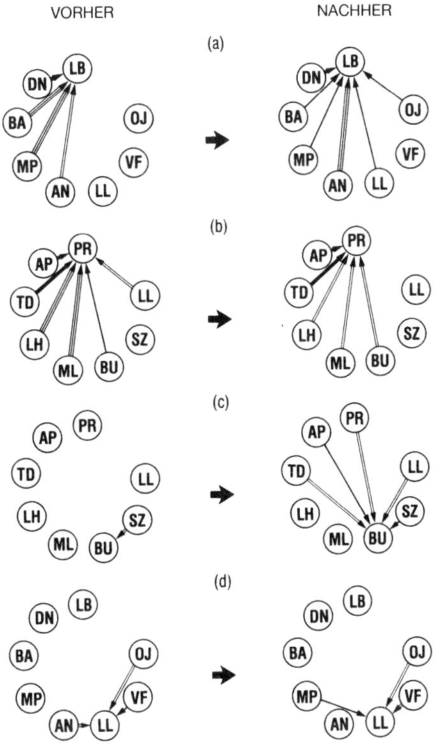

VORHER NACHHER

Abb. 2.14: Vergleich zwischen dem Grooming, das ranghohe und rangniedere Weibchen während der 6 Wochen vor und der
6 Wochen nach der Geburt ihres Kindes erhielten. (a) zeigt das Grooming, das ein
ranghohes Weibchen empfing, das zu Anfang der Geburtensaison ein Kind bekam.
(b) zeigt das Grooming für ein ranghohes
Weibchen, das am Ende der Geburtensaison gebar. (c) zeigt das Grooming für ein
rangniederes Weibchen, das zu Beginn der
Geburtensaison ein Kind bekam, und (d)
das Grooming für ein rangniederes Weibchen, das am Ende der Geburtensaison ein
Kind gebar. Entnommen aus Seyfarth 1980.

Schließlich fand Keddy Hector (1989; Keddy 1986) bei einer Untersuchung
an Meerkatzen in Gefangenschaft eindeutige Beweise, daß Männchen ranghohe Weibchen bevorzugen und daß die Männchen-Männchen-Konkurrenz
das Ausleben dieser Vorlieben hemmt. Unter normalen Bedingungen interagierte das ranghöchste Männchen am häufigsten mit dem ranghöchsten
Weibchen und ihrem Nachwuchs und weniger häufig mit rangniederen Weibchen und deren Nachwuchs. Männchen an zweiter und dritter Position blieb
im allgemeinen der Zugang zu geschlechtsreifen und geschlechtsunreifen
Weibchen versagt. Wenn das ranghöchste Männchen herausgenommen
wurde, begannen jedoch rangzweite Männchen sofort mit dem ranghöchsten
Weibchen zu interagieren, wohingegen rangdritte Männchen sich mit rangniederen Weibchen beschäftigten. Jedes dieser Beispiele zeigt, daß Verhaltensstrategien nicht immer in reiner Form zum Ausdruck kommen; die Interaktionen zwischen Strategien sind ebenso wichtig wie die Strategien selbst.

Die Unterschiede zwischen Familien voraussagen

Wie bereits angeführt, ist es oftmals schwierig, bei Gruppen, in denen genetisch verwandte Weibchen benachbarte Rangplätze innehaben, herauszufinden, ob häufiges Grooming zwischen diesen Tieren das Ergebnis von verwandtschaftlichen Bevorzugungen oder von Konkurrenz um jene mit hohen Rangpositionen ist. Allerdings können wir diese beiden Hypothesen testen, indem wir untersuchen, ob sich hohe Groomingraten allein aus verwandtschaftlichen Bevorzugungen ergeben oder ob sie aus der gleichzeitigen Vorliebe sowohl für Verwandte als auch für ranghohe Individuen resultieren.

Wenn Groomingmuster ausschließlich durch Verwandtschaft bestimmt werden, sollten die Groominghäufigkeiten von einer Matrilinie zur anderen ähnlich sein. Wenn jedoch die Grooingmuster *sowohl* aus verwandtschaftlichen *als auch* aus rangbezogenen Vorlieben resultieren, sollte sich das Verhalten innerhalb ranghoher Matrilinien von dem in rangniederen Matrilinien unterscheiden. Und zwar deshalb, weil sich bei Mitgliedern ranghoher Matrilinien die Strategien gegenseitig verstärken: Mitglieder der eigenen Matrilinie sind attraktive Sozialpartner, weil sie zum einen verwandt sind und zum anderen ranghoch. Dagegen wirken für Mitglieder rangniederer Matrilinien Verwandtschaft und Statusstreben gegeneinander: Rangniedere Tiere werden zwischen dem Erhalt enger Bindungen zu Verwandten und dem Versuch, Bindungen mit Mitgliedern nichtverwandter ranghoher Familien aufzunehmen, »zerrissen«. Angesichts der Interaktion zwischen der Attraktivität Verwandter und der Attraktivität eines hohen Rangs sagt unsere Hypothese voraus, daß ranghohe Matrilinien generell kohäsiver als rangniedere Matrilinien sein sollten. Obwohl es geradezu unkompliziert scheint, ist diese Voraussage in natürlichen Gruppen schwer zu testen, weil die Matrilinien oft klein sind und die Stärke der Bindungen innerhalb der Matrilinien durch das Alter und das Geschlecht der Familienmitglieder beeinflußt werden kann. Die Bande zwischen Meerkatzenweibchen und ihren Söhnen werden allmählich schwächer, wenn die Söhne älter werden, während die Bindungen zu Töchtern sogar nach der Geschlechtsreife der Töchter stark bleiben. Nur in Gruppen mit großen Matrilinien ist es möglich, Vergleiche auf der Rangbasis anzustellen, während man gleichzeitig noch Alter und Geschlecht des Nachwuchses und die Familiengröße kontrolliert.

Deskriptive Daten von Javaneraffen (Fady 1969) lassen vermuten, daß ranghohe Matrilinien mehr Zeit zusammen verbringen, sich häufiger groomen und einander häufiger unterstützen als rangniedere Matrilinien. Bei

Rhesusaffen in Gefangenschaft versöhnen sich ranghohe verwandte Weibchen nach Kämpfen untereinander häufiger als rangniedere verwandte Weibchen (de Waal 1986a, 1989). Ähnlich verbringen die Kinder ranghoher Matrilinien bei den Rhesusaffen von Cayo Santiago durchschnittlich mehr Zeit in der Nähe ihrer Verwandten als Kinder in rangniederen Matrilinien (Berman 1982). Datta (1983a, 1983c) fand auch, daß rangniedere Individuen in Cayo Santiago eher als ranghohe Individuen ihre nahen Verwandten »betrogen«, indem sie ein weniger nah verwandtes Tier unterstützten. Bei der Untersuchung japanischer Makaken fand Imakawa (1988) auch heraus, daß gemeinsame Freßbeziehungen zwischen Müttern und ihren Kindern (sowohl Töchtern als auch Söhnen) mit dem Alter abnahmen, daß aber diese Abnahme am wenigsten eindeutig bei ranghohen Matrilinien war. Imakawa (1988, S. 493) schloß, daß »rangmittlere/-niedere Mütter ihren Kindern keine sichere Nahrungsgrundlage schaffen können« (siehe auch Yamada 1963; French 1981). Schließlich fand Fairbanks (unveröffentlicht) in einer Studie, die ausdrücklich auf die Kontrolle anderer Variablen abzielte, daß erwachsene Meerkatzenweibchen ranghoher Matrilinien sich einander häufiger näherten, mehr Zeit miteinander verbrachten und sich mehr groomten als Erwachsene rangniederer Matrilinien (siehe auch Ehart-Seward und Bramblett 1980). Bindungen zwischen erwachsenen Weibchen und ihren jugendlichen Töchtern waren in ranghohen Matrilinien auch stärker als Bande zwischen Großmüttern und Enkelinnen. Bis heute hat keine Untersuchung das gegenteilige Resultat erbracht, nämlich daß Bindungen zwischen Familienmitgliedern in rangniederen Familien stärker sind.

Diese Unterschiede würde man nicht vorhersagen, wenn man einzig und allein die auf Verwandtschaft basierende Attraktivität beobachtete; aber sie sind eine logische Folge von Verhaltensstrategien, die zumindest teilweise durch eine Interaktion zwischen verwandtschafts- und rangbezogenen Bevorzugungen gesteuert werden. Die beiden Strategien schließen einander nicht aus, wie Dunbar (1988, S. 225) behauptet, in dem Sinn, daß verwandtschaftliche Präferenzen in den meisten Gruppen dominieren und rangbezogene Präferenzen »vornehmlich auf Gruppen mit nichtverwandten Tieren beschränkt sind. Statt dessen bestehen in vielen Gruppen beide Strategien gleichzeitig nebeneinander, und manchmal verstärken sie sich oder kollidieren miteinander.

Folglich sind nicht alle Familien gleich. Sie erinnern uns an den ersten Satz aus Tolstois *Anna Karenina*: »Alle glücklichen Familien gleichen einander, jede unglückliche Familie ist auf ihre eigene Art unglücklich.« In unserem

Fall gleichen sich die Mitglieder ranghoher Familien durch ihre durchweg extrem häufigen kooperativen Verhaltensweisen, während die Mitglieder rangniederer Familien weniger Zusammenhalt zeigen und daher schwerer zu charakterisieren sind.

Ein letzter Vorbehalt

Ehe wir abschließen, sollten wir betonen, daß wahrscheinlich nicht *alle* Verhaltensweisen der Affenweibchen mit Verwandtschaft und Rangposition erklärt werden können. Zukünftige Forschung wird zweifellos andere, gleich wichtige Verhaltensstrategien aufdecken, insbesondere bei Arten, deren soziale Organisation sich von jener der Paviane, Makaken und Grünen Meerkatzen unterscheidet.

In einer Untersuchung an Mantelpavianen fand zum Beispiel Stammbach (1978) heraus, daß die Groomingpräferenzen erwachsener Weibchen nicht nur mit dem sozialen Rang, sondern auch mit einem weniger greifbaren Aspekt der Anziehung, der vom Rang unabhängig war, in Beziehung standen. Solche individuellen »Präferenzen« könnten in manchen Fällen die rangbezogene Anziehung aufheben. Ähnlich stellten de Waal und Luttrell (1986) fest, daß das Alter das Verhalten weiblicher Rhesusaffen beeinflußte: die Individuen wurden nicht nur von ihren Verwandten und Ranghohen angezogen, sondern auch von Individuen, die gleich alt waren. Colvin (1983a) und Mehlman und Chapais (1988) stellen entsprechend ähnliche Daten für jugendliche Rhesusaffen und Japanmakaken vor. Schließlich zeigt unser Bericht über den Aufstieg der Marcos-Matrilinie gemeinsam mit Stammbachs (1988a, 1988b) Experimenten an futterbeschaffenden »Spezialisten« auf, daß Tiere nicht nur von ranghohen Individuen angezogen werden, sondern auch von jenen, die zukünftig von Nutzen oder hoch im Rang *werden* könnten. Wahrscheinlich könnten wir einen größeren Teil des Grooming erklären (zumindest bei Grünen Meerkatzen), wenn wir das Statusstreben nicht nur nach dem derzeitigen Rang, sondern auch nach der Aufstiegswahrscheinlichkeit eines Individuums beurteilen könnten.

Zusammenfassung

Grüne Meerkatzen interagieren nicht zufällig; ihr Verhalten folgt bestimmten Mustern. Um in das Sozialverhalten der Grünen Meerkatzen einzuführen und den Boden für zukünftige Kapitel zu bereiten, haben wir fünf allgemeine Merkmale der sozialen Organisation der Grünen Meerkatzen beschrieben: Verwandtschaft, Dominanz, Reziprozität, sexuelle Anziehung und Gruppenverteidigung. Unser Ziel war jedoch nicht nur zu beschreiben, was Meerkatzen tun, sondern zu erklären, warum sie es tun. Wir konzentrierten uns auf den stabilen Kern der Meerkatzengruppen – die erwachsenen Weibchen – und wandten eine Methode an, die zuerst von Hinde (1976a, 1976b) vorgeschlagen wurde. Wir behaupteten, daß vielen Verhaltensweisen der Weibchen drei Motive zugrunde liegen: Verwandtenanziehung, Achtung vor ranghohen Individuen und das Verlangen, den eigenen Status zu erhöhen. Das Erklärungsvermögen dieser Motive erweist sich an ihrer Fähigkeit, das, was wir beobachten, zu erklären, exakte Modelle der sozialen Interaktion zu erzeugen und Verhaltensmerkmale vorauszusagen, die sonst unserer Aufmerksamkeit entgangen wären. Auch scheinen die Motive von evolutionärer Bedeutung zu sein. Verwandtenanziehung spiegelt die evolutionären Vorteile wider, die über Verwandtenselektion gewonnen werden konnten (Hamilton 1964); Achtung vor jenen mit hohem Rang, während man gleichzeitig versucht, seinen eigenen Status zu erhöhen, bedeutet die beste »Mischstrategie« (Maynard Smith 1974) für gruppenlebende Tiere, bei denen ein hoher Rang häufig mit größerem reproduktiven Erfolg korreliert.

Eine entscheidende Frage bleibt jedoch unbeantwortet. Hat unsere Analyse wirklich etwas von der essentiellen Natur der Grünen Meerkatzen aufgedeckt, oder hat sie uns nur etwas über uns selbst erzählt? Schließlich sind die Motive, die wir den Affen zuschreiben, Produkte des menschlichen Geistes, des Geistes jener, die die Affen beobachten. Aber das höchste Ziel unserer Analyse sollte nicht einfach die Sozialstruktur sein, wie sie von Primatologen verstanden wird, sondern die Sozialstruktur, wie sie sich den Affen selbst zeigt. Kein Anthropologe, der etwas auf sich hält, würde sich nach 2 Jahren bei den Dobu damit zufriedengeben, lediglich das zu berichten, was er oder sie von der Sozialstruktur der Dobu denkt. Die andere Hälfte des Puzzles ist, was die Dobu denken und worin sich ihr Selbstbild von der Sichtweise eines fremden Beobachters unterscheidet. Haben die Affen, die zweifellos dieselben Geschehnisse und mehr gesehen haben, dieselben Schlüsse wie wir gezogen? *Begreifen* sie Verwandtschaft und Rangposition? Oder schlafwandeln sie einfach durchs Leben und führen komplexe Strategien aus, ohne sich in irgendeiner Weise bewußt zu sein, was sie gerade tun? Um tiefer in das geistige Innere unserer Studienobjekte vorzudringen, stellen wir im nächsten Kapitel eine Reihe von Experimenten und Beobachtungen vor, die entwickelt wurden, um zu testen, ob die Gesetzmäßigkeiten im Sozialverhalten, die wir Menschen sehen, vielleicht auch in den Köpfen der Affen selbst existieren.

Kapitel 3
Soziales Wissen

Die Meerkatzen waren von ihren Schlafbäumen hinabgestiegen, um auf dem Boden nach Nahrung zu suchen. Während die Erwachsenen fraßen, spielten die Jugendlichen in einem nahegelegenen Busch. Macauley, der wilde Sohn eines rangniederen Weibchens, riß Carlyle, die jugendliche Tochter des ranghöchsten Weibchens in der Gruppe, zu Boden. Carlyle kreischte, jagte Macauley davon und fing an, neben ihrer Mutter nach Nahrung zu suchen. Offensichtlich war der Kampf von anderen bemerkt worden, denn 20 Minuten später näherte sich Carlyles Schwester Shelley Austen, Macauleys Schwester, und biß sie, ohne provoziert worden zu sein, in den Schwanz.

Diese Anekdote verdeutlicht beispielhaft den mittlerweile vertrauten Stil populärer Artikel über nichtmenschliche Primaten. Lesen Sie irgendeine Beschreibung einer Langzeitstudie an nichtmenschlichen Primaten, und Sie werden einen Bericht über komplexe Verwandtschaftsnetzwerke, Freundschaften, Dominanzkämpfe und wechselnde Allianzen finden. In der Tat ist eines der an Primaten so faszinierenden Dinge, daß ihre Sozialstruktur oft ebenso vielfältig und komplex wie unsere zu sein scheint. Wenn wir Shakespeares Beschreibung der blutigen Fehde zwischen den Capulets und den Montagues lesen, nehmen wir es als selbstverständlich hin, daß die Angehörigen der beiden Familien ein gut entwickeltes Gefühl für die eigenen Sozialbeziehungen und die anderer Menschen besitzen. Wenn sie es nicht hätten, könnte es keine Fehde, keine Ironie oder Tragik in der Romanze zwischen Romeo und Julia geben (zum Nachteil des Spiels, vielleicht sogar von Romeo und Julia). Auch Affen verhalten sich, als würden sie erkennen, daß die Beziehungen innerhalb ihrer eigenen Familien denjenigen in anderern Familien ähneln, und sie gebrauchen dieses Wissen, um sich an ihren Gegnern zu rächen. Aber noch bleibt eine bohrende Frage offen: Wieviel wissen die Affen wirklich über das, was sie tun? Begreifen sie Konzepte wie »Verwandtschaft«, oder reagieren sie einfach auf der Basis von Assoziationen, die sie zwischen anderen Gruppenmitgliedern gebildet haben?

Es gibt viele Beispiele von Tieren – Menschen eingeschlossen –, die komplexe Verhaltensweisen ausführen, ohne wirklich zu wissen, was sie gerade tun. Ameisen zum Beispiel entfernen die Körper toter Genossen aus ihrem Bau. Dieses Verhalten dient dazu, den Bau von Bakterien freizuhalten, doch die Ameisen sind sich mit ziemlicher Sicherheit der Beziehung zwischen Kadavern und Krankheiten nicht bewußt; sie reagieren einfach auf die Ölsäure, die sich auf den verwesenden Körpern bildet. Ameisen werden *alles* entfernen, was nach Ölsäure riecht, unabhängig davon, ob es tot oder infiziert ist (Wilson 1971). Selbst eine mit Ölsäure bespritzte, sich sträubende Ameise wird aus dem Nest gezerrt werden. Das Verhalten der Ameisen ist eine festgelegte, nicht modifizierbare Reaktion auf einen bestimmten Reiz. So wie Mike Schmidt, ein früherer Baseballer bei den Philadelphia Phillies, die Feldlinientreibschläge am dritten Mal beschreibt: »Es ist nichts, worüber du nachdenkst: du reagierst einfach.«

Die Tatsache, daß wir das Sozialverhalten Grüner Meerkatzen hinsichtlich ihrer sozialen Beziehungen und Strategien beschreiben können, heißt nicht notwendigerweise, daß es das Wissen um diese Prinzipien ist, was das Handeln der Affen steuert. Sie könnten auch einigen wenigen, relativ einfachen Verhaltensregeln folgen: Gehe manchen Individuen aus dem Wege, groome oder kopuliere mit anderen. Andererseits könnten sie, ganz wie ihre menschlichen Beobachter, die Beziehungen zwischen anderen erkennen und sogar Konzepte wie Dominanz, Verwandtschaft, Reziprozität verstehen. Beim gegenwärtigen Diskussionsstand wissen wir es einfach nicht.

Bei der Erforschung der tierischen Intelligenz versucht man häufig zwischen *gewußt wie* und *gewußt, daß* zu differenzieren, eine Unterscheidung, die erstmals von dem Philosophen Gilbert Ryle (1949; siehe auch Dickinson 1980; Whiten und Byrne 1988a) getroffen wurde. ›Gewußt wie‹ bezieht sich auf die Fähigkeit, eine bestimmte Arbeitstechnik auszuführen, die auf dem Erkennen eines bestimmten Reizes basiert. Eine Ameise schleppt alles weg, was nach Ölsäure riecht; Mike Schmidt reagiert auf das Krachen eines Schlagholzes; eine Meerkatzenmutter eilt ihrem Kind zu Hilfe, wenn sie es kreischen hört. Dagegen bezieht sich ›gewußt, daß‹ auf »erklärende Darstellungen und Wissen« (Dickinson 1980) und impliziert die Fähigkeit, Aussagen über die Welt zu machen und kausale Schlußfolgerungen daraus zu ziehen. Anstatt zum Beispiel einfach hinzueilen, wenn ihr Kind kreischt, könnte eine Meerkatzenmutter genug von der Beziehung zwischen Rangposition und Verwandtschaft verstehen, um zu erkennen, daß Zurückhaltung oftmals besser ist als Heldenmut und daß sie zugunsten ihres Kindes nur intervenieren sollte, wenn das Jungtier mit einem Mitglied einer rangniederen Matrilinie kämpft. Mit anderen Worten, weil es sich auf ein allgemeines Wissen *über*

Dinge bezieht und von einer bestimmten Reaktion losgelöst werden kann, erlaubt ›gewußt, daß‹ eine größere Flexibilität des Verhaltens, die von Veränderungen in der sozialen und physikalischen Umgebung abhängt (siehe Besprechung bei Whiten und Byrne 1988a).

Deshalb müssen wir zwischen Wissen unterscheiden, das nur unter begrenzten Bedingungen eingesetzt, und Wissen, das auf breiterer Basis angewandt werden kann. Ein Affenweibchen hat vielleicht eine Verknüpfung zwischen zwei Mitgliedern derselben Matrilinie geschaffen, weil die beiden Tiere häufig gemeinsam angetroffen werden. Folglich weiß das Affenweibchen, daß es, wann immer es sich dem einen Individuum nähert, wahrscheinlich auch dem anderen nahe ist. Ein solches Wissen könnte jedoch auf diese beiden Individuen oder eine kleine Zahl von Individuen innerhalb der eigenen Gruppe begrenzt sein. Es würde das Affenweibchen auf einige (ziemlich viele) Interaktionsfelder vorbereiten, aber nicht auf jene, die von dem Erkennen differenzierterer Beziehungen abhängen – zum Beispiel dem Unterschied zwischen einer Verwandten und einer »Freundin«.

Andererseits könnte das Affenweibchen mit vielen verschiedenen Verwandtenpaaren interagiert und auf Grund seiner Erfahrungen und Beobachtungen gefolgert haben, daß solche Beziehungen unabhängig von den betreffenden Individuen ähnliche Merkmale aufweisen. Vielleicht kennt das Affenweibchen sogar Bezeichnungen, wie *eng verbunden* oder *Feinde*, die ihr helfen, Beziehungen nach Typen zu ordnen. In diesem Fall wäre das Wissen des Affenweibchens weniger auf bestimmte Reize beschränkt, sondern allgemeiner, abstrakter. Es könnte auch auf eine breitere Vielfalt von Umständen angewandt werden.

In Kapitel 2 stellten wir Beweismaterial vor, das nahelegt, daß das Wissen der Meerkatzen über ihr soziales Umfeld – gemeint ist ihr Wissen voneinander – vielleicht eher erklärenden als handelnden Charakter hat. Wenn Affen zum Beispiel um den Umgang mit Mitgliedern ranghoher Familien konkurrieren, handeln sie so, als ob sie erkennen, daß manche Tiere nützliche Verbündete sind und daß Bindungen mit diesen Individuen möglicherweise helfen können, ihren eigenen Status aufrechtzuerhalten oder sogar zu verbessern. Aber ist das wirklich so? Können wir tatsächlich Beweise dafür liefern, daß die Affen ihre Beziehungen untereinander einschätzen und nach Typen klassifizieren? Oder befolgen die Tiere nur ein paar einfache Regeln? Diese Fragen zu beantworten, erfordert eine eingehendere Untersuchung der Frage, was Affen tatsächlich über soziale Beziehungen wissen und wie dieses Wissen ihr Verhalten beeinflußt. Das ist das Ziel dieses Kapitels.

Es ist jedoch nicht leicht, in die innere geistige Welt von Affen einzudringen. Im Gegensatz zu Anthropologen, die Menschen studieren, können wir unsere Forschungssubjekte nicht einfach interviewen und fragen, was sie voneinander denken. Statt dessen müssen wir uns auf eine Reihe indirekter Methoden stützen, wie Beobachtungen, Anekdoten und Experimente – und jede konzentriert sich auf Situationen, in welchen die Affen durch ihr Verhalten etwas von dem erkennen lassen, was sie über die ihr Verhalten steuernden Prinzipien wissen. Indem wir verschiedene Methoden einsetzen und Daten von mehreren Arten heranziehen, hoffen wir, daß konzeptuelle oder methodische Schwachstellen in einem Bereich ganz oder teilweise durch die Arbeit auf einem anderen wettgemacht werden können. Allerdings kann eine einzelne Reihe von Experimenten oder Beobachtungen nicht die Art von schlagendem definitiven Beweis erbringen, den man sich wünschen würde. Statt dessen kreisen wir das Problem ein und versuchen, von so vielen verschiedenen Seiten wie möglich eine Sichtweise von Sozialleben zu verstehen, die anders als die unsere ist.

Unsere Argumentation kann wie folgt zusammengefaßt werden. Wir beginnen mit dem Beweismaterial, daß Meerkatzen, wie viele andere nichtmenschliche Primaten und sogar Vögel und Säugetiere, einander als Individuen erkennen, auch wenn Interaktionen nur in geringem Maße stattfinden. Affen erinnern sich auch an frühere Interaktionen, halten sich auf dem laufenden darüber, wer mit wem in der Vergangenheit kooperiert hat, und passen ihr zukünftiges Verhalten entsprechend an. Obwohl solches Wissen zu äußerst komplizierten Interaktionen führen kann, wie zum Beispiel reziprokem Austausch, stellt es eine relativ einfache Stufe sozialer Intelligenz dar, die nur das Wissen braucht, das ein Affe über seine eigenen Beziehungen besitzt.

Es gibt jedoch auch Beweise dafür, daß Primaten das Verhalten von anderen beobachten und Beziehungen bewerten, in die sie selbst nicht involviert sind. Sie scheinen zum Beispiel nicht nur ihren eigenen Status und ihre Verwandtschaftsgruppe zu kennen, sondern auch den Status und die Verwandtschaftsgruppen von anderen. So gesehen ist ein Affe vielleicht in der Lage, aus seiner eigenen egozentrischen Welt herauszutreten und nicht nur seine eigenen Beziehungen zu erkennen, sondern auch die Beziehungen, die zwischen anderen existieren.

Schließlich können Affen nicht nur Bindungen zwischen anderen erkennen, sondern auch Beziehungen vergleichen und klassifizieren und sie als gleich oder verschieden beurteilen. Neben der Erkenntnis, daß einzelne Mitglieder derselben Matrilinie enge Verbündete sind, scheinen Affen zum Beispiel auch einige Charakteristika von Verwandtschaftsbeziehungen zu erkennen, die sich über die Familien hinweg gleichen. Um das zu tun, müssen Affen irgendwie fähig sein, nicht nur die Individuen, die sich miteinander verbünden, zu identifizieren, sondern auch allgemeine Eigenschaften sozialer Beziehungen abzuleiten und Beziehungen auf der Basis dieser Eigenschaften zu vergleichen.

Unter Heranziehung der in Kapitel 2 dargestellten Ergebnisse baut unsere Analyse auf den Hauptmerkmalen des Sozialverhaltens von Meerkatzen, Makaken und Pavianen auf. Weil sich diese Tiere so verhalten, *als ob* sie Verwandtschaft, Dominanz, Statusstreben, Reziprozität und Gruppenzugehörigkeit erkennen, scheint es logisch, damit zu beginnen, genau solche Regeln der Interaktion zu untersuchen und zu fragen, ob die Individuen sie wirklich begreifen. Wir fangen mit dem Wissen um die Gruppenzugehörigkeit an, denn mit unserer Frage, was ein Affe über die Mitglieder anderer Gruppen weiß, überlegen wir gleichzeitig, ob Affen jemals Wissen über Individuen erwerben, mit denen sie nur selten interagieren. Nach einem kurzen Abstecher, der in die Methode von Playback-Feldexperimenten einführt, die bei unserer Untersuchung vielfach angewandt wurde, untersuchen wir dann das Wissen der Affen über die sozialen Beziehungen innerhalb ihrer eigenen Gruppe. Hier beginnen wir mit der Reziprozität, von der am wenigsten bekannt ist, dann gehen wir zu Freundschaft, Verwandtschaft und Rangpositionen über, wo uns viel mehr Daten zur Verfügung stehen.

Andere Individuen einschätzen

Gruppenzugehörigkeit

Die meisten sozialen Interaktionen in einer Meerkatzengesellschaft finden zwischen Angehörigen derselben Gruppe statt. Die Daten aus Kapitel 2 lassen jedoch vermuten, daß Primaten auch Individuen anderer Gruppen erkennen und unter ihren verschiedenen Nachbarn unterscheiden. Junge Meerkatzenmännchen wechseln am häufigsten in die benachbarte Gruppe über, die in der jüngeren Vergangenheit die meisten Männchen aus ihrer Gruppe aufgenommen hat (Cheney und Seyfarth 1983), während bei den Japanmakaken der Anblick nur eines Individuums aus einer dominanten Gruppe genügt, um eine rangniedere Gruppe zum Rückzug zu bewegen (Kawanaka 1973).

Um die Hypothese zu testen, daß Meerkatzen Angehörige anderer Gruppen erkennen, borgten wir uns eine experimentelle Technik, die das Erkennen von Nachbarn bei territoriallebenden Singvögeln untersuchte (Brooks und Falls 1975). Wir konzentrierten uns auf unsere drei Hauptforschungsgruppen (A, B und C), deren Territorien aneinandergrenzten und sich leicht überlappten. Unsere Forschungssubjekte gehörten der Gruppe B an. Wir schlossen: Wenn Meerkatzen Tiere anderer Gruppen allein an ihrer Stimme erkennen, dann müßten wir bei den Mitgliedern der Gruppe B eine schwache Reaktion hervorrufen, wenn wir einen Laut abspielen, der von einem Mitglied der Gruppe A auf dem Territorium der Gruppe A abgegeben wird. Wenn dagegen B-Gruppenmitglieder den Laut eines A-Gruppenmitglieds vom Territorium der C-Gruppe hören, wäre dieses Ereignis höchst anomal und die Reaktionen der Tiere müßten viel stärker sein. Die Hypothese, daß Meerkatzen die Mitglieder anderer Gruppen allein an ihrer Stimme erkennen können, sagt also voraus, daß Rufe von ein und demselben Individuum, die denselben Tieren unter zwei verschiedenen Bedingungen vorgespielt werden, ausgesprochen unterschiedliche Reaktionen hervorrufen werden.

Weil dies das erste Playback-Experiment ist, das wir beschreiben, und weil die Leser vielleicht mit der Anwendung dieser Technik bei freilebenden Primaten nicht vertraut sind, unterbrechen wir hier. Wir wollen schildern, wie solche Experimente durchgeführt werden, und auch die Fälle nennen, in denen diese Technik schaden oder versagen kann. Unsere Methode der Playback-Experimente wurde gemeinsam mit Peter Marler 1977 entwickelt (z.B. Seyfarth, Cheney und Marler 1980b). Unsere Ethologen-Kollegen werden jedoch erkennen, daß viele der Techniken, die wir beschreiben, nicht neuartig sind, sondern ausgiebig von Arbeiten profitieren, die an Vögeln während der vergangenen 30 Jahre durchgeführt wurden.

٭

Man kann Playback-Experimente entwickeln, um Begebenheiten, die sich in der Natur ereignen, zu reproduzieren, oder um den Forschungssubjekten einen Reiz zu präsentieren, dem sie wahrscheinlich normalerweise nicht begegnen würden. Die Experimente über das *Wiedererkennen von Nachbarn*, die wir schon beschrieben haben, liefern Beispiele für beide Typen. Unter der »Kontroll«-Bedingung (Laut eines A-Gruppentieres wird vom Territorium A abgespielt), kopierten wir einfach ein Ereignis, das natürlicherweise viele

Male im Monat vorkommt. Da wir nicht immer vorausahnen konnten, wann es zu einem Intergruppenruf kommt, traf es uns oftmals unvorbereitet, so daß wir die Reaktion der Tiere, als sie den Ruf eines Nachbarn hörten, nicht exakt quantitativ erfassen konnten. Playback-Experimente erlaubten uns, einen Laut zu präsentieren, von dem wir wußten, daß er kommt; ein bestimmtes Tier auszusuchen, dessen Reaktion wir erfassen wollten und seine Reaktionen für spätere Analysen zu filmen. Dagegen präsentierten wir unter der »Experimental«Bedingung (Laut eines A-Gruppentieres, abgespielt vom Territorium C) den Affen dasselbe Signal, aber in einem Kontext, den sie wahrscheinlich zuvor niemals erfahren hatten. Derartig neues und sogar beunruhigendes Material – in diesem Falle einen größeren territorialen Übergriff durch eine benachbarte Gruppe vorzugaukeln – kann Reaktionen auslösen, die etwas von dem aufdecken, was Tiere über ihr Umfeld wissen.

Unabhängig vom jeweils verfolgten Ziel basierten die meisten Playback-Experimente auf der Annahme, daß Meerkatzen andere Individuen allein an der Stimme identifizieren können. Diese Annahme schien berechtigt, da schon für zahlreiche Vogel- und Säugetierarten Beweise für die Fähigkeit, Individuen allein an der Stimme zu unterscheiden, erbracht worden waren, als wir mit unserer Studie begannen. Wir betrachten das Phänomen des individuellen Erkennens auch noch in den nachfolgenden Abschnitten dieses Kapitels.

Um aussagekräftige Ergebnisse zu erzielen, müssen Playback-Experimente ein seltenes Ereignis darstellen und so unauffällig wie möglich in das natürliche Sozialverhalten der Tiere eingebunden sein. Werden sie zu oft durchgeführt oder mit ungewöhnlichen oder abnormen Ereignissen assoziiert, werden sich die Tiere nicht täuschen lassen und bald ganz und gar aufhören, zu reagieren. Als wir also die Nachbarerkennungsexperimente durchführten, bestimmten wir eine Reihe von Bedingungen, die zusammentreffen mußten, ehe ein Laut abgespielt werden konnte. Erstens mußte das auserkorene Studienobjekt sich im Zentrum seines Gruppengebiets, fern von jeder Territoriumsgrenze, befinden, und die Gruppe durfte während der vergangenen 2 Stunden mit keiner anderen Gruppe interagiert haben. Außerdem durfte das Tier nicht jüngst in irgendeinen großen eskalierenden Kampf innerhalb seiner Gruppe verwickelt gewesen, noch durfte es erst vor kurzem einem Raubfeind begegnet sein.

Wenn wir einen Laut von einem auf Territorium A versteckten Lautsprecher abspielen wollten, mußten sich die Mitglieder der Gruppe A am anderen Ende ihres Territoriums außer Sichtweite unseres Forschungssubjekts aufhalten. Träfe diese Bedingung nicht zu, könnten unsere Ergebnisse auf vielfältige Weise verfälscht werden. Wären beispielsweise A-Gruppenmitglieder im unmittelbaren Gebiet, könnten sie ja selbst auf diesen Ruf reagiert haben, und wir wären nicht in der Lage festzustellen, ob unser Forschungssubjekt auf das Playback oder auf die Reaktionen der A-Gruppentiere reagiert hat.

Als diese Voraussetzungen erfüllt waren, machte sich einer von uns bereit, das Studienobjekt zu filmen, während der andere, die Playback-Kassette und den Lautsprecher unter dem Arm, in das benachbarte Territorium marschierte (durchschnittlich 120 Meter entfernt). Die Laute, die für die Experimente verwandt wurden, mußten von bekannten Individuen aus den letzten 6 Monaten stammen. Auch mußten sie frei von Hintergrundgeräuschen und jeglichen anderen Verzerrungen sein.

Einige Playback-Experimente lösten starke Verhaltensreaktionen bei den Affen aus (siehe Kapitel 4). Weit häufiger jedoch waren die Reaktionen subtiler und hatten lediglich für ein paar Sekunden einen Wechsel in der Blickrichtung des Forschungssubjekts zur Folge. Da es darauf ankam, jedes Experiment recht präzise analysieren zu können, filmten wir unsere Experimente mit einer Super-8-Tonfilm-Kamera oder in späteren Jahren mit einer Videokamera. Zu Beginn jedes Versuchs filmten wir die Tiere für eine vorher festgelegte Zeit (15 Sekunden bei den Gruppenerkennungsexperimenten), ehe wir den Laut abspielten; nachdem der Ruf abgegeben war, filmten wir ununterbrochen eine Minute lang. So konnten wir das Verhalten eines jeden Forschungssubjekts in den Sekunden vor dem Playback kontrollieren, und eine Reaktion als Unterschied zwischen dem Verhalten, unmittelbar bevor und nachdem ein Ruf gehört worden war, definieren. Der Vollständigkeit halber zeichneten wir für jeden Versuch eine Karte, um den Standort aller Bäume und Büsche und die Hauptmerkmale des Geländes sowie die Entfernung zwischen Kamera, Versuchssubjekt und Lautsprecher festzuhalten.

Damit die Tiere gegenüber dem experimentellen Verfahren nicht mißtrauisch wurden, trennten wir alle Versuche durch Intervalle von mindestens 2 Tagen. Um sicherzugehen, daß der Anblick der Playback-Ausrüstung bei den Tieren kein bevorstehendes Experiment signalisierte, filmten wir die Tiere mehrfach während der Intervallperiode und (ziemlich absurd) versteckten die Lautsprecher in nahegelegenen Büschen. Noch wichtiger: da natürliche Intergruppenbegegnungen ungefähr jeden zweiten Tag vorkamen (Cheney 1987), hatten die Versuchssubjekte gewöhnlich die Gelegenheit, ihre Nachbarn zu sehen und zu hören, wenn sie zwischen den sukzessiven Versuchen Intergruppenrufe gaben. Indem wir das Experiment nur selten durchführten, reduzierten wir die Wahrscheinlichkeit, daß die Affen unsere Playbacks als unnatürlich betrachteten und aufhörten, auf sie zu reagieren.

Schließlich sollte noch ein Wort zu den vielen Fällen gesagt werden, in denen ein Experiment geplant und in Gang gebracht wurde, jedoch nicht abgeschlossen werden konnte. Wenn wir zum Beispiel gerade unseren Lautsprecher positioniert hatten und losfilmen wollten, war unser Forschungssubjekt unterdessen in einem dichten Busch verschwunden. Bei anderen Gelegenheiten konnte es passieren, daß Gruppe A oder Gruppe C plötzlich auftauchte und eine echte Begegnung ihren Lauf nahm. Auch konnten Versuche unterbrochen werden, weil ein Raubfeind gesichtet wurde, ein Elefant sich näherte, um unter dem Baum zu dösen, wo die Affen gerade fraßen, oder ein Massai-Stammesangehöriger erschien und uns bat, ihm beim Schmuggeln von Kochöl nach Tansania zu helfen. Am schlimmsten jedoch war, wenn zwar alles perfekt *in Szene gesetzt*, aber die Batterie der Kamera leer war oder zu spät entdeckt wurde, daß das mit dem Lautsprecher verbundene Kabel nicht ordentlich an seinem Platz lag. Dann folgten laute gegenseitige Vorwürfe, und erheblich viel Zeit wurde geopfert, um den Schuldigen exakt zu bestimmen. So frustrierend diese abgebrochenen Versuche auch waren, sie waren doch von Wert, weil die Affen bei vielen Gelegenheiten (bei manchen Versuchstypen bis zu 70 Prozent aller Versuche) sahen, wie wir alle Vorbereitungen zur Durchführung eines Experiments trafen, und sie doch keinen Ruf hörten. Noch einmal, diese fehlgeschlagenen Versuche reduzierten die Wahrscheinlichkeit, daß sich die Tiere an das Experiment gewöhnten.

Neben diesen Vorsichtsmaßnahmen waren wir selbstverständlich darauf bedacht sicherzugehen, daß unsere Tests nicht auf irgendeine andere Weise verfälscht wurden. Bei der Nachbarerkennungsstudie kontrollierten wir zum Beispiel die Reihenfolge der Reizdarbietung, indem 9 von 20 Tieren zuerst den »passenden« Ruf (ein Mitglied der Gruppe A ruft von As Territorium) und 11 von 20 zuerst den »unpassenden« Ruf hörten. Für den Fall, daß Rufe bestimmter Individuen möglicherweise hervorstechender als andere sind, nahmen wir Rufe von sechs Individuen dreier Gruppen als Reize und denselben Laut in einem paarweisen Versuch sowohl als passenden als auch unpassenden Reiz.

Trotz all dieser Vorkehrungen erreichte keines unserer Experimente jemals die Präzision und Kontrolle mancher Laborexperimente. Wir wußten einfach nicht, was unseren Versuchssubjekten an dem Tag, an dem sie getestet wurden, alles widerfahren war, noch konnten wir die vielfältigen kontextuellen Variablen (Vögel, Huftiere, Insekten oder andere Affen), die unter natürlichen Bedingungen existierten, vollständig kontrollieren. Trotz unserer Sorgfalt bei der Wahl unserer Ausrüstung kann kein Lautsprecher jemals die Stimme eines Affen perfekt kopieren, und wenn wir sagen, »der Lautsprecher war hinter einem Baum oder Busch versteckt«, so ist dies reine Selbsttäuschung; ein Lautsprecher mag uns gut versteckt erscheinen, aber die Meerkatzen konnten ihn mit Sicherheit häufig sehen. Viele dieser Probleme wurden minimiert, indem wir verschiedene Rufe zur gegenseitigen Kontrolle zuließen. Wenn zum Beispiel ein Aspekt unseres Verfahrens bei den Gruppenerkennungsexperimenten verfälscht wurde, dann sollte das sowohl bei den ›passenden‹ als auch bei den ›unpassenden‹ Versuchen gleichermaßen der Fall sein. Letztlich kontrollierten wir, was in unserer Macht stand, und hofften, daß die Vorteile, nämlich mit Tieren in ihrer natürlichen Umgebung zu experimentieren, die Ungenauigkeit unserer Techniken aufwiegen würden.

✳

Jetzt kehren wir zu den eigentlichen Experimenten zurück, die erforschen sollten, ob Affen die Mitglieder anderer Gruppen an der Stimme allein erkennen können. Als einen Reiz gebrauchten wir den Intergruppen-*Wrr*-Laut; einen lauten, relativ langen trillernden Ruf, den Weibchen und Jugendliche abgeben, wenn sie eine andere Gruppe erspähen (Kapitel 4 und 5). Bei 14 paarweisen Versuchen waren die Lautgeber erwachsene Weibchen; bei 4 weiteren waren es heranwachsende Männchen, die noch nicht aus ihrer Geburtsgruppe in eine andere gewechselt hatten.

Wenn Meerkatzen die Rufe von Tieren benachbarter Gruppen erkennen, dann sollten sie auf einen Ruf, der von einem ›unpassenden‹ Territorium abgespielt wird, eher stärker reagieren als auf einen Ruf vom echten Gebiet der Gruppe des Rufers. Tatsächlich ist genau dies der Fall. Bei einem typischen Versuch reagierten die Forschungssubjekte auf den Playback-Ruf vom echten Territorium, indem sie kurz in Richtung des Lautsprechers schauten, um sich dann ihrer früheren Aktivität wieder zuzuwenden. Wenn sie dagegen denselben Laut vom ›unpassenden‹ Gebiet hörten, schaute eine signifikante Anzahl (18 von 20) längere Zeit in Richtung Lautsprecher. In einigen Fällen rannten sie auf die Bäume und vollführten Sprünge, die normalerweise für Intergruppenbegegnungen typisch sind (Cheney und Seyfarth 1982b). Meerkatzen scheinen also die Rufe von einzelnen Mitgliedern anderer Gruppen mit den jeweiligen Territorien jener Gruppen zu assoziieren. Sie taten das signifikant, auch wenn die Rufer niemals in derselben Gruppe mit den Forschungssubjekten gelebt hatten und nur bei Intergruppenbegegnungen mit ihnen interagiert hatten.

Andere Studien untersuchten mit Playback-Experimenten, auf welche Weise die Ruflaute benachbarter Gruppen das Abstandhalten zwischen Gruppen regulieren. Bei territoriallebenden Arten wie zum Beispiel den Gibbons (Chivers und MacKinnon 1977) und den Tamarinen (*Callicebus moloch*) (Robinson 1981) veranlassen Intergruppenrufe die Tiere, sich den Grenzen ihres Gebietes zu nähern. Jedoch bei Arten mit überlappenden Territorien veranlassen ähnliche Playback-Experimente die benachbarten Gruppen, sich von dem Gebiet, aus dem die Rufe abgespielt werden, fernzuhalten (z. B. Waser 1976 für Mangaben ⟨*Cercocebus albigena*⟩; Cheney 1987 für einen Überblick). Jedoch bei keinem dieser Experimente versuchten die Forscher, zwischen den Reaktionen auf *verschiedene* benachbarte Gruppen zu unterscheiden. Folglich ist es unmöglich zu bestimmen, ob die Affen erkannten, wo sich bestimmte benachbarte Gruppen befanden.

Obwohl unsere Experimente zeigten, daß Meerkatzen einen bestimmten Laut mit einer bestimmten Gruppe verbinden, so testeten sie nicht unmittelbar, ob Affen zwischen den einzelnen Mitgliedern anderer Gruppen unterscheiden können. Wir gingen dieser Frage in einer anderen Reihe von Experimenten nach, obwohl die Stichprobengrößen zu klein waren, um irgendwelche Schlußfolgerungen zu erlauben.

In Amboseli sind ranghohe Weibchen gewöhnlich (aber keineswegs immer) aktivere und aggressivere Teilnehmerinnen bei Intergruppenbegegnungen als rangniedere Weibchen, auch geben sie mehr *Wrr*-Rufe (Cheney 1981; Cheney, Lee und Seyfarth 1981; Cheney 1987). Zusammen mit Berichten über Rhesusaffen und Japanmakaken, die offenbar die dominanten Männchen anderer Gruppen erkennen (Kapitel 2), legt diese Beobachtung nahe, daß auch Meerkatzen zwischen den Intergruppen-*Wrrs* ranghoher und rangniederer Weibchen benachbarter Gruppen unterscheiden können.

Um diese Hypothese zu testen, spielten wir die *Wrr*-Laute ranghoher und rangniederer Weibchen paarweise weiblichen Versuchstieren benachbarter Gruppen vor. Sieben von zehn Tieren reagierten (indem sie in Richtung Lautsprecher schauten) auf die *Wrrs* des dominanten Weibchens der Nachbargruppe über einen längeren Zeitraum als bei dem rangniederen Weibchen. Auch wenn diese Ergebnisse nicht statistisch signifikant waren, so lassen sie doch vermuten, daß Meerkatzen sehr wohl zwischen den Rufen einzelner Nachbarn unterscheiden.

Auch wenn die Ergebnisse natürlich nicht beweisen, daß Meerkatzen die Dominanzbeziehungen der Weibchen in Nachbargruppen erkennen, ist doch hervorzuheben, daß die Forschungssubjekte, wenn sie auf die dominanteren

Weibchen stärker reagierten, nicht nur einfach auf die Weibchen reagierten, deren *Wrrs* sie am häufigsten gehört hatten. Als wir die Gesamtzahl der *Wrrs* zählten, die jedes Weibchen im Laufe der 8 Monate, als diese Experimente durchgeführt wurden, abgegeben hatte, fanden wir keine Beziehung zwischen der Reaktionsstärke der Tiere und der Häufigkeit, mit der jedes Weibchen die *Wrrs* in echten Intergruppenbegegnungen hörte. In vier Fällen gaben die beiden verglichenen Weibchen die gleiche Anzahl von *Wrrs*. Bei nur der Hälfte der sechs verbleibenden Paarversuche reagierten die Forschungssubjekte tatsächlich stärker auf das Weibchen, das mehr *Wrrs* unter natürlichen Bedingungen gab. Es gibt also einige Anzeichen, daß Weibchen tatsächlich zwischen *individuellen* Mitgliedern verschiedener Gruppen unterschieden und daß diese Reaktionen nicht nur auf der relativen Häufigkeit verschiedener *Wrrs* von Weibchen basierten.

Reziprozität

Junge Männchen, die ihre Geburtsgruppe verlassen, schließen sich im allgemeinen der Nachbargruppe an, mit der ihre Geburtsgruppe die wenigsten aggressiven Beziehungen hat (Kapitel 2; Cheney und Seyfarth 1983). Diese Beobachtung läßt vermuten, daß sich Meerkatzen an frühere Interaktionen erinnern können und daß die Art und Weise dieser Interaktionen das Folgeverhalten beeinflussen kann. Die sozialen Interaktionen innerhalb einer Gruppe erhärten diese Hypothese noch weitaus mehr. Wie in Kapitel 2 berichtet, bilden Pavianmännchen am häufigsten Allianzen mit den Tieren, die sie in der Vergangenheit unterstützt haben (Packer 1977), und wenn Meerkatzenweibchen Allianzen mit nichtverwandten Individuen bilden, so tun sie das am häufigsten mit jenen, die sie früher am meisten gegroomt haben (Abb. 3.1 o. und u.; siehe auch Tab. 2.1). Auch wenn solche Daten vielversprechend sind, beweisen sie nicht schlüssig, daß kooperatives Verhalten zwischen zwei Individuen sich unmittelbar kausal auf ihre zukünftigen Interaktionen auswirkt.

Um ein klares Bild von den Mechanismen zu gewinnen, die zu kooperativem reziproken Austausch führen könnten, entwickelten wir ein Experiment, das untersuchen sollte, ob Grooming zwischen zwei nichtverwandten Meerkatzen die Wahrscheinlichkeit auf zukünftige Unterstützung bei aggressiven Auseinandersetzungen erhöht (für Einzelheiten siehe Seyfarth und Cheney 1984a). In diesem Experiment war der Playback-Reiz das *Drohgrun-*

Abb. 3.1: o.: Das jugendliche Männchen Wordsworth groomt das jugendliche Weibchen Acton. u.: Mehrere Stunden später bittet Wordsworth (in der Mitte) bei Acton (links) für eine Koalition gegen Macauley um Unterstützung. Wie viele andere nichtmenschliche Primaten werben Meerkatzen mit speziellen Lauten und indem sie zwischen ihrem Rivalen und ihrem erstrebten Verbündeten schnell hin- und herblicken um Unterstützung.

zen von Meerkatzen (oder *Woof-woof*: Struhsaker 1967a). Unter normalen Bedingungen stoßen Individuen Drohgrunzer aus, wenn sie einem anderen Gruppenmitglied drohen oder es jagen. Offenbar fungieren die Rufe auch als Gesuch um Unterstützung, denn häufig veranlassen sie andere Tiere, dem Rufer zu Hilfe zu kommen.

Wir wählten zwei Individuen, A und B, für unsere paarweisen Versuche aus und warteten, bis wir beobachteten, daß A B groomte; 30 bis 90 Minuten nach Ende der Groomingsitzung spielten wir dann As Drohgrunzen in Hörweite von B über einen versteckten Lautsprecher ab. (Natürlich beschränkt sich gegenseitiges kooperatives Verhalten wahrscheinlich nicht auf die 90 Minuten, die wir für unsere Experimente veranschlagten, aber wir sahen uns nicht in der Lage, die Ereignisse für längere Zeiträume zu kontrollieren.) Einige Tage später spielten wir As Drohgrunzen in der Nähe von Tier B ab, nach einem mindestens 2stündigen Zeitraum, in dem A B *nicht* gegroomt hatte. Wenn Grooming und Allianzen wirklich Teil eines reziproken Systems von Interaktionen bilden, dann sollte das frühere Groomen von B durch A Bs Bereitschaft erhöht haben, A bei einem Disput zu unterstützen. Bs Reaktion auf das Playback von As Ruf sollte deshalb stärker ausfallen, nachdem A B gegroomt hatte. Wir wählten Tiere aus 10 Paaren nichtverwandter Tiere dreier sozialer Gruppen und variierten systematisch die Reihenfolge, in der den Forschungssubjekten Drohgrunzer im Anschluß an oder ohne eine vorangegangene Groomingsitzung vorgespielt wurde. Um zu testen, ob Reziprozität auch durch Verwandtschaft beeinflußt wurde, führten wir einen ähnlichen Test an neun engverwandten Paaren durch, die als Individuen definiert wurden, deren Verwandtschaftsgrad r größer als 0.25 war. Die verwandten Paare waren Mutter-Kind-Paare oder Geschwister mütterlicherseits.

Die Tiere reagierten auf die Playbacks, indem sie in Richtung Lautsprecher schauten. Unter Verwandten hatte eine vorangegangene Groomingsitzung keinen Einfluß auf die Reaktionsdauer eines Individuums (Abb. 3.2). Engverwandte reagierten auf die gegenseitigen Gesuche mit ähnlicher Intensität, ob sie sich nun kürzlich gegroomt hatten oder nicht. Vorausgegangenes Grooming beeinflußte jedoch stark das Verhalten von Nichtverwandten. Die Reaktionsdauer nichtverwandter Tiere war signifikant länger nach einer Groomingsitzung als ohne Grooming. Der Einfluß einer vorangegangenen Groomingsitzung auf das Verhalten nichtverwandter Tiere war so auffallend, daß sie in einigen Fällen stärker als verwandte Tiere unter vergleichbaren Bedingungen reagierten (Abb. 3.2; Seyfarth und Cheney 1984a). Anders als Ver-

Abb. 3.2: Ergebnisse der Experimente zur Untersuchung des reziproken Altruismus bei verwandten und nichtverwandten Paaren nach einer Groomingsitzung (offene Histogramme) und nach einer Periode ohne vorangegangenes Grooming (schraffierte Histogramme).
Die Histogramme zeigen Mittelwerte und Standardabweichungen für Versuche an 9 verwandten Tieren und 10 nichtverwandten Tieren. Bei nichtverwandten Tieren erhöhte vorangegangenes Grooming signifikant die Anzahl der Sekunden, die die Tiere in Richtung Lautsprecher blickten (zweiseitiger Wilcoxon-Test, P < 0.05). Bei Verwandten hat vorangegangenes Grooming keinen Einfluß auf die Reaktionsdauer. Entnommen aus Seyfarth und Cheney 1984a.

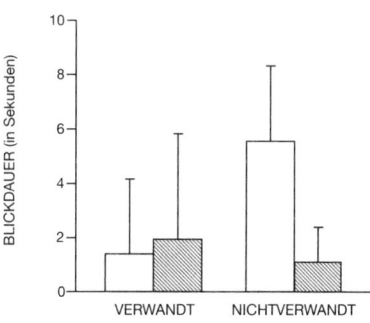

wandte schienen nichtverwandte Tiere mit einer Art reziprokem Austausch beschäftigt gewesen zu sein.

Wir können spekulieren, daß die Entscheidung einer Meerkatze, aufmerksam zuzuhören (und möglicherweise zu intervenieren), wenn sie andere um Unterstützung rufen hört, von mindestens zwei Überlegungen beeinflußt wird: Ist das Tier ein Verwandtes und, wenn nicht, was hat es in der letzten Zeit für mich getan? Die Tatsache, daß Playbacks eher Aufmerksamkeit anstatt explizite Aktionen auslösten, erinnert uns daran, daß – obwohl Grooming die Bereitschaft bei nichtverwandten Tieren erhöht, auf gegenseitige Gesuche zu achten – die tatsächliche physische Beteiligung in einer Allianz wahrscheinlich von der weiteren Einschätzung der potentiellen Nachteile einer Intervention abhängt. Solche Nachteile werden zweifellos von den relativen Rangpositionen der Beteiligten und der Intensität des jeweiligen Disputs beeinflußt (Cheney 1983a; Gouzoules, Gouzoules und Marler 1984; siehe auch Marler 1976b).

Funktional gesehen stimmt der Unterschied im Verhalten zwischen verwandten und nichtverwandten Paaren von Affen mit der Evolutionstheorie überein, die behauptet, daß ein Individuum seinen reproduktiven Erfolg möglicherweise erhöhen kann, indem es Verwandten hilft, unabhängig davon, ob altruistisches Verhalten vorangegangen ist. Dagegen behauptet die Theorie des reziproken Altruismus, ein Individuum, das mit Nichtverwandten interagiert, könne seinen reproduktiven Erfolg möglicherweise nur erhöhen, wenn die gegenseitige Unterstützung Teil einer reziproken Langzeitbeziehung ist (Trivers 1971, 1985; West-Eberhard 1975).

Hinsichtlich der proximaten Mechanismen gibt es eine Reihe von Erklärungen für das unterschiedliche Verhalten von Verwandten und Nichtverwandten, wobei keine von ihnen die andere ausschließt. Zum Beispiel können Bindungen, die im Laufe der Entwicklung zwischen Verwandten entstanden sind, Langzeitfolgen haben, die die Kurzzeiteffekte sozialer Interaktionen aufheben. Deshalb können Verwandte einander zu Hilfe kommen, auch wenn sie nicht kurz zuvor interagiert haben. Wenn wir an Verhaltensweisen wie Grooming denken, das langsam und zunehmend zur Etablierung und Aufrechterhaltung einer Beziehung beiträgt (Seyfarth, Cheney und Hinde 1978), ebenso wie Konversation, eine Umarmung oder ein Klaps auf den Rücken ganz einfach uns Menschen hilft, uns der Freundschaft nochmals zu versichern, dann ist es leicht, sich vorzustellen, wie wenig Einfluß eine einzige Groomingsitzung (oder ihr Fehlen) auf die Beziehungen unter Verwandten haben könnte, die häufig zusammen groomen, spielen, auf Nahrungssuche gehen und schlafen. Die gleiche Groomingsitzung könnte zu größeren Veränderungen in den Beziehungen zweier nichtverwandter Tiere führen, die weniger häufig interagieren.

Bevor wir andere, mehr theoretische Probleme im Zusammenhang mit der Theorie des reziproken Altruismus betrachten, sollten wir für unsere Experimente einen letzten Vorbehalt anfügen, denn die Leser werden erkannt haben, daß nur eine Hälfte des Themas angesprochen wird. Auch wenn wir vielleicht gezeigt haben, daß kooperative Handlungen die Bereitschaft anderer *erhöhen*, auf Unterstützungsgesuche zu reagieren, lassen unsere Ergebnisse offen, ob nichtkooperatives Verhalten oder sogar boshafte Handlungen diese Bereitschaft senken. Um die Theorie der Reziprozität vollständig zu testen, müßten wir As Drohgrunzer zu B entweder abspielen, nachdem A B gedroht hat oder nachdem A es unterließ, B in einer Allianz zu unterstützen. Wenn unter diesen Bedingungen Bs Reaktion, verglichen mit ihrer Reaktion ohne vorangegangene Interaktionen, durch die Playbacks reduziert wird, könnten wir mit mehr Überzeugung schließen, daß Bs verstärkte Reaktion nach einer Groomingsitzung tatsächlich ein Beweis für reziproken Altruismus war. Leider hinderte uns ein Rückgang in der Meerkatzenpopulation von Amboseli an der Durchführung dieser Experimente.

Wenn Meerkatzen sich tatsächlich merken, daß eine Hilfeleistung nicht erwidert wurde, ist jede Vergeltung wahrscheinlich eine heikle Sache. Vermutlich kommt es zu keiner offenen Aggression, sondern lediglich zu einer Abnahme der Wahrscheinlichkeit, auf Unterstützungsgesuche zu reagieren. Beobachtungsstudien an Rhesusaffen und Bärenmakaken (*Macaca arctoides*) deuteten beispielsweise darauf hin, daß Tiere selten den Individuen drohen (oder sich entsprechend revanchieren), die Allianzen gegen sie bilden, wahrscheinlich, weil die relative Stabilität von Dominanzhierarchien rangniedere Tiere hindert, frühere Gegner anzugreifen (de Waal und Luttrell 1988).

Interessanterweise scheint diese Verallgemeinerung nicht für Schimpansen zu gelten. Bei Schimpansen hängt Dominanz stärker von Bündnispartnern ab, als das bei Altweltaffen der Fall ist, und die Individuen scheinen sich sehr wohl an Tieren zu rächen, die in der Vergangenheit Allianzen gegen sie gebildet haben (de Waal und Luttrell 1988; de Waal 1989). Ein Schimpanse, der eine Allianz gegen einen Dritten bildet, kann damit rechnen, daß sein Gegner später eine Allianz gegen ihn selbst aufstellen wird, was einen Rangverlust für ihn zur Folge haben könnte. Die indirekte Drohung mit Vergeltung kann deshalb die Aggressions- und Bündnismuster in Schimpansengesellschaften stark beeinflussen.

Obwohl Grooming und Allianzen bei Meerkatzen, wie gegenseitige Kooperation bei anderen Tierarten (z. B. die von Wilkinson 1984 untersuchten Vampirfledermäuse) ein adaptives System reziproker Interaktionen ausbilden können, unterscheidet sich Reziprozität bei nichtmenschlichen Arten in zweifacher wesentlicher Hinsicht von Reziprozität bei Menschen. Erstens, wie Trivers (1971) selbst bemerkte, nimmt die Evolutionstheorie des reziproken Altruismus den Altruismus aus der Reziprozität heraus: ein Affe groomt einen anderen nicht aufgrund angeborener selbstloser Motive, sondern weil der Affe hofft, als Gegenleistung Unterstützung zu bekommen. Viele Sozialwissenschaftler sind mit diesem Ansatz unzufrieden und haben nach einer Erklärung für die Evolution des menschlichen Altruismus gesucht, die nicht vollends auf egoistischen Motiven beruht (Fiske in Kürze erscheinend; Frank 1988; siehe auch Alexander 1987).

Zweitens: Auch wenn wir das Wort *reziprok* im Verlauf dieses Abschnittes gebraucht haben, wissen wir noch nicht, inwieweit genaue Vorstellungen von Reziprozität, die mit dem Austausch von ungefähr gleichwertigen Dingen verbunden ist, tatsächlich dem Verhalten der Tiere zugrunde liegen. Kalkulieren die Affen wirklich Kosten und Nutzen einer Groomingsitzung oder von Allianzen, um sodann den Unterschied zwischen beiden auszurechnen? Oder peilen sie mehr über den Daumen? Eine Antwort darauf wird durch unsere eigene Unfähigkeit erschwert, aus der Sicht eines Affen Kosten und Nutzen von unterschiedlichen Interaktionsarten mit verschiedenen Individuen aufzuwiegen.

Betrachten wir zum Beispiel ein rangniederes Weibchen, das versucht, enge Beziehungen zu einem ranghohen Weibchen herzustellen. Das oberste Ziel des rangniederen Weibchens kann eine Beziehung sein, in der Grooming gegen Unterstützung bei Allianzen oder gegen Toleranz bei begehrenswerten Nahrungsressourcen ausgetauscht wird. Um dieses Ziel jedoch zu erreichen, muß das rangniedere Weibchen vielleicht Monate oder sogar Jahre ausharren, in denen sie das ranghohe Weibchen häufig groomt, aber umgekehrt nur geringen Nutzen hat. Mehr noch, rangniedere Weibchen können so viel Nutzen aus seltenen Allianzen mit ranghohen Partnerinnen ziehen, daß sie bereit sind, im Austausch für jede Unterstützung, die sie erhalten oder sogar nur für die Aussicht darauf ohne tatsächliche konkrete Garantien, sie zehnmal so häufig zu groomen oder in Allianzen zu unterstützen (Cheney 1983a).

Asymmetrische Beziehungen bei Primaten sind geläufig. Sie wurden manchmal als Beweis vorgebracht, daß das Streben nach reziprokem Austausch bei der Verteilung von Grooming eine unwichtige Rolle spielt (z. B. Silk, Samuels und Rodman 1981; Fairbanks 1980; de Waal und Luttrell 1988). Dennoch ist es bei einer offensichtlich asymmetrischen Beziehung theoretisch möglich, wie Boyd (1988) gezeigt hat, daß sie gänzlich reziprok sein kann, wenn das Ungleichgewicht bei den Kosten und dem Nutzen, die jeder Partner anzubieten hat, mit in Rechnung gestellt wird (Seyfarth und Cheney 1988b). Noë (1986) betont diesen Punkt in seiner Analyse der Koalitionen unter erwachsenen Pavianmännchen. In der Tat, bis wir einen Weg finden, die relativen Kosten und den relativen Nutzen zu messen, die Individuen aus Interaktionen ziehen, kann fast jede Beziehung als reziprok (oder asymmetrisch) angesehen werden, je nachdem, wie man die Gewinne und Verluste der Beteiligten zu messen vorzieht. Es geht hier nicht darum, eine Tautologie zu schaffen oder Trivers' Theorie als unbrauchbar fallen zu lassen. Vielmehr müssen wir uns bewußt sein, daß Theorien von Reziprozität, insbesondere wenn sie auf Gruppen angewandt werden, deren Individuen sich in ihrer Fähigkeit, einander zu helfen, weit unterscheiden, unsichere Konzepte sind – es ist schwierig, sie präzise zu formulieren und in streng testbare Voraussagen zu übertragen.

Die Beziehungen zwischen anderen erkennen: Verwandtschaft, Freundschaft und Rangposition

Was Affen über die Gefährten anderer Tiere wissen

Bis jetzt haben wir Ergebnisse über gruppenübergreifendes Erkennen und Reziprozität benutzt, um etwas von dem Wissen zu veranschaulichen, das ein Affe über andere Tiere auf Grund seiner eigenen Interaktionen mit ihnen erwirbt. Um jedoch eine Ranghierarchie zu verstehen oder um vorauszusagen, welche Individuen wahrscheinlich miteinander Allianzen bilden werden, muß ein Tier aus seinem eigenen Interaktionsbereich heraustreten und die Beziehungen, die zwischen anderen existieren, erkennen (siehe Diskussion bei Harcourt 1988). Derartiges Wissen kann nur erlangt werden, wenn man Interaktionen beobachtet, in die man nicht verwickelt ist, und entsprechende Schlüsse zieht. Tatsächlich gibt es zunehmend Beweise, daß Affen tatsächlich Kenntnisse über die sozialen Beziehungen anderer Tiere besitzen und daß ebensolches Wissen ihr Verhalten beeinflußt.

Untersuchungen an Mantelpavianen in Äthiopien wiesen als erste darauf hin, daß nichtmenschliche Primaten die Beziehungen beurteilen, die zwischen anderen existieren. Unter natürlichen Bedingungen sind Mantelpaviane in Ein-Mann-Einheiten organisiert, von denen jede aus einem voll erwachsenen Männchen und zwei bis neun erwachsenen Weibchen besteht (Kummer 1968; Sigg u a. 1982; besprochen bei Stammbach 1987). Die Ein-Mann-Einheiten kommen häufig in Kontakt mit einzelnen ungebundenen Männchen, und ein Führer einer Einheit muß sich beständig gegen Versuche anderer Männchen, die seine Weibchen übernehmen wollen, zur Wehr setzen. Experimente mit Mantelpavianen in Gefangenschaft zeigten, daß männliche »Rivalen« die Stärke der Beziehung zwischen einem Besitzer und einem Weibchen abschätzen, bevor sie um die ›Inbesitznahme‹ des Weibchens konkurrieren. Männchenrivalen versuchen nicht, ein Weibchen zu übernehmen, wenn sie es vorher mit seinem Besitzer haben interagieren sehen. Ein solcher »Respekt vor Besitz« hält auch dann an, wenn der Rivale in anderen Bereichen dominant ist (Kummer, Goetz und Angst 1974). Dieses Phänomen scheint weit verbreitet zu sein. Sowohl unter Dscheladapavianen in Äthiopien als auch bei Savannenpavianen in Kenia kommt es weniger wahrscheinlich zu Herausforderungen durch einen Rivalen, wenn ein Männchen starke

Groomingbeziehungen mit einem Weibchen hat, und um so wahrscheinlicher, wenn die Groomingbeziehungen schwach sind (Dunbar 1983b; Smuts 1985).

Um die Hypothese zu testen, ob Rivalen die Stärke der Bindungen zwischen einem Männchen und seinem Weibchen beurteilen, untersuchten Bachmann und Kummer (1980) sechs erwachsene Männchen und sechs erwachsene Weibchen. Mittels Auswahltests wollten sie bestimmen, wie stark jedes Männchen jedes Weibchen und wie stark jedes Weibchen jedes Männchen bevorzugte. Ein Männchen-Weibchen-Paar wurde in ein großes Gehege gebracht, wo sie frei interagieren konnten. Verschiedene Männchenrivalen durften das Paar beobachten und bekamen dann eine Gelegenheit, den Eigentümer um den Besitz seines Weibchens herauszufordern. Bachmann und Kummer stellten fest, daß die Wahrscheinlichkeit einer Herausforderung nicht mit der Vorliebe des Rivalen oder des Besitzers für ein bestimmtes Weibchen korrelierte. Die Vorliebe des *Weibchens* schien jedoch die Sache zu ändern: wenn ein Weibchen mit einem Besitzer zusammen war, den sie häufig groomte, verhinderte dies Herausforderungen von Rivalen mittleren und niederen Ranges. Die beiden ranghöchsten Männchen forderten alle Besitzer heraus, unabhängig vom Verhalten des Weibchens. Obwohl Bachmann und Kummer nicht die Möglichkeit ausschließen konnten, daß die Männchenrivalen lediglich auf die Aktionen der Weibchen und nicht auf deren Beziehungen reagierten, ließen die Experimente doch den Schluß zu, daß die Männchen die Stärke der Anziehung zwischen einem Besitzer und seinem Weibchen einschätzen können und die Herausforderung eines Besitzers vermeiden, wenn die Beziehung des Paares eng ist. Die Strategie scheint adaptiv zu sein, denn aggressive Herausforderungen, die eine potentielle Verletzung beinhalten, können teuer zu stehen kommen, wenn das umworbene Weibchen vorzieht, bei ihrem augenblicklichen Gefährten zu bleiben.

Weitere Beweise dafür, daß Affen Beziehungen zwischen anderen erkennen, bringen Playback-Experimente bei Meerkatzen. Wie wir schon früher anführten, stützen sich viele unserer Experimente, wie jene über gruppenübergreifendes Erkennen oder reziproken Altruismus, auf die Annahme, daß Meerkatzen die Rufe unterschiedlicher Individuen erkennen. Zu Beginn unserer Studie untersuchten wir diese Annahme an einem relativ einfachen Fall: Erkennen Mütter die Schreie ihrer Kinder?

Wenn Meerkatzenkinder und Jugendliche im Laufe eines wilden Spiels schreien (Abb. 3.3), eilt die Mutter oft hin, um ihnen beizustehen (Kapitel 2). Dieses Verhalten läßt darauf schließen, daß Weibchen zwischen den Rufen

Abb. 3.3: Das jugendliche Männchen Bobby Vee springt bei einem Spiel mit einem anderen Jugendlichen weg. Wenn ihr Spiel zu wild wird, können Jugendliche laut losschreien und so die Aufmerksamkeit ihrer Mütter auf sich lenken.

verschiedener Individuen unterscheiden können. Um diese Hypothese zu testen, spielten wir das Geschrei eines zweijährigen Jugendlichen seiner Mutter und zwei Kontrollweibchen vor, die auch Kinder in der Gruppe hatten. In einem typischen Versuch warteten wir beispielsweise, bis die drei erwachsenen Weibchen Profumo, Teapot Dome und Maginot Line nahe beieinander saßen und ihre Kinder irgendwo in der Gruppe außer Sichtweite waren. Dann spielten wir über einen versteckten Lautsprecher den Schmerzensschrei von Profumos Tochter Shelley ab. Wir fanden heraus, daß Mütter durchweg längere Zeit als die Kontrollweibchen in Richtung Lautsprecher blickten oder sich ihm näherten, was zeigt, daß sie die Stimme ihrer Kinder erkannten (Cheney und Seyfarth 1980). Dieses Ergebnis war angesichts der vielen Untersuchungen, die bereits das individuelle Stimmenerkennen bei Primaten (z. B. Waser 1977; Kaplan, Winship-Ball und Sim 1978; Hansen 1976) ebenso wie bei Vögeln und anderen Tieren (z. B. Emlen 1971; Petrinovich 1974; Brooks und Falls 1975; Kroodsma 1976) gezeigt hatten, durchaus erwartet worden.

Doch weitaus interessanter war das Verhalten der Kontrollweibchen. Als die Reaktionen der Kontrollweibchen mit ihrem Verhalten vor dem Abspielen des Schreis verglichen wurden, fanden wir, daß Playbacks die Wahrscheinlichkeit signifikant erhöhten, daß Kontrollweibchen zur *Mutter* hinschauten. Dagegen gab es keine Veränderung in der Wahrscheinlichkeit, daß sich die Kontrollweibchen untereinander anschauten. In vielen Fällen blickten die Kontrollweibchen auf die Mutter, ehe diese selbst irgendeine sichtbare Reaktion zeigte, was vermuten läßt, daß die Kontrollweibchen nicht einfach nur auf die Mutter schauten, weil sie auf irgendeine Art diese Verhaltensweisen auf sich gezogen hatte (Cheney und Seyfarth 1980, 1982b). Statt dessen war es, als ob die Weibchen sagen wollten: »Dieses Geschrei paßt zu Shelley, und Shelley paßt zu Profumo. Was wird Profumo damit anfangen?« Indem die Kontrollweibchen bestimmte Schreie mit bestimmten Jugendlichen assoziierten und diese wiederum mit ganz bestimmten erwachsenen Weibchen, verhielten sie sich, als ob sie die Verwandtschaftsbeziehungen zwischen anderen Gruppenmitgliedern erkannten.

Es ist wichtig, an dieser Stelle zu betonen, daß wir, wann immer wir von Verwandtenerkennen bei Meerkatzen oder irgendeiner anderen Primatenart sprechen, den Begriff operational definieren, nämlich als das Erkennen einer engen sozialen Bindung. Die Fähigkeit, die Verwandten anderer Tiere zu erkennen, impliziert nicht, daß Affen notwendigerweise Konzepte von Verwandtschaft oder genetischer Nähe haben, sondern einfach, daß sie die engen Gefährten anderer Gruppenmitglieder erkennen. Meistens sind enge Gefährten auch Verwandte, und diese Faustregel scheint der primäre Mechanismus zu sein, der dem Verwandtenerkennen bei nichtmenschlichen Primaten zugrunde liegt (Frederickson und Sackett 1984; Gouzoules 1984; Gouzoules und Gouzoules 1987; Waldman, Frumhoff und Sherman 1988). Im Augenblick gibt es keine Beweise, daß Affen zwischen verschiedenen Verwandtschaftsbeziehungen unterscheiden, die durch gleiche Interaktionshäufigkeiten gekennzeichnet sind – zum Beispiel zwischen erwachsenen Schwestern und Mutter-Tochter-Paaren. Die entscheidenden Experimente sind einfach noch nicht durchgeführt worden.

Affen unterscheiden anscheinend nicht nur zwischen den Schreien verschiedener Jugendlicher, sondern differenzieren auch zwischen verschiedenen aggressiven Interaktionstypen. Bei einer Untersuchung über mütterliche Intervention in der halbwilden Rhesusaffenpopulation von Cayo Santiago beobachteten Gouzoules, Gouzoules und Marler (1984), daß die Schreie von Jugendlichen in ihren akustischen Merkmalen systematisch variierten, die ver-

Abb. 3.4: Das erwachsene Weibchen Disney (rechts) droht dem heranwachsenden Männchen Sedaka, kurz nachdem sie Sedakas jüngeren Bruder gejagt hatte. Ein jugendliches Weibchen (Mitte) bildet eine Allianz mit Disney und droht ebenfalls Sedaka.

schiedenen Schreie jeweils unterschiedlichen Konflikten entsprachen und die Mütter auf die unterschiedlichen Schreitypen jeweils anders reagierten. Mütter reagierten am stärksten auf die Schreie, die auf ranghöhere Gegner abzielten, am zweitstärksten auf Schreie, die rangtieferen Gegnern galten und am wenigsten stark auf Schreie, die Verwandte betrafen. Mit anderen Worten: Mit seinen Schreien klassifiziert ein Jugendlicher seine Gegner erfolgreich im Hinblick auf Verwandtschaft und Rangposition. Durch ihre selektiven Reaktionen offenbart ein erwachsenes Weibchen einerseits ihr Wissen um die Stimme ihres Kindes und andererseits um das soziale Beziehungsnetz ihres Kindes. Wir werden diese Experimente in Kapitel 4 noch weiter diskutieren.

Als weiterer Beweis dafür, daß Affen die Verwandtschaftsbeziehungen (oder engen Bindungen) anderer Gruppenmitglieder erkennen, lassen sie uns das Phänomen der umgeleiteten Aggression betrachten. Bei vielen Primatenarten wird ein Tier, das in einen Kampf verwickelt wurde, die Aggression »umleiten« und einem dritten, vormals nicht involvierten Individuum drohen (Abb. 3.4). Rhesusaffen (Judge 1982) und Meerkatzen (Cheney und Sey-

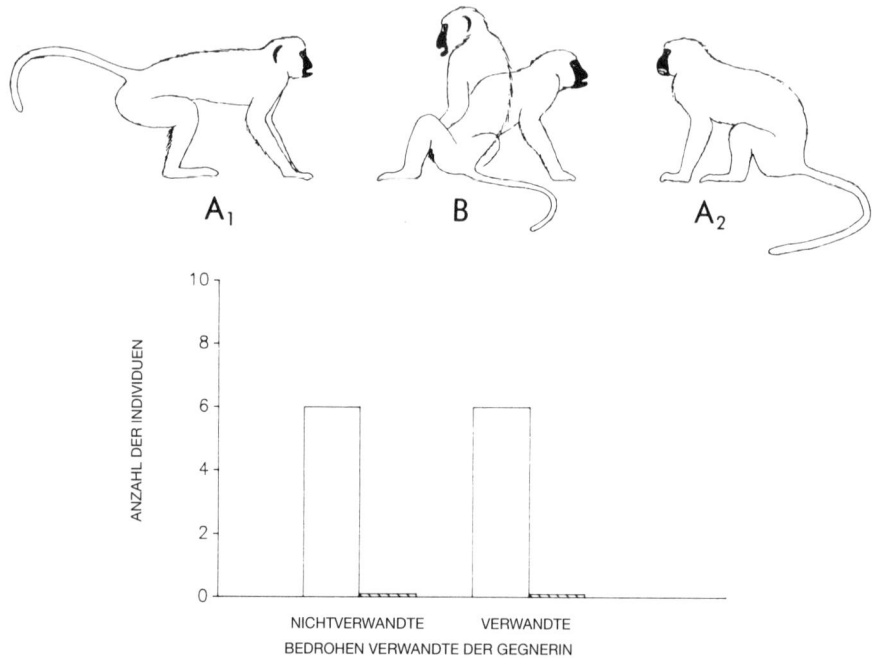

Abb. 3.5: Die Neigung von Meerkatzen, Aggression auf Verwandte umzulenken für die Zeit von 1985 bis 1986. Die offenen Histogramme zeigen die Anzahl der Individuen, die Aggression gegen ein Individuum häufiger nach einem Kampf mit Verwandten jenes Individuums umlenkten als während der entsprechenden Kontrollperioden. Die schraffierten Histogramme zeigen die Anzahl der Individuen, die Aggression nach einem Kampf mit Verwandten eines Individuums ebenso häufig umlenkten wie in den entsprechenden Kontrollperioden. Kämpfe zwischen Nichtverwandten werden getrennt von Kämpfen mit Verwandten berücksichtigt. Sowohl Nichtverwandte als auch Verwandte drohten einem anderen Tier nach einem Kampf mit Verwandten des Tieres signifikant häufiger als während der entsprechenden Kontrollperioden (zweiseitiger Vorzeichen-Rangtest, $P < 0.02$; Daten von Cheney und Seyfarth 1989). Zeichnung von John Watanabe.

farth 1986, 1989) verteilen diese umgeleitete Aggression nicht zufällig, sondern lenken sie auf einen engen Verwandten des früheren Gegners. Beispielsweise drohten die Amboseli-Meerkatzen signifikant häufiger nichtverwandten Individuen nach einem Kampf mit engen Verwandten dieser Tiere als während entsprechender Kontrollperioden (Abb. 3.5). Und zwar nicht, weil Kämpfe die Aggressionen gegenüber nichtverwandten Tieren generell erhöhten. Vielmehr schien die Aggression gezielt auf Verwandte des früheren Gegners gelenkt zu werden.

Die Neigung, Aggression auf Verwandte umzuleiten, wurde auch *innerhalb* der Matrilinien deutlich (Abb. 3.5). Ein erwachsenes Weibchen beispielsweise, das von seiner Schwester von einem Futterplatz verjagt wurde, wird später vielleicht die Tochter ihrer Schwester (ihre eigene Nichte) aufs Korn nehmen und sich auf sie stürzen. Auch wenn es auf den ersten Blick überrascht, daß ein Individuum Aggression gegen seine eigenen Verwandten umlenkt, kommen Kämpfe unter Verwandten eigentlich bei den meisten Primatenarten recht häufig vor. In unseren Meerkatzengruppen waren Kämpfe innerhalb der Familien genauso häufig wie Kämpfe zwischen den Familien, obwohl Familienkämpfe selten in Bisse oder Verletzungen eskalierten (Cheney und Seyfarth 1989). Jedem, der einmal ein Familientreffen an einem langen verregneten Wochenende miterlebt hat, sollte intuitiv klar sein, daß sich sehr leicht auch geringfügige Querelen mit einem bestimmten Verwandten auf die Kinder oder Eltern jenes Verwandten ausdehnen können. Im Fall der Meerkatzen zeigen die Daten, daß ein vorangegangener Kampf mit einem nahverwandten Tier einen wichtigen Kontext für Kämpfe innerhalb der Matrilinien darstellte.

Ähnliche verwandtenorientierte Interaktionsmuster wurden auch bei einem Verhalten sichtbar, das das Spiegelbild von umgeleiteter Aggression ist; nämlich Versöhnung (Abb. 3.6). Bei vielen Affen- und Menschenaffenarten versöhnen sich Tiere nach einem Kampf manchmal, indem sie sich ihren ehemaligen Gegnern nähern, sie berühren, umarmen oder groomen (z. B. Cords 1988 für Javaneraffen; de Waal 1989 für Bärenmakaken; York und Rowell 1988 für Husarenaffen ⟨*Erythrocebus patas*⟩; de Waal und van Roosmalen 1979 und de Waal 1989 für Schimpansen). Jedoch versöhnen sich nicht nur die ehemaligen Widersacher; Affen versöhnen sich auch mit den *Verwandten* ihrer früheren Gegner. York und Rowell (1988) fanden bei ihren Untersuchungen über Versöhnung bei Husarenaffen in Gefangenschaft, daß nichtverwandte Tiere nach einem Kampf zweimal so häufig Kontakt zu Verwandten ihrer früheren Gegner suchten als in entsprechenden Kontrollperioden. Gleichermaßen groomten oder nahmen Meerkatzen eine freundschaftliche Interaktion mit einem nichtverwandten Tier signifikant häufiger nach einem Kampf mit Verwandten dieses Tieres auf als ohne einen derartigen Kampf (Cheney und Seyfarth 1989; Abb. 3.7).

Jedoch anders als die umgeleitete Aggression trat die Neigung, sich mit Verwandten zu versöhnen, nicht *innerhalb* der Matrilinien auf. Bei den Meerkatzen unterschieden sich die Versöhnungsmuster bei Angehörigen derselben Großfamilie in zweifacher wichtiger Hinsicht von Versöhnung zwischen

Abb. 3.6: Das erwachsene Weibchen Carlyle beschäftigt sich kurz mit dem Neugeborenen von Weibchen Austen, ehe sie A. groomt. Manchmal versöhnen sich Weibchen nach Kämpfen durch Grooming, Berührungen oder indem sie sich gegenseitig mit ihren Kindern beschäftigen.

Nichtverwandten. Erstens: Auch wenn nichtverwandte Tiere sich häufiger mit Verwandten ihrer früheren Gegner versöhnten als mit den Gegnern selbst, so versöhnten sich verwandte Tiere etwas häufiger direkt mit ihren Gegnern (Abb. 3.7). Zweitens schien Versöhnung bei Nichtverwandten einen wichtigeren Kontext für affinitive Interaktionen darzustellen als bei Verwandten. Nichtverwandte waren signifikant eher bereit, freundschaftliche Interaktionen sowohl mit ihren Gegnern als auch mit Verwandten ihrer Gegner nach einem Kampf zu initiieren als während der Kontrollperioden. Dagegen zeigten verwandte Individuen sowohl während der Kontrollperioden als auch nach einem Kampf dieselbe Bereitschaft, mit ihren Gegnern und deren Verwandten (die auch ihre eigenen Verwandten waren) zu interagieren. Offensichtlich überlagerten die allgemein hohen Groominghäufigkeiten und freundschaftlichen Interaktionen die Wirkung affinitiver Interaktionen im Zusammenhang mit Versöhnung.

Cords (1988) berichtete über ähnliche Unterschiede in den Versöhnungs-

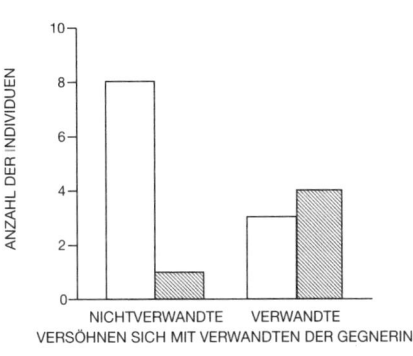

Abb. 3.7: Versöhnung und verwandtenorientierte Versöhnung bei Meerkatzen zwischen 1985 und 1986. Die offenen Histogramme zeigen die Anzahl der Individuen, die sich häufiger mit einem Gegner (obere Zeichnung) oder mit einem Verwandten des Gegners (untere Zeichnung) nach einem Kampf versöhnten als in einer entsprechenden Kontrollperiode. Die schraffierten Histogramme zeigen die Zahl der Individuen, die sich ebenso wahrscheinlich nach einem Kampf wie auch während der entsprechenden Kontrollperiode versöhnten. Nichtverwandte versöhnten sich signifikant häufiger mit einem Verwandten des Gegners nach einem Kampf als während der entsprechenden Kontrollperioden (zweiseitiger Vorzeichen-Rangtest, P < 0.02; Daten von Cheney und Seyfarth 1989).

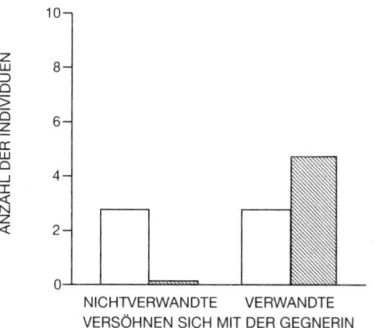

mustern bei verwandten und nichtverwandten Javaneraffen. Sie fand heraus, daß jugendliche Javaneraffenmännchen sich häufiger mit nichtverwandten Gegnern als mit verwandten Gegnern versöhnten. Beziehungen zwischen nichtverwandten Tieren sind bezeichnenderweise weniger vorhersagbar und stabil als solche zwischen Verwandten, und Cords behauptet, daß affinitive Interaktionen nach einem Konflikt als eine Art Reparaturmechanismus für Beziehungen zwischen Nichtverwandten fungieren können. Solche versöhnlichen Interaktionen sind für Verwandte, die sowieso häufig interagieren, vielleicht weniger wichtig.

Die Tatsache, daß sich nichtverwandte Meerkatzen mit Verwandten ihrer Gegner ebenso wie mit ihren Gegnern selbst versöhnten, läßt vermuten, daß sich Konfliktlösung über die einzelnen Gegner auf ihre gesamten Familien erstreckt. Es spricht einiges dafür. Bei über 20 Prozent aller aggressiven Interaktionen zwischen Meerkatzenweibchen handelte es sich um Allianzen zweier Individuen gegen ein drittes, und annähernd 65 Prozent ihrer Allianzen bildeten sie mit Familienangehörigen (Cheney und Seyfarth 1987). Da sich eine aggressive Interaktion mit einem bestimmten Individuum wahrscheinlich auf andere Mitglieder der Matrilinie dieses Individuums ausdehnen und diese einbeziehen wird, kann es ebenso wichtig sein, sich außer mit der Gegnerin selbst auch mit der Familie der Gegnerin zu versöhnen, insbesondere wenn die Gegnerin einer ranghöheren Matrilinie angehört (siehe auch Judge 1983). Versöhnung mit einer Verwandten der Gegnerin kann den zusätzlichen Vorteil haben, affinitiven Kontakt zu einem bedeutenden, bisher unbeteiligten Individuum herzustellen, wobei man der Gegnerin dennoch aus dem Wege geht.

Wir sollten den vorläufigen Charakter dieser Ergebnisse betonen. Sie lassen vermuten, daß ein Kampf mit einem bestimmten Individuum einen wichtigen *Kontext* für anschließende Interaktionen mit Verwandten dieses Individuums darstellt, aber sie beweisen nicht endgültig, daß zwischen den beiden Ereignissen eine enge *kausale Beziehung* besteht. Bei den meisten der hier zitierten Untersuchungen erwies es sich als schwierig zu zeigen, daß Individuen nach einem Kampf häufiger mit ihren Gegnern oder mit Verwandten ihrer Gegner als mit irgendeinem anderen Gruppenmitglied interagieren (siehe z. B. de Waal und Ren 1988). Vielleicht deshalb, weil ein Individuum zu jeder beliebigen Zeit mit mehreren Sozialpartnerinnen umgeht: innerhalb einer halben Stunde könnte ein Weibchen nicht nur ein rangniederes Individuum vom Futterplatz verjagen, sondern auch ihre eigene Schwester groomen, von dem Kind eines dominanten Weibchens verscheucht werden und eine Allianz mit ihrer Tochter bilden. Jede dieser Interaktionen kann ihre nachfolgenden Interaktionen beeinflussen und unsere Analyse enorm komplizieren. Das Weibchen könnte daraufhin tatsächlich den Verwandten ihrer rangniederen Gegnerin drohen, aber wenn irgendeine ihrer *anderen* Interaktionen ebenfalls ihr Verhalten beeinflußt, so können wir nicht nachweisen, daß die Interaktionen des Weibchens mit den Verwandten ihrer Gegnerin relativ zu all ihren anderen Kontakten zunehmen. Der einzige Weg, dieses Problem zu lösen, sind Experimente mit Primaten in Gefangenschaft, die die Interaktionen eines Individuums präziser kontrollieren und eingrenzen lassen.

Das Wissen von den Beziehungen anderer Tiere kann sich nicht nur auf das Erkennen matrilinealer Verwandtschaftsbindungen beschränken. Betrachten wir zum Beispiel die Muster für umgeleitete Aggression zwischen männlich-weiblichen »befreundeten« Paaren bei Savannenpavianen (Smuts 1983; 1985; 1987b). Wie wir in Kapitel 2 erwähnt haben, gehen Pavianmännchen und -weibchen manchmal Langzeitpaarbindungen oder »Freundschaften« ein.

Sie bleiben während des reproduktiven Zyklus des Weibchens beieinander und verhalten sich kooperativ (siehe auch Seyfarth 1978a; 1978b; Altmann 1980 und Kaufmann 1965 für Rhesusaffen). Bei einigen Paviangruppen werden Freundschaften über Jahre aufrechterhalten (Smuts 1983, 1985; Strum 1984). In der am besten dokumentierten Untersuchung von Freundschaften fand Smuts (1985) heraus, daß Weibchen und Männchen Aggression häufig auf die Freunde des Gegners umleiteten. Nach einem Kampf mit einem anderen Männchen pickte sich ein Männchen offensichtlich häufig die Freundin des Rivalen heraus und jagte sie. Mit anderen Worten, Paviane schienen Freundschaften zu erkennen.

Fassen wir zusammen: Anscheinend beobachten Affen verschiedener Arten die Interaktionen, in die sie selbst offensichtlich nicht involviert sind, und erkennen die Beziehungen zwischen anderen. In dieser Hinsicht geben Affen gute Primatologen ab. Ein Männchen überlegt, wie stark ein Weibchen seinen Partner bevorzugt, ehe es den Versuch unternimmt, das Weibchen zu rauben; jugendliche und erwachsene Weibchen berücksichtigen die Verwandten ihrer Gegnerinnen, wenn sie Vergeltung oder Versöhnung planen; und während sie den Hilfeschrei eines Jugendlichen hören, lernen erwachsene Weibchen, daß mit einer Reaktion der Mutter zu rechnen ist.

Was Affen über die Rangpositionen anderer Tiere wissen

Die Dominanzbeziehungen bei Meerkatzen und vielen anderen Primaten sind normalerweise transitiv (Kapitel 2). Folglich können menschliche Beobachter aus den Daten über die Interaktionen zwischen Paaren von Individuen eine Ranghierarchie konstruieren, die das Verhalten einer großen Anzahl von Tieren regelt. Die Tatsache, daß wir solche Hierarchien ableiten können, beweist jedoch nicht, daß sie auch in den Köpfen der Affen existiert. Es ist natürlich möglich, daß Affen die Dominanzinteraktionen untereinander aufmerksam verfolgen und daß sie Rangordnungen (und transitive Beziehungen) zwischen anderen in ihrer Gruppe erkennen. Anders gesagt, jeder Affe weiß vielleicht einfach, wer über ihm und wer unter ihm rangiert; ein Wissen, das aus persönlicher Erfahrung stammt. Im letzteren Fall wäre eine Dominanzhierarchie ein zufälliges Ergebnis paarweiser Interaktionen.

In Kapitel 2 stellten wir einige Ergebnisse über Statusstreben vor, die vermuten lassen, daß Affen tatsächlich die Rangpositionen anderer erkennen. Wenn zum Beispiel Meerkatzen- oder Pavianweibchen um Groomingpartner konkurrieren, verdrängen sie sich jeweils untereinander durchschnittlich am häufigsten, wenn es um den Zugang zum ranghöchsten Individuum geht, am zweithäufigsten um den Zugang zum zweithöchsten Individuum, am dritthäufigsten zum dritthöchsten Individuum usw. (Abb. 2.9; siehe auch Seyfarth 1976, 1980). Dieses Muster entsteht nicht nur einfach, weil ranghohe Weibchen mehr Zeit mit Groomen verbringen und deshalb eher als Konkurrenzobjekte zur Verfügung stehen; vielmehr verbringen Weibchen unterschiedlichen Ranges ungefähr gleich viel Zeit mit Groominginteraktionen. Das beobachtete Muster gilt vielmehr für viele verschiedene Individuen. Anders gesagt, scheinen sich Weibchen nicht nur gegenseitig einzuordnen, sondern sich auch über die Reihenfolge der beliebtesten Groomingpartnerinnen zu »verständigen«. Ähnlich ist es bei den Schweinsaffen (*Macaca nemestrina*) (Gouzoules 1975) und den Anubispavianen (Scott 1984), bei denen die Intensität der Männchen-Männchen-Konkurrenz um Geschlechtspartnerinnen in direkter Beziehung zur Rangposition des betreffenden Weibchens steht.

Wenn wir das Sozialverhalten konkurrierender erwachsener Meerkatzenweibchen um den Zugang zu Groomingpartnerinnen detaillierter betrachten, ergeben sich weitere Anzeichen für die Fähigkeit von Affen, die Rangpositionen anderer Tiere einzuschätzen. Wie wir schon früher anmerkten, kommt es zu Konkurrenz um den Zugang zu einer Groomingpartnerin immer dann, wenn sich ein Weibchen zwei anderen, sich groomenden Weibchen nähert, dann eines verjagt und das verbleibende Individuum groomt oder von ihm gegroomt wird. Bei einem kleinen Teil all dieser Fälle nimmt eine solche Konkurrenz eine Form an, die im Augenblick für unsere Sache besonders interessant ist: ein ranghohes Weibchen (zum Beispiel auf Rangposition 2 in einer Gruppe von sechs erwachsenen Weibchen) nähert sich zwei groomenden Weibchen, die beide unter ihr rangieren (sagen wir auf Position 4 und 5). Obwohl Weibchen 4 und 5 beide unter Weibchen 2 stehen, ist es nicht gleich wahrscheinlich, daß sie weggehen. Von 1985 bis 1986 kam es bei 29 von 30 Interaktionen zu folgender Konstellation: das ranghöhere Weibchen (Weibchen 4 bei unserem allgemeinen Beispiel) tat nichts, während das rangniedere Weibchen (Weibchen 5) sich davonmachte (siehe Abb. 3.8). Dieses Ergebnis war von den verwandtschaftlichen Beziehungen zwischen den involvierten Individuen unabhängig.

Natürlich ist es Weibchen 4, deren Verhalten am interessantesten ist. Sie handelt, als hätte sie folgende Berechnungen angestellt: »Wir stehen beide unter Weibchen 2, also *irgend jemand* muß weichen. Allerdings rangiert Weib-

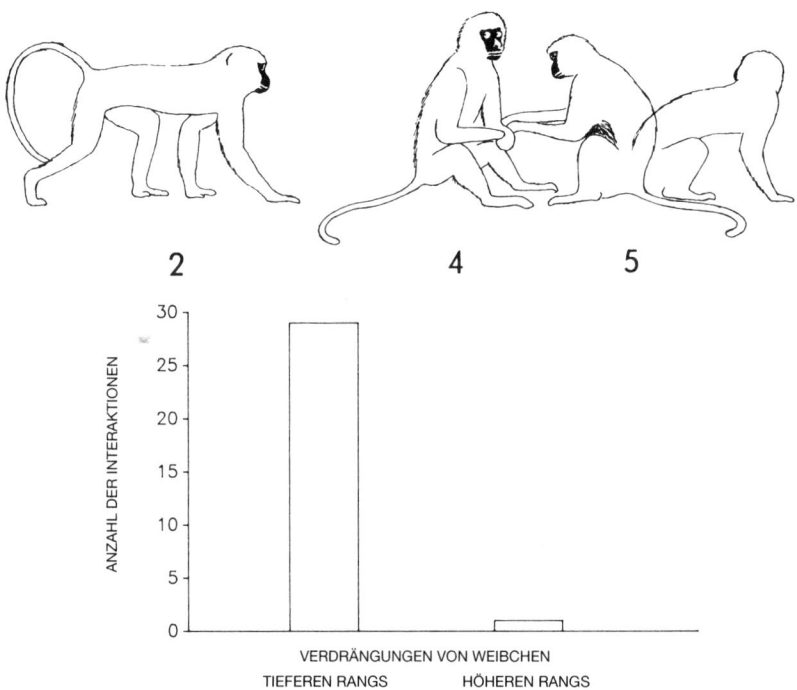

2   4   5

ANZAHL DER INTERAKTIONEN

30
25
20
15
10
5
0

VERDRÄNGUNGEN VON WEIBCHEN
TIEFEREN RANGS   HÖHEREN RANGS

Abb. 3.8: Konkurrenz um den Zugang zu einer Groomingpartnerin bei Meerkatzen. Die Daten stammen von allen Fällen zwischen 1985 und 1986, in denen sich ein ranghohes Weibchen (z. B. Weibchen 2) zwei rangtieferen Weibchen (z. B. Weibchen 4 und 5) näherte, eines verdrängte und ein anderes groomte. Bei den zwei Weibchen, die angegangen wurden, war es signifikant wahrscheinlicher, daß das rangtiefere verdrängt wurde (zweiseitiger Vorzeichen-Rangtest, P < 0.01). Zeichnung von John Watanabe.

chen 5 noch weiter unten als ich, also kann ich an Ort und Stelle bleiben.« Das Verhalten von Weibchen 4 läßt deshalb vermuten, daß sie folgende Rangfolge erkennt:

Weibchen 2 > Weibchen 4 > Weibchen 5

Um dies zu tun, muß sie nicht nur ihren eigenen Status in Relation zu Weibchen 2 und 5 kennen, sondern auch deren Status in Relation zueinander. Mit anderen Worten, sie muß eine Ranghierarchie erkennen.

Eine alternative Erklärung könnte argumentieren, daß das Sichnähern von Weibchen 2 einfach stärker auf Weibchen 5 als auf Weibchen 4 wirkt. Wenn die Wahrscheinlichkeit des Verdrängens von der Größe des Rangunterschieds zweier Individuen abhängt, könnte das Ergebnis erklärt werden, ohne zu

115

postulieren, daß die Weibchen ihre jeweiligen Rangpositionen kennen. Die 1985 und 1986 gesammelten Daten stützen jedoch dieses Argument nicht. Wenn sich beispielsweise dominante Weibchen anderen näherten, die zwei, drei oder vier Positionen unter ihnen in der Hierarchie rangierten, wurde das rangniedere Tier jeweils in 61, 54 und 63 Prozent aller Fälle verdrängt, beziehungsweise (N = 101, 61 und 48 Annäherungen).

Es ist auch möglich, daß Weibchen 4, von uns unbemerkt, einen flüchtigen Blick oder ein Achselzucken in Richtung Weibchen 5 schickte, als sich Weibchen 2 näherte. Das würde natürlich Weibchen 5 veranlaßt haben, sich davonzumachen und wiederum unsere Beobachtungen erklären, ohne irgendein Wissen von der Rangordnung bei den Affen vorauszusetzen. Natürlich können wir diese Möglichkeit niemals ganz ausschließen. Wenn diese Gesten tatsächlich vorkommen, so sind sie äußerst flüchtig und haben sicherlich keine Ähnlichkeit mit irgendeiner anderen Form des Drohens oder Verdrängens.

Nichtmenschliche Primaten sind wahrscheinlich nicht die einzige Art, die einander Rangpositionen zuordnet. Lineare, transitive Dominanzhierarchien sind auch für Hyänenhunde, Hyänen und eine Vielzahl von Vögeln bekannt (z. B. Frame u. a. 1979; Yasukawa 1979; Rowher 1982; Dufty 1986; Frank 1986). In einer Untersuchung an gefangenen Goldfinken (*Carduelis tristis*) beobachtete Popp (1987) Konkurrenzinteraktionen zwischen Individuen an einem Futterplatz, der aus zwei Sitzstangen bestand. Er entdeckte, daß ein dominanter Vogel, wenn er auf einen Platz flog, der bereits von zwei rangniederen Tieren besetzt war, sich gewöhnlich diesen näherte und den rangtieferen der beiden verdrängte, so als ob er die relativen Rangpositionen der Vögel erkannte (siehe auch Marler 1955, 1956a). Wie im Falle der Affen sind jedoch auch hier einfachere Erklärungen möglich. Bei diesem Beispiel kann der dominante Vogel einfach zwischen Individuen unterschieden haben, deren Reaktionszeit beim Auffliegen in vorangegangenen Interaktionen verschieden war, als vielmehr die relativen Rangpositionen der anderen Vögel zu erkennen. Das Verhalten der rangniederen Vögel könnte mehr über das Verständnis von Dominanzhierarchien bei Goldfinken aufdecken. Hat der Vogel, der wegflog, erkannt, daß er im Rang tiefer stand als der Vogel, der blieb?

Ohne speziell entwickelte Experimente, die das Verständnis von Dominanzhierarchien bei Tieren testen, kann keine einzige Beobachtungsdatenreihe jemals schlüssig beweisen, daß Affen untereinander ihre Rangpositionen erkennen. Im Augenblick können wir nur zusammenfassen, daß eine Vielzahl von Daten an einer Reihe verschiedener Arten vermuten lassen, daß sich Affen untereinander einordnen können.

Wir wenden uns nun der Frage zu, wie sie es wohl bewerkstelligen könnten. Lassen Sie uns erst einige Experimente von Michael D'Amato und seinen Kollegen (D'Amato und Colombo 1988; siehe auch D'Amato und Salmon 1984; D'Amato u. a. 1985) betrachten. In diesen Gefangenschaftstests wurden Braune Kapuzineraffen (*Cebus apella*) trainiert, auf fünf Reize (einen Kreis, ein Plus-Zeichen, einen Punkt, eine vertikale Linie, eine Sanduhr ⟨im folgenden A, B, C, D und E⟩) in einer bestimmten Reihenfolge zu reagieren: zuerst AB, dann ABC, dann ABCD und schließlich ABCDE. Um das Wissen der Tiere von der Position jedes Reizes innerhalb der Sequenz zu testen, wurden den Versuchstieren paarweise angeordnete Tests vorgelegt (z. B. BC oder DA) und nur dann belohnt, wenn auf Paare in der richtigen Reihenfolge reagiert wurde. Die Affen leisteten gute Arbeit. Außerdem war ihre Reaktionszeit am kürzesten, wenn der erste Reiz der Testserien ein A war, länger bei B, noch länger bei C usw. Ihre Reaktionszeit war auch am kürzesten, wenn die beiden Reize der Testserien in der Rangfolge benachbart waren, länger, wenn sie durch einen Reiz, und noch länger, wenn sie durch zwei Reize voneinander getrennt lagen. D'Amato und Colombo glauben, daß diese Ergebnisse eine »innere Repräsentation von der Reihenfolge der fünf Reize« belegen (S. 136; siehe auch D'Amato und Colombo 1989 und 1990).

D'Amato und seine Kollegen behaupten, daß bei Kapuzineraffen die innere Repräsentation einer Rangordnung auf *assoziativer Transitivität* basiert, die sie der *transitiven Inferenz* gegenüberstellen. Assoziative Transitivität schließt keine Inferenz mit ein, weil bei der bedingten Unterscheidung zu Beginn keine bestimmte Reizpaarung in den Versuchstests erforderlich ist. Anders gesagt, es gibt keine zugrundeliegende Regel, die für die Paare AB und BC gilt. Folglich hat das Versuchstier ohne eine vorausgegangene Assoziation keine Möglichkeit abzuleiten, daß in den Versuchstests A mit C verbunden werden soll. In vieler Hinsicht testen die Experimente nur, ob Affen in der Lage sind, Reize folgerichtig zu ordnen. Dagegen haben alle Experimente, die Transitivität bei Kindern (Bryant und Trabasso 1971), Totenkopfäffchen (McGonigle und Chalmers 1977) und Schimpansen (Gillan 1981) prüften, die Identifizierung einer *Beziehung* zwischen den Versuchsreizen eingeschlossen: zum Beispiel A ist länger als B, B ist länger als C usw. Vielleicht konnte deshalb aus späteren Tests Transitivität abgeleitet werden (D'Amato und Salmon 1984). Gillan lehrte beispielsweise Schimpansen, daß der Behälter E mehr Futter enthält als Behälter D, D hatte mehr Futter als C, C mehr als B und B mehr als A. Dann testete er Individuen an neuen Paaren wie BD, BE und CE. Die Tiere wählten konsequent den Behälter bei jedem Paar, der mit der größeren Menge Futter verbunden war. Bei diesem und anderen Tests scheint es möglich, daß die Tiere die Beziehung *größer als* ableiteten und die Testaufgaben eher nach dieser Beziehungsregel als nach einer vorangegangenen Assoziation von bestimmten Reizen lösten (für alternative Erklärungen siehe McGonigle und Chalmers 1977; Breslow 1981; D'Amato und Salmon 1984).

Obwohl soziallebende Affen anscheinend die Rangpositionen anderer erkennen, wissen wir sehr wenig darüber, auf welche Weise sie erlernt werden oder wie sich Rangpositionen in den Köpfen der Tiere darstellen. Eine Methode, wie ein Affe Informationen über die Rangpositionen anderer Tiere gewinnen könnte, ist ganz einfach durch *rohe Gewalt*, was D'Amatos assoziativer Transitivität gleichkommt. Bei dieser Methode beobachtet und erinnert ein Affe lediglich alle möglichen Zweier-Interaktionen zwischen anderen Gruppenmitgliedern, bis er schließen kann, daß A über alle dominant ist, B über alle außer A und C über alle außer über A und B usw. Die methodische Anwendung roher Gewalt erfordert nicht die Fähigkeit, transitive Inferenzen zu machen, wohl aber, daß ein Affe mindestens eine Interaktion zwischen allen anderen Gruppenmitgliedern beobachtet, ehe er eine Dominanzhierarchie konstruiert. Dagegen könnte ein Affe, der zu transitiven Inferenzen über die Rangbeziehungen zwischen anderen Gruppenmitgliedern fähig ist, eine lineare Dominanzhierarchie auf der Basis von Teilinformationen entwerfen, ohne Interaktionen zwischen allen einzelnen Paaren beobachtet zu haben.

Im Augenblick versetzen uns die Daten nicht in die Lage, zwischen diesen Alternativen zu wählen, obwohl Tests an Totenkopfäffchen in Gefangenschaft (McGonigle und Chalmers 1977) und an Schimpansen (Gillan 1981) nahelegen, daß transitive Inferenz zumindest möglich ist. In manchen Fällen ist es schwierig, das Verhalten von Affen in großen Gruppen zu erklären, ohne anzunehmen, daß die Tiere die effizientere Methode der transitiven Inferenz gebrauchen. Auch wenn Meerkatzen normalerweise in Gruppen mit weniger als 30 Individuen leben, so übertreffen Makaken- und Paviangruppen im allgemeinen die Zahl von 100 Mitgliedern. Beobachter berichten häufig, daß sie Monate mit einer Gruppe zubrachten, ohne überhaupt Interaktionen von Individuen gesehen zu haben. Wenn allerdings Daten über soziale Interaktionen innerhalb solcher Gruppen analysiert werden (z. B. Scott 1984), gibt es doch Beweise, daß die Tiere Rangordnungen von ihren Mitgruppenangehörigen erstellen. Da diese Rangordnungen Individuen betreffen, die nur selten interagieren, scheint es wahrscheinlich, daß ihre Rangplätze durch Beobachtung eines Ausschnitts von Zweier-Interaktionen unter der Annahme, daß Rangplätze transitiv sind, berechnet wurden.

Wie Affen die Beziehungen anderer Tiere erkennen

Wir können uns soziale Gruppen bei Affen und Menschenaffen als aus vielen verschiedenen Lang- und Kurzzeitallianzen zwischen verwandten und nicht-verwandten Tieren zusammengesetzt vorstellen. Um einen sozialen und reproduktiven Vorteil über andere zu erlangen, müssen Individuen nicht nur ihr *Verhalten* zueinander voraussagen, sondern auch die *Beziehungen* untereinander einschätzen können. Es reicht nicht zu wissen, wer zu einem selbst dominant oder untergeordnet ist; man muß auch wissen, wer mit wem verbündet ist und wer voraussichtlich einem Gegner zu Hilfe kommen wird. Aus diesem Grund könnten wir vorhersagen, daß Individuen jeglicher Arten, bei denen Allianzen üblich sind, gegenüber Beziehungen anderer Tiere sensitiv sein müssen (Harcourt 1988).

Affen scheinen die sozialen Beziehungen zu erkennen, die zwischen anderen Gruppenmitgliedern existieren, und anscheinend basieren viele ihrer Verhaltensweisen auf Bewertungen dieser Beziehungen. Männchen schätzen die Enge der Bindungen zwischen anderen Männchen und ihren Weibchen ein, ehe sie eine Übernahme des Weibchens riskieren; Weibchen bewerten die Rangpositionen anderer, wenn sie um Groomingpartnerinnen konkurrieren; Weibchen und Jugendliche erkennen offensichtlich, wann und wie matrilineal Verwandte einvernehmlich handeln, und wenden sich mit Versöhnung oder Vergeltung ebenso an Verwandte ihrer Gegner wie an ihre Gegner selbst.

Das Wissen über die sozialen Beziehungen anderer Tiere kann nur erworben werden, wenn man das Verhalten anderer beobachtet und die richtigen Schlüsse zieht. Vielleicht ist das Weltbild der Primaten nicht egozentrisch begrenzt, sondern sie sind durchaus fähig, aus ihrer eigenen unmittelbaren Erfahrung herauszutreten und die Erfahrungen anderer zu bewerten. In dieser Hinsicht scheinen sich Affen von Anthony Powells berüchtigter Figur Widmerpool zu unterscheiden, der »eine jener Personen war, die sich andere nur in Relation zu sich selbst vorstellen konnte«. Die Bewertungen, die Affen gegenseitig vornehmen, sind zudem nicht einfach, sondern scheinen sich in zumindest zwei Dimensionen gleichzeitig abzuspielen. Eine Klassifizierung von Individuen auf der Basis von Verwandtschaft oder naher Verbundenheit einerseits und von Rangpositionen andererseits bedeutet, daß Individuen manchmal als Mitglieder derselben Familie und ein andermal einzeln berücksichtigt werden, weil das eine ranghöher als das andere ist. Zweifellos können wir keine genauen Aussagen über die Mechanismen machen, die dem Wissen der Affen über ihre Beziehungen untereinander zugrunde liegen. Obwohl es

Hinweise gibt, daß vielleicht manchmal bestimmte »höhere« kognitive Prozesse beteiligt sind, können wir doch nicht die Möglichkeit ausschließen, daß das soziale Wissen größtenteils auf relativ einfachem assoziativen Lernen basiert (Dasser 1985). Selbst wenn Affen beispielsweise tatsächlich abstrakte Konzepte wie *eng verbunden* besitzen, so kann ihr Wissen von diesen Bindungen prinzipiell aus Verknüpfungen zwischen Individuen abgeleitet sein, die häufig interagieren. Und obwohl es den Anschein hat, daß Affen transitive Beziehungen ableiten, wenn sie eine Ranghierarchie konstruieren, ist es auch möglich, daß sie sich einfach an das Ergebnis jeder möglichen Zweier-Interaktion erinnern.

Auch wenn wir nicht schlüssig darlegen können, daß Affen ihre engen Bindungen untereinander und ihre Rangpositionen eher durch Inferenz als durch simple Erinnerung erkennen, hätte die Fähigkeit, andere in abstrakte Kategorien wie *eng verbunden* zu klassifizieren, zumindest zwei praktische Vorteile. Erstens würde es Individuen ermöglichen, Beziehungstypen schnell zu identifizieren und das Verhalten anderer auf der Basis von Teilinformationen vorauszusagen. Folglich könnte ein Affe, der sich einer neuen Gruppe anschließt oder dessen Gruppe einen Zustrom von Einwanderern bekommt, genaue Voraussagen über Verhaltensweisen machen, ohne Interaktionen zwischen jedem einzelnen Paar beobachtet haben zu müssen. Zweitens würde, wenn die Gruppengröße zunimmt, die Fähigkeit, Kategorien zu bilden und auf der Basis dieser Kategorien Bewertungen vorzunehmen, eine zunehmend effizientere Methode liefern, um Charakteristika dieser Beziehungen zu erkennen und vorauszusagen, was bestimmte Individuen wahrscheinlich als nächstes tun werden.

Die mentale Repräsentation sozialer Beziehungen

Das Problem

Nichtmenschliche Primaten klassifizieren andere Individuen entsprechend ihren Assoziationsmustern und scheinen Bindungen und Feindschaften, die Individuen besitzen, als anders im Vergleich zu ihren eigenen zu erkennen. Doch Menschen gehen noch einige Schritte weiter, um verschiedene Beziehungstypen in Unterkategorien zu klassifizieren, die von den betreffenden Individuen unabhängig sind. Wenn eine Freundin eine Schwester, einen Onkel oder einen Ehemann erwähnt, haben wir sofort eine Vorstellung von der Art ihrer Beziehung mit der anderen Person, selbst wenn wir das fragliche Individuum nie getroffen haben. Und wenn uns die Freundin erzählt, daß ihr Onkel ihr neues Auto zu Bruch gefahren, ihr Ehemann ihr Bankkonto gesperrt und die Stadt verlassen hat, sind wir zumindest teilweise geschockt, weil ihr Verhalten im Widerspruch zu dem steht, was wir normalerweise von Leuten dieser Kategorie erwarten. Man könnte in der Tat leicht meinen, daß Menschen allzu übereifrig in der Klassifizierung von Beziehungen sind. »Der Freund meines Feindes ist auch mein Feind« ist, kognitiv betrachtet, ein herrlich komplexes Konzept, das allerlei Inferenz, Transitivität und Klassifikation ausströmt. Es kann jedoch zu peinlichen Übergeneralisierungen führen und weniger zu adaptivem Verhalten. Gibt es irgendwelche Beweise, daß auch Affen soziale Bindungen in übergeordnete Einheiten klassifizieren, die den Vergleich von Beziehungen unabhängig von den beteiligten Individuen erlauben?

Um dieses Problem zu untersuchen, beginnen wir mit einer kurzen Diskussion der Beweise für Konzeptbildung bei Tieren. Dann beschreiben wir den entscheidenden Unterschied zwischen Bewertungen, die auf den Eigenschaften eines Reizes basieren (z. B. seine Form oder Größe, und Bewertungen, die auf der Beziehung zwischen zwei Reizen basieren. Dann diskutieren wir Beweise für ein Konzept von den sozialen Beziehungen bei Affen.

»Konzepte« bei Tieren

Viele Tiere scheinen Objekte nach »Konzepten« zu klassifizieren – relativ abstrakten Kriterien, die nicht auf irgendeinem einzelnen wahrgenommenen Merkmal basieren (Lea 1984). In einem klassischen Test über Konzeptbildung bei Vögeln zeigten Herrnstein und Loveland (1964) Tauben *(Columba livia)* Diapositive und belohnten sie für das Picken nur dann, wenn sie ein Dia sahen, das einen oder mehrere Bäume aufwies. Als die Tauben ein bestimmtes Leistungsniveau erreicht hatten, wurden sie an Hunderten neuer Dias getestet. Dias, die Bäume zeigten – große Bäume, blattlose Bäume, sogar Teile von Bäumen –, erhielten häufiger Schnabelhiebe als Reize ohne Bäume. Die Autoren schlossen, daß Tauben bestimmte Reize generalisieren konnten, um sie als Teile einer allgemeinen Klasse zu erkennen. Kurz gesagt, die Tauben hatten offensichtlich ein Konzept von *Baum* gebildet. Man erhielt ähnliche Resultate, wenn Tauben für die Klassifizierung von Bildern belohnt wurden, die Menschen, Fische und von Menschen gezüchtete Taubenrassen zeigten (Herrnstein 1979, 1985).

Wie sah das Konzept der Tauben von Baum aus? Auch wenn die Frage schwer exakt zu beantworten ist, schienen die Tauben nicht einfach auf der Basis von wahrgenommenen Ähnlichkeiten reagiert zu haben, da Blätter und Baumrinde nicht gerade Bäumen ähneln. Tatsächlich war keine Reihe von Wahrnehmungskriterien allein erforderlich oder ausreichend, um das Verhalten der Vögel zu erklären. Es sah sehr nach einem allgemeinen Fall von mentaler Repräsentation aus; die genaue Grundlage dieser Repräsentation war jedoch unklar.

Ähnliche Experimente mit Affen erbrachten verwirrende Ergebnisse. Schrier, Angarella und Povar (1984) trainierten zum Beispiel Bärenmakaken, auf Diareihen mit Menschen oder Affen zu reagieren. Obwohl anschließend alle Versuchstiere auf neue Dias transferierten, zeigten sie doch weniger Sorgfalt als Tauben. Bei weiteren Experimenten mit Rhesusaffen, die Menschen aus einer großen Reihe von Merkmalen identifizieren sollten, fanden Schrier und Brady zwingendere Beweise für eine Klassifizierung neuer Dias im Anschluß an ein Training (siehe auch Sands, Lincoln und Wright 1982).

So überzeugend diese Versuche zuerst auch erscheinen mögen, der Gedanke an Konzepte bei Tauben und sogar bei Affen ist aus mehreren Gründen in Zweifel gezogen worden. Erstens gibt es Beweise, daß die Leistung der Tauben zumindest teilweise das Ergebnis bloßer Erinnerung ist. Vaughan und Greene (1984) trennten durch einen Münzwurf willkürlich Dias in negative und positive Exemplare. Tauben unterschieden beide Klassen fehlerlos, auch wenn die Tests über 100 Dias umfaßten. Der Erwerb eines »Konzepts« geschieht bei Tauben offenbar ebenso schnell, wenn die Reize *zufällig* angeordnet sind, wie wenn die Reize irgendein gemeinsames Merkmal besitzen (siehe auch Herrnstein 1985, 1990 für Übersichten). Viele Vogel- und Säugetierarten besitzen die Fähigkeit, sich an eine gewaltige Anzahl von Futterhorten und zuvor besuchten Futterplätzen (siehe Kapitel 9) zu erinnern. So überrascht es vielleicht nicht, daß einige Aspekte bei der Klassifizierung in Kategorien auf Gedächtnisleistung basieren könnten. Dennoch ist es unter natürlichen Bedingungen unwahrscheinlich, wie Herrnstein (1990) betont, daß selbst eine enorme Fähigkeit, sich an willkürlich klassifizierte Exemplare zu erinnern, ausreicht, wenn die Zahl der Exemplare einer bestimmten Klasse (z.B. Eicheln für ein Eichhörnchen auf Futtersuche) wahrscheinlich unendlich ist.

Tiere konnten Dinge auch klassifizieren, indem sie einige Komponenten oder eine Komponentengruppe von vorangegangenen Beispielen auf neue Beispiele generalisierten. In einem Versuch, sich diesem Thema zu widmen, trainierten D'Amato und van Sant (1988) Kapuzineraffen, zwischen Dias zu unterscheiden, die entweder eine Person oder Teile einer Person zeigten. Sie fanden heraus, daß die Affen problemlos auf neue Dias transferierten, was den Schluß zuläßt, daß sie irgendein Konzept von ›Person‹ besitzen. Aber worauf gründete die Unterscheidung? Eine Reihe von Faktoren legte nahe, daß die Affen vielleicht kein Konzept von ›Person‹ gebildet hatten, sondern statt dessen einfach eine Reihe von Merkmalen (wie enthalten, gelegentlich, das Vorhandensein oder Fehlen der Farbe Rot) generalisiert haben könnten, deren Vorhandensein dann ausreichte, um Menschen zu identifizieren. In der Tat ist es, wie D'Amato und van Sant (1988, S. 52) meinen, prinzipiell außerordentlich schwierig, zwischen Reizgeneralisierung und der Bildung eines abstrakten Konzepts zu unterscheiden, weil beide zumindest zu einem gewissen Grad auf physischer Ähnlichkeit basieren. Folglich könnte der »Transfer auf neue positive Beispiele vom Abstraktionsvermögen des Tieres herrühren, von einer Reihe relevanter Merkmale aus vorangegangenen positiven Beispielen zu abstrahieren, um sie sodann zu einem abstrakten Abbild zusammenzusetzen, wie zum Beispiel einen Prototyp, der als ein Bindeglied zwischen Konzept und Transfer in Frage kommen würde. Oder er könnte auf ›geistlose‹ Generalisierung von einem bestimmten relevanten oder sogar irrelevanten Merkmal von positiven Beispielen zurückgeführt werden, denen sie zuvor begegnet sind.« D'Amato und van Sant betonen auch, daß ihre Ergebnisse irgendwie paradox sind, weil »Jeder, der mit Affen gearbeitet hat,... sich schwer tun würde zu glauben, daß ihre Reaktionen auf Menschen jeder konzeptuellen Basis entbehren« (1988, S. 54).

Premack (1983b) meint auch, daß bei Tauben die Unterscheidung von Klassen vermutlich auf dem Wiedererkennen einer kleinen Reihe relevanter Merkmale beruht. Er behauptet, daß wahrscheinlich nur sprachtrainierte Menschenaffen regelmäßigen Gebrauch von abstrakten Kategorien machen; andere Tiere stützen sich auf einen mehr konkreten »imaginalen« Code. Bei einem expliziten Test dieser Hypothese untersuchten Roberts und Mazmanian (1988) die Fähigkeit von Tauben, Totenkopfäffchen und Menschen, zwischen drei Klassen zunehmender Abstraktion zu unterscheiden. Auf der konkretesten Ebene sollten die Versuchssubjekte zwischen Eisvögeln und anderen Vögeln unterscheiden. Auf einer mehr abstrakten Ebene wurden sie aufgefordert, zwischen Vögeln und anderen Tieren zu trennen. Schließlich mußten sie, auf der abstraktesten Ebene, Tiere von Nichttieren unterscheiden. Menschen hatten keine Schwierigkeiten bei irgendeiner dieser Unterscheidungen, was wohl nicht überrascht. Die Tauben und Totenkopfäffchen bewährten sich gut bei dem Eisvogel/anderer Vogel-Problem. Nach einigem Training lernten sie auch, Tieraufnahmen korrekt zu identifizieren, obwohl sie weiterhin Schwierigkeiten hatten, Vögel und andere Tiere zu klassifizieren. Im allgemeinen waren Totenkopfäffchen leistungsstärker als Tauben bei der Tier/Nichttier-Unterscheidung, die, wie Roberts und Mazmanian meinen, auf *irgendeiner* Form von abstraktem Konzept basiert haben muß, da es schwierig ist, irgendein gemeinsames allgemeines Merkmal bei, sagen wir, einem Büffel und einer Spinne zu sehen. Die Merkmalskriterien, die von Tauben und Affen angewandt wurden, um Tierbilder zu identifizieren, bleiben jedoch unbekannt (siehe auch die Diskussion von Medin und Smith 1984).

Die aus diesen Experimenten gewonnenen zweideutigen Ergebnisse lassen vermuten, daß die Idee eines Konzepts, zumindest bei Tieren, schon von sich aus vage ist. Wir können vielleicht zustimmen, daß ein Konzept etwas mehr als eine Sammlung einzelner Beispiele oder sogar als ein Prototyp ist, aber in vieler Hinsicht bleiben seine genauen Merkmale auch weiterhin nur schwer zu definieren. D'Amato und van Sant (1988) meinen, daß weitere Versuche, Konzepte bei Tieren mittels Unterscheidung von Fotografien zu identifizieren, wahrscheinlich nutzlos sind. Affen haben vielleicht wirklich ein hochentwickeltes Konzept von Menschen, nur kann es durch leblose, zweidimensionale Fotografien einfach nicht aufgedeckt werden. D'Amato und van Sant empfehlen, zukünftige Forschung solle sich auf die Identifizierung der Mechanismen konzentrieren, die von verschiedenen Arten zur Klassifizierung von Reizen in ihrer natürlichen Umgebung angewandt werden. Unterschiedliche Arten sind auf unterschiedliche Methoden angewiesen, um zu demselben Ergebnis zu kommen. Nur weil ein Tier Dias in derselben Weise klassifiziert wie vielleicht ein Mensch, bedeutet das nicht, daß es dasselbe Konzept gebildet hat.

Menschen klassifizieren Objekte nicht nur nach ihrer physischen Ähnlichkeit, sondern auch nach ihrer Funktion. Mehr noch, sie bezeichnen Kategorien und können einzelne Punkte innerhalb einer Kategorie identifizieren, während sie sie gleichzeitig als Teil einer allgemeinen Klasse erkennen. Zur Erinnerung: Die einzige nichtmenschliche Art, die ähnliche Fähigkeiten im Labor zeigte, sind sprachtrainierte Schimpansen. Schimpansen können lernen, Objekte wie Spielzeug oder Werkzeuge nicht nur nach Wahrnehmungskriterien, sondern auch nach ihrer Funktion zu klassifizieren. Die Schimpansen, die von Premack (1976, 1986) trainiert wurden, identifizierten zum Beispiel mühelos Teile von Früchten, etwa Samen, als *Früchte*, auch als sie Symbole für Frucht benutzten. Ähnlich gruppierten die Schimpansen Austin und Sherman verschiedene Dinge nicht nur in übergeordnete funktionale Klassen, wie *Spielzeug* oder *Nahrung*, sondern gruppierten auch die Symbole für verschiedene Spielsachen und Früchte in diese übergeordneten Klassen (Savage-Rumbaugh u. a. 1980; Kapitel 5). In allen Fällen jedoch ging der Klassifikation von Objekten in übergeordnete Klassen ein Zeitraum voraus, in dem menschliche Trainer den Schimpansen die entsprechenden Bezeichnungen für diese Klassen beibrachten. Wir wissen einfach nicht, ob Schimpansen jemals Dinge von Natur aus, ohne menschliche Intervention, klassifizieren.

Bewertungen, die auf Elementen, Beziehungen und Beziehungen zwischen Beziehungen beruhen

Selbst wenn Tauben Ähnlichkeiten zwischen Reizen derselben Klasse tatsächlich erkennen, ist es schwierig, ihnen beizubringen, ihre mentale Repräsentation von Reizen so zu manipulieren, um Bewertungen wie gleich/verschieden zwischen ihnen zu treffen (Premack 1983b; Herrnstein 1985). Dagegen kann man Affen ohne weiteres beibringen, Probleme zu lösen, die eher das Erkennen einer *Beziehung* zwischen Objekten erfordern als einer speziellen physischen Eigenschaft. Bei Unterscheidungstests werden zum Beispiel einem Versuchssubjekt drei Gegenstände angeboten, zwei davon sind gleich, eines ist verschieden. Es bekommt nur eine Belohnung, wenn es das unterschiedliche Objekt wählt. Wenn eine kleine Zahl von Reizobjekten in kurz aufeinanderfolgenden Versuchen wieder neu kombiniert werden, könnte das Versuchssubjekt natürlich über Zufallsleistung zu assoziativem Lernen gelangen. Viele Affenarten erreichen jedoch Treffer von 80 bis 90 Prozent, auch wenn für jedes Problem neue Reize eingesetzt werden und eine bestimmte Reizanordnung nur in einem Versuch dargeboten wird (z.B. Harlow 1949; Strong und Hedges 1966; Davis u. a. 1967). Solche Leistungsstufen lassen vermuten, daß Tiere eine abstrakte Hypothese verwenden – *suche das andersartige Objekt heraus*. Die Hypothese wird abstrakt genannt, weil *andersartig* sich nicht auf irgendeine bestimmte Reizdimension bezieht, wie etwa *rot* oder *rechteckig*. Statt dessen ist Andersartigkeit ein Konzept, das eine Beziehung zwischen Objekten unabhängig von ihren speziellen Eigenschaften kennzeichnet (Essock-Vitale und Seyfarth 1987; Roitblat 1987).

Bewertungen, die auf Beziehungen zwischen Dingen basieren, sind für nichtmenschliche Primaten häufiger als für andere Arten nachgewiesen worden; zumindest scheinen Primaten abstrakte Beziehungen müheloser als einige andere Tiere zu erkennen. Obwohl es möglich ist, beispielsweise Tauben beizubringen, solche Beziehungen zu erkennen, scheinen doch die Verfahrensdetails des Tests weitaus entscheidender für Tauben als für Affen zu sein, auch kann die Beziehungsunterscheidung leicht gestört werden (Wright u. a. 1983; Herrnstein 1990). Andere Untersuchungen behaupten, daß die Dichotomie zwischen Primaten und anderen Tieren weniger ausgeprägt ist, als die Tests mit Tauben besagen. Pepperberg (1983, 1987) lehrte zum Beispiel einen afrikanischen Graupapagei (*Psittacus erithacus*) gleich / ungleich-Bewertungen über Farbe, Form und Material von Objekten abzugeben (siehe auch Schusterman 1988 für Daten bei Seelöwen). Derselbe Papagei konnte numerische Unterscheidungen auch von Trainingsreihen auf neue Objekte generalisieren. Vergleichbare numerische Fähigkeiten sind bei Ratten (Church und Meck 1984; Capaldi und Miller 1988) und Schimpansen (Matsuzawa 1985; Boysen und Berntson 1989) nachgewiesen worden, was schließen läßt, daß wahrscheinlich viele Arten ein Konzept von ›Menge‹ besitzen, das auf relativ abstrakten Kriterien beruht (siehe auch Gallistel 1989a und 1989b).

Premack (1983b, 1986) behauptet, daß Aufgaben bei Unterscheidungstests nur Bewertungen über Beziehungen zwischen den Elementen erfordern, nicht Beziehungen zwischen Beziehungen. Dagegen schließen analoge Denktests Bewertungen über Beziehungen zwischen Beziehungen ein. Sie sind weniger fundamental und universal als Bewertungen über Beziehungen zwischen Elementen und bisher nur bei sprachtrainierten Schimpansen nachgewiesen worden.

In seiner Untersuchung über analoges Denken bei Schimpansen brachte Premack (1976, 1983b) einem erwachsenen Schimpansenweibchen namens Sarah bei, gleich / ungleich-Bewertungen zwischen Reizpaaren (siehe Kapitel 5 und 8 zur weiteren Diskussion) vorzunehmen. Als Sarah erst einmal die Worte *gleich* und *ungleich* richtig gebrauchen konnte, auch wenn sie sich völlig neuen Reizen gegenübersah, wurden ihr zwei Paare von Dingen gezeigt, die in der Form A / A' und B / B' angeordnet waren. Ihre Aufgabe bestand darin, zu beurteilen, ob die Beziehung links gleich oder ungleich der Beziehung rechts war. In einem anderen Fall wurde Sarah eine unvollständige Analogie wie A / A' gleich B / ? vorgegeben. Ihre Aufgabe war dann, die Analogie so zu vervollständigen, daß diese Beziehung erfüllt wurde. Sarah bewältigte diese Analogieprobleme offenbar mühelos.

In dem kompliziertesten Test besaßen die ihr gezeigten Objekte keine ersichtliche physische Ähnlichkeit. Sarah wurde zum Beispiel gefragt »Schloß verhält sich zu Schlüssel wie eine geschlossene Farbbüchse zu -----«; die Optionen zur Vervollständigung der Analogie waren ein Büchsenöffner und ein Pinsel. Hier beruht die Identität zwischen zwei derartigen Beziehungen nicht auf physischer Ähnlichkeit (die sehen tatsächlich ganz verschieden aus), sondern auf der zugrundeliegenden Beziehung *öffnen*, die beide Fälle vorgeben. Folglich sind es nicht die Reize selbst, sondern es ist diese Beziehung, die im Kopf der Schimpansin repräsentiert sein muß. Um eine Analogie zu lösen, muß die Schimpansin die entsprechende Beziehung für jedes Reizpaar ableiten, dann diese beiden Beziehungen vergleichen und sehen, ob sie übereinstimmen (Gillan, Premack und Woodruff 1981; Premack 1983b). Mit anderen Worten: Irgendwie muß sie eine mentale Repräsentation von dem Konzept bilden, das durch jedes Paar vorgegeben wird, und dann diese Repräsentation vergleichen. Wiederum löste Sarah die Probleme fehlerfrei.

Premack (1983b) behauptet, daß die Fähigkeit zur Bildung solcher abstrakten Repräsentationen durch das Sprachtraining gesteigert wird und vielleicht eben Sprachtraining erfordert. Er behauptet nicht, daß Schimpansen von Natur aus die Fähigkeit fehlt, abstrakt zu denken. Vielmehr glaubt er, daß alle Primaten das Potential für solche Fertigkeiten besitzen, aber nur Schimpansen, denen Sprachtraining zuteil wurde, fähig sind, dieses Potential zu realisieren.

Wie Affen soziale Beziehungen bewerten

Premacks Tests veranlassen uns zu fragen, ob gruppenlebende Primaten vielleicht abstrakte Kriterien anwenden, um die Beziehungen zwischen ihren Gruppengenossen zu bewerten. Ein vergleichbares Problem im sozialen Bereich könnte die Bewertung von Beziehungen innerhalb verschiedener Verwandtschaftsgruppen sein: Ist die Beziehung Mutter A / Kind A gleich oder ungleich der Beziehung zwischen Mutter B / Kind B (Cheney und Seyfarth 1982c)? Premacks Analogietests bringen uns deshalb zu der zentralen Frage dieses Abschnitts zurück: Gibt es irgendwelche Beweise, daß Primaten bei der Bewertung ihres Verhaltens zueinander jemals Beziehungen klassifizieren, indem sie Kriterien anwenden, die sich nicht ausschließlich auf die einzelnen beteiligten Individuen beziehen?«

Daten, die dieser Frage unmittelbar nachgingen, kommen von einer Untersuchung, die von Verena Dasser (1988a) an einer Gruppe von 40 Javaneraffen in Gefangenschaft durchgeführt wurde. Mit erheblicher Anstrengung trainierte Dasser zwei erwachsene Weibchen so, daß sie zeitweise aus der Gruppe entfernt und in einen kleinen Testraum gebracht werden konnten und dort Dias von anderen Gruppenmitgliedern anschauten. In einem Test, bei dem ein simultanes Unterscheidungsverfahren angewandt wurde, sah das Versuchssubjekt zwei Dias. Das eine zeigte eine Mutter und ihr Kind und das andere ein nichtverwandtes Paar von Gruppenmitgliedern. Das Versuchssubjekt wurde belohnt, wenn es einen Reaktionsknopf unterhalb des Mutter-Kind-Dias drückte. Nachdem ihm beigebracht worden war, auf ein Mutter-Kind-Paar zu reagieren (fünf verschiedene Dias mit derselben Mutter und ihrer jugendlichen Tochter), wurde das Versuchssubjekt an 14 neuen Dias mit anderen Müttern und Kindern gemeinsam mit 14 neuen Paaren mit nichtverwandten Tieren getestet (alle enthielten wenigstens ein erwachsenes Weibchen). Die Mutter-Kind-Paare variierten stark in ihren physischen Charakteristika. Einige Dias zeigten Mütter und jugendliche Söhne oder Mütter und erwachsene Töchter. Nichtsdestoweniger wählte das Versuchssubjekt in allen 14 Tests fehlerlos das Mutter-Kind-Paar aus.

In einem zweiten Test, bei dem ein Zuordnungstestverfahren verwandt wurde (oder genauer, ein Beziehungszuordnungstestverfahren), wurde die Mutter als Testbeispiel auf einem Bildschirm in der Mitte abgebildet, während eines ihrer Kinder und ein anderes Reiztier desselben Alters und Geschlechts wie das Kind als positive beziehungsweise negative Alternative dargeboten wurden. Nachdem das Versuchssubjekt mittels Training gelernt hatte, das Kind zu wählen, wurden ihm 22 neue Kombinationen von Mutter, Kind und einem nichtverwandten Individuum gezeigt. Es lag bei 20 von 22 Tests richtig (P < 0.001).

Um schließlich zu testen, ob Affen andere Kategorien sozialer Zugehörigkeit erkennen können, trainierte Dasser ein Versuchstier, ein Geschwisterpaar zu identifizieren. Dann untersuchte sie die Fähigkeit des Versuchstieres, neue Geschwisterpaare von Mutter-Kind-Paaren, von anders verwandten Gruppenmitgliedern, wie Tanten und Nichten, und von Paaren mit nichtverwandten Gruppenmitgliedern zu unterscheiden. Das Versuchstier identifizierte in 19 von 27 Tests (P = 0.05) das Geschwisterpaar einwandfrei. Sieben der acht Irrtümer traten auf, als es Geschwister mit einem Mutter-Kind-Paar vergleichen sollte; eines, als es Geschwister mit zwei weniger nah verwandten Mitgliedern derselben Matrilinie verglich.

Zudem liefern Daten über umgeleitete Aggressionen und Versöhnung bei Meerkatzen Beweise, daß Tiere soziale Beziehungen in Typen klassifizieren, die nicht auf die einzelnen beteiligten Individuen beschränkt sind. Erinnern wir uns, daß bei manchen Affenarten umgelenkte Aggression und Versöhnung verwandtenbezogen sind, so daß Tiere häufig mit Verwandten ihrer früheren Gegner interagieren. Bei Meerkatzen können sich umgeleitete Aggression und Versöhnung sogar auf die zuvor nicht involvierten Verwandten der früheren Gegner erstrecken. Daten, die in zwei Sozialgruppen über zwei verschiedene Zeiträume hinweg gesammelt worden waren, zeigten, daß ein Tier einem anderen Individuum häufiger drohte, wenn eine seiner eigenen nahen Verwandten und eine nahe Verwandte seiner Gegnerin kürzlich in einen Kampf verwickelt gewesen waren (siehe Abb. 3.9; Cheney und Seyfarth 1986, 1989). Wir nennen dieses Verhalten kurz *komplexe umgeleitete Aggression*. Dasselbe galt für Versöhnung: Zwei nichtverwandte Individuen waren eher bereit, nach einem Kampf zwischen ihren nahen Verwandten aufeinander zuzugehen als während entsprechender Kontrollperioden.

So veranlaßte der Kampf zwischen Macauley und Carlyle in dem zu Beginn dieses Buches gegebenen Beispiel offensichtlich Shelley, Carlyles Schwester, zum Angriff auf Austen, Macauleys Schwester. Natürlich ist die Parallele nicht genau: Wenn die ehemaligen Gegner beide erwachsene Weibchen wären, bedeutete das nicht zwangsläufig, daß die nachfolgenden Gegner ihre beiden Töchter sein müßten. Meerkatzenfamilien sind einfach zu klein, um solche völlig ausgeglichenen Analogien überhaupt entstehen zu lassen.

Wieder einmal sind dies vorläufige Ergebnisse. Sie liegen für andere Populationen noch nicht vor, und mögliche verfälschende Faktoren wurden nicht völlig eliminiert. Insbesondere haben wir bis jetzt noch nicht die Möglichkeit ausgeschlossen, daß Meerkatzen Aggressionen nicht speziell auf Verwandte von Gegnern ihrer Verwandten umadressieren, sondern statt dessen einfach auf *alle* Mitglieder einer bestimmten Familie generalisieren. Wie wir erwähnt haben, gehen viele aggressive Interaktionen mit Koalitionen zwischen verwandten Tieren einher, und häufig drohen Meerkatzen sowohl den Gegnern ihrer Verwandten als auch den Verwandten der Gegner ihrer Verwandten. Wenn also A1 B1 droht, kann A2 innerhalb der nächsten paar Stunden sowohl B1 als auch B2 drohen. Es bleibt daher möglich, daß sich Tiere nicht so sehr spezielle Mitglieder einer bestimmten Familie aussuchen, als sich vielmehr an der gesamten Familie rächen. Dieses *Reizgeneralisierungsargument* erscheint jedoch unwahrscheinlich, gemessen an der Beobachtung, daß Meerkatzen sich nach Kämpfen mit ihren eigenen Verwandten anders verhielten als nach

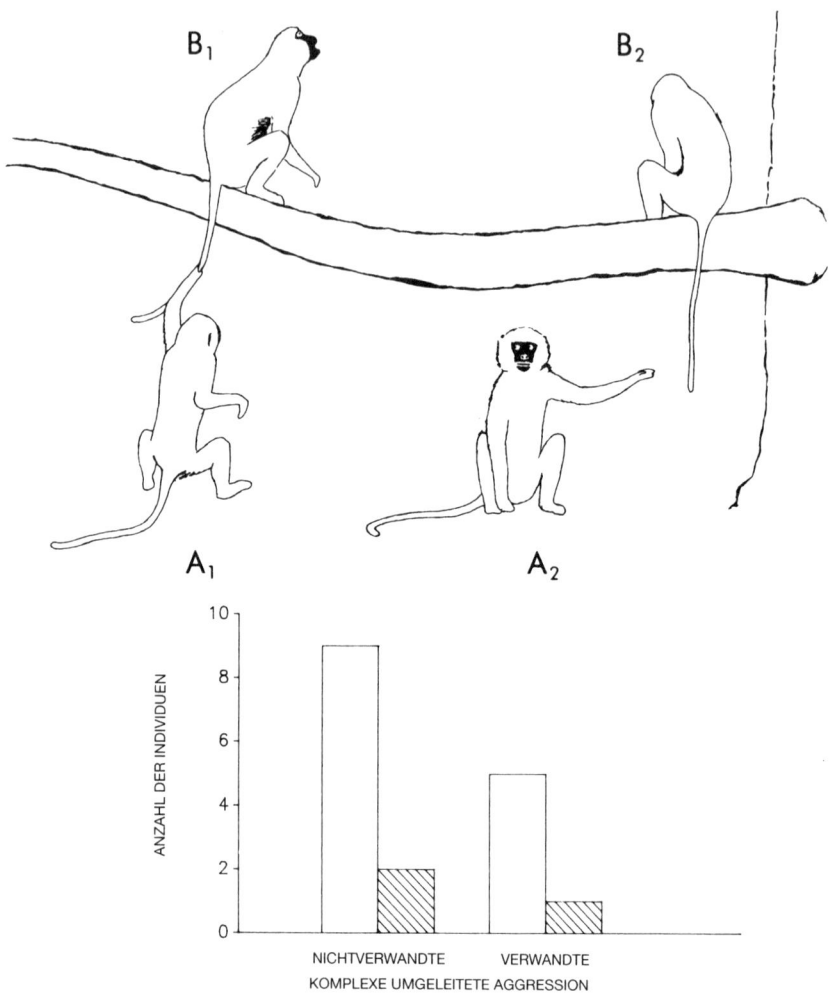

Abb. 3.9: Komplexe umgeleitete Aggression bei Meerkatzen zwischen 1985 und 1986. Die offenen Histogramme zeigen die Anzahl der Individuen, die sich nach einem Kampf zwischen einer ihrer eigenen Verwandten und einer Verwandten ihrer Gegnerin aggressiver verhielten als während entsprechender Kontrollperioden. Die schraffierten Histogramme zeigen die Zahl der Individuen, die nach einem Kampf ebenso wahrscheinlich aggressiv reagieren wie während der entsprechenden Kontrollperioden. Nichtverwandte zeigten sich signifikant häufiger bereit, gegen eine Gegnerin nach einem Kampf zwischen ihren eigenen Verwandten und den Verwandten ihrer Gegnerin aggressiv zu handeln als während entsprechender Kontrollperioden (zweiseitiger Vorzeichen-Rangtest, $P < 0.05$). Zwischen Verwandten näherte sich der Unterschied der Signifikanzgrenze ($P = 0.11$; Daten von Cheney und Seyfarth 1989). Zeichnung von John Watanabe.

Kämpfen mit nichtverwandten Gegnern. Erinnern wir uns, daß sich nichtverwandte Tiere eher mit den Verwandten ihrer Gegner versöhnten als mit ihren Gegnern selbst, während verwandte Tiere sich eher direkt mit ihren Gegnern versöhnten. Hätten Affen ihr Verhalten einfach auf ganze Matrilinien generalisiert, hätte es keinen Unterschied innerhalb und zwischen den Matrilinien geben dürfen.

Auch wenn wir uns der spekulativen Natur dieser Ergebnisse bewußt sind, unterstützt diese komplizierte Form von umadressierter Aggression bei Meerkatzen Dassers Experimente, die behaupten, Affen würden erkennen, daß bestimmte soziale Beziehungstypen ähnliche Charakteristika teilen. Wenn eine Meerkatze (sagen wir A2) einem nichtverwandten Tier (B2) im Anschluß an einen Kampf zwischen einer ihrer eigenen Verwandten (A1) und einer Verwandten ihrer Gegnerin (B2) droht, handelt A2 so, als würde sie erkennen, daß die Beziehung zwischen B2 und B1 in irgendeiner Weise ihrer Beziehung zu A1 ähnelt. Mit anderen Worten, wir können uns vorstellen, daß A2 sich vor ein natürliches Problem des analogen Denkens gestellt sieht:

A1 / B1 gleich A2 / ?

A2 vervollständigt die Analogie richtig, indem sie Aggression auf ein anderes Mitglied der B-Familie lenkt.

Einen eindeutigen Beweis dafür, daß Affen zur Lösung sozialer Analogien fähig sind und Sprachtraining keine notwendige Vorbedingung ist, können nur Labortests erbringen. Wir können uns zum Beispiel ein Experiment vorstellen, in welchem einem Affen folgende Frage von seinen Gruppengenossen gestellt wird: Mutter A verhält sich zu Kind A wie Mutter B zu Kind B, Jugendlichem B und Kind C? Dassers Ergebnisse und unsere weniger strengen Beobachtungsdaten deuten darauf hin, daß Affen dieses Problem wohl mit Leichtigkeit lösen würden. Die relevanten Tests sind jedoch noch nicht in Angriff genommen worden.

Wir haben keine Vorstellung, wie Affen soziale Analogien vervollständigen, noch weniger wie sich soziale Beziehungen in ihren Gehirnen repräsentieren. Eine Möglichkeit ist, daß sie physische Ähnlichkeit als einen Hinweis benutzen, da sich Mitglieder derselben Matrilinie oftmals, aber nicht immer, ähnlich sehen. Bedenken wir jedoch, daß Meerkatzen und Javaneraffen Bindungen zwischen Verwandten als ähnlich betrachten, auch wenn sie Tierpaare betreffen, deren innerfamiläre Ähnlichkeiten, zumindest für einen menschlichen Beobachter, ausgesprochen unterschiedlich sind. Die Versuchstiere in Dassers (1988a) Studie generalisierten beispielsweise auf verschiedenartige

Mutter-Kind-Paare (Mütter und sehr junge Kinder, Mütter und jugendliche Söhne, Mütter und erwachsene Töchter), selbst wenn sie nur mit einem Beispiel dieser Kategorie trainiert wurden. Gleichermaßen sehen sich männliche und weibliche »befreundete« Paviane nicht ähnlich, dennoch scheinen andere Paviane sehr wohl zu erkennen, daß sich bestimmte Paare von Individuen häufig zusammenschließen (Smuts 1985).

Es gibt keine strengen Beweise dafür, daß Meerkatzen oder andere Affenarten Verwandtschaft in irgendeiner anderen Weise erkennen als einem engen Zusammenschluß zwischen zwei Individuen (z. B. Frederickson und Sackett 1984). Die Häufigkeit der Zusammenschlüsse erklärt jedoch nicht völlig die unterschiedliche Behandlung von Verwandten und Nichtverwandten, weil Verwandte nicht immer häufiger als Nichtverwandte interagieren. Auch ist derselbe Typus verwandtschaftlicher Bindungen nicht immer durch gleichartige und gleich häufige Interaktionen gekennzeichnet. Manche Mutter-Kind-Paare sind sich zum Beispiel sehr nah und interagieren häufig, wohingegen andere mehr Distanz halten (z. B. Hinde 1974; Altmann 1980). Alle werden jedoch derselben Kategorie von sozialen Beziehungen unterstellt (Dasser 1988a). Mehr noch, obwohl Bindungen innerhalb matrilinealer Verwandtschaftsgruppen äußerst variabel sein können (beispielsweise vom Alter und Geschlecht der Familienmitglieder abhängen), benutzen Affen konkurrierende Interaktionen dennoch niemals, um Familien gegeneinander auszuspielen (Dunbar 1983; Walters 1987; Cheney und Seyfarth 1986, 1989).

Insgesamt scheinen Affen eine Metrik zu verwenden, um soziale Beziehungen zu klassifizieren, die nicht nur allein mit physischen Merkmalen oder mit Anzahl und Typus der Interaktionen erklärt werden kann. Statt dessen scheint ihre Klassifikation auf einer Abstraktion zu beruhen, die alle diese Elemente einschließt. Diese Beobachtungen erhöhen die Möglichkeit, daß Affen so etwas wie Ähnlichkeit zwischen Verwandtschaftsbindungen quer über verschiedene Familien erkennen. Um zu erkennen, daß bestimmte Arten von Bindungen ähnliche Eigenschaften unabhängig von den einzelnen beteiligten Individuen besitzen, müssen Affen einander nicht nach physischen Merkmalen oder einem speziellen Interaktionstyp vergleichen, sondern nach einer zugrundeliegenden Beziehung, die aus einer Reihe von Interaktionen über eine gewisse Zeit abstrahiert worden ist. Affen berücksichtigen die Elemente, die eine Beziehung ausmachen (Grooming, Allianzen usw.). Dann bewerten sie hinsichtlich gleich oder ungleich, aber nicht, indem sie bestimmte Elemente vergleichen, sondern, indem sie verschiedene Beziehungen vergleichen, die diese Elemente vorgeben. Im Laufe dieses Abschnittes lenkten wir unsere Aufmerksamkeit auf die Parallelen, die es zwischen der Lösung von Problemen des analogen Denkens durch einen sprachtrainierten Schimpansen und dem Erkennen von sozialen Allianzen durch Meerkatzen gibt. Auch wenn wir diese Parallelen für signifikant halten, wissen wir doch noch sehr wenig über die kognitiven Mechanismen bei Affen, und aus unseren Ergebnissen folgt nicht notwendigerweise, daß Meerkatzen ein analoges Format anwenden, um soziale Beziehungen mental zu repräsentieren oder zu klassifizieren.

Bei den Menschen werden Kategorien sozialer Beziehungen häufig durch Bezeichnungen wie Freunde, Liebende oder Feinde deutlich gemacht. Das Bezeichnen erlaubt uns, Beziehungen auch zwischen uns unbekannten Menschen zu charakterisieren und zu vergleichen, und es erleichtert den Transfer auf neue Reize unermeßlich. Die richtige Anwendung einer Kategorie wie *Freund* impliziert, daß wir die Charakteristika der Kategorie erkennen und die Kategorie in neuen Situationen anwenden können. Bei einigen der Sprachstudien an Menschenaffen hat man Tieren Symbole beigebracht, die sie in die Lage versetzen, Beziehungen wie *größer als* oder *weniger als* (Premack 1976) oder Klassen wie *Werkzeuge, Nahrungsmittel* oder *Farbe* (Savagne-Rumbaugh u. a. 1980) zu bezeichnen. Die Folge war, daß ihre Fähigkeit, mit neuen Reizen umzugehen, deutlich zunahm (Matsuzawa 1988).

Unter natürlichen Bedingungen scheinen Affen jedoch keine Bezeichnungen zu gebrauchen, um übergeordnete Klassen oder ihre Bestandteile zu identifizieren. Meerkatzen besitzen anscheinend keine Laute, die sich zum Beispiel auf Familie oder Matrilinie beziehen, geschweige denn auf irgendwelche einzelnen Individuen, die zu einer Familie gehören. Überdies gibt es keine Beweise, daß Affen Beziehungen zwischen Beziehungen in irgendeinem anderen als einem sozialen Kontext erkennen. Wir wenden uns diesem Thema ausführlicher in den Kapiteln 6, 8 und 9 zu.

Zusammenfassung

In Kapitel 2 behaupten wir, daß das Sozialverhalten von Meerkatzen und vielen anderen nichtmenschlichen Primaten am besten erklärt wird, wenn wir annehmen, daß Individuen eine Reihe von Strategien verfolgen. Die Affen verhalten sich so, als ob sie danach streben, enge Beziehungen zu Verwandten zu unterhalten und, wann immer möglich, Bindungen zu den Mitgliedern ranghoher Familien zu schaffen. Wenn sie außerhalb ihrer unmittelbaren Familie interagieren, streben sie nach Reziprozität und zeigen sich eher bereit, mit einem anderen männlichen oder weiblichen Tier zu kooperieren, wenn es kürzlich mit ihnen kooperiert hat. Unsere Erklärungen für das Sozialverhalten bei Primaten implizieren deshalb, daß Affen ein hochentwickeltes Wissen über ihre Gruppengenossen besitzen und über die Beziehungen, die zwischen ihnen existieren.

In diesem Kapitel haben wir das Ausmaß und die Grenzen der sozialen Intelligenz bei Primaten untersucht. Affen scheinen tatsächlich Mitglieder anderer Gruppen zu erkennen und diese Individuen mit bestimmten Bereichen zu verknüpfen, auch wenn sie mit ihnen nur selten interagieren. Innerhalb ihrer eigenen Gruppe erkennen Affen andere als Individuen, erinnern sich, wer mit ihnen in der Vergangenheit kooperiert hat, und passen ihr zukünftiges kooperatives Verhalten entsprechend an. In dieser Hinsicht stimmt das Verhalten der Affen mit Theorien überein, die reziproken sozialen Austausch vorhersagen. Es ist jedoch schwierig, festzustellen, ob Affen ein Konzept von Reziprozität wie wir Menschen besitzen, weil es für uns als Beobachter schwer ist, genau zu ermitteln, welche Nachteile und Vorteile die Affen mit den verschiedenen Arten von Interaktionen verbinden.

Obwohl Individuen vieler Tierarten eine Menge über ihre eigenen sozialen Beziehungen zu wissen scheinen, verblüfft das soziale Wissen der Primaten am meisten, wenn wir betrachten, was ein Affe über die sozialen Beziehungen *anderer* in seiner Gruppe weiß. Eine Reihe von Beweisen deutet darauf hin, daß Affen die engen Verbindungen zwischen anderen erkennen, sowohl innerhalb matrilinealer Verwandtschaftsgruppen als auch bei den Langzeitpaarbindungen einzelner Männchen und Weibchen. Affen können auch die Dominanzbeziehungen zwischen anderen erkennen – ein Wissen, das ihnen erlaubt, eine Ranghierarchie ihrer Gruppengenossen zu konstruieren.

Schließlich scheinen Affen nicht nur die Beziehungen anderer zu erkennen, sondern auch Beziehungen zu vergleichen. Sie bewerten einige als gleich und andere als ungleich. Die Kriterien solcher Bewertungen scheinen von den einzelnen beteiligten Individuen unabhängig zu sein. Affen erkennen anscheinend, daß Bindungen innerhalb der Familie auch dann gleich sind, wenn die betreffenden Individuen sich in Alter und Geschlecht stark unterscheiden. Deshalb scheinen Affen fähig zu sein, Beziehungen nach einer oder mehreren abstrakten Eigenschaften zu klassifizieren. Anders ausgedrückt, sie erzeugen mentale Repräsentationen der sozialen Beziehungen und vergleichen

Beziehungen auf der Basis dieser mentalen Repräsentationen. Ob ihnen überhaupt bewußt ist, was sie tun, oder ob sie diese Fähigkeit außerhalb des Kontexts sozialer Interaktionen anwenden können, muß noch herausgefunden werden.

Kapitel 4
Lautkommunikation

Während des Wimbledon-Tennisturniers im Jahre 1981 standen die Verantwortlichen vor einem Problem. Einige Spieler, insbesondere Männer wie Jimmy Connors, gaben regelmäßig laute Grunzlaute ab, wenn sie den Ball schlugen. Die Kontrahenten der ›Grunzer‹ protestierten bei den Schiedsrichtern und forderten, diesem Verhalten ein Ende zu machen. Die Gegenspieler behaupteten, daß Grunzlaute ihre Aufmerksamkeit beeinträchtigten und mit Absicht eingesetzt würden, um sie aus dem Rhythmus zu bringen. Aber als das die Schiedsrichter Spielern wie Connors vorhielten, bekamen sie eine etwas andere Erklärung. »Sicher«, erklärte Connors, »manche Spieler grunzen in der Tat absichtlich – aber nicht ich. Ich kann mein Grunzen wirklich nicht kontrollieren, es passiert *einfach*, wenn ich den Ball hart schlage.« Ebenso wie Connors räumten auch die meisten anderen ›Grunzer‹ bereitwillig ein, daß *einige* Spieler tatsächlich mit Absicht grunzten, aber jeder stritt ab, selbst irgendeine bewußte Kontrolle über diese besonderen Laute zu haben. Als die Schiedsrichter durch Beobachtung der verschiedenen Spieler herauszufinden versuchten, welche Grunzer absichtlich abgegeben wurden und welche nicht, stellten sie fest, daß eine Unterscheidung tatsächlich unmöglich war. Das einzige Ergebnis, auf das sie sich einigen konnten, war, daß Grunzen in der Tat ablenkt, unabhängig davon, ob es absichtlich abgegeben wurde oder im Zuge der Anstrengung beim harten Schlagen eines Balles herausrutschte.

Das Dilemma der Wimbledon-Schiedsrichter fängt viele der Probleme ein, mit denen jeder konfrontiert wird, der die Laute von Affen und Menschenaffen untersucht. Meerkatzen beispielsweise tauschen unter den verschiedensten Bedingungen Laute aus: Sie geben beim Anblick eines Raubfeindes laute Alarmrufe ab, *Wrrs* und Chutters bei Begegnungen mit anderen Gruppen, ein Drohgrunzen und ein andersartiges Chutter bei Kämpfen mit Angehörigen ihrer eigenen Gruppe und leise, gutturale Grunzer bei entspannten sozialen Interaktionen. In jedem Fall ist es ganz einfach unmöglich zu sagen, ob ein Affe bewußt vorhat, mit anderen zu kommunizieren, oder ob er keine Kontrolle über seine Laute besitzt und die Rufe einfach sein momentanes Verhalten begleiten.

Die beiden Interpretationen der Wimbledon-Grunzlaute – einerseits bewußt mit dem Ziel eingesetzt, die Aufmerksamkeit abzulenken, und andererseits einfach unfreiwillig herausgerutscht – veranschaulichen auch beispielhaft die Trennung, die in den sechziger und siebziger Jahren zwischen der menschlichen Sprache und den Lauten von Affen und Menschenaffen vollzogen wurde (besprochen bei Marler 1977a, 1978). Die menschliche Sprache, so waren sich alle einig, unterstand willkürlicher Kontrolle, konnte von Emotionen abgelöst werden (wir können über Angst sprechen, ohne tatsächlich Angst zu haben) und betraf Leistungen bestimmter höherer kortikaler Bereiche des Gehirns. Dagegen ließen Laborexperimente und Beschreibungen von Lauten, die sich aus den frühen Feldstudien gerade zu entwickeln begannen, vermuten, daß die Laute nichtmenschlicher Primaten relativ unwillkürlich abliefen, nur unter höchst emotionalen Bedingungen auftraten und nur begrenzt höherer kortikaler Kontrolle unterstanden (z. B. Myers 1976; Ploog 1981). Obwohl bekanntlich die menschlichen Worte Objekte oder Ereignisse in der Außenwelt repräsentieren oder dafür stehen, hielt man die Rufe nichtmenschlicher Primaten für nichts anderes als einen Anzeiger des emotionalen Zustandes oder des unmittelbar bevorstehenden Verhaltens eines Individuums (z. B. Lancaster 1975; Premack 1975). Damals schienen diese Schlußfolgerungen völlig vernünftig zu sein, da eine strikte Trennung zwischen der menschlichen Sprache und den Rufen der Affen und Menschenaffen durch Daten aus zumindest fünf ganz verschiedenen, aber sich ergänzenden Quellen gestützt wurde.

Erstens waren frühe Versuche, Primatenlaute zu konditionieren, erfolglos. Selbst wenn Affen belohnt wurden, konnten sie offensichtlich nicht lernen, zielgerichtet Laute abzugeben, also Rufe zu einem bestimmten Zeitpunkt zu erzeugen, zu anderer Zeit jedoch zurückzuhalten. Da Laute nur dann als willkürlich definiert wurden, wenn sie ohne Zwang abgegeben wurden und durch Konditionieren gelöscht oder verstärkt werden konnten, schlossen die Forscher, daß Primatenlaute einem unwillkürlichen Reflex entsprechen (z. B. Myers, Horel und Pennypacker 1965; Yamaguchi und Myers 1972; Myers 1976).

Zweitens legten neurophysiologische Untersuchungen an Totenkopfäffchen nahe, daß scheinbar normale Laute durch Elektrostimulation subkortikaler Bereiche im Gehirn ausgelöst werden konnten, wie etwa des vorderen limbischen Kortex, einem Bereich, der schon lange als mit dem emotionalen Geschehen beim Menschen verknüpft galt (z. B. Robinson 1967; Jürgens u. a. 1967; Jürgens und Ploog 1970). Das Auslösen scheinbar normaler Laute durch Stimulation des limbischen Systems ließ einige Forscher (z. B. Washburn 1982) folgern, daß höhere kortikale Bereiche nicht betroffen sind, wenn Tiere unter normalen Bedingungen Laute abgeben.

Drittens erbrachten Berichte über die natürliche Kommunikation bei Vögeln und Säugetieren (z. B. Smith 1965, 1969, 1977) nur wenige Beweise, daß Tierlaute jemals Objekte oder Ereignisse außerhalb des lautgebenden Individuums bezeichnen oder sich auf diese beziehen. Statt dessen hielt man, wobei man sich einen Begriff von den Linguisten borgte (Abercrombie 1967; Lyons 1972), Tierlaute für weitgehend *indexikal*, d.h. sie betreffen den Lautgeber oder sein Folgeverhalten. Die Tanz-»Sprache« der Honigbiene (von Frisch 1965) wurde als bemerkenswerte Ausnahme angesehen. Als diese ethologische Sichtweise in Verbindung mit den existierenden neurophysiologischen Ergebnissen betrachtet wurde, schlossen einige Forscher, daß die enge Verknüpfung zwischen einem Laut und dem darauffolgenden Verhalten eines Lautgebers nicht zufällig war, sondern auf bekannte physiologische Mechanismen zurückgeführt werden konnte. Wie Jimmy Connors' Grunzer auf dem Tennisplatz, waren auch die Rufe von Tieren gute Prädiktoren für das nachfolgende Verhalten, weil dieselben Ereignisse, die das Verhalten produzierten, auch die Laute erzeugten (z. B. Myers 1976; Ploog 1981).

Viertens deckten Untersuchungen über die Wahrnehmung von Sprache auf, daß Menschen ein akustisch fließendes Kontinuum von Sprachlauten als eine Reihe relativ getrennter Kategorien wahrnehmen (Liberman u. a. 1967; Liberman 1982). Viele Linguisten glaubten, daß eine solche klassenweise Wahrnehmung eine notwendige Vorbedingung für Sprache war. Auf der Basis ihrer eigenen Erfahrung und einer akustischen Analyse mit Hilfe von Sonagraphen, stellten Freilandbiologen fest, daß auch Affen und Menschenaffen akustisch *getrennte* und *fließende* Rufe in ihrem Repertoire besaßen. Getrennte Rufe waren im Freiland leicht nach dem Gehör auseinanderzuhalten und unterschieden sich akustisch voneinander. Andere Ruftypen gingen ineinander über und waren im allgemeinen schwer zu unterscheiden – per Gehör oder wenn sie durch ein Sonagramm dargestellt wurden (z. B. Marler 1965; Struhsaker 1967a). Man dachte, daß getrennte Laute im allgemeinen bei vielen Waldaffen vorkommen, die in einem Lebensbereich mit geringer Sichtweite leben und wo eine Kommunikation über weite Entfernungen überwiegt. Solche Rufe ermöglichen den Tieren, unmißverständlich zu kommunizieren, auch ohne flankierende visuelle Signale. Dagegen wurde für Affen und Menschenaffen, die offenes Land bewohnen, beschrieben, daß sie ein Repertoire mit akustisch ineinander übergehenden Lauten besitzen, und man war der Meinung, daß sie diese Laute auf kurze Distanz in Verbindung mit visuellen Signalen einsetzen (Marler 1965). Peter Marler (1976a) stellte die Hypothese auf, daß ein entscheidender Schritt in der Evolution der Sprache eintrat, als die frühen Menschen anfingen, ineinander übergehende Lautsignale gewissermaßen separat wahrzunehmen.

Ein letzter Unterschied zwischen der menschlichen Sprache und den Lauten nichtmenschlicher Primaten betraf das Lernen. Zweifellos lernen Menschen viele Aspekte der Sprache, und das Erlernen der Sprache kann durch frühe Taubheit (Feldman, Goldin-Meadow und Gleitman 1978) oder soziale Isolation ernstlich unterbrochen werden (Curtiss 1977). Andererseits erbrachten Forschungen über die Lautontogenese bei Totenkopfäffchen keine Hinweise, weder für eine allmähliche Entwicklung, noch für eine Abhängigkeit von Auslösereizen aus dem Umfeld. Winter und Kollegen (1973) fanden beispielsweise heraus, daß Totenkopfäffchen offenbar das gesamte Lautrepertoire ihrer Art, ohne irgendwelche nennenswerte Übung, schon 6 Tage nach der Geburt erzeugen können. Ähnlich fanden Talmadge-Riggs und seine Kollen (1972) keine Lautabnormitäten bei Totenkopfäffchen, die kurz nach der Geburt taub wurden, oder bei Tieren, die von stummen Müttern großgezogen wurden. Drittens demonstrierten erst kürzlich Herzog und Hopf (1984), daß isoliert aufgezogene Totenkopfaffenkinder dennoch in der Lage waren, verschiedene Alarmrufe, die von Angehörigen ihrer eigenen Art abgegeben wurden, zu unterscheiden und angemessen auf sie zu reagieren.

In den letzten Jahren haben sich diese Unterschiede, die zwischen menschlichen und nichtmenschlichen Primatenlauten gezogen wurden – willkürlich versus unwillkürlich, referential versus indexikal, fließend versus getrennt, erlernt versus unveränderbar –, allmählich aufgelöst, zumindest teilweise infolge der neuen Techniken, die in der Feld- und Laborforschung angewandt wurden. Bei den berühmten Menschenaffen-Sprachprojekten zum Beispiel haben Forscher einen verblüffenden Erfolg bei ihren Versuchen erzielt, Schimpansen, Gorillas und Orang-Utans einige Elemente der menschlichen Sprache beizubringen (siehe Gardner und Gardner 1975; Terrace 1979; Miles 1983; Premack 1986 und Savage-Rumbaugh 1986 für Übersichten). Die Ergebnisse dieser Untersuchungen lassen darauf schließen, daß zumindest einige der kognitiven Mechanismen, die man der menschlichen Sprache zuschrieb, auch bei den großen Menschenaffen vorhanden sind.

Außerdem hat es auf Grund neuerer Arbeiten den Anschein, daß Primatenlaute konditioniert werden können (Steklis und Raleigh 1979). In einer Studie lernten beispielsweise Rhesusaffen, die in einem Raum mit roten, grünen, blauen oder weißen Lampen saßen, nur dann Laute abzugeben, wenn eine Lampe von einer Farbe aufleuchtete (Sutton u.a. 1973). In einer zweiten Studie lernten die Versuchssubjekte *Coos* oder Bell-Laute abzugeben, aber keine anderen Laute, wenn eine bestimmte Lampe aufleuchtete (Sutton, Samson und Larson 1978; siehe auch Wilson 1975). Drittens trainierten Sinnott, Stebbins und Moody (1975) Makaken, einen *Coo*-Laut abzugeben, wenn sie in einem Teststuhl saßen. Dann hörten die Affen über Kopfhörer entweder Niedrigfrequenztöne (200 bis 500 Hz), die die Frequenz ihrer Laute überlagerten oder Hochfrequenztöne (8 bis 16 kHz), die außerhalb ihres Lautbereichs lagen. Wie auch Menschen, verstärkten die Affen sofort ihre Rufe bei Vorliegen der ersten Bedingung, zeigten jedoch keine Veränderung bei der letzteren. Zusammengenommen zeigen diese Ergebnisse nachdrücklich, daß die Laute nichtmenschlicher Primaten willkürlicher Kontrolle unterliegen.

Als eine letzte Herausforderung für die Zweiteilung von Lauten nichtmenschlicher Primaten einerseits und der menschlichen Sprache andererseits deckte die Forschung an Primaten in ihrem natürlichen Lebensbereich Parallelen zwischen der Art und Weise auf, in der Affen Laute und Menschen Worte einsetzen. Auch gibt es verblüffende Ähnlichkeiten zwischen der Entwicklung von Lauten bei Affen und dem ersten Gebrauch von Worten bei Kindern. In diesem Kapitel werden wir die Ergebnisse besprechen und uns insbesondere auf die Laute von Meerkatzen und bestimmten anderen Altweltaffen konzentrieren. Wir beschreiben, wie Rufe eingesetzt werden, wie sie sich entwickeln und den sozialen Kontext, in den sie eingebettet sind. Unser Ziel ist nicht, zu beweisen, daß Affen eine Sprache besitzen. Sondern, im Sinne von Hockett (1960), gebrauchen wir Sprache als einen Ausgangspunkt für eine vergleichende Studie der Kommunikation bei nichtmenschlichen Primatenarten. Wir hoffen, daß unsere Analyse über ebenso viele *Unterschiede* wie auch Ähnlichkeiten zwischen menschlicher und nichtmenschlicher Kommunikation bei Primaten Aufschluß geben wird.

Dieses Kapitel enthält jedoch mehr als nur einen deskriptiven Bericht über die Lautkommunikation bei Meerkatzen. Ein zweites Ziel ist, die Kommunikation der Affen mit ihrem Wissen von der Welt um sie herum zu verknüpfen. Wenn erst einmal gezeigt werden kann, daß Affen Laute gebrauchen, um über Objekte oder Ereignisse zu kommunizieren, wird Kommunikation – wie die Sprache – zu einem Schlüssel für das Verstehen, wie Tiere *denken*. Schon in Kapitel 3 haben wir beschrieben, wie Playback-Experimente mit dem Ruflaut eines Individuums Licht auf die Fähigkeit anderer Tiere werfen können, Gruppenmitglieder zu erkennen, sich an zurückliegende Interaktionen zu erinnern, ja sogar soziale Beziehungen zu bewerten, in die sie selber nicht verwickelt sind. In diesem und im nächsten Kapitel verwenden wir nunmehr die Laute von Meerkatzen, um zu untersuchen, wie dieselben Individuen Raubfeinde, soziale Situationen und andere Merkmale ihrer Umgebung erkennen und klassifizieren. Wie ihr Sozialverhalten bieten auch die Laute der Affen einen Einblick in die Welt, wie Affen sie sehen.

Alarmrufe

Im Jahre 1967 berichtete Tom Struhsaker, daß die Meerkatzen in Amboseli unterschiedlich klingende Alarmrufe als Reaktion auf mindestens drei verschiedene Raubfeinde geben: auf Leoparden, Adler und Schlangen. Jeder Alarmruf löst eine andere, offenbar adaptive Fluchtreaktion bei den übrigen Meerkatzen in der Nähe aus. Ein lauter bellender Alarmruf wird bei Leoparden (*Panthera pardus*; Abb. 4.1) und anderen Katzenarten wie Karakalen (*Felis caracal*) und Servalen (*Felis serval*) gegeben. Ab jetzt nennen wir diesen Ruf den *Leopardenalarm* der Meerkatzen. Wenn Meerkatzen, die sich am Boden aufhalten, den Leopardenalarm hören, fliehen sie auf die Bäume. Die Leoparden in Amboseli jagen Meerkatzen, indem sie sich in Büschen verstecken, und wenn dann ein Affe vorbeizieht, stürzen sie sich auf ihn (Altmann und Altmann 1970; pers. Beob.). Offensichtlich sind Meerkatzen vor Leoparden in Sicherheit, wenn sie sich auf den Bäumen aufhalten, weil sie wegen ihrer geringen Größe und ihrer Behendigkeit schwer zu fangen sind.

Dagegen geben Meerkatzen einen akustisch anderen Alarmruf – einen kurzen doppelsilbigen Hust-Laut, genannt *Adleralarm* – als Reaktion auf die zwei großen Adlerarten, die auf sie Jagd machen – den Kampfadler (*Polemaetus bellicosus*; Abb. 4.2) und den Kronenadler (*Stephanoaetus coronatus*). Beide Arten können Meerkatzen jedes Alters und Geschlechts fangen. Sie jagen Affen aus der Luft, wobei sie mit hoher Geschwindigkeit aus großer Höhe auf sie niederstoßen. Anscheinend sind beide Raubvogelarten geschickte Jäger von Affen auf Bäumen und am Boden (Brown und Amadon 1968; pers. Beob.). Meerkatzen am Boden reagieren auf Adleralarm, indem sie hoch in die Luft schauen oder in die Büsche flüchten. Meerkatzen auf Bäumen reagieren auf Adleralarm, indem sie hochschauen und manchmal von den Bäumen herunterkommen und in einen Busch rennen.

Und wenn Meerkatzen schließlich mit Pythons (*Python sebae*) oder Giftschlangen wie Mambas (*Dendroaspis* species) und Kobras (*Naja* species) zusammentreffen, geben sie einen dritten, akustisch anderen Alarmruf ab, der

Abb. 4.1: Der Leopard ist einer der Hauptraubfeinde der Meerkatzen in Amboseli. Foto von G. Anzenberger.

lautmalerisch als ein *Chutter* bezeichnet wird. Wir nennen ihn nachfolgend den *Schlangenalarm* der Meerkatzen. Pythons jagen Meerkatzen vornehmlich auf dem Boden, wobei sie sich im hohen Gras versteckt halten. Die beste Verteidigung eines Affen gegen einen Python ist, sich ständig zu vergewissern, wo sich die Schlange gerade befindet. Wenn Meerkatzen einen Schlangenalarm hören, stellen sie sich auf beide Füße und spähen in das Gras um sie herum (Abb. 4.3). Wenn sie die Schlange ausgemacht haben, nähern sie sich ihr oft, attackieren sie und geben wiederholt Schlangenalarm aus sicherer Entfernung.

Nach Struhsakers (1967a) Beschreibung schien es gewiß, daß Meerkatzen Rufe benutzen, um verschiedene äußere Bezugsobjekte zu kennzeichnen (z. B. Altmann 1967; Marler 1977a, 1978), eine Interpretation, die in direktem Gegensatz zu den Meinungen über Primatenlaute zu jener Zeit stand. Dennoch wurden berechtigte Zweifel an dieser Interpretation erhoben. W. John Smith beschrieb zum Beispiel Meerkatzenalarm »in bezug auf verschiedene Fluchttaktiken« und »ohne äußere Bezugsobjekte für die Kommunizierenden« (1977, S. 181), während der Psycholinguist John Marshall behauptete,

Abb. 4.2: Der Kampfadler ist der größte afrikanische Adler und macht Jagd auf Vögel, kleine Säugetiere und Affen. Foto von G. Anzenberger.

daß »auch die Alarmrufe der Meerkatze, die, flüchtig betrachtet, den Raubfeindtyp zu ›bezeichnen‹ scheinen, plausibler zu sehen sind als Ausdruck von nichts anderem als der relativen Stärke der ängstlichen und aggressiven Emotionen, die durch die verschiedenen Raubfeinde hervorgerufen werden« (1970, S. 234). Gemessen an den zu jener Zeit verfügbaren Informationen waren Smith und Marshall ziemlich konservativ in ihren Interpretationen der Mechanismen, die den Meerkatzen-Alarmrufen zugrunde liegen. Jeder unterschied zwischen Rufen, die lediglich Informationen über den emotionalen Zustand des Signalgebers oder sein Folgeverhalten liefern (eine relativ einfache, direkte Erklärung), und Rufen, die auf ein bestimmtes äußeres Bezugssubjekt hinweisen (eine Erklärung, die komplexere kognitive Prozesse einbezog). Es schien keine Notwendigkeit vorzuliegen, den Meerkatzen höherentwickelte mentale Prozesse zuzuschreiben, wenn doch einfachere Mechanismen ihr Verhalten hinreichend erklären konnten. Nicht diskutiert wurde die Möglichkeit, daß Rufe vielleicht *sowohl* äußere Bezugssubjekte kennzeichnen *als auch* andere Informationen weitergeben.

1977 begannen wir in Zusammenarbeit mit Peter Marler eine Untersu-

Abb. 4.3: Mitglieder der Gruppe A stehen auf beiden Füßen und geben Pythonalarmrufe, als die Schlange aus einem Busch auftaucht. Foto von Richard Wrangham.

chung über Alarmrufe bei Meerkatzen mit dem Ziel, diese verschiedenen Hypothesen zu testen. Wir führten unsere Untersuchung in demselben Gebiet durch, in dem Tom Struhsaker seine Originalstudie ausführte. Wir fingen an, die Alarmrufe auf Kassetten aufzunehmen und das Verhalten der Meerkatzen bei echten Begegnungen mit Leoparden, Adlern und Pythons zu beobachten. Dann analysierten wir unsere Aufnahmen, indem wir sie in einen Sonagraphen einspielten, eine Maschine, die das ankommende Signal filtert (oder, in neuerer Zeit, digitalisiert) und dann dieses Signal auf einem Sonagramm darstellt. Sonagramme (wie jene in Abb. 4.4) zeigen die bei unterschiedlichen Frequenzen vorhandene Energiemenge jeweils pro Zeiteinheit.

Wie schon Struhsaker als erster berichtete, fanden wir, daß man Leoparden-, Adler- und Schlangenalarmrufe leicht über das Gehör unterscheiden und auch einfach auseinanderhalten kann, wenn sie als Sonagramme (Abb. 4.4) dargestellt werden. Jeder Alarmruftyp weist auch übereinstimmende akustische Merkmale von einem Individuum zum nächsten auf (Seyfarth, Cheney und Marler 1980b). In einigen Fällen gibt es Geschlechtsunterschiede bei den Lauten von Erwachsenen, in anderen nicht. Erwachsene

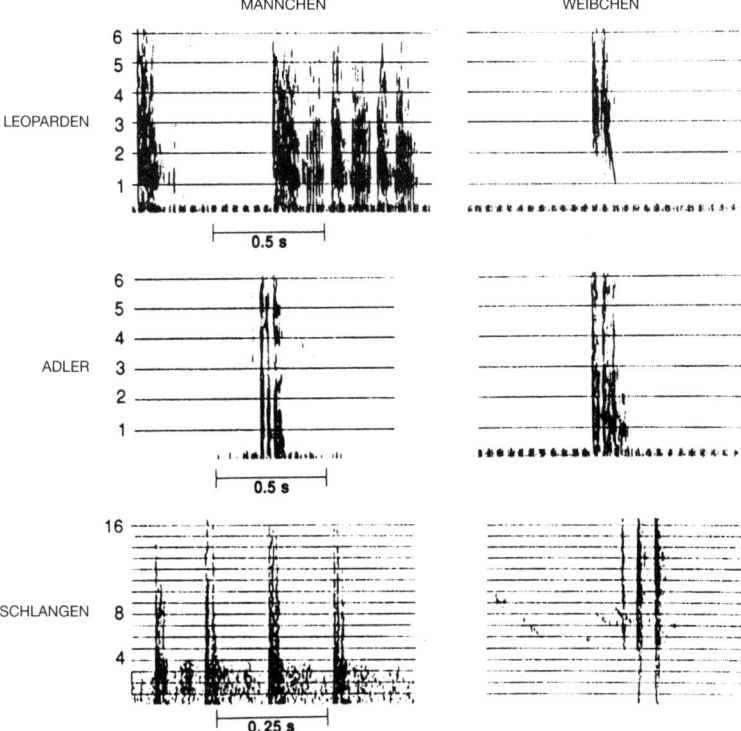

Abb. 4.4: Sonagramme der Alarmrufe von erwachsenen Meerkatzenmännchen und -weibchen bei Leoparden, Kampfadlern und Pythons. Bei jedem Sonagramm zeigt die x-Achse die Zeit und die y-Achse die Frequenz in Einheiten von 1 kHz (1.000 Hz).

Männchen und Weibchen geben akustisch ähnliche Adleralarme und akustisch ähnliche Schlangenalarme; allerdings sind die Leopardenalarme von erwachsenen Männchen und Weibchen akustisch gänzlich verschieden. Leopardenalarmrufe der Männchen bestehen aus einer sich wiederholenden Reihe von Bell-Lauten, Leopardenalarmrufe der Weibchen dagegen aus einem einzigen hohen Zwitschern (Abb. 4.4). Wie Struhsaker fanden wir, daß jeder Alarmruftyp unterschiedliche Fluchtreaktionen auslöst.

Obwohl sich unsere Beobachtungen mit Struhsakers Behauptung, die verschiedenen Alarmrufe der Affen kennzeichneten verschiedene Raubfeindklassen, deckten, gab es, wie schon früher erwähnt, alternative Erklärungen. Jeder Ruf könnte beispielsweise ein allgemeines »Warn«-Signal gewesen sein, das die Tiere veranlaßte, sich überall umzuschauen. Und wenn die Affen den

Raubfeind erst einmal ausgemacht hätten, könnten sie auf das, was sie gesehen hatten, reagieren. Wenn das zuträfe, wären die akustischen Unterschiede zwischen Alarmruftypen weitgehend irrelevant. Andererseits könnten, wie Marshall (1970) behauptet hatte, verschiedene Alarmrufe einfach nur verschiedene Grade von Angst oder Aufregung angesichts verschiedener Raubfeinde widerspiegeln. Wir fanden heraus, daß Leopardenalarmrufe (besonders jene von erwachsenen Männchen) generell lauter und länger als Adleralarmrufe sind, diese wiederum lauter (aber nicht länger) als Schlangenalarmrufe, was diese Meinung unterstützt (Seyfarth, Cheney und Marler 1980b).

Mit Playback-Experimenten konnten wir diese alternativen Erklärungen überprüfen, weil sie uns eine Methode in die Hand gaben, getrennt zu untersuchen, wie die Varianten in den akustischen Merkmalen eines Rufes und anderen Ereignissen im Umfeld die Reaktionen der Affen auf eine bestimmte Vokalisation beeinflußte. Bei der Durchführung eines Experiments warteten wir zuerst so lange, bis sich kein Raubfeind mehr im Gebiet aufhielt und mehrere einzelne Meerkatzen auf dem Boden oder in einem Baum zu sehen waren. Dann begannen wir, das Verhalten unserer Versuchssubjekte zu filmen. Nach 10 Sekunden spielten wir von einem versteckten Lautsprecher einen Leoparden-, Adler- oder Schlangenalarmruf, den wir zuvor bei einem Individuum der Versuchstiergruppe aufgenommen hatten.

Wenn Alarmrufe von Meerkatzen lediglich allgemeine Warnsignale sind, müßten die Affen auf alle akustisch verschiedenen Rufe ähnlich reagieren. Wenn die Bedeutung des Rufes vorwiegend durch den Kontext bestimmt wird, dann müßten die Reaktionen auf jeden Alarm variieren, je nachdem, in welchem Kontext er dargeboten wurde. Wenn dagegen die Bedeutung eines jeden Rufes weitgehend durch seine akustischen Merkmale bestimmt wird, müßte ein bestimmter Ruftyp (Leoparden-, Adler- oder Schlangenalarm) eine funktional übereinstimmende Reihe von Reaktionen unabhängig vom Kontext auslösen. Und schließlich, wenn Rufe vornehmlich Informationen über den emotionalen Zustand des Rufers enthalten und nur in zweiter Linie über den Typ von Raubtier, das erspäht wurde, dann könnte der Unterschied zwischen den Reaktionen auf die verschiedenen Ruftypen durch verschiedene akustische Merkmale und den Grad der Aufgeregtheit eines Signalgebers verschleiert werden.

Das Playback von Alarmrufen rief zwei Arten von Reaktionen hervor. Als Reaktion auf alle drei Alarmtypen schauten die Versuchstiere in Richtung Lautsprecher und tasteten mit den Augen die Umgebung ab. Sie benahmen sich, als hielten sie nach zusätzlichen Signalen Ausschau, sowohl von der Quelle des Alarmrufes als auch von anderswo her. Wichtiger jedoch ist, daß jeder Alarmruf auch eine gesonderte Reihe von Reaktionen auslöste. Wenn sich die Versuchstiere auf dem Boden aufhielten, veranlaßte Leopardenalarm eine signifikante Anzahl zur Flucht auf die Bäume. Adleralarm ließ eine signifikante Zahl von Versuchstieren hoch in die Luft schauen oder in die Büsche rennen, und bei Schlangenalarm standen sie auf beiden Füßen und suchten den Boden um sich herum ab. Wenn sich die Tiere auf Bäumen befanden, ließ ein Adleralarm sie hochblicken und, in einigen Fällen, sich vom Baum hinab in ein Dickicht stürzen. Bei Schlangenalarm spähten die Affen hinab auf den Boden (Seyfarth, Cheney und Marler 1980a, 1980b).

Diese qualitativ unterschiedlichen Reaktionen zeigten, daß allein die verschiedenen Alarmrufe, auch ohne einen Raubfeind, den Affen genügend Informationen liefern, um charakteristische und offensichtlich adaptive Reaktionen zu bewirken. Wir entdeckten auch, daß eine Variation in der Länge und Stärke des Alarms – zwei Merkmalen, die vermutlich den Grad der Angst oder Aufgeregtheit des Signalgebers widerspiegeln – keinen Einfluß auf die durch die Alarmrufe hervorgerufenen Reaktionen hatte. Eine Veränderung in der akustischen Struktur verschiedener Ruftypen war das einzige Merkmal, das sowohl erforderlich war als auch ausreichte, um die Reaktionsunterschiede zu erklären (Seyfarth, Cheney und Marler 1980b).

Damit ist nicht gesagt, daß die Alarmrufe der Meerkatzen keine emotionale oder affektive Komponente aufweisen. Zusammenstöße zwischen Meerkatzen und ihren Raubfeinden sind oft emotional geladene Ereignisse, und Affen, die auf einen Alarmruf reagieren, achten fast immer auf solche Merkmale wie Lautstärke, Länge und Häufigkeit des Rufes und die Anzahl der alarmgebenden Individuen, um die Nähe eines Raubfeindes und den Grad der unmittelbaren Gefahr abzuschätzen. Im Laufe der Jahre haben wir beobachtet, daß im Falle eines tatsächlichen Angriffs durch einen Raubfeind mehr Tiere Alarmrufe abgeben, die Alarmrufe lauter sind, die Rufe (zumindest für unsere Ohren) »dringlicher« klingen und die Signalgeber »beunruhigter« zu sein scheinen, als wenn ein Raubfeind keinen Angriff plant.

Zwei andere, zugegebenermaßen seltene Ereignisse veranschaulichen die komplexe Beziehung zwischen Alarmrufen und dem emotionalen Zustand eines Rufers. Bei weniger als 1 Prozent aller Zusammentreffen zwischen Meerkatzen und Adler (N > 1.000) griff ein Adler Affen auf dem Boden an. Als der Vogel zum Niederstoßen ansetzte und nur noch Sekunden übrig waren, ehe er ein Opfer mit seinen Fängen gepackt hätte, gaben ein oder mehrere erwachsene Männchen *Leoparden*alarmrufe. Eine Interpretation dieses seltenen Ereignisses ist, daß die Affen bei drohender Gefahr den Alarmruf geben, der für sie mit höchster Angst verknüpft ist. Auf der anderen Seite muß man nicht unterstellen, daß nur Emotionen die Einschätzungen der Meerkatzen leiten: Wenn sich ein Adler zu einem Bodenangriff im offenen Gelände entschlossen hat, kann die beste Warnung tatsächlich die sein, die andere dazu veranlaßt, sich zu verteilen und auf den nächstgelegenen Baum zu flüchten. Es ist sicherlich nicht ratsam, bei einem drohenden Angriff bloß hoch in die Luft zu schauen.

Ähnlich gab bei weniger als 2 Prozent der 502 Intergruppenbegegnungen, die wir zwischen 1977 und 1986 beobachteten, ein Männchen Leopardenalarmrufe. Während dies wiederum vermuten läßt, daß Leopardenalarmrufe emotionale Erregung widerspiegeln und unter höchst belastenden Umständen einfach »herausflutschen«, legen drei Beobachtungen nahe, daß dies nicht die einzige Erklärung sein kann. Erstens stammten die meisten Leopardenalarmrufe, die bei Intergruppenbegegnungen gegeben wurden, von demselben Männchen, Kitui, dessen Verhalten vielleicht nicht repräsentativ für Meerkatzen im allgemeinen ist. Zweitens gaben Kitui und andere Männchen diese Alarmrufe in zwei bestimmten Kontexten: als die eigene Gruppe ins Zentrum ihres Territoriums getrieben wurde und somit in dem Zusammentreffen unterlag und als ein neues umherziehendes Männchen versuchte, sich ihrer Gruppe zu nähern. Die Leopardenalarmrufe ermöglichten den Männchen, der drohenden Niederlage zumindest vorläufig zu entgehen, da die Alarmrufe alle Tiere auf die Bäume flüchten ließen. Somit konnten sie den Disput beenden und sich das umherziehende Männchen vom Leibe halten.

Auch wenn diese Beobachtungen keineswegs beweiskräftig sind, legen sie doch nahe, daß Alarmrufe, die bei Intergruppenbegegnungen gegeben werden, möglicherweise Täuschungsversuche an Mitgliedern anderer Gruppen darstellen. Wir werden diese ›eventuellen‹ Täuschungssignale noch in Kapitel 8 diskutieren. Und schließlich sind Intergruppenbegegnungen lärmende, auffällige Ansammlungen vieler Affen, die alle eifrig mit ihren Gegnern beschäftigt sind. Folglich können solche Begegnungen in der Tat Raubfeinde anziehen; bei drei verschiedenen Gelegenheiten sahen wir, wie Raubfeinde (Karakal, Serval und ein Kampfadler) miteinander kämpfende Meerkatzengruppen attackierten. Deshalb kann es sein, daß Kitui und andere Männchen nicht nur einfach aufgeregt waren oder zu täuschen versuchten, sondern tatsächlich einen Raubfeind gesehen hatten.

Fälle wie diese, die die Wahrscheinlichkeit erhöhen, daß große Aufregung die Beziehung zwischen einem spezifischen Ruf und dem Raubfeind, dem er gilt, aufheben kann, waren äußerst selten. Weit häufiger gaben Meerkatzen Alarmrufe unter entspannteren Umständen, die auf eine objektbezogene, bezeichnende Funktion schließen lassen. Bei einem typischen Zusammentreffen mit einem Kampfadler folgte einer von uns einem erwachsenen Weibchen, Philby (einem Mitglied von Gruppe 3), die bei der Futtersuche zufällig hoch in die Luft schaute. Philby starrte für ein paar Sekunden aufmerksam in den Himmel und gab dann, ohne Anzeichen für eine bevorstehende Flucht, einen Adleralarmruf. Mit dem Fernglas konnten wir einen Kampfadler erkennen, der hoch über uns segelte. Andere Affen in der Nähe, in diesem Fall die erwachsenen Weibchen Burgess, MacLean und Blunt, reagierten auf Philbys Ruf, indem sie nach oben schauten. Auch Burgess gab einen Adleralarmruf, die beiden anderen Weibchen jedoch nicht. Keine machte Anstalten, wegzurennen. Während der nächsten 10 Minuten suchte jedes Weibchen den Himmel regelmäßig ab und verfolgte, wie der Adler hoch über unseren Köpfen dahinsegelte und schließlich verschwand. Als wir ihr Verhalten beobachteten, hatten wir den starken Eindruck, daß Philbys Alarmruf nur dazu diente, die anderen vor einem nahenden Adler zu warnen.

Bei einer anderen Gelegenheit spielten wir drei Individuen, die im hohen Gras nach Nahrung suchten, einen Schlangenalarm vor. Zwei Tiere, die Jugendlichen Leslie und Sedaka, reagierten, indem sie sich auf ihre Hinterbeine stellten und den Boden um sich herum absuchten, das dritte Tier jedoch, das erwachsene Weibchen Borgia, tat nichts. Enttäuscht beendeten wir das Experiment, legten die Kamera beiseite und fingen an, Daten über das Sozialverhalten zu sammeln. Ein paar Stunden später folgte einer von uns Borgia, als sie sich bei der Futtersuche auf das Gebiet zubewegte, in dem unser Experiment durchgeführt wurde. Als sie das Gebiet erreichte, stellte sie sich auf ihre Hinterbeine und suchte kritisch den Boden um sich herum ab. Zweifellos hatte unser Experiment Borgia ganz bestimmte Informationen vermittelt, auch wenn sie damals vorzog, sich nicht nach ihnen zu richten.

Wieder einmal wollen wir nicht behaupten, daß Alarmrufe *ausschließlich* Informationen über äußere Bezugsobjekte liefern; eine Beziehungsfunktion schließt keineswegs die Möglichkeit aus, daß Rufe auch Informationen über das spätere Verhalten des Rufers vermitteln oder über die bedingte Wahrscheinlichkeit, daß sich ein Rufer in Anbetracht bestimmter anderer Ereignisse auf eine bestimmte Weise verhalten wird (z.B. Smith 1977; Hinde 1981). Zweifellos bedeutet die Tatsache, daß verschiedene Raubfeinde sowohl akustisch verschiedenartige Alarmrufe als auch unterschiedliche Fluchtreaktionen hervorrufen, daß es in vielen Fällen eine enge Verknüpfung zwischen Alarmruftyp und Verhalten geben wird. Sogar in der menschlichen Sprache, wo kein Zweifel an der Beziehungsfunktion von Signalen besteht, ist es oft schwierig, wenn nicht gar unmöglich zu unterscheiden, ob sich der Gebrauch eines bestimmten Wortes auf ein bestimmtes Objekt bezieht oder auf die Wahrscheinlichkeit, daß sich die Person, irgendwann in der Zukunft, auf eine bestimmte Weise verhalten wird (z. B. Marler 1961). Unsere Experimente sollen daher nicht die Idee widerlegen, daß Rufe Informationen über zukünftiges Verhalten liefern. Statt dessen behaupten wir, daß Information über das zukünftige Verhalten des Rufers weder die einzige Information ist, die durch die Meerkatzenwarnrufe übermittelt wird, noch die ausnahmslos wichtigste; Laute können auch Objekte und Ereignisse in der äußeren Welt kennzeichnen. In Kapitel 5 werden wir die Bedeutung von Meerkatzenlauten detailliert diskutieren.

Michael Owren (Owren und Bernacki 1988; Owren 1990a, 1990b) lieferte durch seine Forschungsarbeiten an Meerkatzen in Gefangenschaft weitere Beweise für die Fähigkeit der Affen, Alarmrufe unabhängig von anderen Hinweisen in Typen zu klassifizieren. Mit Hilfe der von uns in Amboseli aufgenommenen Alarmrufe trainierte Owren zwei Meerkatzen, zwischen den Adler- und Schlangenalarmen zu unterscheiden, die von einem erwachsenen Weibchen namens Alaska Pipeline gegeben wurden. Eine der Meerkatzen wurde in freier Wildbahn geboren und im Alter von etwa 2 Jahren gefangen; die andere war in einer Gefangenschaftsgruppe aufgezogen worden. Für die Experimente setzte man jedem Weibchen in einem speziellen Teststuhl Kopfhörer auf. Wenn es einen Adleralarm hörte, wurde es für das Drücken eines Hebels auf der rechten Seite belohnt; bei einem Schlangenalarm für das Drücken des Hebels auf der linken Seite. Beide Meerkatzen lernten, zwischen Alaska Pipelines Warnrufen zu unterscheiden. Das überrascht vielleicht nicht, da alle Rufe von demselben Individuum kamen und es, außer zwischen den Alarmrufen, nur geringe Abweichungen gab. Áls die Tiere jedoch ihr Training abgeschlossen hatten, wurden sie an 48 Adler- und Schlangenalarmrufen getestet, die bei 17 verschiedenen Tieren, erwachsene Männchen, Weibchen und Jugendliche eingeschlossen, aufgenommen worden waren. Diese Rufe wiesen infolge individueller Unterschiede wie Alter, Geschlecht, Grad der Aufgeregtheit des Rufers und der Qualität unserer Aufnahmen beachtliche akustische Abweichungen auf. Trotz solcher Abweichungen klassifizierten die Versuchstiere diese neuen Reize auf Anhieb mit einer Genauigkeit, die signifikant über der Zufallswahrscheinlichkeit lag. Angesichts beträchtlicher individueller Abweichungen zwischen dem einen Laut und dem nächsten ordneten die Affen die Rufe dennoch in dieselben akustischen Klassen ein, die für Meerkatzen in freier Wildbahn lebenswichtig waren.

In Anbetracht dieser Feld- und Laborergebnisse nehmen wir an, daß bei den Meerkatzenalarmrufen »semantische« und indexikale Informationen ebenso wie in der menschlichen Sprache verbunden werden. Jeder Alarmruftyp kennzeichnet oder bezieht sich auf einen bestimmten Raubfeindtyp. Unterschiedliche Alarmruftypen zeichnen sich durch ihre unterschiedlichen Klangeigenschaften aus und vermitteln eine Bedeutung, die relativ unabhängig von dem Kontext ist, in welchem sie gegeben wurden. Indexikale Merkmale, die diese semantische Information ergänzen und anreichern, liefern Informationen zum Beispiel über die Identität des Rufers, den Grad seiner Furcht und Angst oder die Wahrscheinlichkeit, daß er die Flucht ergreift. Semantische Informationen sind von höchster Wichtigkeit, aber keineswegs die einzige Art von Information, die übermittelt wird. Mit der Bedeutung von Meerkatzenwarnrufen befassen wir uns noch einmal in Kapitel 5.

Andere Alarmrufe der Meerkatzen

Wie Struhsaker (1967a) erstmals berichtete, sind Leoparden, Adler und Schlangen nicht die einzigen Arten, die bei Meerkatzen akustisch unterschiedliche Alarmrufe auslösen. Die Meerkatzen geben auch bei Carnivoren Alarm, die selten Jagd auf Meerkatzen machen, wie Schakalen (*Canis mesomelas*), Hyänen (*Crocuta crocuta*), Löwen *(Panthera leo)* und Geparden *(Acinonyx jubatus)*. Struhsaker bezeichnet ihn als ›Alarm bei unbedeutenden Raubsäugern‹. Wenn Affen diesen Ruf hören, merken sie sofort auf und beobachten entweder, wie sich der Raubfeind durch das Gelände bewegt, oder sie suchen sehr langsam auf einem Baum Schutz. Der Alarm bei unbedeutenden Raubsäugern ist ein leiser Laut, der im Gegensatz zu irgendeinem anderen Ruf im Repertoire der Meerkatzen seine Hauptenergie auf einer äußerst hohen Frequenz konzentriert, um etwa 32 Kilohertz (Abb. 4.5). Bei Frequenzen dieser Höhe ist das Gehör der Meerkatzen, das sonst sehr menschenähnlich ist, dem unseren weit überlegen (Owren u. a. 1988). Ob Meerkatzen einen Alarm bei unbedeutenden Raubsäugern geben oder nicht, hängt unserer Erfahrung nach davon ab, was der Raubfeind gerade tut. Wenn beispiels-

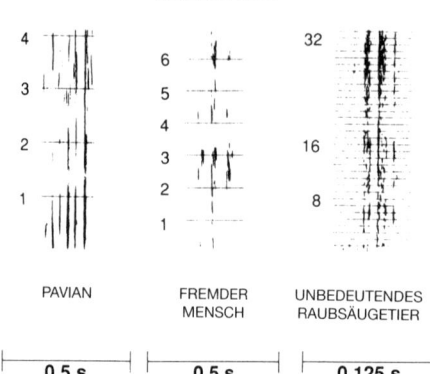

ALARMRUFE BEI:

4 3 2 1	6 5 4 3 2 1	32 16 8
PAVIAN	FREMDER MENSCH	UNBEDEUTENDES RAUBSÄUGETIER
0.5 s	0.5 s	0.125 s

Abb. 4.5: Sonagramme von Alarmrufen, die von Meerkatzen bei einem Pavian, einem fremden Menschen und einem unbedeutenden Raubsäugetier (in diesem Fall einem Schakal) gegeben wurden.

weise ein Löwe oder eine Hyäne ein Weißschwanzgnu jagt oder tötet, reagieren Meerkatzen möglicherweise zuerst mit einem Alarmruf, aber ihr Warnrufen hört sehr schnell auf. Der Alarmruf bei unbedeutenden Raubsäugern in Abbildung 4.5 wurde als Reaktion auf einen Schakal abgegeben, als dieser ein Impalakalb riß.

Ein anderer Alarm der Meerkatzen wird als Reaktion auf *fremde Menschen* gegeben (Abb. 4.5). Meerkatzen geben diesen Alarmruf am häufigsten als Reaktion auf Massai, die in den Park kommen, um ihr Vieh weiden zu lassen. Wenn sich Massai nähern, rufen die Affen zuerst und verschwinden dann leise in nahegelegenen Büschen oder Baumwipfeln, wo sie solange verharren, bis die Massai mit ihrem Vieh vorbeigezogen sind (Abb. 4.6). Wir wissen nicht genau, warum die Affen eine so große Abneigung gegen die Massai haben, denn die Massai hegen keine besondere Antipathie gegen sie. In Amboseli erklären die Eingeborenen das Verhalten der Meerkatzen als Reaktion auf Massaikinder, die manchmal mit Felsbrocken nach den Affen werfen. Der Alarmruf der Meerkatzen ist jedoch weder lauter noch intensiver, ob nun Kinder dabei sind oder nicht. Die Massai sind auch nicht die einzigen Menschen, die den Alarmruf ›fremder Mensch‹ auslösen. Als wir mit unserer Untersuchung begannen und die Affen noch nicht an Menschen in unmittelbarer Nähe gewöhnt waren, gaben sie den Alarmruf ›fremder Mensch‹ auch, wenn wir uns morgens annäherten. Monate später, nachdem sich die Tiere an uns gewöhnt hatten, riefen wir, wenn wir plötzlich auf einen Affen stießen oder einem Kind zu nahe kamen, einen anderen Laut hervor, das *Chutter gegen einen Beobachter* (Struhsaker 1967a). Dieses Chutter wird gemeinsam mit einer Reihe anderer, im Klang ähnlicher Chutters auf Seite 164 ausführlicher beschrieben.

152

Abb. 4.6: Das erwachsene Weibchen Charing Cross beobachtet Massai-Hirten, die ihre Ziegen zur Wasserstelle bringen. Sie hat gerade einen Alarmruf ›fremder Mensch‹ ausgestoßen.

Schließlich geben Affen noch einen sechsten Alarmruf als Reaktion auf *Paviane*, die gelegentlich Jagd auf Meerkatzen machen. Der Ruf (Abb. 4.5) hat offenbar die Funktion, andere auf das Herannahen der Paviane aufmerksam zu machen, doch verlassen Meerkatzen selten ihre nächste Umgebung, es sei denn, die Paviane besetzen ihre Bäume oder machen Jagd auf sie. Wie auch die Alarme bei unbedeutenden Raubsäugern und die Alarmrufe bei fremden Menschen ist der Pavianalarmruf ein sehr leiser Ruf, schwer aufzuzeichnen und sogar schwer zu hören, wenn auch nur das geringste Geräusch im Hintergrund existiert. Obwohl die flüchtige Überprüfung der Sonagramme vermuten läßt, daß sich jene Alarmrufe und Pavianalarme untereinander als auch von den etwas ähnlichen Schlangenalarmrufen unterscheiden, verfügen wir über keine hinreichend große repräsentative Auswahl von Aufnahmen dieser Rufe, um diese Vermutung überprüfen zu können.

Alarmrufe bei anderen Arten

Die Alarmrufe der Meerkatzen sind unter Vögeln und Säugetieren keineswegs einzigartig. Struhsaker (1975) beschreibt beispielsweise akustisch unterschiedliche Alarmrufe der Roten Stummelaffen (*Colobus badius*) bei Vögeln und Bodenfeinden. Ähnlich geben mehrere Erdhörnchenarten (Genus *Spermophilus*) und Präriehunde (Genus *Cynomys*) akustisch unterschiedliche Alarmrufe als Reaktion auf Raubfeinde am Boden und in der Luft. Verschiedene Alarmruftypen lösen auch verschiedene Reaktionen aus (Melchior 1971; Turner 1973; Sherman 1977, 1985; Hoogland 1983). Kalifornische Erdhörnchen geben zum Beispiel »Pfeiftöne« als Reaktion auf Adler und Habichtvögel und noch drei akustisch unterschiedliche »Chatter-chat«-Laute bei Schlangen, bodenlebenden Raubsäugern und aggressiven Artgenossen (Owings und Virginia 1978; Leger, Owings und Gelfand 1980; Owings und Leger 1980). Hören die Tiere einen Pfeifton, so verharren sie aufmerksam in der »Geduckt wachsam«-Haltung (was sie unauffälliger macht) und rennen zu ihrem Bau. Beim Hören eines Chatter-chat bleiben Tiere aufmerksam in der »Aufgerichtet wachsam«-Haltung (was sie auffälliger macht) und flüchten nicht unbedingt zum Bau (Leger und Owings 1978).

Allerdings gibt es wichtige Unterschiede zwischen den Alarmrufen der Erdhörnchen und denen der Meerkatzen. Im Gegensatz zum Meerkatzenalarm sind die akustisch verschiedenen Alarmrufe von Erdhörnchen nicht eng mit einer bestimmten Art von Raubfeind verknüpft. Beide Erdhörnchen, sowohl die Kalifornischen als auch die Beldingschen, geben Pfeifalarm, wenn ein Raubfeind plötzlich auftaucht und kaum Zeit zur Flucht bleibt. Die meisten plötzlichen Angriffe erfolgen von Raubvögeln, aber gelegentlich werden Erdhörnchen von einem Raubsäuger überrascht. Wenn das geschieht, löst der Raubsäuger Pfeiftöne aus. Ähnlich wird Chatter-chat-Alarm gegeben, wenn Raubfeinde in einiger Entfernung erspäht werden. Normalerweise sind solche Raubfeinde Raubsäuger, aber es ist für die Erdhörnchen nicht ungewöhnlich, auch bei einem fernen Habichtvogel Chatter-chat-Alarm zu geben (Leger, Owings und Gelfand 1980; Robinson 1981).

Um diese Beobachtungen zu erklären, behaupten Owings und Hennessy (1984), daß Alarmrufe von Erdhörnchen eher verschiedene »Dringlichkeits«-Stufen signalisieren, als verschiedene Raubfeindklassen kennzeichnen. Pfeiftöne sind Rufe von hoher Dringlichkeit, die drohende Gefahr melden (häufig, jedoch nicht immer, in Verbindung mit Raubvögeln); Chatter-chats sind Rufe von geringer Dringlichkeit, die Wachsamkeit, aber keine unmittelbare Flucht fordern. Verglichen mit den Alarmrufen der Meerkatzen korrespondieren die Alarmrufe der Erdhörnchen enger mit der geeigneten Fluchtstrategie und dem Dringlichkeitsgrad als mit der betreffenden Raubfeindklasse.

Außerdem ist dieser Unterschied adaptiv sinnvoll. Bei Erdhörnchen ist der Raubfeindtyp von geringerer Bedeutung als die Unmittelbarkeit der Gefahr, weil Erdhörnchen verschiedenen Raubfeinden auf ziemlich dieselbe Art und Weise ausweichen. Erdhörnchen können jedem beliebigen Raubfeind entkommen, indem sie ihre Höhlen aufsuchen. Dagegen ist der Raubfeindtyp für Meerkatzen von sehr großer Bedeutung, da sie Raubfeinden auf dem Boden und in der Luft auf qualitativ verschiedene Weise entkommen müssen. Infolge eines unterschiedlichen Selektionsdrucks kennzeichnen Meerkatzenalarmrufe den betreffenden Raubfeindtyp und überlassen es jedem Individuum, richtig zu reagieren, während Alarmrufe von Erdhörnchen den Grad der Dringlichkeit kennzeichnen und ungenauer in bezug auf die genaue Quelle der Gefahr sind.

Auch viele Vögel besitzen akustisch unterschiedliche Alarmrufe für Bodenfeinde und Raubvögel (z. B. Daanje 1941; Nice 1943; Marler 1956b; Ryden 1978; Thielke 1976; Latimer 1977; Walters im Druck). Gegenwärtig wissen wir jedoch sehr wenig über die Reize, die solche Rufe auslösen oder die genauen Reaktionen, die sie hervorrufen (aber siehe Gyger, Marler und Pickert 1987; Walters im Druck). Auf Seite 184 und in Kapitel 5 beschreiben wir die Alarmrufe eines ostafrikanischen Vogels, des Dreifarbenglanzstares, als Antwort auf Raubfeinde auf der Erde und in der Luft. Wir stellen auch die Ergebnisse von Playback-Experimenten vor, die testen sollten, wieviel die Meerkatzen über die verschiedenen Alarmrufe der Stare wissen.

Andere Laute

Wir haben die Daten über Meerkatzenalarmrufe als Argument gegen die traditionellen Interpretationen der Lautkommunikation bei Primaten benutzt. Unser Argument würde jedoch beträchtlich geschwächt werden, wenn gezeigt werden könnte, daß Alarmrufe irgendwie atypisch sind und keine anderen Laute im Repertoire der Meerkatzen die Funktion haben, Objekte und Ereignisse außerhalb des Signalgebers zu bezeichnen. Wenn man wirklich Interesse an einem Vergleich der natürlichen Laute von Affen mit Sprache oder mit der »linguistischen« Kommunikation von Menschenaffen in Gefangenschaft hat, kämen die wichtigsten Daten wohl nicht von den Alarmrufen, sondern von den vielen Lauten, die Primaten während sozialer Interaktionen austauschen, also wenn sich die Tiere ausruhen, groomen, Nahrung suchen oder spielen. In der Vergangenheit hat man angenommen, daß diese Laute generell *Kontaktrufe* seien mit dem Ziel, den Rufer zu identifizieren, seinen Aufenthaltsort bekanntzugeben und die Gruppe zusammenzuhalten (z. B. Rowell 1972). Neuere Forschungsergebnisse offenbaren jedoch ein beträchtlich größeres Ausmaß an Komplexität.

Meerkatzengrunzlaute

Wie die Spieler in Wimbledon grunzen Meerkatzen häufig bei normalen sozialen Interaktionen einander zu. Die Grunzer der Meerkatzen sind rauhe krächzende Laute, die klingen, als ob sich ein Mensch bei geöffnetem Mund räuspert. Wie Struhsaker (1967a) erstmals erwähnte, werden Grunzlaute unter zumindest vier unterschiedlichen sozialen Bedingungen abgegeben. Erstens kann ein Affe grunzen, wenn er sich einem ranghöheren Individuum nähert; zweitens, wenn er sich einem rangtieferen nähert. Drittens grunzen Affen häufig, wenn sie ein anderes Tier beobachten oder wenn sich die Gruppe über offenes Gelände in Bewegung setzt. Viertens können Grunzer abgegeben werden, wenn ein Affe offensichtlich soeben Angehörige einer anderen Gruppe erspäht hat (Abb. 4.7). Sogar für einen erfahrenen menschlichen Zuhörer gibt es keine unmittelbar deutlich hörbaren Unterschiede zwischen Grunzern, weder in unterschiedlichen Kontexten noch bei verschiedenen Individuen. Wenn Grunzer durch Sonagramme dargestellt werden, gibt es von Kontext zu Kontext auch keine konsistenten Unterschiede in der Klangstruktur (Abb. 4.8). Obwohl Grunzlaute gelegentlich von anderen Gruppenmitgliedern beantwortet werden, bewirken sie in den meisten Fällen keine hervorstechenden Verhaltensreaktionen. Änderungen in der Blickrichtung, die im Freiland schwer zu messen sind, scheinen die einzige deutliche Reaktion zu sein, wenn ein Individuum einem anderen zugrunzt.

Deshalb unterscheiden sich Meerkatzengrunzer auffallend von Alarmrufen. Während Alarmrufe, die als Reaktion auf verschiedene Raubfeinde gegeben werden, akustisch einfach auseinanderzuhalten sind, klingen Grunzer in den verschiedenen sozialen Kontexten sehr ähnlich. Anders als Alarmrufe

Abb. 4.7: Die erwachsenen Weibchen Marcos und Charing Cross blicken zu einer benachbarten Gruppe, unmittelbar nachdem Charing Cross den ›Grunzer zu einer anderen Gruppe‹ abgegeben hat.

treten Grunzer unter ruhigen, relativ entspannten Umständen auf und rufen bei den Artgenossen in nächster Umgebung keine deutliche Reaktion hervor. Wenn man aus einer Beobachtungsperspektive zuschaut, wie Affen einander zugrunzen, ist es so, als würde man Menschen zuschauen, die in eine Konversation vertieft sind, allerdings ohne hören zu können, was sie gerade sagen: Die Wesen *scheinen* gerade irgendeine Art Information auszutauschen, aber wir haben keine Ahnung, um was es geht. Wenn man sich nur auf Beobachtung verläßt, führt der einzige Weg, die Bedeutung eines Rufes zu erfassen, über die Reaktionen, die er bei anderen hervorruft, wie auch Quines (1960) imaginärer Linguist bald lernte. Und da diese Reaktionen kaum sichtbar sind, sind wir anscheinend mit einem schwer zugänglichen Problem konfrontiert.

Die Grunzer erinnern uns auch wieder an das Dilemma der Schiedsrichter in Wimbledon. Wie Tennisschiedsrichter können auch wir nicht allein durch Beobachtung zwischen Rufen unterscheiden, die ausschließlich Information über das Verhalten oder den emotionalen Zustand des Rufers liefern, und Ru-

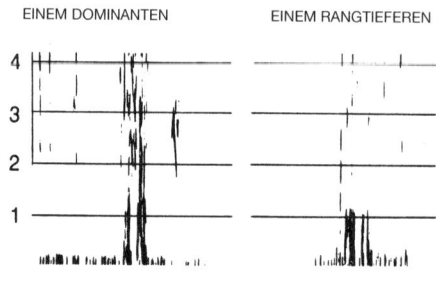

GRUNZER GEGENÜBER

EINEM DOMINANTEN   EINEM RANGTIEFEREN

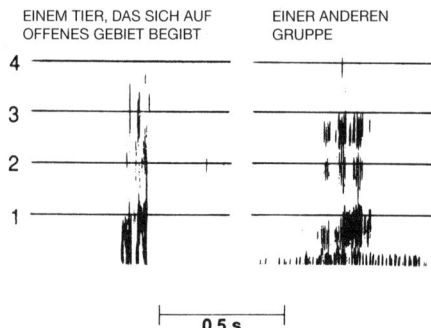

EINEM TIER, DAS SICH AUF   EINER ANDEREN
OFFENES GEBIET BEGIBT   GRUPPE

0.5 s

Abb. 4.8: Sonagramme von Grunzern, die das erwachsene Weibchen Teapot Dome in vier verschiedenen sozialen Situationen ausstieß.

fen, die auch dazu dienen, Objekte oder Ereignisse in der Umgebung zu kennzeichnen.

Angesichts dieser methodologischen Schwierigkeiten ist die naheliegendste Ausgangsposition die, sich der einflußreichen Meinung von Smith anzuschließen, daß nämlich die Bedeutung eines Tierlautes (d.h. die Information, die er anderen vermittelt) eine Funktion seiner Botschaft darstellt (in diesem Fall seine akustischen Eigenschaften) und des Kontexts, in dem er abgegeben wird. Tiere haben, so argumentiert Smith, ein relativ kleines Lautrepertoire, wobei jedes eine umfassende allgemeine Botschaft vermittelt. Nichtsdestotrotz kann ein kleines Repertoire allgemeiner Laute eine Reihe von Reaktionen auslösen, je nachdem, in welchem Kontext die Laute abgegeben werden. Bezogen auf Meerkatzengrunzer würde diese Hypothese vorhersagen, daß Meerkatzen ein und denselben Laut unter den verschiedensten Umständen gebrauchen. Der Grunzer selbst ist die Manifestation eines bestimmten Erregungsgrades und liefert allgemeine Informationen über die Identität, den Aufenthaltsort oder das spätere Verhalten des Lautgebers. Die durch verschiedene Grunzer hervorgerufene Variation in den Reaktionen läßt sich durch die Variation des jeweiligen Kontexts erklären, der dem Empfänger dabei geboten wird.

Die aufmerksame Betrachtung der Meerkatzenalarmrufe legt jedoch eine alternative Erklärung nahe: was nämlich für einen menschlichen Zuhörer wie *ein* Grunzer klingt, ist in Wirklichkeit eine Reihe verschiedener Grunzer. Jeder Grunztyp übermittelt spezifische Informationen, die stärker von den akustischen Eigenschaften eines Rufes abhängen als von dem jeweils gegebenen Kontext.

Um diese Hypothese zu testen, entwickelten wir die folgende Experimentalreihe. Zuerst wurden Grunzer von ein und demselben Individuum aus jedem der vier oben beschriebenen sozialen Kontexte auf Band aufgenommen. Dann spielten wir einige Monate lang den Versuchstieren jeden Grunzer von einem versteckten Lautsprecher vor und filmten ihre Reaktionen. Zum Beispiel spielten wir Duvalier an einem Tag Bokassas *Grunzer einem Dominanten gegenüber* vor und dann, drei oder mehr Tage danach, Bokassas *Grunzer zu einer anderen Gruppe*. Während dieser Versuche manipulierten wir den sozialen Kontext nicht. Die Tests wurden beispielsweise durchgeführt, wenn ranghohe oder rangniedere Tiere in der Nähe waren, wenn die Gruppe auf Nahrungssuche war oder sich ausruhte oder wenn sich Tiere im Zentrum oder am Rande ihres Gebietes aufhielten. Wir folgerten, daß die Versuchstiere wenn die Grunzer wirklich *einen*, in seiner Bedeutung weitgehend durch den Kontext bestimmten Laut darstellen, in ihrer Reaktion auf verschiedene Rufe keine konsistenten Unterschiede zeigen sollten. Statt dessen sollten die Reaktionen eine Funktion der verschiedenen Kontexte sein, in welchen die Rufe dargeboten wurden. Wenn andererseits jeder der Grunzer verschieden war und wenn jeder spezifische, relativ kontextunabhängige Informationen enthielt, dann sollten wir konsistente Unterschiede in den Reaktionen auf jeden Grunzertyp finden, ungeachtet der sich ändernden Kontexte, in denen er abgespielt wurde.

Unsere gesamte Methodik gleicht somit der von Quines imaginärem Linguisten, der, unfähig herauszufinden, was die Worte seiner Versuchspersonen bedeuteten, Hunderte von Ja/Nein-Fragen stellte, um die Bedeutung eines Wortes in Relation zu der eines anderen zu erhellen. Da wir mittels Beobachtung nicht klären konnten, was die Meerkatzengrunzer bedeuten, fragten wir in unserem Fall die Versuchstiere: »Ist Grunzer A verschieden von Grunzer B? Wenn das so ist, ist Grunzer A verschieden von Grunzer C? Unterscheiden sich Grunzer B und C?« und so weiter.

Als Beispiel für die erzielten Ergebnisse lassen Sie uns den Vergleich zwi-

schen Grunzern betrachten, die ursprünglich einer anderen Gruppe gegenüber gegeben wurden. Wir benutzten hier als Reiz einen Grunzer jedes Typs
von drei verschiedenen Individuen. Achtzehn Versuchstiere hörten zuerst
den einen Ruf und dann, ein paar Tage später, den anderen. Die Versuchstiere
reagierten auf vielfältige Weise, doch zwei Reaktionen traten regelmäßig auf
und wiesen über die Grunzertypen hinweg übereinstimmende Unterschiede
auf. ›Grunzer einem Dominanten gegenüber‹ veranlaßten die Tiere, in Richtung Lautsprecher zu schauen, während ›Grunzer zu einer anderen Gruppe‹
sie dazu veranlaßten, Ausschau in Richtung Horizont zu halten, in die Richtung, in die der Lautsprecher ausgerichtet war (Cheney und Seyfarth 1982a).
Also lenkten ›Grunzer zu einer anderen Gruppe‹ die Aufmerksamkeit des
Hörers vom Lautsprecher weg, in die Richtung, in die normalerweise der
Lautgeber schauen würde.

Konsistente Unterschiede in den Reaktionen auf verschiedene Grunzertypen traten bei vielen, aber nicht allen unseren paarweisen Vergleichen auf.
›Grunzer zu einem rangniederen Tier‹, ›Grunzer zu einem ranghohen Tier‹,
›Grunzer zu einem Tier, das sich auf offenes Gelände begibt‹, und ›Grunzer
zu einer anderen Gruppe‹ lösen alle Reaktionen aus, die sich konsistent voneinander unterschieden. Allerdings fanden wir keine Unterschiede zwischen
Grunzern einem dominanten Männchen und einem dominanten Weibchen
gegenüber (Cheney und Seyfarth 1982a).

Somit schienen uns die Affen durch ihr Verhalten zu sagen, daß für sie jeder
Grunzlaut eine spezifische Art von Information übermittelt, obwohl für uns
ihre Grunzer mehr oder weniger gleich klangen. In vielen Fällen kann diese
Information Ereignisse einschließen, die außerhalb des signalisierenden Individuums liegen, wie zum Beispiel das Herannahen einer anderen Gruppe
oder den Aufbruch von Tieren in Richtung offenes Gelände. Obwohl sich die
Grunzlaute der Meerkatzen in vieler Hinsicht von ihren Alarmrufen unterscheiden, ähneln sich beide Lauttypen doch in ihrer Funktion.

Da die Affen auf gleichbleibend unterschiedliche Weise, trotz Veränderungen im sozialen Kontext, auf zwei Grunzertypen reagierten, schließen wir,
daß die durch Grunzer übermittelte Information – ähnlich der Information
in menschlichen Worten – ebenso, oder gar mehr, von den akustischen Eigenschaften eines bestimmten Rufes abhängt wie von den Umständen, unter denen er abgegeben wurde. Natürlich heißt das nicht, daß die Umfeldvariablen
irrelevant sind. Schon der gesunde Menschenverstand legt nahe, daß das Umfeld für Meerkatzen wichtig sein muß, gerade so wie für uns Menschen Hinweise über den Kontext die Bedeutung von Worten bereichern und modifizie-

ren können. Die Resultate lassen jedoch vermuten, daß Affen in vielen Fällen weniger auf Hinweise aus dem Umfeld als auf akustische Merkmale angewiesen sind, wenn sie die Bedeutung eines bestimmten Rufes interpretieren.

Um nun unsere Feldexperimente weiter zu verfolgen, analysierten wir die akustischen Merkmale der Meerkatzengrunzer nach Hinweisen, die den Affen nutzen könnten, um einen Grunztyp vom anderen zu unterscheiden. Zunächst sahen wir uns 32 Grunzer genauer an, die von einem erwachsenen Weibchen, Teapot Dome, in den schon zuvor beschriebenen 4 sozialen Kontexten abgegeben worden waren. Für jeden Ruf haben wir insgesamt 16 akustische Merkmale gemessen, einschließlich Ruflänge, Zahl der akustischen Einheiten, Gipfel im Frequenzspektrum und Verschiebungen in den Frequenzgipfeln pro Zeiteinheit (Seyfarth und Cheney 1984b). Dann suchten wir nach irgendeinem akustischen Wert, der von einem Kontext zum nächsten gleichmäßig abwich; mit anderen Worten, nach irgendeinem akustischen Wert, der uns (oder eine Meerkatze) herausfinden läßt, was Teapot Dome signalisierte, auch wenn man sie nicht sehen konnte.

Als wir erst einmal eine Liste dieser angeblich unterschiedlichen Merkmale besaßen, testeten wir unsere Hypothese mit 216 Grunzern von 13 anderen Individuen, drei davon, (Profumo, Alaska Pipeline und Maginot Line) waren erwachsene Weibchen aus Teapot Domes eigener Gruppe. Die Grunzer wurden zuerst nach dem sozialen Kontext klassifiziert, dann nach den akustischen Merkmalen, die sich bei den Grunzern von Teapot Dome als erfolgreich erwiesen hatten. Bei 81 Prozent aller Rufe (177/216) stimmten die beiden Klassifikationstypen überein (Seyfarth und Cheney 1984b).

Das Aufspüren von Hinweisen, die Meerkatzen vielleicht gebrauchen, um verschiedene Grunzer auseinanderzuhalten, ist nicht nur eine Übung in akustischer Analyse; es kann auch Einblicke darin verschaffen, wie Affen sich selbst und andere wahrnehmen. Lassen Sie uns zum Beispiel die Laute betrachten, die von drei jugendlichen Meerkatzenmännchen abgegeben und empfangen wurden, die während der Paarungszeit im Jahre 1980 von einer unserer Studiengruppen zu einer anderen überwechselten. Im allgemeinen wechseln Männchen in eine Gruppe, die gebietsmäßig angrenzt und dieser Prozeß dauert gewöhnlich 4 bis 5 Tage, ehe er abgeschlossen ist (Cheney und Seyfarth 1983). Im ersten Stadium eines Überwechsels verbringt ein Männchen den Tag mit Nahrungssuche, Fressen und Interaktionen mit seiner neuen Gruppe und kehrt dann bei Einbruch der Dunkelheit zum Schlafen zu seiner alten Gruppe zurück.

1980 grunzten die drei jungen Männchen, alle Mitglieder der Gruppe A, am häufigsten, wenn sie Pius, das dominante Männchen der Gruppe B, sahen. Eine akustische Analyse ergab, daß alle diese Rufe an eine andere Gruppe gerichtete Grunzer waren. Als die Männchen zum Wechsel in Gruppe B ansetzten, richteten sie auch weiterhin solche auf eine andere Gruppe bezogene Grunzer gegen Pius und behielten diese speziellen Rufe sogar dann bei, als ihr Wechsel vollzogen war und sie jede Nacht bei Gruppe B schliefen. Während derselben Zeit behandelten auch die *Weibchen* der Gruppe B die drei jugendlichen Männchen als Außenseiter und grunzten sie mit dem ›andere Gruppe‹-Laut immer dann an, wenn sich die Männchen näherten. Jedoch 12 bis 15 Tage später änderten sich alle Laute der Tiere. Jetzt wurden aus den an Pius gerichteten Grunzern der jungen Männchen ›Grunzer gegenüber einem Ranghohen‹, und die Weibchen reagierten gegenüber den Neuankömmlingen mit ›Grunzern gegenüber einem Ranghohen‹ oder ›Grunzern gegenüber einem Rangniederen‹.

Folglich schienen sich die jungen Männchen, selbst nachdem sie sich ihrer neuen Gruppe angeschlossen hatten, immer noch als Außenseiter wahrzunehmen (und wurden von anderen als solche wahrgenommen). Informationen dieser Art – nicht nur darüber, was Affen tun, sondern auch darüber, was sie denken – wären uns unzugänglich, hätten wir nicht eine Methode, die uns ein Mißverhältnis zwischen dem Laut, der unter bestimmten Umfeldbedingungen zu erwarten wäre, und dem Laut, der tatsächlich gegeben wurde, erkennen läßt.

Zum Schluß noch eine kurze Anmerkung zur offensichtlichen Funktion der Meerkatzengrunzlaute. Wenn wir die Ergebnisse unserer Experimente durchgehen und mit Daten über natürlich auftretende Grunzer kombinieren, stellen wir fest, daß die verschiedenen Rufe häufig mit unterschiedlich vorteilhaften sozialen Folgen verknüpft sind. Wenn rangniedere Tiere ein ranghohes angrunzen oder ranghohe ein rangniederes, verringern Grunzer die Wahrscheinlichkeit, daß sich das rangniedere von dem ranghohen entfernen wird. Grunzer erhöhen die Wahrscheinlichkeit, daß rangniedere und ranghohe Individuen gemeinsam Nahrung suchen, fressen oder beieinandersitzen (unveröffentlichte Daten). Deshalb ermöglichen Grunzer gegenüber einem Rangniederen den ranghohen Tieren, mit jenen von tieferem Rang zu interagieren, wenn sie dies dem Verscheuchen vorziehen, wohingegen Grunzer gegenüber einem Ranghohen den Rangniederen die Möglichkeit geben, mit jenen von hohem Rang zu interagieren. Der Grunzer von Tieren, die sich in offenes Gelände begeben oder andere Tiere dabei beobachten, lenkt die Aufmerksamkeit des Hörers sowohl auf den Rufer als auch nach draußen, in die Richtung, in die der Rufer starrt. Dadurch verringern diese besonderen Grunzer vielleicht das Risiko, einem Raubfeind zum Opfer zu fallen, weil die Zahl wachsamer Tiere erhöht wird. Schließlich lenken ›Grunzer gegenüber einer anderen Gruppe‹ auch die Aufmerksamkeit nach außen, in die Richtung, in die der Rufer blickt, und dienen somit als erstes Warnzeichen dafür, daß eine andere Gruppe in der Nähe ist.

Es gibt also genügend Gründe, warum Meerkatzen mehr als einen Grunzlaut brauchen und warum die natürliche Selektion Individuen begünstigt haben mag, die zumindest vier akustisch verschiedene Grunzer unter den genannten vier verschiedenen Umfeldbedingungen einsetzen können. Diese »Post-hoc-Erklärung« birgt jedoch eine wichtige Frage: Warum nur vier? Nachdem wir Meerkatzen jahrelang beobachtet und häufig haben sterben sehen, können wir uns viele Situationen vorstellen, in denen Affen einen Laut gut brauchen könnten, aber offenbar keinen entwickelt haben. Meerkatzenmütter haben beispielsweise keinen Ruf, der die Information *Folge mir* übermittelt. Mütter lassen ihre Kinder, wie es scheint, oft in gefährlichen Lagen zurück, und sie unternehmen keinen sichtbaren Versuch, die Kinder wissen zu lassen, daß sie aufbrechen oder wohin sie gehen. Einmal ging beispielsweise eine Mutter fort und ließ ihr Kind auf einem Baum zurück, als gerade eine Gruppe Paviane anrückte. Als das Kind plötzlich merkte, daß seine Mutter weg war, rief es laut und zog dabei sowohl die Aufmerksamkeit der Mutter als auch die der Paviane auf sich. Die Mutter schaute zu ihrem Kind hin, gab aber keinen Laut von sich; offenbar besaß sie keine Möglichkeit, dem Kind zu signalisieren, daß es ihr einfach folgen sollte.

Man hat behauptet, daß es immer dann zu einem entscheidenden evolutionären Schritt kommt, wenn eine Art beginnt, einen fließenden Verlauf akustischer Laute in separate Kategorien zu trennen (Marler 1976a). Solche Behauptungen setzen stillschweigend voraus, das schwierigste Problem sei überwunden, wenn erst einmal *prinzipiell* das Signalisieren in getrennten Klassen erreicht wäre und es den Individuen freistünde, eine große Anzahl getrennter, höchst spezifischer Signale zu entwickeln. Die Daten über Meerkatzen lassen allerdings vermuten, daß andere Zwänge beteiligt sind. Vielleicht können Meerkatzen eine fließende Reihe von Lauten in getrennte Kategorien unterteilen, aber ihr Lautrepertoire ist, verglichen mit der menschlichen Sprache, noch nicht sehr umfangreich. Wir können leicht erklären, warum es für Meerkatzen im Laufe der Evolution zweckmäßig war, über so viele Grunzlaute zu verfügen, aber nicht, warum sie so wenige haben.

Andere Nah-Distanz-Laute

Das bei Meerkatzen gebräuchliche System von Grunzern ist keineswegs einzigartig. Allgemeine Lautklassen, nach denen Affen verschiedene Rufe fein unterscheiden, sind im Repertoire der Meerkatzen noch anderswo aufzufinden und wurden auch für Japanmakaken, Rhesusaffen, Krallaffen und Kapuzineraffen erstklassig dokumentiert. In einigen Fällen fungieren diese Rufe, wie die Grunzer und Alarmrufe bei Meerkatzen, zur Kennzeichnung von Objekten oder Ereignissen außerhalb des Lautgebers. In anderen Fällen sind die genauen Bezugssubjekte eines Rufes unklar, und es ist durchaus möglich, daß sich die Botschaft des Rufes (Smith 1977) primär auf das Verhalten oder den Erregungszustand des Rufers bezieht.

Betrachten wir zum Beispiel eine Reihe ähnlich klingender Meerkatzen-Chutters. Wie Struhsaker (1967a) als erster beobachtete, geben Meerkatzen Chutters bei Schlangen, bei Mitgliedern ihrer eigenen Gruppe, bei Mitgliedern anderer Gruppen und bei vertrauten menschlichen Beobachtern (Cheney 1984). Genau wie die Meerkatzengrunzer klingen auch alle Chutters für menschliche Ohren gleich. Aus Struhsakers Arbeiten jedoch wissen wir, daß Intergruppen-Chutters sich durchweg von Intragruppen-Chutters unterscheiden, und wir haben einige Hinweise, daß sich beide akustisch von dem Chutter bei menschlichen Beobachtern unterscheiden. Auch wenn wir die Reaktionen von Meerkatzen auf akustisch unterschiedliche Chutters nicht in Playback-Experimenten verglichen haben, scheint es, daß Meerkatzen sie, ebenso wie Grunzer und Alarmrufe, zur Kennzeichnung verschiedener Merkmale ihrer Umgebung verwenden.

Ein weiteres Beispiel stammt aus Untersuchungen über die Schreie von Rhesusaffen bei aggressiven Interaktionen. Als diese Rufe erstmals untersucht wurden (Rowell 1962; Rowell und Hinde 1962), bemerkten Beobachter, daß ihre akustischen Merkmale stark differierten. Rowell und Hinde erklärten diese Variabilität mit der Behauptung, daß die Schreie ein fließendes System von Signalen bilden und jede Schreivariante den Grad der Erregtheit oder des Schmerzes reflektiert. Wie andere Laute hielt man auch die Schreie für eine Ergänzung und Bereicherung visueller Signale, der vorrangigen Kommunikationsweise der Affen. Sarah Gouzoules, Harold Gouzoules und Peter Marler (1984) stellten jedoch bei ihren Untersuchungen an jugendlichen Rhesusaffen von Cayo Santiago eine Beziehung zwischen den akustischen Eigenschaften der Schreie und den Umfeldbedingungen, unter denen sie gegeben wurden, fest. Einige Schreie waren zum Beispiel akustisch grell

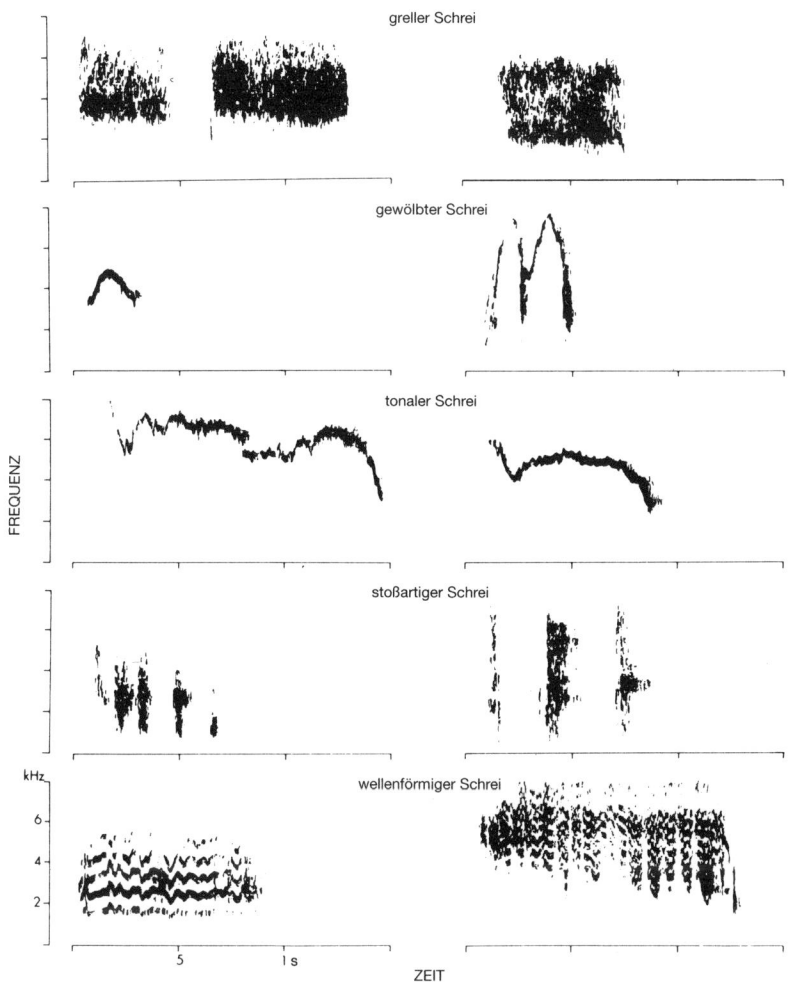

Abb. 4.9: Jeweils zwei Beispiele für fünf Schrei-Typen, die von einem jugendlichen Rhesusaffen stammen. Mit freundlicher Genehmigung entnommen aus Gouzoules, Gouzoules und Marler 1984.

(Abb. 4.9) und wurden am häufigsten gegeben, wenn der Lautgeber mit einem Individuum von höherem Rang als er selbst interagierte, und in Situationen mit physischem Kontakt. »Gewölbte« Schreie (Abb. 4.9) wurden bei rangniederen Individuen ohne physischen Kontakt gegeben. Sowohl »tonale« als auch »stoßartige« Schreie wurden häufiger als erwartet bei Verwandten gegeben und »wellenförmige« fast ausschließlich bei ranghöheren Individuen, wenn kein physischer Kontakt stattfand. Mittels Beobachtung konnte keine Beziehung zwischen den verschiedenen Schreien und dem Folgeverhalten des Lautgebers entdeckt werden, was gegen die Hypothese spricht, Schreie seien einfach nur Manifestationen der Erregung oder lieferten vornehmlich Informationen darüber, was der Lautgeber als nächstes tun würde. Playback-Experimente zeigten jedoch deutlich, daß Mütter auf die verschiedenen Schreitypen ihrer Kinder unterschiedlich reagierten. Mütter reagierten am stärksten auf Playbacks mit grellen Schreien (physischer Kontakt mit ranghöheren Gegnern) und dann auf Playbacks mit gewölbten (rangniedere Gegner), tonalen und stoßweisen Schreien (genetisch verwandte Gegner), in dieser Reihenfolge. Deshalb haben akustische Unterschiede zwischen den Schreitypen die Funktion, Informationen über verschiedene äußere Bezugssubjekte (die Gegner der Jugendlichen) zu übermitteln, und Mütter machen von dieser Information Gebrauch, wenn sie auf die Schreie ihrer Kinder reagieren.

Im Laufe ihrer weiteren Forschungen über Rhesusaffenschreie zeigten Harold und Sarah Gouzoules (1989), daß auch Schweinsaffen akustisch unterschiedliche Schreie ausstoßen, je nachdem, welcher Klasse der Gegner zuzuordnen ist, mit dem sie interagieren. Es ist allerdings interessant zu beobachten, daß die beiden Makakenarten bei eigentlich identischen sozialen Kontexten Schreitypen benutzen, die akustisch ganz verschieden sind. Bei aggressiven Kontakten gebrauchen beispielsweise Rhesusaffen atonale, geräuschartige Schreie, während Schweinsaffen tonale, in der Frequenz wechselnde Schreie einsetzen. Das läßt vermuten, daß es keine einfache, direkte Beziehung zwischen der physikalischen Struktur eines Rufes und der zugrundeliegenden Motivation eines Affen gibt (vgl. Morton 1977). Hinzu kommt, daß die akustische Struktur eines Rhesusaffenschreis vom Vorhandensein oder Fehlen eines physischen Kontakts und den Verwandtschafts- und Dominanzbeziehungen des Gegners abhängt, die akustische Struktur von Schweinsaffenschreien dagegen nur von physischem Kontakt und Dominanz. Das deutet darauf hin, daß Kämpfe zwischen Verwandten bei Rhesusaffen relativ häufiger vorkommen als bei Schweinsaffen.

Wie die Meerkatzengrunzlaute veranschaulichen auch Makakenschreie das Wissen dieser Tiere über ihre sozialen Beziehungen und die anderer Individuen. Wenn ein jugendlicher Rhesusaffe Schreie ausstößt, klassifiziert er seinen Gegner tatsächlich nach Verwandtschaft und Rangposition und die Interaktion nach der Schwere der Aggression. Ein jugendlicher Schweinsaffe klassifiziert seinen Gegner und die Interaktion nur nach den letzteren beiden Merkmalen. Durch ihre gezielte Reaktion offenbart die Mutter eines Jugendlichen ihre Kenntnis von der Stimme und vom sozialen Beziehungsnetz ihres Kindes (Gouzoules, Gouzoules und Marler 1986). Wie schon die in Kapitel 3 vorgestellten Daten lassen diese Ergebnisse vermuten, daß Konzepte wie Verwandtschaft und Rangposition, die von Menschen erdacht werden, um zu erklären, was Affen tun, nicht nur in den Köpfen menschlicher Beobachter existieren, sondern auch in den Köpfen ihrer Forschungssubjekte.

Feine Unterscheidungen zwischen akustisch ähnlichen Lauten kann man auch bei den »Trillern« der Zwergseidenaffen (*Cebuella pygmaea*) (Pola und Snowdon 1975; Snowdon und Hodun 1981), bei den Nah-Distanz-Lauten der Gehaubten Kapuzineraffen (Robinson 1982) und den *Coo*-Rufen der Japanmakaken entdecken, die erstmals von Steven Green (1975) ausführlich untersucht wurden. Japanmakaken, so fand Green heraus, geben in den unterschiedlichsten sozialen Situationen Coo-Laute; zum Beispiel, wenn ein Männchen von seiner Gruppe getrennt wird, wenn sich ein rangniederes Tier einem Dominanten nähert und umgekehrt und wenn ein Weibchen sexuell empfänglich ist. Beim ersten Hinhören klingen alle diese Coos gleich. Mit der Zeit zeichnen sich jedoch Unterschiede ab: Bestimmte Coos weisen zum Beispiel einen Frequenzgipfel nahe dem Rufbeginn auf; danach sinkt die Frequenz gleichmäßig ab (Abb. 4.10). Green bezeichnete diese als *weiche, frühe Höhen*. Andere Coos haben eine gleichmäßig steigende Frequenz und erreichen den Höhepunkt in der zweiten Hälfte des Rufes (*weiche, späte Höhen*; Abb. 4.10). Außerdem korrellieren diese Variationen in der akustischen Struktur mit unterschiedlichen sozialen Situationen. Weiche, frühe Höhen werden am häufigsten von Kindern benutzt, die getrennt von ihren Müttern sitzen, während weiche, späte Höhen am häufigsten von sexuell empfänglichen Weibchen gebraucht werden.

Greens Ergebnisse bereiteten den Boden für eine Reihe von Experimenten, die einen bedeutenden Wandel in unserem Denken über die Laute nichtmenschlicher Primaten und die ihnen zugrundeliegenden neuralen Mechanismen bewirkte. Wenn Menschen zwischen Phonemen unterscheiden, werden zwei Phänomene deutlich. Erstens achten wir bei der Unterscheidung verschiedener akustischer Reize auf gewisse physikalische Merkmale, während wir andere ignorieren (z.B. Ladefoged 1975). Wenn wir beispielsweise zwischen den Phonemen *ba* und *pa* unterscheiden, schenken wir den Unterschieden in der Stimme unmittelbar bei ihrem Einsatz Aufmerksamkeit und ignorieren Unterschiede in anderen akustischen Merkmalen wie Amplitude,

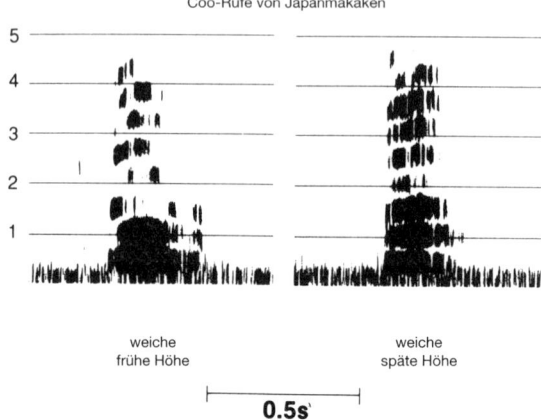

Coo-Rufe von Japanmakaken

weiche
frühe Höhe

weiche
späte Höhe

0.5s

Abb. 4.10: Sonagramme zweier Coo-Rufe, aufgenommen bei Japanmakaken. Nach der Klassifikation von Green 1975 ist der Ruf links einer mit weichen frühen Höhen und der Ruf rechts einer mit weichen späten Höhen. Die Rufe wurden von M. J. Owren aufgenommen und mit Genehmigung verwendet.

Sprachgeschwindigkeit oder auch der grundsätzlichen Frequenz der Stimme eines Sprechers (Lisker und Abramson 1964). Offensichtlich sind Menschen prädisponiert, aus ihrer Wahrnehmungsweise heraus manche Hinweise prägnanter als andere zu finden.

Zweitens ist bei den meisten Menschen die Wahrnehmung vieler linguistisch relevanter Laute in der linken zerebralen Hemisphäre besonders entwickelt. Folglich zeigen Versuchspersonen im allgemeinen eine Überlegenheit des rechten Ohres, wenn sie einen Sprachlaut von einem anderen unterscheiden sollen (erwähnt von Bradshaw und Nettleton 1981). Viele Jahre lang wurde bei nichtmenschlichen Primaten keine vergleichbare Lateralisation in der Verhaltenssteuerung gefunden (zum Beispiel Hamilton 1977; Warren 1977), trotz der Existenz anatomischer Unterschiede in der linken und rechten Hemisphäre von Primatengehirnen (erwähnt bei Nottebohm 1979). Um zu prüfen, ob diese beiden Merkmale – artenspezifische Sensibilität für bestimmte auditive Hinweise und neurale Lateralisation – bei der Verarbeitung der Coos bei Japanmakaken beteiligt sein könnten, wurden folgende Experimente durchgeführt.

Zuerst wurde eine Anzahl von Coos, sowohl mit weichen, frühen Höhen als auch weichen, späten Höhen, als Testreize ausgewählt. Diese Rufe wurden den Japanmakaken und drei Kontrollarten (einem Rhesusaffen, zwei Hutaffen und einer Meerkatze) vorgespielt, die man mit Kopfhörern in Teststühle setzte. Die erste Aufgabe der Affen bestand darin, Rufe nach der Position ihres Gipfels in zwei Klassen zu unterteilen. Dieses Merkmal war in Greens Arbeit für Japanmakaken als bedeutsam ausgewiesen worden. Alle Coo-Reize unterschieden sich auch in der Anfangsfrequenz: Manche besaßen relativ hohe und andere relativ niedrige Anfangsfrequenzen. Eine zweite Aufgabe für die Versuchssubjekte war die Trennung der Reize in zwei Klassen nach der Anfangsfrequenz, einem Merkmal, das vermutlich biologisch weniger wichtig war als die Gipfelposition, zumindest für Japanmakaken.

Interessanterweise lernten die Versuchstiere, wenn sie für die Unterscheidung von Coos nach der Gipfelposition belohnt wurden, signifikant schneller als die Kontrollart. Wenn dagegen eine zweite Gruppe von Versuchssubjekten für die Unterscheidung von Coos nach der Anfangsfrequenz belohnt wurde, lernten Japanmakaken langsamer als die Kontrollart (Zoloth u.a. 1979). Auf eine Weise, die den Ergebnissen bei menschlichen Versuchspersonen entspricht, sind Japanmakaken anscheinend prädisponiert, Coos nach der Gipfelposition zu unterscheiden und der Variation anderer akustischer Merkmale weniger Aufmerksamkeit zu schenken.

Mehr noch, während dieser Experimente bevorzugten Japanmakaken das rechte Ohr, andere Arten jedoch nicht (Petersen u.a. 1978, 1984). Diese Entdeckung gleicht den Ergebnissen bei menschlichen Versuchspersonen, die bevorzugt mit ihrem rechten Ohr bestimmte Sprachlaute verarbeiten. Dies galt allerdings nicht für nichtsprachliche Laute wie beispielsweise reine Töne. Um schließlich noch die neuroanatomische Basis des Makakenverhaltens zu bestimmen, wurde die Fähigkeit der Versuchstiere, verschiedene Coo-Typen zu unterscheiden, vor und nach einer Ablation des linken oder rechten Schläfenlappens untersucht. Und wiederum ergab, entsprechend den Ergebnissen bei Menschen (z.B. Penfield und Roberts 1966), eine Schädigung des linken Schläfenlappens eine signifikante, obgleich temporäre Beeinträchtigung der Fähigkeit der Affen, zwischen verschiedenen Cootypen zu unterscheiden. Eine Schädigung des rechten Schläfenlappens hatte keine derartige Wirkung (Hefner und Hefner 1984).

Syntax

Gemessen an dem weitverbreiteten Gebrauch vieler leicht unterschiedlicher, akustisch selbständiger Laute in verschiedenen sozialen Situationen, scheint es logisch zu fragen, ob nichtmenschliche Primaten oder irgendeine andere

Art jemals Laute zu zusammengesetzten Aussagen kombinieren, und wenn ja, ob sie es nach bestimmten Regeln oder einer Grammatik tun.

Chomsky (1972, S. 71) definiert Syntax als ein »System, das aus Regeln besteht, die interagieren, um die Form und die intrinsische Bedeutung einer möglicherweise unendlichen Anzahl von Sätzen zu determinieren«. Wenn diese Definition für die Erforschung der menschlichen Sprache auch perfekt geeignet ist, so ist sie für Untersuchungen der Kommunikation bei Tieren ungeeignet, weil sie a priori voraussetzt, daß Syntax nur in einem Kommunikationssystem existieren kann, das die formalen Eigenschaften der menschlichen Sprache aufweist. Um dieses Problem zu umgehen, suchten Wissenschaftler, die die Rufe nichtmenschlicher Arten untersuchen, statt dessen nach irgendeinem »Regelsystem, das uns ermöglichen wird, Lautsequenzen vorherzusagen« (Snowdon 1982, S. 231). Diese Definition von Syntax läßt die Frage offen, ob solche Sequenzen Sätze bilden oder ob sie jemals auf eine unendliche Anzahl von Botschaften hinauslaufen könnten.

Die Lautfolgen bei Tieren können aus zwei Typen bestehen (Marler 1977b). Bei der *phonologischen Syntax* nehmen die Lautgeber Elemente aus ihrem Repertoire akustischer Signale und verbinden sie wieder auf regelmäßige und voraussagbare Weise, um neue Laute zu bilden. Die Anordnung der Elemente ist wichtig, weil nämlich Zuhörer auf dieselben Elemente verschieden reagieren, wenn diese Elemente in unterschiedlichen Folgen dargeboten werden. Phonologische Syntax erfordert nicht, daß die zusammengefügten akustischen Elemente jemals einzeln gebraucht werden oder daß sie irgendeine Bedeutung haben, wenn sie für sich allein präsentiert werden. Außerdem gibt sie keine Beziehung zwischen der Bedeutung der Elemente und der Bedeutung von Rufen an, die durch ihre Kombination zustande kam. Dagegen resultiert bei der *lexikalen Syntax* die Bedeutung des zusammengesetzten Rufes aus der Summe der Bedeutungen seiner Teil-Einheiten (Marler 1977b). Bis heute haben viele Untersuchungen über Kommunikation bei Tieren Beweise für phonologische Syntax gefunden; der Nachweis von der Existenz einer lexikalen Syntax bei nichtmenschlichen Arten ist jedoch weit problematischer.

Zwei Untersuchungen belegen die Existenz einer phonologischen Syntax bei den Lauten zumindest einiger nichtmenschlicher Primaten. John Robinson (1984) untersuchte Gehaubte Kapuzineraffen in Venezuela und fand heraus, daß bestimmte Ruftypen, auch wenn sie nur in einem einzigen Fall einzeln gegeben wurden, in anderen Fällen auch zu gemischten Paaren, Dreiern oder sogar Vierern kombiniert wurden. Die Reihenfolge der verschiedenen Ruftypen war voraussagbar, und zusammengesetzte Rufe wurden anscheinend in Fällen eingesetzt, die zwischen jenen lagen, bei denen Teil-Rufe einzeln eingesetzt worden waren. Robinson meinte, daß jeder Ruftyp, für sich genommen, einen anderen emotionalen Zustand aus einem Kontinuum von Kontaktsuche bis zu Kontaktvermeidung oder von Annäherung und Ergebenheit bis zu Aggression widerspiegelte. Dagegen spiegelten zusammengesetzte Rufe Mischformen emotionaler Zustände. Wenn diese Interpretation stimmt, könnten zusammengesetzte Rufe allerdings einfach nur deshalb auftreten, weil Affen bei Mischformen von sozialen Umfeldbedingungen, bedrängt von widerstreitenden Motiven, mehr als nur ein Signal geben. Solche Kombinationen könnten sich als phonologische Syntax eignen; sie wären aber erheblich einfacher als die zusammengesetzten Worte in der menschlichen Sprache, wo man zwei Worte wie *Fuß* und *Ball* zu einem dritten kombinieren kann: *Fußball*, dessen Bedeutung mehr als nur die Summe der Bedeutung seiner Teile ist.

Als ein zweites Beispiel für eine regelbestimmte Reihenfolge bei Primatenlauten betrachten wir die Territorial-»Gesänge« männlicher Gibbons, die John Mitani und Peter Marler (1989) untersucht haben. Um ihre »Gesänge« zu bilden, verwenden Gibbonmännchen eine Reihe akustisch getrennter Elemente oder »Noten«. Diese Noten werden, soweit wir wissen, nur selten isoliert gebraucht. Deshalb ist ihr jeweiliger semantischer Inhalt unbekannt, wenn sie einzeln eingesetzt werden. Noten werden entsprechend einer Reihe von Regeln kombiniert, die offensichtlich die Anzahl möglicher Gesänge begrenzt. Außerdem bestehen die Gesänge verschiedener Arten aus verschiedenen Notentypen. Wenn ein Gibbonmännchen den Gesang eines Artgenossen hört, sei es auf natürliche Weise oder mittels eines Playback-Experiments, reagiert es stärker, als wenn es den Gesang eines Männchens einer anderen Art hört. Das zeigt, daß der Notentyp eine wichtige Determinante für die Bedeutung des Gesanges darstellt (Mitani 1987). Zudem ist die Reaktion eines Männchens auf den Gesang des Artgenossen qualitativ anders, wenn die Noten in jenem Gesang umgeordnet wurden. Folglich liefert der Gesang männlicher Gibbons ein Beispiel für phonologische Syntax. Um herauszufinden, ob der Gibbongesang auch lexikale Syntax einschließt, müßte man jedoch die Bedeutung einzelner Noten bestimmen und feststellen, ob irgendeine dieser Noten den Gesängen, in denen sie gefunden wurden, eine besondere Bedeutung verschafft.

Einen anderen Ansatz bei der Erforschung sequentieller Anordnungen hatten Charles Snowdon und Jayne Cleveland (1984) in ihrer Studie über »Konversationsregeln« bei Zwergseidenäffchen. Im südamerikanischen Regenwald tauschen Zwergseidenäffchen »Triller« aus, während sie, ohne Sicht-kontakt, auf Nahrungssuche nach Insekten sind. Im Labor beobachteten Snowdon und Cleveland ein Verhalten, das analog zum Sprachabtausch in der menschlichen Konversation ist. In ihrer aus drei Zwergseidenäffchen beste-henden Gruppe folgten die Triller einem sehr genau voraussagbaren Schema. Tier 1 rief zuerst, verhielt sich dann still, bis Tier 2 rief, woraufhin beide stillhielten, bis Tier 3 rief. Die Individuen unterschieden sich in der Wahr-scheinlichkeit, mit einer Rufrunde zu beginnen, und ein Individuum verletzte die Konversationsregeln häufiger als die anderen. Snowdon und Cleveland meinen, daß Zwergseidenäffchen ein Konversationsregelsystem bei ihren wechselseitigen Gesängen anwenden und daß das Rufgeben in einer bestimm-ten Reihenfolge jedem Individuum erlaubt, das Verhalten vieler anderer Gruppenmitglieder simultan zu überwachen. Auch wenn die Autoren in die-sem Punkt entsprechend vorsichtig sind: die Tatsache, daß Zwergseidenäff-chen im Austausch von Vokalisationen eine bestimmte Anordnung befol-gen, verstärkt die Wahrscheinlichkeit, daß einzelne Individuen voraussagbar angeordnete Ruffolgen auch bei ihren eigenen Lautsequenzen anwenden.

Das Beweismaterial aus Untersuchungen bei Meerkatzen ist weniger ein-drucksvoll. Betrachten wir zuerst die Ergebnisse über Grunzerkombinatio-nen von ein und demselben Individuum. Von 1985 bis 1986 grunzte in 14,3 Prozent aller Fälle, in denen ein Grunzer auftrat ($N = 678$), der Lautge-ber zwei oder mehrere Male in Folge. Dreiunddreißig dieser Folgen wurden aufgezeichnet, und die Grunzer wurden hinsichtlich der Bestimmung ihrer akustischen Struktur analysiert. In jedem Fall bestand die Grunzerreihe ein-fach aus demselben Ruf, der immer wiederholt wurde.

Zweitens löste in 43 Fällen ein Grunzer von einem Individuum einen Grunzer bei einem anderen aus. Bei 15 dieser Fälle konnten wir den Aus-tausch aufzeichnen und die akustischen Merkmale des Rufes analysieren. In-teressanterweise antwortete unter diesen Bedingungen das zweite Tier im-mer, indem es den Ruf des ersten Tieres wiederholte. Wenn sich zum Beispiel ein rangniederes Tier einem ranghohen näherte und den Grunzer für Domi-nante gab, ignorierte das dominante Individuum den Rang seines Partners und antwortete mit demselben Ruf. Vielleicht war die Funktion dieser Ant-worten, mitzuteilen: »Botschaft erhalten«. Was auch immer ihre Absicht sein mag, sie beweisen nicht, daß die Meerkatzen einer bestimmten Reihe von Re-geln folgten, wenn sie die Laute allein oder im Austausch mit anderen Grup-penmitgliedern kombinierten.

Nah-Distanz-Laute und ihre Bedeutung

Aus diesem kurzen Bericht über Nah-Distanz-Laute bei Meerkatzen und anderen nichtmenschlichen Primaten ergeben sich vier Schlußfolgerungen. Erstens sind Alarmrufe nicht die einzigen Laute, die Objekte und Ereignisse außerhalb des Lautgebers bezeichnen. Die Chutters und Grunzer der Meerkatzen, die Schreie der Rhesusaffen und Coos der Japanmakaken, sie alle versorgen Individuen der unmittelbaren Umgebung mit Informationen über bestimmte Merkmale des sozialen Umfelds. Wie die in Alarmrufen enthaltene Information ist auch die Information in diesen Lauten ganz spezifisch und betrifft Objekte und Ereignisse außerhalb des Rufers. Obwohl Laute auch Informationen über das Folgeverhalten übermitteln können, ist dies keineswegs die einzige Information, die sie überbringen.

Zweitens zeigen Playback-Experimente und akustische Analysen deutlich, daß der Umfang des Lautrepertoires – bei Primaten und irgendeinem anderen Tier – nicht über das menschliche Gehör allein erschlossen werden kann. Wo man einmal dachte, daß Meerkatzen einen Grunzer, Rhesusaffen einen Schrei und Japanmakaken ein *Coo* besitzen, wissen wir jetzt, daß die Affen selbst viele verschiedene Varianten dieser Signale wahrnehmen, wobei jede eine andere Bedeutung hat. Zweifellos gibt es für die Lautrepertoires bei Tieren eine Obergrenze, wenn man sie mit der unendlichen Anzahl von Botschaften vergleicht, die mit der menschlichen Sprache übermittelt werden können. Dennoch ist der Umfang der Lautrepertoires, zumindest bei nichtmenschlichen Primaten, beträchtlich größer als ursprünglich angenommen, und die mit jedem Ruf übermittelte Information ist nicht so unspezifisch, wie wir zuerst glaubten. Ehe wir allerdings behaupten können, das gesamte Repertoire einer Art dokumentiert zu haben, müssen wir natürlich Experimente durchführen, die die Tiere selbst in die Lage versetzen, uns zu sagen, wie viele Rufe sie besitzen und wie präzise die Bedeutung eines Rufes sein kann.

Und drittens: Während es in den Anfangsstadien der Forschung heuristisch nützlich sein mag, die Lautrepertoires nichtmenschlicher Primaten in (akustisch) gleitende und separate Klassen zu trennen, bricht diese Trennung bei näherer Betrachtung zusammen, da Affen wie Menschen ein gleitendes Kontinuum von Tönen häufig als eine Reihe unterschiedlicher, akustisch getrennter Rufe wahrnehmen (Snowdon und Pola 1978; Hopp 1985; Snowdon, French und Cleveland 1986; Owren, Hopp und Seyfarth 1990; May, Moody und Stebbins 1989).

Und schließlich zeigen die Laute nichtmenschlicher Primaten Parallelen zur menschlichen Sprache nicht nur in der sozialen Funktion, sondern auch in den neuralen Mechanismen, die der Wahrnehmung von Rufen zugrunde liegen. In der einzigen Studie, die bisher durchgeführt wurde, zeigen Japanmakaken, die mit Lauten ihrer eigenen Art getestet wurden, dieselbe Bevorzugung des rechten Ohres und dieselbe Lokalisierung der Steuerung im vorderen Schläfenlappen wie wir Menschen.

Entwicklung

Die Erforschung der Lautentwicklung muß sich mit drei wechselseitig zusammenhängenden Bereichen befassen: der Entwicklung der Lauterzeugung (richtige »Aussprache«), der Entwicklung des Lautgebrauchs (wie Tiere dazu kommen, spezifische Rufe unter bestimmten Umständen zu geben) und der Entwicklung von angemessenen Reaktionen auf die Laute anderer. Bis heute hat sich die Forschung bei zwei gut erforschten Tiergruppen, den nichtmenschlichen Primaten und den Singvögeln, fast ausschließlich auf die Lauterzeugung konzentriert. Die Ergebnisse belegen, daß das Erlernen der Gesänge bei Vögeln stark von der auditiven Erfahrung beeinflußt wird (z. B. Marler 1981), die Laute nichtmenschlicher Primaten jedoch strengerer genetischer Steuerung unterstehen. Sie sind schon bei der Geburt vollständig entwickelt und relativ unbeeinflußt von dem, was ein Affe hört (siehe Seite 139). In den folgenden Abschnitten fassen wir die Ergebnisse unserer Arbeit über die Lautentwicklung bei Meerkatzen zusammen, wobei wir auf Lauterzeugung, Lautanwendung und Reaktion auf Laute das gleiche Gewicht legten. Die angeführten Daten sind Seyfarth und Cheney 1980 und 1986 entnommen.

Lauterzeugung

Um zu testen, ob ein Meerkatzenkind üben muß, ehe es einen Alarmruf korrekt »aussprechen« kann, wäre es ideal, von Geburt an Alarmrufe von Kindern verschiedener Altersstufen aufzuzeichnen und dann zu sehen, ob die akustischen Eigenschaften ihrer Alarmrufe mit der Zeit denen von Erwachsenen auf eine Weise ähnlicher werden, die nicht nur einfach durch Reifung des

Stimmapparates erklärt werden kann. Aus zwei Gründen erwies es sich jedoch als schwierig, die Alarmrufe von Kindern aufzunehmen. Erstens ereignen sich Alarmrufe im allgemeinen unvorhersehbar und wurden, Murphys Gesetz folgend, am häufigsten gegeben, wenn unser Aufnahmegerät ausgeschaltet war. Zweitens gaben Kinder Alarmrufe weit weniger häufig als Erwachsene. Niemals haben wir Kinder unter 1 Monat Alarmrufe geben hören, und trotz unserer größten Anstrengungen konnten wir nur ein paar Alarmrufe von Kindern unter 6 Monaten aufzeichnen.

Die Alarmrufe, die wir nun tatsächlich von kleinen Kindern erhielten, ähnelten in jedem Fall akustisch den Alarmrufen von Erwachsenen und lösten auch bei Artgenossen in unmittelbarer Nähe ähnliche Reaktionen aus wie Alarm von Erwachsenen. Solche Daten lassen vermuten, daß Kinder mit der Fähigkeit geboren werden, akustisch »korrekte« Alarmrufe zu geben. Wir können allerdings nicht ausschließen, daß Lernen auch eine Rolle spielt. Obwohl sie keine Neigung zeigen, selbst Alarm zu schlagen, könnten Kinder in den ersten 3 oder 4 Monaten ihres Lebens Alarmrufe am Vorbild der Erwachsenen erlernen. Deshalb sind Alarmrufe nicht sehr hilfreich bei der Klärung, auf welche Weise Erfahrung die Entwicklung der Lauterzeugung beeinflussen könnte.

Dagegen liefern Grunzer ein detaillierteres Bild von der Entwicklung der Lauterzeugung, da Kinder bereits mit dem Tag ihrer Geburt anfangen, häufig zu grunzen. Viele akustische Meßmethoden bezeugen, daß sich die Grunzer von Kindern zwischen 1 und 8 Wochen von denen der Erwachsenen unterscheiden. Wenn die Kinder jedoch älter werden, ähneln die akustischen Merkmale ihrer Grunzer allmählich denen der Erwachsenen. Einige Merkmale gleichen schon bei einem Alter von 12 Wochen denen von Erwachsenen, andere erst, wenn die Kinder ungefähr ein Jahr alt sind, und wieder andere erst dann, wenn die Kinder 2 bis 3 Jahre alt sind.

Lautgebrauch

Die Meerkatzen in Amboseli kommen normalerweise mit über 150 Vogel- und Säugetierarten in Kontakt; nur einige von ihnen lösen Alarmrufe aus. Wenn Meerkatzenkinder erstmals anfangen, Alarmrufe zu geben, machen sie häufig »Fehler« und schlagen Alarm bei Arten wie Warzenschweinen, kleinen Habichtvögeln oder Tauben, die keine Gefahr für sie darstellen. Diese Fehler geschehen jedoch nicht ganz zufällig.

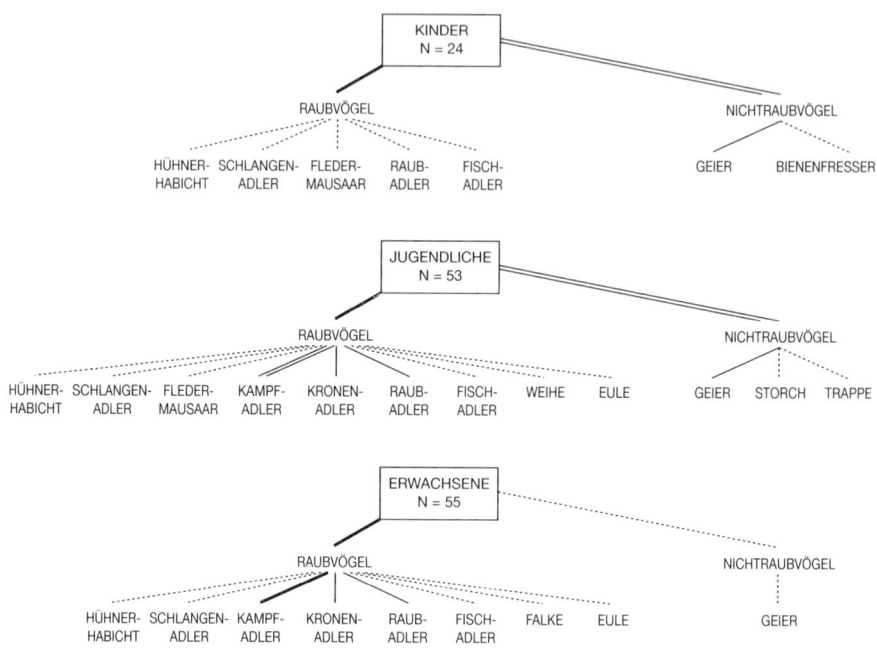

Abb. 4.11: Reize, die bei Meerkatzen verschiedener Altersgruppen Adleralarmrufe auslösten. Die Daten wurden über einen Zeitraum von zweimal 9 Monaten in den Jahren 1980 und 1983 gesammelt. Kinder sind Tiere unter 1 Jahr, Jugendliche sind zwischen 1 und 4 Jahre alt, und Erwachsene sind über 4 Jahre alt. N = Anzahl der Alarmrufe von Tieren in jeder Altersklasse. Durchbrochene Linien zeigen < 5 Alarme, einzelne Linien 6 bis 10 Alarme, doppelte Linien 11 bis 15 Alarme und dicke, kräftige Linien > 15 Alarme. Mit freundlicher Genehmigung aus Seyfarth und Cheney 1986.

Abbildung 4.11 vergleicht die Arten, die Adleralarmrufe bei Kindern, Jugendlichen und erwachsenen Meerkatzen über einen Zeitraum von zweimal 9 Monaten in den Jahren 1980 und 1983 auslösten. Erwachsene verhielten sich, wenn sie mit demselben Aufgebot an tatsächlichen und potentiellen Raubfeinden konfrontiert waren, am selektivsten und gaben Adleralarm fast ausschließlich bei Raubvögeln (Familie *Falconidae*), einer Gruppe, deren Angehörige sich von anderen Vögeln durch ihre relativ ansehnliche Größe, gekrümmte Schnäbel und Klauen unterscheiden. Innerhalb dieser Klasse gaben Erwachsene Alarmrufe am häufigsten bei den zwei erwiesenen Raubfeinden der Meerkatzen, den Kampf- und Kronenadlern. Jugendliche gingen weniger selektiv vor, gaben Alarmrufe aber eher bei Raubfeinden als bei Nichtraubfeinden. Kinder waren am wenigsten selektiv und machten keine Unterschiede zwischen diesen beiden allgemeinen Vogelklassen. Nichtsdestotrotz gaben Kinder Adleralarmrufe *nur* bei Vögeln und Dingen in der Luft (zum Beispiel einem fallenden Blatt).

Gleichermaßen gaben Kinder Leopardenalarmrufe bei einer Reihe von Arten, die keine Gefahr für sie darstellten, doch beschränkten sie ihren Leopardenalarm vornehmlich auf bodenlebende Säugetiere. Mehr noch, sie gaben Schlangenalarm ausschließlich bei langen, schlangenähnlichen Objekten. Mit anderen Worten, Kinder verhielten sich so, als seien sie in einem sehr frühen Stadium prädisponiert, andere Arten in verschiedene Klassen zu unterteilen: Raubfeinde versus Nichtraubfeinde und innerhalb der ersteren Klasse: bodenlebende Fleischfresser, Adler und Schlangen.

Dieses Entwicklungsschema für den Lautgebrauch bei Meerkatzen galt nicht nur für Alarmrufe. Wenn Meerkatzenkinder erstmals zu grunzen begannen, verwendeten sie viele der akustisch unterschiedlichen Grunztypen, die für die Kommunikation der Erwachsenen typisch sind. Für jeden dieser Rufe war die Beziehung zwischen Grunztyp und sozialer Situation zwar ungenau, aber nicht gänzlich zufällig. Auch wenn Erwachsene beispielsweise den Grunzer bei einem Tier, das sich ins offene Gelände begibt, nur dann gaben, wenn sie selbst oder andere Individuen sich ins offene Gelände aufmachten, benutzten Kinder zwischen 1 und 4 Monaten diesen Ruf, wenn sie in ein unbekanntes Gelände zogen und dabei ihren Müttern oder einem jugendlichen Spielkameraden folgten. Obwohl Erwachsene den Grunzer zu einer anderen Gruppe ausschließlich in Gegenwart einer anderen Gruppe oder eines neuen männlichen Mitglieds ihrer eigenen Gruppe anwandten, setzten Kinder denselben Ruf ein, wenn sich die Mutter entfernte, wenn sie einen Baum erkletterten, wenn sie am Saugen gehindert wurden, wenn sie zu einem langjährigen männlichen Mitglied ihrer eigenen Gruppe schauten und wenn sie eine andere Gruppe erblickten. Kinder verhielten sich, als besäßen sie die Veranlagung, soziale Situationen allgemeinen Kategorien zuzuordnen, etwa *Bewegung oder Gruppenwanderung, Kummer oder Nähe oder Annäherung eines anderen Tieres.* Nach und nach wird die letztere Kategorie noch weiter unterteilt, um zwischen *Nähe eines Ranghohen, Nähe eines Rangniederen* und *Nähe einer anderen Gruppe* zu unterscheiden. Eine ähnliche stufenweise Entwicklung im Lautgebrauch kommt bei Schweinsaffen vor, die Erfahrung benötigen, ehe sie den richtigen Schrei bei Interaktionen mit bestimmten Gegnern anwenden können (Gouzoules und Gouzoules 1989).

Der Gebrauch von Grunzern bei Meerkatzenkindern und Erwachsenen veranschaulicht den komplexen Lernprozeß, der stattfinden muß, wenn ein junger Affe damit beginnt, Laute richtig anzuwenden. Ein korrekter Grunzergebrauch verlangt, daß ein Tier zwischen denen unterscheidet, die ranghöher sind, und denen, die im Rang unter ihnen stehen. Jedoch sind ranghohe und rangniedere Tiere, anders als auf dem Boden oder in der Luft lebende Raubfeinde, morphologisch nicht sehr verschieden, und es gibt viele Belege, daß junge Primaten auf soziale Erfahrung angewiesen sind, ehe sie wissen, welche Mitglieder ihrer Gruppe über oder unter ihnen rangieren (z. B. Cheney 1977; Berman 1982; Datta 1983b). Gleichermaßen erfordert der korrekte Gebrauch von Grunzern, daß eine heranwachsende Meerkatze zwischen Männchen unterscheidet, die schon seit langem Mitglieder der Gruppe sind (bei ihnen gibt sie den Grunzer zu Dominanten), und jenen, die Neu-Zuwanderer sind (bei ihnen gibt sie den Grunzer zu einer anderen Gruppe). Auch hier sind die Männchen dieser beiden Klassen nicht unbedingt morphologisch verschieden, vielmehr scheinen Lernen durch Beobachtung oder Interaktion die Methoden zu sein, die ein Kind befähigen, die richtigen Unterscheidungen zu treffen.

Was läßt Meerkatzenkinder und -jugendliche Fehler machen und Alarmrufe zum Beispiel bei Arten geben, die keine Gefahr für sie darstellen? Eine Hypothese behauptet, daß solche Alarme überhaupt keine Fehler sind, sondern statt dessen die Gefährdung junger Meerkatzen durch eine viel breitere Vielfalt von Raubfeinden widerspiegelt. Diese Behauptung kann allerdings nicht erklären, warum Kinder Alarmrufe bei Reihern, Gänsen, Trappen und sogar bei einem fallenden Blatt geben (Seyfarth und Cheney 1980, 1986), die überhaupt keine Bedrohung für sie sind.

Eine zweite, durch Beobachtungen gestützte Hypothese behauptet, daß Fehler von Kindern durch die Nähe und das Verhalten einer potentiellen Raubfeindeart bestimmt werden. Kinder und Jugendliche geben häufiger Leoparden- oder Adleralarmrufe bei Arten, die bei Erwachsenen selten Alarme auslösen – zum Beispiel bei Löwen, Schakalen oder kleinen Falken –, wenn sie dem Raubfeind in geringer Entfernung begegnen oder wenn er gerade jagt.

Eine dritte Hypothese wird von Untersuchungen über Objekt-Klassifizierungen bei Menschen abgeleitet. Kategorien, so behauptet Eleanor Rosch (1973, 1977), werden im menschlichen Gehirn strukturiert und enthalten einen oder mehrere »prototypische« Objekte, die von Objekten mit abnehmender Ähnlichkeit zum Prototyp umgeben sind (siehe auch Anglin 1977; Smith und Medin 1981 und Armstrong, Gleitman und Gleitman 1983 für Gegenargumente). Wenn Rosch recht hat, basieren die Entscheidungen über die

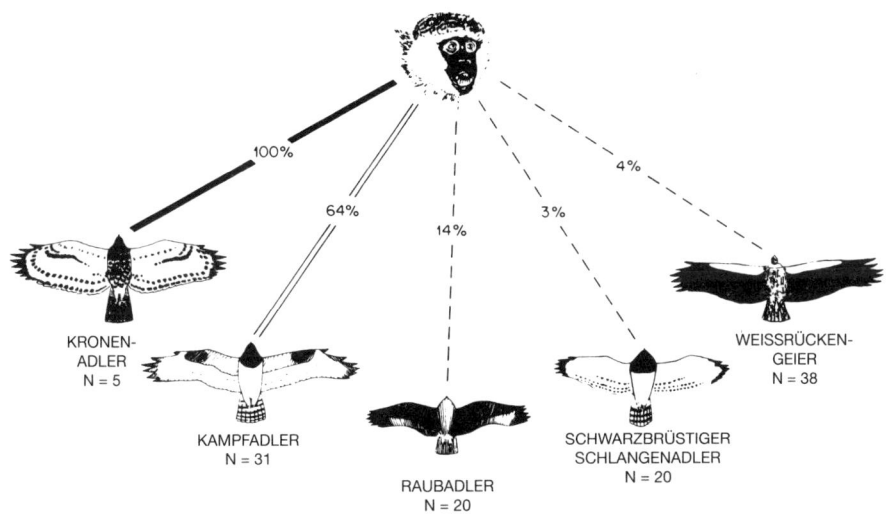

Abb. 4.12: Die Wahrscheinlichkeit von Zweitalarmrufen der Erwachsenen, nachdem ein Kind einen Adleralarm bei einer Vogelart gegeben hat. N = Anzahl der Fälle, in denen ein Kind das erste Mitglied seiner Gruppe war, das einen Adleralarm bei einer bestimmten Art gab. Die Linien und Prozentwerte geben die Häufigkeit an, mit der den Kinderalarmen ein oder mehrere Alarmrufe von Erwachsenen folgten. Zeichnungen von Margaret H. Searcy. Mit freundlicher Genehmigung aus Seyfarth und Cheney 1986.

Kategorisierung eines neuen Objekts auf der Ähnlichkeit eines Objekts zum entsprechenden Prototyp der Kategorie. Wendet man diese Behauptung auf Meerkatzen an, würde man voraussagen, daß heranwachsende Meerkatzen – vorausgesetzt, die Distanz und das Verhalten verschiedener Arten werden konstant gehalten – Alarmrufe eher bei Arten geben, die wie echte Raubfeinde aussehen, als bei Arten, die nicht so ausschauen.

Die Ergebnisse stützen diese Hypothese nicht. Beispielsweise löste unter den Nichtraubfeinden der Raubadler (*Aquila rapax*) häufiger Alarmrufe bei Heranwachsenden aus als der Schwarzbrüstige Schlangenadler (*Circaetus pectoralis*), auch wenn, von unten gesehen, der Schwarzbrüstige Schlangenadler dem häufigsten Raubvogelfeind der Meerkatzen, dem Kampfadler, stark ähnelt (siehe unten; Abb. 4.12).

Also machen Kinder offenbar Fehler, weil sie von weitem Raubfeinde und Nichtraubfeinde nicht auseinanderhalten können und weil sie durch einen Nichtraubfeind, der gerade jagt, überrascht oder erschreckt werden. Obwohl Kinder sehr wohl prädisponiert zu sein scheinen, zwischen bodenlebenden, vogel- und schlangenähnlichen Raubfeinden zu unterscheiden, sind anscheinend diese Klassen in den Gehirnen der Affen nicht als spezifische prototypische Art abgespeichert.

Wie also kommen Kinder dazu, die richtige Verbindung zwischen einem bestimmten Alarmruf und einer oder zwei Raubfeindarten zu erkennen? Eine Antwort kann in den Reaktionen liegen, die die Erwachsenen zeigen, wenn ein Kind einen Alarmruf gibt.

Wie schon erwähnt, lösen die Alarmrufe von Kindern und Jugendlichen bei anderen Artgenossen viele derselben Reaktionen aus wie die von Erwachsenen. Wenn beispielsweise ein Kind als erstes Mitglied seiner Gruppe einen Adleralarm gibt, schauen die in der Nähe befindlichen Erwachsenen hoch in die Luft. Wenn das Kind einen Fehler gemacht und bei einem harmlosen Raubvogel Alarm geschlagen hat, nehmen Erwachsene bezeichnenderweise ihre vorige Tätigkeit wieder auf. Wenn das Kind jedoch einen Kampfadler erspäht hat, geben Erwachsene höchstwahrscheinlich selbst einen Alarmruf (Abb. 4.12). Die zweiten Alarmrufe könnten als Verstärker dienen, die das Erkennen einer Beziehung zwischen verschiedenen Alarmrufen und ihren Bezugsobjekten im Laufe der Entwicklung eines Kindes steuern.

Obwohl möglicherweise die Reaktionen der Erwachsenen den Verlauf der kindlichen Entwicklung beeinflussen, finden wir keinen Beweis dafür, daß Erwachsene den Kindern explizit etwas beibringen. Erwachsene geben ebenso wahrscheinlich Zweit-Alarmrufe nach einem richtigen Alarmruf eines Kindes, wie auch nach einem richtigen Alarmruf durch einen anderen Erwachsenen. Mit anderen Worten verhalten sich Erwachsene nicht so, als unterstellten sie den Kindern Unwissenheit oder als wüßten sie, daß Kinder ganz besonders des Ansporns, der Korrektur oder Anleitung bedürfen. Das Vorhandensein oder Fehlen von Pädagogik bei nichtmenschlichen Primaten wirft wichtige Fragen auf: Sind die Tiere zum Beispiel fähig, anderen Bewußtseinszustände zuzuschreiben. Pädagogik und Zuschreibung werden noch in Kapitel 8 diskutiert.

Reaktionen auf Laute

Erwachsene Meerkatzen reagieren auf verschiedene Alarmrufe unterschiedlich. Wenn wir berücksichtigen, was wir über das Jagdverhalten der drei Hauptraubfeinde der Meerkatzen wissen, scheinen diese unterschiedlichen Reaktionen adaptiv zu sein. Um zu testen, ob erwachsenenähnliche Reaktionen bei Kindern voll entwickelt sind oder ob Reaktionen im Laufe der Ent-

Abb. 4.13: Um die Ontogenese der Reaktionen von Kindern auf Alarmrufe zu erforschen, wurden Müttern und ihren Kindern verschiedenen Alters Alarmrufe vorgespielt, wenn sich die Kinder fern von ihren Müttern aufhielten. Hier frißt das erwachsene Weibchen Amin neben ihrem 2 Monate alten Sohn.

wicklung modifiziert werden, führten wir eine Reihe von Playback-Experimenten an Kindern und ihren Müttern durch (Abb. 4.13). In monatlichen Intervallen spielten wir Kindern im Alter von 3 bis 7 Monaten einen Leoparden-, einen Adler- und einen Schlangenalarmruf vor, die bei Mitgliedern ihrer eigenen Gruppe aufgenommen worden waren. Wir filmten die Kinder und ihre Mütter und teilten die Reaktionen in drei Kategorien ein: zur Mutter laufen, eine Reaktion, die wir schon in früheren Jahren häufig beobachtet hatten; »erwachsenenähnliche« Reaktionen, definiert als die typischen Reaktionen von Erwachsenen auf das Playback eines jeden Alarmruftyps; und »falsche« Reaktionen, definiert als jene, die wahrscheinlich das Risiko eines Kindes, getötet zu werden, erhöhen, und zwar gemessen an dem, was wir über die Jagdstrategien eines jeden Raubfeindes wissen. Da Leoparden Meerkatzen jagen, indem sie sich in Büschen verstecken, und Adler geschickt Meerkatzen auf Bäumen packen, kann sich beispielsweise das Risiko eines Kindes, zur Beute zu werden, tatsächlich erhöhen, wenn es beim Ertönen eines Leopardenalarms in einen Busch oder bei Adleralarm auf den Baum flüchtet.

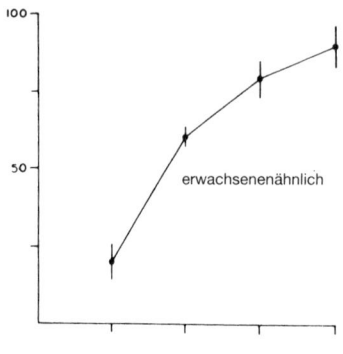

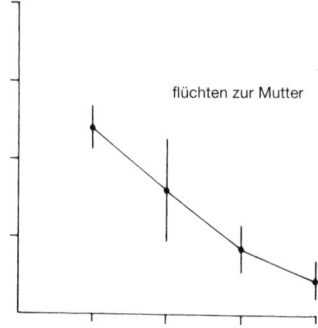

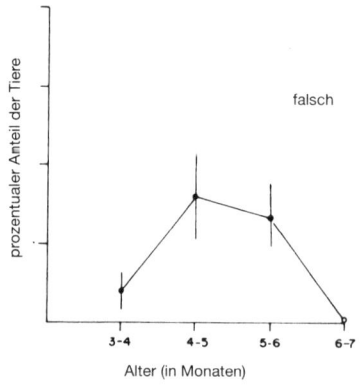

erwachsenenähnlich

flüchten zur Mutter

prozentualer Anteil der Tiere

falsch

3-4   4-5   5-6   6-7
Alter (in Monaten)

Abb. 4.14: Die Reaktionen von Kindern verschiedenen Alters auf das Playback von Alarmrufen. Die Reaktionsklassen gehen aus dem Text hervor. Sieben Kinder wurden im Alter von 3 bis 4 Monaten getestet, vier von ihnen im Alter von 4 bis 5 Monaten nachgetestet und wiederum drei von ihnen mit 5 bis 6 und 6 bis 7 Monaten. Die Werte für jedes Alter repräsentieren den prozentualen Anteil der Tiere (Mittelwerte und Standardfehler). Mit freundlicher Genehmigung aus Seyfarth und Cheney 1986.

Abbildung 4.14 faßt die Reaktionen der Kinder zusammen. Mit 3 und 4 Monaten flüchten die Kinder bezeichnenderweise zu ihren Müttern. Ein paar zeigten erwachsenenähnliche Reaktionen. Im Alter zwischen 4 und 6 Monaten nahm das Flüchten zur Mutter ab, und ein höherer Anteil der Tiere zeigte erwachsenenähnliche Reaktionen. Allerdings reagierten auch

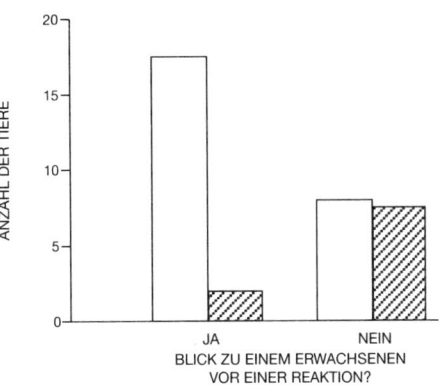

Abb. 4.15: Die Anzahl der Kinder, die richtig (offene Histogramme) oder falsch (schraffierte Histogramme) auf das Playback eines Alarmrufes reagierten, nachdem sie vor einer Reaktion entweder zuerst zu einem Erwachsenen geblickt hatten, oder reagierten, ohne auf einen Erwachsenen geschaut zu haben. Aus Cheney und Seyfarth 1986.

viele Kinder auf falsche, möglicherweise gefährliche Art und Weise. Kinder über 6 Monate flüchteten selten zur Mutter, falsche Reaktionen nahmen ab, und die meisten Kinder verhielten sich wie Erwachsene.

Wie beim Lautgebrauch gab es hier Hinweise, daß das Lernen von Erwachsenen eine Rolle bei der Entwicklung der Kinder gespielt haben könnte. Als wir die Filme über das kindliche Verhalten für die Sekunden kurz nach dem Abspielen eines Alarmrufes durchsahen, fanden wir, daß Kinder, die erst dann reagierten, nachdem sie zu einem Erwachsenen geschaut hatten, mit größerer Wahrscheinlichkeit richtig reagierten als Kinder, die eigenständig reagierten und erst dann zu einem anderen Tier schauten (Abb. 4.15). Diese Beobachtung beweist nicht, daß es für die Entwicklung richtiger Reaktionen *notwendig* ist, sich in der Nähe älterer Tiere aufzuhalten, denn die Kinder könnten das normale Verhalten ohne Hinweise von anderen entwickeln. Es zeigt jedoch, daß hilfreiche Hinweise von Artgenossen in unmittelbarer Nähe zur Verfügung stehen und Kinder daraus Nutzen ziehen können.

Wieder einmal fanden wir keine Beweise einer aktiven Pädagogik seitens der Erwachsenen. Als wir das Verhalten einer Mutter gegenüber einem Kind, das richtig reagiert hatte, demselben mütterlichen Verhalten gegenüber einem Kind, dessen Reaktion sein Risiko erhöhte, gegenüberstellten, fanden wir keinen Anhaltspunkt, daß Mütter den Kindern, die sich unangemessen verhielten, besondere Aufmerksamkeit schenken.

So wie Meerkatzen der Erfahrung bedürfen, ehe sie auf die Laute ihrer eigenen Art reagieren können, ist Erfahrung auch notwendig, ehe sie wissen, wie man auf die Laute anderer Arten reagieren muß. Wie wir in Kapitel 5 beschreiben werden, bewohnen die Amboseli-Meerkatzen dieselben Gegenden wie ein farbig leuchtender Singvogel, der Dreifarbenglanzstar (*Spreo super-*

bus). Wie Meerkatzen geben Dreifarbenglanzstare akustisch unterschiedliche Alarmrufe als Reaktion auf verschiedene Raubfeinde. Die Vögel geben ein rauhes, krächzendes Klappern als Reaktion auf bodenlebende Raubfeinde und ein helles ansteigendes oder abfallendes Pfeifen bei Habichtvögeln und Adlern (siehe Abb. 5.7). Wenn erwachsene Meerkatzen den Alarmruf der Stare für bodenlebende Raubfeinde hören, flüchten sie häufig auf Bäume; wenn sie den Raubvogelalarmruf der Stare hören, schauen sie bezeichnenderweise hoch in die Luft (Cheney und Seyfarth 1985a; siehe auch Kapitel 5).

Als Marc Hauser (1988a) von 1983 bis 1985 in Amboseli arbeitete, beobachtete er, daß die Meerkatzen in den verschiedenen Lebensräumen unterschiedlich häufig mit Staren zusammentrafen (und ihre Alarmrufe hörten). Gruppen, die ausschließlich in trockenen Waldgebieten leben, hörten die Alarmrufe der Stare auf Bodenfeinde etwa zweimal pro Stunde, während Gruppen, deren Territorien in unmittelbarer Nähe des Sumpfes lagen, dieselben Rufe doppelt so häufig hörten. Um zu testen, ob solche Standortunterschiede Einfluß auf das Alter nahmen, in dem Kinder anfingen, richtig auf die Alarme der Vögel zu reagieren, spielte Hauser die Alarmrufe von Staren Kindern mit zunehmend steigendem Alter vor und filmte ihre Reaktionen. Der Gesang des Stars diente zur Kontrolle. Kinder, die in der Nähe der Sümpfe lebten, wo Staralarme häufiger gehört wurden, reagierten in einem signifikant früheren Alter richtig als Kinder aus trockenen Waldgebieten, wo Staralarme weniger häufig vorkamen. Die Erfahrung durch Zuhören schien die entscheidende Variable zu sein, da nichts darauf hindeutete, daß Kinder der Sumpfgruppen in ihrem Verhalten weiter entwickelt waren als Kinder der Waldlandgruppen (Hauser 1988a).

Faktoren, die die Lautentwicklung beeinflussen

Die Lautentwicklung bei Meerkatzen vollzieht sich allmählich während der ersten drei Lebensjahre. Die Lauterzeugung, der Lautgebrauch im richtigen Kontext und die Reaktionen auf die Rufe anderer scheinen in verschiedenem Maße sowohl von angeborenen Prädispositionen als auch von Erfahrung beeinflußt zu werden.

Vom ersten Tag ihres Lebens an erzeugen Meerkatzenkinder zum Beispiel einen Laut, dessen akustische Merkmale den Grunzern eines Erwachsenen weitgehend gleichen. Sogar unerfahrene Kinder scheinen zu »wissen«, daß dieser Laut bei sozialen Interaktionen gegeben wird und daß Grunzer unter anderen Bedingungen feine Unterschiede in ihren akustischen Eigenschaften aufweisen. Trotz dieser Prädispositionen sind Kindergrunzer »schlampig«; sie werden undeutlich artikuliert und oft in unpassenden Situationen gegeben. Viel Zeit ist nötig, bis das Grunzen eines jungen Affen sowohl akustisch als auch sozial genauso klar bestimmt ist wie das Grunzen der Erwachsenen.

In ähnlicher Art sind Kinder von einem frühen Alter an prädisponiert, akustisch unterschiedliche Alarmrufe bei verschiedenen Raubfeindklassen zu geben. Große bodenlebende Säugetiere werden anders behandelt als Raubvögel, und beide werden von Schlangen unterschieden. Gleichwohl ist das Verständnis der Kinder für die Beziehung zwischen Raubfeindart, Alarmruftyp und Reaktion unpräzise. Kinder brauchen Erfahrung, ehe sie jene Art innerhalb einer Klasse erkennen können, die echte Raubfeinde darstellt, oder richtig auf die Alarmrufe ihrer eigenen oder anderer Arten reagieren können. Die Anwesenheit von Erwachsenen in unmittelbarer Nähe ist wahrscheinlich hilfreich. Wenn ein Kind einen Alarmruf hört, kann es zu anderen schauen, ehe es selbst reagiert, und Kinder, die *tatsächlich* zuerst auf Erwachsene schauen, reagieren mit größerer Wahrscheinlichkeit richtig. Wenn ein Kind einen Alarmruf bei einem echten Raubfeind gibt, werden auch Erwachsene Alarm schlagen, und das kann eigentlich nur bestärkend wirken. Trotzdem, haben wir keinen Beweis, daß Erwachsene die Bedürfnisse ihrer Kinder erkennen oder sich bemühen, Kindern beim Lernen, wie man kommuniziert, zu helfen.

Bei der Lautentwicklung der Meerkatzen geht, wie bei der Sprache, die Einsicht der Erzeugung voraus. Bei 6 bis 7 Monate alten Meerkatzen sind zum Beispiel die Reaktionen auf Alarmrufe nicht von jenen der Erwachsenen zu unterscheiden, was nahelegt, daß Kinder dieses Alters jeden Alarmruftyp mit der entsprechenden Gefahrenquelle richtig assoziieren können. Dagegen sind die akustischen Eigenschaften von Grunzern derselben Kinder, ebenso wie ihre Fähigkeit, Alarmrufe und Grunzer in den richtigen Kontexten anzuwenden, noch lange nicht wie bei Erwachsenen, und es sind noch weitere 18 Monate nötig, bis sie sich voll entwickeln.

Zusammenfassung

Frühe Untersuchungen über die Kommunikation bei Primaten zogen zwischen Lauten nichtmenschlicher Primaten und menschlicher Sprache eine scharfe Trennungslinie in bezug auf neurale Steuerung, Entwicklung und Funktion. Spätere Forschungsarbeiten zeichnen ein komplizierteres Bild. Das Lautrepertoire nichtmenschlicher Primaten ist, sobald es durch die Tiere selbst beurteilt wird, weit größer, als Wissenschaftler anfänglich angenommen hatten. Die Information, die jeder Ruf enthält, ist auch spezifischer und weniger vom Kontext abhängig, als man sich das früher vorstellte. Freilebende Affen benutzen Rufe – Alarmsignale und Nah-Distanz-Laute – auch auf eine Weise, die Objekte und Ereignisse in ihrer Umgebung effektiv repräsentiert oder kennzeichnet. Der Gebrauch dieser Laute scheint unter relativ willkürlicher Kontrolle zu stehen, da die Lauterzeugung im Labor konditioniert werden kann und freilebende Tiere bestimmte Laute erfahrungsgemäß nur unter bestimmten Umständen geben. Primaten haben eine feine akustische Urteilsfähigkeit, wenn sie zwischen Lauten unterscheiden, und ein sehr gut untersuchter Fall liefert Beweise für eine Spezialisierung der linken Hemisphäre bei der Lautwahrnehmung.

Die Lautentwicklung bei Primaten weist viele Parallelen zu den frühen Stadien der Sprachentwicklung bei kleinen Kindern auf. Affen beginnen mit dem Gebrauch bestimmter Laute – manche werden deutlich, andere eher verstümmelt ausgedrückt – in bestimmten sozialen Situationen. Sie verhalten sich so, als seien sie prädisponiert, Ereignisse in der Welt um sie herum in allgemeine Kategorien einzuteilen, die einen Grunzer erforderlich machen, einen Schrei, einen Alarmruf oder überhaupt keine Lautäußerung. Mit der Zeit verbessert sich die ›Aussprache‹, und die Kinder unterscheiden die Beziehung zwischen einem Ruf und den Objekten, auf die er sich bezieht, oder dem Kontext, in dem er verwendet wird, deutlicher. Ältere Kinder und Jugendliche erkennen allmählich, daß es innerhalb eines jeden breiten Kontexts eine weitere Unterteilung nach den jeweiligen Umfeldbedingungen gibt, die eine bestimmte Art von Grunzer, einen besonderen Schrei oder einen akustisch andersartigen Alarm verlangen. Während der Entwicklung geht die Einsicht der Lauterzeugung voraus.

Weil nichtmenschliche Primaten Laute gebrauchen, um *über* Dinge zu signalisieren, bietet die Kommunikationsforschung einen flüchtigen Einblick in »die Welt, wie Affen sie sehen«. Untersuchungen der Lautkommunikation unterstreichen die Schlußfolgerung, die auch schon durch Untersuchungen des Sozialverhaltens erzielt wurde, nämlich daß Affen Mitglieder ihrer eigenen Art nach ihrer Gruppenzugehörigkeit, ihrer Rangposition und ihrem Verhalten klassifizieren. Durch Lautkommunikation enthüllen Affen auch ihr Wissen über die sozialen Beziehungen anderer Individuen und ihr Wissen über andere Arten.

Aber was *wollen* Affen nun am Ende wirklich *sagen*, wenn sie miteinander Laute austauschen? Können wir tatsächlich einen Leopardenalarm oder den Grunzer einem Dominanten gegenüber auf dieselbe Art definieren, wie wir Worte wie Anarchist, Zuhälter oder Speichellecker definieren? Bis jetzt sind wir da, wo es um Fragen nach der Bedeutung ging, absichtlich vage geblieben, um zuerst Hintergrundinformationen vorzustellen und die Ergebnisse der letzten 10 Forschungsjahre zusammenzufassen. Nachdem dies geschehen ist, wenden wir uns nun in Kapitel 5 der Frage zu: »Was soll das alles bedeuten?«

Kapitel 5
Was die Laute der Affen bedeuten

Wir haben die Laute der Meerkatzen als semantische Signale bezeichnet und auf Grund ihrer *Funktionsweise* im täglichen Leben der Affen eine Analogie zu den Worten der Menschen gezogen. Wenn eine Meerkatze eine andere einen Adleralarmruf geben hört, reagiert die Zuhörende gerade so, als hätte sie selbst den Adler gesehen. Man ist versucht zu vermuten, daß im Kopf der Affen der Ruf »stellvertretend« für einen Raubfeind in der Luft »steht« oder »ein Bild von ihm heraufbeschwört«, auch wenn der Vogel selbst noch nicht gesichtet wurde. Dasselbe gilt für Leopardenalarmrufe, ›Grunzer zu einer anderen Gruppe‹ und viele andere Laute im Repertoire der Affen.

Doch zweifellos verleiht ein derart deskriptiver Beweis den tierischen Signalen nicht den Status menschlicher Worte. Betrachten wir zuerst das Problem, ob ein Signalgeber mit anderen überhaupt zu kommunizieren beabsichtigt (es will oder wünscht). In Pawlows klassischen Experimenten hörten Hunde jedesmal eine Glocke, wenn sie Fleisch bekamen. Nach einer Weile begannen sie Speichel abzusondern, wann immer sie die Glocke hörten, selbst wenn kein Fleisch auftauchte. Bei Pawlows Hunden riefen die Glocken dieselbe Reaktion wie Fleisch hervor, oder Glocken »standen stellvertretend für« oder »beschworen Bilder von« Fleisch, auch wenn kein Fleisch da war. Das beweist kaum, daß die Glocken beabsichtigten, mit den Hunden auf eine Weise zu kommunizieren wie ein Mensch, der sagt: »das Abendessen ist angerichtet« oder »Ihr Verständnis für Semantik ist wirklich oberflächlich«.

Ein Thema, dem wir uns zu stellen haben, betrifft deshalb die Faktoren, die ein Tier veranlassen, in Gegenwart oder sogar in Abwesenheit eines anderen Tieres Laute abzugeben. Vorausgesetzt, die Zuhörer betrachten Laute als Übermittlung einer bestimmten Art von Information, trifft es dann auch zu, daß die Signalgeber genau das *bezwecken*? Berücksichtigen Tiere beispielsweise, wer ihre Zuhörer sind, oder passen sie ihre Kommunikation entsprechend an, um sicherzustellen, daß ihre Botschaft erhalten wurde? Modifizieren Signalgeber ihre Rufe, wenn die Zuhörerschaft die Informationsinhalte schon kennt? Wie wir erörtern werden, gibt es verblüffende Hinweise darauf, daß Tiere tatsächlich die Beschaffenheit ihrer Zuhörerschaft berücksichtigen, wenn sie Rufe ausstoßen; das Thema, über das Tiere eigentlich kommunizieren wollen, wenn sie anderen Signale geben, bleibt jedoch unklar.

Es gibt noch einen Grund zur Vorsicht, wenn man Parallelen zwischen den Lauten der Affen und den Worten der Menschen zieht. Wenn Menschen Worte wie *Apfel* oder *Adler* gebrauchen, erkennen wir den Beziehungszusammenhang, der zwischen solchen Zeichen und den Dingen, für die sie stehen, existiert. Beziehungszusammenhänge können zum Beispiel von kausalen Beziehungen unterschieden werden: Das Wort Adler bedingt nicht das Erscheinen eines bestimmten Vogels oder hat nicht ein bestimmtes Verhaltensmuster zur Folge. Statt dessen steht das Wort für ein Objekt oder repräsentiert es, auch wenn es nicht gesehen werden kann. Darüber hinaus wissen wir, daß es keine obligatorische Beziehung zwischen den akustischen Merkmalen eines Wortes und seinem Bezugsobjekt gibt. Obwohl einige Wort wie *Tut-tut* oder *Miau* wirklich wie das Objekt klingen, das sie repräsentieren, liefert die Intonation unserer Aussprache doch meistens keine Hinweise auf seine Bedeutung. Worte, die unterschiedlich klingen, wie Schmerz und Kummer, werden als ähnlich beurteilt, wenn sie dasselbe bedeuten, wohingegen ähnlich klingende Worte wie Schmerz und Scherz als verschieden bewertet werden, wenn sie unterschiedliche Bedeutungen haben. Es ist nicht ganz so, wie Lewis Carrolls Humpty Dumpty es gerne hätte – daß nämlich ein Wort das bedeutet, was wir ihm an Bedeutung zumessen –, weil es eben zweifellos einen gewissen Konsens über die Beziehung zwischen einem Laut und seinem Bezugsobjekt geben muß, damit Kommunikation stattfinden kann (eingestandenermaßen nicht gerade ein Hauptanliegen von Humpty Dumpty). Dennoch geht Humpty Dumpty, als Alice ihn fragt, wie er es denn schaffe, daß Worte so viele verschiedene Dinge bedeuten, nicht ganz fehl in der Behauptung, daß wir Herr über unsere Worte seien.

Deshalb erkennen Menschen den Beziehungszusammenhang X *bedeutet* Y und klassifizieren, jedenfalls meistens, Worte nicht nur nach ihren akustischen Eigenheiten, die meßbar und konkret sind, sondern auch nach ihren Bedeutungen, die mehr abstrakt sind. Dagegen hat sich unsere Kommunikationsanalyse bis jetzt ausschließlich auf die Frage konzentriert, welche *Funktion* die Laute in der Meerkatzengesellschaft haben. Folglich haben wir, trotz der von uns gezogenen Parallelen zwischen Meerkatzenrufen und menschlichen Worten, bis jetzt keinen Beweis geliefert, daß Affen die Beziehungszusammenhänge zwischen ihren Rufen und den Dingen in der Außenwelt verstehen oder gar die Bedeutung des Rufes von seinen akustischen Eigenheiten trennen können. Kurzum, wir haben die mentalen Operationen, die der

Wahrnehmung von Meerkatzenlauten zugrunde liegen könnten, noch nicht betrachtet und somit ist jede Behauptung, die Affen besäßen rudimentäre »Worte«, verfrüht.

In diesem Kapitel wollen wir deshalb detaillierter untersuchen, was Affen tatsächlich meinen, wenn sie Laute austauschen, und was die Zuhörer verstehen, wenn sie einen Laut hören. Also nähern wir uns der Bewertung von Lautbedeutungen aus mehreren unterschiedlichen und komplementären Richtungen. Zuerst betrachten wir die Beziehung zwischen dem Signal und den Ereignissen in den Köpfen von Sender und Empfänger. Als Richtschnur bei der Analyse des Bewußtseinszustands dieser Individuen greifen wir auf das Schema des Philosophen Daniel Dennett zurück, um bei Tierlauten die Intentionalitätsstufen zu beurteilen. Wie wir diskutieren werden, legen die Beweise nahe, daß die Laute von Affen, Vögeln und vielen anderen Arten nicht nur unwillkürliche Reflexe sind. Manche Tiere stimmen zum Beispiel die Häufigkeit ihrer Rufe auf die Anwesenheit von Zuhörern ab. Allerdings ist nicht klar, ob die Signale der Tiere, wie die menschliche Sprache, anderen auch mentale Verfassungen zuschreiben. Wir wissen nicht, ob die Affen mit ihren Lauten nur das *Verhalten* oder auch das *Denken* anderer modifizieren wollen.

Ein zweiter Ansatz in der Erforschung der Lautbedeutung konzentriert sich auf die Beziehung zwischen einem Laut und den Objekten oder Ereignissen, die er kennzeichnet. Wir besprechen eine Vielzahl von Beweisen, die anzeigen, daß Primatenlaute neben anderen Informationen, die sie übermitteln, externe Bezugsobjekte bezeichnen. Auch wenn den Affen die Beziehung zwischen Signal und Bezugsobjekt vielleicht nicht bewußt ist, vergleichen sie Rufe dennoch auf der Basis ihrer Bezugsobjekte und nicht nur auf der Basis ihrer akustischen Eigenschaften. Außerdem reagieren Affen bei verschiedenen Lauten sensibel auf die vielfältigen spezifischen Charakteristika der Bezugsobjekte; einige Rufe sind sehr objektspezifisch, während andere mehr allgemein sind. Wie das so oft auch für die menschliche Sprache zutrifft, kann die Bedeutung eines jeden Rufes nicht isoliert beschrieben werden, sondern hängt von seiner Beziehung zu anderen Lauten im Repertoire der Tiere ab.

Und schließlich analysieren wir die Bedeutung der Meerkatzenlaute aus einer Entwicklungsperspektive. Wir vergleichen sie mit den allerersten Lauten menschlicher Babys. Wenn menschliche Babys Laute zu äußern anfangen, sind ihr Gebabbel, ihre Grunzer, Gurrer und Schreie natürlich keine Worte, und kleine Kinder verstehen auch nicht die Bedeutung der Laute anderer Menschen. Während der nächsten 12 bis 18 Monate jedoch beginnen Kinder zwischen der Sprechweise anderer Menschen zu unterscheiden und eigene

Worte zu gebrauchen. Sie verhalten sich, als verstünden sie, was ein bestimmter Laut *bedeutet*. Was für ein Beweismaßstab wird angewandt, um diese Bewertung zu treffen, und wie bestimmt der Linguist oder der Psychologe den Wortbedeutungsinhalt im Kopfe eines 10 oder 14 Monate alten Kindes? Wie würden unsere Schlußfolgerungen lauten, wenn wir denselben Beweismaßstab auf die Laute der Meerkatzen anwenden?

Die Intentionen eines Lautgebers

Das Problem

Was geht im Kopf einer Meerkatze vor, wenn sie einen Leopardenalarmruf, einen Grunzer zu einer anderen Gruppe oder irgendeinen anderen Laut aus ihrem Repertoire abgibt? Die einfachste Erklärung ist die, daß es nichts »Mentales« bei den Affenlauten gibt: sie sind nur relativ unflexible Reaktionen auf bestimmte Reize, wie ein Ruf der Überraschung, der zu jemandem gegeben wird, der plötzlich aus seinem Versteck auftaucht. Andererseits könnte ein Affe einen Alarmruf oder Grunzer nur ausstoßen, nachdem er die Situation sorgfältig untersucht und eine Reihe verschiedener Faktoren berücksichtigt hat. Das Rufen könnte beispielsweise davon abhängen, ob gerade ein Raubfeind auf der Jagd ist, ob gerade andere Affen in der Nähe sind und ob diese Affen Verwandte, Altersgenossen oder andere nahe Gefährten sind. Und schließlich könnte das Rufen durch die mentale Verfassung, die der Signalgeber anderen zuschreibt, beeinflußt werden. Es ist denkbar, daß ein Affe, ehe er einen Alarmruf gibt, sich selbst fragen könnte »Haben andere Gruppenmitglieder den Leopard schon gesehen? Haben sie richtig reagiert? Moment mal! *Will* ich, daß andere wissen, daß ich einen Leoparden gesehen habe?«

Die Unterscheidung zwischen Kommunikation und einfacheren, mehr reflexhaften Rufen, die dennoch Informationen übermitteln können, ist von vielen verschiedenen Philosophen überdacht worden. Grice (1957) zum Beispiel unterschied die »nichtnatürliche« Bedeutung linguistischer Phänomene, bei der ein Sprecher vorhat, die Meinungen oder das Verhalten seiner Zuhörerschaft zu modifizieren, von der »natürlichen« Bedeutung der meisten anderen Signaltypen, bei denen beispielsweise Donner und Blitz bedeuten, daß es bald regnet (siehe auch Bennett 1976; Tiles 1987). Nach Grices Definition findet Kommunikation nur statt, wenn sowohl Sender als auch Empfänger gegenseitig ihren mentalen Zustand berücksichtigen. Bei diesem Kriterium ist es höchst zweifelhaft, daß *irgendein* Signal von Tieren jemals als wirklich kommunikativ beschrieben werden kann.

Dennoch könnten sie es sein. Wir müssen uns offen halten, wie wüßten wir sonst, ob sie es sind? Unsere erste Aufgabe ist zweifellos die, Hypothesen zu formulieren, die die grundlegenden Mechanismen der Kommunikation bei Affen und anderen Tieren betreffen. Dennett (1971, 1978a, 1978b, 1983, 1987, 1988) behauptet, daß wir die Signale anderer Arten am besten verstehen, wenn wir eine, wie er es nennt, *intentionale Haltung* annehmen und zumindest zum Zwecke von Analysen unterstellen, daß Affen, Vögel und andere Tiere zu mentalen Verfassungen wie Glauben, Wollen und Denken fähig sind. Nach unserer Meinung ist Dennetts analytisches Schema nützlich, aber seine Beschreibung erfordert ein kurzes Abschweifen.

In der philosophischen Terminologie sind intentionale Phänomene weitgehend auf mentale Zustände wie Meinungen, Wünsche und Emotionen begrenzt (Dennett 1987). Bei intentionalen Phänomenen dreht es sich immer *um* irgend etwas, sei es einen physischen Reiz oder einen anderen mentalen Zustand; sie machen wahrscheinlich die Hauptkomponenten des menschlichen Denkens und der Sprache aus. Wann immer ein Individuum etwas denkt, glaubt, will, wünscht oder befürchtet, befindet es sich in einem intentionalen Zustand (von dem lateinischen Verb *intendere*, das bedeutet: *richten auf*). Intentionale Aussagen zeigen eine bestimmte logische Eigenschaft, *Bezugsunklarheit* genannt. Bei diesen Aussagen gibt es, anders als bei gewöhnlichen Aussagebeziehungen, keine Garantie dafür, daß »Gleiches durch Gleiches ersetzen« seinen wahren Wert behält. Betrachten wir zwei Worte, die synonym sind oder sich sogar auf dasselbe Objekt beziehen; bei einer gewöhnlichen nichtintentionalen Aussage könnte eins dieser Worte durch das andere ersetzt werden, ohne die ganze Aussage zu gefährden. Da zum Beispiel *Grüne Meerkatze* und *Cercopithecus aethiops* Worte für dasselbe Geschöpf sind, könnten wir, wenn die Aussage »Die Grüne Meerkatze wurde von einem Leoparden gefressen« wahr ist, ableiten, daß die Aussage »Der *Cercopithecus aethiops* wurde von einem Leoparden gefressen« auch wahr ist. Das gilt nicht notwendigerweise für intentionale Aussagen. Wenn ich nicht weiß, daß *Cercopithecus aethiops* der lateinische Name für Meerkatze ist, kann ich *befürchten*, daß die Meerkatze von einem Leoparden gefressen wurde, ohne dieselbe Furcht für *Cercopithecus aethiops* zu bekunden. Jahrhundertelang hat es Debatten über die richtige Analyse von Intentionalität gegeben; doch ehe wir uns selbst in Bezugsunklarheiten verlieren, verweisen wir den Leser auf Quine (1960/1980), Fodor (1975), Searle (1983) und Dennett (1987).

Für unsere eigenen empirischen Zwecke bietet Dennetts intentionale Haltung eine nützliche Methode, die Kommunikation und die Zuschreibung mentaler Verfassungen bei nichtmenschlichen Arten zu erforschen. Wir beginnen mit der Annahme, daß eine Meerkatze ein *intentionales System* darstellt, fähig zu Bewußtseinszuständen wie Meinungen und Wünschen. Aber welcher Art sind diese Meinungen und Wünsche? Hier liefern uns Dennetts verschiedene »Intentionalitätsstufen« eine Anzahl alternativer Hypothesen.

Erstens müssen wir die Möglichkeit in Erwägung ziehen, daß Meerkatzen *intentionale Systeme nullter Ordnung* sind, ganz und gar ohne Meinungen und Wünsche. Eine Erklärung der Null-Ordnung meint, daß Meerkatzen Alarmrufe geben, weil sie Angst haben. Ferner erleben Meerkatzen eine Reihe unterschiedlicher Arten von Angst, und jede mit einer anderen Art von Raubfeind verbunden. Jeder Angsttyp löst einen charakteristischen Alarmruf und eine charakteristische Fluchtreaktion aus.

Andererseits könnten Meerkatzen *intentionalen Systemen der ersten Ordnung* angehören, mit Meinungen und Wünschen, aber ohne Meinungen *über* Meinungen. Auf dieser Stufe geben Meerkatzen beispielsweise Leopardenalarmrufe, weil sie glauben, daß ein Leopard in der Nähe ist, oder weil sie wollen, daß andere auf die Bäume flüchten. Der Rufer muß keine Vorstellung vom Bewußtseinsstand seiner Zuhörerschaft haben, noch muß er den Unterschied zwischen seinen eigenen Meinungen und denen der anderen Tiere erkennen.

Es ist auch möglich, daß Meerkatzen *intentionale Systeme zweiter, dritter und noch höherer Ordnung* mit irgendeiner Konzeption sowohl von ihrem eigenen Bewußtseinsstand als auch dem anderer Individuen sind. Eine Meerkatze, die zu Intentionalität der zweiten Ordnung fähig ist, gibt einen Leopardenalarm, weil sie andere glauben machen will, ein Leopard sei in der Nähe. Auf den höheren und zunehmend barockeren Stufen kommen sowohl der Bewußtseinsstand des Signalgebers als auch der der Zuhörer ins Spiel. Auf der dritten Intentionalitätsstufe gibt eine Meerkatze einen Alarmruf, weil sie andere glauben machen will, sie wolle, daß diese in die Bäume flüchten. Man hat argumentiert, daß linguistische Kommunikation zumindest Intentionalität der dritten Ordnung bei Sprecher *und* Zuhörer erfordert (Grice 1957, 1969; Bennett 1976).

Menschen sind nahezu ›maßlos‹-intentionale Systeme. Unsere Rechtssysteme drehen sich um byzantinische Anstrengungen, Intentionen festzustellen, und unsere Wahlen enthüllen mit deprimierender Konsistenz, daß Politiker sich mehr darum kümmern, was andere denken (und was andere denken, was sie denken), als um den tatsächlichen Lauf der Ereignisse. Wie dem auch sei, es ist unwahrscheinlich, daß Menschen in ihrem täglichen Leben Stufen jenseits der dritten oder vierten Intentionalitätsordnung erklimmen (oder sich zu ihnen herablassen). Ob jedoch Tiere zu Intentionalität zweiter oder sogar dritter Ordnung fähig sind, ist ein heißumstrittenes Thema.

In Dennetts Schema schreibt Intentionalität der nullten Ordnung Meerkatzen überhaupt keinen Bewußtseinszustand zu. Sie bildet deshalb eine wichtige Null-Hypothese und gestattet uns, komplexere Kommunikation von relativ unflexiblen Reaktionen zu unterscheiden. Die Erklärungen von Kommunikation im Sinne von Intentionalität der Null-Ordnung sind für viele Tierarten vollkommen plausibel. Bei unserer Diskussion um referentielle und semantische Kommunikation ist es wichtig, daran zu erinnern, daß ein Individuum theoretisch »über« Aspekte seiner Umgebung kommunizieren kann – gemeint ist: auf eine funktional semantische Art und Weise – ohne irgendein Verständnis von der Wirkung seines Rufes auf seine Zuhörer.

Dagegen impliziert Intentionalität erster Ordnung, daß der Signalgeber das Verhalten seiner Zuhörer verändern will. Sie behauptet, daß die Signalgeber zwischen kommunizieren oder nichtkommunizieren »wählen« können, was beispielsweise davon abhängt, welche anderen Tiere in der Nähe sind. Beachten wir jedoch, daß Intentionalität der ersten Ordnung Grices Forderungen nach echter Kommunikation noch nicht erfüllt. Sie erfordert nicht, daß die Zuhörenden die Intention des Signalgebers erkennen, oder sogar, daß der Signalgeber irgendeine Vorstellung davon hat, was seine Zuhörer wissen oder nicht wissen. Intentionalität der ersten Ordnung fordert lediglich, daß der Signalgeber die Wirkung seines Rufes auf das *Verhalten* seiner Zuhörer erkennt; sie erhebt keinen Anspruch auf das, was ein Signalgeber über die Wirkung von Kommunikation im *Kopf* seiner Zuhörer weiß. Eine Meerkatze könnte zum Beispiel einfach gelernt haben, daß die Äußerung eines bestimmten Lautes andere veranlaßt, auf die Bäume zu flüchten, und sie könnte diesen Laut abgeben, um die vorausgesagte Reaktion auszulösen (Dennett 1983).

Ein qualitativer Wandel in der Natur der Kommunikation tritt auf der zweiten Stufe der Intentionalitätsordnung ein, der Stufe, auf der ein Signalgeber anderen mentale Verfassungen zuschreibt und kommuniziert, um nicht nur das Verhalten, sondern auch diese mentalen Verfassungen zu modifizieren. Höhere, mehr rekursive Stufen von Intentionalität sind einfach Vervollkommnungen des Systems zweiter Ordnung (Cargile 1979; Dennett 1983, 1987). Wie auch die Stufe zweiter Ordnung unterscheiden sich alle höheren grundsätzlich von Erklärungen der nullten und ersten Ordnung, weil sie verlangen, daß Individuen in der Lage sind, anderen mentale Verfassungen zuzuschreiben. Mehr noch, der Übergang von Intentionalität der ersten Ordnung zur zweiten hat für die beteiligten Tiere wichtige funktionelle Folgen. Beispielsweise wird es einen viel größeren Rahmen für Täuschung und Manipulation von Signalen geben, wenn Tiere nicht nur die Lauterzeugung modifizieren, sondern auch anderen Meinungen zuschreiben können.

Es ist noch nicht geklärt, ob Affen und Menschenaffen sich selbst oder anderen Bewußtseinszustände zuschreiben können; wir stellen diese Frage zurück und werden sie erst in Kapitel 8 detaillierter diskutieren. Hier konzentrieren wir uns auf die grundlegendere Frage, ob Meerkatzen und andere Tiere auch zu Intentionalität erster Ordnung fähig sind.

Beweise für willkürliches Signalisieren

Sind die Signale der Tiere überhaupt willkürlich? Wie wir in Kapitel 4 erwähnten, wird ein willkürliches Signal traditionell definiert als eines, dessen Abgabe nicht obligatorisch ist, aber dessen Auftreten in vorhersagbaren und angemessenen (oder adaptiven) Kontexten variiert werden kann. In einem Tier-Lernexperiment wäre zum Beispiel ein willkürliches Signal eines, das durch Konditionierung verstärkt oder gelöscht werden kann. Ein intentionales System der Null-Ordnung kann die Lauterzeugung, die von kontextuellen Variablen wie Anwesenheit von Zuhörern oder Erscheinen eines Verstärkers abhängt, nicht modifizieren. Seine Signale sind fixiert und obligatorische Reaktionen auf bestimmte Reizfolgen. Signale, die an einen gewissen Motivationszustand gebunden sind, sind per definitionem Systeme nullter Ordnung. Die blaue Farbe des Skrotums eines Meerkatzenmännchens kann nur in Fällen von schwerem physischen und psychischen Stress modifiziert werden. Dasselbe gilt für einige Lautsignale, wie etwa Schmerzensschreie. Eine Reihe von Beweisen läßt jedoch vermuten, daß viele der Lautsignale bei Meerkatzen einer gewissen willkürlichen Kontrolle unterstehen und daß Affen die Häufigkeit ihrer Signale entsprechend den Veränderungen im sozialen und physikalischen Umfeld variieren können.

Betrachten wir wiederum die Alarmrufe der Affen. Hier ist zuallererst hervorzuheben, daß es keine obligatorische Verkettung zwischen einem bestimmten Alarmruf und der mit ihm verbundenen Reaktion gibt. Obwohl Adleralarmrufe die Meerkatzen häufiger veranlassen, in den Himmel zu blicken, als Leopardenalarmrufe, reagieren Meerkatzen auf Adleralarmrufe nicht *immer* auf diese Weise. Sie können auch in ein Dickicht rennen oder von einem Baum herunterflüchten, wenn sie sich gerade dort aufhalten. Möglicherweise ignorieren sie auch den Ruf völlig. Entsprechend lösen Alarmrufe nicht immer andere Alarmrufe aus. In unseren Playback-Experimenten gaben die Tiere, die einen Alarm hörten, fast niemals selber Alarmrufe, auch wenn sie sogar durchweg die angemessenen Fluchtreaktionen zeigten (Seyfarth, Cheney und Marler 1980b). Also können Meerkatzen je nach den Umständen »wählen«, einen Alarmruf zu geben, ohne eine Fluchtreaktion zu zeigen, oder zu fliehen, ohne einen Ruf abzugeben.

Wir haben auch beobachtet, daß Meerkatzeneinzelgänger (in jedem Fall ein Männchen, das entweder zwischen Gruppen pendelte oder zeitweise von den anderen getrennt umherzog) keine Alarmrufe geben, wenn sie mit einem Raubfeind zusammentreffen. Im dramatischsten Beispiel fand einmal Phyllis Lee, die die Meerkatzen in den Jahren 1978 und 1979 studierte, das erwachsene Männchen Rosebery, als es allein auf zwei armseligen, auf einer kleinen Insel in der Mitte eines Sumpfes befindlichen Akazienbäumen Nahrung aufnahm. Der Rest von Roseberys Gruppe war ungefähr einen halben Kilometer entfernt. Offensichtlich hatte Rosebery nicht bemerkt, daß sich ein Leopard im Sumpf an ihn herangepirscht hatte, bis er plötzlich zu ihm in den Baum kletterte. Fast eine Stunde lang verfolgte der Leopard Rosebery durch die Bäume. Doch Rosebery war leichter und weit gewandter als der Leopard und konnte schließlich vom Baum herabspringen und durch den Sumpf entkommen. Was Phyllis am meisten verblüffte, war die völlige Stille bei dieser Jagd. In markantem Gegensatz zu einem Leopardenangriff auf eine Affengruppe, bei dem die Luft von lauten Alarmrufen vieler Individuen erfüllt ist, hatte sich hier alles lautlos abgespielt.

Dann wollten wir wissen, ob Affen ihr Alarmrufen in Abhängigkeit von der Anwesenheit von Zuhörern modifizieren können und führten in einem systematischeren Test Experimente mit vier Meerkatzengruppen in Gefangenschaft durch, die auf dem Gelände der Sepulveda Veterans Administration Hospital in Kalifornien lebten (Cheney und Seyfarth 1985b). Hier besteht jeder Gruppenkäfig aus einem Innen- und Außengehege, die durch einen Gang verbunden sind; so können sich einige Tiere zeitweise vom Rest der Gruppe separieren. In unseren Tests schlossen wir die meisten Innenkäfige der Gruppen und isolierten ein erwachsenes Weibchen entweder mit ihrem Kind oder mit einem nichtverwandten Jugendlichen ähnlichen Alters im Außengehege. Den beiden Tieren näherte sich dann die Raubfeindversion für Affen in Gefangenschaft, ein Veterinär in Chirurgenkittel und Maske und einem Netz in der Hand. Diese Nemesis (in Wirklichkeit Marc Hauser, seinerzeit ein Student) spazierte zu einem zuvor festgelegten Zeitpunkt um den Käfig herum und verschwand dann wieder. Als die erwachsenen Weibchen diesen Raubfeind sahen, gaben alle Alarmrufe – Rufe, die zumindest in unseren Ohren ähnlich klangen wie jene, die die Meerkatzen in Amboseli bei fremden, eventuell feindlich gesinnten Menschen wie den Männern vom Stamme der Massai geben. Die Weibchen gaben jedoch signifikant häufiger Alarm, wenn sie ihre Kinder bei sich hatten, als wenn sie mit nichtverwandten Jugendlichen zusammen waren. In einem anderen Experiment schlossen wir rangniedere erwachsene Männchen in Gesellschaft entweder eines Weibchens oder eines ranghohen Männchens draußen ein. In allen vier Fällen gaben die Männchen mehr Alarmrufe, wenn sie mit dem Weibchen und nicht mit dem dominanten Männchen zusammen waren (Cheney und Seyfarth 1985b).

Die Meerkatzen scheinen also die Häufigkeit ihrer Alarmrufe je nach ihrer Zuhörerschaft zu modifizieren. Was auch immer ihre Motivationsbasis ist, die Erzeugung von Alarmrufen geschieht nicht obligatorisch, sondern wird durch die Anwesenheit von Nachkommen, möglichen Geschlechtspartnern und ranghöheren Rivalen beeinflußt. Wie wir noch später in Kapitel 7 und 8 diskutieren werden, ist das Zurückhalten von Alarmrufen vielleicht eine effektive Methode, um andere zu täuschen, weil diese Art von »schwindeln« schwer aufzudecken ist. Und tatsächlich scheint Täuschung durch Signal-Verheimlichung bei Affen und Menschenaffen weit verbreitet zu sein.

Die Fähigkeit, Rufe in Gegenwart von sozialen Gefährten zu modifizieren, beschränkt sich nicht auf Affen. Bei einigen Erdhörnchenarten geben zum Beispiel Weibchen mit Kindern mehr Alarmrufe als jene ohne Kinder (z. B. Dunford 1977; Sherman 1977). Entsprechend geben Daunenspechte (*Picoides pubescens*), die auf einen Raubfeind treffen, keinen Alarmruf, wenn sie allein sind, wenn sie die einzigen Spechte sind, die in einer artengemischten Schar nach Nahrung suchen, oder wenn der einzige andere anwesende Specht demselben Geschlecht angehört. Wenn allerdings ein Daunenspecht des anderen Geschlechts in der Nähe ist, geben die Vögel sehr häufig Alarmrufe (Sullivan 1985). Die Möglichkeit, daß Verwandte Schaden nehmen könnten, scheint ebenfalls das Alarmrufverhalten zu beeinflussen. Patterson, Petrino-

Abb. 5.1: Die lauten Pant-hoots der Schimpansenmännchen locken andere Schimpansen zu früchtetragenden Bäumen. Männchen scheinen ihre Rufhäufigkeit nach der Reichhaltigkeit der Ressource zu variieren. Foto von Richard Wrangham.

vich und James (1980) konfrontierten brütende Weißhaubensperlinge (*Zenotrichia leucophrys*) entweder mit einer Schlange, einem Habichtvogel, einem Eichelhäher oder einem Spatzen. Sie stellten fest, daß Sperlingspaare die meisten Alarmrufe bei einer Schlange gaben, wenn sie Nestjunge hatten, aber die meisten Alarmrufe bei einem Habichtvogel und Eichelhäher, wenn die Jungen flügge waren. Junkos (amerik. Sperlingsvögel) lösten während aller Stadien des Brutzyklus wenig Reaktionen aus. Also korrelierten das Reaktionsmuster und der Reaktionsgrad mit der Gefährdung der Nachkommenschaft und der Raubfeindklasse.

Alarmrufe sind nicht die einzigen Lautsignale, die einer Modifikation unterliegen. Hausspatzen (*Passer domesticus*) modifizieren die Häufigkeit, mit der sie Futterrufe geben, offensichtlich nach der Teilbarkeit des Futterangebots (Elgar 1986). Am Gombe in Tansania stoßen männliche Schimpanseneinzelgänger, die auf einen früchtetragenden Baum treffen, manchmal laute Pant-hoots (japsende Kontaktlaute) aus, die andere zu dem Platz locken (Abb. 5.1). Die Wahrscheinlichkeit, daß die Männchen rufen werden, korreliert direkt mit der Menge von Früchten; Männchen, die nur auf eine geringe Menge von Früchten stoßen, rufen weniger wahrscheinlich als jene, die auf mehr Früchte treffen, als ein Tier fressen kann (Wrangham 1975, 1977). Entsprechend gaben Schimpansenmännchen in Gefangenschaft, die ein Bündel Pflaumen verschiedener Größe erhielten, am heftigsten Grunzer bei der größten Anzahl von Pflaumen, am wenigsten bei der geringsten Pflaumenanzahl und eine mittlere Grunzeranzahl bei einer mittleren Pflaumenmenge (Hauser und Wrangham 1987).

In einem expliziten Test über die Einflüsse des sozialen Kontexts auf die Lauterzeugung konfrontierten Marcel Gyger, Steve Karakashian und Peter Marler (1986; siehe auch Karakashian, Gyger, und Marler 1988; Marler, Karakashian und Gyger 1990) männliche Hühner (*Gallus gallus*) mit einer Silhouette eines Habichtvogels, der an einem Draht über dem Käfig der Vögel »flog«, einer Wiederholung der klassischen Experimente von Tinbergen (1951). Die Hähne gaben fast keine Alarmrufe, wenn sie allein waren, und signifikant häufiger in Gegenwart eines anderen Männchens oder Weibchens. Mehr noch, dieser »Zuhörer-Effekt« war arten- oder vielleicht größenspezifisch: Hähne, die mit einer Weißkehlwachtel zusammen waren, gaben nicht mehr Alarmrufe, als wenn sie allein waren. Auch bei Hähnen war das Alarmrufen offensichtlich nicht einfach eine Reflexreaktion, sondern wurde dem sozialen Kontext angepaßt.

Handelten die Hähne in der Absicht, ihre Zuhörer zu informieren und die *Meinungen* ihrer Zuhörerschaft zu ändern? Nicht unbedingt. Die Hähne gaben ebenso häufig Alarm, ungeachtet dessen, ob die Hennen den Raubfeind sehen konnten oder nicht. Dies läßt vermuten, daß sie ihren Zuhörern weder Ignoranz noch ein Gefahrenbewußtsein zuschrieben (Karakashian, Gyger und Marler 1988; Marler, Karakashian und Gyger 1990). Ähnlich verhielt es sich, wenn eine Trennwand so errichtet wurde, daß nur die Hennen, nicht aber die Hähne den Raubfeind sehen konnten. Die Hähne zeigten keine Alarmreaktion, selbst wenn die Hennen auszuweichen versuchten, indem sie flohen und sich duckten (Gyger, Karakashian und Marler 1986). Offensichtlich erkannten die Hähne nicht, daß die Fluchtreaktionen der Hennen Gefahr signalisierten; sie schlugen nur Alarm, wenn sie selbst den Raubfeind sehen konnten. In Kapitel 8 diskutieren wir einige ähnliche Experimente, die erforschen, inwieweit Affen ihre Alarmrufe anpassen, und zwar je nachdem, ob ihre Zuhörer die Gefahr ignorieren oder nicht.

Es gibt also Beweise, daß Hühner, Meerkatzen und viele andere Tiere ihre Rufe je nach ihrer Zuhörerschaft modifizieren. Durch diese Ergebnisse müssen wir eine Erklärung, die auf Intentionalität der Null-Ordnung basiert, zurückweisen und die Tiere zumindest als intentionale Systeme der ersten Ordnung beschreiben. Mit anderen Worten, viele Arten scheinen die Verbindung zwischen einem bestimmten Laut und einem bestimmten Fluchtverhalten zu erkennen, und sie machen Gebrauch von diesem Wissen, um das Verhalten anderer zu verändern.

Gleichzeitig erfordert keine der Verhaltensweisen, die wir beschrieben haben, die Zuordnung von Bewußtseinszuständen, die für intentionale Erklärungen zweiter, dritter oder höherer Ordnung aufgestellt wurden. Keines der Ergebnisse beweist zum Beispiel, daß ein Meerkatzenmännchen das, was seine Zuhörerschaft denkt, mit dem, was sie *tut*, vergleicht oder daß es seine Laute diesen Zuordnungen anpaßt. Ob Hähne den Unterschied zwischen ihrem eigenen Wissen und dem Wissen anderer erkennen und ihnen deshalb eine *Absicht* zu kommunizieren nachgesagt werden kann, erscheint zweifelhaft. Ob Affen oder Menschenaffen bessere Gedankenleser sind als Hühner, bleibt offen; wir werden das Thema in Kapitel 8 diskutieren.

Die eindrucksvollsten Beispiele über willkürliche Lauterzeugung und Lautunterdrückung kommen von Schimpansen, was nicht überrascht. Es gibt in der Tat sogar einige Belege, daß Schimpansen erkennen, wie Lärm produziert wird, und aktiv Maßnahmen ergreifen, um ihn zu kontrollieren.

Freilebende Schimpansen am Gombe-Strom durchstreifen von Zeit zu Zeit die Randbereiche ihrer eigenen und der benachbarten Gruppengebiete. Diese Patrouillen bergen Gefahren, denn wenn Männchen aus einer Nachbargruppe eine Patrouille entdecken, kann es zu einem aggressiven Konflikt kommen, bei dem Tiere verletzt oder sogar getötet werden können. Jane Goodall beschreibt diese Patrouillen und kommentiert: »Der vielleicht verblüffendste Aspekt dieses Patrouillenverhaltens ist das Schweigen der Teilnehmer. Sie vermeiden, auf trockene Blätter zu treten und mit Pflanzen zu rascheln. Bei einer Gelegenheit wurde das ›Stillschweigen‹ mehr als drei Stunden gewahrt. Ein Männchen zeigt vielleicht sein Imponiergehabe und trommelt dabei auf einen Baumstamm, aber er stößt keine Pant-hoots aus. Weibchen unterdrücken Kopulationslaute, und wenn ein Jungtier versehentlich einen Laut abgibt, wird er oder sie möglicherweise zurechtgewiesen. Wenn dagegen umherstreifende Schimpansen wieder in vertraute Gegenden zurückkehren, kommt es häufig zu einem Ausbruch mit lauten Rufen, Trommelshows, Schleudern von Felsgestein und sogar einigen Jagereien und sanften Aggressionen zwischen Individuen.« (1986, S. 490–91)

Goodall beobachtete, daß Jugendliche und Kinder, die während der Patrouillen Laute abgeben oder einen Schluckauf haben, manchmal so lange geschlagen oder umarmt werden, bis sie still sind. Selbst ein menschlicher Verfolger, der auf einen Stock tritt, kann bedroht werden. Die Schimpansen verhalten sich so, als ob sie die Notwendigkeit zu schweigen begreifen, ja sogar die Ursachen für Lärm. Auch bei aggressiven Interaktionen innerhalb der Gruppen bringen Mütter gelegentlich ihre Kinder zum Schweigen, indem sie ihnen die Hände auf den Mund legen (de Waal 1986b).

Was der Ruf eines Affen einem anderen Affen sagt

David Premack (1976, 1983b) benutzte ein künstlich hergestelltes Lexikon aus Plastikchips, um die Kommunikation und Intelligenz bei Schimpansen zu erforschen. Die Chips waren unterschiedlich geformte Plastikstücke, die auf einer magnetischen Tafel angeordnet werden konnten. Ein Chip konnte ein Objekt repräsentieren, wie zum Beispiel einen *Apfel*, oder ein Konzept, wie zum Beispiel *gleich, verschieden* oder *Name von*. Auch konnte er für eine mehr abstrakte Beschreibung wie *Farbe* stehen. Um zu testen, ob die Tiere die Bedeutung dieser Symbole wirklich verstanden, sollte die Schimpansin Sarah zuerst die Merkmale eines echten Apfels beschreiben. War er rot? War er rund? Hatte er einen Stiel? Dann wurden Sarah dieselben Fragen für das Symbol für Apfel gestellt, in diesem Fall ein blaues Dreieck. Entsprechend zeigte man Sarah das Symbol für ein Karamelbonbon und fragte sie, ob es eine Würfel- oder Scheibenform habe, weiß oder braun, glatt oder schrumpelig sei. In jedem Fall gebrauchte sie dieselben Merkmale, sowohl um das Objekt als auch das entsprechende Zeichen zu kennzeichnen. Beispielsweise beschrieb sie das blaue Dreieck als rot und rund. Dann drehte Premack die Frage um und bat Sarah, mit einem Objekt zu beginnen und dann den Namen für das Objekt zu beschreiben. Wenn ihr beispielsweise ein Apfel vorgelegt wurde, antwortete Sarah richtig, daß das Zeichen für dieses Objekt dreieckig und nicht rund, blau und nicht grün und klein, aber nicht groß sei (Premack 1976).

In einer ähnlichen Reihe von Experimenten brachten Sue Savage-Rumbaugh, Diane Rumbaugh, Steven Smith und Janet Lawson (1980) zwei Schimpansen, Sherman und Austin, als erstes bei, verschiedene Objekte zwei Gruppen zuzuordnen: Nahrungsmitteln und Werkzeugen. Dann lernten die Schimpansen, jedes Objekt zu bezeichnen, indem sie eine Leuchttaste auf dem Computer drückten, die das Symbol für Nahrungsmittel oder Werkzeug darstellte. Im nächsten Experiment lernten Sherman und Austin Fotografien von Objekten zu bezeichnen, indem sie auf das entsprechende Symbol zeigten. Im vierten und letzten Experiment lernten sie, die Symbole selbst zu bezeichnen. Als ihnen zum Beispiel das Symbol für *Süßkartoffel* gezeigt wurde, ein Symbol, mit dem sie niemals vorher getestet worden waren, gaben die Schimpansen ganz richtig *Nahrungsmittel* an, indem sie die Computertaste mit dem Symbol für Nahrungsmittel drückten. Wenn ihnen das Symbol für *Schraubenschlüssel* dargeboten wurde, drückten die Schimpansen das Symbol für *Werkzeug*.

Wann hört ein Plastikteil (oder ein unsinniges Symbol auf einer Computertastatur oder die geräuschvollen Laute, die ein anderer Affe macht) auf, ein Plastikteil zu sein, und wird zu einem Wort (Premack 1976)? Premack behauptet, daß diese Transformation passiert, wenn die dem Symbol zugeschriebenen Eigenschaften nicht diejenigen des Plastikteils, sondern diejenigen des Objekts sind, das es kennzeichnet. Es gibt nichts an einem blauen Dreieck, was einem Schimpansen helfen könnte zu erraten, daß es *Apfel* bedeutet, oder an einem unsinnigen Symbol auf einer Computertastatur, was einen Hinweis gibt, ob es ein Nahrungsmittel oder ein Werkzeug repräsentiert (Savage-Rumbaugh u. a. 1980).

Andererseits ist es noch nicht klar, ob die geräuschvollen Laute, die wir einen *Leopardenalarmruf* genannt haben, in den Köpfen der Meerkatzen ein Wort darstellen. Es gibt wahrlich nichts an den akustischen Eigenschaften eines Leopardenalarmrufs (siehe Abb. 4.4), was sich zweifelsfrei entweder auf einen Leoparden oder auf eine bestimmte Fluchtstrategie bezieht. Die Leopardenalarmrufe der Meerkatzen klingen zum Beispiel nicht wie die Laute von Leoparden. Die Rufe der Affen sind keine Lautmalerei. Gleichzeitig beweisen die verschiedenen Reaktionen der Meerkatzen auf verschiedene Alarmrufe (oder verschiedene Grunzer) nicht per se, daß Meerkatzen Beziehungszusammenhänge wie »Leopardenalarme stehen für Leoparden« verstehen. Die Affen wurden nicht, wie in Premacks Experiment, mit einem Ruf konfrontiert und aufgefordert, eine Merkmalsanalyse seines Bezugsobjekts vorzunehmen. Noch sollten sie, wie in Savage-Rumbaughs Experiment, Zeichen nach der funktionalen Ähnlichkeit ihrer Bezugsobjekte klassifizieren.

Da solche Daten fehlen, wird manchmal behauptet, die Bedeutung tierischer Signale leite sich nicht von irgendeinem Beziehungszusammenhang mit einem bestimmten Objekt oder Ereignis ab, sondern stelle statt dessen eine direkte Funktion ihrer akustischen Eigenschaften dar. Morton (1977) bemerkt, daß viele Vögel und Säugetiere harsche Niedrigfrequenzrufe geben, wenn sie aggressiv reagieren, und mehr tonale Rufe von höherer Frequenz, wenn sie Angst haben oder sich freundschaftlich verhalten. Morton argumentiert, daß es vorhersagbare »motivational strukturierte Regeln« gibt, die die Motivation eines Rufers und die physikalische Struktur seines Lautes verknüpfen, und daß die Tiere diese Regeln gebrauchen, um die Bedeutung eines Rufes von seinen akustischen Eigenschaften herzuleiten.

Ein Gegenargument wäre, daß ein und derselbe Raubfeind Laute auslösen kann, die akustisch ganz unterschiedlich sind. Zum Beispiel lösen Leoparden bei Meerkatzenmännchen lange, niedrigfrequente Bell-Laute aus und kurze, hochfrequente Zirper bei den Weibchen (siehe Abb. 4.4; Kapitel 4). Trotz der unterschiedlichen akustischen Eigenschaften der Rufe reagieren Meerkatzen auf beide Laute gleich, was nahelegt, daß die Affen die Rufe nach ihren Bezugsobjekten und nicht nach ihren akustischen Eigenschaften klassifizieren.

Und ähnlich: obwohl Rhesusaffen als auch Schweinsaffen akustisch unterschiedliche Schreie bei verschiedenen sozialen Interaktionstypen geben (Kapitel 4), korreliert bei beiden Arten derselbe Interaktionstyp mit akustisch anderen Rufen. Bei Kämpfen mit echtem physischen Kontakt sind die Schreie der Schweinsaffen tonal, während Rhesusschreie geräuschartig sind (Gouzoules, Gouzoules und Marler 1984; Gouzoules und Gouzoules 1989). Wieder einmal gibt es keine konsistente Beziehung zwischen der Motivation eines Rufers und der physikalischen Struktur seines Rufes.

Und schließlich können verschiedene soziale Umfeldbedingungen akustisch ähnliche Rufe hervorrufen. Die vier Grunzer der Meerkatzen, die physikalisch sehr ähnlich sind, werden jedoch unter sehr verschiedenen Bedingungen gegeben und rufen meßbare, wenngleich nur leicht andere Reaktionen hervor (Kapitel 4). Offensichtlich leiten Affen die Bedeutung eines Rufes nicht allein von seiner physikalischen Struktur ab.

Eine Methode herauszufinden, wie Affen die Bedeutung von Rufen bewerten, ist zu untersuchen, wie sie Rufe klassifizieren, deren akustische Struktur verschieden ist. Wenn zwei Rufe normalerweise in ähnlichen sozialen Kontexten gegeben werden, werden sie dann, auch wenn sie sehr verschieden klingen, gleich behandelt?

Um zu erforschen, wie Meerkatzen ihre Laute klassifizieren, entwarfen wir eine Reihe von Playback-Experimenten, die die Fähigkeit der Affen testeten, Informationen über die Verläßlichkeit eines bestimmten Signalgebers von einem Ruftyp zu einem anderen zu transferieren. In diesen Experimenten spielten wir wiederholt Aufnahmen vom Intergruppenruf oder Alarmruf eines Individuums, und zwar nur wenn keine andere Gruppe bzw.

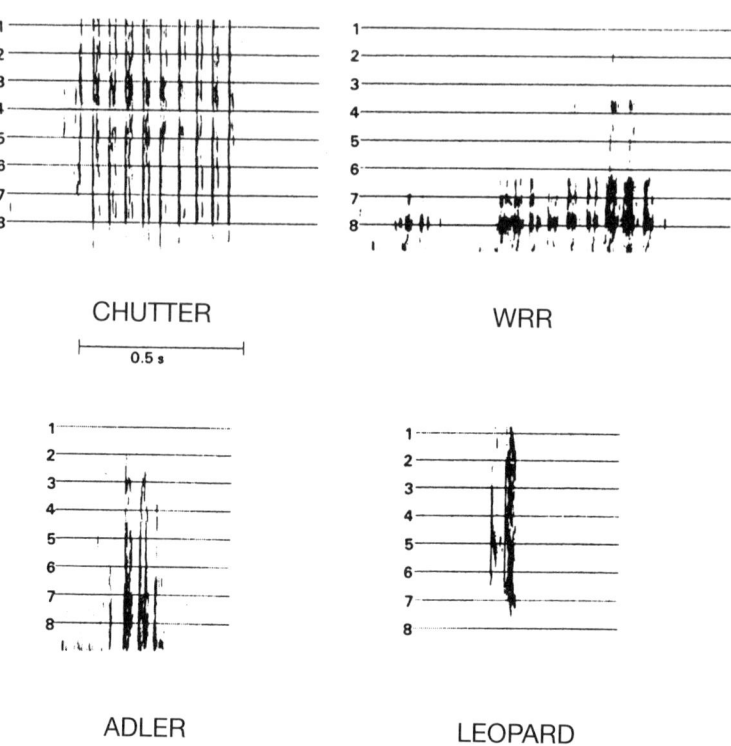

CHUTTER   WRR

|——————————|
   0.5 s

ADLER   LEOPARD

Abb. 5.2: Sonagramme von Chutter- und *Wrr*-Lauten, die das erwachsene Weibchen Snickers gab, und Alarmrufe auf Adler und Leoparden, die das erwachsene Weibchen Amin ausstieß. Mit freundlicher Genehmigung aus Cheney und Seyfarth 1988.

kein Raubfeind anwesend war, bis sich unsere Studienobjekte an den Ruf gewöhnt hatten. Dann testeten wir, ob die Tiere ihre Gewöhnung an akustisch unterschiedliche Rufe, deren Bezugsobjekte dem als Gewöhnungsreiz verwendeten Ruf entweder ähnlich oder verschieden waren, transferierten.

Bei der ersten Versuchsreihe benutzten wir zwei verschiedene Rufe, die von weiblichen und jugendlichen Meerkatzen zu Mitgliedern anderer Gruppen gegeben werden: Ein Chutter und ein *Wrr*, ein langer, lauter trillernder Ruf, der in Kapitel 3 beschrieben wurde. Obwohl sich die Rufe akustisch unterscheiden (Abb. 5.2), kommt jeder nur in Anwesenheit einer anderen Gruppe vor (Struhsaker 1967a, Cheney und Seyfarth 1982b). *Wrrs* werden normalerweise gegeben, wenn eine Nachbargruppe erstmals ausgemacht

Abb. 5.3: Die erwachsenen Weibchen Carlyle und Acton schließen sich eng mit ihren Kindern zusammen, kurz nachdem Carlyle eine Nachbargruppe erspäht und ein *Wrr* abgegeben hat.

wird (Abb. 5.3). Sie scheinen sowohl die Gruppenmitglieder des Rufers als auch die Mitglieder der anderen Gruppe zu alarmieren, daß die andere Gruppe gesehen wurde. Bei über 45 Prozent aller Intergruppenbegegnungen kommt es nur zum Austausch von *Wrrs*; andere jedoch eskalieren in aggressiven Drohungen, Jagereien und sogar physischem Kontakt (Abb. 5.4; Kapitel 2). Wenn Gruppen unter diesen aggressiveren Bedingungen zusammentreffen, geben Weibchen und Jugendliche häufig das akustisch andere Chutter (Cheney und Seyfarth 1988). Das Chutter scheint ein Ruf von größerer Intensität zu sein als das *Wrr*. Obgleich nur 40 Prozent aller *Wrrs* während aggressiver Interaktionen mit Angehörigen anderer Gruppen gegeben werden, sind es in diesem Kontext über 95 Prozent aller Chutters.

Auch wenn *Wrrs* und Chutters annähernd ähnliche externe Bezugsobjekte haben, treten sie deshalb doch nicht immer simultan oder in genau demselben Kontext auf. Das wirft eine Frage auf: Wenn Acton zum Beispiel immer wieder Carlyles Intergruppen-*Wrr* hört, wo doch keine andere Gruppe zugegen ist, und Acton aufhört, auf den Ruf zu reagieren, wird sie dann auch aufhö-

Abb. 5.4: Die Mitglieder der Gruppen A und B drohen und jagen einander während einer aggressiven Intergruppenbegegnung. Bei solchen Interaktionen geben die Weibchen häufig Chutter-Laute.

ren, auf Carlyles Chutter zu reagieren? Wenn die beiden Rufe ähnliche Bedeutungen besitzen und wenn Affen die Bedeutung nutzen, um die Beziehung zwischen Rufen zu bewerten, dann sollte die Gewöhnung an *Wrrs* auch die Gewöhnung an Chutters erzeugen. Wenn andererseits Affen irgendein anderes Merkmal benutzen (wie die akustischen Eigenschaften der Rufe), um die Ähnlichkeit oder den Unterschied zwischen Rufen zu beurteilen, dann sollten diese Merkmale und nicht die Bezugsobjekte der Rufe bestimmen, ob Acton, nachdem sie ihre Reaktionen auf Carlyles *Wrr* eingestellt hat, auch deren Chutter ignoriert.

Für die Durchführung unserer Experimente liehen wir uns eine Methode, die bei Untersuchungen an menschlichen Kindern im vorsprachlichen Alter erfolgreich angewandt wurde (z. B. Eimas u. a. 1971). Am ersten Tag wurde einem Tier zur Kontrolle das Chutter eines bestimmten Weibchens vorgespielt, um den Richtwert für die Reaktionsstärke eines Versuchstieres auf diesen spezifischen Laut festzusetzen. Am zweiten Tag hörte dann das Versuchstier das *Wrr* desselben Weibchens achtmal in Intervallen von zirka

20 Minuten. Weil zu dieser Zeit keine andere Gruppe zugegen war, prophezeiten wir, daß das Versuchstier dieses *Wrr* eines Weibchens bald als ein nichtverläßliches Signal betrachten und seine Reaktionen einstellen werde. Schließlich, etwa 20 Minuten nach dem letzten Playback in dieser Gewöhnungsreihe, hörte das Versuchstier das Chutter des Weibchens noch einmal (die Testbedingung). Die Reaktionsabnahme zwischen Kontroll- und Testbedingungen gab den Grad an, in dem das Versuchstier den Gewöhnungs- und Testreiz als identisch beurteilte. Eine große Abnahme zeigte an, daß das Versuchstier die beiden Rufe als gleich betrachtete. Wenn also das Versuchstier seine Reaktion auf das *Wrr* von Y einstellen und *Wrrs* und Chutters ungefähr gleichbedeutend behandeln würde, müßte es auf die Chutter von X, die der Gewöhnung an die *Wrrs* von X folgten, viel weniger stark reagieren als am Tag davor.

Da Meerkatzen zweifellos die Identität des Signalgebers berücksichtigen, wenn sie auf Rufe hören (siehe Kapitel 3 und 4), wollten wir auch feststellen, ob Versuchstiere etwa die Gewöhnung von einem Individuum zu einem anderen transferieren? Folglich variierten wir in einer zweiten Versuchsreihe das Testverfahren, indem wir die Rufe zweier Individuen abspielten. Am ersten Tag setzten wir die Richtwerte nach der Reaktionsstärke eines Versuchstieres auf das Chutter von Y fest. Am zweiten Tag spielten wir dann demselben Tier achtmal das *Wrr* von X vor. Nachdem sich das Versuchstier an Xs *Wrr* gewöhnt hatte, wurde dann getestet, ob es sich auch an Ys Chutter gewöhnt hatte.

Ein dritter Test untersuchte, ob Meerkatzen die Gewöhnung auch transferieren würden, wenn die Identität des Signalgebers dieselbe bliebe, aber das *Bezugsobjekt* des Rufes verändert werden würde. Deshalb wiederholten wir das für die ersten Reihen beschriebene Verfahren, benutzten jedoch als Reize Leoparden- und Adleralarmrufe anstatt *Wrrs* und Chutters. Also spielten wir am ersten Tag Adler-(oder Leoparden-)Alarmruf von X vor. Am folgenden zweiten Tag wurden sie achtmal dem Leoparden-(oder Adler-)Alarmruf von X ausgesetzt und dann, noch einmal, dem Adler-(oder Leoparden-)Alarmruf von X. Um schließlich zu bestimmen, ob sich die Versuchstiere sowohl an die Individuen als auch an die Ruftypen gewöhnen, testeten wir, ob die Gewöhnung an den Adler-(oder Leoparden-)Alarmruf von X die Tiere veranlassen würde, sich an den Leoparden-(oder Adler-)Alarmruf von Y zu gewöhnen.

Die Ergebnisse lieferten klare Beweise, daß Meerkatzen verschiedene Rufe auf der Basis ihrer Bedeutung vergleichen und nicht nur nach ihren akustischen Eigenschaften. In allen Versuchen gewöhnten sich die Versuchstiere

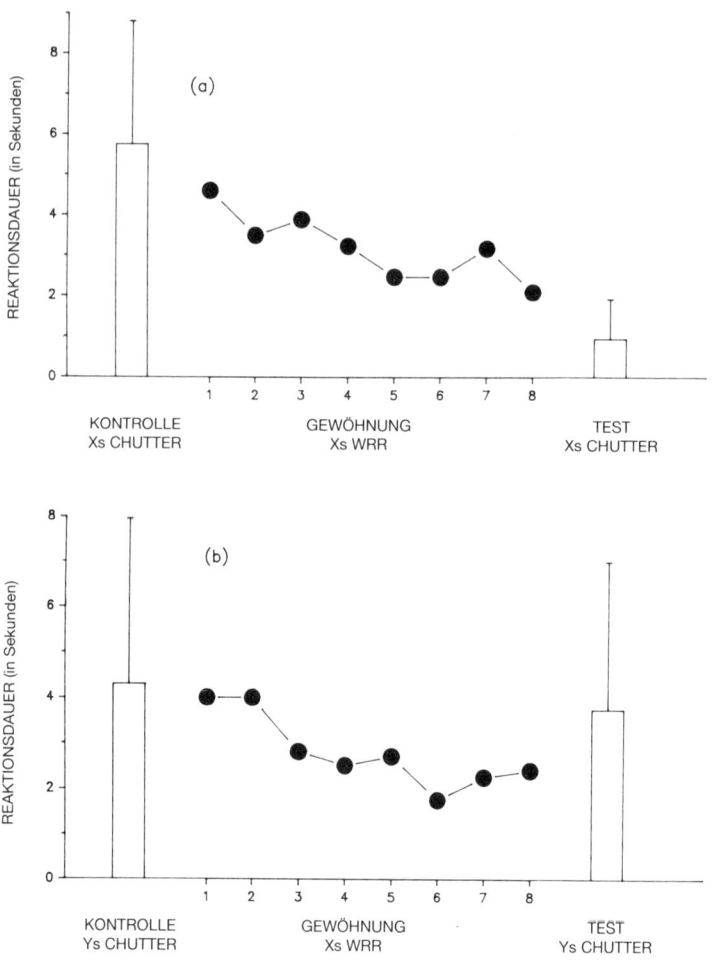

Abb. 5.5: Ergebnisse der Gewöhnungstests, die Wrrs und Chutters und Leoparden- und Adleralarme vergleichen. a: Die Reaktionsdauer (in Sekunden) von 10 Versuchstieren auf das Playback eines Intergruppen-Chutter eines bestimmten Individuums, nachdem sie wiederholt dem Wrr desselben Individuums (Test) ausgesetzt waren, im Vergleich zu den Reaktionen der Tiere auf dasselbe Chutter ohne vorangegangene Darbietungen (Kontrolle). Die Histogramme zeigen Mittelwerte und Standardabweichungen für alle Versuchstiere. Die durchschnittliche Reaktionsdauer der Tiere während der 8 Gewöhnungsversuche wird auch gezeigt. Die Versuchstiere reagierten signifikant kürzer auf die Testrufe als

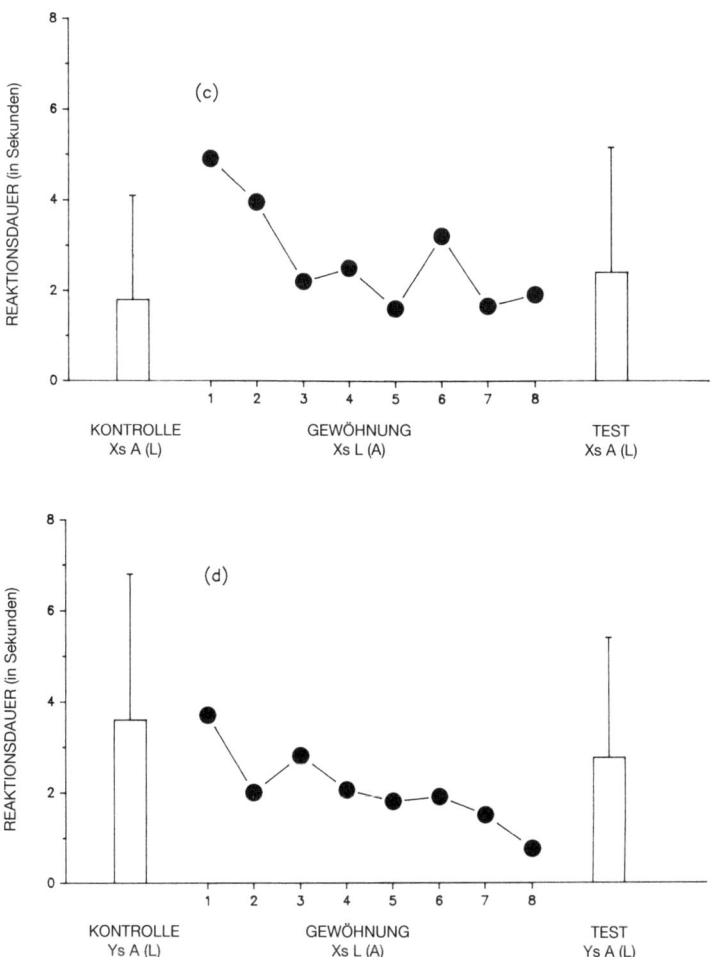

auf die Kontrollrufe (zweiseitiger Wilcoxon-Test, P < 0.01). b: Die Ergebnisse für 10 Versuchstiere, die mit dem Chutter eines Individuums getestet wurden, nachdem sie wiederholt dem Wrr eines *anderen* Individuums ausgesetzt waren. c: Die Ergebnisse für 9 Versuchstiere, die mit dem Adler-(oder Leoparden-)Alarm getestet wurden, nachdem sie wiederholt dem Leoparden-(oder Adler-)Alarm ausgesetzt waren. d: Ergebnisse für 9 Tiere, getestet mit dem Adler-(oder Leoparden-)Alarm eines Individuums, nachdem sie wiederholt dem Leoparden-(oder Adler-)Alarm eines *anderen* Individuums ausgesetzt waren. A = Adleralarm; L = Leopardenalarm. Entnommen aus Cheney und Seyfarth 1988.

rasch an die wiederholte Darbietung desselben Lautes. Und wenn ihnen dann die *Wrrs* und Chutters, zwei akustisch unterschiedliche Rufe mit ungefähr demselben Bezugsobjekt, desselben Individuums präsentiert wurden, transferierten sie die Gewöhnung über diese verschiedenen Ruftypen. Mit anderen Worten, wenn sich ein Tier an das Intergruppen-*Wrr* von X gewöhnt hatte, dann hörte es auch auf, auf das Intergruppen-Chutter von Y zu reagieren (Abb. 5.5a).

Wenn allerdings den Versuchstieren zwei Rufe mit verschiedenen Bezugsobjekten vorgespielt wurden, transferierten sie die Gewöhnung *nicht* über die Ruftypen (Abb. 5.5c). Wenn ein Tier gelernt hatte, daß X unzuverlässig ist, wenn es über Leoparden signalisiert, reagierte es dennoch mit normaler Stärke auf Xs Adleralarme .

Gewöhnung wurde auch dann nicht transferiert, wenn die Rufe dasselbe Bezugsobjekt hatten, aber von zwei verschiedenen *Individuen* gegeben wurden (Abb. 5.5b). Auch wenn ein Versuchstier seine Reaktion auf das *Wrr* von X eingestellt hatte, löste das Chutter von Y noch dieselbe Reaktion aus, wie es unter normalen Bedingungen der Fall gewesen wäre.

Und schließlich wurde, wie man vermuten könnte, die Gewöhnung auch nicht transferiert, wenn zwei Rufe sowohl verschiedene Bezugsobjekte hatten als auch von verschiedenen Individuen stammten (Abb. 5.5d). Die Gewöhnung an den Adleralarm von X hatte keine Wirkung auf die Reaktionsstärke bei Leopardenalarmrufen von Y.

Verglichen mit unseren früheren Experimenten über Alarmrufe und Grunzer, stellen diese Tests die Frage nach Bedeutung und Bezug direkter, weil sie die Tiere auffordern, zwei Laute zu vergleichen (das heißt, eine gleich-ungleich Bewertung zwischen ihnen vorzunehmen) und die Kriterien preiszugeben, die sie bei ihrem Vergleich anwenden. Wie Menschen (z. B. Yates und Tule 1979) scheinen Meerkatzen, Laute nach einer Abstraktion – nämlich ihrer Bedeutung –, und nicht nur nach ihrer physikalischen Ähnlichkeit zu verarbeiten. Die Tatsache, daß die Tiere Gewöhnung nicht transferierten, wenn der Ruf eines anderen Tieres abgespielt wurde, läßt vermuten, daß sie sowohl die Bedeutung des Signals als auch die Identität des Signalgebers berücksichtigen, wenn sie auf einen Ruf hörten.

Man könnte argumentieren, daß Meerkatzen die Gewöhnung von einem Alarmruftyp auf einen anderen nicht transferierten (gemeint sind Rufe mit jeweils anderen Bezugsobjekten), weil Alarmrufe einfach zu kostbar sind, um sie zu ignorieren. Wenn das jedoch zuträfe, hätten die Affen für die Gewöhnung an die wiederholte Darbietung desselben Alarmrufes mehr Zeit brauchen müssen als für die Gewöhnung an die wiederholte Darbietung desselben Intergruppenrufes. Das war nicht der Fall. Die Gewöhnung an Alarm- und Intergruppenrufe trat gleich häufig auf (vergleiche die Gewöhnungskurven der Abb. 5.5a–d).

Man könnte auch einwenden, daß unsere Ergebnisse nicht die Bewertungen der Bezugsobjekte zweier Rufe widerspiegeln, sondern statt dessen eine Form des *sensorischen Präkonditionierens* anzeigen, eines Prozesses, durch den zwei Reize auf Grund ihrer früheren zeitlichen Verknüpfung als gleich behandelt werden (z. B. Brogden 1939; Jacobson und Premack 1970). Bei dieser Erklärung würden Intergruppen-*Wrrs* und -*Chutters* als gleich bewertet werden, nicht weil sie gleiche Bezugsobjekte haben, sondern weil sie normalerweise zusammen gehört wurden. Wenn also Individuen verschiedene Intergruppenrufe häufig in schneller Folge gäben, würden sich die Versuchstiere weit eher an Versuche gewöhnen, die denselben Signalgeber betreffen. Dagegen würden Alarmrufe auf Leoparden und Adler verschieden bewertet, weil sie selten in enger zeitlicher Verknüpfung aufträten.

Zweifellos werden alle Rufe (einschließlich menschlicher Worte), die annähernd synonym sind, mit der Zeit zu einer engeren Verknüpfung tendieren als Rufe mit verschiedenen Bezugsobjekten. Nichtsdestotrotz sollte betont werden, daß es keine durchgängige zeitliche Verknüpfung zwischen *Wrrs* und *Chutters* gab. Während des Zeitraums, in dem wir die Playback-Experimente durchführten, traten *Wrrs* und *Chutters* nur in 27 Prozent aller Intergruppenbegegnungen zusammen auf. Außerdem wurden sie gewöhnlich von verschiedenen Individuen gegeben; nur in 3 Prozent aller Begegnungen wurden die Rufe von demselben Individuum gegeben. Angesichts ihrer ziemlich lockeren zeitlichen Verknüpfung erscheint es unwahrscheinlich, daß *Wrrs* und *Chutters* einzig wegen ihrer zeitlichen Verknüpfungen als gleich bewertet wurden. Wenn ferner sensorische Präkonditionierung aufgetreten wäre, hätten die Ergebnisse *entgegengesetzt* zu unseren tatsächlichen Ergebnissen ausfallen müssen. Da *Wrrs* und *Chutters* häufiger von verschiedenen Individuen gegeben wurden, müßten die Versuchstiere die Gewöhnung vom *Wrr* eines Individuums auf das *Chutter* eines anderen transferiert haben, aber nicht über die *Wrrs* und *Chutters* von ein und demselben Individuum.

Mit einem Wort, wenn eine Meerkatze eine andere rufen hört, scheint sie eine mentale Repräsentation von der Bedeutung des Rufes zu entwickeln. Und wenn sie kurz darauf einen zweiten Ruf hört, werden die beiden Rufe eher auf der Basis ihrer Bedeutung als nur nach ihren akustischen Eigenschaften verglichen.

Was Affen über die Alarmrufe
anderer Arten wissen

In den Experimenten, die wir soeben beschrieben haben, behandelten Meerkatzen *Wrr-* und Chutter-Laute, ungeachtet ihrer unterschiedlichen akustischen Eigenschaften, als annähernd synonym. Wenn diese Interpretation richtig ist, müßte man andere Rufbeispiele finden, die die Affen auf der Basis einer gemeinsamen Bedeutung als ähnlich beurteilen.

Wenn Meerkatzen auf Laute entsprechend den Objekten und Ereignissen reagieren, die diese bezeichnen, könnten wir von den Affen erwarten, daß sie sich für die Breite spezifischer Eigenarten ihrer Bezugsobjekte, dargestellt durch unterschiedliche Rufe, sensibel zeigen, was vielleicht von größerer Bedeutung wäre. In unserer eigenen Sprache gebrauchen wir zum Beispiel Worte mit sehr spezifischen Bedeutungen (oder genau definierten Bezugsobjekten) wie *Gottesanbeterin, Taschenrechner* oder *Schokoladeneisbecher.* Auch benutzen wir Worte wie *Insekt, Ding* oder *Nahrung*, die sich auf eine viel breitere Objektklasse beziehen und folglich allgemeinere Bedeutungen besitzen. Wir berücksichtigen diese Unterschiede, indem wir Bewertungen hinsichtlich der Austauschbarkeit vornehmen. Manchmal können Gottesanbeterin und Insekt austauschbar gebraucht werden. Meistens ist es nicht möglich, weil die Bedeutung von Insekt zu allgemein ist.

Meerkatzen sehen sich ähnlichen Problemen gegenüber, wenn sie auf Alarmrufe anderer Arten reagieren. In Amboseli teilen sie beispielsweise ihren Lebensraum mit vielen anderen Vogel- und Säugetierarten, die auch unterschiedliche Alarmrufe bei verschiedenen Raubfeindtypen geben. Eine dieser Arten, der Dreifarbenglanzstar (Abb. 5.6), verfügt über mindestens zwei verschiedene Alarmrufe, von denen keiner irgendeine akustische Ähnlichkeit mit den Alarmen der Meerkatzen hat. Der erste, ein rauher, geräuschartiger Ruf (Abb. 5.7), ertönt als Reaktion auf zahlreiche Bodenfeinde (Meerkatzen eingeschlossen), die es alle auf die Stare oder ihre Eier abgesehen haben, doch nur manche von ihnen machen Jagd auf Meerkatzen. Mit dem zweiten, einem hellen ansteigenden oder abfallenden Ton (Abb. 5.7) wird auf zumindest acht Habicht- oder Adlerarten reagiert, wobei nur eine von ihnen Meerkatzen jagt.

Folglich ist die Verknüpfung zwischen einem bestimmten Starruf und einem bestimmten Raubfeind komplex. Damit ein Affe lernt, auf die Alarmrufe des Staren angemessen zu reagieren, muß er zuerst lernen, welcher der

Abb. 5.6: Wie viele Vogelarten besitzt der Dreifarbenglanzstar zwei unterschiedliche Alarmrufe für am Boden und aus der Luft jagende Raubfeinde.

Rufe des Stares als Alarmsignal fungiert. Dann muß er lernen, zwischen den beiden Alarmruftypen zu unterscheiden und zu erkennen, welche Raubfeindart die Rufe auslöst. Das letztere Problem erfordert von Affen zu lernen, daß Stare meistens Alarm bei Arten schlagen, die keine Gefahr für Meerkatzen darstellen, sie jedoch gelegentlich Alarme bei Arten geben, die *sehr wohl* Jagd auf Meerkatzen machen.

Um herauszufinden, ob Meerkatzen zwischen den beiden verschiedenen Alarmrufen des Stares unterscheiden, führten wir eine Reihe von Playback-Experimenten durch, die verfahrenstechnisch den in Kapitel 4 geschilderten Tests über die Alarmrufe der Meerkatzen glichen. Zuerst versteckten wir einen Lautsprecher in der Nähe einer Gruppe von 1 bis 5 Meerkatzen. Dann filmten wir die Affen für 10 Sekunden, um die Wahrscheinlichkeit für eine bestimmte Reaktion festzustellen, wenn überhaupt kein Ruf ertönt. Darauf spielten wir einen der Starrufe und filmten die Reaktion der Affen für weitere 10 Sekunden. Drei Starrufe wurden eingesetzt: ihr Alarmruf bei Bodenfeinden, bei aus der Luft jagenden Raubfeinden und, zur Kontrolle, ihr Gesang.

Gerade so, wie Meerkatzen auf ihre eigenen Alarmrufe bei Bodenfeinden

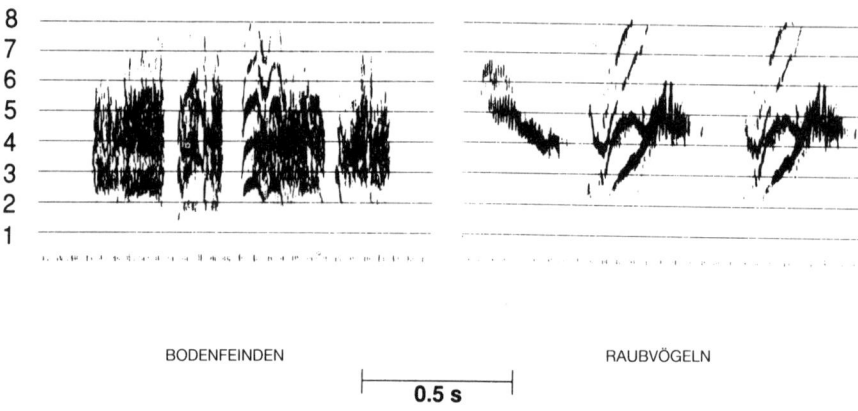

BODENFEINDEN · RAUBVÖGELN

0.5 s

Abb. 5.7: Sonagramme der Alarmrufe, die von einem Dreifarbenglanzstar bei einem Bodenfeind (hier *links*: ein Schlankmungo, *Schmalichneumon*) und bei einem Raubvogel (hier *rechts*: ein heller Grauflügelhabicht, *Melierax poliopterus*) stammen.

häufig mit Flucht auf die Bäume reagierten, rannten beim Alarmruf des Stares bei Bodenfeinden viele Affen in Richtung Bäume. Obwohl Meerkatzen beim Raubvogelalarmruf des Stares fast nie auf Bäume flüchteten, starrte beim Playback dieses Rufes eine signifikante Zahl von ihnen zum Himmel. Der Gesang des Stares löste wenig Reaktionen aus (Abb. 5.8; Cheney und Seyfarth 1985a).

Trotz dieser ziemlich extremen Unterschiede sind die Reaktionen der Affen auf die Alarmrufe der Stare nicht so eindeutig, wie diese Experimente vermuten lassen; vielleicht, weil die durch die beiden Alarmrufe übermittelte Information nicht so präzise ist, wie es auf den ersten Blick erscheinen mag. In unseren ersten, 1983 durchgeführten Experimenten schauten sehr wenige Tiere hoch, wenn ihnen ein Staralarmruf für Bodenfeinde vorgespielt wurde (Abb. 5.8). Dagegen starrten Meerkatzen bei späteren, 1988 durchgeführten Experimenten in 25 Prozent der Experimente mit Staralarmen bei Bodenfeinden zum Himmel im Vergleich zu 75 Prozent bei allen Raubvogelalarmen der Stare. Wir hegen den Verdacht, daß der extremere Unterschied in unseren Original-Tests auf das Konto jugendlicher Tiere ging, die eher als Erwachsene auf Bäume flüchten. Die Stichprobe von 1988 erfaßte nur erwachsene Weibchen und Männchen, von denen sich mehr als die Hälfte schon auf einem Baum befanden, als der Alarmruf für Bodenfeinde abgespielt wurde. Erwachsene Tiere auf Bäumen blieben häufiger sitzen als Jugendliche am Erdboden und tasteten ihre Umgebung nur mit den Augen ab.

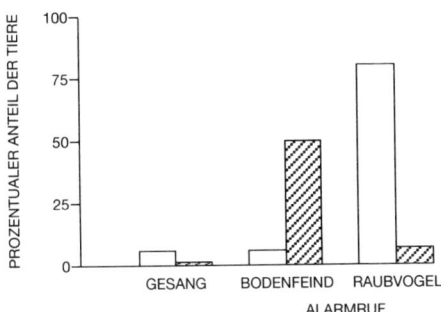

Abb. 5.8: Reaktionen der Meerkatzen auf das Playback dreier verschiedener Rufe des Stares. Die offenen Histogramme zeigen den Anteil der Versuchstiere, die hochblickten, die schraffierten Histogramme zeigen den Anteil der Tiere, die sich auf zwei Beinen aufrichteten oder auf Bäume zurannten. Die Anzahl der Versuchstiere für die Tests mit jeweils Gesang, Alarm bei bodenlebenden Raubfeinden und solchen aus der Luft betrug entsprechend 17, 18 und 15. Die Tiere schauten signifikant häufiger hoch, nachdem sie den Raubvogelalarm gehört hatten, als nach Gesang oder Alarmen bei Bodenfeinden (Chi-Quadrat-Test P < 0.01 für beide Vergleiche). Die Versuchstiere rannten signifikant häufiger in Richtung Bäume oder standen auf zwei Beinen, wenn sie den Alarmruf für Bodenfeinde gehört hatten, als bei Gesang oder Raubvogelalarmen (Chi-Quadrat-Test P < 0.05 für beide Vergleiche). Entnommen aus Cheney und Seyfarth 1985a.

Der wichtige Punkt ist jedoch die relative Ungenauigkeit der Staralarmrufe bei bodenlebenden Raubfeinden. Stare lassen diesen Alarmruf bei einer außergewöhnlich breiten Vielfalt von Tieren hören. Außer bei Katzen wie Leoparden und Servalen geben Stare diese Alarmrufe bei zumindest drei Schlangenarten, bei Schlank- und Zwergmungos (*Herpestes sanguineus* und *Helogale parvula*), Ginsterkatzen (*Genatta genatta*) und Vögeln wie Fiskalwürgern (*Lanius collaris*) und Gabelracken (*Coracias caudata*) von sich, die nicht aus der Luft jagen, sondern die Nester der Stare ausfindig machen und sich von einem nahegelegenen Ast an sie heranpirschen. Stare schlagen insbesondere zur Brutzeit auch bei Meerkatzen Alarm. Sogar bei Elefanten schlagen sie Alarm, wenn nämlich die Elefanten mit ihrem Rüssel hoch in die Bäume langen, um Äste abzubrechen. Deshalb sind aus Sicht der Meerkatzen die Staralarme bei Bodenfeinden unpräzise: Wenn die Affen diesen Alarmruf hören, wissen sie, daß etwas ›im Busche‹ ist, aber sie haben keine Ahnung, ob es nachteilig ist oder nicht, oder, wenn nachteilig, welche Fluchtstrategie sie verfolgen sollten (erinnern wir uns, daß Affen unterschiedlich auf Schlangen und Leoparden reagieren).

Dagegen schlagen Stare Raubvogelalarm bei einer viel kleineren Zahl von

Raubfeinden, nämlich bei allen Adlern oder kleinen Habichtvögeln, die aus der Luft angreifen. Obwohl die meisten dieser Raubvögel keine Gefahr für Meerkatzen darstellen, wird der Raubvogelalarmruf der Stare gelegentlich bei Kampfadlern abgegeben, einer Art, die sehr wohl auf Meerkatzen Jagd macht. Die Raubvogelalarme der Stare sind deshalb viel genauer und bieten weniger Spielraum als der Staralarm bei Bodenfeinden. Auch wenn die Raubvogelalarmrufe der Stare in bezug auf das Ausmaß der Gefahr ungenau sein mögen, weisen sie doch auf einen bestimmten Raubfeindtyp, seinen Aufenthaltsort und eine angemessene Fluchtstrategie hin.

Angesichts dieser Unterschiede entwickelten wir eine Reihe von Playback-Experimenten, um zwei zusammenhängende Fragen zu untersuchen: erstens, ob Meerkatzen die Ähnlichkeit zwischen ihren eigenen Adler- und Leopardenalarmen und den Alarmrufen der Stare auf Raubvögel und Bodenfeinde erkennen, und zweitens, ob Meerkatzen auf die relative Ungenauigkeit der Staralarmrufe bei Bodenfeinden im Vergleich zu den Raubvogelalarmrufen der Stare sensibel reagieren (Seyfarth und Cheney, im Druck). Wenn Affen nicht nur ihre eigenen, sondern auch die Alarmrufe anderer Arten nach ihrer Bedeutung beurteilen, müßte die Gewöhnung an den Alarmruf bei Raubvögeln (oder Bodenfeinden) einer Art zur Gewöhnung an den entsprechenden Alarmruf einer anderen Art führen. Mehr noch, wenn Meerkatzen also für die spezifische Eigenart des Bezugsobjekts eines jeden Rufes sensibel sind, müßten sie die Gewöhnung schneller transferieren, wenn sich der Vergleich auf einen Raubvogelalarmruf bezieht als auf einen Alarm bei einem Bodenfeind.

Wie schon bei unseren früheren Experimenten über *Wrrs* und Chutters setzten wir am ersten Tag einen Richtwert für die Reaktion eines Versuchstieres auf das Playback eines Meerkatzen-(oder Star-)Alarmrufes fest. Am zweiten Tag hörte dann das Versuchstier eine Serie von acht Star-(oder Meerkatzen-)Alarmen. Ungefähr zwanzig Minuten nach Ende dieser Serie wurden dem Versuchstier noch einmal der Meerkatzen-(oder Star-)Alarmruf vorgespielt, den es am ersten Tag gehört hatte. Wie in unseren vorausgegangenen Experimenten gab das Ausmaß in der Reaktionsabnahme zwischen Kontroll- und Testbedingungen den Grad an, mit dem die Gewöhnungs- und die Testreize als gleich beurteilt wurden.

Die Ergebnisse stützen die Meinung, daß Meerkatzen die Raubvogelalarme der Stare als relativ genaue Signale betrachten, die in ihrer Bedeutung den Adleralarmen der Meerkatzen ähneln, aber anders als die Leopardenalarme der Meerkatzen sind. In Tests, die die Raubvogelalarme der Stare mit den Adleralarmen der Meerkatzen verglichen, transferierten alle acht Versuchstiere die Gewöhnung an den einen Alarmruf der Art auf den der anderen Art. Folglich gab es eine große Reaktionsabnahme zwischen Kontroll- und Testbedingungen (Abb. 5.9a). Die Affen verhielten sich, als kennzeichneten aus ihrer Sicht die beiden Typen von Raubvogelalarmrufen trotz ausgesprochen unterschiedlicher akustischer Eigenschaften gleiche Bezugsobjekte.

Umgekehrt deckten Tests, die den Raubvogelalarm der Stare mit dem Leopardenalarm der Meerkatzen verglichen, *keinen* Gewöhnungstransfer auf. In diesen Tests kam es nur zu einer geringen oder gar keiner Reaktionsabnahme zwischen Kontroll- und Testbedingungen (Abb. 5.9d).

Dagegen war die Bedeutung der Staralarme bei Bodenfeinden anscheinend unklarer. In den Tests, die diesen Alarm mit dem Leopardenalarm der Meerkatzen verglichen, übertrug sich bei fünf der sechs Tiere die Gewöhnung an den Alarmruf der einen Art auf den der anderen (Abb. 5.9b). Die Abnahme zwischen Kontroll- und Testbedingungen war jedoch, obwohl signifikant, geringer als jene, die wir beim Vergleich zwischen den Raubvogelalarmen der Stare und den Adleralarmen der Meerkatzen festgestellt hatten (vergleiche Abb. 5.9a und b). Obwohl die Affen die Alarmrufe der Stare bei Bodenfeinden und die Leopardenalarme der Meerkatzen als ähnlich betrachteten, wurden die beiden Rufe offensichtlich als weniger synonym beurteilt als die Raubvogelalarme der Stare und die Adleralarme der Meerkatzen.

Mehr noch, bei sechs der sieben Versuchstiere übertrug sich die Gewöhnung auch zwischen den Alarmen der Stare bei Bodenfeinden und den *Adler*alarmen der Meerkatzen (Abb. 5.9c). Sie verhielten sich so, als ob die Alarmrufe der Stare bei Bodenfeinden sowohl für einen Bodenfeind als auch für einen Raubvogel bestimmt gewesen sein könnten.

Diese Ergebnisse lassen vermuten, daß Meerkatzen, wenn sie die Bedeutung eines Rufes beurteilen oder die Bedeutung zweier Rufe vergleichen, auf die jeweilige Objektreihe, die durch jeden Ruf gekennzeichnet wird, sensibel reagieren. Meerkatzen behandeln den Raubvogelalarm der Stare so, als würde er sich auf eine relativ spezifische Raubfeindklasse beziehen; eine Klasse, deren Mitglieder sich mit der Raubfeindklasse, die durch die eigenen Adleralarmrufe der Meerkatzen gekennzeichnet wird, beträchtlich überlappen. Folglich sind die Alarmrufe der beiden Arten eigentlich untereinander austauschbar. Dagegen beziehen sich die Alarme der Stare bei Bodenfeinden auf eine viel breitere Reihe von Raubfeinden. Deshalb überschneiden sie sich zu einem gewissen Grad sowohl mit den Leoparden- als auch mit den Adleralar-

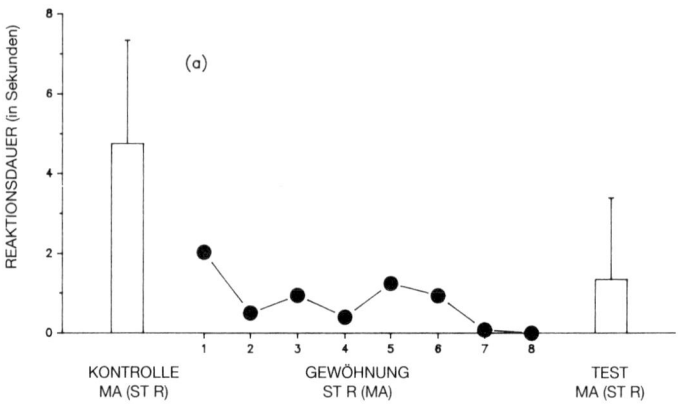

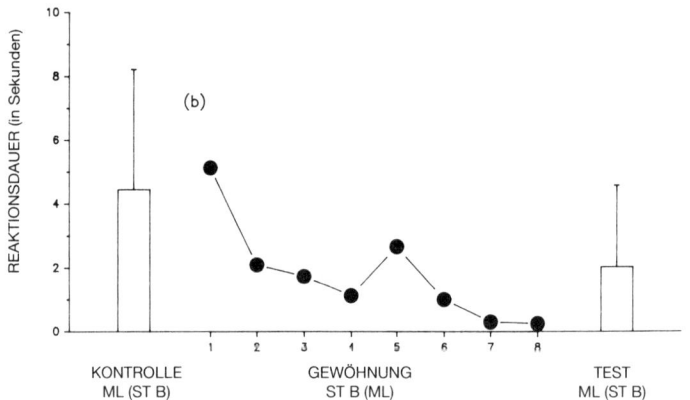

Abb. 5.9: Ergebnisse der Gewöhnungstests, die Meerkatzen- und Staralarmrufe vergleichen: a: Die Reaktionsdauer (in Sekunden) von acht Versuchstieren auf das Playback eines
Adleralarmrufs der Meerkatzen (oder den Raubvogelalarm der Stare), nachdem sie wiederholt einem Raubvogelalarm der Stare (oder dem Adleralarm der Meerkatzen) ausgesetzt waren (Test), im Vergleich zu den Reaktionen der Tiere auf denselben Alarm, ohne
zuvor den Alarmen der Stare (oder Meerkatzen) ausgesetzt gewesen zu sein (Kontrolle).
Die Histogramme zeigen Mittelwerte und Standardabweichungen für alle Versuchstiere.
Die durchschnittliche Reaktionsdauer der Tiere während der acht Gewöhnungsversuche
wird ebenfalls gezeigt. Die Versuchstiere reagierten signifikant kürzer auf Testrufe als auf
Kontrollrufe (einseitiger Wilcoxon-Test P < 0.01). b: Ergebnisse für sechs Tiere die mit
einem Leopardenalarmruf der Meerkatzen (oder dem Alarmruf der Stare bei Bodenfeinden) getestet wurden, nachdem sie wiederholt dem Staralarm bei Bodenfeinden (oder dem

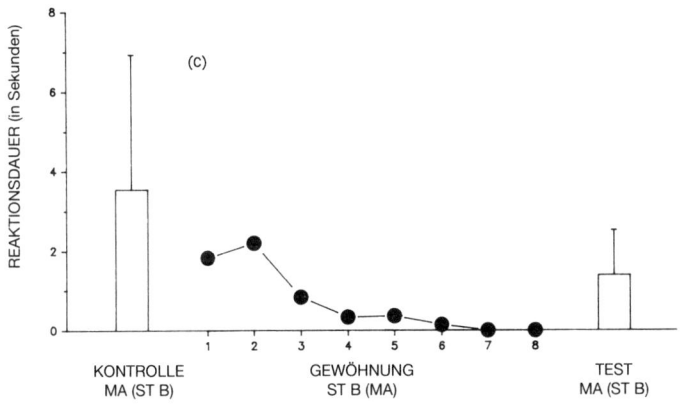

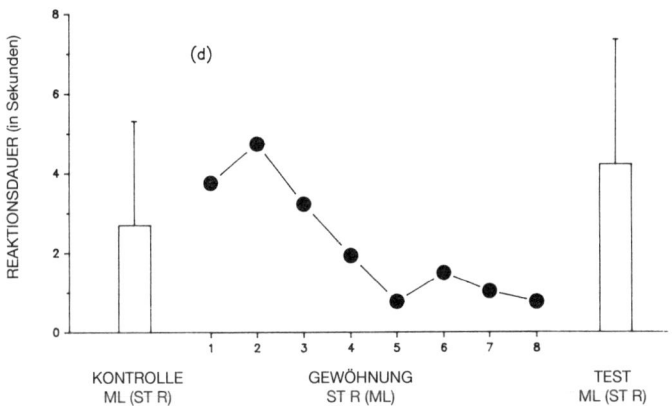

Leopardenalarm der Meerkatzen) ausgesetzt waren. Wieder reagierten die Tiere signifikant kürzer auf die Testrufe als auf die Kontrollrufe (einseitiger Wilcoxon-Test $P < 0.05$). c: Ergebnisse für sieben Tiere, die mit einem Adleralarm der Meerkatzen (oder dem Staralarmruf bei Bodenfeinden) getestet wurden, nachdem sie wiederholt dem Staralarm bei Bodenfeinden (oder dem Adleralarm der Meerkatzen) ausgesetzt waren. Der Unterschied zwischen den Reaktionen der Tiere auf die Test- oder Kontrollrufe war knapp signifikant (einseitiger Wilcoxon-Test, $P < 0.055$). d: Die Ergebnisse für sieben Tiere, getestet mit dem Leopardenalarm der Meerkatzen (oder dem Raubvogelalarm der Stare), nachdem sie wiederholt dem Raubvogelalarm der Stare (oder dem Leopardenalarm der Meerkatzen) ausgesetzt waren. MA = Adleralarm der Meerkatzen; ST R = Raubvogelalarm der Stare; ML = Leopardenalarm der Meerkatzen; ST B = Staralarm bei bodenlebenden Raubfeinden.

men der Meerkatzen. Die Affen verhalten sich, als ob sie ihre eigenen Alarmrufe als präziser und klarer in der Unterscheidung zwischen den Bezugsobjekten betrachten als jene des Dreifarbenglanzstares, und in der Tat: Sie sind es!

Die Bedeutung von Tierlauten beurteilen

Bedeutung und Mentalität bei Signalgeber und Empfänger

Zu Beginn dieses Buches borgten wir uns die Gedanken des Philosophen Quine über einen Linguisten, der in einem fremden Land versucht, die Bedeutung der Worte anderer Menschen zu lernen und auf diese Weise zu verstehen, wie sie denken. Während das Herausfinden der Bedeutung von Worten eine einleuchtende Ausgangsposition darstellt, ist die Bedeutung der *Bedeutung*, offen gesagt, ein komplexes Thema, das aus einer erschreckenden Vielzahl von Richtungen angegangen werden kann. Leitet sich Bedeutung vornehmlich aus der Beziehung zwischen Signalen und den Dingen ab, für die sie stehen, oder betrifft sie hauptsächlich die Beziehung zwischen Signalen und den mentalen Vorgängen jener, die sie gebrauchen? Können wir die Bedeutung einzelner Worte (oder Signale oder Laute von Tieren) isoliert diskutieren, oder ist die Bedeutung eines Wortes so in ihren spezifischen kulturellen Kontext eingebettet, daß sie nur in Beziehung zu anderen Worten definiert werden kann? Wir wollen hier die Laute der Tiere aus jeder dieser Perspektiven betrachten.

Für manche, wie den Philosophen John Locke (1690/1964, S. 259), »stehen Signale für nichts anderes als die Ideen im Kopfe desjenigen, der sie gebraucht«. Falls sich Locke jemals über die Laute der Affen Gedanken gemacht hätte, wäre er wohl zum Schluß gelangt, daß ihr Status als »Worte« unsicher ist, weil es unmöglich ist, die Ideen, Meinungen oder Wünsche im Kopfe eines Affen zu bestimmen, wenn dieser einen Laut abgibt oder hört. Offenbar haben wir in den letzten 300 Jahren wenig Fortschritte gemacht, weil diese Schlußfolgerung noch immer Gültigkeit zu haben scheint.

Die jüngsten Forschungsarbeiten schließen jedoch die alternativen Erklärungen aus, die, wenn sie wahr wären, die Möglichkeit eliminiert hätten, daß den Lauten der Affen oder anderer Tiere *überhaupt* Ideen, Meinungen oder Wünsche zugrunde liegen. Die einfachste Erklärung, daß nämlich tierische

Laute durch bestimmte Grade der inneren Erregung hervorgerufen werden, kann aus zahlreichen Gründen ausgeschlossen werden. Die Reaktionen, die Meerkatzen auf Alarmrufe abgeben, basieren nicht auf der Länge oder Amplitude eines Rufes, wie die Hypothese der inneren Erregung prophezeien würde (Kapitel 4). Außerdem können Individuen die Erzeugung von Rufen je nach der Anwesenheit und den Charakteristika eines »Publikums« modifizieren. Tiere, die so verschieden sind wie Meerkatzen, Erdhörnchen, Hähne und Spechte, geben beispielsweise selten Alarmrufe, wenn sie allein sind, und rufen in Gegenwart von Verwandten häufiger, als wenn sie in der Nähe anderer, nichtverwandter Gruppenmitglieder sind. Drittens sind die Ruferzeugung und die Reaktionen auf Rufe nicht obligatorisch verknüpft; sie kommen in der Natur ohne weiteres getrennt vor. Alle diese Ergebnisse sprechen, nach Dennett (1983, 1987, 1988) für zumindest Intentionalität erster Ordnung, sowohl beim Lautgeber als auch beim Empfänger.

Unsere ersten Beobachtungen und Experimente über Alarmrufe und Grunzer testeten jeden Laut getrennt; im wesentlichen forderten wir die Affen auf, uns durch ihre Reaktionen zu sagen, was jeder Ruf bedeutete. Dagegen verlangten spätere Experimente über *Wrrs*, Chutters, die Alarmrufe der Meerkatzen und die ebenfalls untersuchten Alarmrufe anderer Arten von den Meerkatzen, zwei Rufe zu vergleichen und die Faktoren preiszugeben, die sie bei ihren Vergleichen gebrauchen. Die Ergebnisse dieser Tests sind schwer ohne die Annahme zu erklären, daß die Affen eine gewisse mentale Repräsentation von den Objekten und Ereignissen besitzen, die durch die verschiedenen Ruftypen bezeichnet werden.

Damit ist nicht gesagt, daß sich die Affen notwendigerweise des Unterschiedes zwischen Zeichen und den Objekten, die sie kennzeichnen, oder gar ihrer Fähigkeit, Laute nach ihren Bezugsobjekten zu vergleichen, bewußt sind. Wir können nicht annehmen, daß ein Individuum, das in einem Gewöhnungstest zwei Laute als gleich-ungleich beurteilen kann, fähig sein wird, von dieser Unterscheidung bewußten *Gebrauch* im täglichen Leben zu machen. Es gibt tatsächlich Beweise, daß Schimpansenkinder, die einen Unterschied in der Beziehung wahrnehmen, wenn sie in einem Gewöhnungsverfahren getestet wurden, nichtsdestotrotz unfähig sind, ihr offensichtliches Wissen von diesem Unterschied in einem Zuordnungstest anzuwenden (Oden, Thompson und Premack 1988; ausführlicher in Kapitel 8 beschrieben). Die Gewöhnungsergebnisse allein beweisen deshalb nicht, daß Affen die Beziehung »*Wrr* kennzeichnet andere Gruppen« oder »Adleralarm kennzeichnet Adler« genauso verstehen, wie ein Schimpanse die Beziehung »blaues Dreieck bedeutet Apfel« oder »dieses Symbol steht für die als Werkzeuge bezeichnete Merkmalsklasse« begreift.

Dieser Stand der Dinge, daß nämlich Tiere Signale gebrauchen, deren Beziehungen sie eigentlich nicht verstehen, ist gar nicht so unplausibel, wie es zuerst scheint. Kinder gebrauchen zum Beispiel Worte richtig, lange bevor sie die ihnen zugrundeliegenden semantischen Beziehungen artikulieren können. Das Verhalten kleiner Kinder entspricht in der Tat der Meinung, die viele Philosophen vertreten: Beziehungen zwischen Zeichen und den Dingen, für die sie stehen, können unabhängig von dem, was die Zeichengebenden selbst darüber denken, bestehen (Tiles 1987). In Kapitel 8 betrachten wir noch das recht komplizierte Thema »was Tiere über das, was sie wissen, wissen«.

Zusammengefaßt: Obwohl Affen Laute gebrauchen, um Merkmale ihrer Umgebung zu kennzeichnen, und Laute nach ihren Bezugsobjekten als gleich-ungleich beurteilen, wissen wir gegenwärtig wenig über die mentalen Operationen, die einer solchen Kommunikation bei Signalgeber und Empfänger zugrunde liegen. Wir können die einfachsten Erklärungen, die Sender und Empfänger jegliche Mentalität absprechen, ausschließen. Auf der anderen Seite haben wir bis jetzt keine Beweise, daß sich Affen der Beziehungszusammenhänge, die ihre Kommunikation charakterisieren, bewußt sind oder daß sie anderen Gedanken oder Meinungen zuschreiben und Laute abgeben, um diese mentalen Verfassungen zu modifizieren. Zwischen diesen beiden Extremen liegt eine Vielzahl möglicher Mechanismen; wenn wir in unserem Verständnis von der Kommunikation der Tiere Fortschritte machen wollen, müssen wir einen Weg finden, zwischen diesen Alternativen zu unterscheiden.

Bedeutung und externe Bezugsobjekte

Wenn wir einen etwas anderen Blickwinkel einnehmen, können wir die Bedeutung von Tierlauten zwar nicht im Hinblick auf den Bewußtseinszustand von Signalgeber und Empfänger, wohl aber im Hinblick auf die Beziehung zwischen Signalen und den Dingen, für die sie stehen, untersuchen. Im Laufe dieses und des vorangegangenen Kapitels haben wir beispielsweise über Leopardenalarmrufe, Adleralarmrufe, Grunzer zu einer anderen Gruppe und andere Laute berichtet, als ob wir einigermaßen exakt die Objekte, die diese Rufe bezeichnen, spezifizieren können. Ist das denn tatsächlich der Fall? Betrachten wir zuerst eine alternative Hypothese.

Wie wir schon früher erwähnt haben, vertraten Wissenschaftler jahrelang die ziemlich konservative Meinung, daß für keinen der Tierlaute externe Bezugsobjekte nachgewiesen wurden, sondern sie statt dessen lediglich Informationen über das Folgeverhalten des Signalgebers liefern. Und da man wußte, daß das Verhalten der Individuen, die auf Signale reagieren, stark vom Kontext beeinflußt wird, nahm man an, daß die Bedeutung von Tierrufen, die von Tieren in unmittelbarer Nähe aufgenommen werden, höchst kontextabhängig ist. Externe Bezugsobjekte wurden nicht prinzipiell ausgeschlossen (siehe z. B. Smith 1977, S. 73–74); es gab einfach keine Beweise für ihre umfassende Existenz in der Kommunikation nichtmenschlicher Arten.

Natürlich wird es angesichts der engen Verknüpfung zwischen Raubfeindtyp, Alarmruftyp und Fluchtreaktion (oder zwischen sozialer Situation, Grunzertyp und der Reaktion, die er auslöst) häufig eine enge Korrelation zwischen einem Ruf und dem Folgeverhalten des Signalgebers geben. Jedoch schließt das an sich noch nicht die Möglichkeit aus, daß Laute auch eine Beziehungsfunktion erfüllen. Menschliche Worte – beispielsweise *Hände hoch!* – bieten viele gute Beispiele für Signale, die sowohl externe Bezugsobjekte haben, als auch mit spezifischen Verhaltensreaktionen verknüpft sind.

Gleichzeitig weisen jedoch die Laute der Meerkatzen meist eine sehr schwache Beziehung zwischen Ruftyp und dem anschließenden Verhalten des Rufers auf. Wie schon berichtet, können zum Beispiel Alarmrufe von Tieren gegeben werden, die selbst keine Fluchtreaktion zeigen. Wenn Affen einen Kampfadler erspähen, der in weiter Entfernung dahinsegelt, geben sie oftmals Alarmrufe, fressen jedoch ruhig weiter und unternehmen keine anderen Ausweichaktionen.

Ähnlich verhält es sich bei Meerkatzenkindern, die, obwohl sie Alarmrufe mit denselben akustischen Merkmalen wie jene von Erwachsenen geben, dennoch in ihren Reaktionen auf die Alarme weit variieren. Sehr junge Kinder rennen zu ihren Müttern, unabhängig vom Typ des gesichteten Raubfeinds, und ältere Kinder können sogar unangemessen reagieren, so daß sich die Wahrscheinlichkeit, verwundet zu werden, für sie erhöht (Kapitel 4). Insgesamt also korrelieren die Alarmrufe der Kinder nicht mit denselben Verhaltensmustern auf seiten des Signalgebers wie die Alarmrufe Erwachsener. Nichtsdestoweniger reagieren Erwachsene auf die Alarme der Kinder mit denselben raubfeindspezifischen Fluchtreaktionen wie auf Alarmrufe Erwachsener (Seyfarth und Cheney 1986).

Lassen Sie uns drittens daran erinnern, daß die Adleralarmrufe der Meerkatzen zumindest vier verschiedene Reaktionen auslösen. Tiere auf dem Boden können aufschauen oder in ein Gebüsch rennen, während Tiere auf einem Baum vielleicht vom Baum herunterrennen. In jedem Fall kann ein Zuhörer auch gar nichts tun. Außerdem rennen Meerkatzen auf Bäumen von diesen herunter auf den Boden, selbst wenn sich der Rufer auf dem Boden befindet und mit einem Hoch-in-die-Luft-schauen reagiert. In diesem Fall würde die sparsamste Erklärung anscheinend die sein, daß Rufe einen Gefahrentyp oder eine Gefahrenklasse kennzeichnen, nicht das Verhalten des Rufers, und daß die speziellen Umstände eines Individuums die Angemessenheit seiner Reaktion stark beeinflussen.

Viertens reagieren Meerkatzen auf die Raubvogelalarme der Stare mit einem Hoch-in-die-Luft-schauen. Zweifellos unterscheiden sich die Fluchtreaktionen der Stare von jenen der Meerkatzen, da Meerkatzen bekanntlich ja nicht fliegen. Auch hier wieder reagieren die Meerkatzen auf Rufe, als kennzeichneten die Rufe einen bestimmten Gefahrentyp und nicht das Verhalten des Rufers.

Fünftens geben Meerkatzen Adleralarme zum Beispiel nicht als Reaktion auf fallende Äste, wo man sich leicht vorstellen kann, daß die angemessene Reaktion hieße: Raus aus dem Baum! Wieder ist die einfachste Erklärung die, daß Adleralarmrufe sich nicht auf bestimmte Fluchtstrategien beziehen, sondern auf bestimmte umfangreiche Gefahrenklassen.

Und schließlich stammt der stärkste Beweis, daß die Rufe der Meerkatzen Bezugsobjekte außerhalb des Signalgebers besitzen und die Tiere die Bedeutung von Rufen auf der Basis dieser Bezugsobjekte bewerten, nicht von den Alarmrufen, sondern von den Gewöhnungsexperimenten, in denen die Affen Intergruppen-*Wrrs* und -Chutters vergleichen sollten. Obwohl diese beiden Rufe dasselbe allgemeine Bezugsobjekt haben – eine andere Meerkatzengruppe –, werden sie in leicht unterschiedlichen Verhaltenskontexten gegeben. *Wrrs* treten gewöhnlich auf, wenn eine andere Gruppe erstmalig gesichtet wird, wohingegen Chutters typischerweise bei einem echten Kampf gegeben werden. Die beiden Rufe, die mit ziemlich verschiedenen Verhaltensreaktionen verknüpft sind, werden dennoch von den Meerkatzen als gleich behandelt. Wenn sie sich an das *Wrr* eines Individuums gewöhnt haben, übertragen die Affen ihre Skepsis und ignorieren das Chutter desselben Individuums. Es ist schon schwer, diese Ergebnisse ohne die Annahme zu erklären, daß *Wrrs* und Chutters dasselbe allgemeine Bezugsobjekt haben und daß dieses Bezugsobjekt, zusammen mit der Identität des Rufers, eine wesentliche Determinante der Rufbedeutung darstellt.

Es wäre zweifellos ebenso unrichtig, einerseits zu behaupten, daß die

Laute der Affen *nur* über externe Bezugsobjekte Informationen geben, wie andererseits zu argumentieren, daß sie Informationen *nur* über den motivationalen Zustand oder das Folgeverhalten des Signalgebers vermitteln. Wie schon Smith (1986, 1990) behauptet hat, ist klar, daß, wann immer ein Tier einem anderen Laute übermittelt, eine Reihe von Informationen bereitgestellt wird – Informationen über die Identität und körperlichen Eigenschaften des Signalgebers, über das, was der Signalgeber wahrscheinlich als nächstes tut, und über Ereignisse im Umfeld. Vom Standpunkt des Zuhörers aus wird die Art der Information, die am wichtigsten ist, von einer Situation zur nächsten variieren. In der menschlichen Sprache, wo die Existenz äußerer Bezugsobjekte nicht umstritten ist, vermitteln Worte und Sätze außer Informationen über bestimmte externe Bezugsobjekte auch Informationen über die Identität, die Stimmung und das Folgeverhalten der Sprechenden (z. B. Johnson-Laird 1987). In dieser Hinsicht ist Sprache sowohl expressiv als auch denotativ: Sie übermittelt die Emotionen, Gedanken und Meinungen des Sprechers, während sie sich gleichzeitig auf Objekte und Ereignisse in der Außenwelt bezieht. Wenn wir die äußeren Bezugsobjekte der Primatenlaute hervorheben, beabsichtigen wir nicht, die Bedeutung von Emotionen, Hinweisen aus dem Kontext oder das Folgeverhalten des Rufers herabzuspielen. Vielmehr hoffen wir zu zeigen, daß die Kommunikation der Affen und Menschenaffen – die schon lange als höchst expressiv bekannt ist (z. B. Jolly 1985) – außerdem auch denotativ sein kann.

Aber was genau bezeichnen ihre Rufe? Wir haben die Leopardenalarmrufe, Adleralarmrufe, Chutters, *Wrrs* und Grunzer beschrieben, als ob sich jeder auf eine ganz spezifische Reihe von Objekten oder Ereignissen bezieht. Stimmt das tatsächlich? Können wir die Bedeutung des Leopardenalarmrufes für Meerkatzen ganz präzise spezifizieren oder exakt feststellen, woran sie denken, wenn sie ein Intergruppen-*Wrr* hören.

Der Philosoph Steven Stich (1983) behauptet, daß wir, wenn wir einen Hund am Fuße eines Baumes bellen sehen und sagen, daß der Hund dies tut, weil er denkt, oben im Baum sei ein Eichhörnchen, demonstrieren, daß die Anwendung unserer anthropomorphen trivialpsychologischen Konzepte auf Tiere, Schwächen aufweist. Können wir sicher sein, daß der Hund *wirklich* an ein Eichhörnchen und nur ein Eichhörnchen denkt? Würde er sich zu einer Katze anders verhalten? Zu einem mechanischen Eichhörnchen? Zu einem eichhörnchengroßen australischen Beuteltier, das er nie zuvor gesehen hat, das sich aber ganz wie ein Eichhörnchen benimmt? Wir besitzen keine Methode, um das herauszufinden. Da es eine unendliche Zahl von logisch möglichen Objekten gibt, die der Hund als von einem Eichhörnchen nicht unterscheidbar behandeln könnte, bleibt Stich dabei, daß wir nicht wirklich sagen können, daß sich der Hund tatsächlich über ein Eichhörnchen Gedanken macht. In Wirklichkeit, so Stich, demonstriert die ganze Übung die Unmöglichkeit, Begriffe wie *Denken* oder *Bedeutung* auf andere Lebewesen als uns selbst anzuwenden (siehe auch Allen 1989).

Aber ist dieser Einwand wirklich stichhaltig? Sicherlich gibt es viele Beispiele bei menschlichen Interaktionen, wo es beispielsweise eine unendliche Zahl von logisch möglichen Objekten gibt, die von Eichhörnchen nicht zu unterscheiden sind; doch verursacht das keine Probleme bei der inhaltlichen Spezifizierung menschlicher Meinungen über Eichhörnchen (Allen 1989). Wir treffen Unterscheidungen, wenn das für uns wichtig ist – wichtig im Sinne von notwendig, um unsere Ziele in Interaktion mit anderen zu erreichen.

Auch wenn wir versuchen festzustellen, worauf sich eine Meerkatze bezieht, wenn sie Leopardenalarm gibt, vermuten wir, daß die Bedeutung von Leopardenalarm vom Standpunkt des Affen nur so präzise ist, wie sie sein muß. In Amboseli, wo Leoparden, aber nicht Löwen und Geparden, Meerkatzen jagen, könnte Leopardenalarm bedeuten »große gefleckte Katze, die kein Gepard ist« oder »große gefleckte Katze mit den kürzeren Beinen« oder wie man es auch immer beschreiben will. In anderen Gegenden Afrikas, wo Geparde *durchaus* Meerkatzen jagen, könnte Leopardenalarm »Leopard oder Gepard« bedeuten.

Dieser Punkt wird durch das Verhalten der Meerkatzen in Kamerun gut demonstriert. Meerkatzen, die in der Savanne Kameruns leben, werden manchmal von Wildhunden angegriffen. Wenn sie einen Wildhund sehen, reagieren sie genauso wie die Meerkatzen in Amboseli auf Leoparden; sie geben laute Alarmrufe und flüchten auf die Bäume. Anderswo in Kamerun leben die Meerkatzen jedoch in Wäldern, wo sie von bewaffneten Menschen gejagt werden, die sie mit Hilfe von Hunden aufspüren. Unter diesen Umständen, wo laute Alarmrufe und verdächtige Flucht in die Bäume nur die Wahrscheinlichkeit erhöhen würden, erschossen zu werden, sind die Alarmrufe der Meerkatzen auf Hunde kurz und leise und veranlassen andere Artgenossen, still und heimlich ins Dickicht zu flüchten, wohin ihnen die Menschen nicht nachfolgen können (Kavanaugh 1980). Für Meerkatzen in der Savanne Kameruns sind daher Hunde im ›Begriff Leopardenalarm‹ eingeschlossen, was einen Ruf erzeugt, dessen Bedeutung »Achtung Bodenfeinde: Man kann durch Flucht auf Bäume entkommen« zu sein scheint. Solange neue Raubfeinde unter diese Kategorie fallen, wird vermutlich derselbe Alarmruf gebraucht werden. Doch für Meerkatzen im Wald wäre es gefährlich und falsch, auf Hunde mit einem Leopardenalarmruf zu reagieren, und deshalb wird ein anderer Ruf gebraucht.

Die Ergebnisse aus Kamerun lassen vermuten, daß in Amboseli Leopardenalarme eine bestimmte Jagdstrategie kennzeichnen (Es ist *das* Ding, das uns am Boden jagt und packt!). Doch wieder einmal ist die Erklärung nicht so einfach. Erinnern wir uns, daß die Meerkatzen in Amboseli außer Leopardenalarmen einen separaten, akustisch anderen Alarmruf haben für das, was Struhsaker (1967a) einen »Alarm bei unbedeutenden Raubsäugern« nannte: Tiere wie Löwen, Geparden, Hyänen und Schakale, die eine Gefahr darstellen könnten, aber soweit wir sagen können, selten Meerkatzen jagen (Kapitel 4). Wenn die Affen eine dieser Arten sehen, geben sie den Alarmruf für unbedeutende Raubsäuger, werden wachsam und begeben sich vielleicht in den Schutz der Bäume. Also werden zwei verschiedene Alarmrufe bei Raubfeinden mit derselben Jagdstrategie gegeben. Leoparden unterscheiden sich von Löwen, Geparden, Schakalen und Hyänen nur hinsichtlich der Größe der Gefahr, die sie bedeuten. Wenn eine dieser Arten regelmäßig Meerkatzen zu jagen begänne, dann, denken wir, würden die Meerkatzen sie von ihrer Kategorie ›unbedeutende Raubsäuger‹ in die Kategorie ›Leopard‹ umschichten.

Innerhalb eines bestimmten ökologischen Kontexts determiniert die Funktion folglich die Präzision von Wortbedeutungen und die besonderen Eigenarten externer Bezugsobjekte. Die Bedeutung eines Wortes kann nicht in absoluten, kontextfreien Begriffen, wie »Leopardenalarm kennzeichnet den afrikanischen Leopard *Panthera pardus*« definiert werden. Statt dessen wird jeder Ruf am besten relativ zur Bedeutung irgendwie ähnlicher Rufe in leicht anderen Kontexten definiert. Leopardenalarm kennzeichnet deshalb einen Raubfeind oder eine Klasse von Raubfeinden, die sich von jenen, die durch den Alarm bei unbedeutenden Raubsäugern, Adler- oder Schlangenalarm gekennzeichnet werden, hinreichend unterscheidet, um einen unterschiedlichen Laut zu rechtfertigen. Die Kritierien, die bestimmen, ob sich zwei, drei oder mehr Alarmrufe entwickeln werden – und dementsprechend die Kriterien, die die Eigenart des Bezugsobjekts eines bestimmten Rufes festlegen –, scheinen die Jagdstrategien des Raubfeindes, die Wahrscheinlichkeit seines Angriffs und der Fluchtmodus des Affen zu sein. Wenn sich nach diesen Kriterien zwei Raubfeinde ähneln, werden sie denselben Alarmruf auslösen. Wenn sie unterschiedlich sind, dann nicht.

Im Vergleich dazu ist die Bedeutungsüberschneidung bei *Wrrs* und Chutters komplizierter. Einerseits behandeln die Affen die Rufe – zumindest bei dem einen Test – als weitgehend ähnlich, da die Gewöhnung an das eine die Gewöhnung an das andere erzeugt. Zur selben Zeit jedoch legen die Beobachtungen nahe, daß die Rufe mit leicht unterschiedlichen Aktivitäten verknüpft sind – offensichtlich unterschiedlich genug, um die Evolution zweier Laute zu rechtfertigen. Folglich schließen wir, daß Chutters und *Wrrs* desselben Individuums nicht exakt dasselbe sind, daß sie sich aber auf Objekte oder Ereignisse beziehen, die sich mehr ähneln als eines von ihnen den Objekten oder Ereignissen, die ein Adleralarm kennzeichnet.

Ähnlich können sich Rufe hinsichtlich der Breite ihrer Spezifizierung von Bezugsobjekten unterscheiden. Aus Sicht einer Meerkatze bezeichnen die Raubvogelalarme von Staren eine Klasse von Bezugsobjekten mit gut definierten Parametern. Die von den Raubvogelalarmen der Stare gekennzeichneten Raubfeinde ähneln jenen, die durch die Adleralarme der Meerkatzen gekennzeichnet sind, unterscheiden sich aber von jenen, die durch die Leopardenalarme der Meerkatzen bezeichnet werden. Dagegen ist die Bedeutung der Staralarme bei Bodenfeinden weniger spezifisch, da diese Rufe sich in der Art, die sie kennzeichnen, mit sowohl den Leopardenalarmen der Meerkatzen und, weniger ausgeprägt, mit dem Adleralarm der Meerkatzen überschneiden.

Folglich werden die äußeren Bezugsobjekte von Primatenlauten am besten in Beziehung zu den äußeren Bezugsobjekten anderer Rufe innerhalb des Repertoires der Tiere definiert. Eine vollständige Definition des Leopardenalarmrufes der Meerkatzen erfordert, daß wir sowohl die Objekte, die er kennzeichnet (Leoparden, andere Kleinkatzen und manchmal sogar einen niederstoßenden Kampfadler ›Kapitel 4‹), als auch die Objekte, die von seiner Kennzeichnung *ausgeschlossen* werden, entweder weil solche Objekte durch einen anderen Ruf gekennzeichnet werden (z. B. räuberische Adler, Schakale, Schlangen oder andere Meerkatzengruppen) oder weil sie überhaupt keinen Ruf auslösen (z. B. Flußpferde, Zebras oder Elefanten), spezifizieren. Kurzum, wir müssen sowohl die positiven als auch die negativen Beispiele der Klasse *Leopard* für Meerkatzen spezifizieren. Und der einzige Weg, wie wir lernen können, welche Bezugsobjekte vom Leopardenalarm ausgeschlossen werden (Negativ-Beispiele), ist zu wissen, welche Bezugsobjekte im Adleralarm, Schlangenalarm, *Wrr*, Chutter und so weiter enthalten *sind*, gemeinsam mit den Reizen, die überhaupt keinen Laut auslösen. Aus diesem Grund baut sich unser Wörterbuch der Meerkatzensprache langsam auf, ein jeder Begriff muß in Beziehung zu den anderen definiert werden. Unter diesen

Umständen zeigt sich, wie Quines imaginärer Linguist ohne Zweifel entdeckt haben würde: Je mehr Worte man hat, um so präziser können die Definitionen sein. Für uns, im Land der Meerkatzen, gibt es relativ wenige Worte und folglich sind ihre Bedeutungen schlecht definiert.

Diese Position mag zu sehr wie ein strategischer Rückzug erscheinen, nach dem Motto: Erst haben sie behauptet, daß sich die Laute der Meerkatzen auf Objekte und Ereignisse im Umfeld beziehen können, und jetzt sind sie nicht wirklich fähig, exakt festzustellen, *wen oder was* denn solche Rufe kennzeichnen. Jedoch gibt es gute Gründe für einen solchen ›Mangel an Präzision‹; Gründe, die noch offensichtlicher werden, wenn wir einen Parallelfall betrachten, nämlich die allerersten Sprachversuche menschlicher Kinder.

Vom ersten Lebenstag an geben Babys eine Reihe von Grunzern, Babblern und Gurrern von sich. Trotz der verständlichen Neigung aufgeregter Eltern, *nuklgfsst* als Nuklearphysik zu interpretieren, glauben die meisten Beobachter, daß das Gebabbel in seinem frühesten Stadium für das Kind keine echte Bedeutung hat (z. B. Brown 1973; Gleitman und Wanner 1982). Die Laute des Kindes werden zu keinem bestimmten Zeitpunkt abgegeben, und die Babys selbst geben keinen Hinweis, daß sich ihre Töne in irgendeiner Weise auf spezifische Objekte oder Verhaltensweisen beziehen.

Während der nächsten paar Monate wird jedoch das Leben komplizierter. Kinder werden beim Timing ihrer Laute selektiver (Gebabbel wird wahrscheinlicher, nachdem ein Erwachsener gesprochen hat), und sie fangen an, ihre Töne mit Gesten wie Schauen und Zeigen zu begleiten, was die Aufmerksamkeit der Eltern auf ein bestimmtes Objekt richtet (z. B. de Villiers und de Villiers 1978). Noch später werden Nonsens-Laute durch präziser artikulierte Töne ersetzt, wie *Dada*, wenn auf eine andere Person gezeigt wird, oder *WauWau*, wenn beide, Eltern und Kind, soeben einen Hund gesehen haben. Zudem beginnt das Kind seine Laute nur unter bestimmten sozialen Bedingungen zu gebrauchen. Es sagt zum Beispiel »Ata-ata« nur, wenn jemand weggeht und das Publikum gleichzeitig akzeptiert wird. Kinder sagen Ata-ata weniger bereitwillig zu Fremden als zu Großmüttern. Solche Beobachtungen lassen vermuten, daß das Kind bereits Worte gebraucht, die eine spezifische Bedeutung für es haben.

Auch wenn es so ist, ist es schwierig, exakt festzustellen, *was* das Kind auf dieser Ein-Wort-Stufe seiner Entwicklung meint. Für eine kurze Zeit mögen Menschenkinder – wie junge Meerkatzen – die Bedeutung eines Wortes zu wenig oder zu sehr verallgemeinern. Dieses Verhalten hilft uns zu verstehen, was in ihrem Kopf vorgeht, und zeigt, daß die Bedeutung für Kinder und Er-

wachsene nicht immer dieselbe ist. Das *Dada* des Babys, das sich auf irgendeine Person bezieht oder auf Ball, wenn es auf irgendein rundes Objekt zeigt,
sagt uns, daß sich sein Verhältnis von dem, was diese Worte bedeuten, leicht
von unserem unterscheidet. Das Problem, dem sich Entwicklungspsycholo-
gen gegenübersehen, ist zu verstehen, welche Kriterien das Kind gebraucht,
um Worten Bedeutung zuzuschreiben – mit anderen Worten, wie es Objekte
und Ereignisse in der Welt um sich herum klassifiziert. Gegenwärtig gibt es
Beweise, daß Kinder Objekte nach ihrer Funktion klassifizieren können
(Nelson 1973), nach ihren physikalischen Merkmalen (Clark 1973) oder nach
einem »Prototyp«, der als Vergleichsbasis bei neuen Reizen dient (Rosch
1973; siehe auch Kapitel 4). Allerdings schließen sich diese Hypothesen nicht
gegenseitig aus, und wahrscheinlich ist an allen etwas Wahres dran (z. B.
Gleitman 1986; Gardner 1987).

Es gibt noch einen weiteren komplizierenden Faktor. Kinder auf der Ein-
Wort- oder Zwei-Wort-»Telegramm«-Stufe wissen vielleicht viel mehr über
ihr Kommunikationssystem, als uns ihre Sprache offenbart. In einer Studie
reagierten beispielsweise Kinder auf der Zwei-Worte-Stufe signifikant häufiger auf einen grammatisch einwandfreien Befehl als auf einen grammatisch
fehlerhaften Befehl. Interessanterweise lösten gerade die Ausdrucksweisen,
die sie selbst *nicht* benutzten, eine Reaktion erfolgreicher aus als Ausdrucksweisen, die sie *benutzten* (Shipley, Smith und Gleitman 1969). Dies läßt vermuten, daß man die Kompetenz des Kindes – hinsichtlich Grammatik oder
wenn es darum geht, Worten eine Bedeutung zuzuschreiben – unterschätzen
wird, wenn man sie nur von der spontanen Sprache ableitet.

Schließlich gibt es die Möglichkeit, daß die Ein-Wort-Aussagen eines Kindes nicht einzelne Worte, sondern rudimentäre Satzversuche sind. Betrachten
wir das folgende Beispiel. Als unsere Kollegin Lila Gleitman eines Abends
ihre kleine Tochter fütterte, weigerte sich das Baby wiederholt zu essen. Statt
dessen gestikulierte es hinter sich in Richtung Eisschrank, wobei es laut sagte:
»Zert!« Im Gegensatz zu anderen Müttern war Lilas unmittelbare Reaktion
nicht leicht aufwallender Ärger, sondern Neugierde: Ist dieses Ein-Wort nun
eine Aussage (Dessert!) oder ein rudimentärer Satz, der die Einstellung des
Kindes zu einem bestimmten Gegenstand oder einer Idee (Ich will Dessert
essen! oder Gib mir jetzt Dessert!) ausdrückt? Um zwischen diesen beiden
Hypothesen zu testen, wiederholte Lila das Wort Dessert in einem freundlichen, konversationsartigen Ton. Verständlicherweise wurde dieser beiläufige Konversationsversuch von dem wütenden Baby sofort zurückgewiesen;
es war so, als ob man ihm etwas Dessert zeigen würde, während man die

Worte spricht: »Ach ja, dies ist in der Tat ein Dessert.« Die einzig denkbare, zufriedenstellende Reaktion vom Standpunkt des Babys war, ein Dessert herbeizuschaffen und es essen zu dürfen. Lila folgerte, daß auf dieser Stufe, die Äußerung »Zert!« kein Wort war, sondern ein Plan. Seine Bedeutung enthielt sowohl den Bezug auf ein Objekt als auch die Disposition, sich zu jenem Objekt in einer bestimmten Weise zu verhalten.

Dieser kurze Ausflug zu den ersten Sprechversuchen von Kindern ist aus zwei Gründen lehrreich. Erstens sollten die Parallelen zwischen Kindern und Meerkatzen nunmehr auf der Hand liegen. Auch wenn Kinder schnell zu viel bedeutenderen Dingen übergehen, gleicht sich für ein paar kurze Monate die Kommunikation in folgender Hinsicht. Beide gebrauchen Laute nur unter bestimmten Bedingungen, *als ob* sie bestimmte Merkmale ihrer Umgebung kennzeichnen oder die Situation, in der sie sich befinden, »kommentieren«. Das Kind kann solche Kennzeichnungen durch Zeigen oder andere Gesten verdeutlichen, die Affen nicht. Doch bei beiden Arten geht Kommunikation keine obligatorische Verknüpfung mit dem Folgeverhalten ein. Sowohl ein Kind als auch ein junger Affe über-verallgemeinern in einer Weise, die nicht gänzlich zufällig ist und für beide, Kind und Affe, hinkt die Lauterzeugung hinter dem Lautverständnis her.

Zweitens zeigt der geschilderte Vergleich, daß die Beobachter von Kindern und Affen nicht nur mit ähnlichen Ergebnissen, sondern auch mit ähnlichen Schwierigkeiten konfrontiert werden, wenn es darum geht, die genaue Bedeutung von Worten zu spezifizieren. Auch wenn wir die Bedeutung von Meerkatzenrufen nicht exakt bestimmen können, finden wir doch etwas Trost in der Tatsache, daß das Wissen über unsere eigene Art auch unpräzise ist.

Zusammenfassung

In Kapitel 4 brachten wir Beweise, daß Meerkatzen und andere nichtmenschliche Primaten Laute auf eine Weise gebrauchen, die Objekte und Ereignisse in ihrem Umfeld gezielt kennzeichnet. Auch zeigten wir Parallelen zwischen der Art und Weise auf, wie Affen Rufe und Menschenkinder Worte lernen. Allerdings müssen Parallelen zwischen den Rufen der Affen und der Sprache der Menschen mit Vorsicht gezogen werden. Wir haben uns an dieser Stelle eingehender mit der »Bedeutung« von Lauten aus der Perspektive der Affen beschäftigt.

Ein Ansatz untersucht die Bedeutung im Hinblick auf die Beziehung zwischen den Lauten und den mentalen Verfassungen jener, die diese Laute gebrauchen. Trotz so manchen Fortschritts in jüngster Zeit wissen wir noch relativ wenig über die kognitiven Mechanismen, die den Lautsignalen zugrunde liegen könnten. Einerseits können vereinfachende Erklärungen, die überhaupt keine Mentalität unterstellen (z. B. Affen geben Alarmrufe, weil sie erregt sind), aus vielfachen Gründen ausgeschlossen werden. Andererseits gibt es bis jetzt keine Beweise, daß Affen anderen Tieren mentale Verfassungen zuschreiben. Da unsere Position dazwischenliegt, kommen wir zu dem Schluß, daß die Kommunikation der Meerkatzen am besten mit Dennetts (1983, 1987) Intentionalität der ersten Ordnung vereinbar ist: Affen geben Leopardenalarme, weil sie wollen, daß andere auf die Bäume flüchten, nicht unbedingt, weil sie wollen, daß andere denken, daß sich ein Leopard in unmittelbarer Nähe befindet.

Ein zweiter Ansatz untersucht die Bedeutung im Hinblick auf die Beziehung zwischen Rufen und den Dingen, die diese Rufe kennzeichnen. Obwohl Laute den Tieren im nahen Umfeld zweifellos eine breite Vielfalt von Informationen übermitteln, gibt es gute Beweise, daß manche (und vielleicht viele) dieser Informationen Bezugsobjekte außerhalb des Signalgebers betreffen. Jedoch ist es aus zwei Gründen schwierig, exakt zu bestimmen, wen oder was jeder Ruf kennzeichnet. Erstens kann die Bedeutung von Rufen nicht in absoluten Begriffen beschrieben werden (z. B. *Schlangenalarm* bedeutet Afrikanischer Python, *Python sebae*). Statt dessen kann die Bedeutung eines Rufes nur relativ zur Bedeutung anderer Rufe im Repertoire einer Art bestimmt werden. Bei den Meerkatzen bezeichnet Schlangenalarm beispielsweise etwas, das sich sowohl von den Objekten, die Adler- und Leopardenalarm auslösen, unterscheidet als auch von den Objekten, die überhaupt keinen Alarm auslösen, wie harmlose Schlangen oder Eidechsen. Folglich ist die Bedeutung jedes Rufes relativ und hängt von der Bedeutung anderer Rufe ab. Die Funktion scheint die Zahl der Rufe innerhalb des Repertoires einer Art zu determinieren und folglich auch die objektbezogene spezifische Eigenart eines jeden Rufes.

Unsere Bewertung der Rufbedeutungen ist auch ungenau, weil wir bis jetzt nicht sagen können, ob ein Meerkatzenruf als ein Wort (einfach: Schlange) gedeutet werden sollte oder als Plan (Schlange! Gehen wir hin und packen sie!) Daher treffen wir keine absolute Unterscheidung zwischen einem Ruf, der Informationen über ein äußeres Bezugsobjekt liefert und einem Ruf, der Informationen über das Bezugsobjekt mit Informationen über die Haltung oder Disposition des Rufes zu diesem Bezugsobjekt verbindet.

Schließlich und endlich vermerken wir, daß unsere Unfähigkeit, die exakte Bedeutung von Meerkatzenlauten festzustellen, nicht nur eine Besonderheit in der Arbeit an nichtmenschlichen Arten darstellt, sondern parallel ähnliche Schwierigkeiten bei der Bewertung der Wortbedeutung bei sehr kleinen Kindern existieren.

Kapitel 6
Mentale Repräsentation von Lautäußerungen und Sozialbeziehungen: Zusammenfassung

An dieser Stelle wollen wir ein wenig innehalten und noch einmal darüber nachdenken, wie sich die Welt im Kopf von Meerkatzen und anderen Affen darstellt. Bis jetzt haben wir zweimal auf die »Repräsentation« von Wissen im Denken nichtmenschlicher Primaten hingewiesen. Im Kapitel 3 haben wir gezeigt, daß Affen und Menschenaffen gute Primatologen abgeben würden. Basierend auf dem, was sie beobachten, erkennen sie nicht nur die Beziehungen, die zwischen anderen bestehen; vielmehr vergleichen sie auch *Typen* von Sozialbeziehungen und bewerten sie als ähnlich oder unterschiedlich. Um dies tun zu können, müssen sich die Tiere auf irgendeine Weise die Eigenschaften von Sozialbeziehungen vorstellen können. Diese Vorstellung, so haben wir gesagt, ist sicher nicht klar oder eindeutig: Wir haben zum Beispiel keinen Beweis dafür, daß die Affen Mütter und Kinder in verschiedene Schubladen stecken oder daß sie Individuen, zwischen denen eine enge Beziehung besteht, anders betrachten als andere Gruppenmitglieder. Dessen ungeachtet können wir mit gutem Grund vermuten, daß die Komplexität von Primatengruppen zumindest zu einem guten Teil auf Prozessen beruht, die über pure Assoziationen zwischen bestimmten Individuen hinausgehen. Affen beobachten einander, sie nehmen wahr, wer mit wem zusammen ist, und sie schließen daraus auf die Eigenschaften von Sozialbeziehungen, und dies in einer Weise, die ihnen erlaubt, Beziehungen unabhängig von den jeweils beteiligten Individuen zu vergleichen.

In ähnlicher Weise haben wir in den Kapiteln 4 und 5 dargelegt, daß Meerkatzen mit ihren Lautäußerungen Objekte oder Ereignisse in ihrer Umwelt kennzeichnen und daß die Affen Lautäußerungen anhand dieser Erkennungsmerkmale unterscheiden. Noch einmal, um solche Unterscheidungen treffen zu können, müssen die Affen sich das Objekt, das mit einem Ruf gemeint ist, vorstellen können – sogar dann, wenn das Objekt selbst gar nicht da ist.

Obwohl jedes dieser Beispiele ein klarer Hinweis auf eine mentale Repräsentation oder ein Konzept zu sein scheint, ist es doch wichtig, noch einmal darauf hinzuweisen, wie wenig wir darüber wissen, was tatsächlich in den Köpfen unserer Studienobjekte vorgeht. Zum Beispiel ist bis jetzt überhaupt nicht klar, worin genau sich diese Repräsentationen von Assoziationen unterscheiden, die durch klassische Konditionierung erworben werden. Auch solche Assoziationen können außerordentlich komplex sein (z. B. Dickinson 1980; Rescorla 1988). Wir können auch nicht genau sagen, wieviel Information in einer solchen Repräsentation enthalten ist, wie die Information strukturiert ist oder wie sie im Nervensystem kodiert ist. Wir können allerdings überlegen, wofür mentale Repräsentationen gut sind und wie die Affen unter natürlichen Bedingungen von ihnen profitieren könnten. Vielleicht verstehen wir den Inhalt von Repräsentationen am ehesten – wenigstens teilweise – aus ihrer Funktion, wie es etwa Fodor und Pylyshyn (1981) vermuten (siehe auch Herrnstein 1990).

Warum Affen mentale Repräsentationen brauchen

Wir haben in diesem Buch einen funktionellen, evolutionsbiologischen Ansatz für das Studium der Intelligenz von Primaten benutzt. Wenn Repräsentationen von bestimmten Aspekten dieser Welt in den Köpfen von Affen existieren, dann gehen wir davon aus, daß diejenigen, die davon Gebrauch machen, einen Selektionsvorteil haben. Wir vermuten auch, daß die Nützlichkeit verschiedener mentaler Prozesse darüber bestimmt, was repräsentiert wird und wie die Information in einer Repräsentation strukturiert ist.

Die Idee, daß Affen Repräsentationen *brauchen* könnten, wird gestützt durch die Erfahrung derer, die die Affen studieren. Primatologen haben schon lange erkannt, daß sie, wenn sie das Verhalten ihrer Studienobjekte erklären und vorhersagen wollen, nicht einfach beschreiben oder auflisten können, wer was mit wem wie oft tut. Man muß von den Einzelheiten des Sozialverhaltens ein wenig Abstand gewinnen und statt dessen – auf einer etwas abstrakteren Ebene – Sozialbeziehungen und die ihnen zugrundeliegenden allgemeinen Prinzipien ausfindig machen. Zum Beispiel definiert Hinde

(1976a, 1976b, 1983a) eine Beziehung als »Inhalt, Qualität und Muster von Interaktionen« über eine gewisse Zeiteinheit. Wenn wir uns diese Definition zu eigen machen, dann können wir eine Beziehung nicht durch irgendeine einzelne Interaktion charakterisieren. Es genügt auch nicht, einfach aufzulisten, was zwei Individuen während einer bestimmten Zeitperiode miteinander getan haben (beispielsweise, daß sie sich dreimal gegroomt haben, einmal miteinander gekämpft haben und daß sie in 23 Prozent der Beobachtungszeit zusammen waren). Worauf es ankommt – und was eine Beziehung ausmacht –, ist nicht einfach das Verhalten als solches, sondern auch die zeitliche Aufeinanderfolge von Verhaltensweisen und die Art und Weise, wie jede Aktivität ausgeführt wird. Manche Tiere groomen sich immer, wenn sie zusammen sind, andere groomen sich nur kurz; manche trennen sich nach einem Kampf, andere versöhnen sich; für manche ist eine Umarmung eine flüchtige Sache, andere umarmen sich lange und ausgiebig. Wenn wir (als Beobachter) oder die Affen (als Beteiligte) Sozialverhalten erklären oder vorhersagen wollen, dann dürfen wir unser Augenmerk nicht so sehr auf den simplen und konkreten Interaktionsfluß richten, sondern müssen die komplexere und abstraktere Beziehung im Auge haben.

Wir nehmen an, daß Affen deshalb die Fähigkeit entwickelt haben, sich eine Vorstellung von Sozialbeziehungen machen zu können, weil sie auf diese Weise am allerbesten das Verhalten von anderen vorhersagen können (siehe auch Humphrey 1976, 1983; Whiten und Byrne 1988b). Darüber hinaus gibt es aber noch andere Vorteile. Beziehungen, die auf diese Weise erfaßt werden, stellen Abstraktionen dar. Abstraktionen aber können sparsamer und einfacher sein als absolute Urteile, die voraussetzen, daß man die Charakteristika jeder einzelnen Interaktion erlernt (Kummer 1982; Premack 1983a; Dasser 1985; Allen 1989). Wenn ein Affe die Beziehungen anderer Individuen einschätzen kann – und sich nicht jedesmal an all ihre Interaktionen erinnern oder sie beobachten muß –, dann könnte er in der Lage sein, vorherzusagen, was zwei Kontrahenten als nächstes tun werden, selbst wenn er sie nur ein- oder zweimal hat interagieren sehen. Mit anderen Worten, ein Affe, der eine gewisse Vorstellung von einer Beziehung hat, wäre einfach erheblich besser dran.

Ein ähnliches Argument kann man für die mentale Repräsentation der Bedeutung von Lautäußerungen anführen. Nehmen wir einmal für einen Moment an, wir haben es mit einem Fall zu tun, in dem der Signalsender einen Vorteil davon hat, daß er wahrhaftige Information an sein Publikum weitergibt – etwa ein Weibchen, das mit seinem Kind kommuniziert oder mit anderen nahen Verwandten. (Natürlich wird dies nicht immer der Fall sein. Da die Interessen des Signalsenders nicht immer mit denen seiner Zuhörer übereinstimmen werden, wird es auch Fälle geben, in denen der Signalsender besser daran tut, unzuverlässige Informationen weiterzugeben. Wir werden uns mit der Evolution von Täuschungssignalen in Kapitel 7 genauer befassen.) Bei verläßlicher Kommunikation ist es zweifellos so, daß Individuen von dem Gebrauch von Lautäußerungen profitieren, die spezifische Aspekte ihrer Umwelt bezeichnen. Wenn man vor einem Leoparden am besten auf einen Baum flüchtet und vor einem Adler am besten in ein Gebüsch, dann ist der adaptive Wert akustisch unterschiedlicher Rufe für verschiedene Raubtiere offensichtlich.

Darüber hinaus geben Affen oft Laute, wenn sie einander nicht sehen können. Dies fördert die Evolution von Rufen, deren Bedeutung sich aus akustischen Eigenheiten ableitet und vom jeweiligen Zusammenhang weitgehend unabhängig ist.

Schließlich kann bei vielen Arten die angemessene Antwort auf einen Ruf von Individuum zu Individuum unterschiedlich ausfallen. Bei einem Adleralarm etwa sollten Meerkatzen auf dem Boden nach oben schauen, diejenigen aber, die oben auf dem Baum hocken, sollten schleunigst herunterkommen und Deckung suchen; wenn ein Grunzen einen Konflikt zwischen Gruppen ankündigt, sollten Kleinkinder zu ihren Müttern flüchten, Erwachsene dagegen ihr Augenmerk auf die Gruppengrenze richten. Dies begünstigt die Evolution von Rufen, deren Bedeutung nicht von dem unmittelbar folgenden Verhalten des Rufers abhängt. Einen Vorteil haben hier also Rufer, die etwas über ein Ereignis mitteilen können, unabhängig davon, was sie gerade tun oder wie sie sich fühlen; auf der anderen Seite sind diejenigen Zuhörer im Vorteil, die die Bedeutung eines Rufes, unabhängig davon, was der Rufer als nächstes tun könnte, interpretieren können.

Wir nehmen daher an, daß die Fähigkeit, sich eine Vorstellung von der Bedeutung akustischer Signale machen zu können, im Laufe der Primatenrevolution entstanden ist, weil Individuen, die Laute interpretieren können, ohne dabei auf Hinweise aus dem Zusammenhang oder dem Verhalten des Signalsenders angewiesen zu sein, Vorteile haben. Die Fähigkeit, einen oder mehrere Rufe mit einem gemeinsamen Bezug in Zusammenhang zu bringen (z. B. *Wrr* und *Chutter*-Laute als Reaktion auf die Annäherung einer anderen Gruppe) und Rufe anhand dessen, was sie meinen, vergleichen zu können, erlaubt es Individuen mit komplexeren Kommunikationssystemen, ein reiches semantisches System zu entwickeln. In einem solchen System können manche Rufe, etwa Adler- oder Schlangenalarm, außerordentlich verschieden sein, andere dagegen, wie *Wrrs* und *Chutters*, nur subtile akustische Unterschiede aufweisen und mit geringen Bedeutungsunterschieden in ähnlichen Sinnzusammenhängen gebraucht werden.

Der Inhalt mentaler Repräsentationen und ihre Grenzen

Wenn wir davon sprechen, daß Affen eine enge Beziehung zwischen zwei anderen Tieren erkennen, dann ist es wichtig, zwischen einer *Assoziation* zu unterscheiden, die sich strikt auf ein beobachtbares Faktum bezieht (daß zwei Tiere oft zusammen sind), und einer *Assoziation*, die sich auf eine strukturiertere und differenziertere Vorstellung von einer sozialen Beziehung bezieht. Ohne Zweifel sind Affen in der Lage zu erkennen, daß bestimmte andere Individuen häufig interagieren, und die Vergleiche, die sie anstellen, basieren wahrscheinlich oft auf unterschiedlichen Interaktionshäufigkeiten. Allerdings kann eine Assoziation, die sich ausschließlich auf Interaktionshäufigkeiten stützt, keine anderen Qualitäten einer Beziehung einbeziehen. Wenn ein Affe lernt, mit anderen Tieren einzig und allein auf der Basis ihrer Interaktionshäufigkeit etwas zu verbinden, dann wird er nicht in der Lage sein, zwischen zwei unterschiedlichen Beziehungstypen zu unterscheiden, die sich durch ähnliche Interaktionshäufigkeiten auszeichnen. Er wird zum Beispiel nicht zwischen einer Beziehung eines Weibchens zu einem jugendlichen Männchen (ihrem Sohn) und einer Beziehung desselben Weibchens zu einem erwachsenen Männchen (ihrem »Freund« oder langjährigen Sexualpartner) unterscheiden können.

Wie wir in Kapitel 3 gesehen haben, scheint es allerdings wahrscheinlich, daß Affen mehr als nur reine Interaktionshäufigkeiten wahrnehmen, wenn sie die Beziehungen anderer Tiere beurteilen. Augenscheinlich bedienen sie sich auch subtilerer Unterschiede, unter anderem der Art und der Qualität von Interaktionen, dem Alter und Geschlecht der Beteiligten, der Geschichte ihrer Beziehung und so weiter (siehe Hinde 1983a, 1983b). Erinnern wir uns beispielsweise daran, daß Verena Dassers (1988a) Javaneraffen fehlerfrei eine ganze Menge verschiedener Kinder ihren Müttern zuordneten, trotz erheblicher Unterschiede in Alter, Geschlecht und Interaktionshäufigkeiten der beteiligten Individuen. Denken wir auch daran, daß sich Meerkatzen nach Kämpfen mit nichtverwandten Tieren meist mit den *Verwandten* ihrer Gegner versöhnten, nach Kämpfen mit Angehörigen der eigenen Familie aber mit dem Gegner *selbst*. Diese Beobachtungen deuten darauf hin, daß Meerkatzen zwischen ihren eigenen engen Gefährten und denen der anderen unterscheiden – trotz ähnlich hoher Interaktionsraten in allen Familiengruppen. Und ein letztes Beispiel: Eine Vielzahl von Untersuchungen an Pavianen, Makaken und Meerkatzen haben erwiesen, daß ranghohe Weibchen attraktivere Grooming- und Allianzpartnerinnen sind als rangniedere Weibchen, und zwar unabhängig von der Häufigkeit, mit der sie dies erwidern (siehe Kapitel 2 und 3, sowie Walters und Seyfarth 1987 für einen Überblick). Diese Beobachtung zeigt an, daß Weibchen die Vorteile von Sozialbeziehungen nicht einfach über Interaktionsraten einschätzen, sondern auch über die potentiellen Vorteile, die ihnen unterschiedliche Individuen bieten können.

Wir können also annehmen, daß das Primatengehirn prädisponiert ist, Daten über Sozialbeziehungen sowohl hinsichtlich der beteiligten Individuen als auch hinsichtlich des Inhaltes, der Qualität und des Musters ihrer Interaktionen zu organisieren. Die mentale Repräsentation, die sich aus all dem ergibt, hat eine abstrakte Komponente, denn sie ist mehr als die Summe ihrer Teile. Eine Sozialbeziehung kann man nicht einfach anhand des Aussehens der Beteiligten oder ihrer Identität charakterisieren oder indem man irgendeine Aktivität mißt – wie die Zeit, die mit Grooming zugebracht wird, oder den Prozentsatz der Kämpfe, die mit einer Versöhnung enden. Man muß statt dessen *alle* diese Merkmale einbeziehen.

Wenn zukünftige Untersuchungen die Hypothese stützen, daß die Vorstellungen der Affen von Sozialbeziehungen nicht einfach nur auf Kontakthäufigkeiten basieren, wird man zwei weiteren, verwandten Aspekten besondere Aufmerksamkeit widmen müssen. Erstens, wie viele Arten von Beziehungen werden überhaupt erkannt, Ist eine *Mutter* etwas anderes als eine *Schwester*? Ist ein *Freund* des anderen Geschlechts etwas anderes als ein *Freund* desselben Geschlechts? Zur Zeit können wir diese Fragen nicht beantworten, denn das Ausmaß, in dem Affen zwischen Beziehungen mit ähnlichen Interaktionshäufigkeiten differenzieren, ist noch kaum untersucht. Die zweite Frage betrifft die Konsequenzen unterschiedlicher Vorstellungen von unterschiedlichen Beziehungstypen. Worin besteht eigentlich der Selektionsvorteil, wenn ein Tier über diese Fähigkeit verfügt?

Genauso wie Vorstellungen von Sozialbeziehungen müssen auch Vorstellungen von der Bedeutung von Rufen komplex genug sein, um Informationen über individuelle Identität, vorangegangene Interaktionen (etwa, ob der Rufer in der Vergangenheit vertrauenswürdige Informationen übermittelt hat), das Spektrum der Bezugsobjekte sowie den unmittelbaren sozialen und ökologischen Kontext erfassen zu können. Außerdem müssen Vorstellungen von der Bedeutung von Rufen in einer Weise gespeichert werden, daß es möglich ist, verschiedene Rufe miteinander zu vergleichen. Sozialbeziehungen müssen hinsichtlich der Beziehungstypen, die sie repräsentieren, verglichen werden, Rufe hinsichtlich der Dinge, die gemeint sind.

Allerdings steht unser Verständnis der Vorstellungen, die Affen von Sozialbeziehungen und der Bedeutung von Lauten haben, nicht nur definitionsmäßig auf schwachen Füßen. Wahrscheinlich wird es auch dann unvollständig und ungenau bleiben, wenn wir über mehr Daten verfügen. Es wird schwierig bleiben, präzise zu sagen, was im Kopf eines Affen vorgeht; wenden wir uns statt dessen also dem zu, was wohl nicht darin vorgeht.

Selbst wenn Affen zwischen verschiedenen Beziehungstypen unterscheiden, ist ihre Fähigkeit, Beziehungen zu vergleichen, möglicherweise doch reichlich unflexibel und auf Umstände beschränkt, in denen die beteiligten Individuen einander gut kennen. Bei allen bisherigen Untersuchungen wurden die Tiere notgedrungen nur mit vertrauten Partnern getestet, die zugleich ihre Gruppengenossen waren. Infolgedessen können wir nicht mit letzter Gewißheit sagen, daß ein Affe, der mit einer vollkommen neuen Gruppe von Individuen konfrontiert wird – etwa ein junges Männchen, das in eine neue Gruppe einwandert –, darauf vorbereitet ist, nach engen Bindungen zwischen Verwandten mütterlicherseits, linearen Dominanzbeziehungen und so weiter zu schauen. Oder um es noch ein wenig weiter auf die Spitze zu treiben: Wie lange würde ein Pavian oder eine Meerkatze wohl brauchen, um zu erkennen, daß nicht alle Primatenarten dieselbe Form des Umgangs miteinander pflegen? Wenn ein Meerkatzenmännchen in eine Gorillagruppe einwanderte, wo die Weibchen meist nicht miteinander verwandt sind (Stewart und Harcourt 1987), wie lange würde es wohl dauern, bis es *aufhören* würde zu erwarten, daß die Weibchen viel miteinander interagieren müßten? Würde es überhaupt jemals auf diesen Gedanken kommen? Kein Zweifel, Affen können lernen, sich an neue Verhaltensmuster anzupassen. Das haben Kummer, Götz und Angst (1970) gezeigt, als sie Mantelpavian- und Savannenpavianweibchen von einer in die jeweils andere Gruppe verpflanzten. Anders als die Savannenpaviane, die in großen Gruppen mit mehreren Männchen leben, bilden Mantelpaviane kleine, relativ stabile Ein-Mann-Gruppen (siehe Kapitel 3). Der räumliche Zusammenhalt dieser Gruppen wird einzig und allein durch das Männchen gewährleistet, das die Gruppe führt. Der männliche Haremshalter hütet seine Weibchen und wendet auch Zwangsmittel an, um sie daran zu hindern, »vom rechten Weg abzuirren« (Kummer 1968). Als Kummer und seine Mitarbeiter künstlich Savannenpavianweibchen in eine Mantelpaviangruppe einschleusten, lernten es die Weibchen binnen einer Stunde, demjenigen Männchen zu folgen, das sie als ihr Eigentum betrachtete. Vor allem lernten die Weibchen, auf das Männchen zuzugehen, wenn es ihnen drohte, anstatt vor ihm zu fliehen, wie sie es üblicherweise in ihrer Savannenpaviangruppe getan hätten. Genauso lernten auch die Mantelpavianweibchen, die in eine Savannenpaviangruppe verpflanzt worden waren, den Männchen nicht mehr zu folgen, und sie gingen keinerlei enge Bindungen zu irgendwelchen Individuen ein. Interessanterweise waren die Männchen, die von einer Art zur andern verpflanzt wurden, nicht in der Lage, ihr Verhalten anzupassen. Zum Beispiel lernten Savannenpavianmännchen, die in Mantelpaviangruppen gesetzt wurden, niemals, Weibchen zu hüten, wie es die Mantelpavianmännchen taten.

War an der Fähigkeit der Weibchen, sich an ihre neuen Gruppen anzupassen, irgendeine Annahme über die Art der Sozialstruktur und der Beziehungen in diesen Gruppen beteiligt? Beruhte ihr schnelles Lernen ausschließlich auf der Erfahrung, angegriffen zu werden, oder spielte dabei auch Beobachtung eine Rolle und die Fähigkeit, Schlüsse zu ziehen? Wir kennen ganz einfach die Basis nicht, auf Grund derer Affen ihre soziale Umwelt verstehen. Es kann sein, daß Affen ein abstraktes Konzept von Sozialbeziehungen haben, das von den jeweils beteiligten Individuen ganz unabhängig ist. Es kann aber auch sein, daß dieses Konzept recht eng an bestimmte Reize gebunden und auf allgemeine und bereits bekannte Beziehungstypen beschränkt ist (siehe auch D'Amato, Salmon und Colombo 1985). Um es kurz zu machen, wir müssen mit der Möglichkeit rechnen, daß Affen solchen Primatologen ähneln, die zu viel Zeit mit dem Studium einer einzigen Art verbracht oder immer in derselben Gruppe gelebt haben.

Eine zweite Einschränkung müssen wir zu bedenken geben: Affen mögen in der Lage sein, Vorstellungen von Sozialbeziehungen zu entwickeln. Aber ihre Fähigkeit, solche Vorstellungen zu nutzen, um damit Urteile zu fällen oder Kalkulationen anzustellen, könnte durchaus begrenzt sein. Nehmen wir zum Beispiel die Art, wie menschliche Primatologen einerseits und Affen andererseits mit der gleichzeitigen Existenz von engen Beziehungen zwischen Verwandten und der Attraktivität eines hohen Ranges umgehen. Wir Menschen erkennen schnell, daß diese beiden Prinzipien bei ranghohen Familien additiv wirken, für rangniedere Familien aber Gegenspieler sind. Wir können daraus ableiten, daß ranghohe Familien kohäsiver sind als rangniedere Familien – eine Vorhersage, die durch Beobachtung gestützt wird (siehe Kapitel 2). Zur Zeit haben wir allerdings keinerlei Beweis dafür, daß die Affen diesen Unterschied auch erkennen: So gibt es keinen Beweis dafür, daß ein rangmittleres Weibchen zwischen Beziehungen in ranghohen und in rangniederen Familien unterscheidet. Wichtiger noch – selbst dann, wenn es solche Hinweise gäbe, müßten wir immer noch zwischen Informationen unterscheiden, die sich das Weibchen durch Beobachtung und Erfahrung angeeignet hat (ranghohe Mütter unterstützen ihre Kinder beispielsweise öfter als rangniedere Mütter), und Informationen, auf die es durch Schlußfolgerungen gekommen ist. Tatsächlich haben wir mit Ausnahme der Befunde über das Wissen um die Rangpositionen anderer Tiere keinen Beweis dafür, daß bewußte Kalkulation eine wesentliche Rolle bei den Vorstellungen der Affen von Sozialbeziehungen oder der Bedeutung von Lautäußerungen spielt. In dieser Hinsicht kann sich die Repräsentation sozialer Phänomene grundsätzlich von der Repräsentation von Häufigkeit, Zeit und Raum bei Vögeln und anderen Tieren unterscheiden, die diese beim Einschätzen und Vergleichen der Ertragsraten aus alternativen Futterplätzen einsetzen (siehe Kapitel 9; siehe auch Gallistel 1989a, 1989b).

Drittens haben wir, wie schon in Kapitel 3 angemerkt, keinen Beweis dafür, daß Affen Sozialbeziehungen kategorisieren oder die Kriterien, die sie zur Klassifizierung benutzen, irgendwie benennen. Bestimmte Lautäußerungen von Primaten funktionieren zwar so, daß sie bestimmte Raubfeinde, wie Leoparden oder Adler, oder unterschiedliche Klassen von Artgenossen, wie Ranghohe oder Rangniedere, kennzeichnen. Aber Affen haben offenbar keine Rufe, die sich auf *enge Partner, Freunde* oder *Feinde* in einer Weise beziehen, daß damit Beziehungen klassifiziert werden könnten. Ob sie solche Bezeichnungen unter den geeigneten Bedingungen lernen könnten, bleibt offen: In keiner der »Sprachstudien« an Menschenaffen wurden die Tiere je über ihre Beziehungen befragt. Wenn wir als Erwachsene ein Wort wie *Freund* richtig gebrauchen, dann bedeutet dies auch, daß wir erkennen, welche Charakteristika für die Zugehörigkeit zu dieser Kategorie notwendig und hinreichend sind, und daß wir auf Grund dessen die Bezeichnung dieser Kategorie korrekt in neuen Situationen anwenden können. Wenn das Vorhandensein oder Fehlen einer Bezeichnung ein Maß dafür ist, ob es ein Bewußtsein für Klassen oder für Beziehungen zwischen Klassen gibt, dann könnte es sein, daß Affen nur über ganz beschränkte Möglichkeiten verfügen, Beziehungen zu vergleichen und neue soziale Situationen zu verallgemeinern.

Ganz ähnlich sieht es mit Lautäußerungen aus. Affen mögen Lautäußerungen benutzen, um etwas über Dinge in ihrer Umwelt zu signalisieren, und sie mögen Laute anhand der Dinge, die gemeint sind, vergleichen. Aber wir haben keinen Beleg dafür, daß sie die Zusammenhänge zwischen ihren verschiedenen Rufen und den Objekten in ihrer Umwelt, auf die sie sich beziehen, erkennen können. Im Gegensatz dazu kann man Schimpansen nicht nur beibringen, den Zusammenhang zwischen einem Zeichen und seinem Bezug zu identifizieren, sondern auch Zeichen zu übergeordneten Klassen zusammenzufassen (z. B. Savage-Rumbaugh u. a. 1980; Premack und Premack 1982). Beispielsweise brachte Premack (1976) der Schimpansin Sarah bei, nicht nur Worte für bestimmte Farben zu verwenden, sondern auch das Wort Farbe selbst.

Offensichtlich fehlen den Meerkatzen Rufe für übergeordnete Kategorien wie *Gefahr* oder *Familie*. Dies bestätigt indirekt die Hypothese, daß Affen zwar Laute benutzen, um Dinge zu bezeichnen, aber daß sie sich der Bezugszusammenhänge, die zwischen Lauten und den gemeinten Objekten bestehen, nicht klar bewußt sind. Zum Beispiel übertragen Meerkatzen ihre Skepsis hinsichtlich der Leopardenalarmrufe eines Individuums nicht auf dessen Adleralarmrufe. Man kann daraus schließen, daß sie beide Rufe als ganz unterschiedlich klassifizieren. Menschen würden sich unter denselben Umständen wohl völlig anders verhalten und bei ständigem Leoparden-Fehlalarm eines bestimmten Individuums an dessen Vertrauenswürdigkeit grundsätzlich zu zweifeln beginnen, ganz gleich, um welchen Raubfeind es sich handelt.

Natürlich hat die Abneigung der Affen, Alarmrufe für Raubfeinde in eine übergeordnete Kategorie zusammenzufassen, funktionale Vorteile. Berücksichtigen wir die unterschiedlichen Jagdstrategien etwa von Leoparden oder Adlern, dann wäre es ganz und gar unvorteilhaft, auf diese beiden Raubfeindtypen mit einem einzigen Ruf oder einer einzigen Art zu fliehen zu reagieren. Dennoch, menschliche Worte (und die ihnen zugrunde liegenden Klassifikationssysteme) erlangen eine ganz außerordentliche kommunikative Kraft aus der Fähigkeit, speziell *oder* allgemein zu sein. Wir sind in der Lage, übergeordnete Begriffe zu gebrauchen und gleichzeitig in unserem Bewußtsein die Elemente zu unterscheiden, die eine übergeordnete Kategorie ausmachen. Beispielsweise sind wir in der Lage, zwischen verschiedenen Arten von Gefahr (etwa einem Feuer und einem schnell heranfahrenden Auto) zu unterscheiden, und sie dennoch beide als gefährlich einzustufen.

Da Affen offensichtlich keine Laute für übergeordnete Kategorien haben, könnte dies für ein größeres Problem symptomatisch sein: Die Affen sind sich ihres eigenen Wissens nicht bewußt. Um es mit Paul Rozin (1976) zu sagen, es könnte sein, daß die Affen auf ihr Wissen um Sozialbeziehungen oder die Bedeutung von Worten selbst *keine Zugriffsmöglichkeiten* haben. Ein Affe mag familiäre Beziehungen typisieren und sogar Beziehungen zwischen unterschiedlichen Partnern vergleichen können; aber gleichzeitig kann er vielleicht sein eigenes Wissen nicht hinterfragen, es kategorisieren, es auf neue Reize anwenden oder es benutzen, um neue Erkenntnisse zu gewinnen. Darüber hinaus ist er womöglich – eben weil er vermutlich nicht über das, was er über andere weiß, reflektieren kann – nicht in der Lage, anderen Motive zuzuschreiben und damit zu verstehen, *warum* manche Beziehungen sich gleichen und andere ganz unterschiedlich sind.

Wir haben die Meinung vertreten, daß Affen, um sozial erfolgreich zu sein, in der Lage sein müssen, das Verhalten von anderen vorhersagen zu können. Um darin gut zu sein, genügt es nicht, sich an einzelne Interaktionen zu erinnern. Vielmehr müssen sie mit Abstraktionen umgehen können und daraus die Beziehungen, die zwischen anderen existieren, ableiten. Uns Menschen führt die Suche nach Vorhersagen von Verhalten noch weiter, nämlich nach den Faktoren, die Unterschiede zwischen Beziehungen verursachen. Ein Affe, der Sozialbeziehungen vergleichen kann, kann auch das Verhalten von anderen besser vorhersagen als einer, der einfach nur all die Interaktionen, die er beobachtet hat, im Gedächtnis noch einmal durchgeht. Aber ein Individuum, das anderen Motive zuschreiben kann und auf dieser Grundlage Beziehungen klassifizieren kann, hat erheblich bessere Möglichkeiten, das Verhalten anderer Tiere zu interpretieren (Humphrey 1983; Whiten und Byrne 1988a, 1988b).

Konfrontieren wir also zum Abschluß die Beziehung zwischen dem Verhalten eines Individuums mit seiner Kenntnis über den Bewußtseinsstand von anderen. Angenommen, Affen erkennen Sozialbeziehungen; verstehen sie aber auch die Motive, die ihnen zugrunde liegen? Nehmen wir einmal als gegeben hin, Affen könnten ganz gezielt über Dinge in ihrer Umwelt kommunizieren; benutzen sie aber ihre Rufe nur, das *Verhalten* der anderen zu beeinflussen, oder versuchen sie gar das *Denken* der anderen zu verändern? Diese Fragen berühren die Wurzel unseres Themas, wie Affen die Welt sehen, und leiten direkt über in die nächsten drei Kapitel über Täuschung, Zuschreibung und die Grenzen der Intelligenz von Primaten.

Kapitel 7
Täuschung

Leslie, ein ranghohes Meerkatzenweibchen, hatte gerade Escoffier, die Leslies Mutter Borgia groomte, weggescheucht. Nachdem sie Borgia kurz selbst gegroomt hatte, ging Leslie zu Escoffier, die sich vor ihr duckte. Leslie schmatzte mit den Lippen – ein beruhigendes Signal – und begann Escoffier zu groomen. Nach ein paar Minuten beruhigte sich Escoffier sichtlich und streckte sich aus, damit Leslie ihren Rücken groomen konnte. In diesem Augenblick griff Leslie nach Escoffiers Schwanz, biß herzhaft hinein und hielt ihn genüßlich zwischen ihren Zähnen, wobei Escoffier laut schrie.

Was soll man als Beobachter damit machen? Hatte Leslie Escoffier absichtlich angelogen und ihren Anschlag genau für den Moment geplant, in dem er seine größte Wirkung entfalten würde (Abb. 7.1)? Oder wurde sie erst dadurch, daß sie Escoffier groomte, wieder daran erinnert, daß sie eigentlich böse mit ihr war? Geschworene werden vor Gericht ermahnt, bei Kriminalfällen Vorsatz in Betracht zu ziehen. Ebenso hängt auch unser Urteil über Leslies Verhalten von unserer Ansicht über ihre Motive ab. Aber bevor wir uns daran machen können, Leslies Motive zu untersuchen, müssen wir uns erst einmal darüber klar werden, ob sie überhaupt dazu in der *Lage* ist, Falsches zu signalisieren. Ist eine Meerkatze tatsächlich fähig, in manchen Situationen Signale zu unterdrücken und in anderen falsche Signale zu gebrauchen? Wie verläßlich *sind* Signale von Tieren überhaupt?

In den Kapiteln 4 und 5 haben wir unsere Aufmerksamkeit den Informationen gewidmet, die durch Rufe von Affen übermittelt werden. Doch worin besteht der Zweck dieser Rufe? Menschen jedenfalls benutzen Sprache nicht nur, um Informationen über unmittelbar anstehende Angelegenheiten auszutauschen, sondern auch, um zu schmeicheln, zu überzeugen, zu flehen, zu manipulieren und zu lügen. In dem Moment, in dem ein Signalsystem auch nur rudimentär einen Objektbezug erhält, wächst seine Kraft, sowohl genaue als auch ungenaue Informationen zu übermitteln, ungeheuerlich an; Informationen können zurückgehalten und sogar ganz gezielt gefälscht werden. Und doch ist es alles andere als eindeutig, ob Affen je ihre akustischen Signale (oder irgendwelche anderen Gesten, mit denen sie kommunizieren) benutzen, um falsche Informationen zu übermitteln.

Abb. 7.1: Das erwachsene Weibchen Newton groomt den Schwanz eines anderen Weibchens. Es scheint so, als ob Weibchen ihren Groomingpartner manchmal »täuschen«, indem sie sie einlullen und dann, wenn jene sich entspannt haben, plötzlich zubeißen oder angreifen.

Ob man Signale von Tieren für »wahrhaftig« oder »betrügerisch« hält, hängt zum Teil von der Art der Daten ab, die man betonen will. In den meisten Fällen scheinen Signale denjenigen, die in der Nähe sind, genaue und verläßliche Informationen zu verschaffen. In anderen Fällen ist dies allerdings ganz eindeutig nicht so. Nehmen wir als eines der vielen Beispiele für wahrhaftiges Signalisieren den Balztanz eines männlichen Teichmolches (*Triturus vulgaris*). Nach der Kopulation braucht ein männlicher Molch einige Stunden, um seinen Vorrat an Spermatophoren aufzufrischen (Halliday 1976). Wenn ein Männchen also auf ein Weibchen trifft, kann es sein, daß es eine ganze Menge Spermien zur Verfügung hat oder auch nur sehr wenige. Begegnet es einem Weibchen, führt es einen Balztanz auf, zu dem eine Reihe fächelartiger Bewegungen des Schwanzes gehören. Die Schnelligkeit dieser Bewegungen ist eng korreliert mit der Menge des Spermas, das das Männchen zur Verfügung hat und absetzen kann. Durch das Fächeln erhält das Weibchen also genaue Informationen darüber, wie gut sich das Männchen als Paarungspartner eignet (Halliday 1983).

Abb. 7.2: Zwei jugendliche Männchen, Macauley und Trollope, spielen miteinander. Die »Spielgesichter« der beiden sind typisch und scheinen verläßlich anzuzeigen, daß Aggression in dieser Situation nicht zu erwarten ist.

Es gibt eine Menge anderer Beispiele für Signale, die genaue Informationen über Ressourcen von Individuen, ihre Absichten oder manche Aspekte ihrer Umgebung vermitteln. Männliche Spottdrosseln (*Mimus polyglottos*) mit einem großen Gesangsrepertoire haben die qualitativ besten Reviere (Howard 1974); das »Spielgesicht« vieler Säugetiere (Abb. 7.2) signalisiert eindeutig, daß mit Aggression nicht zu rechnen ist (z. B. Fagen 1981), und die Alarmrufe vieler Vögel (z. B. Marler 1956b), Nagetiere (z. b. Sherman 1977; Dunford 1977; Leger und Owings 1978; Hoogland 1983) und Affen (Kapitel 4) vermitteln nicht nur eindeutige Informationen über die Anwesenheit eines Raubfeindes, sondern auch, ob es sich um einen Adler, eine Schlange oder um einen gefährlichen Säuger handelt.

Gleichzeitig gibt es aber Beweise, daß zumindest manche Signale von Tieren *unrichtige* Informationen vermitteln und damit offensichtlich den Zweck haben, andere irrezuführen. Wir verwenden hier eine operationale Definition: Ein Täuschungssignal ist eines, das andere mit falscher Information versorgt. Ob irgendein Tier je einem anderen falsche Überzeugungen unterstellt oder sich seiner eigenen Täuschungsversuche bewußt ist, bleibt eine offene Frage, auf die wir in Kapitel 8 zurückkommen wollen.

Es gibt viele Beispiele dafür, daß tierische Signale offenbar die *Funktion* haben, Gegner irrezuführen oder sie mit mehrdeutigen Informationen über das eigene Folgeverhalten zu füttern. Nehmen wir eines der häufigsten Beispiele für zweideutige Signale: Die Drohgesten vieler Vögel und Säugetiere sind oft ziemlich schlechte Indikatoren für deren kommendes Verhalten und können von den Bedrohten nicht verläßlich genutzt werden, um die Wahrscheinlichkeit eines Angriffs abzuschätzen (Caryl 1979; siehe aber Hinde 1981). In anderen Fällen enthalten unzuverlässige Signale gezielte Falschmeldungen. Zum Beispiel kann eine männliche Skorpionsfliege (*Hylobittacus apicalis*) nur mit einem Weibchen kopulieren, wenn er ihr zuerst als Hochzeitsgeschenk ein totes Insekt überreicht hat. Manche Männchen fangen Insekten selbst, aber andere stehlen sie, indem sie sich anderen Männchen, die bereits im Besitz eines Insektes sind, annähern und die Haltung und das Verhalten eines Weibchens imitieren (Thornhill 1979).

Polygynie oder »Vielweiberei« beim Trauerschnäpper (*Ficedula hypoleuca*) ist in ähnlicher Weise als ein Beispiel für erfolgreiche Täuschung von Weibchen durch Männchen interpretiert worden (Alatalo u. a. 1981; aber siehe Stenmark, Slagsvold und Lifjeld 1988). Die männlichen Trauerschnäpper besetzen Reviere, und die Weibchen fliegen von einem Revier zum nächsten, um sich schließlich einen Partner zu wählen. Die Vorliebe des Weibchens hängt von der Qualität des männlichen Territoriums ab (Alatalo, Lundberg und Stahlbrandt 1984) und davon, ob das Männchen schon mit einer anderen Partnerin verpaart ist. Zweitfrauen haben einen geringeren Fortpflanzungserfolg als monogam verpaarte Weibchen, und Weibchen meiden in der Regel Männchen, die bereits verpaart sind. Männchen haben aber oft zwei Reviere, die bis zu 3,5 Kilometer voneinander entfernt sein können. Eine Erklärung für diese weit auseinanderliegenden Reviere ist, daß sie dazu dienen, die Weibchen zu täuschen: Weibchen können so nur schwer feststellen, ob ein Männchen bereits verpaart ist. Tatsächlich werden Weibchen dadurch oft unwissentlich zur Zweitfrau eines Männchens. Wenn sie erst einmal ihre Eier gelegt hat und er zu seiner Erstfrau zurückgekehrt ist, ist es für das Weibchen zu spät, in derselben Saison eine neue Brut anzufangen.

Das Studium der Täuschung in der Kommunikation von Tieren ist ein junger Wissenschaftszweig, und viele Fragen bleiben zur Zeit noch offen. Zum Beispiel gibt es bislang nur höchst vorläufige Untersuchungen über die Häufigkeit, mit der Tiere »ehrliche« und »unehrliche« Signale gebrauchen, oder über die Auswirkung des Kontextes auf mutmaßliche Täuschungssignale. Wichtiger noch, es gibt wenig Übereinstimmung darüber, ob irreführende oder unzuverlässige Signale überhaupt vorkommen oder wie flexibel tierische Signale tatsächlich sind. Haben Tiere wirklich die *Fähigkeit*, ihre Signale zu modifizieren, und wenn dies so ist, wie flexibel ist die Signalerzeugung (Kapitel 5)?

Verschaffen wir uns einen kurzen Überblick über die Beweise für irreführende Kommunikation und die Entdeckung unzuverlässiger Signale bei Primaten und anderen Tieren. Wir beschreiben die Erscheinungsform, die Täuschungssignale offenbar annehmen, und erörtern ihre mögliche Funktion. Vor allem wollen wir uns auf solche Signale konzentrieren, die Informationen über die Umwelt oder das mutmaßliche Verhalten des Signalsenders übermitteln, da diese Signale den breitesten Spielraum für Modifikationen bieten. Unser primäres Ziel ist es, einen Rahmen zu errichten – und sei er auch noch so wackelig – der es uns gestattet, der weitaus spekulativeren und umstritteneren Frage nachzugehen, was uns Täuschung über das Denken der Tiere sagen könnte. Wir sparen uns diesen Punkt für Kapitel 8 auf.

Theoretischer Hintergrund

Es gibt Fälle, da lassen sich Signale nicht so leicht fälschen. Vor allem Signale, die in irgendeiner Weise den physiologischen Zustand eines Tieres reflektieren oder an ihn gekoppelt sind, sind normalerweise schon deshalb zuverlässig, weil sie schwierig zu manipulieren sind. Aber das gilt nicht notwendigerweise für Signale, die Informationen über die Umwelt oder das mögliche Verhalten des Signalgebers übermitteln. Tatsächlich kann man mit gutem Grund vorhersagen, daß Tiere *selten* präzise darüber Auskunft geben sollten, was sie im Sinn haben, es sei denn, es geht um kooperative Interaktionen.

Nehmen wir zum Beispiel die Drohgesten, die viele Vögel und Säugetiere gebrauchen, um die Möglichkeit eines Angriffes oder von Flucht zu signalisieren. Maynard Smith und Price (1973) meinen, daß die natürliche Selektion immer jene Individuen begünstigen wird, die unabhängig von ihren tatsächlichen Intentionen andere »betrügen« und mit der höchsten Intensität drohen – also fälschlich einen bevorstehenden Angriff signalisieren (siehe auch Maynard Smith 1979, 1984; Caryl 1979; Krebs und Dawkins 1984). Aufbauend auf diesem Argument bietet Andersson (1980) ein Szenario an, mit dem er zu erklären versucht, wie Täuschungssignale in der Evolution entstehen könnten, warum der Zusammenhang zwischen Signal und nachfolgendem Verhalten oft so schwach ist, und warum Tierarten so viele verschiedene Drohgesten haben. Ursprünglich, meint Andersson, ist eine Bewegung oder eine Körperhaltung (etwa das plötzliche Vorstrecken von Kopf und Oberkörper eines Affen) eine wirkungsvolle Drohgeste, weil sie einen bevorstehenden Angriff verläßlich ankündigt. Mit der Zeit allerdings wird die Geste immer öfter als reiner »Bluff« eingesetzt, vermutlich weil der Signalsender feststellt, daß die Geste allein genügt, um den Gegner abzuschrecken, selbst dann, wenn kein Angriff erfolgt. Sowie die Häufigkeit von »Bluffs« ansteigt, werden skeptische Signalempfänger allerdings bemerken, daß die Geste kein eindeutiges Signal für einen drohenden Angriff mehr ist, und das Signal wird seine Wirksamkeit verlieren. Darauf wiederum werden die Signalsender reagieren und eine neue Geste einführen, die ihrerseits einen bevorstehenden Angriff verläßlicher ankündigt als die alte Geste. Irgendwann wird aber auch dieses Signal wieder als Bluff benutzt werden. Bei fortgesetztem Wettbewerb zwischen betrügerischen Signalproduzenten und skeptischen Signalempfängern wird es letztlich zu einer »Aufrüstung« in der Signalproduktion kommen, wobei jedes Signal seine Wirkung einbüßen wird, je öfter es als Bluff gebraucht wird (Andersson 1980; siehe auch Paton 1986). Natürlich ist Anderssons Szenario stark vereinfacht. Aber sein zentraler Punkt, daß nämlich Signale, die eine Intention anzeigen, auch zur Einschätzung des Gegenübers dienen und daher selten einen eindeutigen Gang der Ereignisse ankündigen, ist zweifellos wichtig.

Wenn also theoretische Argumente dafür sprechen, daß Täuschungssignale in der Evolution erfolgreich sein sollten, und empirische Beweise dafür, daß Tiere manchmal, wenn auch nicht immer, falsche Informationen signalisieren, dann müssen wir die Bedingungen spezifizieren, unter denen irreführende Signale Erfolg haben und dem Signalproduzenten nützen können. Auf der anderen Seite wird es notwendig sein, die Faktoren zu identifizieren, die Täuschung behindern und den Tieren keine andere Möglichkeit lassen, als echte Informationen zu übermitteln.

Einschränkungen für den Gebrauch
von Täuschungssignalen

Trotz der offensichtlichen Vorteile von unzuverlässigen (oder zumindest unvorhersagbaren) Signalen gibt es eine Reihe von Faktoren, die die Fähigkeit von Tieren, andere zu täuschen, einschränken. Erstens wird – wir haben bereits darauf hingewiesen – die Fähigkeit eines Signalproduzenten, neue Signale zu erfinden und zu kontrollieren, auch seine Täuschungsmöglichkeiten einschränken. Einige Signale können schlicht und einfach nicht gefälscht werden, weil sie irgendwelche physiologischen Merkmale reflektieren oder an sie gekoppelt sind – wie Größe oder Alter. Männliche Erdkröten (*Bufo bufo*) etwa kämpfen um den Zugang zu Weibchen, und meistens gewinnen die größeren Männchen. Da die Kämpfe normalerweise im trüben Wasser eines Teiches oder bei Nacht stattfinden, haben visuelle Reize keine Wirkung, und die Männchen benutzen akustische Signale, um die Größe ihrer Gegner abzuschätzen. Größere Männchen haben auch größere Schallblasen und rufen daher mit einer geringeren Grundfrequenz oder Tonhöhe. Wenn ein Männchen einen Rivalen rufen hört, wird es eher weiterkämpfen, wenn die Tonlage des Rivalen höher ist, und weniger geneigt sein, weiterzukämpfen, wenn der Rivale eine tiefere Stimme hat als es selbst (Davies und Halliday 1978, 1979). Eben weil die Merkmale ihrer Stimme so eng an unveränderbare anatomische Strukturen gekoppelt sind, sind Signale wie Krötenrufe immer echt (Maynard Smith 1984, 1986).

Selbst Signale, die eng an irgendwelche physiologischen Merkmale gebunden sind, können allerdings nicht gänzlich von ihrer Motivation losgelöst werden. Viele zusätzliche Faktoren, wie der Besitz eines Territoriums oder eines Geschlechtspartners, können die Bereitschaft eines Männchens zu kämpfen beeinflussen (Parker 1974; Bachmann und Kummer 1980). Das hat zur Folge, daß selbst in relativ simplen Fällen, in denen die physiologische Verfassung beider Rivalen offensichtlich ist, Kämpfe allmählich eskalieren können und zahlreiche Gesten, die die Motivation der Rivalen weniger leicht verraten, eingebaut werden (Markl 1985).

Signale, die unabhängig von physiologischen Merkmalen sind, aber statt dessen als Hinweise für Handlungsbereitschaften, den Besitz einer Ressource oder irgendwelche Aspekte der Umgebung fungieren, sind leichter zu fälschen. Selbst diesen Signalen sind aber offensichtlich Grenzen durch die Fähigkeit des Signalproduzenten gesetzt, seinen Rivalen einzuschätzen und neue Signale zu erfinden. Bei Drohgesten etwa wird es vermutlich wenige Verhaltensmuster geben, die direkt mit Angriff verbunden sind, und noch weniger, die von einer Angriffsbereitschaft abgetrennt werden und unabhängige Signalfunktionen erlangen können (Moynihan 1970; Andersson 1980).

Eine zweite wichtige Einschränkung ergibt sich aus der Sozialstruktur einer Art. Tiere, die in stabilen Sozialgruppen leben, sehen sich speziellen Problemen bei jedem Versuch betrügerischer Kommunikation gegenüber. Wenn Individuen einander kennen und sich an vergangene Interaktionen erinnern, dann wird ein betrügerisches Signal viel leichter zu entlarven sein als bei Arten wie den Skorpionsfliegen, bei denen sich die Individuen nur selten begegnen. Bei sociallebenden Tieren werden betrügerische Signale wohl subtiler sein müssen und seltener eingesetzt werden, um nicht entlarvt zu werden. Genauso wichtig ist sicher ein weiterer Umstand: Bei gruppenlebenden Tieren, für die ein gewisses Maß an Kooperation lebenswichtig ist, wird allein der Zwang zur Kooperation die Häufigkeit reduzieren, mit der unzuverlässige Signale gesendet werden. Tatsächlich ist die Meinung vertreten worden, daß Bluff zur Verschleierung der eigenen Intentionen unter solchen Bedingungen in der Evolution nicht entstehen kann (van Rhijn und Vodegal 1980). Da soziale Tiere sowohl als Signalproduzenten wie als Signalkonsumenten handeln, könnte wechselseitige Kooperation, selbst wenn sie Skeptizismus zur Grundlage hat, evolutionär stabiler sein als wechselseitiges Ausnutzen (Markl 1985; siehe auch Axelrod und Hamilton 1981).

Die durch die Sozialstruktur gesetzten Grenzen geben also zu der Vermutung Anlaß, daß viele theoretische Argumente für das Auftreten von Täuschung, die weder individuelles Erkennen noch gute Erinnerung an vergangene Interaktionen zur Grundlage haben (z.B. Maynard Smith 1974, 1982; Krebs und Dawkins 1984), für eine Reihe von gruppenlebenden Tieren nicht zutreffen werden.

Für unser Thema ist das nicht gerade glücklich: Durch das Risiko, überführt zu werden, und den Zwang zur Kooperation wird Täuschung in sozialen Gruppen selten auftreten und schwierig zu untersuchen sein. Verhaltensstudien werden nahezu zwangsläufig anekdotischen Charakter annehmen, einfach weil man die meisten Formen von Täuschung zu selten beobachten wird, um systematische Analysen durchführen zu können.

Schließlich wird Täuschung durch die Geschicklichkeit Grenzen gesetzt, mit der Empfänger von Signalen deren Bedeutung erfassen und diese Information in das integrieren können, was sie aus früheren Interaktionen mit dem

Sender gelernt haben. Obwohl man dem Erfassen von Bedeutung bisher wenig Aufmerksamkeit geschenkt hat, wollen wir uns mit diesem Problem nun ein wenig genauer befassen.

Täuschung durch Schweigen

Eine der effektivsten Arten, einen Gegner in die Irre zu führen, ist das Zurückhalten oder Verschweigen von Informationen. Obwohl mit Signalunterdrückung keine aktive Verfälschung von Informationen verbunden ist und auch die Aufmerksamkeit nicht von einem Ereignis auf ein anderes gelenkt werden kann, kann Täuschung sicherlich ihre *Funktion* sein. Wichtiger noch: Bei Täuschung durch Verschweigen ist keine Signalproduktion beteiligt; daher ist es praktisch unmöglich, sie aufzudecken. Im Endeffekt kann das dazu führen, daß Täuschung durch Verschweigen häufiger auftritt als aktive Signalfälschung.

Alarmrufe könnten sich geradezu ideal für Signalfälschung eignen. Nehmen wir noch einmal die Alarmrufe der Meerkatzen, die wir in Kapitel 4 kennengelernt haben. Unterschiedliche Alarmrufe signalisieren die Gegenwart verschiedener Klassen von Raubfeinden mit unterschiedlichen Jagdstrategien, und sie provozieren unterschiedliche Fluchtmanöver. Bei einem solchen Repertoire von akustischen Signalen scheint der adaptive Wert falscher Alarmrufe offensichtlich: Eine Meerkatze könnte in einem Busch einen Leoparden entdecken, warten, bis ein Rivale sich dem Busch nähert, dann Adleralarm geben und zugucken, wie der in den Busch flüchtende Rivale verspeist wird. Kurioserweise scheinen Meerkatzen so etwas aber nie zu tun. Möglich, daß ein solcher Betrug einfach zu fadenscheinig wäre. Einmal könnte man mit solch einem falschen Alarm vielleicht einen Rivalen beseitigen; aber andere Gruppenmitglieder könnten sehr schnell auf den Widerspruch zwischen Alarmtyp und Raubfeind kommen und dann den Betrüger besonders aufmerksam beobachten oder, schlimmer, ihn bestrafen oder ächten.

Es gibt aber eine weitaus subtilere Strategie, die fast genauso effektiv wie unverblümte Täuschung ist, aber viel weniger leicht zu entlarven. Die Meerkatze könnte den Räuber entdecken und einfach still sein – und nur dann Alarm geben, wenn sie selbst oder ihre Verwandtschaft in unmittelbarer Gefahr ist. Es gibt einige Hinweise dafür, daß diese Art der Täuschung bei Meerkatzen regelmäßig vorkommt und vielleicht auch bei anderen Tierarten weit verbreitet ist.

Bei den Amboseli-Meerkatzen gaben ranghohe Männchen und Weibchen signifikant häufiger Alarmrufe ab als rangniedere Individuen. Ganz offensichtlich beruhte dieser Unterschied nicht darauf, daß ranghohe Tiere besser darin waren, Räuber auszumachen. Die Filme, die wir von den Tieren gedreht haben, geben uns keinen Hinweis dafür, daß ranghohe Tiere hier überlegen wären oder mehr Zeit darauf verwandt hätten, nach Räubern Ausschau zu halten. Die Häufigkeit von Alarmrufen stand auch in keinem Zusammenhang mit dem Vorhandensein oder Fehlen von Verwandten, denn in unseren Untersuchungsgruppen hatten ranghohe Weibchen nicht mehr Kinder als rangniedere Weibchen. Statt dessen scheint es möglich, daß rangniedere Männchen und Weibchen Raubfeinde genausooft entdeckt hatten wie die ranghohen Tiere, aber die anderen Gruppenmitglieder einfach nicht gewarnt hatten (Cheney und Seyfarth 1985b).

Ganz ähnlich geht es bei Präriehunden und verschiedenen Hörnchenarten zu: Auch hier geben Weibchen mit Verwandtschaft häufiger Alarmrufe ab als Weibchen, die keine Verwandten haben (z. B. Dunford 1977; Sherman 1977; Hoogland 1983; siehe auch Kapitel 5). Da es keinen Grund gibt, anzunehmen, daß Tiere mit Verwandten eher Raubfeinde entdecken oder mehr nach ihnen Ausschau halten als Tiere ohne Verwandtschaft, liefern uns diese Beobachtungen zusätzlich einen indirekten Beweis dafür, daß Tiere manchmal Räuber entdecken, aber die anderen nicht darüber informieren.

Beispiele für das Zurückhalten oder Verschweigen von Informationen kennen wir aus einer Vielzahl von Untersuchungen an nichtmenschlichen Primaten (Byrne und Whiten 1988c; Whiten und Byrne 1988c; Ristau 1990; Jolly 1990). Meistens handelt es sich um Anekdoten, aber das ist wohl nicht weiter verwunderlich, wenn wir von der Annahme ausgehen, daß Täuschung bei sozialen Tieren nicht eben häufig vorkommt.

Von Hans Kummer (1982) stammt die Geschichte von dem Mantelpavianweibchen, das über einen Zeitraum von 20 Minuten seine Position langsam veränderte, um sich schließlich hinter einen Felsen hinzukauern. Dort fing es an, ein heranwachsendes Männchen zu groomen – ein Verhalten, das das dominante Männchen üblicherweise nicht tolerieren würde. Von seiner Ruheposition aus konnte das dominante Männchen den Rücken und den Kopf des Weibchens sehen, aber nicht ihre Arme. Der Jüngling saß in einer gebückten Haltung und war so ebenfalls für das erwachsene Männchen unsichtbar. Die Tatsache, daß das Weibchen sich Zentimeter um Zentimeter an den Felsen herangerobbt hatte, war für Kummer Grund genug, daran zu zweifeln, daß dieses Arrangement rein zufällig zustandegekommen sein sollte (siehe auch Whiten und Byrne 1988c).

Auch die Schimpansen und Rhesusaffen, die Frans de Waal (1982, 1986b) beobachtet hat, geben uns Beispiele für offensichtliches Täuschen durch Zurückhalten von Informationen. In beiden Untersuchungen griffen dominante Männchen oft rangtiefere Männchen an, wenn diese auf eine Drohung kein beschwichtigendes Verhalten zeigten. Dominante Tiere reagierten aber selten aggressiv, wenn es schien, daß das rangniedere Männchen die ursprüngliche Drohung nicht wahrgenommen hatte. Die rangniederen Tiere machten sich das zunutze, indem sie Drohungen häufig ignorierten (sie saßen einfach ganz still da und guckten auf den Boden oder in die Luft), obwohl de Waal sicher war, daß sie sie gesehen hatten.

Andere Formen geheuchelten Ignorierens scheinen bei Schimpansen gang und gebe zu sein. So hat de Waal (1982, 1986b) von einem Fall erzählt, in dem ein junges Männchen, Dandy, an einer Stelle vorbeiging, wo die Versuchsleiter ein paar Pampelmusen unter der Erde versteckt hatten. Da Dandy überhaupt nicht reagiert hatte, nahmen die Experimentatoren an, daß Dandy die Früchte nicht bemerkt hatte. Aber mehr als drei Stunden später, als die anderen Schimpansen schliefen, marschierte Dandy schnurstracks zu der Stelle, buddelte die Pampelmusen aus und aß sie auf (weitere Beispiele für geheucheltes Ignorieren finden sich bei Goodall 1986). De Waal zählt auch eine Reihe von Fällen auf, in denen männliche Schimpansen ihren erigierten Penis hinter ihren Händen versteckten, wenn dominante Männchen sie bei einem Schäferstündchen überraschten.

Es gibt auch Hinweise dafür, daß Schimpansen manchmal Futterrufe unterdrücken und still bleiben, wenn die gefundene Nahrung zum Teilen nicht reicht (Wrangham 1977; siehe auch Kapitel 4 und 8). Jane Goodall (1986) hat die Geschichte von dem neunjährigen Schimpansenmännchen Figan erzählt, der einmal, als er an eine ganze Bananenstaude geriet, einen lauten Futterruf ausstieß. Sofort war die ganze Gruppe bei ihm, und er war die meisten seiner Bananen wieder los. Am nächsten Tag fand er wieder eine Bananenstaude, aber diesmal blieb er, obwohl Jane Goodall ganz feine unterdrückte Laute in seiner Kehle hören konnte, still und konnte seine Bananen ungestört alleine essen.

Ein letztes Beispiel: Schimpansenweibchen machen, wenn sie sich paaren, normalerweise laute Kopulationsrufe. Das erweckt die Aufmerksamkeit der anderen Männchen für das kopulierende Paar, und dominante Männchen scheinen diese Laute zu benutzen, um rangniedere Männchen im Auge zu behalten und ihre Kopulationsversuche gegebenenfalls zu unterbrechen. Sowohl de Waal als auch Goodall haben beobachtet, daß Weibchen manchmal den Paarungslaut unterdrücken, wenn sie sich mit rangtieferen Männchen paaren, obwohl dieselben Weibchen bei ranghöheren Männchen keineswegs so zurückhaltend sind (siehe auch Kapitel 8 für ein Beispiel von Unterdrückung des Paarungslautes bei Affen).

Was lernen wir aus diesen Anekdoten? Beweisen läßt sich durch Anekdoten natürlich nichts, aber sie legen doch sehr nahe, daß nichtmenschliche Primaten nicht einfach nur physische Aspekte ihrer Welt, wie den Standort von Nahrungspflanzen oder anderen Individuen, wahrnehmen, sondern daß sie auch die mentale Verfassung anderer Tiere und die Wirkung ihres eigenen Verhaltens auf das Verhalten anderer wahrnehmen und vorhersagen können. Was uns gegenwärtig fehlt, ist eine Methode, mit der wir die Häufigkeit und die Konsequenzen solch offensichtlicher Täuschungsversuche systematisch untersuchen könnten. Wichtiger noch, wir müssen einen Weg finden, zwischen Erklärungen zu unterscheiden, die voraussetzen, daß Tiere die Fähigkeit haben, die Gedanken anderer zu lesen, und einfacheren Interpretationen, die sich nicht auf das Erkennen solcher mentaler Prozesse stützen. Im Fall des Mantelpavianweibchens ist zum Beispiel eine Erklärung, die von gelernten Verhaltensübereinstimmungen ausgeht, ebenso plausibel wie eine, die ein Unterstellen mentaler Vorgänge annimmt; das Weibchen könnte das heranwachsende Männchen einfach deshalb hinter dem Felsen gegroomt haben, weil es aus Erfahrung gelernt hatte, daß es einer Attacke nur dann entgehen konnte, wenn es nur außer Sichtweite des dominanten Männchens andere Männchen groomte. Die Wahl zwischen einfacheren und komplexeren Erklärungen wird besonders schwierig, wenn wir versuchen, offensichtliche Fälle von Täuschung bei verschiedenen Arten zu vergleichen. Obwohl beispielsweise auch Haussperlinge die Häufigkeit ihrer Futterrufe von der Größe der gefundenen Nahrung abhängig machen (siehe Kapitel 5), neigen wir intuitiv dazu, zu glauben, daß Futterrufe von Schimpansen von ganz anderen Mechanismen geleitet werden als solche von Spatzen. Solange wir aber keinerlei systematische Information über die Flexibilität und Modifikationsfähigkeit der Rufe beider Arten haben, haben wir es eben nur mit zwei sehr ähnlichen Verhaltensmustern zu tun.

Forscher, die von einer ausschließlich funktionalen oder evolutionsbiologischen Perspektive ausgehen (z. B. Krebs und Dawkins 1984), könnten argumentieren, daß die den Futterrufen von Schimpansen und Spatzen unterliegenden Mechanismen ganz irrelevant sind, solange die Rufe dazu *dienen*, andere zu manipulieren. Mechanismen bekommen allerdings eine größere Bedeutung, wenn wir das Phänomen der Täuschung benutzen wollen, um etwas über die mentale Verfassung und Kapazität von Tieren herauszufinden. Darüber hinaus ist ein wenig Wissen über die Mechanismen, die betrügerische Verhaltensweisen ganz unmittelbar steuern, unabdingbar, wenn wir je verstehen wollen, welche Grenzen Kommunikation gesetzt sind und welche verschiedenen Formen Manipulation annehmen kann.

Weitere Hinweise dafür, daß Tiere gelegentlich andere manipulieren, indem sie Information zurückhalten, können in den Experimenten an Meerkatzen und Hähnen gefunden werden, die wir in Kapitel 5 beschrieben haben (Cheney und Seyfarth 1985b; Gyger, Marler und Karakashian 1986; Karakashian, Gyger und Marler 1988; Marler, Karakashian und Gyger 1990). Erinnern wir uns, daß sowohl die Meerkatzen als auch die Hähne ihre Alarmrufe je nach Publikum modifizierten und Alarmrufe offensichtlich vor Rivalen (im Fall der Meerkatzen) oder anderen Arten (im Fall der Hühner) unterdrückten. Auch hier ist es allerdings unklar, ob das Verbergen von Rufen wirklich Täuschung darstellt, denn es bleibt eine Reihe von wichtigen Fragen offen. Bei dem Experiment mit den Meerkatzen zum Beispiel wurde der Raubfeind dem Warner und seinem Publikum gleichzeitig präsentiert. Deshalb konnten wir nicht berücksichtigen, ob ein Warner überhaupt den augenblicklichen Wissensstand seines Publikums ins Kalkül zieht, bevor er einen Warnruf abgibt. Im Fall der Hühner ist es noch nicht einmal klar, ob sie das *Verhalten* ihres Publikums berücksichtigen, denn die Hähne gaben keinen Alarm, wenn sie ihre Hennen aufgeregt flüchten sahen, den Räuber selbst aber nicht sehen konnten (Karakashian, Gyger und Marler 1988). In beiden Fällen zeigen die Experimente, daß Tiere die Häufigkeit ihres Alarms von der sozialen Situation abhängig machen, aber nicht, daß sie fähig sind, bewußte Entscheidungen über das Vermitteln oder Zurückhalten von Information zu treffen. Es bleibt sogar möglich, daß publikumsabhängige Alarmrufe eher unterschiedliche Grade der Aufregung oder Angst reflektieren, als daß sie uns irgend etwas über eine grundsätzliche Fähigkeit, die Rufabgabe zu manipulieren, verraten.

Obwohl das Zurückhalten von Information sicher das Potential hat, andere zum eigenen Vorteil in die Irre zu führen, könnte man argumentieren, daß Signalunterdrückung genaugenommen nicht Täuschung genannt werden kann, es sei denn, der Signalsender hat die Absicht, zu kommunizieren oder Informationen zu verschleiern, oder die anderen haben eine gewisse Erwartung, informiert zu werden. Die Absicht zu kommunizieren und die Erwartung, informiert zu werden, setzen natürlich voraus, daß sowohl der Signalsender als auch sein Publikum in einem gewissen Maß über die Fähigkeit verfügen, anderen Motive oder Absichten zuzuschreiben (Kapitel 5). Bis jetzt hat es allerdings wenig Versuche gegeben, dieser Frage systematisch nachzugehen. Das liegt zumindest teilweise an den methodologischen Schwierigkeiten, Zuschreibung in sozialen Gruppen zu untersuchen. Dennoch scheint das Problem nicht gänzlich unlösbar zu sein. Bei den Gehaubten Kapuzineraffen Südamerikas ist zum Beispiel das erwachsene dominante Männchen in jeder Gruppe das erste Tier, das die anderen vor Raubvögeln warnt und sie auf Palmnüsse aufmerksam macht, obwohl es als einziges kräftig genug ist, die Nüsse zu knacken (C. van Schaik, pers. Mitt.). Vielleicht wäre es möglich, die Erwartung der Weibchen, informiert zu werden, zu testen, indem man ihnen Raubfeinde oder Palmnüsse außerhalb der Sichtweite des Männchens präsentiert und dann feststellt, ob die offensichtliche Unterlassung des Männchens, sie zu informieren, irgendwie ihre späteren Interaktionen mit ihm beeinflußt. Zahlen die Weibchen es einem Männchen, das es unterläßt, sie vor einem Adler zu warnen, irgendwie heim?

Schließlich zeigt eine Untersuchung von Woodruff und Premack (1979), daß das Zurückhalten von Information als frühe, rudimentäre Form von Täuschung verstanden werden kann, und zwar bei Tieren, die durchaus auch explizitere Formen von Täuschung praktizieren. Bei diesen Experimenten wurden einem Schimpansen zunächst zwei Kisten gezeigt, wobei in einer dieser Kisten Futter versteckt war. Dann bekam der Schimpanse Gesellschaft von zwei Tierpflegern, die beide nicht wußten, wo das Futter versteckt war. Einer der beiden war »kooperativ«: Wenn der Schimpanse ihm signalisierte, in welcher Kiste das Futter war, holte der Tierpfleger das Futter heraus und teilte es mit dem Schimpansen. Der andere Tierpfleger war »unkooperativ«: Wenn ihm die richtige Kiste gezeigt wurde, aß er das Futter selbst auf. Nun wurde der Schimpanse eine Weile mit jedem Tierpfleger getestet, wobei abwechselnd Tierpfleger und Schimpanse jeweils als Informationssender und Empfänger agierten. Schimpansen, die es mit einem kooperativen Tierpfleger zu tun hatten, gaben von Anfang an richtige Hinweise auf das Versteck des Futters. Wenn sie es aber mit unkooperativen Tierpflegern zu tun hatten und sie die Rolle des Informationsgebers spielten, begannen die Schimpansen nach vielen Versuchen, den Tierpfleger zu »täuschen«. Das taten sie zunächst, indem sie Informationen zurückhielten: Sie wendeten dem Tierpfleger den Rücken zu und saßen regungslos da, so daß dieser keinen Hinweis darauf bekommen konnte, wo das Futter versteckt war. Noch später, nach erheblich mehr Versuchen, signalisierten einige der Schimpansen dem Tierpfleger die Unwahrheit: Sie zeigten auf die falsche Kiste (Woodruff und Premack 1979).

Fassen wir zusammen: Bei sozialen Arten, deren Individuen einander erkennen, die sich an frühere Interaktionen erinnern und bei denen die Fähigkeit, falsche Signale zu erkennen, vermutlich gut entwickelt ist, kann das Zurückhalten von Information ein wirksames Mittel sein, andere zu täuschen ohne selbst entlarvt zu werden. Unglücklicherweise aber wird Schweigen, so wie es für die Artgenossen schwierig zu entlarven ist, auch vom menschlichen Beobachter nur schwer zu entdecken sein. Durchaus möglich also, daß wir die Häufigkeit von Täuschung durch Schweigen kraß unterschätzen.

Signalisieren falscher Information

Signalunterdrückung ist ein funktionell wirksames Mittel, um andere in die Irre zu führen, aber eindeutigere Formen von Täuschung finden wir dort, wo ein Individuum aktiv ein Signal fälscht, das es einem anderen übermittelt. Das Fälschen von Signalen eröffnet potentiell ein viel weiteres Feld für Täuschung als Verschleiern, denn es kann das Wissen oder die Überzeugung eines Gegners direkt verändern. Damit steht uns ein ideales Werkzeug zur Verfügung, um herauszufinden, ob Tiere überhaupt anderen Überzeugungen, Wissen, Motive oder ähnliches zuschreiben (Kapitel 8).

Explizite Fälschung kann dort vorkommen, wo ein Individuum Informationen grob verzerrt, wie im Fall der männlichen Skorpionsfliege, die sich als Weibchen ausgibt, um ein anderes Männchen um sein Hochzeitsgeschenk zu bringen. Um explizite Fälschung kann es sich auch handeln, wenn ein Reiz vorhanden ist, das Individuum aber falsche Informationen darüber signalisiert. Zum Beispiel beschreibt de Waal (1986), wie ein männlicher Schimpanse, der von einem Rivalen im Kampf verletzt worden war, noch eine Woche danach humpelte – allerdings nur, wenn sein Gegner ihn sehen konnte. Derartige aktive Fälschung ist natürlich komplexer als einfaches Verschleiern, denn es setzt voraus, daß der Signalsender nicht nur etwas vor seinem Rivalen zurückhält, sondern ihn aktiv von einem Merkmal seiner Umgebung auf ein ganz anderes ablenkt (Byrne und Whiten 1988c; Whiten und Byrne 1988c).

Abb. 7.3: Ein jugendlicher Schimpanse streckt einem anderen zur Beschwichtigung und Beruhigung die Hand entgegen. Gelegentlich fordert ein Tier seinen Gegner in dieser Weise zur Versöhnung auf und greift ihn dann an, sobald er sich in Reichweite befindet. Foto: Frans de Waal.

Ganz ähnliche Vorgänge beobachtete de Waal (pers. Mitt.) noch bei sechs weiteren Gelegenheiten, als Schimpansen in betrügerischer Weise scheinbar eine Versöhnung einleiteten. Mit einer freundlichen Geste luden sie ihren Gegner ein, doch zu ihnen zu kommen (Abb. 7.3), um in der allerletzten Sekunde, als der andere schon in Reichweite war, aggressiv zu werden. Wie wir gesehen haben, kommen falsche Versöhnungen in ähnlicher Weise auch bei Meerkatzen und anderen Affen vor. Unzählige Anekdoten berichten auch von Schimpansen und Gorillas, die ihre Rivalen aktiv von verstecktem Futter weglocken. Einmal zum Beispiel wollte der junge Figan – einer der Schimpansen des Gombe-Nationalparks – in den Besitz von Bananen kommen, die an einer Futterstelle ausgelegt waren, schaffte es aber nicht, weil die Konkurrenz zu groß war. Ganz plötzlich stand Figan auf und lief mit weiten Schritten von der Futterstelle weg – was alle anderen, die in der Nähe waren, veranlaßte, ihm zu folgen. Wenig später ließ Figan seine Gefährten stehen, lief selbst zurück und aß die Bananen auf (Goodall 1971, 1986; siehe auch Menzel 1971; de Waal 1982, 1986b; Byrne und Whiten 1988c; Whiten und Byrne 1988c für weitere Beispiele von Signalfälschung bei Affen und Menschenaffen).

Noch interessanter sind offensichtliche Fälle, in denen Tiere versuchen, vor einem Rivalen die physiologische Manifestation ihrer Angst zu verbergen. Geben wir auch hier ein Beispiel: Luit und Nikki, zwei erwachsene Männchen der Schimpansengruppe des Arnheimer Zoos, die de Waal (1982) untersucht hat, fochten einen langwierigen Streit um die Rangüberlegenheit des einen über den anderen aus. Während eines Kampfes jagte Luit seinen Rivalen Nikki hoch auf einen Baum und setzte sich dann selbst in der Manier eines Aufpassers darunter. Sowie er allerdings saß, begann Luit nervös zu grinsen – ein Zeichen von Angst. Sofort wandte er sich von Nikki ab, schlug die Hand auf den Mund und preßte die Lippen zusammen, ganz offensichtlich, um dieses Zeichen der Unterwürfigkeit zu verstecken. Erst nach drei Anläufen, als er endlich das Angstgrinsen aus seinem Gesicht geschüttelt hatte, wandte Luit sein Gesicht wieder Nikki zu. Luits Verhalten läßt darauf schließen, daß er sich über seine Nervosität und die äußerliche Manifestation seiner Angst im klaren war und auch darüber, daß er dies vor seinem Rivalen verbergen mußte. Es scheint, daß Luit versucht hat, Nikkis Meinung zu manipulieren.

Affen und Menschenaffen fälschen gelegentlich auch akustische Signale, indem sie bei der falschen Gelegenheit rufen. Beispielsweise gibt es anekdotische Hinweise, daß erwachsene Meerkatzenmännchen manchmal falsche Alarmrufe bei Gruppenbegegnungen ausstoßen oder wenn ein fremder Einwanderer sich ihrer Gruppe nähert (wir gehen darauf noch in Kapitel 8 ein). Solche Rufe sind zumindest kurzfristig wirkungsvoll, denn sie bringen mit Sicherheit andere dazu, zu fliehen. Bei der offensichtlichen Fähigkeit der Meerkatzen, falschen Alarm aus falschem Anlaß zu geben, ist es um so verwirrender, daß sie Raubfeinde anscheinend niemals mit dem falschen Alarmruf »falsch etikettieren«.

Schließlich gibt es unzählige Vermutungen, daß Affen *einander* als »soziales Werkzeug« benutzen könnten, um ihre Rivalen zu übervorteilen. Tatsächlich kommen Dick Byrne und Andy Whiten (1988c) in ihrer ausführlichen Übersichtsarbeit zum Thema Täuschung bei nichtmenschlichen Primaten zu dem Schluß, daß das Benutzen anderer eine der häufigsten Formen sozialer Manipulation bei Affen darstellen könnte. Um nur ein Beispiel aus ihrem Artikel zu zitieren: Kathy Rasmussen beschreibt eine Situation, in der ein Pavianmännchen drei andere Männchen für einen Kampf um das Weibchen eines Rivalen anwarb (Abb. 7.4). Das Männchen näherte sich seinem Rivalen und begann zu schreien, als ob es angegriffen worden wäre. Daraufhin umringten drei andere Männchen den Rivalen, der schließlich aus der Umklammerung ausbrach und die drei wegjagte, wobei er sein Weibchen notgedrungen allein ließ. In diesem Moment rannte das erste Männchen (das sich an

Abb. 7.4: Ein Pavianmännchen unterstützt seinen Allianzpartner bei einem Angriff gegen einen Rivalen. Machen Männchen ihren Allianzpartnern manchmal vor, sie seien bedroht worden? Foto: R. S. O. Harding.

der Koalition *nicht* beteiligt hatte) schnurstracks zu dem Weibchen und scheuchte es in die entgegengesetzte Richtung.

Ebenso wie umgelenkte Aggression und Versöhnung setzen solche triadischen Interaktionen sicher voraus, daß Affen *Beziehungen* zwischen anderen Gruppenmitgliedern erkennen und manipulieren. Aber geht es hier wirklich um Täuschung, und nicht um einfachere Fälle der Rekrutierung von Koalitionspartnern? Es könnte doch zum Beispiel sein, daß die Männchen, die da offensichtlich betrogen wurden, als sie dem Hilfesuchenden beistanden, Individuen waren, die regelmäßig mit ihm kooperierten und auch dann geholfen hätten, wenn sie den ursprünglichen Streit gesehen hätten (siehe Kapitel 2). Um zu beweisen, daß diese Art der Rekrutierung tatsächlich ein »Benutzen« im Sinne von Manipulation darstellt, müßte man die Reaktion von Rekrutierten, die die ursprüngliche aggressive Interaktion gesehen hatten und deshalb nicht übertölpelt werden konnten, mit Reaktionen vergleichen, wo sie nichts hatten sehen können.

Selbst wenn sorgfältige Beobachtungen schließlich zeigen sollten, daß das

Benutzen von Dritten als soziales Werkzeug eine Form von Täuschung darstellt, würden wir doch auf ein paar unbequemen Fragen sitzenbleiben. Warum zum Beispiel kommt diese Form der Täuschung bei Affen offenbar so häufig vor, und warum lassen sich die ausgenutzten Helfer immer wieder übers Ohr hauen? Wenn Helfer in der Regel die Düpierten sind und nicht nur hilfreiche Allianzpartner, dann würde das auf eher kümmerliche Fähigkeiten aller Beteiligten hinweisen, den anderen etwas zuzuschreiben. In ihrer Analyse offensichtlicher Fälle von Täuschung bei Affen und Menschenaffen bemerken Whiten und Byrne (1988c) mit einiger Verwunderung, daß Schimpansen anscheinend relativ selten Dritte als soziales Werkzeug benutzen. Eine Erklärung dafür könnte sein, daß Schimpansen bis zu einem gewissen Grade anderen Motive unterstellen können und daher erkennen, daß sie wohl kaum die Chance haben, mit einiger Regelmäßigkeit Allianzpartner anzuwerben, indem sie nur so tun, als ob sie in Schwierigkeiten oder gar verletzt wären (siehe Kapitel 8).

Außerdem müssen wir die Möglichkeit in Betracht ziehen, daß der Mangel an Berichten über sozialen Werkzeuggebrauch bei Schimpansen nicht am Urteilsvermögen liegt, sondern einfach eine Unterlassungssünde ist. Vielleicht sind solche Interaktionen auf Grund der Schwierigkeiten bei der Datenerhebung im Feld seltener registriert worden – Schimpansen sind über einen wesentlich kürzeren Zeitraum beobachtet worden als Paviane oder Makaken – oder weil die Beobachter im Feld triadische Interaktionen nicht als Täuschungsmanöver eingestuft haben. De Waals (1982) Darstellung wechselnder Allianzmuster bei den männlichen Schimpansen des Arnheimer Zoos sprechen sicher dafür, daß triadische Interaktionen, wie sie von Pavianen berichtet werden, auch bei Schimpansen üblich sind, wenn auch vielleicht dort in subtilerer und flexiblerer Form.

Zu sagen, daß die Wissenschaft von der Täuschung bei Tieren noch in ihren Kinderschuhen steckt, bedeutet keine Herabwürdigung der umfassenden und provokativen Beispiele, die in letzter Zeit zusammengetragen worden sind (z. B. Byrne und Whiten 1988c; Whiten und Byrne 1988c). Diese Beispiele müssen ernstgenommen werden, und sei es nur darum, weil es sich nicht um oberflächliche Anmerkungen naiver Beobachter handelt, sondern weil sich hier nüchterne Wissenschaftler in buchstäblich Tausenden von Stunden um die Erforschung von Affen und Menschenaffen bemüht haben. Gleichzeitig ist aber die Aussagefähigkeit von Anekdoten dadurch beschränkt, daß wir als Beobachter nun einmal dazu neigen, »smartes« Verhalten unserer Studienobjekte eher zu bemerken als »dummes« oder auch nur

»normales« Verhalten. Da Anekdoten per definitionem nie systematisch registriert werden können, ist es auch praktisch unmöglich, Vergleiche über relative Häufigkeiten von Ereignissen bei verschiedenen Arten anzustellen.

Für Beispiele von Signalfälschung gilt das gleiche wie für Beispiele von Signalverschleierung: Wir sind in Gefahr, sie überzuinterpretieren. Wenn wir etwa Beispiele von vorgetäuschter Versöhnung aus dem Zusammenhang herausgelöst betrachten würden, könnten wir leicht zu dem Schluß kommen, daß diese Gesten nichts mit Täuschung zu tun haben, sondern sich einfach aus dem Konflikt zwischen Aggressions- und Beschwichtigungstendenzen ergeben. Allerdings ist die Literatur inzwischen voll von Beispielen offensichtlicher Täuschungsmanöver, die zusammengenommen eine breite Palette von Verschleierungs- und Fälschungsmethoden illustrieren. Bei Schimpansen sind die Beispiele besonders facettenreich. Die Vielzahl der Gesten, die benutzt werden, um Informationen zu fälschen oder zurückzuhalten, ist dabei von besonderem Belang, denn dies spricht gegen die Hypothese, daß das Verhalten der Tiere einfach eine Übersprunghandlung oder eine ritualisierte Gebärde reflektiert. Durch ihre Zahl und ihre Vielfältigkeit gewinnen Anekdoten an Überzeugungskraft und lassen zumindest die Möglichkeit für ein gewisses Maß vorsätzlicher Signalfälschung vermuten.

Zugleich sollten wir uns davor hüten, die Fähigkeiten nichtmenschlicher Primaten überzubewerten. Bevor wir zu dem Schluß kommen, daß Signalfälschung bei Affen und Menschenaffen auf die Fähigkeit hindeutet, anderen mentale Zustände oder anderes zuzuschreiben, sollten wir uns daran erinnern, daß die Fähigkeit, Signale zu modifizieren oder zu fälschen, nicht auf nichtmenschliche Primaten beschränkt ist. Tatsächlich gibt es so manchen Hinweis, daß Signalfälschung bei Vögeln recht häufig vorkommt.

Munn (1986a, 1986b) untersuchte Vogelschwärme im Amazonasbecken, bei denen verschiedene Arten vergesellschaftet sind. Dabei fand er heraus, daß innerhalb eines Schwarmes die Mitglieder einer von zwei Arten, Ameisenwürger (*Thamnomanes schistogynus*) oder Tanangerwürger (*Lanio versicolor*), den Schwarm führten und bei Raubfeinden als erste Alarm gaben. Diese beiden »Wächterarten« gaben allerdings auch häufig Warnrufe ab, wenn kein Raubfeind in Sicht war. Solche Fehlalarme waren besonders häufig, wenn ein Mitglied der Wächterart und ein Angehöriger einer anderen Art auf Insektenjagd waren. In der Regel veranlaßte der Fehlalarm den anderen Vogel, kurz zu zögern, während sich der Wächtervogel die Beute schnappte. Bei Kohlmeisen (*Parus major*) verhält es sich ähnlich. Möller (1988) fand heraus, daß in den Winterschwärmen dieser Art 63 Prozent aller Alarmrufe falsch waren; sie wurden abgegeben, wenn weit und breit kein Feind zu sehen war. Die Fehlalarme schienen absichtlich ausgelöst worden zu sein, um ranghöhere Individuen von konzentrierten Nahrungsquellen zu verscheuchen, und sie erlaubten es den Rufern, Futterquellen zu nutzen, die ihnen ansonsten verwehrt geblieben wären. Rangniedere Meisen gaben falschen Alarm bei Anwesenheit von ranghohen wie von rangniederen Tieren. Dagegen gaben ranghohe Meisen falschen Alarm nur bei anderen ranghohen, nicht aber bei rangniederen Vögeln, die sie leicht mit Drohgebärden verscheuchen konnten.

Wenn man diese Alarmrufe aus einer funktionalen Perspektive heraus analysiert, sind sie sicher als Täuschung einzustufen, denn der Signalempfänger wurde zum Nutzen des Signalsenders manipuliert: Er reagierte falsch. Was aber verraten uns diese Rufe über die Fähigkeit der Sender, das Wissen und das vermutliche Verhalten anderer einzuschätzen? Es kann gar kein Zweifel daran bestehen, daß jede Analyse solcher Rufe durch die Tatsache beeinflußt wird, daß sie von Vögeln und eben nicht von Menschenaffen abgegeben wurden, einfach weil wir dazu neigen, Primaten eher als Vögeln komplexe kognitive Fähigkeiten zuzuschreiben.

Teilweise ist unser Problem, Täuschung bei Tieren zu untersuchen, also methodologischer Natur; es ist ungeheuer schwierig herauszufinden, was Tiere zu übermitteln beabsichtigen, wenn man einfach nur die Wirkung beobachtet, die ein Signal auf jene in der Nähe ausübt. Ein erster Schritt wäre immerhin die Untersuchung der unmittelbaren Ursachen, die einem offensichtlich falschen Alarm zugrunde liegen. Benutzen zum Beispiel im Falle von Munns Vögeln Wächterarten jemals *andere* Signale, um Schwarmmitglieder zu manipulieren? Wie oft kann falscher Alarm ausgelöst werden, bis die Vögel nicht mehr reagieren? Mit anderen Worten, wie flexibel ist das Verhalten von Signalsendern und -empfängern? Wie leicht können Sender ihre Rufe modifizieren, um Informationen zu fälschen? Unter welchen Umständen entlarven Signalempfänger betrügerische Rufe?

Schauen wir uns ein weiteres Beispiel an: In England parasitiert der Kukkuck (*Cuculus canorus*) den Teichrohrsänger (*Acrocephalus scirpaceus*), indem er ein Ei des Rohrsängers gegen ein eigenes austauscht (Davies und Brooke 1988). Das Ei des Kuckucks hat dieselbe unscheinbare Farbe und Größe wie das des Teichrohrsängers, der Nestparasitismus des Kuckucks findet vorwiegend am Nachmittag statt, und der Kuckuck entfernt jeweils nur ein Ei des Rohrsängers. Jede Aktion des Kuckucks scheint ganz speziell darauf angepaßt, Rohrsänger übers Ohr zu hauen: Die Rohrsänger entfernen Eier, die falsch aussehen, sie verlassen Nester, aus denen mehr als ein Ei entfernt wurde, und sie entdecken einen Eiertausch eher am Vormittag als am Nachmittag. Das Verhalten des Kuckucks hat also sicher die Funktion, den Rohrsänger zu täuschen. Aber wie flexibel ist es? Würde derselbe Kuckuck weniger sorgfältig beim Eiertausch und beim Zeitpunkt der Eiablage vorgehen, wenn er eine Art parasitieren würde, die weniger empfindlich auf Parasitismus reagieren würde?

Aufdeckung von Täuschung und Beurteilung der Bedeutung von Signalen

Wenn ein Tier ein anderes mit falschen Informationen füttert, wie beeinflußt dies dann das nachfolgende Verhalten des Signalempfängers? Das Ausmaß, in dem Tiere einander täuschen können, hängt ganz wesentlich davon ab, wie Signalempfänger die Bedeutung von Signalen einschätzen. Der Erfolg oder Mißerfolg eines Täuschungssignals beruht auf wenigstens drei Faktoren: der Fähigkeit des Signalempfängers, ein falsches Signal zu erkennen; ob er, wenn er erst einmal das Signal eines Individuums als falsch erkannt hat, weiterhin dem Signalsender und seinen Rufen gegenüber skeptisch bleibt; und ob er seine Skepsis dann ausweitet und die Glaubwürdigkeit des Rufers auch in anderen, ganz unterschiedlichen Interaktionsbereichen in Zweifel zu ziehen beginnt. Ein viertes und ebenso entscheidendes Kriterium für das Aufdecken falscher Signale ist, daß der Signalempfänger seine Skepsis auf den unzuverlässigen Sender beschränkt und nicht auf andere Individuen überträgt.

Nehmen wir ein Beispiel aus dem Alltag. Stellen Sie sich vor, ein Freund bietet Ihnen seinen Rat an der Börse an. Sie folgen seinen Vorschlägen und verlieren in kurzer Zeit eine Menge Geld. Sie werden ziemlich schnell anfangen, an der Kompetenz Ihres Freundes zu zweifeln, und aufhören, auf seine Ratschläge zu hören. Nehmen Sie nun an, Ihr Freund gibt Ihnen einen Tip, welche Bank die besten Zinsen für Sparkonten anbietet. Ob Sie seinem neuen Rat diesmal folgen, hängt weitgehend davon ab, wie Sie die Bedeutung seiner Worte einschätzen und wie Sie das, was wir vielleicht Bedeutungsbereiche in der Welt um uns herum nennen könnten, klassifizieren.

Weil wir es bei diesem Beispiel mit zwei recht ähnlichen Dingen – Aktien und Banken – zu tun haben (es handelt sich, könnte man sagen, um denselben

Bedeutungsbereich), werden Sie wohl Ihre Zweifel an der Kompetenz Ihres Freundes in Sachen Aktien auf seine Kompetenz in Sachen Banken übertragen. Weil seine Information in dem einen Kontext falsch war, werden Sie annehmen, daß er in anderen, eng verwandten Zusammenhängen ebenso falsch liegt. Auf der anderen Seite werden sie vielleicht trotz der Börsengeschichte einer Empfehlung von ihm, ein bestimmtes Restaurant zu besuchen, durchaus geneigt sein zu folgen, denn hier handelt es sich ja um einen ganz anderen Aktivitätsbereich.

Dieser Exkurs führt uns einen wichtigen Punkt vor Augen: Wie weit Täuschung sich in einer Population ausbreiten kann, hängt weitgehend davon ab, wie Tiere die Bedeutung von Signalen einschätzen und wie Signale anhand ihrer Bedeutung klassifiziert werden. Wenn ein Individuum erfolgreich Bluff als Drohgeste einsetzt, kann es dann auch andere bei der Werbung um Geschlechtspartner täuschen? Wird es auch Informationen über Raubfeinde fälschen können?

Und umgekehrt, wenn ein Signalempfänger lernt, daß ein bestimmtes anderes Individuum mit seinen Drohgesten nur blufft, wie wird dies dann sein Folgeverhalten beeinflussen? Wird er anfangen, die Drohgesten aller anderen auch anzuzweifeln, oder wird sich seine Skepsis auf das eine Individuum beschränken? Wird er nur, wenn es um Aggression geht, skeptisch sein, oder wird er dem Signalsender auch dann nicht mehr trauen, wenn sich seine Signale auf Nahrung oder Feindalarm beziehen? Es ist das Geschick der Signalempfänger, Informationen aus einem Bedeutungsbereich auf einen anderen zu übertragen, das Täuschung ganz erheblich einschränkt. Täuschung hängt also wesentlich davon ab, wie Tiere Signale klassifizieren, und durch das Studium der Täuschung kann man herausfinden, wie Tiere Ereignisse in der sie umgebenden Welt klassifizieren.

Die Experimente, die in Kapitel 5 beschrieben wurden, bei denen wir die Meerkatzen daraufhin testeten, ob sie die Bedeutung von *Wrrs*, *Chutters*, Leoparden- und Adleralarmrufen unterschiedlich einstuften, können wir nun aus einer etwas anderen Perspektive noch einmal beleuchten. Diese Experimente waren ja klassische »Hilfe, Wölfe!«-Experimente*, bei denen ein Signalsender durch seine (scheinbar) wiederholten Warnungen vor Dingen, die gar nicht vorhanden waren, unglaubwürdig gemacht wurde. Andere Gruppenmitglieder gewöhnten sich schnell an dieses Individuum, und dies nicht

---

*Einst löste ein Hirtenjunge mehrfach Fehlalarm aus, indem er »Hilfe, Wölfe!« rief. Als dann aber tatsächlich Wölfe die Herde bedrohten und er Alarm auslöste, wurde ihm nicht mehr geglaubt.

nur, wenn es immer und immer wieder denselben Ruf abgab, sondern auch, wenn es zu einem andersklingenden Ruf wechselte, der dasselbe bezeichnete (Cheney und Seyfarth 1988; Kapitel 5). Die Tiere übertrugen ihre Skepsis allerdings nicht auf den Ruf eines *anderen* Individuums. Das läßt vermuten, daß der Zweifel an der Glaubwürdigkeit eines Individuums nicht generalisiert wurde und andere Gruppenmitglieder gleich miteinschloß. Schließlich wurde die Skepsis auch nicht auf Rufe ausgeweitet, die einen ganz anderen Bezug hatten. Selbst wenn die Tiere nicht mehr auf einen Leopardenalarm eines bestimmten Individuums reagierten, hörten sie doch zum Beispiel immer noch auf seinen Adleralarm.

Diese Experimente legen die Vermutung nahe, daß die Aufdeckung unzuverlässiger Signale durch die Art und Weise beeinflußt wird, in der Tiere die Bedeutung von Signalen erfassen. Meerkatzen und vermutlich auch andere Arten scheinen fähig, Informationen, die sie in einem Bedeutungsbereich erlangt haben, auf andere, nahe verwandte Bedeutungsbereiche zu übertragen. Natürlich beweisen diese Experimente nicht, daß Meerkatzen unter natürlichen Bedingungen einander *wirklich* durch falsche Signalübermittlung täuschen. Eher prüfen sie den potentiellen Spielraum für Täuschung, indem sie die Skepsis der Signalempfänger und deren Fähigkeit, ihre Zweifel auf andere Zusammenhänge zu übertragen, testen. Die Klassifizierung von Signalen anhand ihrer Bedeutung läßt vermuten, daß ein Tier, das danach trachtet, andere dauerhaft zu täuschen, seine Signaltypen wechseln muß, um erfolgreich zu sein. Wenn zum Beispiel eine Meerkatze andere zu täuschen versucht, indem sie fälschlich die Anwesenheit einer anderen Gruppe durch einen *Chutter* signalisiert, werden ihre Gruppengenossen bald bemerken, daß diese *Chutter* nicht mehr glaubwürdig sind, und ihre Skepsis auch auf andere Gruppenbegegnungsrufe übertragen. Der Signalsender wird dann mit *keinem* seiner Gruppenbegegnungsrufe mehr betrügen können, selbst wenn ihre akustischen Eigenschaften ganz unterschiedlich wären. Auf der anderen Seite *könnte* der Signalsender weiterhin andere durch falsche Alarmrufe täuschen, weil zumindest Meerkatzen ein Individuum, das in einem Zusammenhang als unzuverlässig betrachtet wird, nicht automatisch auch dann für unzuverlässig halten, wenn es ein Signal zu einem ganz anderen Ereignis gibt. Meerkatzen scheinen Leoparden- und Adleralarmrufe als so unterschiedlich in ihrer Bedeutung einzuschätzen, daß Erfahrung auf einem Gebiet nicht auf das andere übertragen wird. Hätte es der Hirtenjunge, der dauernd »Hilfe, Wölfe!« schrie, mit Meerkatzen zu tun gehabt, er hätte immer noch Panik ausgelöst, wenn er statt dessen »Räuber!« gerufen hätte.

Wenigstens zwei weitere Faktoren werden die Reaktion von Signalempfängern auf »betrügerische« Signale beeinflussen. Erstens werden die relativen Kosten, auf ein potentiell falsches Signal zu antworten oder es zu ignorieren, ziemlich sicher einen Einfluß darauf haben, ob ein Signalempfänger weiterhin auf unzuverlässige Signale hört oder nicht. Zum Beispiel entstehen Signalempfängern, die auf einen falschen Alarmruf reagieren, Kosten durch verschwendete Energie und verminderte Gelegenheit zur Nahrungsaufnahme. Aber die Kosten, die anfallen könnten, wenn man auf einen Alarmruf nicht hört, sind potentiell so hoch, daß es Sinn machen kann, weiterhin auf Alarmrufe zu hören, selbst wenn man hinsichtlich der Zuverlässigkeit des Signalsenders im Zweifel ist. Im Gegensatz dazu sind die Kosten, die entstehen, wenn man nicht auf ein Futtersignal hört, viel geringer. Dadurch ist es möglich, daß Signalempfänger bei falschen Futtersignalen viel schneller skeptisch werden können. Im Ergebnis führt dies dazu, daß es bei manchen Gelegenheiten leichter als bei anderen ist, andere zu täuschen, einfach weil es sich für Signalempfänger nicht immer auszahlt, skeptisch zu sein.

Es ist auch möglich, daß das Ausbleiben der Übertragung von Skepsis auf ganz verschiedene Bedeutungsbereiche weniger an der Fähigkeit von Signalempfängern liegt, sehr unterschiedliche Kontexte zu verallgemeinern, als an der Art und Weise, wie sie die *Motive* der Signalsender einschätzen. Um auf das Beispiel des unzuverlässigen Freundes und seiner Börsentips zurückzukommen: Stellen Sie sich vor, Sie und Ihr Freund befinden sich in einem Gebäude, und Ihr Freund ruft plötzlich »Feuer!«. Ob Sie auf Ihren Freund hören und zum nächsten Notausgang rennen, wird weitgehend davon abhängen, wie Sie die Motive Ihres Freundes einschätzen. Wenn Sie Ihren Freund für reichlich inkompetent in finanziellen Dingen halten, werden Sie vielleicht auf ihn hören, denn Inkompetenz auf einem Gebiet bedeutet ja nicht notwendigerweise Inkompetenz auch auf einem anderen Gebiet. Wenn Sie allerdings beginnen, den Verdacht zu hegen, daß Ihr Freund Sie vorsätzlich in den finanziellen Ruin oder Schlimmeres stürzen will, dann werden Sie sich wohl dafür entscheiden, daß seine Warnung nur ein weiterer hinterlistiger Trick ist, und sie ignorieren.

Bei Meerkatzen, wie bei den meisten soziallebenden Tieren, ist ein gewisses Maß an Kooperation zwischen den Gruppenmitgliedern lebenswichtig. Es scheint daher unwahrscheinlich, daß ein Individuum als absichtlich unzuverlässig betrachtet werden wird, wenn nicht viele andere Aspekte seines Verhaltens auch unzuverlässig sind. In unseren Gewöhnungsexperimenten haben wir ein Individuum in einem singulären Kontext für nur wenige Stunden unzuverlässig erscheinen lassen. Nehmen wir für einen Moment an, daß Meerkatzen die Motive anderer beurteilen können (eine Annahme, für die es bis jetzt keinen überzeugenden Beweis gibt), dann scheint es wahrscheinlicher, daß die Experimente dazu führten, daß der Signalsender für inkorrekt und nicht für betrügerisch gehalten wurde. Auf einen Signalsender, den man für inkorrekt hält, wird man länger und bei einer größeren Zahl verschiedener Situationen hören als auf einen Sender, den man für einen vorsätzlichen Betrüger hält.

Keine Frage, ob wir von Absichten oder Zuschreibung bei irgendeiner nichtmenschlichen Primatenart reden können oder nicht, ist ein kontroverses Thema. Allerdings sind Annahmen über Absicht und Zuschreibung in der Diskussion um die Funktion von Täuschung bei Signalen von Tieren oft implizit enthalten. Wir sollten uns dieser Annahmen bewußt sein und vorsichtig mit ihnen umgehen, gleichzeitig aber hoffen, daß uns die Kommunikation der Tiere dazu verhilft, schließlich ein Fenster zu ihrem Bewußtsein zu öffnen. Im nächsten Kapitel werden wir uns ein wenig mehr auf dieses schwer faßbare Thema einlassen.

Zusammenfassung

Die Manipulation anderer durch falsche oder unzuverlässige Signale kann eine Reihe von Formen annehmen. Bei gruppenlebenden Tieren ist eine der effektivsten Arten von Täuschung das Schweigen, wo man also Informationen zurückhält, die für andere nützlich sein könnten. Schweigen ist die Methode betrügerischer Kommunikation, die am wenigsten leicht aufgedeckt wird. Direktere Manipulation kann durch aktive Signalfälschung gegeben sein. Diese Strategie wird dann am effektivsten sein, wenn sie selten angewendet wird und die Umstände bei wiederholten Täuschungsmanövern sich nicht zu sehr gleichen (etwa, wenn auf falsches Futtersignal ein falscher Alarmruf folgt, und nicht einfach noch ein falsches Futtersignal). Abwechslungsreichtum im Kontext von Täuschungsmanövern erlaubt es zumindest Meerkatzen potentiell, Signale mit der größten Häufigkeit zu fälschen, ohne bei den anderen Gruppenmitgliedern permanent Skepsis zu erzeugen.

Bis jetzt haben wir keinen Beweis dafür, daß Tiere die Häufigkeit oder den Kontext falscher Signale systematisch variieren. Gezieltere Beobachtungen

und Experimente könnten uns dabei helfen, zu entscheiden, ob die erstaunlichen Anekdoten, von denen in der Literatur berichtet wird, zumindest in
manchen Fällen vorsätzliche Signalfälschung beinhalten, und auch die Grenzen, innerhalb derer betrügerische Kommunikation praktiziert wird, genauer kennenzulernen.

Kapitel 8
Zuschreibung

Wenn in eine unserer Studiengruppen ein neues Männchen aus einer weit entfernten fremden Gruppe einwandert, dann lernt es sehr schnell unsere Anwesenheit zu tolerieren, selbst wenn es nur ein paar Tage vorher in seiner früheren Gruppe vor Menschen geflüchtet wäre. Für seine Integration in die Gruppe ist diese schnelle Gewöhnung an uns sehr wichtig, denn wenn es immer wieder wegrennen würde, wenn wir in der Nähe sind, wären seine Chancen, sich an Weibchen heranzumachen oder die ansässigen Männchen herauszufordern, arg beschränkt. Das neue Männchen verhält sich, als würde es erkennen, daß die anderen Tiere keine Furcht vor uns haben, und damit schwindet auch seine eigene Furcht.

Kurioserweise sieht es im umgekehrten Fall anders aus. Wir haben oft versucht, einem Männchen, das völlig an uns gewöhnt war, bei seinem Wechsel in eine neue Gruppe zu folgen, die wir nie zuvor beobachtet hatten und deren Mitglieder unsere Anwesenheit nicht gewohnt waren. Während das Männchen uns weiterhin dicht an sich herankommen ließ, flohen die Mitglieder seiner neuen Gruppe in wilder Panik vor uns. Trotz seiner Gewöhnung an uns kann ihre Nervosität über Wochen, Monate, ja über Jahre anhalten. Tatsächlich stellte sich unser verwirrtes Männchen in den ersten Wochen in der neuen Gruppe immer wieder auf die Hinterbeine, kletterte auf Bäume und hielt nervös nach unsichtbaren Raubfeinden Ausschau. Er war sich offensichtlich nicht darüber im klaren, daß die anderen Gruppenmitglieder *uns* für die Quelle der Gefahr hielten. Seine Toleranz uns gegenüber blieb davon ungetrübt, selbst wenn seine neuen Gruppengenossen bei unserem Nahen ihren Alarmruf *fremder Mensch* ausstießen.

Der Gegensatz zwischen diesen beiden Beispielen ist bemerkenswert, um so mehr, als ähnliche Beobachtungen von vielen Primatenarten, einschließlich Gorillas (A. Harcourt, pers. Mitt.), berichtet wurden. Das fremde Männchen aus dem ersten Beispiel scheint schnell zu lernen, daß die Toleranz seiner neuen Gruppengenossen uns gegenüber Beweis genug dafür ist, daß wir nicht so gefährlich sind, wie wir aussehen. Im zweiten Beispiel scheinen die nicht an uns gewöhnten Gruppenmitglieder nie gelernt zu haben, daß wir harmlos sind, obwohl ihnen dieselben Informationen geliefert worden waren, wenn auch von weniger Individuen. Vielleicht kommt es vor allem darauf an, wie viele Tiere fliehen, denn die Wahrscheinlichkeit, daß eine Einschätzung falsch oder irrig ist, wird vermutlich in demselben Maße sinken, wie die Anzahl der Tiere zunimmt, die diese Einschätzung teilen. Dennoch scheint im ersten Fall das Männchen den anderen Gruppenmitgliedern Wissen zu unterstellen; im zweiten Fall dagegen scheinen die anderen Gruppenmitglieder dem Männchen solches Wissen nicht zu unterstellen.

Wissen Affen genauso viel über Ansichten, Gefühle und Intentionen von anderen wie über ihr Verhalten? Wenn Lockheed, eine weibliche Meerkatze, nach einem Kampf zwischen Maginots Sohn Trollope und ihrem eigenen Sohn Wordsworth, Maginot droht, was sagt uns das über Lockheeds Wissen von Maginot? Wir könnten daraus schließen, daß Lockheed Maginots Verbindung zu Mitgliedern einer bestimmten Familie kennt, oder daß sie ganz genau Maginots Platz in der Rangordnung der erwachsenen Weibchen bestimmen kann (siehe Kapitel 3). Wir haben allerdings keinen Beweis dafür, daß Lockheed irgend etwas über Maginots *Denken* weiß – über das, woran sie glaubt, was sie fühlt, was sie beabsichtigt. Lockheed mag in der Lage sein, zu erkennen, daß Maginot und Trollope oft zusammen sind, ohne daß sie gleichzeitig versteht, daß Maginot Trollope *mag* oder daß Maginots Gefühle gegenüber Trollope dieselben sind, die sie gegenüber ihrem Sohn Wordworth hegt. Tatsächlich gibt es noch nicht einmal einen Beweis dafür, daß Maginot selbst erkennt, daß sie Trollope mag. Um zu erkennen, daß Maginot Gefühle und Überzeugungen hat, und daß diese Gefühle und Überzeugungen sich von ihren eigenen unterscheiden könnten, muß Lockheed in der Lage sein, anderen Bewußtseinszustände zuschreiben zu können, eine Fähigkeit, für die es bei Affen und Menschenaffen bis jetzt nur unzusammenhängende und eher wirre Hinweise gibt.

Anderen und sich selbst Überzeugungen, Gefühle und Intentionen zuschreiben zu können, bedeutet mit den Worten von Premack und Woodruff (1978), über eine *Theorie des Geistes* zu verfügen. Eine Theorie des Geistes ist deshalb eine Theorie, weil Bewußtseinszustände zwar benutzt werden können, um Vorhersagen über Verhalten zu machen, aber im Gegensatz zum Verhalten nicht direkt beobachtbar sind. Affen sind ohne Zweifel geschickt darin, Ähnlichkeiten und Unterschiede zwischen ihren eigenen Sozialbeziehungen und denen anderer zu erkennen. Was wir nicht wissen, ist, ob sie genauso geschickt darin sind, Ähnlichkeiten und Unterschiede zwischen ihren eigenen Bewußtseinszuständen und denen der anderen zu erkennen. »Der Test für eine erstklassige Intelligenz«, schrieb F. Scott Fitzgerald in *The*

Crack-up, »besteht in der Fähigkeit, zwei gegensätzliche Ideen im Kopf zu haben und gleichzeitig die Fähigkeit, zu funktionieren, beizubehalten.« Diese Bemerkung traf auf die Gesellschaft, mit der sich Fitzgerald umgab, nicht immer zu, und sie mag ebensowenig auf andere Primaten zutreffen.

Warum ist es von Interesse, herauszufinden, ob irgendwelche Arten außer unserer eigenen die Fähigkeit haben, anderen Bewußtseinszustände zuzuschreiben? Schließlich sind Affen, auch wenn sie keine Theorie des Geistes haben, doch ausgezeichnete soziale Strategen. Um zu erkennen, daß andere Tiere Sozialbeziehungen haben, oder um vorherzusagen, was ein anderes Individuum tun wird und mit wem es etwas tun wird, ist es nicht unbedingt notwendig, anderen Gedanken zuzuschreiben. Außerdem ist es sicher möglich, andere zu täuschen, zu informieren oder ihnen Nachrichten zu übermitteln, ohne ihnen Bewußtseinszustände zuzuschreiben. Die Alarmrufe von Meerkatzen, Hühnern und Erdhörnchen (Kapitel 5) haben die *Funktion,* andere über Gefahren zu informieren, auch dann, wenn die Signalsender den anderen in der Nähe keine Unaufmerksamkeit unterstellen. Genauso haben die unangebrachten Alarmrufe, die Kohlmeisen an Futterstellen geben (Kapitel 7), die *Funktion,* andere Tiere zu täuschen, unabhängig davon, ob die Vögel ihrem Publikum tatsächlich eine falsche Überzeugung zuschreiben. Selbst beim Menschen werden viele komplexe Fähigkeiten durch Beobachtungslernen erworben, ohne daß dazu ausdrückliche Erziehung notwendig wäre (z. B. Boyd und Richardson 1985).

In dem Moment allerdings, in dem ein Individuum in der Lage ist zu erkennen, daß seine Gefährten Überzeugungen haben und daß diese Überzeugungen sich von den eigenen unterscheiden können, wird sein Verhalten immens an Flexibilität und Anpassungsfähigkeit gewinnen. Um nur einige wenige Beispiele anzuführen: Ein Individuum, das begreift, daß sein Verhalten nicht nur die Handlungsweise seiner Partner beeinflussen kann, sondern auch ihre Überzeugungen, kann andere in einer viel größeren Zahl von Situationen manipulieren als eines, das nur die Möglichkeit eines Zusammenhangs zwischen einem bestimmten Verhalten und der Reaktion, die es hervorruft, wahrnimmt. Indem es andere anhand ihrer Motive beurteilt und nicht einfach nur an ihrem früheren Verhalten, kann es auch besser Erfahrungen aus einer Situation auf andere verallgemeinern und vorhersagen, ob jemand, der es in einem bestimmten Kontext betrogen hat, dies wohl auch in einem anderen tun wird. Wenn es dazu noch Unwissenheit bei anderen feststellen kann, kann es uninformierten Partnern selektiv Informationen zukommen lassen oder vorenthalten. In ähnlicher Weise kann es den relativ langsamen Prozeß, neue Informationen durch Beobachtungslernen weiterzugeben, überwinden und diejenigen, die uninformiert sind, aktiv unterrichten und instruieren.

Wir wollen in diesem Kapitel einen Überblick über die Beweise für eine Theorie des Geistes bei nichtmenschlichen Primaten geben und uns mit den folgenden Fragen beschäftigen (oder sie zumindest etwas einkreisen): Sind Affen und Menschenaffen genauso gewitzt darin, die Bewußtseinszustände von anderen zu beobachten, wie sie ihr Verhalten beobachten? Erkennen sie den Unterschied zwischen Bewußtseinszuständen und Verhalten, sei es nun bei sich selbst oder bei anderen? Wissen sie, was sie wissen?

Um nicht den Eindruck zu hinterlassen, daß diese Dinge durch respektable wissenschaftliche Befunde gestützt wären, sollten wir von Anfang an klarstellen, daß es so gut wie keine systematische Untersuchung über das Zuschreiben von Bewußtseinszuständen bei soziallebenden Tieren gibt. Obwohl viele Anekdoten aus Untersuchungen an nichtmenschlichen Primaten als Hinweise auf das Zuschreiben von Bewußtseinszuständen interpretiert werden können, lassen sich die meisten von ihnen auch sparsamer als erlernte Verhaltensübereinstimmungen erklären, ohne daß wir auf eine Theorie des Geistes zurückgreifen müßten. Das heißt allerdings nicht, daß die sparsamste Erklärung notwendigerweise auch immer die richtige ist. Auch wenn viele Fälle vermuten lassen, daß Affen und Menschenaffen anderen *keine* Bewußtseinszustände zuschreiben, sind solche negativen Befunde ebenfalls kein endgültiger Beweis. In vielen Fällen mögen Tiere in der Lage sein, sich angepaßt zu verhalten, indem sie sich auf das Verhalten anderer einstellen; sie *müssen* sich nicht notwendigerweise auch auf ihre mentale Verfassung einstellen. Wenn dieses Kapitel also mehr Fragen als Antworten aufwirft, dann ist es dem Thema gerecht geworden.

Das Problem

Attribution oder Zuschreibung läßt sich vielleicht am besten mit Dennetts (1983, 1985, 1988) Begriff von der intentionalen Einstellung (Kapitel 5) fassen. Erinnern wir uns, daß Dennett eine Reihe von Ebenen beschreibt, auf denen wir zum Beispiel den Alarmruf einer Meerkatze interpretieren können. Ist der Leopardenalarm einer Meerkatze in dem Sinn obligatorisch, daß er weder unterdrückt noch modifiziert werden kann (Intentionalität nullter Ordnung)? Wenn Erklärungen nullter Ordnung ausgeschlossen werden können, können wir uns dann ein Experiment ausdenken, mit dem wir zwischen einer Meerkatze, die ruft, weil sie will, daß andere auf die Bäume klettern (Intentionalität erster Ordnung), und einer, die ruft, weil sie will, daß die anderen denken, daß Bäume der sicherste Ort sind, auf den man sich flüchten kann (Intentionalität zweiter Ordnung), unterscheiden können? Wie wir in den Kapiteln 5 und 7 erörtert haben, verfügen wir über Befunde aus Beobachtungen und Experimenten an so verschiedenen Arten wie Hühnern und Schimpansen, die zeigen, daß Tiere in der Lage sind, Rufe selektiv einzusetzen, um einige, aber eben nicht alle anderen über Gefahren, das Vorhandensein und die Menge von Futter und so weiter zu informieren. Diese Befunde stimmen mit einer Erklärung auf der ersten, aber nicht notwendigerweise auf der zweiten Intentionalitätsebene überein.

Die Kontroverse um Kommunikation bei Tieren dreht sich also größtenteils um Intentionalität zweiter und dritter Ordnung – darum, ob Tiere also tatsächlich in der Lage sind, so zu handeln, als ob sie andere glauben machen wollen, sie wüßten oder glaubten etwas. Es ist dies die Ebene, an deren Oberfläche sich die erstaunlichsten Anekdoten bewegen, und sei es nur, um schließlich als heilige Lämmer (oder Bienen oder Schimpansen) Ockhams Rasiermesser zum Opfer zu fallen, und dies ist auch die Ebene, auf die sich schließlich Experimente werden konzentrieren müssen.

Intentionalität höherer Ordnung beinhaltet die Fähigkeit, anderen Wissen, Ansichten und Gefühle zuzuschreiben. Zuschreibung wiederum setzt eine gewisse Fähigkeit voraus, gleichzeitig zwei verschiedene Bewußtseinszustände parat zu haben. Um dies tun zu können, muß ein Tier erkennen, daß es selbst über Wissen verfügt, daß andere über Wissen verfügen und daß es eine Diskrepanz zwischen dem eigenen Wissen und dem der anderen geben kann. Beim Menschen reift diese Fähigkeit nur graduell, in unserer frühen Kindheit ist sie noch unvollständig.

Zwar sind selbst ganz kleine Kinder schon dazu in der Lage, anderen einfache Bewußtseinszustände zu unterstellen. Im Alter von etwa 20 Monaten beginnen Kinder, explizit verbales Wissen über ihre eigenen Absichten, Stimmungen und Handlungen und die anderer zu äußern, und sie unterscheiden dabei sehr genau zwischen sich selbst und anderen (Bretherton, McNew und Beeghley-Smith 1981; Bretherton und Beeghley 1982). Auch spielen ganz kleine Kinder schon Rollenspiele, ein Hinweis dafür, daß sie den Unterschied zwischen Schein und Sein erkennen und daß sie sich mannigfaltige Vorstellungen von Objekten oder Verhalten machen können. Aber bis zum Alter von etwa 4 Jahren scheinen Kinder Schwierigkeiten damit zu haben, zu erkennen, daß die Ansichten oder Gedanken anderer sich von ihren eigenen unterscheiden könnten.

Zitieren wir das vielleicht bekannteste Beispiel für dieses Unvermögen, anderen falsche Überzeugungen zuzuschreiben: Wimmer und Perner (1983) konfrontierten drei- bis neunjährige Kinder mit Szenarien, bei denen sie das Wissen von anderen Personen beschreiben sollten. In einem Fall schauten sich die Kinder ein Puppenspiel an, in dem ein Junge, Maxi, ein Stück Schokolade in einen blauen Schrank legt. Dann verläßt Maxi den Raum, und in seiner Abwesenheit nimmt seine Mutter die Schokolade aus dem blauen Schrank und legt sie in einen grünen. Die Kinder wurden gefragt, in welchem Schrank Maxi wohl nach seiner Schokolade suchen würde. Kinder unter 4 Jahren zeigten grundsätzlich auf den grünen Schrank, also auf den, von dem sie selbst wußten, daß die Schokolade dort ist. Dagegen meinten etwa die Hälfte der vier- bis sechsjährigen und über 80 Prozent der sechs- bis neunjährigen Kinder, daß Maxi denken würde, die Schokolade wäre immer noch im blauen Schrank. Der Fehler der kleineren Kinder war kein Mangel an Erinnerung, denn die Mehrzahl derer, die eine falsche Antwort gaben, antwortete durchaus richtig auf die Frage, ob sie sich erinnerten, wo Maxi die Schokolade hingetan hatte. Es scheint eher so zu sein, daß bei Kindern die Fähigkeit, sich zwei scheinbar nicht zusammenpassende Annahmen vorstellen zu können, bis zum Alter von 4 bis 6 Jahren noch nicht vollständig ausgebildet ist (siehe auch Shultz und Cloghesy 1981; Dennett 1978b; Hogrefe, Wimmer und Perner 1986; Leslie 1987; Perner, Leekam und Wimmer 1987; Sodian und Wimmer 1987; Wellman und Bartsch 1988; Rakowitz 1990; und besonders die Kapitel in Astington, Harris und Olson 1988).

Es gibt einige Hinweise dafür, daß es kleinen Kindern leichter fällt, anderen Unwissenheit als fehlerhafte Annahmen zuzuschreiben. Das Zuschreiben von Unwissenheit verlangt weder eine genaue Identifikation des Wissens anderer, noch muß das Kind sich gleichzeitig mit zwei widersprechenden Vorstellungen befassen. Statt dessen verlangt es nur eine gewisse Einsicht darin, daß andere Leute zwar Überzeugungen haben, aber wohl nicht immer über dieselben Informationen verfügen wie man selbst. Die Erkenntnis der Unwissenheit bei anderen scheint sich relativ früh herauszubilden, noch bevor Kinder eindeutig zwischen ihrem eigenen Wissen und dem anderer unterscheiden können. Wenn dreijährigen Kindern beispielsweise Geschichten vorgelesen wurden, in denen einer Person ein wesentliches Stück Information vorenthalten wurde, dann bezeichneten sie die Person völlig korrekt als unwissend (Hogrefe, Wimmer und Perner 1986).

Aber selbst bei diesen relativ einfachen Fällen, bei denen es nur darum geht, ob jemand über Informationen verfügt oder nicht, finden Kinder unter 4 Jahren es oft schwer, Probleme aus der Perspektive einer anderen Person zu sehen. Taylor (1988) hat Kindern Zeichnungen von Tieren, etwa einer Giraffe, gezeigt und dann die Zeichnung so verdeckt, daß nur noch ein kleiner, nicht identifizierbarer Teil der Giraffe zu sehen war. Dann fragte sie die Kinder, ob eine Puppe das Tier auf der Zeichnung korrekt identifizieren könnte. Die meisten vierjährigen Kinder schrieben der Puppe ein vollständiges Wissen zu und antworteten, daß die Puppe die Giraffe identifizieren würde. Dagegen schrieben die meisten Sechsjährigen der Puppe richtigerweise Unwissenheit zu (siehe auch Flavell 1988; und Wellman und Bartsch 1988 für eine andere Ansicht).

Das offensichtliche Unvermögen kleiner Kinder, die mögliche Diskrepanz zwischen dem, was sie für wahr halten, und dem, was andere möglicherweise fälschlich für wahr halten, zu erkennen, ist sicher nicht auf ein Unvermögen zurückzuführen, sich mentale Zustände vorstellen zu können oder zu begreifen, daß andere Leute Gedanken haben. Vielmehr scheinen kleine Kinder nicht zu verstehen, daß mentale Zustände als ursächliche Kräfte hinter dem Verhalten stehen. Sie scheinen Schwierigkeiten zu haben, den Geist als »interpretierende, ausführende und vermittelnde Entität«, die das Verhalten in der Außenwelt *verursacht*, anzusehen (Wellman 1988, S. 88; Leslie 1988; Perner 1988; Wimmer, Hogrefe und Sodian 1988).

Die Untersuchungen zur Theorie des Geistes bei kleinen Kindern lassen vermuten, daß Zuschreibung grob auf drei Stufen untersucht werden kann, wobei jede ein größeres Bewußtsein für den Unterschied zwischen den eigenen Ansichten und denen der anderen voraussetzt. Auf der untersten Stufe unterstellt ein Individuum einem anderen Bewußtseinszustände, aber es erkennt nicht, daß die Bewußtseinszustände der anderen sich von den eigenen unterscheiden können. Auf der zweiten Stufe erkennt ein Individuum, daß die Bewußtseinszustände anderer falsch sein können, aber es kann diese Fehler nur als Unwissenheit oder Mangel an Information begreifen. Als Ergebnis ist sein Verhalten nicht sehr konsistent: Es kann benennen, was ein anderes Individuum nicht weiß, aber es kann nicht beschreiben, *was* das andere Individuum fälschlich annimmt. Dies ist die einfachste Ebene, auf der Grices künstliche Sprache arbeitet, da sie sich auf die Absicht zu informieren konzentriert. Wie wir in Kapitel 5 erörtert haben, ist es alles andere als klar, ob irgendein nichtmenschlicher Primat jemals mit der Absicht kommuniziert, anderen Informationen zu übermitteln, über die sie – im Gegensatz zu ihm selbst – nicht verfügen. Auf der komplexesten dritten Stufe schließlich erkennt ein Individuum, daß andere Bewußtseinszustände haben, sieht ein, daß diese sich von den eigenen unterscheiden können, und ist in der Lage zu spezifizieren, was dies für Bewußtseinszustände sind. Auf dieser Ebene der Zuschreibung kommuniziert das Individuum nicht einfach nur, um zu informieren, sondern auch um andere von einer Überzeugung abzubringen, die es selbst für falsch hält.

Es gibt bisher keine Untersuchung an Tieren, die diese verschiedenen Ebenen explizit unterschieden hätte, vor allem wohl deshalb, weil es bis jetzt kaum Beweise für irgendeine Intentionalität höherer Ordnung bei nichtmenschlichen Arten gibt. Die Befunde, die wir im folgenden diskutieren, sprechen dafür, daß Menschenaffen und vielleicht auch Affen anderen Bewußtseinszustände zusprechen, daß sie aber die Diskrepanz zwischen ihrem eigenen Denken und dem anderer Individuen nicht immer erkennen.

Experimente zur Zuschreibung bei Schimpansen in Menschenobhut

Um auf experimentellem Weg zu testen, ob Schimpansen anderen Bewußtseinszustände unterstellen, haben Premack und Woodruff (1978) der erwachsenen Schimpansin Sarah Videobänder von menschlichen Pflegern vorgeführt, die sich mit allerlei Problemen herumplagten. Beispielsweise wurde ein Pfleger gezeigt, der versuchte, einen Kassettenrekorder zu bedienen, dessen Stecker nicht an die Steckdose angeschlossen war. Nach jedem Video wurden Sarah einige Fotos gegeben; auf einem von ihnen war die richtige Lösung des Problems abgebildet. Bei den spitzfindigsten Tests konnten die verschiedenen Lösungen des Rekorderproblems einen Stecker zeigen, der in der Steckdose steckte, einen, der nicht drinsteckte, und einen mit durchgeschnittenem Kabel. Interessanterweise wählte Sarah, wenn ihr Videos von beliebten und weniger beliebten Pflegern vorgeführt wurden, die richtigen Lösungen für den beliebten Pfleger, aber die falschen für den Pfleger, den sie nicht mochte.

Premack und Woodruff interpretierten Sarahs Wahl der richtigen Alternativen als Beleg dafür, daß sie erkannt hatte, daß das Video ein Problem darstellte und daß sie auf eine Absicht des menschlichen Pflegers geschlossen hatte. Die Tatsache, daß Sarah für den unbeliebten Pfleger die falsche Lösung gewählt hatte, ließ die Vermutung zu, daß sie nicht einfach nur Handlungen wählte, die für sie selbst die besten Lösungen dargestellt hätten. Premack und Woodruff meinten, selbst wenn Sarahs Wahl einfach nur angemessene Lösungen für sie selbst reflektiert *hätte*, müßte ein gewisses Maß an Zuschreibung angenommen werden, da es schwer vorstellbar wäre, wie sie ohne eine Interpretation dessen, was der Pfleger zu tun versuchte, die richtige Lösung hätte erkennen können.

Obwohl Sarah wenig Schwierigkeiten zu haben schien, anderen Absichten zu unterstellen, schien sie weniger geschickt darin zu sein, anderen falsche Überzeugungen zuzuschreiben. In einem späteren Experiment (Premack 1988) wurde Sarah beigebracht, einen Knopf zu drücken, der den Verschluß zu einem Schrank auf einer Mauer außerhalb ihres Käfigs kontrollierte. Eine Seite des Schrankes enthielt Gebäck, das ein beliebter Pfleger mit Sarah teilen würde, wenn sie den Verschluß öffnete. In der anderen Schrankseite waren absolut abstoßende Sachen, wie faulendes Gummi und Kot. Sarah lernte sehr schnell, den Knopf zu drücken, um den Verschluß der »guten« Schrankseite zu öffnen, und sie tat dies mit sehr geringem Verzug, wann immer der Pfleger sie besuchte. Dann, eines Tages, betrat ein vermummter »Bösewicht« Sarahs Raum und holte, während Sarah zuschaute, all die Delikatessen aus der guten Schrankseite und tauschte sie gegen die abstoßenden Sachen aus der schlechten Schrankseite aus. Sarah reagierte aggressiv auf diesen Bösewicht und warf Gegenstände aus ihrem Käfig nach ihm. Aber als ein paar Minuten später der gute Pfleger zu ihr hereinkam, zeigte sie keine Veränderung zu ihrem normalen Verhalten. Sie machte keinerlei sichtbaren Versuch, den Pfleger zu warnen oder auch nur zu zögern, bevor sie den Knopf drückte. Sarah handelte so, als ob sie den Widerspruch zwischen ihrem eigenen Wissen und dem des Pflegers nicht erkennen würde. Obwohl auch andere Interpretationen für dieses Experiment möglich sind, lassen die Ergebnisse zumindest eine Unfähigkeit vermuten, anderen falsche Überzeugungen zuzuschreiben. Sie widersprechen auch bis zu einem gewissen Maß Premacks früheren Experimenten, in denen Sarah gelernt hatte, auf den falschen Kasten zu zeigen, wenn sie es mit dem »bösen« Trainer zu tun hatte (Woodruff und Premack 1979). Allerdings sollten wir daran denken, daß diese falschen Hinweise immer erst nach einer beträchtlichen Zeitspanne auftauchten, in der die Schimpansin Informationen vor dem Pfleger einfach nur zurückgehalten hatte (Dennett 1988; Premack 1988). Wie wir später sehen werden, zeigen Schimpansen oft einen ähnlichen Mangel an Differenzierung zwischen ihren eigenen Bewußtseinszuständen und denen anderer, wenn sie mit ihresgleichen umgehen.

280

Von Individuen, die kooperieren, um ein gemeinsames Ziel zu erreichen, kann man auch sagen, daß sie anderen Überzeugungen und Absichten unterstellen, und sei es nur, weil sie die Ziele und Absichten der anderen erkennen müssen, um das gemeinsame Ziel zu erreichen. Savage-Rumbaugh, Rumbaugh und Boysen (1978) trainierten zwei Schimpansen, Sherman und Austin, bei der Futterbeschaffung zusammenzuarbeiten. Bevor das eigentliche Experiment begann, hatten beide Schimpansen gelernt, eine Reihe von Dingen (einschließlich Futter und Werkzeuge) durch die Benutzung von Symbolfeldern auf einer beleuchteten Tastatur zu klassifizieren. Dann wurden die Schimpansen in verschiedene Räume gebracht, die durch ein offenes Fenster miteinander verbunden waren. Einer der Schimpansen konnte einen Platz sehen, an dem Futter ausgelegt war. Er konnte auch sehen, welches der fünf oder sechs Werkzeuge geeignet war, um an das Futter heranzukommen. Durch Benutzung des Symbolfeldes forderte er dann das geeignete Werkzeug von seinem Partner an, der zwar an das Werkzeug herankam, aber das Futter nicht sehen konnte. Sherman und Austin wurden schnell tüchtige Futterbeschaffer, und jeder führte beide Rollen gleich gut aus. Offensichtlich hatte jeder der beiden nicht nur gelernt, was er selbst zu tun hatte, sondern auch, was der jeweils andere benötigte, um das Problem zu lösen.

Auch ohne jedes menschliche Training arbeiten Schimpansen gelegentlich zusammen, um ein offensichtlich gemeinsam erkanntes Problem zu lösen. Beispielsweise helfen wilde Schimpansen einander häufig auf Bäume hinauf (Goodall 1986). Auch in Menzels (1973) und de Waals (1982) Untersuchungen an soziallebenden Schimpansen in Menschenobhut kooperierten Männchen beim Bauen und Halten von Leitern, um auf verbotene Bäume zu klettern oder aus dem Gehege zu entkommen. In allen Fällen handelten die Tiere, als ob sie die Motive und Absichten der anderen erkennen würden, und sie arbeiteten zusammen, um ein gemeinsames Ziel zu erreichen. Ein Spiel, das die Bonobos im Zoo von San Diego spontan spielten, beschreibt de Waal (1989): Einige Tiere schnitten anderen vorsätzlich den Weg aus einem Trockengraben ab, indem sie die Kette, die in den Graben hinabhing, hochzogen. Andere Tiere »retteten« dann ihre Kameraden, indem sie die Kette wieder zu ihnen hinunterwarfen. Das Spiel machte deutlich, daß die Bonobos sowohl den Zweck der Kette als auch die Nöte der gefangenen Tiere erkennen konnten.

Direkte Vergleichsuntersuchungen zu der Frage, wie Affen einerseits und Menschenaffen andererseits mit logisch ähnlichen Problemen umgehen, sind selten und dazu noch schwierig zu interpretieren. Allerdings gibt uns eine andere Untersuchung, die mehr als 15 Jahre vor der Studie von Savage-Rumbaugh und ihren Kollegen durchgeführt wurde, einige bemerkenswerte Hinweise auf einen Unterschied zwischen Affen und Menschenaffen, die Rollen und das Wissen anderer Individuen verstehen zu können. Im Jahr 1962 trainierten Mason und Hollis jeweils zwei Rhesusaffen darin, bei der Futterbeschaffung zusammenzuarbeiten. Bei jedem Test saßen die beiden Tiere (meist Käfiggenossen) einander gegenüber. Dann wurde hinter einem von zahlreichen Kästen, die durch das Ziehen an einem Griff geöffnet werden konnten, Futter versteckt. Einer der Affen war als *Informant* ausersehen. Er wußte, wo das Futter war, konnte aber nicht an die Griffe heran. Der andere, der zum *Ausführenden* ausersehen war, konnte an die Griffe heran, wußte aber nicht, wo das Futter war. Der Informant hatte dem Ausführenden durch irgendeine Änderung seines Verhaltens zu zeigen, welchen Griff er zu ziehen hatte. Nachdem die Tiere mit der Versuchsanordnung vertraut geworden waren, waren sie in der Lage, miteinander zu kommunizieren, um an das Futter zu gelangen. Wenn allerdings die Rollen vertauscht wurden, ging die Erfolgsrate wieder auf eine reine Zufallstrefferquote zurück. Offensichtlich hatte jedes Tier gelernt, was es in seiner speziellen Rolle zu tun hatte, aber nicht, was der jeweils andere wissen mußte. Anders als die Schimpansen lieferten die Rhesusaffen keinen Hinweis darauf, daß sie die Rolle ihres Partners bei der Aufgabe durchschaut hatten.

Für diesen Leistungsunterschied zwischen Schimpansen und Rhesusaffen, die zur Gattung der Makaken gehören, gibt es natürlich viele Interpretationsmöglichkeiten. Schimpansen könnten beispielsweise einfach bessere Beobachter als Makaken sein, besser sein im Wahrnehmen der einzelnen Schritte, die notwendig sind, um an das Futter heranzukommen. Diese Erklärung impliziert, daß Schimpansen sich von Makaken in ihrer Fähigkeit unterscheiden, wichtige Verhaltenszusammenhänge zu beobachten. Es ist auch möglich, daß Schimpansen das Problem, um das es geht, und die Schritte, die zu seiner Lösung nötig sind, besser verstehen können, selbst wenn sie nicht selbst aktiv in allen Phasen der Aufgabe teilgenommen hatten. Wie wir später sehen werden, zeigen zahlreiche andere Experimente und Beobachtungen, daß Schimpansen Aufgaben, die eine Reihe von unabhängigen Schritten zur Lösung voraussetzen, mit Leichtigkeit zu bewältigen lernen. Schließlich könnten die Schimpansen, anders als die Rhesusaffen, bemerkt haben, daß das Verhalten ihrer Partner aus bestimmtem Wissen und Motiven heraus resultierte, und sie könnten dies bemerkt haben, auch wenn es für ihr eigenes Verhalten zu diesem Zeitpunkt nicht relevant war. Diese Erklärung beinhaltet einen qualitativen Unterschied zwischen Schimpansen und Makaken, inwieweit sie nämlich ihren Partnern Absichten und Ziele zu unterstellen in der Lage sind.

Täuschung als Maß für Zuschreibung

In seiner Übersicht über die verschiedenen Sprach-Projekte bei Menschenaffen kam Premack (1986) zu dem Schluß, daß Schimpansen ebenso wie kleine Kinder bis zu einem gewissen Grad die Fähigkeit haben, anderen Überzeugungen zuzuschreiben; allerdings nur, wenn die Überzeugung der anderen dieselbe ist, die sie selbst haben. Mit anderen Worten, Schimpansen scheinen nicht in der Lage zu sein, die potentielle Diskrepanz zwischen ihrem eigenen Bewußtseinsstand und dem anderer zu erkennen. Angesichts der wenigen systematischen Untersuchungen über Zuschreibung bei nichtmenschlichen Primaten ist es nicht möglich, diesen Schluß zurückzuweisen. Dennoch geben uns eine Reihe von anekdotischen Begebenheiten und offensichtlichen Täuschungsmanövern verführerische, wenn auch unbewiesene Hinweise auf Intentionalität höherer Ordnung bei nichtmenschlichen Primaten.

Da Täuschung, so wie sie beim Menschen verstanden wird, voraussetzt, daß der Signalsender einen falschen Glauben bei einem anderen erzeugt oder verstärkt (Rakowitz 1990), ergeben sich aus ihr potentiell Beweise für eine Theorie des Geistes. Damit soll natürlich nicht gesagt werden, daß jedwede Täuschung eine Theorie des Geistes voraussetzt. Tatsächlich können wahrscheinlich die meisten Beispiele für Signalfälschung bei Tieren erklärt werden, ohne daß man eine Intentionalität höherer Ordnung in Anspruch nimmt. Das dürfte allein schon deshalb so sein, weil Täuschungssignale bei den meisten Tieren ziemlich unflexibel sind und nur in einem beschränkten Bereich von Kontexten auftreten. Für unser augenblickliches Vorhaben ist es daher wesentlich, zwischen der Funktion von Täuschung und den ihr zugrundeliegenden Mechanismen zu unterscheiden. Eine Skorpionsfliege mag einen männlichen Rivalen täuschen, indem sie das Verhalten eines Weibchens nachahmt, aber es ist keineswegs nur stammesgeschichtlicher Chauvinismus, der uns von dem Schluß abhält, sie würde ihrem Rivalen Überzeugungen zuschreiben. Schließlich versuchen Skorpionsfliegen offenbar nie, einander in anderen Kontexten oder mit irgendwelchen anderen Verhaltensmustern zu täuschen. In welcher Weise aber müßten wir unsere Annahme revidieren, wenn sich herausstellen würde, daß Skorpionsfliegen manchmal auch falsche

Alarmsignale gäben, um ihre Rivalen von Weibchen wegzulocken? Und was würden wir daraus schließen, wenn sich herausstellen würde, daß eine bestimmte individuelle Skorpionsfliege, die ihren Rivalen durch einen falschen Alarmruf getäuscht hat, ihn nun durch das Vortäuschen weiblichen Balzverhaltens nichts mehr vormachen könnte?

Byrne und Whiten (Byrne und Whiten 1988c; Whiten und Byrne 1988c) haben kürzlich einen Richtwert für offensichtliche Fälle taktischer Täuschung bei nichtmenschlichen Primaten aufgestellt. Ihre Analyse läßt vermuten, daß nichtmenschliche Primaten manchmal Signale in einer Weise fälschen, die Maßstäben für Intentionalität höherer Ordnung gerecht wird. Affen und Menschenaffen scheinen in der Lage zu sein, akustische Signale in so verschiedenen Kontexten wie Werbeverhalten, Aggression und Konkurrenz um Nahrung zu fälschen oder zu verschweigen (Kapitel 7). Viele dieser Beispiele sind schwierig zu interpretieren, es sei denn, man nimmt an, daß die Tiere bis zu einem gewissen Grad anderen Gedanken und Gefühle zuschreiben.

Gleichzeitig jedoch ergibt eine genaue Prüfung des Verhaltens der Tiere direkt vor oder nach ihren augenscheinlichen Täuschungsmanövern oft kuriose Lücken und Versäumnisse in ihrer Theorie des Geistes, was vermuten läßt, daß sie zwischen ihrem eigenen Wissen und dem anderer nicht klar unterscheiden. Zitieren wir ein Beispiel, das es auf den Punkt bringt: Dennett hat 1987 eine Anekdote von uns wiedererzählt, in der zwei Meerkatzengruppen an der Grenze ihrer Territorien in ein kleines Scharmützel verwickelt waren. Ein männliches Mitglied der unterlegenen Gruppe rannte plötzlich auf einen Baum in der Nähe und begann Leopardenalarm zu geben, was alle anderen Teilnehmer dazu brachte, sich schnellstens auf die Bäume zu flüchten. Dadurch wurde das Scharmützel wirkungsvoll beendet, die ursprüngliche Gruppengrenze wiederhergestellt und eine Niederlage der Gruppe, der das Männchen angehörte, abgewendet. Darüber hinaus wurden diese »falschen« Alarmrufe nicht etwa in einem unvernünftigen Kontext abgegeben. Bei drei anderen Gelegenheiten beobachteten wir, daß ein Raubtier sich an Meerkatzen heranschlich, als diese gerade in eine aggressive Intergruppenauseinandersetzung verwickelt waren und ihre Aufmerksamkeit durch das Schlachtengetümmel vollständig in Anspruch genommen war.

Während unserer Untersuchung beobachteten wir eine Handvoll ähnlicher Beispiele, bei denen ein Männchen offensichtlich falschen Leopardenalarm gab, wenn ein neues Männchen in seine Gruppe einzuwandern versuchte (Abb. 8.1), wenngleich »echte« oder zuverlässige Alarmrufe doch weitaus häufiger waren. Während unserer zwei achtmonatigen Untersuchungsperio-

Abb. 8.1: Erwachsene Meerkatzenmännchen stoßen manchmal offensichtlich »falsche« Alarmrufe aus, wenn ein Männchen auf Wanderschaft versucht, in ihre Gruppe überzuwechseln. Foto: Marc Hauser.

den in den Jahren 1983 und 1985–86 gaben Männchen beispielweise in vier (2 Prozent) der 264 Gruppenbegegnungen, die wir beobachteten, Leopardenalarm; solche »falschen« Alarmrufe wurden in 13 Prozent der 32 Tage, an denen wenigstens ein Männchen Leopardenalarm auslöste, abgegeben. Falsche Alarmrufe schienen nicht als Drohsignale zu dienen, denn sie waren von keinerlei anderen Drohgesten oder -lauten begleitet. Auch wurden sie nie während aggressiver Interaktionen zwischen ansässigen Männchen abgegeben. Der Auslöser dieser falschen Alarme war mit einer einzigen Ausnahme jedesmal ein notorisch tiefrangiges Männchen namens Kitui, das mit gutem Grund davon ausgehen konnte, auch von dem Eindringling dominiert zu werden, wenn dessen Überwechsel in die Gruppe denn gelänge. In den Jahren zuvor war Kitui dem Rang nach der zweite von zwei Männchen gewesen, der dritte von drei Männchen, und so ging es in seiner ganzen unrühmlichen Karriere weiter. Kituis falsche Alarmrufe hatten ihre Wirkung, denn sie veranlaßten das neue Männchen, auf dem Baum zu bleiben, und verzögerten so seine Annäherung an die Gruppe.

So weit, so gut. Die Alarmrufe schienen betrügerisch zu sein, denn sie signalisierten eine Gefahr, von der Kitui wußte, daß sie nicht existierte, der Eindringling aber nicht, und sie hielten den Eindringling eine Weile in Schach. Kitui benahm sich, als wüßte er, daß Leopardenalarm die anderen veranlassen würde, sich in Sicherheit zu bringen. Es sah so aus, als ob er das neue Männchen glauben machen wollte, er, Kitui, hätte tatsächlich einen Leoparden gesehen. Es ist natürlich möglich, Kituis Verhalten zu erklären, ohne auf irgendeine Theorie des Geistes zu verweisen; Kitui könnte einfach gelernt haben, Alarmrufe und die Flucht anderer Tiere in Zusammenhang zu bringen. Nichtsdestotrotz sind wir in der Versuchung, dieses Verhalten als ein seltenes Beispiel für Intentionalität höherer Ordnung bei Primaten zu interpretieren.

Aber schrieb Kitui tatsächlich dem Eindringling eine Fehleinschätzung zu? An dieser Stelle sollten wir vielleicht auf eine andere Anekdote kommen, denn Kituis Folgeverhalten war oft eher desillusionierend. Als wenn er seinen Rivalen von der tiefen Bedeutung seiner Rufe überzeugen wollte, verließ Kitui zweimal seinen eigenen Baum, marschierte über die offene Ebene und bestieg einen Baum in der Nachbarschaft des Eindringlings, wobei er die ganze Zeit Alarmrufe gab. Kitui benahm sich, als hätte er die Geschichte nur halb begriffen; er wußte, daß seine Alarmrufe andere dazu bringen würden zu glauben, ein Leopard sei in der Nähe, aber er schien nicht zu realisieren, daß andere Aspekte seines Verhaltens mit seinen Rufen schon auch übereinstimmen sollten. Seinen eigenen Baum zu verlassen und zu dem anderen Männchen zu marschieren, verriet schlicht seinen eigenen Unglauben in bezug auf den Leoparden.

Bei Kindern gibt es eine Menge ähnlicher Beispiele für noch nicht vollständig rationales Denken. Ein Kind im Alter von drei Jahren bestreitet, am Kochtopf genascht zu haben, auch wenn sein Gesicht voller Krümel ist; erst bei älteren Kindern ist die Begabung zum Täuschen so weit ausgebildet, daß sie die verräterischen Krümel abwischen. So wie Kituis Theorie des Geistes unvollständig ist, ist auch das Kind nicht völlig in der Lage, zwischen seinem eigenen Wissen und dem der anderen zu unterscheiden.

Andere Anekdoten sind gleichermaßen provokativ und gleichermaßen unsolide. Rangniedere Pavianweibchen heben häufig ihren Schwanz, wenn sie mit ranghöheren Individuen interagieren. Erhobene Schwänze scheinen Angst auszudrücken und sind oft von anderen Zeichen der Unterordnung, wie Angstgrinsen oder Präsentieren des Hinterteils, begleitet. Oft streckt das dominante Tier seine Hand aus, um das rangniedere zu berühren (Smuts 1985). In einer früheren Untersuchung an Pavianen beobachteten wir den augenscheinlichen Versuch eines Weibchens, dieses Zeichen der Unterordnung vor dem ranghöchsten Männchen ihrer Gruppe zu unterdrücken. Das Weibchen, die »Philadelphia Lady«, war gerade dabei, einen Pfad über einen schmalen Felssims zu überqueren, der direkt hinter den Ruheplatz von Rocky, dem Männchen, führte. Normalerweise wäre Philadelphia Lady nicht so nahe an Rocky herangegangen, es sei denn, sie hätte vorgehabt, mit ihm zu interagieren. In diesem Fall aber folgte sie dem Rest ihrer Gruppe bei einem schnellen Marsch und rannte, um Anschluß an ihre Tochter zu bekommen. Als sie sich Rocky auf dem Sims näherte, begann ihr Schwanz in die Höhe zu steigen. Sie guckte sich um, drückte ihn wieder herunter, und hielt ihn unten, bis sie an ihm vorbei war. Sie benahm sich, als ob sie erkannt hätte, daß ihr aufgestellter Schwanz ein Zeichen von Angst war, das sie vor Rocky lieber nicht zeigen wollte, denn in diesem Moment hatte sie nicht vor, mit ihm zu interagieren.

Wir können unmöglich wissen, was wir mit dieser Anekdote anfangen sollen, solange wir keine anderen, systematischeren Belege dafür haben, daß Paviane ihre Emotionen und Ängste vor anderen verbergen. Eine sparsame Erklärung könnte beispielsweise mit Leichtigkeit so argumentieren, daß der Schwanz der Philadelphia Lady genau in dem Moment, als sie an Rocky vorbeikam, zu jucken anfing. Oder sie könnte einfach gelernt haben, daß ein aufgestellter Schwanz eine längere Interaktion mit Rocky erforderlich machte, was sie in diesem Moment vermeiden wollte. Aber wie konnte sie das Verhalten ihres eigenen Körpers beobachten, ohne sich in einer gewissen Weise seiner Aktionen bewußt zu sein? Wie konnte sie die Wirkung eines aufgestellten Schwanzes auf ihre Interaktionen mit Rocky erkennen, ohne etwas von dieser Signalfunktion zu verstehen? Die Anekdote impliziert sicherlich, daß die Philadelphia Lady den Unterschied zwischen ihrem augenblicklichen Bewußtseinszustand und dem, den sie Rocky vermitteln wollte, erkannte.

Aber selbst wenn ihre Handlungsweise eine echte Täuschungstaktik darstellt, bleibt das Verhalten der Philadelphia Lady doch bemerkenswert unvollständig. Warum zum Beispiel drückte sie ihren Schwanz in voller Sicht Rockys herunter, wo ihre Handlungsweise ihn also kaum täuschen konnte? In dieser Hinsicht scheint die Theorie des Geistes der Philadelphia Lady ebenso kümmerlich entwickelt wie die Kituis. Auf der anderen Seite waren beide Tiere erfolgreich: Kitui hielt seinen Rivalen in Schach, und die Philadelphia Lady vermied es, mit Rocky zu interagieren. Wenn die Theorie des Geistes anderer Individuen ebenso unvollständig ist wie die eigene, macht es vielleicht wirklich nichts, wenn die Geschichte nur zur Hälfte stimmt.

Wieder einmal haben wir es mit Beobachtungen zu tun, die Interpretationen auf mehreren verschiedenen Ebenen zulassen. Zusätzlich zum Hinweis auf Intentionalität höherer Ordnung kann jedes der Beispiele, die wir beschrieben haben, leicht im Sinne von scharf beobachteten Verhaltensübereinstimmungen, hergeleitet aus früheren Erfahrungen, erklärt werden: Wenn ich A sage, wird er B sagen. Kitui könnte einfach gelernt haben, daß ein Leopardenalarm andere Tiere veranlaßt wegzulaufen, und die Philadelphia Lady könnte gelernt haben, daß sie mit gesenktem Schwanz leichter an Rocky vorbeikommen konnte. In beiden Fällen könnte die Zuschreibung nur im Gehirn des menschlichen Betrachters stattgefunden haben.

Bei dem gegenwärtigen Mangel an experimentellen Belegen fügen sich selbst die unwiderstehlichsten Beobachtungen nur widerspruchsfrei in die Annahme einer Intentionalität höherer Ordnung – sie zu beweisen taugen sie nicht. In einer Untersuchung an Bärenmakaken in Gefangenschaft beobachtete de Waal (1989) mehrfach, daß Weibchen, die mit rangniederen Männchen kopulierten, den Paarungslaut ihres Partners zu verhindern versuchten, bevor er die Aufmerksamkeit des dominanten Männchens erregen konnte. Die meisten dieser Versuche nahmen die Form einer Drohung an, aber in einem Fall legte das Weibchen tatsächlich ihre Hand auf den Mund ihres Partners. Besonders in diesem letzten Fall ist eine Erklärung, die auf Intentionalität höherer Ordnung basiert, naheliegend und vielleicht sogar angemessen. Gleichwohl bleibt es möglich, daß die Weibchen gelernt hatten, Paarungslaute mit Aggression vom dominanten Männchen in Verbindung zu bringen, und daß sie auf der Grundlage dieses Zusammentreffens handelten. Obwohl solche Überlegungen sicher komplex sind, zeigen sie doch nicht, daß Affen geschickt die Meinungen anderer manipulieren – sondern nur, daß sie geschickt das Verhalten anderer Tiere manipulieren. Wir haben noch keine Fakten, die *ausschließlich* im Sinne einer Theorie des Geistes erklärt werden könnten.

Beispiele für Täuschung bei Schimpansen sind voll von ähnlichen Lücken und Versäumnissen, aber sie bieten auch überzeugendere Hinweise auf eine echte Theorie des Geistes. Erinnern wir uns zum Beispiel an de Waals (1982) Bericht über das paarungswillige Männchen, das seinen Penis vor einem nahenden ranghöheren Männchen verbarg, oder an das Männchen, das erst mit einiger Mühe seinen Gesichtsausdruck veränderte, bevor es seinen Rivalen ansah (Kapitel 7). Jede dieser Anekdoten legt die Vermutung nahe, auch wenn sie natürlich nicht beweiskräftig sind, daß Schimpansen die Auswirkungen ihrer eigenen Handlungen auf den Wissensstand von anderen erkennen. Im ersten Fall könnte man argumentieren, daß der Schimpanse gelernt hatte, die Auswirkung eines bestimmten Reizauslösers (in diesem Fall, seines sichtbar aufgerichteten Geschlechtsteiles) auf das aggressive Verhalten anderer in Verbindung zu bringen; indem er diesen Reizauslöser verbarg, versuchte er, die Aggression abzuwenden. Auch im zweiten Beispiel könnte der Schimpanse einfach einen Verhaltenszusammenhang gelernt haben: daß nämlich ein bestimmter Gesichtsausdruck bei anderen Aggression auslöst. Dennoch scheint es zumindest möglich, daß das Verbergen und die Manipulation eines Gesichtsausdrucks eine gewisse Fähigkeit voraussetzt, die Wirkung der eigenen Angst auf andere zu erkennen und zwischen den vorhandenen und erwünschten Bewußtseinszuständen anderer Tiere zu unterscheiden. Das bedeutet, Luit benahm sich, als ob er nicht nur erkannte, daß sein Angstgrinsen Nikkis Verhalten beeinflussen könnte, sondern auch, daß eine Veränderung seines Gesichtsausdruckes einen völlig anderen Effekt auf Nikkis Denken haben könnte. Eine ähnliche Interpretation ist für das Beispiel der unterdrückten Rufe und Geräusche bei den Grenzpatrouillen der Schimpansen möglich (siehe Kapitel 5).

Unterstellt in ähnlicher Weise ein ranghoher Schimpanse (oder selbst ein Rhesusaffe) dem Rangniederen, der so tut, als hätte er nichts gesehen (Kapitel 7), Unwissenheit, wenn er davon absieht, ihn anzugreifen? Auch hier ist die sparsamste Erklärung nicht übermäßig überzeugend. Es ist beispielsweise unwahrscheinlich, daß der Angriff des dominanten Männchens nur durch das Erblicken des Gesichtsausdruckes des rangniederen Männchens ausgelöst wird, denn Affen beißen oder attackieren gelegentlich Tiere, die gar nicht darauf gefaßt sind. Statt dessen scheint es möglich, daß dominante Männchen sehr genau darauf achten, ob rangniedere Männchen die Gelegenheit hatten, ihre Annäherung zu beobachten und darauf zu reagieren. Diese zweite Interpretation legt den Verdacht nahe, daß dominante Männchen anderen Wissen über ihr Verhalten zuschreiben und erwarten, daß rangniedere Tiere nur dann ausweichen, wenn ihnen dieses Wissen zugänglich erscheint.

Auch einige Formen von Boshaftigkeit scheinen eine Theorie des Geistes vorauszusetzen. Könnte man jemandem etwas nachtragen, ohne daß man ihm Absicht unterstellt? Wieder einmal stehen uns nur ein paar bemerkenswerte Anekdoten zur Verfügung. In seinem Buch *Intelligenzprüfungen an Menschenaffen* berichtet Wolfgang Köhler (1921/1973), daß viele Schimpansen seiner Kolonie auf den Kanarischen Inseln es lernten, Kisten aufzustapeln, um an Bananen heranzukommen, die sonst außerhalb ihrer Reichweite gewesen wären. Ein paar ranghohe Schimpansen aber verscheuchten regelmäßig rangniedere Tiere von ihren Türmen, kaum daß sie sie aufgebaut hatten, und gelangten dadurch in den Besitz der Bananen, ohne selbst irgendwelche

Mühen auf sich nehmen zu müssen. Die rangniederen Tiere wichen zwar den dominanten aus, aber oft schienen sie ihre Türme dadurch, daß sie besonders stürmisch von ihnen heruntersprangen, vorsätzlich zu zerstören. Offenbar betrachteten beide Parteien diese Zerstörung als beabsichtigt, denn die rangniederen Tiere flohen vor den sie verfolgenden aufgebrachten dominanten Tieren.

Byrne und Whiten (1988c, 1990) ziehen aus ihrer Analyse taktischer Täuschung bei Primaten den Schluß, daß im Gegensatz zu Affen und vielleicht auch anderen Menschenaffen Schimpansen echte Beweise für Intentionalität höherer Ordnung zeigen. Wir stimmen darin überein, daß die Beispiele sicherlich mit dieser Interpretation konsistent sind, aber wir wollen auch darauf hinweisen, daß andere Aspekte des Verhaltens von Schimpansen den gegenteiligen Schluß zulassen. Wir werden noch darauf zu sprechen kommen, daß Schimpansen in einer Reihe von Kontexten, in denen man es eigentlich erwarten würde, darin versagen, sich wie ein System der Intentionalität höherer Ordnung zu verhalten. Zum Beispiel scheinen Schimpansen und andere Menschenaffen Unwissende nicht zu instruieren, und sie sind nicht in der Lage, Empathie mit Trauernden zu zeigen. Vielleicht können Schimpansen, so wie kleine Kinder, das erkennen, was sie möchten, daß es andere glauben, und auch, daß ihr Verhalten diese Überzeugung beeinflussen kann. Nachdem sie aber einmal den gewünschten Bewußtseinszustand bei einem anderen erzeugt haben, könnte es sein, daß Schimpansen nicht fähig sind zu erkennen, daß der andere nun eine Ansicht hat, die mit der eigenen nicht übereinstimmt. Es könnte sein, daß sie nicht in der Lage sind, sich gleichzeitig auf eine richtige und eine falsche Überzeugung einzustellen.

Informieren als Maß für Zuschreibung

Ein Individuum, das absichtlich jemand anderen informiert oder unterrichtet, muß diesem auch Wissen (beziehungsweise in diesem Fall Unwissen) zuschreiben; es vermittelt Informationen, von denen es weiß, daß der andere nicht darüber verfügt. Wir haben schon darauf hingewiesen, daß es Kindern wohl leichter fällt, anderen Unwissen zuzuschreiben, als ihnen Fehleinschätzungen zuzuschreiben. Ersteres setzt nur voraus, daß man versteht, daß andere den wahren Sachverhalt nicht erkennen; letzteres setzt voraus, daß man gleichzeitig zwei verschiedene Bewußtseinszustände parat haben und auseinanderhalten kann (Hogrefe, Wimmer und Perner 1986). Wenn das Zuschreiben von Ignoranz tatsächlich geringere kognitive Voraussetzungen erfordert, dann könnten wir erwarten, für Informieren und Lehren bei nichtmenschlichen Arten mehr Belege zu finden als für Signalfälschung und Täuschung. Erstaunlicherweise ist dies jedoch nicht der Fall.

Wir haben in Kapitel 5 darüber gesprochen, daß viele Vogel- und Säugetierarten bei Anwesenheit von Verwandten häufiger Alarmrufe abgeben als bei ihrer Abwesenheit. Dieser »Publikumseffekt« deutet darauf hin, daß Tiere sehr sensitiv auf den sozialen Kontext reagieren. Es ist jedoch keineswegs klar, ob sie auch sensibel dafür sind, ob ihr Publikum ahnungslos oder sich des Raubfeindes bereits bewußt ist. Jeder Ruf, der vor manchen Individuen abgegeben und vor anderen zurückgehalten wird, hat sicher die *Funktion*, Informationen bereitzustellen oder zu verheimlichen. Es ist aber außerordentlich schwierig, zu belegen, daß ein Signalsender *vorhat*, Informationen zu übermitteln, und noch schwieriger, daß er eine Diskrepanz zwischen seinem eigenen Wissen und dem anderer auch erkennt.

Eine nochmalige Überprüfung von Alarmrufen spricht eher dagegen, daß Tiere fähig sind, anderen Unwissenheit zuzuschreiben. Auf der einen Seite sind Alarmrufe, wie wir gesehen haben, nicht obligatorisch, sondern hängen vom sozialen Kontext ab. Tiere geben keine Alarmrufe ab, wenn es für sie keinen Sinn machen würde (etwa, wenn sie allein sind), und sie machen seltener Alarmrufe, wenn ihre Verwandtschaft nicht anwesend ist und wenn sie keinen funktionellen Vorteil dadurch erlangen, daß sie andere aufmerksam machen (Kapitel 5).

Auf der anderen Seite scheinen Tiere, wenn sie Alarmrufe ausstoßen, nicht zu berücksichtigen, ob ihr Publikum sich der Gefahr schon bewußt ist. Meerkatzen zum Beispiel fahren damit fort, Alarmrufe abzugeben, auch wenn jeder in der Gruppe den Raubfeind schon lange gesehen hat (Cheney und Seyfarth 1981, 1985b). In manchen Fällen, wenn die Affen beispielsweise eine Schlange gesehen haben, mag ununterbrochenes Rufen eine Schutzfunktion haben oder eine Haßreaktion herbeiführen. Allerdings geben Meerkatzen selbst bei Arten wie Leoparden, vor denen sie einfach nur fliehen, übermäßig lange Alarmrufe. Um die Geschichte noch ein bißchen weiter zu verwirren: Wir haben auch Belege dafür, daß Meerkatzen am meisten vor den Arten warnen, die ihnen *selbst* gefährlich werden könnten, und nicht notwendigerweise vor den Raubfeinden, die ihrem *Publikum* gefährlich werden könnten (Cheney und Seyfarth 1981). Zum Beispiel sind Meerkatzenkinder auf Grund ihrer Größe viel stärker als die Erwachsenen durch Angriffe von Pavianen gefährdet. Dennoch warnen Erwachsene viel seltener vor Pavianen als vor Leoparden, selbst wenn die Rufe ihnen selbst keine Kosten aufbürden, ihren Kindern aber potentiell große Vorteile bringen würden. Alle diese Beobachtungen legen den Verdacht nahe, daß es den Signalsendern nicht leicht fällt, zwischen ihrem eigenen und dem Wissen oder der Gefährdung anderer zu unterscheiden.

Man könnte argumentieren, daß kein Selektionsvorteil darin besteht, im Sinne von Grice (1957) informieren oder kommunizieren zu können (siehe Kapitel 5). Es könnte sein, daß Meerkatzen es einfach nicht *nötig* haben, zu erkennen, ob ihr Publikum ahnungslos ist oder Bescheid weiß, bevor sie einen Alarmruf ausstoßen; solange der Ruf die Funktion hat, andere über eine Gefahr zu informieren, ist der Bewußtseinsstand des Publikums irrelevant. Aber zumindest in manchen Fällen setzt sich ein Tier, das ruft, selbst einer größeren Gefahr aus als diejenigen, die still bleiben, denn Alarmrufe erregen auch die Aufmerksamkeit von Raubtieren (siehe z. B. Sherman 1977, 1985 für Erdhörnchen). Unter diesen Umständen wäre ein Individuum, das entscheiden könnte, ob ein Alarm überhaupt notwendig ist, bevor es den Ruf abgibt, klar im Vorteil.

Dasselbe könnte für Futterrufe gesagt werden. Man kann sich leicht Situationen vorstellen, in denen es vorteilhaft sein könnte, nur einen Teil der Individuen zu informieren, die in Rufweite der Futterstelle sind. Ein Individuum, das einen Fruchtbaum entdeckt, der nur für wenige Tiere genug abwirft, würde zum Beispiel besser daran tun, nur seine Verwandten aufmerksam zu machen und von einem Futterruf abzusehen, wenn seiner Verwandtschaft schon bekannt ist, daß der Baum Früchte trägt. Ein Experiment, das in Gefangenschaft durchgeführt wurde, ließ die Vermutung aufkommen, daß Schimpansen erkennen, daß ein Individuum, das Zeuge eines Ereignisses geworden ist, über anderes Wissen verfügt als eines, das das Ereignis nicht beobachtet hat (Povinelli u. a. 1989). Es ist daher möglich, daß Schimpansen in der Lage sind, zwischen einem ahnungslosen und einem wissenden Publikum zu unterscheiden. Unter natürlichen Bedingungen ist es allerdings unklar, ob Schimpansen jemals ihr Rufverhalten je nach Bewußtseinsstand ihres Publikums ändern. Obwohl die Rufe der Schimpansen anscheinend sehr präzise Informationen über das Vorhandensein von Nahrung übermitteln (Kapitel 5), scheint ihre Rufhäufigkeit in erster Linie von der Menge der vorhandenen Ressource beeinflußt zu sein und nicht von dem, was ihr Publikum weiß (Wrangham 1975; Hauser und Wrangham 1987). Tatsächlich könnte es sein, daß die Futterrufe der Schimpansen noch nicht einmal die *Funktion* haben, andere aufmerksam zu machen, denn es scheint ziemlich wahrscheinlich, daß die meisten Mitglieder der Gemeinschaft ganz genau wissen, welche Bäume in ihrem Gebiet Früchte tragen (Wrangham 1977). Vielleicht kann man dieser Frage nachgehen, indem man untersucht, ob Schimpansen oder irgendwelche anderen Arten es unterlassen, zu rufen, wenn kein Zweifel darüber bestehen kann, daß ihr Publikum schon über das Vorhandensein von Nahrung Bescheid weiß. Vielleicht wäre es auch möglich zu testen, ob die Zuhörer es *erwarten*, informiert zu werden (siehe Kapitel 7). Jeder Hinweis, daß Tiere auf irgendeine Weise Individuen strafen, die über Wissen verfügen, es aber unterlassen, sie über Nahrung oder Gefahren zu informieren, wäre ein Hinweis auf Absicht und auch auf Zuschreibung.

Um das Thema Informieren genauer unter die Lupe zu nehmen, entwarfen wir ein Experiment, um zu untersuchen, inwieweit Makaken den Bewußtseinsstand ihres Publikums berücksichtigen, wenn sie Alarm- oder Futterrufe von sich geben. Japanmakaken und Rhesusaffen machen in Gefangenschaft oft Alarmrufe, wenn sie Tierpfleger mit Netzen entdecken, und sie machen auch einen *Coo*-artigen Futterlaut, wenn ihnen begehrtes Futter, wie Früchte, serviert wird (eig. Beob.; Green 1975; Owren in Vorb.). In unseren Experimenten testeten wir, ob Mütter häufiger Futter- oder Alarmrufe ausstießen, wenn ihre Kinder von der Nahrung oder der Gefahr nichts wußten, als wenn sie Bescheid wußten.

Die Versuche wurden mit jeweils zwei Gruppen Rhesusaffen und Japanmakaken durchgeführt, die am kalifornischen Primate Research Center in Davis, Kalifornien, gehalten werden (Cheney und Seyfarth 1990b). Das Gehege jeder Gruppe war in zwei Außenanlagen unterteilt, die durch einen 5 Meter langen Gang verbunden waren. Der Gang konnte benutzt werden, um eines oder mehrere Tiere zu fangen und zeitweise vom Rest der Gruppe abzutrennen. Dadurch war es möglich, einem Individuum Informationen zuzuspielen, die nur dieses Tier besaß, und zu testen, ob dieser »Informant« sein Verhalten in Abhängigkeit vom Unwissen oder Wissen seiner Zuhörerschaft jeweils ändern würde.

Wir begannen jeden Versuch, indem wir alle Mitglieder der jeweiligen Gruppe bis auf zwei in einer Hälfte des Außengeheges festsetzten. Die beiden übrigen Tiere, eine Mutter und ihr Kind, wurden in den Gang gesperrt, der die beiden Gehegehälften verband. In der »beide Affen wissen Bescheid«-Situation wurden Mutter und Kind nebeneinander plaziert. Beide konnten einander und die leere Gehegehälfte sehen. Bei der einen Versuchsanordnung sahen die Tiere dann einen Menschen, der ein besonders begehrtes Futter (Apfelscheiben) in einen Futtertrog in der leeren Gehegehälfte tat. In einer anderen Versuchsanordnung sahen die Tiere einen als bedrohlichen »Raubfeind« auftretenden Tierpfleger, der ein Netz schwang und sich dann hinter einem Verschlag am Rande der Anlage versteckte. Nach jeder dieser Vorführrungen wurde das Kind alleine, ohne seine Mutter, in das leere Gehege gelassen.

In der »Kind ist ahnungslos«-Situation wurden Mutter und Kind ebenfalls in den Gang gesperrt, aber das Kind wurde hinter der Mutter plaziert und durch eine stählerne Sichtblende von ihr abgetrennt. Nun konnte nur die Mutter das Futter oder den »Raubfeind« sehen. Nachdem das Futter in den Trog getan worden war beziehungsweise der Tierpfleger sich versteckt hatte, wurde das Kind wieder ohne seine Mutter in die leere Gehegehälfte gelassen.

Wenn Affen sensitiv auf den Bewußtseinsstand von anderen reagieren – wenn sie also bei Futter- oder Alarmrufen das Wissen ihres Publikums berücksichtigen –, dann sollte man erwarten, daß die Mütter mehr rufen (oder ihr Verhalten auf irgendeine andere Weise ändern), wenn ihre Kinder unwissend sind, als wenn sie bereits Bescheid wissen. Wenn aber der Bewußtseinsstand ihres Publikums die Informanten unbeeinflußt läßt, dann sollte sich das Verhalten der Mütter in beiden Situationen ähneln, also unabhängig davon sein, ob ihre Kinder das Futter beziehungsweise die Gefahr selbst gesehen hatten oder nicht.

Tatsächlich war das Verhalten der Mütter offensichtlich unbeeinflußt vom Wissen ihrer Kinder. In den Versuchen mit dem Futter zeigten die sieben Mütter, deren Kinder ahnungslos waren, keinen Unterschied in ihrem Verhalten oder ihrer Rufhäufigkeit verglichen mit den sieben Müttern, deren Kinder Bescheid wußten. Mütter und Kinder machten grundsätzlich nur wenig Lautäußerungen, aber Mütter von wissenden und unwissenden Kindern unterschieden sich in der Häufigkeit ihres Rufens nicht (Cheney und Seyfarth 1990a).

Das offensichtliche Versagen der Mütter, ihren ahnungslosen Kindern Informationen über Futter zukommen zu lassen, hatte direkte funktionale Konsequenzen: Kinder, die Bescheid wußten, fanden und aßen das Futter im Mittel signifikant schneller als ahnungslose Kinder (Abb. 8.2). Der Faktor, der den Zugang des Kindes zum Futter entscheidend bestimmte, war demnach das Wissen des *Kindes* und nicht das der Mutter.

Bei den »Raubfeind«-Versuchen zeigten alle Mütter beim Anblick des Tierpflegers Anzeichen von Aufregung und flohen aus dem Gang; aber keine ein-

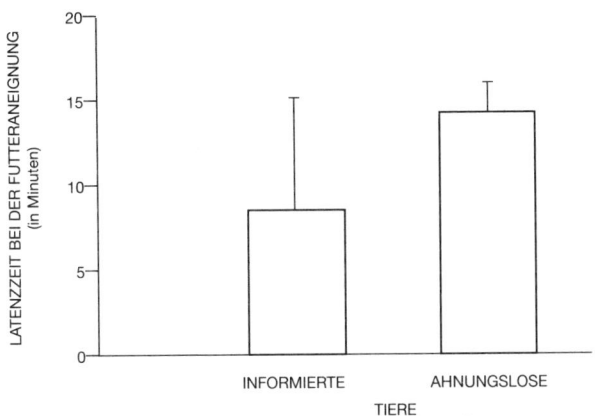

LATENZZEIT BEI DER FUTTERANEIGNUNG
(in Minuten)

INFORMIERTE   AHNUNGSLOSE

TIERE

Abb. 8.2: Die Latenzzeit (in Minuten), mit der informierte und ahnungslose Versuchstiere sich das Futter aneigneten. Die Histogramme geben die Mittelwerte und Standardabweichungen für sieben informierte und sieben uninformierte Jugendliche an. Informierte
Tiere eigneten sich das Futter signifikant schneller an als uninformierte (Mann-Whitney-
U-Test, $P < 0.05$).

zige machte einen Alarmruf. Das Fehlen von Alarmrufen machte es für uns
natürlich schwieriger, irgendeine Informationsübermittlung vom Informant
zum Publikum zu registrieren. Dennoch deutete eine Reihe von Beobachtungen darauf hin, daß sich die Mütter von unwissenden Kindern nicht anders
verhielten als Mütter von Kindern, die Bescheid wußten. Zum Beispiel richteten Mütter von unwissenden Kindern weder ihre Körperhaltung mehr auf
ihre Kinder aus, noch blickten sie mehr zu ihnen hin als Mütter von Kindern,
die die Gefahr kannten.

Trotz der Ähnlichkeit im Verhalten der Mütter in beiden Situationen unterschied sich aber das Verhalten der ahnungslosen Kinder und der Kinder, die
wußten, was vor sich ging, signifikant. Beim Anblick des Tierpflegers zeigten
Kinder, die Bescheid wußten, deutliche Anzeichen von Aufregung – sie duckten sich und verkrochen sich möglichst nahe zu ihrer Mutter an die Tür zum
Gang. Nachdem sie in das Gehege gelassen worden waren, verbrachten Kinder, die Bescheid wußten, signifikant mehr Zeit als ahnungslose Kinder in
Reichweite ihrer Mütter (Abb. 8.3). Ebenso wie bei den Versuchen mit dem
Futter war es also das *eigene* Wissen, und nicht das der Mutter, das darüber
bestimmte, wieviel Angst die Kinder zeigten.

Insgesamt unternahmen also die Mütter keinen besonderen Versuch, ihre
ahnungslosen Kinder über das Futter oder die Gefahr zu informieren. Ob-

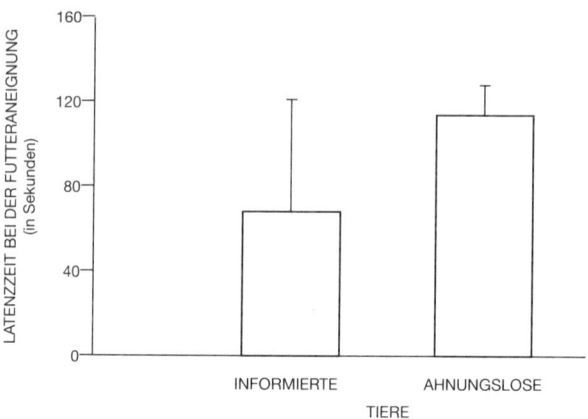

Abb. 8.3: Anzahl der Sekunden, die ahnungslose und informierte Versuchstiere in Reichweite der Arme ihrer Mutter verbrachten. (Siehe auch Abb. 8.2) Informierte Versuchstiere verbrachten signifikant mehr Zeit in der Nähe ihrer Mütter als solche, die nicht Bescheid wußten (Mann-Whitney-U-Test, P < 0.05).

wohl es natürlich möglich ist, daß die Mütter ihren Kindern durch ihr Verhalten irgendwelche subtilen Hinweise gaben, die uns nicht auffielen, deutete das Verhalten der Kinder doch darauf hin, daß irgendwelche derartigen Hinweise für sie genausowenig offensichtlich waren. Sie brachten sich vor allem dann in den Besitz des Futters, wenn sie es selbst gesehen hatten, und sie zeigten vor allem dann Angst, wenn sie den Tierpfleger selbst gesehen hatten.

Könnten die Mütter es unterlassen haben, ihre Kinder aufmerksam zu machen, weil sie nicht wußten, daß ihre Kinder ahnungslos waren? Wir können diese Frage nicht definitiv beantworten, aber ohne Zweifel hatten die Mütter reichlich *Gelegenheit* herauszubekommen, ob ihre Kinder ahnungslos waren. In der »Kind ist ahnungslos«-Situation waren keine anderen Tiere sichtbar, als den Müttern das Futter oder der Tierpfleger gezeigt wurde, und ihre Kinder wurden hinter einer undurchsichtigen Wand herausgelassen. Vor allem aber unterschied sich das Verhalten der ahnungslosen Kinder deutlich von dem der Kinder, die Bescheid wußten. Dennoch kann man über die Frage diskutieren. Wenn die Mütter nicht in der Lage waren, anderen Unwissenheit zuzuschreiben, dann konnten sie per definitionem nicht entscheiden, ob ihre Kinder das Futter oder den Tierpfleger nun gesehen hatten oder nicht.

Natürlich erlauben uns diese negativen Ergebnisse nicht, zwischen der Unfähigkeit, anderen Bewußtseinszustände zuzuschreiben, und dem Unterlassen, von einer solchen Fähigkeit Gebrauch zu machen, zu unterscheiden. Es ist natürlich möglich, daß Affen *in Wirklichkeit* den Unterschied zwischen ihrem eigenen Wissen und dem anderer erkennen, daß aber diese Erkenntnis sich einfach nicht in ihrem Verhalten niederschlägt. Wann immer man das Wissen einer anderen Art operational, also durch sichtbares Verhalten definiert, begibt man sich in die Gefahr, den Schluß zu ziehen, daß eine Fähigkeit, wenn sie sich nicht manifestiert, einfach nicht vorhanden ist. Aber selbst wenn nichtmenschliche Primaten in der Lage sein sollten, bei anderen zwischen Unwissenheit und falschen Überzeugungen zu unterscheiden, ist ihr offensichtliches Unterlassen, davon Gebrauch zu machen, doch bemerkenswert.

Unterrichten als Maß für Zuschreibung

Noch mehr als das Informieren könnte das Lehren eine gewisse Fähigkeit erfordern, anderen Bewußtseinszustände, zumindest in Form von Unwissenheit, zuzuschreiben. Schließlich setzt Lehren voraus, daß der Lehrer den Unterschied zwischen seinem eigenen Wissen und dem seiner Schüler wahrnimmt. Wissen und neue Fähigkeiten können natürlich auch ohne jede aktive Erziehung erworben und weitergegeben werden. In allen menschlichen Gesellschaften lernen Individuen eine Menge durch Beobachtungslernen und Imitation. Das betrifft auch und vor allem viele Aspekte der menschlichen Sprache. Aber auch wenn vieles allein durch Beobachtung gelernt werden kann, ermöglicht aktive Erziehung sicher eine viel größere Flexibilität in der Weitergabe von Information. Vor allem wird es dadurch möglich, daß man einander über Objekte, Ereignisse, Fähigkeiten und Ideen informiert, die weit entfernt in Zeit und Raum sind.

So wie es auch für Täuschung zutrifft, können wir allerdings Belege für Erziehung nicht einfach als Beweis für eine Theorie des Geistes nehmen. Während ein Individuum mit einer Theorie des Geistes in der Lage sein mag, zu unterrichten, folgt daraus nicht notwendigerweise, daß alle Individuen, die unterrichten, auch eine Theorie des Geistes haben. Nehmen wir zum Beispiel die Art und Weise, wie Katzenmütter ihren Jungen das Jagen beibringen. Niemand, der jemals eine Katze besessen hat, wird sich so leicht dem Eindruck verschließen können, daß Katzen ihre Kinder aktiv in der Kunst des Jagens unterweisen. Die Mutter bringt ihren Kindern halbtote Beutetiere und gibt ihnen die Gelegenheit, sich auf sie zu stürzen und sie zu reißen. Wenn die unglückliche Maus oder der Vogel es fertig bringt, ein kurzes Stück wegzurennen, holt die Mutter das Tier wieder zurück und gibt es ihren Kindern wieder. Erst wenn die Kinder eine ganze Weile mit der Beute gespielt haben, tötet die Mutter sie schließlich und frißt sie auf. Der Eindruck aktiver Erziehung wird gestützt durch Beobachtungen, daß Katzenmütter ihr eigenes Verhalten ausrichten, um ihren Kindern das Jagdgeschick zu erleichtern, indem sie bei naiven Kätzchen übertriebenere und einfachere Bewegungen benutzen als bei den etwas erfahreneren (T. Caro, pers. Mitt.).

Ebenso wie Täuschung bei Skorpionsfliegen und Kohlmeisen scheint aber die Lehrtätigkeit von Katzenmüttern ziemlich stereotyp zu sein. Katzen scheinen ihre Kinder in keinem anderen Kontext als Jagen zu unterrichten, und abgesehen von Katzen gibt es kaum Belege für vorsätzliches Unterweisen. Die Mechanismen, die dem Unterricht der Katzenmütter für ihre Kinder zugrunde liegen, scheinen sich von der menschlichen Erziehung fundamental zu unterscheiden. Letztere tritt in einer Vielzahl unterschiedlicher Kontexte auf und ist in Abhängigkeit der spezifischen Defizite der Schüler hochgradig veränderbar.

Was gibt es an Belegen für Erziehung bei nichtmenschlichen Primaten? Wieder sind die Anekdoten provokativ und lassen sowohl für Überinterpretation als auch für Unterbewertung Spielraum. Zum Beispiel berichtet Köhler (1921) einen Fall, in dem der männliche Schimpanse Sultan gezwungen war, dabei zuzusehen, wie eine Reihe anderer Schimpansen versuchten, Kisten aufzustapeln, um an Bananen heranzukommen, die außerhalb ihrer Reichweite an der Decke aufgehängt waren. Das war ein Trick, den Sultan schon lange beherrschte. Sultan guckte mit wachsendem Ärger zu, wie die anderen, weniger einsichtigen Schimpansen bei der Lösung des Problems versagten. Schließlich lief er in den Raum, stapelte die Kisten aufeinander und lief schnell wieder hinaus, ohne daß er versuchte, die Bananen für sich selbst zu holen. Köhler interpretierte das Verhalten Sultans nicht als altruistisch, denn die Schimpansen in seiner Kolonie pflegten die Bemühungen der anderen lieber zu unterlaufen, als sie zu unterstützen. Sultan schien eher motiviert, überhaupt *irgend etwas* tun zu müssen, um das Problem zu lösen, mit dem die anderen Schimpansen überfordert waren. Köhler kam zu dem Schluß, daß Sultan das Problem aus der Sicht der anderen Tiere betrachten konnte.

Vielleicht noch provokativer ist ein Bericht von Fouts, Hirsch und Fouts (1982). Sie beobachteten bei drei Gelegenheiten, wie die Schimpansin Washoe, die selbst Unterricht in Zeichensprache erhielt, die Hände ihres Adoptivsohnes zu dem richtigen Zeichen für einen Gegenstand formte. Im Alter von 4 Jahren beherrschte ihr Adoptivsohn 39 Zeichen. Obwohl er die Mehrzahl dieser Zeichen wohl durch Imitation und nicht durch aktives Vormachen gelernt hatte, könnte direktes Unterrichten durch Washoe eine wichtige Rolle in seiner Entwicklung gespielt haben (Fouts, Fouts und Schoenfeld 1984).

Angesichts dieser bemerkenswerten Beobachtungen an gefangenen Schimpansen ist es allerdings ernüchternd, wenn man entdeckt, daß das, was bei freilebenden Affen und Menschenaffen am ehesten an Erziehung gemahnt, in der Regel als Strafe bei irgendwelchen sozialen Regelverletzungen auftritt. Mütter greifen aggressiv in Balgereien zwischen ihren Kindern und anderen Jugendlichen ein, sie holen ihre Kinder von anderen Weibchen, die sie unsanft behandeln, zurück, sie stoßen ihre Kinder in der Entwöhnungszeit von ihrer Brust weg und so weiter. Diese zurechtweisenden Handlungen nehmen meist die Form von Drohungen an, und sie scheinen weniger einer pädagogischen Absicht zu entspringen, als dem Versuch, andere von Dingen abzuhalten, die ihnen *selbst* nicht passen oder unangenehm sind. Es gibt keinen Beweis dafür, daß Tiere, die anderen drohen oder sie davon abhalten, etwas Bestimmtes zu tun, irgendeine Diskrepanz zwischen ihrem eigenen Wissen und dem ihrer Schüler erkennen. In dem Maße, in dem sie andere korrigieren, scheinen sie zu versuchen, andere dazu zu bringen, sich so zu verhalten, daß es ihnen selbst nützt.

Außerhalb des sozialen Bereiches sind Beispiele von Unterrichten noch seltener und auf eine Handvoll Fälle beschränkt, in denen Tiere versucht haben, andere davon abzuhalten, sich einem neuen Objekt zu nähern, dem sie selbst aus dem Weg gingen. So sind zum Beispiel Makakenmütter dabei beobachtet worden, wie sie ihre Kinder von einem fremden Objekt wegzogen, das ein Mensch ihnen vorgesetzt hatte (Kawamura 1959; Menzel 1966; siehe auch Fletemeyer 1978).

Freilebende Affen und Menschenaffen sind umgeben von gefährlichen Raubtieren und giftigen Pflanzen, und die Kinder lernen schnell, welche Pflanzen und Tiere sie zu meiden haben. Selbst bei den am besten dokumentierten Fällen scheint aktive Unterweisung durch Erwachsene allerdings zu fehlen.

Erinnern wir uns zum Beispiel daran, daß Meerkatzenkinder oft »Fehler« begehen und vor Arten warnen, die für sie keine Gefahr darstellen (Kapitel 4). Dennoch reagieren die Erwachsenen auf die Alarmrufe der Kinder, wenn auch oft nur ganz kurz. Wenn beispielsweise ein Kind einen Adleralarm als Reaktion auf einen Storch gibt, schauen die Erwachsenen nach oben, und machen dann gleich mit dem weiter, womit sie gerade beschäftigt waren. Wenn aber ein Kind als erstes Tier in seiner Gruppe einen Adleralarm als Reaktion auf einen Kampfadler abgibt, gucken die Erwachsenen nach oben und geben dann selbst Alarmrufe. Auf den ersten Blick scheinen diese »sekundären Alarmrufe« instruktiv zu sein, denn sie verstärken das richtige Verhalten der Kinder. Aber die Erwachsenen neigen nicht dazu, sekundären Alarm häufiger nach korrektem Alarm von Kindern als von anderen Erwachsenen zu geben. Obwohl Kinder viel mehr Fehler als Erwachsene machen, bemühen die Erwachsenen sich nicht besonders, die Kinder zu belohnen, wenn sie etwas richtig machen. Solche besonderen Bemühungen würden wir erwarten, wenn die Erwachsenen den Kindern, nicht aber anderen Erwachsenen Unwissenheit unterstellen würden.

Ein ähnliches Bild entsteht, wenn wir die Reaktion der Kinder auf Alarmrufe betrachten. Auch dabei machen kleine Kinder viele Fehler. In manchen Fällen erhöhen sie sogar ihre Verwundbarkeit gegenüber Raubfeinden, etwa wenn sie bei einem Schlangenalarm nach oben gucken oder in einen Busch sausen, wenn sie einen Leopardenalarm hören (Kapitel 4). Beim Analysieren von Filmen über das Verhalten von Kindern und Müttern achteten wir besonders darauf, ob das Verhalten der Kinder dadurch beeinflußt wurde, was die Mutter tat – in diesem Zusammenhang also, ob Mütter jemals die Fehler ihrer Kinder korrigierten. Wir fanden keinen derartigen Hinweis.

Das weitere Studium mütterlicher Reaktionen macht die Geschichte sogar noch undurchsichtiger. Weibliche Meerkatzen lassen ihre Kinder oft hinter sich in den Bäumen zurück, wenn die Gruppe vor anrückenden Pavianen flüchtet oder sich in ein anderes Wäldchen zur Nahrungssuche begibt. Dabei kann eine Mutter völlig ungerührt beobachten, wie ihr Kind sich schreiend bemüht, den Baum herunterzuklettern, wobei die Kinder nicht selten herunterfallen und sich verletzen. Bedeutet dies, daß Meerkatzen völlig außerstande sind, die Nöte von anderen zu erkennen oder den Unterschied zwischen ihren eigenen Fähigkeiten und denen ihrer Kinder? Nicht notwendigerweise, denn dieselben Mütter, die ihr Kind auf einem Baum im Stich lassen, können zu ihrem Kind laufen, um es zu holen und in Sicherheit zu bringen, wenn sie einen Alarmruf hören. Mehr noch – das Schreien eines im Stich gelassenen Kindes kann zwar bei seiner Mutter auf taube Ohren stoßen, aber normalerweise mobilisiert es eine ganze Phalanx älterer Schwestern, die auf den Baum klettern und das Kind in Sicherheit bringen. Diese Beobachtungen sind frustrierende und inkonsistente Hinweise darauf, daß Meerkatzen am Ende vielleicht doch erkennen, daß Kinder besondere

Nöte haben und daß ihr Wissen um Gefahr sich von dem der Erwachsenen unterscheidet.

Ein ähnlich wenig überzeugendes Bild entsteht aus den Anekdoten, die sich um das Meiden bestimmter Pflanzen drehen. Gelegentlich wird von Affenmüttern berichtet, die ihren Kindern giftige Früchte aus der Hand schlagen, aber die Leute, die so etwas beobachtet haben, sind sich oft darüber im unklaren, was die Mütter eigentlich bewegt hat, so zu handeln. Hatten sie bemerkt, daß die Früchte giftig waren, oder waren es nur Reaktionen auf neue und ungewohnte Objekte? Könnten sie nicht einfach zufällig gegen ihre Kinder gestoßen sein? Das bemerkenswerteste an diesen Anekdoten ist die Tatsache, wie selten sie berichtet werden.

Aber wieder einmal könnten Schimpansen anders sein. Nishida (1983, 1987) hat berichtet, daß Mütter und andere Gruppenmitglieder Kindern gelegentlich Futter wegnehmen, wenn es sich um keinen üblichen Bestandteil ihrer Nahrung handelt (siehe auch Goodall 1973). Nishida betont allerdings, daß Kinder in erster Linie dadurch lernen, was man essen kann, daß sie Stückchen, die die Mutter fallen lassen hat, aufheben oder ihnen direkt etwas vom Mund nehmen. In keiner Untersuchung wurde berichtet, daß Schimpansen einander neue Fertigkeiten *beibringen*.* Lernen bei Schimpansen ist passiv, aktives Eingreifen ist dabei kaum beteiligt.

Frappierend ist, daß anscheinend kein Affe oder Menschenaffe einen Ruf besitzt, der ein Verbot übermittelt. Wie wir gesehen haben, scheinen viele Lautäußerungen nichtmenschlicher Primaten rudimentär Bezugscharakter zu besitzen, indem sie auf Objekte oder Ereignisse in der Welt um sie herum hinweisen. In Anbetracht dessen könnte es doch ebenso einfach sein, »Nein!« zu sagen, wie »Leopard!«. Es könnte auch ein erheblicher Selektionsvorteil darin liegen, wenn man laut »Nein!« zu einem Kind rufen kann, das sich gerade eine giftige Frucht in den Mund steckt, oder zu einem Rivalen, der sich an ein sexuell attraktives Weibchen heranmacht. In der Tat wären viele der methodologischen Probleme bei der Beschäftigung mit der Intelligenz von Primaten erheblich erleichtert, wenn wir die Tiere über ihr Verhalten befragen und einfache Ja- oder Nein-Antworten aus ihnen herausholen könnten.

Drohlaute, die manchmal mit der offensichtlichen Absicht, andere Tiere von etwas abzuhalten, geäußert werden, kommen negativen Kommandos bei Affen und Menschenaffen noch am nächsten. Männliche Meerkatzen äußern beispielsweise oft Drohgrunzer zu Rivalen, die versuchen, mit einem sexuell

---

*Siehe aber C. Boesch, 1991. *Anim. Behav.* Bd. 41, S. 530–32.

attraktiven Weibchen zu kopulieren, und Weibchen geben ähnliche Laute, wenn sie in einen Streit zugunsten ihrer Kinder eingreifen. Diese Laute werden aber normalerweise von anderen Drohgesten oder Gesichtsausdrücken begleitet, und sie kommen auch nicht in nichtaggressiven Kontexten vor. Oder um ein anderes Beispiel zu bringen: Männliche Silberrückengorillas äußern manchmal Hust-Grunzer gegenüber Jugendlichen, die zu ungestüm in ihrer Nähe spielen oder menschlichen Beobachtern zu nahe kommen (A. Harcourt, pers. Mitt.). Aber dienen diese Hust-Grunzer als Verbot oder als Drohung? Selbst wenn Laute manchmal die Funktion haben, andere zu warnen oder zu ermahnen, ist es doch merkwürdig, daß sie nur in Form von Drohlauten vorkommen und nicht in Form eines Lautes mit einer spezifischeren Funktion. Darüber hinaus bleibt das offensichtliche Fehlen von *positiven* Kommandos schwer zu erklären.

Vielleicht liegt das Problem mit Kommandos wie *Ja* oder *Nein* darin, daß sie eine gewisse Fähigkeit voraussetzen, die eigenen Überzeugungen und Absichten und die der anderen auseinanderzuhalten. Ein Silberrückengorilla, der einen Jugendlichen von einem potentiell gefährlichen Menschen wegdroht, mag dem Jugendlichen Absicht unterstellen. Aber vielleicht ist er trotzdem nicht in der Lage, eindeutig zu unterscheiden, was für den Jugendlichen gefährlich oder nicht sichtbar ist und was für ihn selbst gefährlich oder nicht sichtbar ist. Wenn zum Beispiel der Mensch nur für den Silberrücken, nicht aber für den Jugendlichen gefährlich wäre, würde der Silberrücken dann trotzdem versucht haben, den Jugendlichen davon abzuhalten, zu nahe an den Menschen heranzugehen? Ein menschlicher Vater kann seine Tochter auch dann noch über die Gefährlichkeit von Streichhölzern aufklären, wenn er Scheite auf das Kaminfeuer legt, weil er zwischen seinem eigenen Wissen und der Erfahrung seiner Tochter unterscheiden kann. Wir wissen nicht, ob das gleiche auch für Menschenaffen gilt. Es ist daher möglich, daß das offensichtliche Fehlen von Ja- und Nein-Kommandos bei nichtmenschlichen Primaten schon die Vermutung nahelegt, daß ihre Fähigkeit, anderen etwas zuzuschreiben, begrenzt ist. Drohlaute mögen mit der Absicht gemacht werden, Verhalten zu verändern, aber es gibt wenig Hinweise dafür, daß dahinter die Absicht steht, Bewußtseinszustände zu ändern.

Imitieren als Maß für Zuschreibung

Im Gegensatz zu Erziehung und selbst einfachem Informieren könnte es sein, daß Imitation nur eine sehr begrenzte Theorie des Geistes verlangt, denn Imitation setzt einfach nur voraus, daß ein Individuum fähig ist, mit einiger Voraussicht Form und Funktion eines Modells zu kopieren (Visalberghi und Fragaszy 1990). Eine genauere Überprüfung der Prozesse, mit denen sich Affen neue Fertigkeiten der Werkzeugbenutzung aneignen, ergibt jedoch wenig Hinweise dafür, daß sie aktiv andere imitieren oder die Ziele und Absichten im Verhalten anderer Tiere erkennen. Obwohl Affen gelegentlich neue Verhaltensmuster von anderen Gruppenmitgliedern erwerben, scheint Imitation normalerweise nur eine untergeordnete Rolle bei Lernprozessen zu spielen (siehe Westergaard und Fragaszy 1987; Galef 1988; Visalberghi und Fragaszy 1990; und Chevalier-Skolnikoff 1989 für eine Übersicht und Diskussion der Ergebnisse).

Mehr als jede andere Affenart sind Kapuziner berühmt dafür, daß sie Stöckchen als rudimentäre »Werkzeuge« gebrauchen (siehe Kapitel 9 für eine Diskussion). Wenn man Kapuziner in einen Raum mit Futter, das nicht ohne weiteres zugänglich ist, und einer Reihe von Stöckchen, die sich zum Stochern und Bohren eignen, läßt, dann lernen die meisten schnell, die Stöckchen zu benutzen, um an das Futter heranzukommen (siehe z. B. Visalberghi und Trinca 1989). Die Affen sind fasziniert von den Werkzeugen und beginnen mit ihnen zu hantieren und zu manipulieren, sobald sie andere Affen dabei beobachtet haben. Das deutet darauf hin, daß Sozialpartner den Werkzeuggebrauch fördern und erleichtern. Gegen absichtliches Kopieren durch Imitation sprechen aber eine Reihe von Faktoren. Die Tiere benötigen im typischen Fall einiges an Praxis, wobei sie durch Versuch und Irrtum solange lernen, bis sie die Fertigkeit besitzen; als Ergebnis nehmen verschiedene Tiere unterschiedliche idiosynkratische Stile an, und die Ausbreitung der Fähigkeit in der Gruppe dauert normalerweise recht lange. Außerdem versuchen sich manche Individuen nie in der neuen Betätigung.

Dasselbe scheint für andere Affenarten zu gelten. Selbst in der berühmten Geschichte von den kartoffelwaschenden Japanmakaken übernahmen in einem Zeitraum von drei Jahren nur 11 von insgesamt 25 Affen die neue Waschgewohnheit (Nishida 1987). Und diejenigen, die es taten, benutzten eine Reihe verschiedener Waschtechniken, woraus man den Schluß ziehen kann, daß sie alle die Fähigkeit unabhängig voneinander erwarben (Galef 1988; Visalberghi und Fragaszy 1990). Beck (1972, 1973) und Galef (1988), die ähnliche Verhaltensweisen bei Pavianen und anderen Makakenarten untersucht haben, meinen, daß die meisten neuen Fertigkeiten und »kulturellen Traditionen« bei Affen wohl auf einer Kombination von Lernen durch Versuch und Irrtum und sozialer Stimulation beruhen und nicht auf vorsätzlicher Imitation.

Der bislang einzige deutliche Hinweis auf absichtliche Imitation bei Affen kommt von einer Beobachtung, die Marc Hauser (1988b) bei den Meerkatzen im Amboseli gemacht hat. Als er im Jahr 1984 die Gruppe A während einer schlimmen Dürreperiode untersuchte, beobachtete er, wie das erwachsene Weibchen Borgia eine trockene Akazienschote in ein kleines Wasserloch tunkte, das sich in der Höhlung eines Baumstumpfes gebildet hatte. Innerhalb von 10 Tagen übernahm ihr Kind die neue Technik und entwickelte dabei einen Schoten-Tauch-Stil, der mit dem der Mutter praktisch identisch war.

Hausers Beobachtung ist schon deshalb so bemerkenswert, weil ähnliche Beispiele von anderen Affenarten (oder auch nur Meerkatzen) so selten sind. Visalberghi und Fragaszy (1990) vermuten, daß Affen Schwierigkeiten damit haben, sich die Sache, um die es geht, vorzustellen und den Zusammenhang zwischen Handlung und Objekt zu erkennen. Anders als Schimpansen zeigen Affen wenig Voraussicht und geringe Fähigkeiten, Objekte zu verändern, *bevor* sie sie benutzen. Imitation mag wenigstens zum Teil deswegen unüblich sein, weil Affen nicht in der Lage sind, anderen Absichten zuzusprechen. Wenn es ihnen an einer Theorie des Geistes mangelt, können sie womöglich nicht begreifen, was andere gerade zu tun versuchen.

Schimpansen und andere Menschenaffen scheinen besser als Affen durch Beobachtung zu lernen, Werkzeuge zu benutzen, vielleicht weil sie besser darin sind, anderen Absichten zu unterstellen. In verschiedenen Teilen ihres Verbreitungsgebietes benutzen Schimpansen unterschiedliche Techniken, um an Nahrung zu gelangen oder ihren Körper zu säubern, und diese »kulturellen Traditionen« werden an andere Individuen im selben Gebiet weitergegeben (Abb. 8.4; Übersicht bei Nishida 1987). Im Gombe-Reservat beispielsweise scheinen Schimpansenkinder und Jugendliche oft die Bemühungen ihrer Mütter nachzuahmen, die nach Insekten angeln, indem sie kleine Zweige abbrechen und damit in Löchern herumstochern. Ihr angestrengtes Beobachten der Mütter und ihr vertrauensvolles aber eher ineffektives Kopieren des Verhaltens ihrer Mütter macht durchaus den Eindruck, als sei Absicht im Spiel (van Lawick-Goodall 1970, 1973).

Abb. 8.4: Ein Schimpanse im Gombe-Reservat benutzt ein Stöckchen, um nach Termiten zu angeln. Obwohl verschiedene Schimpansenpopulationen unterschiedliche Methoden des Nahrungserwerbs benutzen, ist nicht klar, ob sich solche lokalen »kulturellen Traditionen« durch Imitation ausbreiten. Foto mit freundlicher Genehmigung von Jim Moore / Anthro-Photo.

Selbst bei Schimpansen sind aber eindeutige Hinweise auf absichtliche Imitation und schnelles Ausbreiten neuer Verhaltensmuster rar gesät. Durch ein Experiment, das eigens darauf angelegt war, zu testen, ob Schimpansen ein Modell imitieren würden, um von ihm zu lernen, ein Werkzeug zu benutzen, kamen Tomasello und seine Mitarbeiter (1987) zu dem Schluß, daß Imitation wahrscheinlich *nicht* im Spiel war. Jugendliche Schimpansen, die einen Erwachsenen dabei beobachteten, wie er ein Werkzeug benutzte, um an Futter heranzukommen, lernten auch selbst, das Werkzeug zu benutzen, aber sie versagten dabei, ihr Modell präzise zu kopieren oder zu imitieren. Auf der anderen Seite schien mehr als nur soziale Stimulation im Spiel zu sein, denn die Schimpansen erkannten offenbar, daß das Werkzeug ein Werkzeug war, und sie schienen die *Funktion* des Werkzeuges von dem Modell zu lernen. Die Autoren spekulierten, daß eine Art von Informationsübermittlung am Werke war, die irgendwo zwischen sozialer Stimulation und absichtlicher Imitation anzusiedeln wäre, wodurch die Funktion des Werkzeuges verstanden wurde, auch wenn vielleicht nicht alle Aspekte des Problems logisch abgeleitet oder vorausgesehen worden waren. Wir kommen auf Werkzeuggebrauch noch im Kapitel 9 genauer zurück.

Sozialbeziehungen als Maß für Zuschreibung

Wie wir gesehen haben, scheinen Affen Experten darin zu sein, im Verhalten der anderen zu lesen; bis jetzt haben wir aber kaum Hinweise dafür, daß sie ebensolche Experten darin sind, in der Gedankenwelt der anderen zu lesen. Zum Teil ist dies ein methodologisches Problem; unter natürlichen Bedingungen ist es ungeheuer schwierig, zwischen Handlungen, die aus dem Wissen um den Bewußtseinsstand anderer, und Handlungen, die aus dem Wissen um das Verhalten anderer resultieren, zu unterscheiden. Untersuchungen zur Intentionalität höherer Ordnung werden leicht durch mögliche Publikumseffekte beeinflußt, denn es ist schwierig, Versuchstieren Hinweise auf das *Wissen* eines anderen Tieres zu geben und dabei gleichzeitig alle visuellen oder akustischen Hinweise auf die physische *Präsenz* des anderen Tieres auszuschalten. Das Problem wird gut durch eine Serie von Experimenten illustriert, die Keddy Hector, Seyfarth und Raleigh (1989) durchgeführt haben, um herauszufinden, ob Meerkatzenmännchen in Gefangenschaft ihr Verhalten gegenüber Kindern wohl ändern würden, wenn die Männchen gewahr wurden, daß die Mütter der Kinder sie beobachteten.

Bei Pavianen versuchen rangniedere Männchen gelegentlich, eine enge Bindung mit einem erwachsenen Weibchen einzugehen, indem sie mit dem Kind dieses Weibchens interagieren (Kapitel 2; siehe auch Whitten 1987). Diese Strategie gibt den Männchen die Chance, einige Wettbewerbsnachteile, die sie durch ihren niedrigen Rang haben, auszugleichen, denn sie kann zu einer engen Beziehung zwischen Männchen und Weibchen führen, die über mehrere Fortpflanzungszyklen des Weibchens andauert. Bei freilebenden Meerkatzen sind enge Beziehungen zwischen Männchen und Weibchen viel seltener als bei Pavianen (Andelman 1985), und freundliche Interaktionen zwischen Meerkatzenmännchen und Kindern sind so gut wie nicht existent. In Gefangenschaft aber zeigen Meerkatzenweibchen eine ausgesprochene Präferenz für bestimmte Männchen, und Männchen groomen und tragen Kinder auch erheblich häufiger als ihre wilden Artgenossen (Keddy 1986; Raleigh und

McGuire 1989). Keddy Hectors Experiment sollte testen, ob freundliches Verhalten von Meerkatzenmännchen gegenüber Kindern eine Fortpflanzungsstrategie darstellen könnte, die die weibliche Partnerwahl beeinflußt.

Die Meerkatzengruppen waren in Käfigen untergebracht, die aus einem Außen- und einem Innengehege bestanden und durch einen ähnlichen Gang wie bei den »Informationsexperimenten«, die wir vorhin beschrieben haben, verbunden waren (siehe auch Kapitel 5, S. 146). Durch das Betätigen von Schleusen in diesem Gang war es möglich, zwei Tiere vom Rest der Gruppe für eine kurze Zeit zu isolieren. Bei jedem Versuch wurde ein Männchen zusammen mit einem Kind in das Außengehege gesperrt, während der Rest der Gruppe im Innenkäfig war. Die Mutter wurde vor dem Gang in eine Ecke des Außengeheges gesperrt. Sie war von dem Männchen und ihrem Kind entweder durch eine Glasscheibe, durch eine stählerne Trennwand oder durch einen Einwegspiegel, der auf einer Seite durchsichtig war, getrennt. Bei den Versuchen mit der Stahlwand konnten weder Männchen noch Weibchen einander sehen. Bei den Versuchen mit dem Einwegspiegel konnte das Weibchen das Männchen sehen, aber das Männchen nicht das Weibchen.

Alle Männchen, vor allem aber die rangniederen, änderten ihr Verhalten gegenüber den Kindern, je nachdem, ob sie die Mutter sehen konnten oder nicht. Bei den Glasscheibenversuchen, bei denen die Mütter offenkundig zuschauten, gingen die Männchen mit den Kindern recht nett um – sie groomten und berührten sie und schmatzten sie freundlich an. Bei den Versuchen mit der Stahlwand und dem Einwegspiegel, bei denen die Mütter nicht dabei zu sein schienen, drohten die Männchen den Kindern dagegen eher. Auch das Verhalten der Mütter veränderte sich unter den verschiedenen Bedingungen: Bei den Glasscheibenversuchen, als Mutter und Männchen einander sehen konnten, neigten die Mütter weniger dazu, den Männchen zu drohen, als nach den Versuchen mit dem Einwegspiegel, bei denen die Mutter das Männchen, das Männchen aber umgekehrt die Mutter nicht sehen konnte (Keddy Hector, Seyfarth und Raleigh 1989).

Man kann aus diesen Experimenten unmöglich schließen, daß die Männchen ihr Verhalten deshalb änderten, weil sie den Müttern Wissen zusprachen. Die Männchen könnten freundlich zu den Kindern gewesen sein, weil sie das beeinflussen wollten, was die Mütter *dachten*. Eine andere Möglichkeit ist, daß das Verhalten der Männchen durch die physische Präsenz der Mütter beeinflußt wurde, so wie Alarmrufe durch die Präsenz eines Publikums beeinflußt werden können (Kapitel 5 und 7). Wenn die Männchen nur durch die Anwesenheit von Publikum beeinflußt wurden, sind Erklärungen, die sich auf Bewußtseinszustände gründen, unnötig. Wir können aber nicht zwischen diesen beiden Alternativen unterscheiden, denn bei diesen Experimenten waren die Präsenz der Mutter und ihr Wissen nicht voneinander zu trennen.

Im Jahr 1989 entwarfen wir ein Experiment, um die offensichtliche Anwesenheit eines Individuums besser von seinem Wissen unterscheiden zu können. Unser Ziel war, herauszufinden, inwieweit Affen einander Perspektiven zuschreiben, die sich von der eigenen unterscheiden. Berücksichtigen Affen nur die eigene optische Perspektive, wenn sie einander beobachten, oder erkennen sie auch, ob ein anderer aus einer anderen Perspektive guckt und daß sich das Wissen, das sich daraus ergibt, von dem eigenen unterscheiden kann? Das Experiment wurde auf dieselbe Weise durchgeführt, wie das Keddy Hectors, aber mit einem entscheidenden Unterschied: Die Orientierung des Einwegspiegels war *umgekehrt*, so daß die Tiere in dem Testgehege den Zuschauer im Gang sehen konnten, aber nicht umgekehrt.

Die Versuchstiere waren dieselben Rhesusaffen- und Japanmakakenweibchen und -kinder, die wir bei den »Informationsexperimenten« benutzt hatten, von denen vorhin die Rede war. Bei beiden Arten erwerben die Kinder einen Rang in der Nachbarschaft ihrer Mütter, und die Ränge von Jungtieren sind weitgehend von der Unterstützung ihrer Mütter und der übrigen weiblichen Verwandtschaft abhängig (Kapitel 2). Tatsächlich können Kinder von dominanten Weibchen im Rang auf die Stufe von rangniederen Familien fallen, wenn ihnen die Unterstützung der Familie entzogen wird (Chapais 1988a, 1988b).

Mit unserem Experiment wollten wir den Einfluß der Anwesenheit eines ranghohen Weibchens auf die agonistischen Interaktionen ihres Kindes mit einem normalerweise rangtieferen erwachsenen Weibchen messen. Dafür setzten wir das Kind eines ranghohen Weibchens mit einem rangtieferen erwachsenen Weibchen in einem Testgehege zusammen und gaben drei Bedingungen vor: die Mutter war sichtbar hinter einer Klarglasscheibe, die Mutter war unsichtbar hinter einer undurchsichtigen Opalglasscheibe, oder die Mutter saß hinter einem Einwegspiegel. In diesem letzten Fall konnten das Kind und das rangtiefere Weibchen die Mutter sehen, aber die Mutter konnte umgekehrt die beiden anderen nicht sehen (Abb. 8.5; Cheney und Seyfarth 1990a). Mit anderen Worten, wir versuchten, den Publikumseffekt zu kontrollieren, indem wir die offensichtliche *Anwesenheit* des Zuschauers von seinem *Wissen* trennten.

Bei der durchsichtigen Glasscheibe sollte sich das rangniedere Weibchen so

Abb. 8.5: Der Versuchsaufbau des Experiments mit der Klarglasscheibe, der undurchsichtigen Opalglasscheibe und dem Einwegspiegel. Zeichnung von Cathy West.

verhalten wie unter normalen Bedingungen in der Gruppe und wenig aggressives Verhalten gegenüber dem Kind aus der ranghöheren Familie zeigen. Dagegen sagten wir voraus, daß das rangtiefere Weibchen mehr aggressives Verhalten zeigen sollte, wenn die Mutter unsichtbar hinter der Milchglasscheibe war.

Zwei Ergebnisse waren bei den Versuchen mit dem Einwegspiegel möglich. Wenn das rangniedere Weibchen mehr durch die offensichtliche Anwesenheit ihres Publikums beeinflußt wurde als durch dessen Wissen, dann sollte sich ihr Verhalten im Einwegspiegelversuch nicht von dem im Versuch mit der Klarglasscheibe unterscheiden. Wenn aber das rangniedere Weibchen in der Lage war, zwischen ihrer eigenen optischen Perspektive und der der Mutter zu unterscheiden, dann könnte sie bemerkt haben, daß die Mutter – obwohl sichtbar – selbst nicht sehen konnte, was los war. Wenn das zutreffen sollte, dann sollte sich das Verhalten des rangniederen Weibchens in der Einwegspiegelsituation nicht von dem im Versuch mit der undurchsichtigen Scheibe unterscheiden.

Mit den vielen anekdotenhaften Beobachtungen im Hinterkopf, die vermuten lassen, daß Affen nicht so einfach zwischen ihrem eigenen Bewußtseinsstand und dem anderer unterscheiden, sagten wir voraus, daß das Verhalten des rangniederen Weibchens im Einwegspiegelversuch das gleiche sein würde wie bei dem Versuch mit der Klarglasscheibe. Nur die offensichtliche Anwesenheit eines Publikums sollte ihr Verhalten beeinflussen; der Bewußtseinsstand des Publikums sollte irrelevant sein.

Natürlich setzte das Experiment voraus, daß die Affen mit den Eigenschaften von Einwegspiegeln vertraut wurden. Daher stellten wir mindestens 4 Wochen vor Beginn der Versuche einen Einwegspiegel in jeden Käfig am Eingang zu dem Gang. Wir müssen natürlich betonen, daß dieses Vorgehen den Affen nur die *Möglichkeit* gab, zu lernen, daß jede Seite des Spiegels eine andere optische Perspektive eröffnete. Wenn die Affen nicht in der Lage sind, zu begreifen, daß sich ihre eigene optische Perspektive, und damit das Wissen, das aus dem Gesehenen erwächst, von dem irgendeines anderen unterscheiden kann, dann werden sie per definitionem auch nie verstehen, wie Einwegspiegel funktionieren.

Die Ergebnisse der Versuche mit den durchsichtigen und undurchsichtigen Glasscheiben unterstützten viele frühere Untersuchungen in der Vermutung, daß Dominanzränge von Jugendlichen zumindest zum Teil von familiärer Unterstützung abhängen. Die jugendlichen Versuchstiere wurden signifikant häufiger von den normalerweise rangniederen Weibchen vertrieben und bedroht, wenn ihre Mütter hinter der undurchsichtigen Scheibe verborgen waren, als wenn sie hinter der Klarglasscheibe saßen (Abb. 8.6). Dagegen zeigten die Jugendlichen mehr agonistisches Verhalten, wenn ihre Mütter sichtbar waren, als wenn sie unsichtbar waren. Auch mieden die rangniederen Weibchen die Jugendlichen am meisten in den Versuchen mit den Klarglasscheiben (Cheney und Seyfarth 1990a).

In mancher Hinsicht glich sich das Verhalten der Versuchstiere bei den Glasscheiben- und Spiegelexperimenten, so wie man es vorhersagen würde, wenn man annimmt, daß die Affen zwischen der bloßen Anwesenheit anderer Tiere und ihrem Wissensstand nicht unterscheiden. Zum Beispiel verbrachten sowohl die rangniederen als auch die dominanten Tiere in den Spiegel- und Klarglasexperimenten mehr Zeit in der Nähe des Ganges als in den Versuchen mit der undurchsichtigen Glasscheibe.

In bezug auf andere Verhaltensmuster aber behandelten die Tiere den Spiegel so, als ob er undurchsichtig wäre, sie verhielten sich also, als ob sie zwischen der Anwesenheit des Zuschauers und seinem Wissen unterscheiden *könnten*. In der Klarglassituation zeigte eine signifikant größere Anzahl dominanter Jugendlicher agonistisches Verhalten als in den Versuchen mit un-

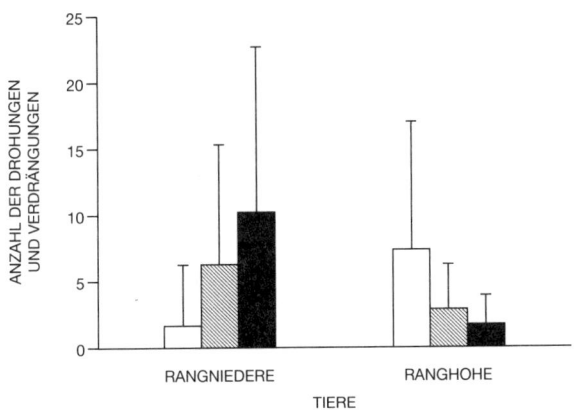

Abb. 8.6: Die Anzahl der Drohungen und Verdrängungen durch rangniedere und rangho-he Versuchstiere gegenüber ihren Gefährten unter den drei Versuchsbedingungen. In jeder Situation wurden acht Tierpaare getestet. Eine signifikant größere Anzahl rangniederer Weibchen zeigte mehr agonistisches Verhalten in der Milchglassituation (schwarze Säulen) als in der Glassituation (offene Säulen) (Vorzeichen-Rang-Test, P = 0.031). Dagegen zeigte eine signifikant größere Anzahl dominanter Jugendlicher mehr agonistisches Verhalten in den Glas- und Spiegelsituationen (schraffierte Säulen) als in der Milchglassituation (Glas versus Milchglas: P = 0.031; Spiegel versus Milchglas: P = 0.062).

durchsichtigem Glas oder dem Spiegel (Abb. 8.6). In der Klarglassituation mieden die rangniederen Tiere ihre dominanten Käfiggenossen auch häufiger als in den Spiegel- oder Milchglasversuchen (Cheney und Seyfarth 1990a).

Insgesamt also unterstützten einige unserer Ergebnisse eine »Theorie des Geistes« bei Affen, während andere weniger eindeutig waren. Können wir also zu dem Schluß kommen, daß die Affen in der Lage gewesen sein könnten, dem Zuschauer Unwissenheit zuzuschreiben, und zu erkennen, daß seine optische Perspektive sich von der ihren unterschied? Nicht wirklich, denn wir können die konservativere und wahrscheinlichere Hypothese nicht ausschließen, daß die Tiere nämlich nur mit einigem Geschick die offensicht-liche Aufmerksamkeit der Zuschauer zur Kenntnis nahmen. Anstatt einen Bewußtseinsstand zu erkennen – die Unwissenheit ihrer Zuschauer –, könn-ten die Tiere sensitiv auf deren Handlungen reagiert haben, auf ihre Orientie-rung und auf ihre Blickrichtung.

Anekdoten aus Freilandbeobachtungen sind in ähnlicher Weise Gegen-stand mehrdeutiger Interpretationen. Wenn rangniedere Männchen hinter Büschen kopulieren (Abb. 8.7) oder wenn Weibchen rangniedere Männchen

Abb. 8.7: Ein rangniederes erwachsenes Männchen, Bantam, schaut sich prüfend um, bevor es versucht, sich mit dem Weibchen Aphro zu paaren, um sicherzustellen, daß das dominante Männchen nicht zuschaut.

erst groomen, nachdem sie sich hinter einem Felsen versteckt haben (Kummer 1982), sollen wir dies als Beleg dafür nehmen, daß Affen den Unterschied zwischen ihrer eigenen optischen Perspektive und der anderer Tiere erkennen? Menschenkinder von nur drei Jahren scheinen in der Lage, diesen Unterschied zu erkennen, obwohl der Unterschied nicht immer ausdrücklich gemacht wird (Donaldson 1978; Flavell, Shipstead und Croft 1978). Ob Affen aber auch zu einer solchen Beurteilung fähig sind, ist bisher noch nicht überzeugend bewiesen worden. Tiere könnten einfach lernen, Angriffe zu vermeiden, wenn sie ihre Handlungen vor den Ranghöheren verbergen.

Natürlich ist es ganz und gar kein triviales Kunststückchen, sein eigenes Verhalten auf subtile Variationen in der Orientierung und Blickrichtung anderer einzustellen. Die Fähigkeit dazu setzt mit Sicherheit voraus, daß Affen erkennen, daß Aufmerksamkeit ganz stark *Handlungen* beeinflussen kann. Ob Affen allerdings auch erkennen, daß Aufmerksamkeit auch *Wissen* beeinflussen kann, bleibt abzuwarten.

Mitleid und geteilte Emotionen
als Maß für Zuschreibung

Besitzer von Haustieren behaupten oft, daß ihre Hunde oder Katzen beim Tod oder bei langer Abwesenheit eines menschlichen Gefährten Trauer empfinden, und diese Anekdoten werden manchmal als Beweis für Mitleid und Empathie bei Tieren angeführt. Trauer, Mitleid und Empathie setzen aber ganz unterschiedliche mentale Fähigkeiten voraus und müssen daher voneinander unterschieden werden.

Trauer ist eine Emotion, ebenso wie Angst; sie beinhaltet keinerlei Fähigkeit, anderen Bewußtseinszustände zu unterstellen. Es ist absolut möglich, Trauer oder Schmerz über einen Verlust zu empfinden, ohne überhaupt wahrzunehmen, daß andere die gleichen Empfindungen haben. Auch ein Individuum, das Mitleid mit jemand anderem fühlt, muß zwar über eine gewisse Wahrnehmung der Nöte oder der physischen Gebrechen des anderen verfügen, aber diese Wahrnehmung muß sich nicht auch auf den Bewußtseinszustand des anderen erstrecken. Ein Tier, das einem verwundetem Gefährten hilft, könnte zum Beispiel erkennen, daß sein Gefährte nicht ordentlich laufen kann, ohne gleichzeitig zu wissen, daß sein Gefährte Schmerzen hat. Genaugenommen sind Belege für Mitleid also kein Beweis für Intentionalität höherer Ordnung. Sie entsprechen aber Premacks und Woodruffs (1978) ursprünglichen Experimenten zur Theorie des Geistes bei Schimpansen, indem sie besagen, daß Tiere anderen Ziele und Absichten unterstellen. Schließlich bedeutet Empathie, zumindest wenn man den Begriff auf Menschen anwendet, daß ein Individuum fähig sein muß, bei anderen Emotionen wie Trauer oder Angst zu erkennen, auch wenn es selbst diese Emotionen nicht empfindet.

Trotz der vielen Berichte über enge Sozialbeziehungen bei Affen beschreiben Beobachter ihre Studienobjekte selten als Tiere, die Empathie oder gar Mitleid füreinander zeigen. Es kommt so gut wie nie vor, daß Affen einander nach dem Tod eines nahen Verwandten trösten, sich um kranke Gruppenmitglieder kümmern, Nahrung für alte oder behinderte Tiere herbeischaffen oder daß irgendwelche anderen Formen von Fürsorge auftreten, die wir so gerne als natürlichen Bestandteil menschlicher Interaktionen zu betrachten pflegen. Selbst wenn Affen kranke oder sterbende Kinder tragen, behandeln sie sie nicht viel anders als gesunde Kinder, und sie geben wenig Hinweise dafür, daß sie ihre Nöte erkennen. Obwohl Affen manchmal die Wunden

Abb. 8.8: Tycho und ihre Schwester Holborn begutachten Tychos neugeborenen Säugling. Obwohl Meerkatzen sterbende oder tote Kinder oft tagelang mit sich herumtragen, scheinen sie physische Behinderungen bei anderen nicht zu erkennen und ihr eigenes Verhalten nicht auf die Nöte von kranken und behinderten Tieren einzustellen. Foto: Marc Hauser.

von anderen untersuchen und groomen, scheinen sie diese Verletzungen eher als Anomalien oder Objekte der Aufmerksamkeit zu betrachten, denn als eine Behinderung, die einer Anpassung ihres eigenen Verhaltens bedürfte (Abb. 8.8). Wie kommt es, daß ein Tier, das über Jahre eine enge Bindung aufrechterhalten kann, zu einem bestimmten Zeitpunkt gleichwohl unfähig ist, Mitleid zu haben? Eine mögliche Erklärung ist, daß Mitleid ein gewisses Verstehen der Nöte und Absichten des anderen voraussetzt, eine Fähigkeit über die Affen möglicherweise nicht verfügen, wenn es so ist, daß sie anderen keine Bewußtseinszustände zuschreiben können.

Im Gegensatz zu Affen scheinen Schimpansen gelegentlich Mitleid zu zeigen. Jane Goodall (1986) zählt beispielsweise mehrere Beispiele von einem Schimpansenweibchen auf, das auf einen Baum kletterte, um für seine Mutter, die selbst zu krank und alt war, Früchte zu holen. Schimpansenmütter sind auch dabei beobachtet worden, wie sie die verletzten oder gelähmten Gliedmaßen ihrer Kinder versorgten, wobei sie sich besonders darum be-

314

mühten, die versehrten Gliedmaßen sanft zu behandeln (Goodall 1986). Im Freiland kümmern sich Schimpansen in erster Linie um nahe Verwandte. In Gefangenschaft aber hat man sogar nichtverwandte Tiere einander helfen sehen. Die Sprachunterricht nehmende Schimpansin Washoe kletterte beispielsweise einmal auf ein steiles Absperrgitter, um einen Jugendlichen zu retten, der in einem Graben zu ertrinken drohte (zitiert bei Goodall 1986).

Aber zeigen Schimpansen jemals Empathie? Goodall (1979, 1986) beschreibt eine Reihe von Fällen, in denen Schimpansen offensichtlich Depressionen durchmachten und Trauer und Schmerz über den Verlust beim Tode eines nahen Verwandten empfanden (siehe Kapitel 10). Bemerkenswert ist allerdings, daß in keinem dieser Fälle jemals berichtet wurde, daß ein anderes Tier dem trauernden Gefährten Trost spendete. Obwohl Schimpansen Bewußtseinszustände haben und Trauer empfinden, scheinen sie sich nicht um Trauer bei *anderen* zu kümmern und damit auch keine Empathie zu zeigen.

Natürlich müssen die Kapazitäten der verschiedenen Spezies für Mitleid und Empathie genauer untersucht werden, bevor wir den Schluß ziehen können, daß solche Emotionen einen Grad der Zuschreibung voraussetzen, der bei allen nichtmenschlichen Primaten fehlt oder der bei Menschenaffen vorhanden ist, bei Affen aber nicht. Wie oft *unterlassen* es Schimpansen, Mitleid zu zeigen, verglichen mit den Fällen, in denen sie es zeigen? Ohne systematischere Untersuchungen geben uns selbst die erstaunlichsten Beispiele bei den Schimpansen nur Hinweise auf einen potentiell sinnvollen Weg, die Theorie des Geistes bei anderen Arten zu untersuchen. Gleichzeitig sind diese Hinweise auf Mitleid auch hinsichtlich ihrer Evolution ein Rätsel. Ist es vorstellbar, daß Mitleid das Begleitprodukt einer Fähigkeit ist, die im Kontext sozialer Konkurrenz entstand?

Wir haben argumentiert, daß das Muster der umgeleiteten Aggressionen bei Meerkatzen nicht nur vermuten läßt, daß die Tiere enge Gefährten anderer erkennen, sondern auch, daß sie Beziehungen vergleichen und die Ähnlichkeit ihrer eigenen engen Bindungen und der anderer Tiere erkennen (Kapitel 3). Deuten diese Ergebnisse auch darauf hin, daß die Tiere anderen Emotionen zuschreiben? Wenn Newton mit Tycho kämpft und hinterher Tychos Tochter droht, wie können wir dann die Möglichkeit ausschließen, daß Newton die Emotionen, die Tycho ihren Verwandten gegenüber empfindet, erkennt und daß sie weiß, daß sie es Tycho nochmal heimzahlen kann, indem sie ihrer Tochter droht? Auch wenn Newtons Schwester später Tychos Schwester droht, tut sie dies wenigstens teilweise deswegen, weil sie weiß, daß dies eine effektive Art ist, Tycho und ihre Verwandtschaft zu ärgern? Selbst wenn das Wahrnehmen der engen Bindung zwischen Tycho und ihren Verwandten ursprünglich durch Assoziationslernen erworben wurde, warum sollten Newton oder ihre Schwester Tychos Verwandten drohen, *außer* um es Tycho heimzuzahlen und die Überlegenheit von Newtons Familie über die von Tycho festzuschreiben? Der wesentliche Unterschied scheint hier darin zu liegen, ob wir daraus nicht nur folgern, daß Newton die engen Gefährten von Tycho erkennt, sondern auch ob sie erkennt, wen Tycho *mag*. Wenn es nur um die Funktion geht, ist der Unterschied irrelevant. Wenn es uns aber um kognitive Mechanismen geht, ist der Unterschied entscheidend.

Eine Interpretation für umgeleitete Aggression ist also die, daß Tycho bestimmte Gefühle gegenüber ihren Verwandten hegt und daß andere diese Gefühle wahrnehmen. Wenn wir uns dieser Sichtweise anschließen, müssen wir, um das Muster der Aggressionsumleitungen bei Meerkatzen zu erklären, annehmen, daß die Tiere einander Motive und Absichten zuschreiben; aber es gibt keinen Beweis dafür, daß die Affen dies tatsächlich tun. Außerdem würde das Zuschreiben von Motiven bei anderen ein gewisses Bewußtsein der *eigenen* Motive voraussetzen; wiederum gibt es aber keinerlei Beweis dafür, daß Affen sich ihrer eigenen Motive bewußt sind (siehe unten).

Zahlreiche Experimente mit Affen und Schimpansen in Gefangenschaft deuten darauf hin, daß Primaten zumindest ein rudimentäres Verständnis für die Gefühle und Nöte ihrer Gefährten haben. In einer der bahnbrechenden Untersuchungen über nichtverbale Kommunikation bei Primaten hat Emil Menzel (1971, 1973) eine Serie von Experimenten durchgeführt, bei denen einer von sechs jungen Schimpansen ohne die anderen in ein Außengehege gelassen wurde, in dem ihm ein versteckter Gegenstand, wie Futter oder eine ausgestopfte Schlange gezeigt wurde. Das Tier wurde dann in den Käfig mit seinen Gruppengenossen zurückgeführt, und ein paar Minuten später wurde die ganze Gruppe in das Außengehege gelassen. Es gab keinen Hinweis darauf, daß der erste Schimpanse (der der »Anführer« genannt wurde) vor der Freilassung den anderen mitgeteilt hätte, was er gesehen hatte; meistens spielte er nur mit seinen Gefährten und balgte sich herum. Aber einmal freigelassen, verhielten sich die anderen nicht nur, als ob sie wüßten, *was* der »Anführer« gesehen hatte, sondern auch, *wo* er es ungefähr gesehen hatte. Wenn der versteckte Gegenstand ein schmackhaftes Stückchen Futter war, rannte die ganze Gruppe schnurstracks zu dem ungefähren Platz, wobei der Rest der Gruppe manchmal dem »Anführer« vorausstürmte. Wenn der versteckte Gegenstand eine ausgestopfte Schlange oder ein Krokodil war, erschien die ganze Gruppe mit gesträubtem Fell, betrat das Gehege mit äußerster Vorsicht und schlug sogar mit Stöcken auf das Versteck ein. Eines der größeren Männchen, Rocky, beanspruchte oft das Futterversteck für sich, nachdem es gefunden worden war, und eines der Weibchen, Belle, lernte es, die Gruppe von dem Platz wegzuhalten, wenn sie der »Anführer« war. Dennoch war Rocky in der Lage, aus Belles Blickrichtung zu schließen, wo das Futter versteckt war. Wenn Belle zwei Futterverstecke gezeigt wurden, führte sie Rocky zu dem kleineren und lief dann schnell, während er noch aß, zu dem größeren.

Offensichtlich fand irgendeine Art der Kommunikation zwischen den Schimpansen in diesen Experimenten statt, aber was genau mitgeteilt wurde, bleibt ungewiß. Einige Aspekte im Verhalten des »Anführers« erlaubten es dem Rest der Gruppe, zu erkennen, ob der versteckte Gegenstand abstoßend war, und ihre übliche Aufgeregtheit bei der Freilassung deutete darauf hin, daß die Gefühle des »Anführers« mitgeteilt und gemeinsam empfunden wurden. Unglücklicherweise waren Menzels Schimpansen hochgradig voneinander abhängig, so daß er nie den Rest der Gruppe in das Gehege lassen konnte, ohne gleichzeitig das Tier freizulassen, das den versteckten Gegenstand bereits gesehen hatte. Dadurch war es unmöglich, zu entscheiden, ob der Rest der Gruppe so gut in den Gefühlen des »Anführers« lesen konnte, daß sie auch wußten, was draußen los war, ohne daß er sie begleitete. Aber die Schimpansen waren ausgezeichnet darin, Gefühlsäußerungen von Menschen zu lesen, und sie kamen mit einiger Erregung aus ihrem Käfig, wenn ein Mensch Angst vor dem, was draußen war, gezeigt hatte. Es scheint also möglich, daß der Rest der Gruppe schon vor der Freilassung eine Menge darüber wußte, was draußen versteckt war.

Einige experimentelle Belege deuten auch darauf hin, daß Affen lernen können, in den Gefühlsäußerungen anderer Affen zu lesen. Miller (1967, 1971) testete die Fähigkeit von Rhesusaffen, in den Gesichtsausdrücken der anderen zu »lesen«, indem er sie nötigte, zusammenzuarbeiten, um einen Elektroschock zu vermeiden. Die Affen wurden zuerst trainiert, einzeln auf zwei verschiedene Symbole auf einer Leuchttafel zu reagieren. Wenn Symbol A erschien, hatte der Affe einen Schalter zu drücken, um einen Schock zu vermeiden. Wenn Symbol B erschien, sollte er einen zweiten Schalter drücken, um eine Futterbelohnung zu erhalten. Nachdem beide Affen gelernt hatten, diese Aufgaben zu bewältigen, setzte Miller sie in zwei getrennte Käfige. Der Affe im ersten Käfig konnte die Leuchttafel sehen, hatte aber keine Schalter zum Drücken. Der Affe im zweiten Käfig hatte Zugang zu den Schaltern, konnte aber die Leuchttafel nicht sehen; statt dessen konnte er nur das Gesicht des ersten Affen auf einem Fernsehschirm sehen. Wenn der zweite Affe den richtigen Schalter drückte, erhielten beide Versuchstiere eine Futterbelohnung. Wenn er den falschen Schalter betätigte, erhielten beide einen schwachen Elektroschock. Miller fand heraus, daß der zweite Affe bei 80 bis 90 Prozent der Versuche den Gesichtsausdruck des anderen richtig deuten konnte, wenn beide Versuchstiere miteinander vertraute Käfiggenossen waren. Affen, die nicht miteinander vertraut waren, schnitten dagegen schlecht ab. Der Grund für die schlechte Leistung der nicht miteinander vertrauten Tiere ist unklar. Es ist beispielsweise absolut möglich, daß nicht miteinander vertraute Affen zwar die Gesichtsausdrücke des anderen erkennen, aber aus irgendeinem Grund nicht in der Lage sind, ihre Handlungen zu koordinieren.

Bei einer anderen Serie von Experimenten entwickelten Rhesusaffen im Labor, die die Furcht vor Schlangen von in der Wildnis geborenen Affen beobachteten, ebenfalls Schlangenfurcht (Mineka und Cook 1988). Bis zu einem gewissen Grad waren diese Furchtreaktionen von persönlicher Erfahrung unabhängig, denn sogar Affen, die die Schlange selbst gar nicht sehen konnten, bekamen Angst, wenn sie sahen, daß andere Affen Angst zeigten. Diese Art von Stellvertreterangst hielt allerdings nicht lange an, und Affen, die nur die Furchtreaktionen anderer sahen, hörten bald auf, ihrerseits Angst zu zeigen.

Aber ist die *Wahrnehmung* von Gefühlen anderer ein Beweis für die Fähigkeit, anderen Gefühle *zuschreiben* zu können oder gar Mitleid zeigen zu können? Ohne eindeutigere Experimente können wir unmöglich entscheiden, ob Affen und Menschenaffen, wenn sie Zeuge der Angst anderer geworden sind, selbst ängstlich werden, weil sie einfach nur gelernt haben, einen bestimmten Gesichtsausdruck mit einem abstoßenden Ereignis in Verbindung zu bringen, oder weil sie anderen Bewußtseinszustände zuschreiben. Interessanter scheint die Tatsache zu sein, daß in allen Untersuchungen, die wir beschrieben haben, die Zeugen *selbst* Angst bekamen. Mit anderen Worten, selbst wenn Affen und Menschenaffen anderen Gefühlen zuschreiben, scheinen sie zwischen ihrem eigenen Bewußtseinszustand und dem der anderen nicht zu unterscheiden. Genauso, wie sie selten über Dinge kommunizieren, die nicht unmittelbar vorhanden sind, scheinen sie Angst nicht zu bemerken, wenn sie sie nicht selbst verspüren.

Selbstbewußtsein als Maß für Zuschreibung

Die Rolle des Bewußten beim Denken

Die Fähigkeit, anderen Bewußtseinszustände oder Sichtweisen zuzuschreiben, scheint ein gewisses Maß an eigener Bewußtheit oder Selbstbewußtsein vorauszusetzen. Ohne einen Zugang zum eigenen Denken können Affen wohl kaum zwischen ihren eigenen Gedanken und Überzeugungen und den Gedanken und Überzeugungen anderer unterscheiden. Deshalb ist es kein Wunder, daß die Belege für Bewußtsein bei nichtmenschlichen Primaten ebenso widersprüchlich, heterogen und verwirrend sind, wie die für Zuschreibung.

Es ist nicht unsere Absicht, auf die kontroverse Diskussion über Bewußtsein bei Tieren hier im Detail einzugehen. Wollten wir hier einen Überblick über die Literatur zu diesem Thema geben, käme dabei höchstens eine Wiederholung der ausführlichen Übersicht von Griffin heraus (1976, 1984; siehe auch die Kommentare bei Mason 1976 und Campbell und Blake 1977), und noch dazu zweifellos eine schlechte. Nichtsdestotrotz verlangt auch eine nur kursorische Diskussion einige Definitionen.

Operationale Definitionen von Bewußtsein bewegen sich bestenfalls auf unsicherem Boden, vor allem weil Selbsterkenntnis und Selbstbewußtsein viele Facetten haben und sich auf unterschiedliche Weise und in unterschiedlichen Kontexten manifestieren können. Obwohl wir die Begriffe Bewußtsein und Selbstbewußtsein hier als Synonyme verwenden, unterscheiden wir Bewußtsein von Selbsterkenntnis. Selbsterkenntnis ist ein konservativerer Begriff und bezieht sich nur auf die Fähigkeit, zwischen sich selbst und anderen unterscheiden zu können, ohne daß dies bedeutet, daß man sich dessen bewußt sein muß. Es gibt beispielsweise reichlich Belege aus Untersuchungen an Kindern, daß Selbsterkenntnis in vieler Hinsicht keiner aktiven Selbstreflexion bedarf (siehe unten). Bewußtsein ist dagegen eine Art von Meta-Selbstbewußtsein; das bedeutet, daß ein Individuum sich über seinen eigenen mentalen Zustand im klaren ist und dieses Bewußtsein nutzen kann, um sein eigenes Verhalten und das anderer erklären und voraussagen zu können.

Unsere Unterscheidung zwischen Selbsterkenntnis und Bewußtsein ist schärfer als sonst oft üblich (z. B. Bunge 1980; Armstrong 1981; siehe die Diskussion bei Griffin 1984). Dennoch glauben wir, daß der Unterschied sinnvoll und wichtig ist. Es sieht so aus, und dies ist bei Menschen nicht anders als bei Tieren, daß nur wenige mentale Prozesse überhaupt bis in die Sphäre des Bewußten vordringen. Man kann sich daher leicht vorstellen, daß ein Tier seinen eigenen Platz in seiner Sozialgruppe erkennen kann und anderen sogar manche Überzeugungen zuschreiben kann, ohne darüber in seinem eigenen Geist reflektieren zu können. Intentionalität höherer Ordnung verlangt aber ein gewisses Maß an Bewußtsein. Um anderen falsche Überzeugungen zuschreiben zu können, muß ein Individuum beispielsweise sein eigenes Wissen mit dem anderer vergleichen, eine Fähigkeit, die zumindest ein gewisses Maß an Introspektion voraussetzt. Wir wollen uns hier weitgehend auf den konservativen Begriff *Selbsterkenntnis* beschränken und den eher inflationären Begriff *Selbstbewußtsein* für Fälle aufsparen, bei denen es um aktiven Zugang zum eigenen Denken geht.

Es wäre viel einfacher, die Rolle des Bewußtseins beim Denken von Tieren zu klären, wenn es ein wenig mehr Übereinstimmung darüber gäbe, welche Rolle Bewußtsein beim Denken von uns Menschen spielt. Aber die Oberhoheit und Bedeutung des Bewußtseins für menschliche Denkprozesse wurde schon in Frage gestellt, als Freud (und nach ihm viele andere) die Aufmerksamkeit auf die vielen psychischen Prozesse lenkte, die uns weder bewußt noch zugänglich sind. Heute kommen viele Psychologen und Philosophen wieder auf Lashley (1956) zurück, wenn sie meinen, daß wir uns unserer mentalen Vorgänge nie bewußt sein können, sondern nur einiger ihrer Produkte (siehe den Überblick von Weiskrantz 1985). Zum Beispiel meinen Dennett (1978b) und Jackendoff (1987), daß das Gehirn eine Anhäufung von modularen Subsystemen ist, von denen jedes darauf angepaßt ist, verschiedene, weitgehend unbewußte Rechenprozesse auszuführen. Nur einige Produkte dieser Berechnungen werden dem Individuum bewußt oder zugänglich, und dies nicht immer in all ihren Modalitäten. Zahlreiche Untersuchungen über menschliche Entscheidungsprozesse haben gezeigt, daß Selbstanalysen auf Fehlern, Fehlinformationen oder sogar auf Selbsttäuschung beruhen können (z. B. Kahneman und Tversky 1982). Da wir keinen selbstbestimmten Zugang zu unserem eigenen Geist haben, können wir unser Bewußtsein nicht als die grundsätzlich zentrale Instanz auffassen.

Wir verstehen noch nicht genau, warum oder wann uns manche unserer Denkprozesse bewußt werden. Auch bleibt unklar, welche Rolle bewußte Gedanken bei der Koordinierung anderer mentaler Prozesse spielen. Dennoch scheint einigermaßen Übereinstimmung darüber zu herrschen, daß die meisten mentalen Prozesse unbewußt und unzugänglich bleiben und daß es keinen Grund zur Annahme gibt, daß Selbstwahrnehmung unfehlbarer sein sollte als die Wahrnehmung der Außenwelt.

Die Funktion von Bewußtsein bleibt ebenfalls schwer faßbar. Humphrey (1986) hat spekuliert, daß Bewußtsein deshalb entstanden ist, um in die Gedankenwelt anderer hineinsehen und das Verhalten von anderen auf Grund der eigenen Introspektion vorhersagen zu können. So könnte beispielsweise ein Affe vorhersagen, daß er es einem Gegner ordentlich heimzahlen könnte, wenn er den Verwandten seines Gegners droht, weil er nämlich erkennt, daß eine ähnliche Retourkutsche gegen ihn selbst *ihn* ärgern würde. Bei dieser Sichtweise ist Bewußtsein eine notwendige Vorbedingung für die Fähigkeit, über die Gedankenwelt anderer spekulieren zu können (siehe auch Markl 1985). Humphrey weist bewußten Vorgängen eine zentralere Rolle zu als Jakkendoff (1987). Selbst auf einer mittleren, modalitätsspezifischen Ebene, wie es Jackendoff vertritt, mag Bewußtsein die Funktion haben, das Gehirn darauf aufmerksam zu machen, was gerade entdeckt und verstanden wird.

Was immer die genaue Definition oder Funktion von Bewußtsein sein mag, es gibt keinen Grund, von vornherein zu erwarten, daß Bewußtsein eine diskretere Fähigkeit als Zuschreibung ist, die ein Organismus entweder hat oder nicht hat. Bei Kindern entwickelt sich der Sinn für das Selbst allmählich, und Manifestationen der Eigen-Identität ändern sich qualitativ mit zunehmendem Alter (Guardo und Bohan 1971; Damon und Hart 1982; Anderson 1984b). Kinder unter 20 Monaten sind beispielsweise meist nicht in der Lage, ihr eigenes Spiegelbild zu erkennen, auch wenn sie mitunter schon zu Beschreibungen ihrer selbst fähig sind und ihre eigenen physischen Grenzen erkennen können. Auch können Kinder, lange bevor sie dazu fähig sind, viel über ihre eigenen Gedanken und Gefühle zu reflektieren, zuverlässig ihren eigenen Platz innerhalb der Familie oder Sozialgruppe bestimmen (Damon und Hart 1982). Interessanterweise scheint sich das Wissen von Kindern um ihre eigene Identität und Personalität und die anderer parallel und mit gleicher Geschwindigkeit zu entwickeln (Damon und Hart 1982; Rotenberg 1982; Überblick bei Flavell 1985, S. 154).

Belege für Selbstbewußtsein bei Affen und Menschenaffen

Alle »Sprach«-Projekte an Menschenaffen berichten über ein gewisses Maß an Selbsterkenntnis bei ihren Studienobjekten. Zum Beispiel beschreiben Patterson und Linden (1981) zahlreiche Gelegenheiten, bei denen das Gorillaweibchen Koko signalisierte, daß sie traurig, ärgerlich, glücklich oder ängstlich war. In ähnlicher Weise signalisierte Kanzi, ein Bonobo, der von Savage-Rumbaugh und McDonald (1988) trainiert wird, das Wort *schlecht*, bevor er etwas tat, wofür er nachher bestraft werden würde. Tatsächlich haben die meisten Sprachprojekte an Menschenaffen Selbsterkenntnis bei ihren Studienobjekten bis zu einem gewissen Grad *als gegeben angenommen*. Sie nötigten sie nämlich, ihre eigenen Namen zu benutzen, wenn es darum ging, Aufgaben zu lösen oder Fragen zu beantworten. In Anbetracht der vielen erstaunlichen Anekdoten, die aus diesen Projekten erwachsen sind, ist es eher erstaunlich, daß systematische Untersuchungen zur Selbsterkenntnis bei Labortieren sich weitgehend auf Tests mit Spiegeln beschränkt haben.

Es ist nicht wirklich klar, welche Aspekte des Bewußtseins durch Tests mit Spiegeln reflektiert werden. Aber was immer es ist, was solche Tests ergeben, sie deuten durchgängig auf einen qualitativen Unterschied zwischen Affen und Menschenaffen hin. Schimpansen zeigen durch eine Reihe verschiedener Verhaltensweisen, daß sie eindeutig in der Lage sind, ihr eigenes Abbild in einem Spiegel zu erkennen (siehe die Übersichten bei Gallup 1982; Anderson 1984a). Zum Beispiel berühren Schimpansen, auf deren Stirn man einen Farbklecks getupft hatte, diesen Teil ihres Gesichtes, wenn sie sich im Spiegel angucken. Affen dagegen versuchen selbst nach gründlicher Erfahrung mit Spiegeln normalerweise mit ihren Spiegelbildern zu interagieren (meistens drohen sie ihnen); es ist, als ob sie diese Bilder für andere Affen halten.

Obwohl Untersuchungen mit Spiegeln zweifellos etwas über Selbsterkenntnis aussagen, läßt sich daraus wenig über ihre Funktion ableiten, außer in diesen eher beschränkten und künstlichen Bedingungen. Die negativen Ergebnisse sind sogar noch weniger erhellend, denn sie können nie die Möglichkeit ausräumen, daß eine bestimmte Art oder ein bestimmtes Individuum in einem anderen, funktionell bedeutsameren Kontext ein gewisses Maß an Selbsterkenntnis zeigen könnte. Beispielsweise »versagen« Gorillas bei Spiegeltests (Gallup 1982), obwohl sie bei anderen kognitiven Aufgaben Schimpansen und Orang-Utans sehr ähnlich zu sein scheinen und obwohl wilde Gorillas die Oberfläche von stehenden Gewässern und Kameralinsen in einer Weise anschauen und berühren, die sich deutlich von der Art unterscheidet, wie sie andere Gorillas anschauen (A. Harcourt, pers. Mitt.; siehe auch Patterson und Linden 1981; Fossey 1983).

Tests mit Affen, die in normalen sozialen Gruppen leben, säen auch einiges an Zweifeln auf die Annahme, daß das Erkennen des Selbst im Spiegelbild ein Alles-oder-Nichts-Phänomen ist, das bei einigen Arten vorhanden ist, bei anderen aber nicht. Als man beispielsweise gruppenlebenden Japanmakaken Spiegel gab, reagierten Jugendliche auf ihre Spiegelbilder, als ob es fremde Affen wären (obwohl sie ihnen, anders als isolierte Affen im Labor, selten drohten). Erwachsene dagegen starrten ihre Spiegelbilder an, ohne irgendeinen Versuch zu unternehmen, mit ihnen zu interagieren (Platt und Thompson 1985). Obwohl die Affen ihre Spiegelbilder nicht als »sie selbst« zu behandeln schienen, behandelten sie sie auch nicht wie vertraute oder unvertraute »andere«. Für eine ausführliche Diskussion der Reaktionen von Affen auf ihre Spiegelbilder sei der Leser an Gallup (1982), Eglash und Snowdon (1983), Anderson (1984a, 1986) und de Waal (1989) verwiesen.

Menzel, Savage-Rumbaugh und Lawson (1985) untersuchten zwei Schimpansen auf ihre Fähigkeit, ihre Spiegelbilder nicht nur zu erkennen, sondern auch zu *benutzen*. Die Schimpansen mußten in Löcher in einer Wand greifen und Spiegel- oder Videobilder ihrer Hände verfolgen, um einen versteckten Gegenstand zu finden. Die beiden lösten die Aufgabe nicht nur mit augenscheinlicher Leichtigkeit, sondern sie waren auch in der Lage, zwischen Live-Bildern und verzögert abgespielten Videobändern zu unterscheiden. Auch konnten sie ihre Handbewegungen an neue Orientierungen der Videokamera anpassen. Ähnliche Experimente mit Rhesusaffen deuten darauf hin, daß diese nicht einmal das Problem verstanden, denn sie imponierten einfach nur gegenüber ihren Abbildern. Die Befunde dieser Affenexperimente sind einigermaßen verwirrend, denn andere Untersuchungen haben gezeigt, daß Affen Spiegelbilder benutzen *können*, um Gegenstände zu manipulieren und das Verhalten anderer Tiere zu beobachten (Itakura 1987a, 1987b; siehe auch die Übersichten bei Gallup 1982; Anderson 1984a). Sonderbarerweise scheinen Affen in der Lage, richtig auf Spiegelinformationen über ihre *Umwelt*, nicht aber über *sich selbst* zu reagieren.

Ein anderer Bereich des Verhaltens, der auf Selbsterkennen und sogar Selbstbewußtsein hindeutet, ist Schauspielen. Schauspielerei setzt natürlich eine gewisse Fähigkeit zur Unterscheidung zwischen Vorstellung und Wirklichkeit voraus, denn sie erfordert, daß Individuen absichtlich etwas, von dem sie wissen, daß es real ist, verwandeln und in Fiktion umsetzen. Kinder von nur 1 Jahr betätigen sich schon im Schauspielen. Es scheint sich um eine der ersten Manifestationen von kindlichen Versuchen zu handeln, ihr eigenes und das Wissen anderer darzustellen und zu manipulieren, und es scheint aufzutauchen, lange bevor Kinder in der Lage sind, falsche Überzeugungen bei anderen zu erkennen (Leslie 1987, 1988).

Allerdings muß sich ein Individuum, das schauspielert, zwar auf eine Vielzahl von Vorstellungen von Objekten oder Ereignissen einlassen, aber diese Vorstellungen werden immerhin von allen Mitspielern *geteilt*. Um auf der anderen Seite die falsche Überzeugung eines anderen zu erkennen, muß ein Individuum eine Vielzahl von Vorstellungen berücksichtigen, die sich bei den Beteiligten *unterscheiden*. Vielleicht kann deshalb ein Kleinkind, das wegen der verräterischen Krümel im Gesicht noch nicht in der Lage ist, erfolgreich zu schwindeln, nichtsdestoweniger einen Teddybär zum Tee einladen. Aus demselben Grund könnten wir erwarten, daß Schauspielerei bei nichtmenschlichen Primaten, deren Theorie des Geistes in anderen Kontexten eher unvollständig zu sein scheint, evident ist.

Über schauspielernde Menschenaffen gibt es einige wenige anekdotische Berichte. Zum Beispiel spielte die von Hayes (1951) aufgezogene Schimpansin Vicky regelmäßig Theaterspiele; sie zog ein imaginäres Spielzeug an einer imaginären Leine um das Haus und gab sogar vor, es in die Toilette zu werfen. Auch Kanzi, der junge Sprachunterricht nehmende Bonobo, versteckte nicht nur regelmäßig Gegenstände vor seinen Trainern, sondern tat auch so, als ob er imaginäre Gegenstände verstecken und aufessen würde (Savage-Rumbaugh und McDonald 1988). Von Orang-Utans und Gorillas in Gefangenschaft ist ebenfalls berichtet worden, daß sie so tun, als ob sie sich verkleiden oder verstecken (Patterson und Linden 1981; Miles 1983). Aber Schauspielerei findet man nicht nur bei Tieren, die vom Menschen aufgezogen wurden. Eine Gruppe junger Bonobos, die de Waal (1986c) im Zoo von San Diego beobachtet hat, bedeckte regelmäßig ihre Augen, während sie sich durch einen Baum jagten, offenbar um das Spiel absichtlich spannender zu machen.

Aber Schauspielerei fordert uns wenigstens teilweise deshalb heraus, weil es uns wohl widerstreben würde, den meisten Formen von Spiel Intentionalität höherer Ordnung zuzuschreiben. Viele Säugetierarten setzen beispielsweise einen ganz bestimmten Gesichtsausdruck auf, wenn sie spielen. Diese »Spielgesichter« signalisieren, daß normalerweise aggressive Bewegungsmuster in diesem Moment nicht ernst genommen werden müssen. Auch vermindern ältere Tiere bei so verschiedenen Arten wie Hunden und Pavianen oft die Ruppigkeit ihres Spiels, wenn sie mit deutlich jüngeren Tieren spielen (Fagen 1981). Deutet dies darauf hin, daß sie in der Lage sind, den Unterschied zwischen den eigenen Fähigkeiten und denen jüngerer Tiere zu erkennen? Wir mögen dazu neigen, Lloyd Morgans Empfehlung folgend, Tieren keine komplexeren Eigenschaften zuzusprechen, als unbedingt nötig, und damit Pavianen so etwas eher zutrauen als Hunden. Aber ohne irgendwelche systematischeren Belege für das Zuschreiben von Selbstbewußtsein bei Pavianen oder Hunden können wir noch nicht einmal unseren eigenen Standard für Sparsamkeit bei der Interpretation vernünftig spezifizieren.

Wenn das Verständnis eines Kindes für das Verhalten anderer Leute sein Verständnis von sich selbst widerspiegelt, könnten wir dann auch Wissen um das Verhalten anderer Individuen als Mittel einsetzen, um Selbsterkenntnis bei nichtmenschlichen Spezies zu messen? Bei Schimpansen und anderen Menschenaffen mag die Antwort »Ja« lauten. Zum Beispiel berichtet Premack (1986), daß zwei sprachtrainierte Schimpansen tatsächlich ein wenig besser darin waren, ihr eigenes Verhalten zu beschreiben als das anderer.

Die oben beschriebenen Spiegelversuche deuten allerdings darauf hin, daß für Affen nicht dasselbe gilt. Affen, die es gewohnt sind, ihre Artgenossen durch Spiegel zu beobachten, versagen nämlich gleichwohl dabei, sich selbst im Spiegel zu erkennen (Gallup 1982; Anderson 1984a). Leider ist es daher für unseren methodologischen Zweck wohl nicht möglich, das Wissen eines Affen um andere Individuen mit seiner Selbsterkenntnis in Beziehung zu setzen. Tatsächlich können Affen – ganz im Gegensatz zu Kindern und vielleicht auch Schimpansen – erheblich besser darin sein, andere zu beschreiben und zu verstehen als sich selbst.

Ist dies also das Ende der Geschichte? Wieder einmal vereitelt das Gewirr wenig überzeugender und widersprüchlicher Befunde jegliches definitive Statement über das Vorhandensein oder Fehlen von Selbsterkenntnis bei Affen. Nehmen wir noch einmal die Daten über umgeleitete Aggression, Versöhnung und Dominanzrang, die wir in Kapitel 3 beschrieben haben. Affen erkennen offenbar sowohl ihren eigenen Platz in der Hierarchie als auch den der anderen. Sie unterscheiden zwischen engen Gefährten anderer Individuen und behandeln gleichzeitig Beziehungen in ihrer eigenen Familie anders als Beziehungen in anderen Familien. Mit anderen Worten, Affen scheinen nicht nur ihre eigene Position in ihrer sozialen Gruppe zu verstehen, sondern auch, wie die anderen relativ zueinander stehen. Diese Fähigkeit sollte eigentlich voraussetzen, daß sie fähig sind, sich selbst und andere Gruppenmitglieder in ein Netz von Sozialbeziehungen einzubetten, dabei aber doch den Unterschied zwischen ihrem eigenen Beziehungsgeflecht und dem der anderen beizubehalten (Abb. 8.9). Damit ist nicht gesagt, daß die Affen diese Unterscheidungen bewußt treffen. Befunde an Kindern deuten darauf hin, daß jemand, der zu einem gewissen Grad an Selbsterkenntnis fähig ist, nicht notwendigerweise auch aktiv über sein Verhalten und seine Gefühle reflektieren kann (Damon und Hart 1982). Es gibt keinen Beweis dafür, daß Affen *bewußt*

Abb. 8.9: Das fast erwachsene Weibchen Shelley groomt seine Schwester Carlyle. Obwohl Meerkatzen wohl ihren eigenen Platz im Netz der Sozialbeziehungen kennen, spricht einiges dafür, daß sie sich dessen nicht bewußt sind.

zwischen ihren eigenen Beziehungen und denen anderer unterscheiden. In dieser Hinsicht mag es im Verhalten von Affen eine Menge Dinge geben, die nicht bis in ihr Bewußtsein vordringen.

Was wissen Tiere über das, worüber sie etwas wissen?

Wenn eine Meerkatze den Verwandten eines Weibchens droht, das vorher einem *eigenen* Verwandten gedroht hat (siehe Kapitel 3), dann scheint sie die Ähnlichkeit zwischen ihren eigenen engen Sozialbeziehungen und den engen Beziehungen anderer zu erkennen. Diese Fähigkeit könnte funktionell analogem Denken entsprechen. Die Schimpansin Sarah war allerdings in der Lage, analoge Denkaufgaben zu lösen, bei denen eine Reihe von Stimuli verwendet wurde (Premack 1983b). Dagegen beschränken sich die Befunde an Meerkatzen bislang auf Situationen mit vertrauten Artgenossen. Tatsächlich scheinen Meerkatzen, wie wir noch in Kapitel 9 genauer zeigen werden, ziemlich schlecht darin zu sein, ihre sozialen Fähigkeiten auf die Lösung von Problemen außerhalb dieser vertrauten sozialen Domäne auszuweiten, selbst wenn es anscheinend einen starken Selektionsdruck dafür gibt, dies zu tun.

Um Wissen, das man in einem Bereich erworben hat, auf Reize, die einem in einem anderen Kontext begegnen, anwenden zu können, muß dieses Wissen zugänglich sein (Rozin 1976); dieser Zugang wird erheblich erleichtert, wenn man sich zumindest teilweise dessen bewußt ist, was man weiß. Wissen Meerkatzen und andere Affen, was sie wissen? Die Frage steht natürlich im Zusammenhang mit Dingen wie Zuschreibung und Selbsterkenntnis, und sie ist keineswegs so geheimnisvoll, wie sie zunächst erscheinen mag. Zum Beispiel können manche Menschen, die an Amnesie leiden, einfache Aufgaben durch Konditionierung lernen, ohne sich dessen bewußt zu sein, überhaupt etwas gelernt zu haben. Sie können aber keine Aufgabe ausführen, die Reflexion, Vergleichen, Ordnen oder Umsortieren erfordert (Weiskrantz 1985).

Ein Tier, das weiß, was es weiß, hat notwendigerweise eine Theorie des Geistes. Aber genau wie einem Amnesie-Patienten sein Wissen womöglich nicht zugänglich ist, kann auch ein Tier recht komplizierte Aufgaben lösen oder komplexe Unterschiede zwischen zwei Reizen erkennen, ohne daß es weiß oder sich dessen bewußt ist, was es da tut. In den Kapiteln 4 und 5 haben wir vermutet, daß Meerkatzen womöglich nicht bewußt Rufe anhand ihrer Bedeutung klassifizieren, oder zumindest nicht in demselben Sinn bewußt wie Sarah, wenn sie beschrieb, was ein blaues Dreieck symbolisieren sollte. An dieser Stelle wollen wir auf die Frage nach dem Wissen über das Wissen etwas genauer eingehen.

Die Tänze von Honigbienen (*Apis mellifera*) sind, zumindest im funktionellen Sinn, hochgradig objektbezogen. Sie vermitteln sehr spezifische Informationen über die Richtung der Nahrungsquelle, die Menge der Nahrung und die Entfernung der Nahrungsquelle vom Stock. Die angesprochenen Sammlerinnen sind in der Lage, die Information, die in den Tänzen enthalten ist, zu »lesen« und dadurch mit einem hohen Maß an Präzision die Nahrungsquelle zu finden. Aber *interpretieren* Bienen die Informationen, die in den Tänzen enthalten sind, oder reagieren sie nur darauf? Können sie falsche Informationen erkennen?

Um dieser Frage nachzugehen, trainierten James und Carol Gould (1988) eine Reihe markierter Bienen, zu einem Ruderboot in der Mitte eines Sees zu fliegen, wo ihnen Nektar angeboten wurde. Dadurch, daß sie die Qualität des Nektars niedrig hielten, konnten die Goulds die Bienen davon abhalten, während der Trainingsphase den anderen Arbeitern am Stock vorzutanzen. Als die Trainingsphase abgeschlossen war, wurde die Qualität des Nektars verbessert und die markierten Bienen tanzten nun lebhaft vor den potentiellen Mitsammlerinnen am Stock. Normalerweise wäre Nektar natürlich niemals in der Mitte eines Sees zu finden, und jeder Tanz, der Informationen über die Anwesenheit von Nahrung an ausgerechnet dieser Stelle vermittelt hätte, wäre schlicht falsch gewesen. Die Goulds wollten herausfinden, ob die Sammlerinnen den Tanz so interpretieren würden, daß er unplausible Informationen signalisierte, und sie ihn daher ignorieren würden oder ob sie irgendwie anders zu erkennen geben würden, daß sie wußten, der Tanz war falsch (womöglich, daß sie über die Lügnerin herfielen und sie totstechen würden?). Interessanterweise antworteten keine Sammlerinnen, wenn die angegebene Futterquelle in der Mitte des Sees lag. Aber als das Boot näher ans Ufer gezogen wurde, erhöhte sich die Anzahl der reagierenden Sammlerinnen erheblich (Gould und Gould 1988).

Die Befunde dieser und anderer Experimente lassen vermuten, daß Bienen eine gut entwickelte mentale Landkarte ihrer Umgebung besitzen und daß ihre Interpretation eines Tanzes durch diese Landkarte unterstützt wird. Wenn der Tanz eine Futterquelle bezeichnet, die mit ihrer mentalen Landkarte nicht in Übereinstimmung zu bringen ist, dann wird der Tanz ignoriert. Die Experimente berühren allerdings nicht die Frage, ob Bienen sich in irgendeiner Weise über die Absichten von Tänzern im klaren sind.

Ähnlich zweideutige Resultate wurden bei Tests mit Schimpansenkindern erzielt. Oden, Thompson und Premack (1988) testeten Schimpansenkinder auf ihre Fähigkeit, einen relationalen Unterschied zu erkennen, indem sie ein Gewöhnungs- und Entwöhnungsverfahren benutzten. Den Kindern wurden zwei Gegenstände gezeigt, die entweder gleich (AA) oder verschieden waren (AB). Dann wurden den Kindern zwei neue Gegenstände gezeigt, die ebenfalls gleich (CC) oder verschieden waren (CD). Die Experimentatoren erwarteten, daß die Kinder, wenn sie die Gleichheit oder Verschiedenartigkeit in der *Beziehung* zwischen den Objekten erkannten, länger reagieren würden (z. B. erst AA dann CD, oder erst AB dann CC), als wenn ihnen zwei homogene Objektpaare geboten würden (erst AA dann CC, oder erst AB dann CD). Wie vorhergesagt, nahm die Reaktionszeit bei den beiden homogenen Objektpaaren schneller ab als bei den beiden heterogenen Objektpaaren.

Den Kindern wurde dann eine Aufgabe zum Vergleich von Mustern geboten. Dabei wurden sie darauf trainiert, zwei alternative Objekte mit einem Musterobjekt zu vergleichen. Nachdem sie eine hohe Genauigkeit mit einzelnen Objekten erreicht hatten, wurden sie aufgefordert, die Aufgabe mit Beziehungen anstatt Objekten auszuführen. Obwohl die Reize, die bei diesem Test benutzt wurden, dieselben waren, die schon in den vorangegangenen Gewöhnungsversuchen benutzt worden waren, konnte keines der Kinder die Aufgabe lösen. Die gesamten 200 Versuche über bewegte sich die Trefferquote auf Zufallsniveau.

Obwohl Schimpansenkinder also keine Schwierigkeiten haben, relationale Unterschiede zu *erkennen*, waren sie doch nicht in der Lage, diese Unterschiede auch zu *benutzen*. Premack (1983b) meint, daß die Fähigkeit, von relationalen Unterschieden Gebrauch zu machen, vielleicht erst durch Sprachtraining oder durch das Eingreifen einer anderen Spezies erwächst. Ein notwendiger nächster Schritt wäre es allerdings, herauszufinden, ob erwachsene Schimpansen dieselben Resultate erbringen.

Die Fähigkeit, Probleme durch hypothetische Annahmen anstatt durch simple Assoziationsprozesse zu lösen, erlaubt es, Wissen leichter von einem Kontext auf den anderen zu übertragen. Viele der augenscheinlich einsichtsvollen Problemlösungen, zu denen Schimpansen in Gefangenschaft imstande sind, deuten darauf hin, daß die Tiere nicht nur die Art der Probleme verstanden haben, sondern auch ihre Erfahrungen hinsichtlich anderer Probleme generalisiert haben. So konnten zum Beispiel die Schimpansen, die Köhler (1925), Menzel (1972, 1973) und de Waal (1982) untersucht haben, ihre Erfahrung mit langen Stöcken und Stangen benutzen, um spontan Werkzeuge und Leitern zu bauen und einzusetzen. Wir gehen auf diese Fähigkeiten noch in Kapitel 9 ein.

Susan Essock-Vitale (1978) entwarf für Orang-Utans und zwei Affenarten aus der Gattung der Makaken Diskriminationstests, die entweder durch Assoziationslernen oder durch Hypothesenbildung gelöst werden konnten. Die Aufgaben wurden außerdem so gestaltet, daß die Versuchsleiterin zwischen den beiden Lernmethoden unterscheiden konnte; von Tieren, die eine bestimmte Unterscheidung durch Assoziationslernen gelernt hatten, wurden größere Schwierigkeiten bei der Übertragung des Gelernten auf neue Unterscheidungsprobleme erwartet, als von Tieren, die durch Hypothesenbildung gelernt hatten. Die Orang-Utans benutzten von Anfang an eine abstrakte Hypothese, während die Makaken damit begannen, das Problem durch Assoziationslernen zu lösen. Die Makaken erreichten jedoch in der Regel einen höheren Prozentsatz richtiger Lösungen als die Orang-Utans, und auch die

Makaken lernten schließlich, eine abstrakte Hypothese zu gebrauchen. Diese Experimente machen deutlich, daß Individuen, die eine Hypothese benutzen, zwar mehr über ein gegebenes Problem wissen und schneller allgemeingültige Antworten für ähnliche Probleme mit neuen Reizen finden mögen, Problemlösung durch reine Assoziation aber nichtsdestotrotz genauso effizient sein kann, um ein bestimmtes Ziel zu erreichen (siehe auch Yerkes 1916, der zu ähnlichen Resultaten kam).

Problemlösung durch Hypothesen oder Einsicht erlaubt es dem Individuum auch, die Konsequenzen einer Handlung über eine Reihe von Schritten vorherzusagen. Die Zoo-Schimpansin Julia wurde mit einem Problem konfrontiert, bei dem sie eine Reihe transparenter Schachteln, in denen jeweils ein anderer Schlüssel lag, öffnen mußte, um an die Belohnung in der letzten Schachtel zu kommen (Döhl 1968; Rensch und Döhl 1967). Nur wenn sie gleich am Beginn der Versuchsreihe die Schachtel mit dem richtigen Schlüssel erwischte, konnte sie den richtigen Weg finden, an dessen Ende schließlich die Belohnung winkte. Julia schaffte es sogar in Testreihen mit bis zu 10 Schachteln, die richtige erste Schachtel auszuwählen, als wäre sie in der Lage, Vorhersagen zu treffen und Handlungen zu beurteilen, die ihrem unmittelbaren Ziel um einige Schritte voraus waren (zitiert bei de Waal 1982 und Goodall 1986).

Auch de Waal (1982) meint, daß das Schimpansenmännchen Yeroen aus der Kolonie des Arnheimer Zoos in der Lage war, vorherzusehen, daß sein Wert als Allianzpartner für Nikkis Rangposition wichtiger war als für die Rangposition des kräftigeren Luit. Yeroen begann daher Nikki zu unterstützen, obwohl er sich mit diesem Loyalitätswechsel zunächst vermehrt Aggression von Luit einhandelte. Monate später war Yeroen jedoch in der Lage, infolge seiner Allianz mit Nikki subtile Vorteile durch dessen Toleranz zu ernten. Yeroen hatte gehandelt, als ob er die Konsequenzen seiner Allianz mit Nikki vorhersagen konnte, lange bevor sie sich greifbar auszahlte.

Die Fähigkeit des Geistes, Informationen, die in einem Kontext erworben wurden, auf andere, unterschiedliche Kontexte auszuweiten, ist ein Maß für seine Zugänglichkeit. So wie aber unsere Gedanken und unser Wissen nicht immer unserem Bewußtsein zugänglich ist, so kann man auch Fähigkeiten, die in einem Kontext erworben wurden, nicht immer einfach auf einen anderen Kontext generalisieren (Rozin 1976). Wir werden in Kapitel 9 noch darüber zu sprechen haben, daß es zunehmend sowohl empirische als auch theoretische Belege dafür gibt, daß viele der beeindruckendsten Talente des Geistes »bereichsspezifisch« sind und nur in einem relativ beschränkten Aktivitätsfeld eingesetzt werden.

Die Evolution von Zuschreibung

Wir haben die Meinung vertreten, daß die Komplexität von Primatengruppen einen starken Selektionsdruck auf die Fähigkeit ausübt, nicht nur die eigenen Sozialbeziehungen, sondern auch die der anderen zu durchschauen. Affen sind ganz offensichtlich gut darin, Verwandte mütterlicherseits anderer Affen zu erkennen, ihre Dominanzbeziehungen und ihre Freundschaften. Sie scheinen auch in der Lage zu sein, ihr Verhalten daraufhin auszurichten, wer ihre Handlungen in der Vergangenheit erwidert hat, und sie scheinen die Auswirkungen ihres eigenen Verhaltens auf das Verhalten anderer vorhersagen zu können. Allerdings erfordert keine dieser Fähigkeiten das Zuschreiben von Bewußtseinszuständen. Worin liegt der adaptive Wert von Intentionalität höherer Ordnung?

Wenn wir Verhalten von Affen, Schimpansen oder Kindern als Intentionalität zweiter oder dritter Ordnung einstufen, dann ist das mehr als nur eine trockene Übung in Verhaltensklassifikation. Ein Individuum, das anderen Bewußtseinszustände zuschreiben kann, das erkennen kann, daß sich diese Bewußtseinszustände womöglich von den eigenen unterscheiden, und das erkennen kann, daß das, was ein anderes Individuum denkt, sich auch auf sein Verhalten auswirken kann, ein solches Individuum kann sich – so meinten wir – klare soziale Vorteile verschaffen, und vielleicht auch Vorteile, die sich in ihrem Fortpflanzungserfolg niederschlagen.

Stellen wir uns beispielsweise eine Gruppe von Pavianen vor, deren Mitglieder perfekt darin sind, Verhaltenszusammenhänge zu beurteilen (wenn ich X mache, dann passiert Y), die aber überhaupt nicht fähig sind, die Motive oder das Wissen anderer zu erkennen, oder wahrzunehmen, daß die Bewußtseinszustände der anderen sich von den eigenen unterscheiden können. Stellen wir uns weiter vor, daß bei diesen Pavianen erwachsene Männchen einander zur Unterstützung bei Allianzen auffordern, so wie es bei den Pavianen, die Pakker (1977), Smuts (1985), Bercovitch (1988) und andere untersucht haben, der Fall ist. Wenn zum Beispiel Männchen A auf Männchen C trifft, das gerade eine Liaison mit einem paarungswilligen Weibchen hat, ruft es Männchen B zu Hilfe, das dann vielleicht mit ihm gemeinsam C fortjagt. Mit der Zeit gehen einige Männchen wechselseitige Allianzen ein: A und B kooperieren regelmäßig, indem sie anderen Männchen die Weibchen ausspannen, und jeder gestattet dem anderen dann, die Hälfte der Zeit das Weibchen zu begleiten –

sie teilen sich die Beute. Bei anderen Männchen aber wird die Unterstützung nicht erwidert: X hilft Y, an ein Weibchen zu kommen, aber wenn X später Y um Unterstützung bittet, versagt dieser ihm seine Hilfe.

Profitieren werden unter diesen Bedingungen prospektive Allianzpartner, wenn sie zwischen einem Individuum, das Hilfe sucht und diese Hilfe aufrichtig zu erwidern beabsichtigt, und einem, das Hilfe sucht, aber abgeneigt ist, diese Gunst zu erwidern, unterscheiden können. Diese Unterscheidung wird aber keineswegs einfach zu treffen sein, denn die Selektion wird auch Männchen begünstigen, die effektiv Hilfe einfordern, indem sie – unabhängig davon, ob sie die Hilfe zu erwidern beabsichtigen oder nicht – dieselben Verhaltensmuster benutzen. Genau das ist es, was sich in echten Paviangruppen tatsächlich abzuspielen scheint (z. B. Packer 1977; Noë 1986, Bercovitch 1988).

Wenn Pavianmännchen nicht dazu in der Lage sind, die Motive anderer zu erkennen, wenn sie also zur Intentionalität höherer Ordnung nicht fähig sind, dann ist Erfahrung am eigenen Leib der einzige Weg, über die sie an Informationen über ehrliche und unehrliche Hilfesuchende kommen können. Und je mehr Erfahrung sie mit einem Hilfesuchenden haben, desto eher und genauer können sie seine Zuverlässigkeit beurteilen; eine einzelne Interaktion wird dazu kaum ausreichen. Mit anderen Worten, diese Paviane werden immer gegenüber jenen anfällig sein, die sie bei der ersten Begegnung übers Ohr hauen, und sie werden verwundbar bleiben, bis sie, manchmal durch kostenträchtige Interaktionen, genügend Erfahrung gesammelt haben, um die Zuverlässigkeit ihres Partners hinreichend genau einschätzen zu können.

Da unsere Paviane zudem ihr Urteil über die Zuverlässigkeit eines anderen nicht auf seine Motive, sondern auf seine Handlungen gründen, ist das Wissen eines Individuums über ein anderes wahrscheinlich spezifisch für einen bestimmten Interaktionstyp. Wenn Männchen X durch Erfahrung gelernt hat, daß Y seine Hilfe bei Allianzen zur Eroberung eines Weibchens selten erwidert, dann wird es gerade soviel wissen: Y erwidert seine Hilfe bei Allianzen zur Eroberung von Weibchen selten. Solches Wissen wird bei X aber nicht notwendigerweise Skepsis über die Zuverlässigkeit von Y erwecken, wenn die Gruppe sich in einer Auseinandersetzung mit einer anderen Gruppe befindet oder wenn sie einem Raubfeind begegnet. Weil ihre Urteile über andere auf einer Einschätzung von Verhaltensübereinstimmungen beruhen, ist das Wissen, über das diese Paviane verfügen, wahrscheinlich ziemlich kontextspezifisch. Als Resultat werden sie Individuen gegenüber anfällig sein, die in einer Situation mit ihnen kooperieren, nur um sie dann in einer anderen Situation zu betrügen.

Stellen wir uns nun vor, in diese Gruppe von Pavianen ohne jede Intentionalität käme ein Männchen, das aufgrund einer Mutante in der Lage wäre, anderen Bewußtseinszustände zuzuschreiben und zu erkennen, daß deren Bewußtseinszustände sich von den eigenen unterscheiden könnten. Als erstes wird man über dieses Individuum sagen können, daß es den Unterschied zwischen dem Verhalten eines Tieres und den ihm zugrundeliegenden Motiven erkennt. Infolge dessen erkennt es, daß – wie sehr auch immer ein Hilfesuchender geneigt zu sein *scheint*, sich erkenntlich zu zeigen – dies in Wirklichkeit nicht seine Absicht sein muß. Solches Wissen wird unser Mutanten-Männchen bei seiner ersten Interaktion nicht notwendigerweise weniger anfällig für Betrüger machen, aber es wird sicherlich seine Skepsis in Hinblick auf spätere Interaktionen wecken. Wichtiger noch, da das neue Männchen auf Motive achtet und nicht nur auf Verhaltensübereinstimmungen, wird es sein Wissen eher auf verschiedene Individuen bei einer Reihe verschiedener sozialer Kontexte verallgemeinern. Wenn es zum Beispiel Männchen Y beim Betrug bei Allianzbildungen erwischt, wird sich seine Skepsis hinsichtlich dieses Individuums nicht nur auf zukünftige Allianzen, sondern auch auf Alarmrufe, Futterrufe, Verhalten während Gruppenbegegnungen und so weiter erstrecken. Kurz gesagt, das neue Männchen wird gegenüber anderen in seiner Gruppe einen Wettbewerbsvorteil haben, weil es die Motive seiner Gruppengenossen einschätzen und damit auch besser ihr Verhalten vorhersagen kann.

Nehmen wir ein anderes Beispiel. Stellen wir uns vor, es gibt eine Makakengruppe, in der ein Tier, wie etwa das berühmte Japanmakakenweibchen Imo, plötzlich eine neue Methode der Nahrungsbeschaffung und -aufbereitung entwickelt. Wenn die Erfinderin sich nur mit zufälligen Verhaltensübereinstimmungen abgibt, dann ist der adaptive Wert, der sich aus dieser Entdeckung ziehen läßt, ziemlich begrenzt. Sie kann natürlich sich selbst besser ernähren und auch kräftigere Kinder aufziehen. Andere Tiere mögen lernen, daß sie als einzige von allen Gruppenmitgliedern in der Lage ist, sich diese Art von Nahrung zu verschaffen. Dies mag die anderen veranlassen, zu ihr zu gehen, wenn sie sich mit dem Futter beschäftigt, und das Futter dann ebenso wie sie zu behandeln. Durch solche soziale Stimulation mag ihr Kind schließlich auch die Fertigkeit erwerben. Vielleicht wird das Weibchen auch für die anderen ein attraktiverer Sozialpartner, und ihre Attraktivität mag es ihr erlauben, eine Beziehung zu einem ranghohen Weibchen oder Männchen aufzubauen, die auf andere Weise vielleicht nicht möglich gewesen wäre (Stammbach 1988b gibt dafür ein gutes Beispiel).

Aber wenn die Erfinderin anderen Unwissenheit zuschreiben kann und versteht, daß Bewußtseinszustände Verhalten beeinflussen können, dann läßt sich daraus ein immenser Vorteil schöpfen. Eine Erfinderin, die über eine Theorie des Geistes verfügt, kann ihr Wissen selektiv an Verwandte weitergeben, so wie sie selektiv ihr Grooming auf bevorzugte Gruppenmitglieder verteilen kann. Sie kann ihr Wissen auch selektiv Rivalen *vorenthalten*, so wie sie andere kooperative Akte, wie Unterstützung, anderen selektiv vorenthält. Schließlich ist eine Erfinderin, die den Unterschied zwischen ihrem eigenen Wissen und dem anderer erkennt, nicht mehr an den relativ langsamen Prozeß des Lernens durch Beobachtung gefesselt, um ihre Fertigkeit weiterzugeben, sondern sie kann aktiv unterrichten. Auch in diesem Fall hätte also ein Individuum, das der Zuschreibung fähig ist, wohl einen klaren Selektionsvorteil vor den anderen.

Wir wollen mit diesen hypothetischen Beispielen noch einmal betonen, daß der Besitz (oder das Fehlen) einer Theorie des Geistes, ein Merkmal, das man schon lange als wichtigen Meilenstein in der kognitiven Entwicklung von Kindern erkannt hat, auch im Evolutionskontext außerordentlich bedeutsam ist. Wenn ein Individuum erst einmal erkennt, daß seine Gruppengenossen sich nicht nur verhalten, sondern auch denken, hoffen und Ansichten über Verhalten haben, dann hat es das Potential, zu einem sehr viel besseren sozialen Strategen zu werden, und kann sein Wissen geschickter zu seinem eigenen Vorteil und dem seiner Verwandten einsetzen.

Trotz des offensichtlichen Selektionsvorteiles, anderen Bewußtseinszustände zuschreiben zu können, gibt es aber wenig Hinweise dafür, daß Affen dies tatsächlich tun. Es scheint unwahrscheinlich, daß dieses Unvermögen auf dem Fehlen von Sprache beruht; die Fähigkeit zum Informieren, zum Täuschen, zum Lehren und die Fähigkeit, Empathie zu empfinden, mag durch Sprache gefördert werden, aber sie ist sicher keine notwendige Voraussetzung. Dennett (1987) vermutet, daß Intentionalität höherer Ordnung möglicherweise als Resultat von Selektionsdrücken entstanden ist, die Individuen aus ihrer sozialen Umgebung erwachsen, und er meint, daß bei den meisten Primatenarten die soziale Umwelt vielleicht doch zu simpel gestrickt ist, um Intentionalität höherer Ordnung erforderlich zu machen. Die meisten nichtmenschlichen Primatenarten leben in Gruppen, die als kohäsive Sozialeinheiten auf Nahrungssuche gehen und ausruhen. Nur bei wenigen Arten, einschließlich Menschen, Schimpansen und den südamerikanischen Klammeraffen, teilen sich die Gruppen regelmäßig in kleinere Verbände oder Untereinheiten mit wechselnder Zusammensetzung auf. Als Ergebnis, meint

Dennett, wird das Netz der Sozialbeziehungen nur beim Menschen und vielleicht noch bei den Schimpansen so verwickelt, daß Intentionalität höherer Ordnung wirklich notwendig wird. Meerkatzen könnten wahrscheinlich von den meisten Merkmalen menschlicher Sprache, einschließlich der intentionalen Einstellung, keinen Gebrauch machen, weil ihre Welt so viel einfacher als die unsere ist. Da die meisten Affenarten alles in ihrer Gruppe tun, leben sie ein solch unbarmherzig öffentliches Leben, daß nicht viel Neues an Information weiterzugeben ist, ein Leben, in dem es keine Geheimnisse zu verbergen, nichts zu verschweigen gibt (Dennett 1987).

Wenn es bei gruppenlebenden Affen keinen Selektionsdruck für Intentionalität höherer Ordnung gibt, dann könnten wir erwarten, mehr Hinweise auf eine Theorie des Geistes bei Arten zu finden, die sich regelmäßig in kleinere Untereinheiten aufspalten. Das wären nicht nur Schimpansen und Klammeraffen (*Ateles spec.*), sondern auch Mantelpaviane, Delphine und Elefanten. Schimpansen scheinen in der Tat besser als Affen anderen Bewußtseinszustände zuschreiben zu können. Aber zu folgern, daß dies so ist, weil sie allein sein können, wann immer sie wollen, könnte bedeuten, daß man am Kern einer ganzen Reihe interessanter Fragen vorbeigeht, bevor sie überhaupt gestellt wurden. Wir können nicht einmal ausschließen, daß wir Henne und Ei verwechselt haben; vielleicht ist es überhaupt erst die Fähigkeit, anderen Bewußtseinszustände zuzuschreiben, die es sozialen Gruppen *erlaubt*, flexibler und instabiler zu werden.

Gemessen an den meisten Tests sind auch Gorillas intelligente Wesen, obwohl ihre kohäsiven Gruppen es ihnen selten erlauben, das Rampenlicht der Öffentlichkeit zu verlassen. Dennoch scheinen Gorillas bei zumindest einem Test für Selbsterkenntnis zu versagen (Gallup 1982). Können wir das Unvermögen, ein Gesicht in einem Spiegel zu erkennen, mit dem Fehlen von Selbsterkenntnis in Verbindung bringen, das Fehlen von Selbsterkenntnis mit dem Fehlen einer Theorie des Geistes und das Fehlen einer Theorie des Geistes mit dem Fehlen einer Privatsphäre? Unglücklicherweise ist es oft schwierig, Labortests zur Selbsterkenntnis und zur Intentionalität höherer Ordnung bei Affen und Menschenaffen mit dem natürlichen Sozialverhalten der jeweiligen Art in Zusammenhang zu bringen. Es ist leicht, darüber zu spekulieren, warum ein Affe, der anderen Bewußtseinszustände zusprechen kann, einen Selektionsvorteil haben könnte. Dieser teleologische Ansatz kann bei uns aber nur das Staunen darüber hinterlassen, daß solch eine offensichtlich nützliche Fähigkeit anscheinend nicht in der Evolution entstanden ist.

Zusammenfassung

Das Studium der Attribution oder Zuschreibung bei Affen und Menschenaffen steckt noch in den Kinderschuhen und stützt sich immer noch weitgehend auf erstaunliche, aber wenig beweiskräftige Anekdoten. Obwohl es schwierig ist, ein Thema zusammenzufassen, für das es nur wenige und zum Teil auch noch widersprüchliche Befunde gibt, wollen wir ein paar Spekulationen riskieren.

Affen und Menschenaffen handeln gelegentlich, als ob sie erkennen, daß andere Individuen Überzeugungen haben, aber auch die erstaunlichsten Beobachtungen lassen sich in der Regel mit erlerntem Wissen um Verhaltensübereinstimmungen erklären, ohne daß man auf Intentionalität höherer Ordnung zurückgreifen müßte. Auch wenn die Hinweise dürftig sind, so deuten sie doch darauf hin, daß insbesondere Menschenaffen über eine Theorie des Geistes verfügen könnten, allerdings keine, die es ihnen gestatten würde, sicher oder gar leicht zwischen verschiedenen Theorien oder verschiedenen Bewußtheiten zu unterscheiden. Tatsächlich können wir nicht einmal mit letzter Gewißheit feststellen, ob nichtmenschliche Primaten einander Unwissenheit zuschreiben. Das Problem mag zumindest teilweise mit der Unfähigkeit der Tiere, ihr eigenes Wissen zu erkennen und sich bewußt zu machen, zu tun haben.

Viele verschiedene Beispiele, die ebenso viele verschiedene Annäherungsweisen an dasselbe Problem widerspiegeln, unterstützen durchgängig die Hypothese, daß Affen unfähig sind, anderen Bewußtseinszustände zuzusprechen. Erstens können Affen zwar mit Leichtigkeit die notwendigen Schritte lernen, um eine Aufgabe zu erledigen, aber die Rollen von anderen zu lernen, finden sie offenbar schwieriger, vielleicht weil sie anderen Individuen keine Motive unterstellen können. Zweitens versuchen Affen zwar einander zu täuschen, aber ihre Täuschungsversuche scheinen eher darauf abzuzielen, das Verhalten von Rivalen zu manipulieren und nicht deren Gedanken. Drittens haben ihre Vokalisationen zwar sicher die Funktion, andere auf das Vorhandensein von Nahrung, Gefahr oder auf sich selbst und andere aufmerksam zu machen, aber wir haben keinen Hinweis dafür, daß Affen überhaupt je mit der Absicht kommunizieren, den Bewußtseinszustand eines Zuhörers zu verändern oder die Aufmerksamkeit des Publikums auf den eigenen Bewußtseinszustand zu lenken. Affen richten ihr Verhalten nicht danach aus, ob ihr Publikum informiert oder unwissend ist, vielleicht, weil sie nicht erkennen, daß es solche mentalen Zustände überhaupt gibt. Viertens sind Affen zwar sicherlich in der Lage, sich neue Fertigkeiten von anderen durch Beobachtung, soziale Stimulation und Lernen durch Versuch und Irrtum anzueignen, aber es gibt wenig Hinweise dafür, daß sie einander imitieren, wiederum vielleicht deshalb, weil sie unfähig sind, anderen Motive zu unterstellen. Fünftens unterrichten Affen einander nicht. Wieder würden wir meinen, daß dieses Fehlen von Erziehung die Unfähigkeit der Tiere widerspiegelt, zwischen ihren eigenen Bewußtseinszuständen und denen der anderen zu unterscheiden. Sechstens empfinden Affen zwar Gefühle wie Angst oder Trauer, aber sie zeigen keine Anzeichen für Mitleid oder Empathie und scheinen Gefühle von anderen nicht wahrzunehmen. Schließlich mögen Affen zwar gut darin sein, ihre eigene Position in einem Netzwerk von Sozialbeziehungen oder in einer Dominanzhierarchie zu erkennen, aber sie zeigen wenig Anzeichen für Selbstbewußtsein. Auch dies stimmt mit der Ansicht überein, daß Affen nicht wissen, was sie wissen, und daß sie über ihr Wissen, ihre Gefühle oder ihre Überzeugungen nicht reflektieren können.

Viele dieser Verallgemeinerungen scheinen eher auf Affen als auf Menschenaffen zuzutreffen. Tatsächlich wollen wir, nachdem wir nun so weit gegangen sind, zu vermuten, daß Affen größtenteils eine Theorie des Geistes vermissen lassen, weiter spekulieren und voraussagen, daß viele der fundamentalsten Unterschiede zwischen dem Denken von Affen und dem von Menschenaffen sich letztendlich aus der überragenden Fähigkeit der Menschenaffen, einander Bewußtseinszustände zuzusprechen, herleiten (siehe auch die Diskussion bei Mason 1978b).

Obwohl die meisten Befunde anekdotenhaft sind, gibt es deutliche Hinweise dafür, daß Schimpansen und vielleicht auch andere Menschenaffen erkennen, daß andere Individuen Überzeugungen haben, und daß ihr eigenes Verhalten diese Überzeugungen beeinflussen kann. Anders als Affen scheinen Schimpansen die Ziele und Motive anderer zu verstehen. Sie täuschen einander in vielfältiger Weise und in mehr Kontexten als Affen, und sie scheinen besser als Affen ihr eigenes Wissen und ihre Grenzen und das Wissen um die Grenzen der anderen zu erkennen.

Gleichzeitig aber scheinen Schimpansen in ihrem Unvermögen, anderen falsche Überzeugungen zu unterstellen, ganz kleinen Kindern zu gleichen. Es gibt sehr wenig Hinweise dafür, daß Schimpansen die Diskrepanz zwischen ihren eigenen Bewußtseinszuständen und denen anderer erkennen. Sie zeigen wenig Empathie füreinander und sie unterrichten einander nicht ausdrücklich. Es gibt zwar einige Vermutungen, daß sie Unwissenheit bei anderen erkennen, aber wir wissen noch nicht, ob sie je vorsätzlich Schritte unternehmen, Unwissenheit zu korrigieren, oder daß sie das Wissen ihres Publikums berücksichtigen, wenn sie andere auf die Anwesenheit einer fremden Gruppe oder auf die Entdeckung eines fruchtenden Baumes aufmerksam machen.

Shakespeares *Romeo und Julia* ist eine Tragödie der Unwissenheit und des falschen Glaubens, dessen sich nur das Publikum bewußt ist. Die tiefe Ironie des Stückes kommt zum Ausdruck, als Romeo die betäubte und schlafende Julia findet. Im Glauben, sie sei tot, beklagt er, sie sähe schön genug aus, um lebendig zu sein. Romeos Selbstmord ist tragisch, weil er auf einer Überzeugung basiert, von der das Publikum weiß, daß sie falsch ist. »Wenn Romeo nur wüßte, was wir wissen,« denken wir, »dann hätte dies nicht passieren müssen.« Mit den Worten des Dramatikers Arthur Miller entstehen Tragödien, wenn wir den Widerspruch zwischen den Bemühungen eines Mannes und seinen Sehnsüchten sehen, und um Sehnsüchte zu verstehen, müssen wir Bewußtseinszustände zuschreiben. Aber wie würde Romeos Tod auf ein Publikum von Affen wirken – auf ein Publikum, das nicht in der Lage ist, zwischen ihren eigenen Überzeugungen und denen Romeos zu unterscheiden?

Die Wahrscheinlichkeit, daß ein Affe mit einer Schreibmaschine das komplette Werk von Shakespeare zustande brächte, beträgt eins zu vielen Milliarden – selbst in Tausenden von Jahren würde die richtige Kombination aus Buchstaben und Wörtern niemals einfach per Zufall zustande kommen (Dawkins 1986). Der Grund dafür, daß Affen sich auf den Zufall verlassen müßten, hat mit ihren Theorien des Geistes zu tun. Selbst wenn ein Affe das Verhalten einer Person beschreiben und in eine Schreibmaschine tippen könnte, so könnte er doch nicht ihr Denken offenbaren. Und ohne solche Zuschreibung gäbe es keine Tragödie oder Komödie, keine Ironie und keine Paradoxie.

Kapitel 9
Soziale und nichtsoziale Intelligenz

Wir kamen in unserem Studiengebiet gerade einen Tag, nachdem einige Löwen einen Büffel getötet hatten, an. Die Löwen hatten den blutigen, zerstückelten Kadaver in Sichtweite auf der offenen Ebene zurückgelassen und ruhten sich – von der Straße aus unsichtbar – in etwa 20 Meter Entfernung im Schatten einiger dichter Akazienbüsche aus. Wir saßen im Wagen und berieten, was als nächstes zu tun sei, als sich eine Gruppe Paviane näherte. Normalerweise geben Paviane beim Anblick von Löwen Alarmrufe ab, und bei geringer Distanz fliehen sie vor ihnen. Aber diese Paviane zeigten keinerlei sichtbares Zeichen von Unruhe, als sie sich dem Kadaver näherten. Als die Paviane langsam den Kadaver passierten, machten einige Jugendliche halt, um an ihm zu riechen. Dann, plötzlich, bemerkten einige Erwachsene die Löwen und begannen Alarmbeller zu machen. Sofort flüchteten alle Paviane zu den Bäumen.

Wir beobachteten diesen Vorfall mit einiger Verwirrung. Die Paviane hatten schon oft Löwen an ihrer Beute beobachtet, und sie mußten mit Sicherheit reichlich Gelegenheit gehabt haben, zu lernen, daß nur ein Raubtier für einen frisch getöteten und zerstückelten Büffelkadaver verantwortlich sein konnte. Und doch war es offenbar nötig, daß sie die Löwen selbst sahen; der frische Kadaver allein hatte offensichtlich keine Unruhe ausgelöst. Warum erkannten die Paviane den Kadaver anscheinend nicht als Zeichen für Gefahr? Könnte es sein, daß Paviane so schlechte Naturbeobachter sind, daß sie einfach sehr wenig über das Verhalten von Löwen wissen?

Menschliche Intelligenz mit der Intelligenz von nichtmenschlichen Primaten zu vergleichen, ist aus einer Reihe von Gründen schwierig. Erstens hat man die Intelligenz von Primaten typischerweise an ihrer Leistung bei Lerntests gemessen. Über das Wissen, das sich Affen und Menschenaffen in ihrer natürlichen Umgebung ohne menschliche Eingriffe aneignen, weiß man dagegen relativ wenig. Wichtiger noch, im Labor wird Intelligenz von Tieren meist mit biologisch reichlich sinnlosen Objekten wie Tönen oder Blinklichtern getestet. Viele Probleme, mit denen sich nichtmenschliche Primaten unter natürlichen Bedingungen herumschlagen, ergeben sich aber aus der Konkurrenz und Kooperation mit Artgenossen. Es gibt Grund zu der Annahme, daß Primaten mehr von ihrer Intelligenz offenbaren, wenn sie es miteinander zu tun haben, als wenn sie sich mit für sie irrelevanten Objekten abgeben. In diesem Kapitel wollen wir untersuchen, was freilebende Meerkatzen ohne jedes menschliche Training über ihre nichtsoziale Umwelt gelernt haben. Die Hypothese, die wir prüfen wollen, lautet, daß viele der kognitiven Fähigkeiten, über die Affen und Menschenaffen verfügen, als Resultat von Selektionsdrücken auf Individuen im Kontext sozialer Interaktionen im Laufe der Evolution entstanden sind.

Primaten, die mit Objekten im Labor getestet werden, sehen sich oft Problemen gegenüber, die in ihrer Logik den sozialen Problemen ähneln, mit denen es Primaten in der Wildbahn zu tun haben. Erinnern wir uns zum Beispiel an die Experimente zur Transitivität, die wir in Kapitel 3 beschrieben haben. Für Kapuzineraffen, denen man beibrachte, eine geordnete Reihe aus fünf Einzelteilen (wie ABCDE) zu erkennen, war es ein Leichtes, nichtzusammengehörige Paare und Tripletts aus der Reihe (wie AD oder ACE) zu ordnen. Tauben scheinen dies dagegen nie zu lernen (D'Amato und Colombo 1988). Auch Totenkopfaffen (McGonigle und Chalmers 1977) und Schimpansen (Gillan 1981) scheinen nach intensivem Training in der Lage zu sein, transitive Schlüsse über die relative Position von Objekten ziehen zu können. Diese Fähigkeiten finden Parallelen im Verhalten von Affen und Menschenaffen in der Wildnis, wo schon ganz junge Individuen aus der Beobachtung dyadischer Interaktionen auf eine Dominanzhierarchie ihrer Artgenossen schließen können (Kapitel 2 und 3).

Nehmen wir ein anderes Beispiel. In Gefangenschaft kann man Affen beibringen, Objekte in bezug auf Ähnlichkeit oder Originalität zu klassifizieren (Kapitel 3). Allerdings tun sie dies selten spontan (also ohne eine Belohnung zu erhalten), oder sie benutzen andere Kriterien als direkt wahrnehmbare Ähnlichkeit. Dagegen scheinen gruppenlebende Rhesusaffen regelmäßig Individuen auf der Basis von Verwandtschaft oder engen Beziehungen zu klassifizieren. Diese Klassifikationen treten ohne menschliche Eingriffe auf, und sie scheinen in vielen Fällen nicht auf Charakteristika wie physischer Ähnlichkeit zu beruhen, sondern auf Verhaltensmerkmalen, wie engen Kontakten oder Familienzugehörigkeit (Kapitel 3 und 6).

Die Fähigkeiten, die Affen und Menschenaffen im Labor zeigen, scheinen also in sozialen Gruppen oft ihre Entsprechung zu finden. Aber während Primaten in Gefangenschaft typischerweise intensives Training benötigen, scheint die Leistungsfähigkeit wildlebender Primaten bei sozialen Interaktionen eher spontan in Erscheinung zu treten. Eine Erklärung für diesen Unterschied ist, daß Primaten im Labor einfach nicht motiviert sind, ohne

Artgenossen und unter einigermaßen unnatürlichen Bedingungen Leistungen zu bringen. Forschung an Primaten in Gefangenschaft hat mit Motivationsproblemen zu kämpfen, und in vielen Untersuchungen hat sich die Unterscheidung zwischen Unvermögen und fehlendem Ansporn, die Aufgabe, um die es geht, durchzuführen, als schwierig erwiesen (z. B. Terrace 1979).

Es gibt allerdings auch einen qualitativen Unterschied zwischen den Reizen, denen Affen und Menschenaffen im Labor ausgesetzt sind, und den Reizen, mit denen sie in sozialen Gruppen konfrontiert sind. Dieser Unterschied legt eine provozierende Hypothese nahe: Daß nämlich das Gruppenleben einen starken Selektionsdruck auf die Fähigkeit von Primaten ausübt, komplexe Assoziationen zu bilden, transitive Schlüsse zu ziehen und sogar Kausalbeziehungen zu erkennen, und dies vor allem dann, wenn die Stimuli andere Primaten sind. Außerhalb des sozialen Bereiches sind dieselben Fertigkeiten nicht gefördert worden. Affen und Menschenaffen scheinen eher fähig, wenigstens manche Arten von Problemen zu lösen, wenn soziale Stimuli, wie Artgenossen, beteiligt sind, als wenn sie sich auf Objekte beziehen.

Die Hypothese, daß bestimmte Merkmale der Intelligenz von Primaten entstanden sind, um mit der Komplexität sozialer Interaktionen umzugehen, wurde zuerst 1966 von Allison Jolly vorgeschlagen und 1976 von Nicholas Humphrey genauer ausgearbeitet (siehe auch Chance und Mead 1953; Rozin 1976). Nach diesen Autoren hat die natürliche Selektion eine wichtige Rolle dabei gespielt, daß Primaten die Fähigkeit entwickelten, *soziale* Probleme zu lösen. Mit Seligmans (1970) Worten sind Primaten besser darauf »vorbereitet«, mit sozialen Stimuli umzugehen als mit Stimuli, die außerhalb des sozialen Bereiches angesiedelt sind. Konsequenterweise kann man Affen im Labor beibringen, Objekte hinsichtlich irgendwelcher abstrakter Kriterien zu klassifizieren, weil diese Aufgabe dieselben Fähigkeiten erfordert, die Affen immer dann benutzen, wenn sie Tiere hinsichtlich ihrer Zugehörigkeit zu verschiedenen Verwandtschaftsgruppen klassifizieren oder wenn sie akustische Signale in unterschiedliche funktionelle Kategorien einteilen. Genauso stützen sich Affen, wenn sie im Labor Probleme über transitive Schlußfolgerungen lösen, auf Fähigkeiten, die sie täglich benutzen, wenn sie die Dominanzränge anderer Individuen einschätzen. Auch wenn Schimpansen in Gefangenschaft technische Probleme lösen, die Voraussicht und das Verstehen der Konsequenzen früherer Entscheidungen erfordern, demonstrieren sie Fähigkeiten, für die sie auf Grund der Notwendigkeit, ähnliche strategische Entscheidungen im täglichen Umgang miteinander zu treffen (de Waal 1982), präadaptiert sind.

Bevor wir auf das Argument im Detail eingehen, wollen wir einige Dinge klarstellen. Die Hypothese, daß einige Komponenten der Intelligenz von Primaten in einem bestimmten Bereich besser entwickelt sein könnten als in einem anderen, ist hochgradig spekulativ und weitgehend ungeprüft. Wir glauben zwar, daß die Unterscheidung zwischen »sozialen« und »nichtsozialen« Aktivitäten real und heuristisch wertvoll ist, aber die Grenze zwischen den beiden Aktivitätsbereichen ist nur dürftig definiert. Bei solchen Unsicherheiten scheint es wichtig, deutlich zu machen, auf welche Sachverhalte sich unsere Hypothese *nicht* richtet.

Die bereichsspezifische Sicht der Primatenintelligenz postuliert, daß die natürliche Selektion so gewirkt haben könnte, daß manche Fähigkeiten im Rahmen sozialer Interaktionen gefördert wurden, die sich nicht so leicht auf andere Kontexte ausweiten oder verallgemeinern lassen. Die Hypothese spezifiziert allerdings nicht, wie vollendet das soziale Wissen eines Affen im einzelnen ist oder welche Prozesse ihm unterliegen, und sie behauptet auch nicht, daß soziales Wissen grundsätzlich nicht auf andere Bereiche ausgeweitet werden könnte. Vor allem besagt die Hypothese nicht, hochentwickelte soziale Fähigkeiten würden bedeuten, daß Fähigkeiten auf anderen Gebieten, etwa das Erinnerungsvermögen an Orte mit Nahrungsressourcen, notwendigerweise unterentwickelt sein müßten. Statt dessen meint die Hypothese, daß *bestimmte Arten von Problemen* leichter im sozialen Bereich als auf anderen Aktivitätsgebieten gelöst werden.

Wir gehen hier so genau auf den Unterschied zwischen sozialer und nichtsozialer Leistungsfähigkeit ein, weil wir der Auffassung sind, daß Wissenschaftler, die sich für die Intelligenz von Primaten interessieren, die Verpflichtung haben, nicht nur zu beschreiben, was für tolle Dinge ihre Studienobjekte tun, sondern auch deutlich zu machen, worin sie versagen, und worin sich die Intelligenz von Affen und Menschenaffen am auffälligsten von unserer eigenen Intelligenz unterscheidet. In den Kapiteln 6 und 8 sind wir schon auf einige Punkte eingegangen, in denen sich das Verständnis eines nichtmenschlichen Primaten von seiner Welt von dem unseren unterscheiden könnte. Indem wir das Sozialverhalten eines Affen seiner Leistungsfähigkeit außerhalb des sozialen Bereiches gegenüberstellen, schaffen wir uns eine weitere Möglichkeit, sowohl die Reichhaltigkeit als auch die Grenzen des Bewußtseins nichtmenschlicher Primaten genauer auszuloten.

Wieder einmal ist unser Ansatz nicht besonders neu. In den letzten Jahren hat es viele Debatten darüber gegeben, inwieweit das Bewußtsein von Menschen und anderen Tieren modular beziehungsweise bereichsspezifisch ist, angepaßt also dafür, bestimmte Aufgaben mit größerem Geschick als andere zu lösen. Im folgenden wollen wir einen Überblick über einige dieser Fragen geben und auch Befunde zum Nahrungserwerb von Vögeln und anderen Tieren beschreiben, die direkt die Frage der bereichsspezifischen Anpassung betreffen. Wir kehren dann zu der Frage nach der »sozialen Intelligenz« nichtmenschlicher Primaten zurück und beschäftigen uns mit der Hypothese, daß es einen fundamentalen Unterschied zwischen dem Verständnis der Affen von ihrer sozialen und von ihrer nichtsozialen Umwelt gibt.

Die Modularität des Bewußtseins

Eine Honigbiene ist in der Lage, hochspezifische und präzise Informationen über den Standort einer Nahrungsquelle durch ihren Tanz zu vermitteln. Aber sie benutzt ihren Tanz nicht, um andere Informationen zu übermitteln, die nichts mit Nahrung oder der Lage von Objekten zu tun haben. Beispielsweise benutzen Bienen keine Tänze, um etwas über ihre Nestkameraden mitzuteilen. Ein Lachs kann sich an den Fluß, in dem er aus dem Ei geschlüpft ist, so genau »erinnern«, daß er noch nach Jahren zur selben Stelle zurückfindet, aber er kann sich vermutlich nicht an die vielen Geschwister erinnern, die mit ihm gemeinsam geschlüpft sind. Dies ist vielleicht so, weil der Tanz einer Honigbiene und das räumliche Gedächtnis eines Lachses spezialisierte Anpassungen sind, die nicht auf andere Kontexte ausgeweitet werden können (Sherry und Schacter 1987; Rozin und Schull 1988).

Die behavioristische Tradition, die die Laborpsychologie lange beherrschte, betonte in der Vergangenheit allgemeine Lernprozesse und konzentrierte sich auf Assoziationsmodelle, von denen man annahm, daß sie sich mit nur geringen Modifikationen unabhängig von der Spezies oder den Stimuli anwenden lassen. Solche generellen Lernprozesse fanden bei Ethologen, deren evolutionsbiologische Sichtweise per definitionem auf artspezifische Anpassungen an bestimmte Lebensräume gerichtet ist, nie besonderen Anklang. Tatsächlich machten die ersten Feldstudien zur sozialen Entwicklung von Tieren deutlich, daß viele Formen von Lernen, wie etwa die elterliche Prägung, *nicht* mit Konzepten von allgemeinen Assoziationen erklärt werden können (z. B. Lorenz 1935, diskutiert bei Lorenz 1975).

Eines der besten Beispiele eines nichtassoziativen, artspezifischen Lernprozesses ist das Lernen des Gesanges bei Vögeln. In Nordamerika bewohnen Singammern (*Melospizia melodia*) und Sumpfammern (*M. georgiana*) Gegenden, wo sie als Nestlinge die Gesänge vieler anderer Vogelarten hören. Jede Ammer lernt aber nur den Gesang ihrer eigenen Art. Für Sumpfammern ist der diesem selektiven Lernen zugrundeliegende wesentliche Parameter die akustische Morphologie der Gesangsnoten. Sumpfammern lernen einen Gesang, wenn er die Noten der eigenen Art enthält, auch dann, wenn ihnen diese Noten mit dem zeitlichen Muster einer anderen Art vorgeführt werden (Marler und Peters 1977). Bei Singammern beruht das selektive Lernen sowohl auf der Notenmorphologie als auch auf ihrem zeitlichen Muster (Marler und Peters 1981).

Obwohl die Sichtweise, daß Lernen sich in den meisten Kontexten und bei den meisten Arten ähnelt, sich noch in manchen vergleichenden Studien zur Intelligenz von Tieren hält (z. B. Macphail 1985), herrscht inzwischen doch weitgehend Übereinstimmung, daß nicht alle Arten in der Lage sind, dieselben Dinge zu lernen, und daß wenigstens einige Komponenten tierlichen Lernens von artspezifischen Prädispositionen geformt und begrenzt werden (Seligman und Hager 1972; Hinde und Stevenson-Hinde 1973; Johnston 1981; Shettleworth 1984). Die Verhaltensdaten werden durch einen wachsenden Berg neurologischer Beweise von Menschen und anderen Arten gestützt, die darauf hindeuten, daß viele Verhaltensmuster von bestimmten Hirnarealen kontrolliert werden.

Einige der extremsten Beispiele für die »Modularität« des Gehirns stammen von menschlichen Schlaganfall- und Tumorpatienten, die oft auf Grund einer Schädigung bestimmter Hirnareale an spezifischen Verhaltensausfällen leiden. Auf einer subtileren Ebene können schon geringe neuroanatomische Unterschiede zwischen nahe verwandten Populationen meßbare Verhaltensunterschiede ergeben, die die unterschiedlichen Lebensräume, in denen sich die Individuen in der Evolution entwickelt haben, reflektieren. Zum Beispiel haben die östlichen Sumpfzaunkönige Amerikas (*Cistothorus palustris*) normalerweise ein Gesangsrepertoire aus 30 bis 60 unterschiedlichen Strophen. Das Gesangsrepertoire der westlichen Sumpfzaunkönige ist dagegen ungefähr viermal so groß (Kroodsma und Verner 1987). Die beiden Unterarten weisen auch signifikante Unterschiede in der Größe der Kernareale im Gehirn auf, die den Gesang kontrollieren: Bei den westlichen Sumpfzaunkönigen sind diese Areale größer (Kroodsma und Canady 1985). Diese neuroanatomischen Unterschiede sind offenbar das Ergebnis unterschiedlicher ökologischer und sozialer Selektionsdrücke. Obwohl beide Unterarten den

Gesang benutzen, um Geschlechtspartner anzulocken und männliche Rivalen zu vertreiben, sind westliche Zaunkönige das ganze Jahr über Standvögel in ihren Territorien und leben in größerer Populationsdichte. Als Resultat ist die Konkurrenz zwischen den Männchen viel intensiver. Es scheint, daß die natürliche Selektion mit größerer Intensität auf die westlichen Sumpfzaunkönige gewirkt hat, indem sie größere Gesangsrepertoires und die Entwicklung der neuralen Strukturen, die die Aneigung dieser Repertoires erst ermöglichen, gefördert hat (diskutiert bei Kamil 1987).

Die Beobachtung, daß Tiere prädisponiert sind, einige Dinge leichter zu lernen als andere, und daß spezialisiertes Lernen oft an spezialisierte neurale Strukturen gekoppelt ist, hat zu der Ansicht geführt, daß viele Verhaltensaspekte bis zu einem gewissen Grade bereichsspezifisch sind (z.B. Killeen 1985). Ein ausgesprochen extremer Verfechter dieser Hypothese ist der Philosoph Jerry Fodor (1983, 1985). Fodor vertritt die Meinung, daß das Gehirn des Menschen und anderer Tiere in Module aufgeteilt ist, die »informationsmäßig eingekapselt« sind und relativ unabhängig voneinander arbeiten, wenn es zur Kommunikation mit anderen Bereichen kommt. Bei der Wahrnehmung sind diese Module zum Beispiel für manche Arten von Information aufnahmebereit, für andere aber nicht. Die Wahrnehmung menschlicher Sprache arbeitet mit einem spezifischen Verrechnungssystem, das daran angepaßt ist, eine spezifische Aufgabe auszuführen; dieses System hat wenig mit den Systemen gemein, die andere Aufgaben erledigen, wie etwa die Wahrnehmung von Musik. Nach Fodor (1985, S. 4) ist die Funktion der Wahrnehmung, »dem Denken ein Abbild von der Welt vorzuschlagen, aus dem ... irrelevante Variabilität effektiv herausgefiltert worden ist«. Fodors Module sind rechnerisch komplex (Grammatik ist ein gutes Beispiel), bereichsspezifisch und insofern unwillkürlich, als ein Individuum gar nicht anders kann, als ein Phonem oder einen Satz (durch das Phonem- oder Satz-erkennende Modul) zu verstehen, auch wenn es gar keinen Grund gibt, sich über das Erkennen Gedanken zu machen (siehe auch Rozin und Schull 1988). Fodors modulares Gehirn ist auch hierarchisch. Er stellt die Hypothese auf, daß der Output der vielen Module des Gehirns in ein leistungsfähigeres zentrales Verarbeitungssystem eingespeist wird, das nicht modular aufgebaut ist, nicht eingekapselt ist und das höhere mentale Aktivitäten wie Problemlösung und Entscheidungsfällung steuert. Dieses zentrale Verarbeitungssystem organisiert und interpretiert Informationen, die es von weiter peripheren Wahrnehmungsmodulen erhält, und es arbeitet manchmal bewußt und willkürlich.

Fodor hatte sein Modell ursprünglich formuliert, um die »Allgemeine Verarbeitungstheorie«, also die Theorie, daß Lernen kontextunabhängig wäre, zu widerlegen. Einige Wissenschaftler haben es allerdings kritisiert, weil es ihnen noch nicht modular *genug* war, und weil es höheren und zentraleren kognitiven Instanzen zuviel Gewicht beimäße. Vor allem Ray Jackendoff (1987) benutzt Hinweise aus der Erforschung menschlicher Sprache, visueller Wahrnehmung und der Aufnahme von Musik, um zu argumentieren, daß nicht nur viele menschlichen Fähigkeiten modular seien, sondern daß auch die Module, wenn überhaupt, nur äußerst dürftig miteinander kommunizieren. Zum Beispiel zitiert er neurologische und psychologische Belege dafür, daß die Aufnahme und Produktion von Sprache mit anderen »intelligenten« Aktivitäten nur schlecht korrelieren. Viele mental zurückgebliebenen Menschen, die ansonsten völlig unfähig sind, sich an komplexe Strukturregeln zu erinnern, haben nichtsdestotrotz kaum Schwierigkeiten mit Grammatik. Genauso kann ein Komponist, dessen Partitur mit seinen wiederholten Themen eine genaue Kenntnis von Mathematik vermuten läßt, schon mit einfachen Summen Schwierigkeiten haben (siehe auch Gallistel und Cheng 1985; Gardner 1985).

Bei unserer Betrachtung wollen wir auf das modulare Vokabular von Fodor verzichten und statt dessen den weniger extremen Begriff *bereichsspezifisch* benutzen, wenn wir uns mit Fähigkeiten beschäftigen, die einigermaßen auf bestimmte Kontexte oder Stimuli begrenzt zu sein scheinen. Module sind, zumindest im allgemeinen Sprachgebrauch, eindeutig diskrete Einheiten und untereinander ziemlich unkommunikativ. Dagegen können Regeln für bereichsspezifische Informationen, die in einem Bereich gelernt werden, zumindest theoretisch abstrahiert und auch auf andere Bereiche erweitert werden, auch wenn sie in einer bestimmten Art und Weise kodiert sind und nur auf eine begrenzte Zahl von Kontexten angewandt werden können. Lernen wird dieser Ansicht nach durch angeborene Prinzipien, die unterschiedliche Bereiche organisieren, gebahnt und erleichtert (Gelman 1987), muß sich aber nicht auf einen Bereich *beschränken*. In Anbetracht der wenigen neurologischen Befunde über die Art und Weise, wie das Gehirn von Menschen und Tieren Informationen wahrnimmt und verarbeitet, scheint es angebracht, dieses weniger extreme Modell auf seine Erklärungskraft hin zu testen, bevor wir das strenger modulare Modell akzeptieren.

Obwohl zumindest einige Aspekte menschlichen Verhaltens zweifellos relativ bereichsspezifisch sind, hat die menschliche Intelligenz vielleicht doch bessere Zugriffsmöglichkeiten als die anderer tierischer Lebewesen. Menschen können Wissen, das sie in einem Bereich erworben haben, auf einen anderen ausweiten, und sie tun es gelegentlich auch (Rozin 1976; Gardner 1985). Wir können zum Beispiel sowohl induktive als auch deduktive Schlüsse benutzen, um einfache geometrische Gesetze aufzustellen, und wir können diese Gesetze entweder dazu benutzen, um die Länge einer abstrakten Form zu berechnen, oder, ein wenig praxisbezogener, um den Winkel vorherzusagen, mit dem eine Billardkugel von der Bande abprallt.

Paul Rozin (1976) vertritt den Standpunkt, daß eine erhöhte »Zugriffsmöglichkeit« oder die Fähigkeit, Wissen aus einem Kontext auf einen anderen zu übertragen, eine wesentliche Komponente von Intelligenz ist. Nach Rozin hat die menschliche Intelligenz im Laufe der Evolution einen Zuwachs an Verfügbarkeit von Anpassungen erfahren, die ursprünglich bereichsspezifisch waren (Rozin und Schull 1988). Wenn bestimmte Merkmale der Intelligenz von Primaten tatsächlich entstanden sind, um mit sozialen Problemen fertig zu werden, dann könnte ein wesentlicher Unterschied zwischen Menschen und anderen Primaten darin bestehen, daß Menschen Fähigkeiten, die bei sozialen Interaktionen benutzt werden, besser auf nichtsoziale Bereiche generalisieren oder ausweiten können. Wenn beispielsweise die Fähigkeit zum analogen Denken zunächst aus der Notwendigkeit entstanden ist, verschiedene Sozialbeziehungen zu beurteilen und zu vergleichen (siehe Kapitel 3), könnten wir vorhersagen, daß Meerkatzen keine Probleme haben, mit Analogien umzugehen, wenn die Stimuli andere Affen sind. Sie könnten aber Mühe haben, wenn es sich um Schlüssel und Schlösser oder Dosenöffner und Dosen handelt. Menschen dagegen können lernen, sich des analogen Denkens zu bedienen, auch wenn sie mit nichtsozialen oder abstrakten Stimuli umgehen.

Die Hypothese, daß die menschliche Intelligenz eher zugänglich ist als die anderer Spezies, ist schwer zu überprüfen, denn, wie auch Rozin und Schull (1988) betonen, das Merkmal der Verfügbarkeit ist schon an sich vage. Wie jedes negative Ergebnis kann das Versagen in einem bestimmten Bereich auf viele Faktoren zurückgeführt werden, nicht nur auf mangelnde Zugriffsmöglichkeit. Obwohl neurologische und psychologische Befunde darauf hinweisen, daß viele unserer mentalen Fähigkeiten bis zu einem gewissen Grad diskret und bereichsspezifisch sind, scheint es doch auch zumindest ein wenig Kommunikation zwischen Bereichen zu geben. Inwieweit diese Kommunikation als Dialog oder als Monolog geführt wird, bleibt Gegenstand der Diskussion.

Hinweise auf bereichsspezifische Fähigkeiten
bei Tieren

Obwohl die Hypothese der sozialen Funktion von Intelligenz eine Menge Aufmerksamkeit erregt hat (siehe zum Beispiel die Kapitel in Byrne und Whiten 1988a), hat es doch wenig Versuche gegeben, die Hypothese empirisch zu prüfen. Tatsächlich stammen, wenn man sich Untersuchungen an Tieren ansieht, die praktisch einzigen (und auch nur mittelbaren) Belege für bereichsspezifische Fähigkeiten nicht etwa aus Untersuchungen über soziale Interaktionen, sondern aus Untersuchungen über den Nahrungserwerb. Die Literatur über Nahrungserwerb ist schon deshalb interessant, weil es eines der wenigen Gebiete der Verhaltensforschung an Tieren ist, in dem Felduntersuchungen durch Laborexperimente ergänzt worden sind. Wir wollen uns hier auf die Darstellung einiger weniger ausgewählter Beispiele aus der umfangreichen Literatur über Nahrungserwerb beschränken. Vollständigere Übersichten finden sich bei Krebs und McCleery (1984), Kamil und Roitblat (1985), Stephens und Krebs (1986), Kamil, Krebs und Pulliam (1987) und Gallistel (1989a, 1989b).

Wenn ein Vogel nach Futter sucht, muß er eine Reihe von Entscheidungen treffen. Erstens muß er den Nährwert der verschiedenen Futtersorten herausfinden und vergleichen und die zeitlichen und energetischen Kosten für das Aufnehmen oder Fangen jedes Futterstückchens abwägen. Zweitens muß er entscheiden können, wann er eine Futterquelle verläßt und sich einer neuen zuwendet. Um sich optimal zu verhalten, muß der Vogel den Gewinn aus seiner augenblicklichen Futterquelle mit dem mittleren Gewinn aus anderen Futterquellen vergleichen, und er muß auch die Flugkosten bei einem Wechsel zu einer alternativen Futterquelle in Rechnung stellen. Zusammen erfordern diese Entscheidungen, daß der Vogel eine quantitative Vorstellung von Merkmalen seines Lebensraumes hat, daß er diese Werte vergleichen und sie für ziemlich ausgeklügelte mathematische »Berechnungen« verwenden kann. Experimente und Beobachtungen haben gezeigt, daß das Verhalten im Bereich des Nahrungserwerbs vieler Vögel, Fische und Insekten recht nahe an das herankommt, was die meisten Optimalitätsmodelle vorhersagen. Bietet man beispielsweise Meisen die Wahl zwischen zwei Sitzstangen an, die sie jeweils nach unterschiedlich vielen Hüpfern an Mehlwürmer gelangen lassen, dann lernen die Vögel schnell, die meiste Zeit auf der Stange zu verbringen, die ihnen das bessere Kosten-Nutzen-Verhältnis bietet (Krebs, Kacelnik und Taylor 1978).

Eine der vielen Entscheidungen, die ein Tier treffen muß, wenn es an einer bestimmten Nahrungsquelle frißt, ist die, zu welchem Zeitpunkt es die Futterquelle verläßt und in ein anderes, weniger erschöpftes Gebiet wechselt. Das Tier kann sich nur dann optimal verhalten, wenn es in der Lage ist, die augenblickliche Futtermenge mit der mittleren Belohnungshäufigkeit an anderen Futterstellen zu vergleichen. Eine Reihe von Untersuchungen haben gezeigt, daß Vögel oft bemerkenswert gut augenblickliche Futteraufnahmeraten mit solchen in der Vergangenheit vergleichen können. In einem Experiment steckte Cowie (1977) Mehlwürmer in Plastikschachteln und befestigte sie an einem künstlichen Baum. Die Schachteln stellten die Futterstellen dar, und die Flugzeit zwischen den Futterstellen wurde dadurch simuliert, daß die Schachteln mit Deckeln versehen wurden, die unterschiedlich schwer zu öffnen waren. Waren die Deckel schwer zu öffnen (d. h., die Flugzeit war lang), verbrachten Kohlmeisen mehr Zeit an jeder Schachtel (oder Futterquelle) und holten erst alle Mehlwürmer heraus, bevor sie zur nächsten Schachtel flogen. Cowie verglich die Zeitspanne, die die Vögel an jeder Futterstelle verbrachten, mit den Werten, die man erwartet hätte, wenn die Vögel die Erfolgsraten an jeder Futterstelle mit der mittleren Erfolgsrate in der gesamten Umgebung verglichen hätten. Er fand keinen Unterschied zwischen den erwarteten und den beobachteten Werten (siehe auch Krebs und McCleery 1984). Auch Blauhäher (*Cyanocitta cristata*) benutzen offenbar zwei einfache Regeln, um zu entscheiden, wann sie eine Futterstelle verlassen: die Menge der schon gemachten Beute und die Zeitdauer seit dem Auffinden der Beute (oder »sich sputen, um dem Pech zu entrinnen«; Kamil, Yoerg und Clements 1988). Um von diesen Regeln Gebrauch machen zu können, müssen die Vögel imstande sein zu vergleichen, wie schnell verschiedene Futterstellen sich erschöpfen, und sie müssen die Zeit, die sie an einer Futterstelle verbracht haben, oder die Menge der Beute, die sie schon gemacht haben, messen und die Erfolgsraten beurteilen können.

Tiere scheinen auch Schätzungen darüber anzustellen, wie schnell Futterstellen sich erschöpfen, wenn sie »entscheiden«, ob sie ihre Ressourcen gegen Eindringlinge verteidigen oder nicht. In einer Untersuchung an Goldflügligen Sonnenvögeln (*Nectarinia reichenowi*) in Kenia haben Gill und Wolf (1977) entdeckt, daß die Verteidigung des Territoriums von der Regenerationsgeschwindigkeit des Nektars in Blumen abhing. War die Nektarmenge sehr groß oder sehr klein, verließen die Vögel ihr Territorium, weil die energetischen Kosten der Verteidigung schwerer wogen als der Vorteil, ein bestimmtes Gebiet zu verteidigen. Bei mittlerer Nektarverfügbarkeit überwogen die Vorteile der Revierverteidigung, da sich bei Verteidigung die Blumen regenerieren konnten, ohne daß der Nektar dann von Konkurrenten weggetrunken wurde. Die Kosten der Verteidigung wurden durch die Verringerung der Suchzeit ausgeglichen, die nötig war, um Blumen mit Nektar zu finden. Wie die Vögel die Erschöpfungsraten des Nektars so genau messen können, ist unbekannt (siehe auch Davies und Houston 1981, 1984). Gallistel (1989a, 1989b) meint, daß die offensichtliche Fähigkeit von Vögeln, Ratten und sogar Fischen, absolute und relative Häufigkeiten so genau zu berechnen, darauf hindeutet, daß viele Tierarten nicht nur mentale Vorstellungen von Zahlen und zeitlichen Abständen haben, sondern diese auch benutzen können, um der Division analoge Berechnungen durchzuführen.

Experimente zur operanten Konditionierung (die man ursprünglich mit ganz anderen Zielen im Hinterkopf durchgeführt hatte) bieten weitere Belege dafür, daß Tiere lernen können, ihre Reaktionen an die Häufigkeit und die Verhältnismäßigkeit des Ertrages anzupassen. Wenn man Tauben zwei Futterbehälter vorsetzt, die unterschiedliche Belohnungsverhältnisse anbieten, pikken sie sehr bald nahezu ausschließlich an dem Behälter mit dem besseren Belohnungsverhältnis (Herrnstein und Vaughan 1980; siehe auch Shettleworth 1984). Tauben und Ratten können auch die Schnabelhiebe oder Tastendrücke zählen, die sie machen müssen, um eine Futterbelohnung zu bekommen – selbst dann, wenn man sie dabei unterbricht (Übersicht bei Shettleworth 1984; Gallistel 1989a, 1989b). Bei einem Test zum Zählvermögen von Ratten trainierten Davis und Bradford (1986) die Tiere, einen von sechs verschiedenen Tunnels zu betreten. Die Ratten waren in der Lage, die Ordinal- oder Rangbeziehungen der Tunnel zu benutzen, um vorwärts oder rückwärts zu »zählen«, um den richtigen zu betreten. Es ist in hohem Maße wahrscheinlich, daß diese Fähigkeiten zum Umgang mit Zahlen als Anpassungen entstanden sind, die es diesen opportunistischen Nahrungssuchern ermöglichen, Nahrungsaufnahme- und -erschöpfungsraten effizienter abzuschätzen.

Wenn man Ratten oder Tauben in Gefangenschaft Futterbehälter (»Futterquellen«) vorsetzt, die in unterschiedlichen Zeitabständen Belohnungen geben, dann lernen sie bald, das Verhältnis der an einem Behälter verbrachten Zeit mit dem Verhältnis aller Belohnungen an eben diesem Behälter zu vergleichen (Herrnstein und Vaughan 1980). In diesem Fall ist der Vergleich zwischen der an jedem Behälter verbrachten Zeit und dem Anteil der jeweils erhaltenen Belohnungen die beste Strategie, die man verfolgen kann, denn sie verspricht eine höhere Ertragsrate, als wenn man sich einfach auf die bessere Quelle konzentriert. Auch Tauben, denen man die Möglichkeit gibt, zwischen Futterstellen zu wählen, die eine stabile oder eine zufällig fluktuierende Belohnungs-Wahrscheinlichkeit aufweisen, gelingt es, die Wechsel an der Stelle mit unterschiedlichem Inhalt so zu verfolgen, daß sie einen nahezu optimalen Erfolg erzielen (Shettleworth u. a. 1988).

Auch unter natürlichen Bedingungen nähert sich das Futtersuchverhalten von Vögeln oft einer optimalen »Vergleichsstrategie«. Mit einem ebenso einfachen wie genialen Experiment hat Harper (1982) die Fähigkeit von Stockenten (*Anas platyrhynchos*) auf einem Dorfteich getestet, Futtermengen abzuschätzen. Zwei Experimentatoren setzten sich etwa sieben Meter entfernt an jeweils eine Ecke des Teiches und warfen den Enten Brot zu. Der eine Experimentator warf das Brot doppelt so schnell wie der andere. Innerhalb weniger Minuten hatten die Enten sich so verteilt, daß doppelt so viele Enten an der Stelle mit der zweifachen Futtermenge waren. Wenn die Experimentatoren die Größe der Brotkrumen variierten, so daß größere Krumen auf der Seite mit dem unrentableren Wurfintervall landeten, änderten die Enten ihre Formation so, daß ein größerer Teil der Enten sich nun auf diese Seite konzentrierte. Vielleicht am interessantesten ist, daß diese »ideale freie Verteilung« (Fretwell und Lucas 1970) der Enten gefunden war, lange bevor viele der rangniederen Enten überhaupt etwas von dem Brot abbekommen hatten. Mit anderen Worten, die Enten waren allein durch Beobachtung in der Lage, die Ertragsraten beider Seiten abzuschätzen, ohne an dem Fütterungsvorgang selbst beteiligt gewesen zu sein (siehe auch Godin und Keenleyside 1984 für ähnliche Experimente mit Fischen; Übersicht bei Gallistel 1989a, 1989b).

Einige Arten haben eine bemerkenswerte Gabe, sich an die räumliche Verteilung von Futter zu erinnern oder sie sich vorzustellen. Vögel, die ihr Futter deponieren, wie Sumpfmeisen (*Parus palustris*) oder Kiefernhäher (*Nucifraga columbiana*) können sich noch nach Tagen an viele Stellen erinnern, an denen sie das Futter ursprünglich versteckt hatten (Shettleworth und Krebs 1982; Kamil und Balda 1985; Balda, Kamil und Grim 1987). Die Zahl der Futterverstecke ist absolut nicht trivial; Häher deponieren ihre Samen in bis zu 7500 verschiedenen Astlöchern. Irgendwie schaffen sie es dabei, Stellen, die sie schon besucht haben, »abzuhaken«, um sich einen nochmaligen Besuch schon geleerter Verstecke zu sparen (Balda und Turek 1984). Das räumliche Erinnerungsvermögen von Arten, die Futter deponieren, ist wahrscheinlich erheblich besser ausgebildet als bei Arten, die dies nicht tun, wie etwa Tauben. Häher können beispielsweise besser als Tauben in Labyrinthen versteckte Futterstückchen finden, ohne die Verstecke, die sie schon ausgeräumt hatten, noch einmal zu besuchen, und sie erinnern sich an die Futterverstecke auch erheblich länger als Tauben (Balda und Kamil 1988; Sherry 1985; Spetch und Honig 1988; Shettleworth und Krebs 1986; siehe auch Olton und Samuelson 1976 und Olton 1985 für Ratten). Vögel, die Futter verstecken, und solche, die es nicht tun, weisen signifikante Unterschiede im Volumen der Hippocampus-Region des Gehirnes auf, was darauf hinweist, daß ökologische Faktoren auf die Evolution spezifischer neuraler Strukturen mit speziellen Gedächtniskapazitäten einen erheblichen Selektionsdruck ausgeübt haben (Krebs u. a. 1989).

Nicht nur ökologische Faktoren üben einen Selektionsdruck auf die Evolution eines räumlichen Gedächtnisses aus; bei einigen Arten existieren Geschlechtsunterschiede im räumlichen Erinnerungsvermögen, die mit der Sozialstruktur und dem Paarungssystem der Art in Zusammenhang gebracht werden können. Wiesenwühlmäuse (*Microtus pennsylvanicus*) beispielsweise sind polygyne Nagetiere, die man im Osten der Vereinigten Staaten findet. Während der Paarungszeit dehnen die Männchen dieser Art ihr Revier im Vergleich zu dem der Weibchen aus – eine Fortpflanzungstaktik, die es den Männchen potentiell ermöglicht, einer größeren Zahl paarungswilliger Weibchen zu begegnen und sie für sich zu beanspruchen. Bei Präriewühlmäusen (*M. ochrogaster*), einer nahe verwandten, aber monogamen Art, findet man dagegen keinen Geschlechtsunterschied hinsichtlich der Reviergröße. Gaulin und Fitzgerald (1989) nahmen an, daß die sexuelle Selektion, die die Reviervergrößerung der männlichen Wiesenwühlmäuse begünstigte, auch zu Geschlechtsunterschieden im räumlichen Erinnerungsvermögen geführt haben könnte, und sie wagten die These, daß die polygynen Wiesenwühlmäuse stärkere Geschlechtsunterschiede in ihrem räumlichen Gedächtnis zeigen würden als die monogamen Präriewühlmäuse. Diese Vorhersage überprüften sie durch eine Reihe von Experimenten, bei denen Männchen und Weibchen beider Arten zwischen zwei Futterbehältern an entgegengesetzten Enden eines Labyrinthes hin- und herlaufen mußten, um an das Futter zu gelangen. Wie vorhergesagt, zeigten die Wiesenwühlmäuse signifikante Geschlechtsunterschiede in der Leistung, die Präriewühlmäuse aber nicht. Die männlichen Wiesenwühlmäuse machten weniger Fehler als die weiblichen Wiesenwühlmäuse, männliche und weibliche Präriewühlmäuse schnitten dagegen gleich gut ab.

Sowohl unter Gefangenschafts- als auch unter Freilandbedingungen scheinen Tiere also oft komplexe Berechnungen über Erschließungszeit, Ertragsraten und räumliche Konfigurationen von Nahrungsquellen oder Territorien anzustellen (Gallistel 1989a, 1989b). Dennoch halten wir üblicherweise die meisten Nagetiere, Vögel und Fische nicht für besonders »intelligent«, jedenfalls nicht im menschlichen Sinn. Statt dessen wird man Berechnungen, die Tiere anstellen, um die Effizienz ihres Nahrungserwerbs zu maximieren, wohl präziser als arttypische Merkmale auffassen können, die unter bestimmten ökologischen Zwängen entstanden sind, um einer relativ beschränkten Funktion zu dienen, und die unter relativ spezifischer, vielleicht sogar unflexibler neuronaler Kontrolle stehen.

Bis jetzt ist noch kein Experiment durchgeführt worden, um herauszufinden, ob Vögel, die Futter horten, sich auch besser als andere Arten an Erfahrungen erinnern, die nichts mit Futter zu tun haben, wie etwa die Identität von Geschwistern, die schon vor Jahren das heimatliche Gebiet verlassen haben. Wenn wir die Hypothese akzeptieren, daß der primäre Selektionsdruck, der das hochentwickelte Gedächtnis futterhortender Arten entstehen ließ, in der Notwendigkeit besteht, sich an die Lage von Nahrungsdepots zu erinnern, dann würden wir zwei Dinge vorhersagen: Erstens sollten futterhortende Vögel ihre Fähigkeiten wohl nicht auf Kontexte ausdehnen können, die nichts mit Nahrung zu tun haben, und zweitens sollten sie wohl nicht besser als andere Arten etwa ihre seit langem abgewanderten Verwandten erkennen können. Auch würden wir wohl annehmen, daß männliche Wiesenwühlmäuse sich nicht besser als ihre weiblichen Artgenossen daran erinnern können, ob sie eine bestimmte Futterquelle schon abgeerntet haben. Welche Zugriffsmöglichkeiten hat das räumliche Gedächtnis eines Hähers oder einer Wiesenwühlmaus? Es wäre leicht, dieser Frage nachzugehen, und solche Untersuchungen wären ein wichtiger Test für die Hypothese der Modularität.

Soziale Fähigkeiten bei Menschen und anderen Primaten

In diesem ganzen Buch haben wir uns praktisch ausschließlich dem Sozialverhalten gewidmet. Die genaue Kenntnis, die Primaten von ihren eigenen Sozialbeziehungen und denen der anderen zu haben scheinen, hat uns besonders interessiert. Viele Beobachter sind von dem sozialen Wissen der Primaten beeindruckt. Und doch hat es praktisch keine Versuche gegeben, die Fähigkeiten, die Primaten (und andere Tiere) bei sozialen Interaktionen benutzen, mit jenen zu vergleichen, die sie beim Berechnen von Ertragsraten oder beim Finden von Nahrung in Raum und Zeit benutzen. Um dieser Frage in der richtigen Weise nachgehen zu können, müssen wir zunächst einmal feststellen, ob Primaten tatsächlich dafür prädisponiert sind, auf soziale Stimuli zu achten. Zweitens müssen wir feststellen, ob ein Problem, das mit einem sozialen Stimulus zu tun hat, auch schneller gelöst wird als ein ähnliches Problem, das mit einem nichtsozialen Stimulus zu tun hat.

Erwartungsgemäß unterscheiden Primaten mit Leichtigkeit zwischen Angehörigen ihrer eigenen Art und Mitgliedern anderer Arten, auch wenn diese anderen Arten eng mit ihnen verwandt sind. Als man zum Beispiel Individuen fünf verschiedener Makakenarten erlaubte, Hebel zu drücken, um sich Dias von Angehörigen ihrer eigenen und anderer Makakenarten anzusehen, guckten sie sich am liebsten Bilder ihrer eigenen Art an (Fujita 1987). Primaten scheinen auch *Individuen* ihrer eigenen Art leichter auseinanderhalten zu können als Individuen anderer Arten. Nicholas Humphrey (1974) untersuchte die Bereitschaft, mit der Rhesusaffen sich Bilder von anderen Rhesusaffen ansahen, indem er die Häufigkeit maß, mit der sie einen Knopf drückten, der einen Diaprojektor aktivierte. Wenn immer wieder Bilder desselben Individuums erschienen, erlahmte das Interesse der Affen bald. Allerdings erwachte es schnell wieder, wenn ihnen Bilder von anderen Individuen gezeigt wurden. Dagegen fanden sie Bilder von Schweinen schnell langweilig, auch wenn die Diaschau Aufnahmen verschiedener Schweine enthielt. Andere Affen behandelten die Affen als eigenständige Individuen, Schweine aber nicht.

Das bedeutet jedoch nicht, daß Affen nicht lernen könnten, auch Angehörige anderer Arten als Individuen zu erkennen. Nachdem Humphrey seine ersten Ergebnisse erhalten hatte, tapezierte er die Käfige der Affen mit Bildern von Schweinen, die mit verschiedenen Dingen beschäftigt waren, die Schweine eben so tun: schwarze Schweine, die sich im Schlamm wälzten, friedlich grasende weiße Schweine, schlafende rosa Schweine und so weiter. Ein paar Wochen später testete er die Affen mit den Schweinebildern noch einmal. Dieses Mal verhielten sich die Affen so, wie sie es getan hatten, als ihnen Dias von anderen Affen gezeigt wurden: Auf jedes Bild eines andern Schweins reagierten sie mit neu erwachtem Interesse.

Einige der besten Beweise für die überragende Bedeutung sozialer Stimuli und die Wichtigkeit sozialer Erfahrung bei Primaten stammen aus Untersuchungen zur sozialen Entwicklung. Affen (meist Rhesusaffen), die mit künstlichen Ersatzmüttern aufgezogen werden, sind in der Regel nicht in der Lage, als Erwachsene adäquat mit anderen Affen zu interagieren, und sie zeigen eine Vielzahl pathologischer Verhaltensweisen im sexuellen Bereich, bei der Jungenaufzucht und bei anderen sozialen Aktivitäten (siehe Harlow und Harlow 1965 sowie Suomi und Ripp 1983 für Übersichten). Dagegen wird das Sozialverhalten vieler Vögel und Säugetiere, die nicht zu den Primaten gehören, auch wenn sie als Erwachsene in Gruppen und außerordentlich gesellig leben, erheblich weniger durch Isolationsphasen in der Kindheit in Mitleidenschaft gezogen.

Die Fähigkeit, mit komplexen sozialen Interaktionen umzugehen – etwa die Sozialbeziehungen und relativen Rangpositionen anderer Tiere zu erkennen –, scheint sogar noch stärker von Erfahrung mit Artgenossen abzuhängen. Anderson und Mason (1974) verglichen in einer Untersuchung an Rhesusaffen in Gefangenschaft das aggressive Verhalten von Jugendlichen, die in Gruppen aufgewachsen waren, mit dem von Jugendlichen, die nur mit ihrer Mutter aufgewachsen waren. Wenn ein in der Gruppe aufgewachsener Jugendlicher nach einem Kampf mit einem ranghöheren Kontrahenten seine Aggression auf ein anderes Tier umleitete, dann drohte er immer nur Tieren, die rangtiefer als sein Kontrahent waren, und niemals irgendwelchen engen Gefährten seines Kontrahenten. Jugendliche, die nur mit ihrer Mutter aufgewachsen waren, schienen dagegen nicht in der Lage, die Rangstufen der anderen zu beurteilen, und drohten häufig Tieren, die ranghöher waren als sie selbst (siehe auch Mason 1978b).

Auch Menschen scheinen dafür prädisponiert zu sein, auf die Angehörigen ihrer eigenen Spezies zu achten. Menschliche Kinder reagieren im Vergleich zu künstlichen visuellen Reizen besonders sensibel auf menschliche Gesichter (Sherrod 1981) und im Vergleich zu irgendwelchen künstlichen akustischen Reizen besonders auf menschliche Sprachgeräusche (Eimas u. a. 1971). Außerdem sind schon sehr kleine Kinder sensibilisiert für den Unterschied zwischen belebten und unbelebten Objekten. Vor allem bemerken sie, daß belebte Objekte sich im Gegensatz zu unbelebten bewegen, daß sie Dinge wahrnehmen und Gefühle und Absichten haben (Übersicht bei Gelman und Spelke 1981; Massey und Gelman 1988).

Da zwischen belebten und unbelebten Objekten schon sehr früh im Leben unterschieden wird, taucht das Verständnis für komplexe Phänomene bei Kindern oft zuerst im Bercich sozialer Interaktionen auf. Nehmen wir beispielsweise Ursache und Wirkung. Obwohl belebte wie auch unbelebte Objekte aufeinander wirken und in Kausalbeziehungen zueinander stehen können, gibt es Belege dafür, daß Kinder soziale Ursächlichkeit begreifen, bevor sie Kausalität im physikalischen Bereich verstehen. Fein (1972) zeigte Kindern im Alter von 4, 7, 11 und 15 Jahren Bilderfolgen, von denen einige eine kausale Sequenz schilderten (etwa ein Kind, das etwas Gutes tut und dann dafür belohnt wird), während andere eine Sequenz von Ereignissen schilderte, die in keiner Kausalbeziehung zueinander standen. Einige Sequenzen zeigten Menschen, andere Objekte, etwa Bauklötze. Wenn die Kinder Tests mit Bildern von Menschen unterzogen wurden, unterschieden die Vier- bis Siebenjährigen kausale von nichtkausalen Sequenzen. Bei den Tests mit Bildern von Objekten wurde der gleiche Unterschied erst von den Sieben- und Elfjährigen gemacht (siehe auch Leslie 1984). Natürlich spielt auch Erfahrung dabei eine Rolle, ob Kausalität im sozialen Bereich eher wahrgenommen wird als in nichtsozialen Kontexten. Da Kinder nun einmal soziale Wesen sind, haben sie mit sozialen Interaktionen mehr Erfahrung als mit Objekten; Erfahrung ist in diesen Fällen ein methodologisches Problem, dem nur schwer beizukommen ist.

Untersuchungen über die ersten Stadien des Spracherwerbs deuten auch darauf hin, daß soziale Reize einen besonders niedrigen Schwellenwert für Menschenkinder haben, daß sie auf solche Reize sozusagen »leichter anspringen«. In einer Untersuchung zum Namengebungsverhalten bei Zweijährigen zeigte MacNamara den Versuchskindern ein Bauklötzchen und eine Puppe. Eines von beiden bezeichnete er mit einem normalen Substantiv (»Dies ist ein Zav«), das andere mit einem Eigennamen (»Dies ist Zav«). Normale Substantive und Eigennamen konnten sich entweder auf das Bauklötzchen oder die Puppe beziehen. Nach einer kurzen Spielphase wurden die Kinder aufgefordert, etwas mit dem »Objekt mit Namen« zu tun. Wenn das Objekt mit Namen die Puppe war, wählten sie richtig, aber wenn es das Bauklötzchen war, unterschied sich die Wahl der Kinder nicht von einer Zufallswahl. MacNamara zog folgenden Schluß: »Zu dem Zeitpunkt, an dem das Kind anfängt, Sprache zu lernen, hat es bereits gelernt, daß in bestimmten Kategorien Objekte als Individuen Bedeutung haben, in anderen Kategorien aber nur Exemplare sind, die halt zu dieser Kategorie gehören. Personalität ist die überragende Kategorie der ersten Art …« (1982, S. 30; siehe auch Hood und Bloom 1979; Shatz, Wellman und Silber 1983).

Obwohl soziale Reize für Kinder besonders starke Auslöser sein mögen, wäre es ganz offenbar unrichtig, eine strikte Trennung zwischen kognitiver Entwicklung bei sozialen Interaktionen und kognitiver Entwicklung außerhalb des sozialen Bereiches zu ziehen. Normale soziale Entwicklung ist selbstverständlich von vielen allgemeinen sozialen Fähigkeiten abhängig und kann stark davon beeinflußt werden, was ein Kind in anderen Bereichen noch lernt. Bei zwei pathologischen Entwicklungsformen ist die Trennlinie zwischen der Leistungsfähigkeit auf sozialem und nichtsozialem Gebiet allerdings bemerkenswert (Baron-Cohen, Leslie und Frith 1986; Fein u. a. 1986). Auf der einen Seite sind Kinder mit dem Down-Syndrom erstaunlich erfolgreich bei sozialen Interaktionen, obwohl ihre IQ-Werte und sprachlichen Fähigkeiten unter dem Durchschnitt liegen. Ihr soziales Lächeln, ihre Aufmerksamkeit und ihre Fähigkeit, sich durch Gesten auszudrücken, all dies ist gut entwickelt (z. B. Wing und Gould 1979; Sorce u. a. 1982; Coggins u. a. 1983). Kinder mit dem Down-Syndrom reagieren auch positiv auf soziale Verstärker wie ein Lächeln oder ein Tätscheln auf die Wange. Dagegen zeigen Kinder, die als autistisch eingestuft werden, durchgängig Abnormitäten in ihrem Sozialverhalten, obwohl sie in manchen Fällen durchschnittliche IQ-Werte aufweisen. Sie gehen selten Blickkontakt ein, zeigen geringes Interesse an anderen und werden generell als sozial »in sich verschlossen« beschrieben (z. B. Rutter 1983; Lord 1984). Dieselben sozialen Verstärker, die bei Kindern mit dem Down-Syndrom positive Reaktionen hervorrufen, zeigen bei Autismus wenig Wirkung.

Baron-Cohen, Leslie und Frith (1986) testeten die Fähigkeit normaler Kinder, autistischer Kinder und von Kindern mit dem Down-Syndrom, Bilder so anzuordnen, daß sie eine vorher festgesetzte Bildergeschichte erzählten. Von allen drei Gruppen erzielten die autistischen Kinder die besten Werte bei Tests zu nichtverbalen mentalen Fähigkeiten. Bei Bildersequenzen, die es nicht erforderten, daß man den dargestellten Menschen oder Objekten mentale Zustände zuschrieb, schnitten die autistischen Kinder ebenso gut ab wie die anderen oder besser als sie. Bei Tests, die das Zuschreiben mentaler Zustände erforderten, schnitten die autistischen Kinder dagegen signifikant schlechter ab als die normalen Kinder und die Kinder mit dem Down-Syndrom (siehe auch Leslie 1988). Bei solchen Experimenten und auch bei den klinischen Charakterisierungen, die wir vorhin kurz zusammengefaßt haben, ist die Trennlinie zwischen »sozialer« und »nichtsozialer« Leistungsfähigkeit bemerkenswert.

In ihrer Übersichtsarbeit über das Wissen von Kindern um belebte und unbelebte Objekte kommen Gelman und Spelke zu folgendem Schluß: »Das kindliche Verständnis eines bestimmten Gebietes hängt nicht nur von der logischen Struktur der Aufgabe ab, die benutzt wird, um die Kompetenz und den Entwicklungsstand eines allgemeinen Sets kognitiver Strukturen einzuschätzen. Seine Kompetenz hängt genauso von der Art des Objektes ab, mit dem es sich auseinandersetzen muß« (1981, S. 44). Dasselbe mag für Erwachsene gelten. Wenn man beispielsweise Erwachsenen bestimmte logische Denkaufgaben zu lösen gibt, dann scheinen sie damit besser fertig zu werden, wenn die Probleme in Begriffe wie soziale Übereinkünfte oder Regelverletzungen verpackt sind, als wenn sie in einer Form präsentiert werden, die mit sozialen Interaktionen nichts zu tun hat.

Der Wasonsche Wahl-Test ist eine logische Denkaufgabe, bei der die Versuchspersonen entscheiden müssen, ob eine konditionale Regel verletzt worden ist oder nicht. Bei einem typischen Test werden einer Versuchsperson vier Karten gegeben, bei denen auf der einen Seite jeweils eine Zahl oder ein Buchstabe abgebildet ist und auf der anderen ein Buchstabe oder eine Zahl. Bei vier Karten mit einem E, einem K, einer 4 und einer 7 wird die Versuchsperson aufgefordert, die beiden Karten umzudrehen, um zu entscheiden, ob die folgende Regel verletzt worden ist: »Wenn auf der einen Seite der Karte ein Vokal ist, dann ist auf der anderen Seite eine gerade Zahl.« Naive Versuchspersonen entschieden sich nur zu 4 bis 10 Prozent für die richtige Kombination: die richtige Vorgabe (E) und die falsche Konsequenz (7) (Wason 1983). Wenn die Zeichen auf den Karten aber keine abstrakten Dinge sind, sondern von vertrauten Situationen handeln, wie Fahrten mit dem Auto oder der Bahn in zwei verschiedene Städte, dann schneiden Versuchspersonen erheblich besser ab (Wason und Johnson-Laird 1972).

Vertrautheit mit den benutzten Reizen kann aber die Unterschiede im richtigen Lösen der Wason-Tests nicht gänzlich erklären. Um explizit die These zu prüfen, ob Menschen durch Selektion darauf ausgerichtet sind, auf Kosten und Nutzen sozialer Tauschgeschäfte zu achten, entwarf Leda Cosmides (1989; Cosmides und Tooby 1989) eine Serie von Wason-Tests, bei denen College-Studenten auf ihre Fähigkeit getestet wurden, eine Verletzung einer sozialen Übereinkunft zu entdecken. Cosmides bemühte sich besonders, soziale Situationen zu simulieren, mit denen ihre Versuchspersonen nicht vertraut waren. Bei einem typischen Test wurden die Versuchspersonen zum Beispiel aufgefordert, sich mit dem Problem »Wenn ein Mann eine Maniokwurzel ißt, dann hat er eine Tätowierung im Gesicht« auseinanderzusetzen. Über 70 Prozent der Versuchspersonen wählten die richtige Kartenkombination (richtige Vorgabe, falsche Konsequenz), wenn das Problem in Begriffen sozialer Übereinkünfte beschrieben war. Cosmides schließt daraus, daß Menschen über das Talent verfügen, Probleme, die etwas mit sozialen Kosten und Nutzen zu tun haben, analysieren zu können. Offensichtlich sind wir für diese Fähigkeit prädisponiert, weil die natürliche Selektion diejenigen begünstigt hat, die in sozialen Gruppen, in denen gleichzeitig Kooperation und Konkurrenz herrscht, erfolgreich agieren.

Es erstaunt absolut nicht, wenn man herausfindet, daß Menschen prädisponiert sind, auf menschliche Gesichter oder Stimmen zu achten, denn alle Tierarten – ob sie nun sozial leben oder nicht – sind dafür prädisponiert, mit Artgenossen zu konkurrieren, sich mit ihnen zu paaren, mit ihnen zu interagieren. Interessanter ist die Vermutung, daß Menschen dafür prädisponiert sein könnten, zumindest manche Arten von Problemen in Begriffen von sozialem Austausch zu analysieren. Vielleicht ist dies aber auch nur eine Tautologie, denn es ist schwierig, sich einen Mythos, eine Geschichte oder einen Roman vorzustellen, in dem solche Dinge keine Rolle spielen. Unsere Tendenz, Probleme aus dem sozialen Blickwinkel zu betrachten, nimmt, wie Humphrey (1976) meint, manchmal wirklich absurde Ausmaße an. Unsere animistischen Vorfahren siedelten ihre Götter im Himmel an und haderten und verhandelten mit ihnen über das Wetter, die Ernte und ihr persönliches Glück. Selbst heute, in diesem doch eher technologisch orientierten Zeitalter, geben wir Hurrikans immer noch Namen, schreien wir widerspenstige Autos an und vermeiden es, unter Leitern durchzugehen. Wir mögen uns darüber im klaren sein, daß nichts davon Sinn macht, aber irgendwie ist es doch beruhigend.

Soziales und nichtsoziales Wissen bei Primaten im Vergleich

Es ist wahr, daß viele Primatenarten – Menschen eingeschlossen – prädisponiert sein mögen, auf soziale Reize zu achten. Aber es ist ungleich schwieriger zu belegen, daß sie größere – oder genauer gesagt andere – Fähigkeiten in ihren sozialen Interaktionen offenbaren als in ihrem nichtsozialen Verhalten. Wir haben im Jahr 1983 begonnen, die Hypothese von der »sozialen Intelligenz« zu überprüfen, indem wir das Wissen der Meerkatzen um ihre nichtsoziale Umwelt untersuchten. Wir versuchten eine Reihe von Experimenten mit nichtsozialen Reizen zu entwerfen, die den Reizen formal ähnlich waren, die wir vorher benutzt hatten, um das Verständnis der Affen von Sozialbeziehungen zu untersuchen. Diesmal war es allerdings unser Ziel, das, was Meerkatzen von Meerkatzen wissen, mit dem zu vergleichen, was Meerkatzen von anderen *Arten* wissen.

Unsere Experimente sind vorläufig, hochgradig spekulativ und in keiner Weise so präzise kontrolliert wie Laborexperimente. Dennoch haben sie wenigstens zwei Vorteile. Erstens vermeiden wir Motivationsprobleme und Training durch Menschen, indem wir nämlich mit den Tieren in ihrem natürlichen Lebensraum Versuche durchführen und Reize benutzen, die für sie biologisch wichtig sind. Tagtäglich sehen sich nichtmenschliche Primaten logisch ähnlichen Problemen gegenüber, die sowohl soziale als auch nichtsoziale Objekte oder Ereignisse beinhalten. Für uns ist das ein Glücksfall, der uns die Chance gibt, die Leistungsfähigkeit der Tiere in diesen beiden Bereichen direkt zu untersuchen. Zweitens gehen die Affen regelmäßig mit Objekten in der sie umgebenden Welt um, die für ihr Überleben entweder wichtig oder ganz unwichtig sein können. Damit ist es auch möglich, das soziale Wissen der Affen nicht nur mit ihrem Wissen um biologisch relevante Objekte zu vergleichen, sondern auch mit ihrem Wissen um Objekte, die offenbar keinen Bezug zu ihrem Überleben haben.

Zwei Einschränkungen sollten wir hervorheben: Erstens machen wir zwar einen Unterschied zwischen sozialen und nichtsozialen Aufgaben, aber die Grenze zwischen beiden Bereichen ist, wie wir schon bemerkt haben, keineswegs eindeutig. Wenn es sich herausstellt, daß nichtmenschliche Primaten tatsächlich manche Aufgaben besser ausführen, wenn sie mit sozialen Stimuli zu tun haben, dann brauchen wir weitere Untersuchungen, um genau zu bestimmen, was diese Kategorie eigentlich ausmacht. Zweitens stellen wir, wenn wir uns mit den hier beschriebenen Experimenten auseinandersetzen, keine Behauptungen über Leistungsfähigkeit von Mechanismen auf. Unsere Untersuchungen definieren Wissen operational; sie messen nur die Reaktionen, die bestimmte Reize auslösen und nicht den (mentalen oder sonstigen) Prozeß, der solchen Reaktionen zugrunde liegt. Viele Ergebnisse, die wir beschreiben, könnten auch das Ergebnis assoziativen Lernens sein; sie könnten aber auch komplexere Prozesse beinhalten, einschließlich eines Verständnisses der Kausalbeziehungen zwischen verschiedenen Ereignissen. Unser Ziel ist es nicht, für eine dieser Alternativen zu votieren. Statt dessen benutzen wir Experimente, um zu entscheiden, welcher von zwei Reizen einen geringeren Schwellenwert besitzt, und um herauszufinden, ob Meerkatzen auf manche Aspekte ihrer Umgebung mehr achten als auf andere.

Relevante Aspekte im Verhalten anderer Arten

Für Grüne Meerkatzen bewegt sich das Verhalten anderer Tierarten auf einem Kontinuum. An dem einen Ende ist das Verhalten angesiedelt, das für das Überleben der Affen direkt relevant ist; die Alarmrufe anderer Arten sind ein augenfälliges Beispiel. Selbstverständlich sollten Meerkatzen auf diese Rufe achten, wenn sie die Affen vor Raubfeinden warnen, die Meerkatzen gefährlich werden könnten. Am anderen Ende befindet sich das Verhalten, das für das Wohlbefinden der Affen irrelevant zu sein scheint. Damit sind beispielsweise die Balzrufe von Hornvögeln gemeint, das Imponiergehabe von Flußpferden, der Nestbau von Geiern und so weiter. Was wissen Affen über Verhalten, das sie tagtäglich beobachten, das aber für sie keinen Überlebenswert besitzt?

Offensichtlich achten Meerkatzen zumindest auf manche Aspekte im Verhalten anderer Arten. Erinnern wir uns beispielsweise an ihre Reaktionen auf die Alarmrufe der Dreifarbenglanzstare (Kapitel 5). Der Dreifarbenglanzstar verfügt wie viele andere Vögel über zwei akustisch unterschiedliche Alarmrufe. Der eine ist ein rauher, lauter Ruf, der als Reaktion auf ein weites Spektrum primär bodenlebender Raubfeinde, einschließlich Raubsäugern, Schlangen und selbst Meerkatzen erfolgt. Der andere, ein klarer, im Ton ansteigender oder fallender Ruf, wird als Reaktion auf Raubvögel ausgestoßen. Wenn wir den Meerkatzen den Raubvogelalarm der Stare vorspielten, tendierten sie dazu, nach oben zu blicken. Die Reaktionen der Affen auf den Bodenfeindalarm der Stare waren variabler, aber dieser Alarm war immerhin der einzige, der unsere Studienobjekte regelmäßig veranlaßte, auf die Bäume zu flüchten. Schließlich löste der Gesang der Stare – für das Überleben der Meerkatzen vermutlich irrelevant – keine besondere Reaktion oder gar Aufmerksamkeit aus (Kapitel 5).

Im Laufe der Jahre fiel uns auf, daß Meerkatzen auch auf die Alarmrufe vieler anderer Arten reagierten. Das laute Alarmschnauben von Huftieren wie Impalas (*Aepyceros melampus*), Gnus (*Connochaetes taurinus*), Zebras (*Equus burchelli*), Grantgazellen (*Gazella granti*) und Thomsongazellen (*Gazella thomsoni*) löste Aufmerksamkeit und häufig Flucht auf die Bäume aus. Meerkatzen reagieren auch auf die Alarmrufe von Perlhühnern (*Numida mitrata*) und auf das Alarmbellen von Pavianen. Wir wissen allerdings nicht, wie detailliert ihr Wissen über die Alarmrufe dieser Arten ist. Viele verschiedene Huftiere geben beispielsweise Laute von sich, die für uns ganz ähnlich wie ihr Alarmschnauben klingen. Die Alarmschnauber dieser Arten klingen auch

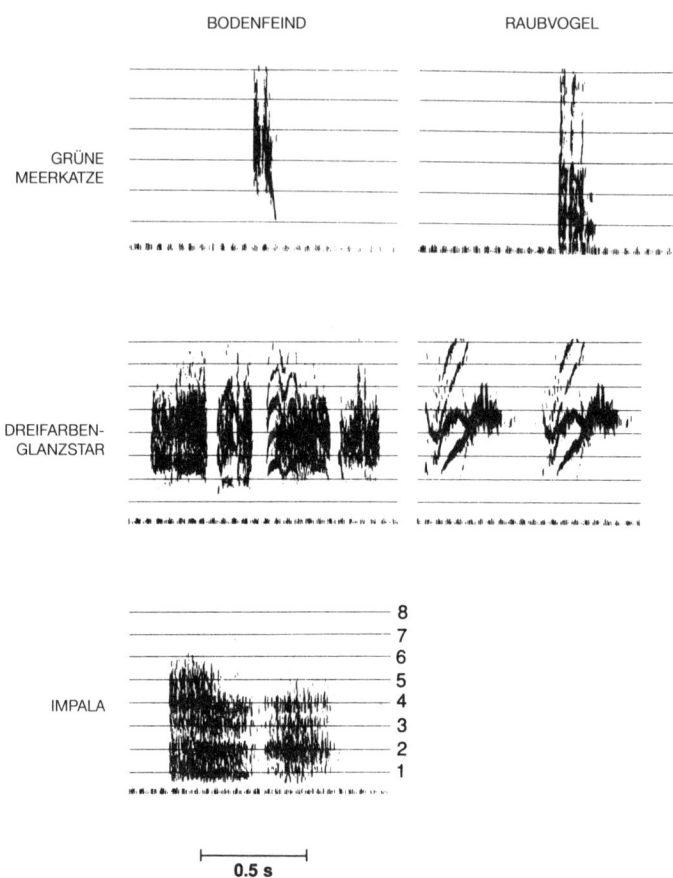

ALARM GEGENÜBER:

BODENFEIND RAUBVOGEL

GRÜNE MEERKATZE

DREIFARBEN-GLANZSTAR

IMPALA

0.5 s

Abb. 9.1: Sonagramme von Alarmrufen erwachsener Meerkatzenweibchen, Staren und Impalas als Reaktion auf bodenlebende Raubfeinde und Raubvögel. Die Alarmrufe der Meerkatzen sind Abbildung 4.1 entnommen, die Alarmrufe der Stare Abbildung 5.7. Die Alarmschnauber der Impalas entstammen der British Library of Wildlife Sounds und wurden von Impalas in Kenia aufgenommen, die vor einem Löwen warnten.

ganz ähnlich wie die Schnauber von Männchen, wenn sie in der Paarungszeit ihre Weibchen treiben. Wir wissen nicht, ob Meerkatzen zwischen Schnaubern verschiedener Huftierarten unterscheiden oder ob sie irgendwelche Unterschiede zwischen Alarmschnaubern und Brunftschnaubern erkennen können. In Abbildung 9.1 zeigen wir einen Vergleich der Alarmrufe Grüner Meerkatzen, Stare und Impalas.

362

Wir wissen auch nicht, ob Meerkatzen erkennen, daß die Alarmrufe verschiedener Arten insofern gleichwertig sind, als sie alle die Anwesenheit von Gefahr anzeigen. Wenn die Alarmrufe verschiedener Arten getrennt ertönen, behandeln die Meerkatzen diese Rufe sicher als Warnsignale. Aber erkennen die Affen, daß die Alarmrufe verschiedener Arten oft denselben Bezug haben und im Ergebnis daher bis zu einem gewissen Grade austauschbar sind? Erkennen sie beispielsweise, daß ein Leopard das Schnauben einer Impala ebenso auslösen kann wie den Bodenfeindalarm eines Stares? Auch wem dies eher als esoterische Spitzfindigkeit erscheinen mag, es berührt doch ganz unmittelbar die Frage, die wir vorhin aufgeworfen haben, nämlich über die Zugänglichkeit von Wissen und die Fähigkeit der Affen, zu wissen, was sie wissen.

Im Kapitel 5 haben wir einige Experimente beschrieben, mit denen wir prüften, ob Meerkatzen die Ähnlichkeit zwischen ihren eigenen Alarmrufen und den Alarmrufen von Staren erkennen. Wir fanden heraus, daß die Meerkatzen den Raubvogelalarm der Stare und ihren eigenen Adleralarm so behandelten, als ob sie auf ähnliche Bezugsobjekte hinwiesen. Nachdem sie sich an einen der beiden Alarmrufe gewöhnt hatten, übertrug sich ihr Desinteresse auch auf den anderen. Wenn wir die Meerkatzen dagegen mit dem Bodenfeindalarm der Stare testeten, übertrug sich der Gewöhnungseffekt sowohl auf ihren eigenen Leopardenalarm als auch ihren Adleralarm. Wir schlossen daraus, daß für die Affen der Bodenfeindalarm der Stare ein breiteres Gefahrenspektrum bezeichnete als der Raubvogelalarm der Stare.

Wir wollten auch gerne herausfinden, ob Meerkatzen genug über die Alarmrufe anderer Arten wissen, um zu erkennen, daß zwei Arten – und zwar *andere Arten als sie selbst* – akustisch unterschiedliche Alarmrufe für dieselbe Klasse von Raubfeinden haben können. Um dieser Frage nachzugehen, wiederholten wir die Gewöhnungsexperimtente, die wir in Kapitel 5 beschrieben haben, benutzten dieses Mal aber die Alarmschnauber von Impalas und den Bodenfeindalarm der Stare. Am ersten Tag spielten wir einem Versuchssubjekt einen Impalaschnauber vor (oder einen Bodenfeindalarm eines Stares). Am zweiten Tag bekam das Versuchssubjekt dann acht Playbacks mit dem Starenalarm (bzw. dem Impalaalarm) zu hören und dann wieder denselben Ruf, den es am ersten Tag gehört hatte.

Wenn den Meerkatzen ein Meerkatzen- oder Starenalarm vorgespielt wurde, nachdem sie zum wiederholten Male einen Alarm der anderen Art gehört hatten, dann übertrug sich die Gewöhnung an den Ruf der einen Art auf den der anderen (Kapitel 5). Dagegen gab es bei den Meerkatzen *keine* Über-

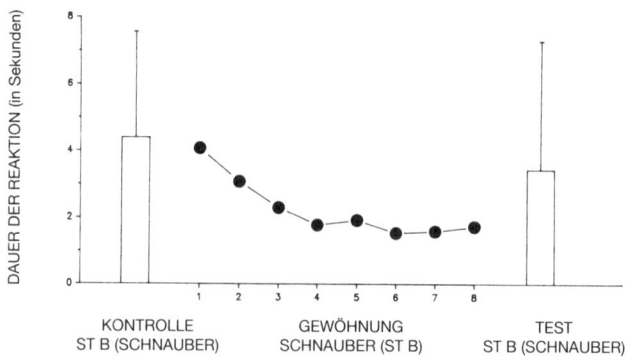

Abb. 9.2: Ergebnisse von Gewöhnungstests, bei denen Bodenfeind-Alarmrufe von Staren und Alarmschnauber von Impalas verglichen wurden. Das Histogramm zeigt die Mittelwerte und Standardabweichungen der Dauer von Reaktionen (in Sekunden) von 10 Versuchssubjekten auf das Playback eines Staren-Bodenfeindalarms (bzw. eines Impalaschnaubers), der auf wiederholtes Vorspielen eines Impalaschnaubers (bzw. eines Staren-Bodenfeindalarms) (Test) folgte, im Vergleich mit den Reaktionen der Versuchssubjekte auf den gleichen Alarmruf ohne vorheriges Vorspielen von Alarmrufen der anderen Art (Kontrolle).

tragung der Gewöhnung an Impala-Alarmschnauber auf Bodenfeindalarm von Staren (Abb. 9.2). Obwohl alle zehn Versuchsmeerkatzen sich schnell an wiederholte Vorführungen von Impala-Alarmschnaubern oder Bodenfeindalarm von Staren gewöhnten, übertrug sich nur bei fünf Meerkatzen die Gewöhnung an den Ruf der einen Spezies auf den der anderen. Mit anderen Worten, obwohl die Tests auf den Vergleich zweier Rufe abzielten, deren Bezugsobjekt ganz ähnlich war, verhielten sich die Affen, als ob sie nicht erkannt hätten, daß Starenrufe und Impalaschnauber denselben Raubfeindtyp bezeichneten.

Für dieses Ergebnis gibt es wenigstens zwei mögliche Erklärungen. Die erste bezieht sich wieder auf die Eindeutigkeit der Rufe, denn Starenrufe scheinen weniger auf bestimmte Objekte abzuzielen als der Leopardenalarm der Meerkatzen (Kapitel 5) oder die Schnauber der Impalas. Stare schlagen Bodenfeindalarm bei einer ganzen Reihe verschiedener Raubfeinde, während Impalas ihre Alarmschnauber vor allem als Reaktion auf Raubsäuger, einschließlich Leoparden, Löwen, Hyänen und Schakale, ausstoßen. Möglicherweise überträgt sich bei Meerkatzen die Gewöhnung an Starenalarm nicht auf den Alarm von Impalas, weil die beiden Rufe für Meerkatzen eine ganz unterschiedliche Bedeutung haben.

Es ist allerdings unwahrscheinlich, daß dies die einzige Erklärung darstellt. Schließlich ist der Leopardenalarm der Meerkatzen sehr viel spezifischer in seinem Bedeutungsbereich als der Schnauber einer Impala, und doch überträgt sich bei Meerkatzen, wenn sie sich an Alarmrufe von Staren beziehungsweise Meerkatzen gewöhnt haben, diese Gewöhnung auf die Alarmrufe der jeweils anderen Art. Daher bieten wir eine zweite, etwas spekulativere Erklärung an, eine, die mit der Fähigkeit der Meerkatzen zu tun hat, Aspekte der sie umgebenden Welt einzuschätzen, ohne sie auf sich selbst zu beziehen. Der Kern dieser Erklärung ist, daß Meerkatzen die Bedeutung von Alarmrufen anderer Arten lernen (d. h. sie lernen, was diese Rufe bezeichnen), indem sie sie mit Rufen aus ihrem eigenen Repertoire vergleichen. Zum Beispiel lernen Meerkatzen die Bedeutung des Raubvogelalarms von Staren, indem sie die Bezugsobjekte dieser Rufe mit den Bezugsobjekten ihrer eigenen Adleralarmrufe vergleichen. Wenn dies so stimmt, dann könnten die Affen unfähig sein, die Beziehung zwischen den Rufen zweier *anderer* Arten zu beurteilen, weil ihnen dieser Bezugspunkt fehlt. Meerkatzen könnten einfach unfähig sein, die Welt durch irgendeine andere Brille zu sehen als durch ihre eigene.

Sogar Menschenaffen scheinen Schwierigkeiten damit zu haben, Probleme aus einer anderen Perspektive als ihrer eigenen zu betrachten. Zum Beispiel war es für Köhlers Schimpansen ein Leichtes, *selbst* Barrieren zu überwinden, die ihnen den Weg versperrten, aber sie hatten viel größere Schwierigkeiten damit, *Dinge* wie Futter über dieselben Barrieren zu bekommen. Bei einem Experiment wurde eine Banane in einen dreiwandigen Kasten gelegt, der so ausgerichtet war, daß der Schimpanse zuerst die Banane von sich wegschubsen mußte, bevor er sie an sich ziehen konnte. Obwohl alle Schimpansen Erfahrung mit Stöcken hatten und obwohl alle auch Erfahrungen mit Umwegproblemen hatten, die mit den *eigenen* Körperbewegungen zu tun hatten, waren die meisten Tiere unfähig, die Aufgabe zu bewältigen (Köhler 1921). Fehlschläge wie diese ließen Köhler zum Schluß kommen, daß Schimpansen unfähig sind, Beziehungen zwischen Objekten zu verstehen, bei denen sie selbst nicht als Bezugspunkt dienen (siehe auch Boakes 1984). Wenn Menschenaffen (und freilich auch kleine Kinder) es schwierig finden, sich dasselbe Objekt oder Ereignis aus verschiedenen Perspektiven vorzustellen (Kapitel 8), dann wäre es kaum erstaunlich, wenn Meerkatzen die Rufe anderer Arten nur in bezug auf ihre eigenen Rufe interpretieren können.

Wir waren nicht in der Lage, diese Hypothese zu prüfen, weil die abnehmende Zahl der Affen im Amboseli uns daran hinderte, wenigstens noch zwei wichtige zusätzliche Experimente durchzuführen. Beispielsweise scheint

Raubvogelalarm spezifischer und eindeutiger zu sein als Bodenfeindalarm. Deshalb wäre es interessant gewesen, zu testen, ob Meerkatzen die Ähnlichkeit zwischen dem Raubvogelalarm eines Stares und einem akustisch unterschiedlichen Raubvogelalarm irgendeines kleinen Säugers, etwa des Zwergmungos, erkennen. Außerdem wäre es wichtig gewesen, die Einschätzung der Meerkatzen von Impalaschnaubern und Leopardenalarm anderer Meerkatzen zu vergleichen. Wenn Meerkatzen Schnauber und ihre eigenen Leopardenalarmrufe als ähnlich beurteilen (und sich also Gewöhnung von einem auf den anderen überträgt), und wenn sie auch darin versagen, die Ähnlichkeit eines Raubvogelalarms eines Stares und, sagen wir, eines Mungos zu erkennen, dann hätten wir einen überzeugenderen Beleg für die Hypothese, daß Meerkatzen die Bedeutung der Rufe anderer Arten im wesentlichen durch Bezugnahme auf die Bedeutung ihrer eigenen Rufe einschätzen.

Offensichtlich irrelevante Aspekte im Verhalten anderer Arten

Wie wir schon bemerkt haben, stellen die Alarmrufe anderer Arten für Meerkatzen ein Ende eines Kontinuums von biologisch relevanten und irrelevanten Merkmalen ihrer Umgebung dar. Es ist vielleicht nicht erstaunlich, daß Meerkatzen zwischen solchen Alarmrufen unterscheiden, denn ganz offensichtlich sind sie für das Überleben der Affen wichtig. Kann man aber ähnliches Wissen um Reize nachweisen, die nichts mit dem sozialen Bereich zu tun haben und für das Überleben der Affen offenbar irrelevant sind? Dies ist eine wichtige Frage, denn ein wesentliches Merkmal menschlicher Intelligenz ist unsere Neigung, Informationen über die Welt anzuhäufen, die für die Bewältigung unseres Alltagslebens nicht direkt relevant sind. Menschen verbringen ungeheuer viel Zeit mit dem Sammeln von Vogelbestandslisten, Bundesligaergebnissen, Schlagerhitlisten und anderen reichlich unnützen Informationen, die sie womöglich nie brauchen oder irgend jemand anderem mitteilen. Kann man dasselbe von Meerkatzen sagen? Sind Meerkatzen ebenso gute Naturforscher, wie sie gute Primatologen sind?

Um dieser Frage nachzugehen, mußten wir zuerst zwei vergleichbare Merkmale der Umwelt der Meerkatzen ausfindig machen – ein soziales und vermutlich biologisch relevantes und ein anderes, nichtsoziales und für das Überleben der Affen offensichtlich irrelevantes. Dann entwarfen wir Experimente, mit deren Hilfe wir die Leistungsfähigkeit der Affen auf diesen beiden Gebieten einschätzen konnten. Als sozialen, biologisch relevanten Test benutzten wir die Experimente zum Erkennen über Gruppengrenzen hinweg, die wir in Kapitel 3 beschrieben haben, bei denen wir die Affen daraufhin untersuchten, wieviel sie über den Aufenthalt von Individuen in anderen Gruppen wissen. Der nichtsoziale, offensichtlich irrelevante Test zielte darauf ab, herauszufinden, wieviel die Affen über den Standort von zwei Arten wissen, die weder mit Meerkatzen konkurrieren noch in irgendeiner augenfälligen Weise überhaupt mit ihnen interagieren.

Bei unseren früheren Experimenten zum Erkennen über Gruppengrenzen hinweg hatten wir das Wissen der Meerkatzen um Mitglieder und Streifgebiet anderer Gruppen untersucht, indem wir ihnen den bei Gruppenbegegnungen benutzten Wrr-Laut eines Weibchens vorspielten, und zwar entweder aus der Richtung des tatsächlichen Territoriums dieses Weibchens oder aus dem Gebiet einer anderen Nachbargruppe. Bei diesen gepaarten Versuchen antworteten die Versuchsobjekte mit signifikant größerer Aufmerksamkeit auf Rufe, die aus der falschen Richtung kamen, als auf Rufe, die aus der richtigen Richtung kamen (Kapitel 3). Die Affen schienen zu erkennen, zu welcher Gruppe ein bestimmtes Weibchen gehörte, auch wenn es kein Mitglied der eigenen Gruppe war.

Bei unseren späteren »nichtsozialen« Tests benutzten wir den gleichen Versuchsaufbau, nahmen aber als Reizauslöser die Rufe anderer Arten. Wir spielten den Meerkatzen Rufe von zwei Arten vor, die man gewöhnlich nahe am oder im Wasser antrifft, dem Flußpferd (*Hippopotamus amphibius*) (Abb. 9.3) und dem Stelzenläufer (*Himantopus himantopus*) (Abb. 9.4). Der Ruf des Flußpferdes ist ein Ruf zur Revierabgrenzung, während der Ruf des Stelzenläufers ein Alarmruf geringer Intensität ist, der als Reaktion auf eine ganze Reihe potentieller Störenfriede erfolgt. Weder Flußpferde noch Stelzenläufer greifen Meerkatzen an oder konkurrieren mit ihnen, und beide scheinen für die Affen von geringer biologischer Bedeutung zu sein. Gleichzeitig sind beide Arten tagsüber so sehr auf Feuchtgebiete angewiesen, daß jeder Hinweis auf ihre Anwesenheit in einem anderen Biotop zumindest von Menschen, die sich auf dem Gebiet auskennen, als ungewöhnlich angesehen würde. Stelzenläufer findet man nie weit vom Wasser entfernt, und Flußpferde kommen zwar aus dem Wasser, um zu fressen, aber das tun sie nur bei Nacht (Olivier und Laurie 1974).

Wir spielten den Meerkatzen die Flußpferd- und Stelzenläuferrufe in paarweisen Versuchen vor, entweder von einem Sumpf aus (»richtig«) oder von einem Trockenwaldgebiet aus (»falsch«). Alle Versuchssubjekte gehörten Gruppen an, deren Territorien sowohl an Sümpfe als auch an trockene Aka-

Abb. 9.3: Obwohl Flußpferde während der Nacht an Land kommen und fressen, tauchen sie doch selten tagsüber aus dem Wasser auf. Die territorialen Rufe der Männchen sind an Wasserlöchern häufig zu hören.

zienwälder grenzten, und alle hatten schon oft die Rufe von Flußpferden und Stelzenläufern gehört, wenn sie in der Nähe der Sümpfe auf Nahrungssuche waren (Cheney und Seyfarth 1985a).

In deutlichem Kontrast zu den Intergruppen-Erkennungsexperimenten reagierten die Meerkatzen nicht unterschiedlich auf die Rufe der beiden Arten, ob sie nun aus Sümpfen oder aus trockenem Waldgebiet kamen (Abb. 9.5).

Normalerweise reagierten die Meerkatzen kaum auf die Playbacks von Flußpferdrufen, unabhängig davon, von welchem Biotop aus man sie ihnen vorspielte. Wenn sie Stelzenläuferrufe hörten, blickten die Meerkatzen oft in Richtung des Lautsprechers, aber die Dauer dieser Reaktion unterschied sich nicht signifikant zwischen Feucht- und Trockenbiotop. Einiges wies darauf hin, daß die Meerkatzen die Stelzenläuferrufe als Alarm ansahen: Fünf der achtzehn getesteten Meerkatzen blickten hoch, und immerhin drei Tiere flohen auf die Bäume oder stellten sich auf die Hinterbeine, als sie den Ruf hörten. Aber auch hier reagierten die Affen in dem einen Habitat nicht deutlicher

Abb. 9.4: Der Stelzenläufer ist ein Watvogel, den man nur in beziehungsweise an Wasserlöchern antrifft.

als in dem anderen. Die Meerkatzen reagierten auf die Flußpferd- wie auf die Stelzenläuferrufe so, als hätten sie nicht erkannt, daß es ungewöhnlich ist, diese Rufe vom Trockenwald her zu hören.

Natürlich läßt sich mit diesen negativen Resultaten nicht entscheiden, ob Meerkatzen etwas Ungewöhnliches in ihrer Umgebung nicht erkennen können oder ob sie nicht darauf reagieren. Es ist zum Beispiel durchaus möglich, daß die Meerkatzen ganz genau wissen, daß Flußpferde ins Wasser gehören, aber daß sie sich einfach nicht um ihre Rufe kümmern. Allerdings *sind* die negativen Resultate von Interesse, wenn man sie mit ähnlichen Experimenten zum innerartlichen Erkennen zwischen Gruppen kontrastiert. Obwohl Meerkatzen es unterlassen, auf Flußpferd- oder Stelzenläuferrufe zu reagieren, die aus einem ungewöhnlichen Biotop kommen, reagieren sie unter vergleichbaren Bedingungen heftig auf eine andere Meerkatze. Diese unterschiedlichen Verhaltensleistungen sind besonders bemerkenswert, wenn man in Betracht zieht, daß die Tiere in den Versuchen zum Erkennen über Gruppengrenzen hinweg darauf getestet wurden, den richtigen Aufenthaltsort

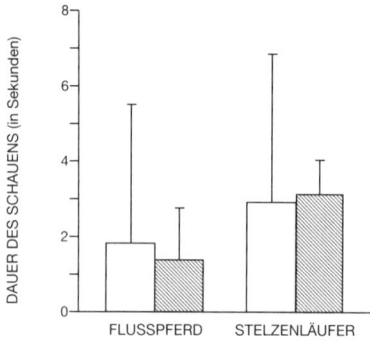

Abb. 9.5: Die Dauer (in Sekunden), mit der die Versuchsobjekte nach Playback-Vorführungen von Flußpferd- und Stelzenläuferrufen aus feuchten (offene Säulen) und trockenen Biotopen (schraffierte Säulen) zum Lautsprecher sahen. Das Histogramm zeigt Mittelwerte und Standardabweichungen für 10 Versuchssubjekte bei Versuchen mit Flußpferdrufen und 18 Versuchssubjekte bei Versuchen mit Stelzenläuferrufen.

schiedener *Individuenzen* einzuschätzen, während die Flußpferd- und Stelzenläuferrufe nur ein grobes Verständnis des richtigen Aufenthaltsortes verschiedener *Arten* erforderten.

Allerdings testeten die Intergruppen-Erkennungsversuche, inwieweit die Affen sozial relevante Reizauslöser verstehen, was die Flußpferd- und Stelzenläuferversuche nicht taten. Wissen um die Identität der Mitglieder anderer Gruppen ist für die Verteidigung des Territoriums wesentlich, das Verstehen des Verhaltens von Flußpferden und Stelzenläufern besitzt aber keinen offensichtlichen Überlebenswert. Es könnte durchaus sein, daß die Affen auf Aspekte des Verhaltens anderer Arten, die für ihr eigenes Überleben und ihre Fortpflanzung unwichtig sind, ganz einfach nicht achten, auch wenn sie ihnen täglich über den Weg laufen.

Es scheint wahrscheinlich, daß Menschen, die über das notwendige Wissen verfügen und denselben Experimenten ausgesetzt werden, anders als die Meerkatzen sehr deutlich reagieren würden. Wie irrelevant das Verhalten von Flußpferden und Stelzenläufern für uns auch immer sein mag, wenn wir ihre Rufe aus trockenem Waldland hören würden, würde uns dies ein Bild von der Welt vermitteln, das mit unseren bisherigen Erfahrungen nicht im Einklang stünde. In analoger Weise würden wir erwarten, daß ein eingefleischter Vogelbeobachter sehr erstaunt reagiert, wenn er den Gesang einer Walddrossel plötzlich in der offenen Prärie hören würde oder wenn eine Wanderdrossel in Vermont auf einmal im Dezember singen würde. Die Tatsache, daß Meerkatzen nicht so reagieren wie manche Menschen, könnte darauf hindeuten, daß die Affen ihre Welt nicht auf dieselbe Weise wahrnehmen wie wir die unsere und daß sie sich nicht dieselben Fragen über sie stellen wie wir.

Beziehungen zwischen anderen Tierarten

Wenn Meerkatzen mit Artgenossen interagieren, scheinen sie die Beziehungen zwischen anderen Individuen genau zu verstehen. Zum Beispiel können Meerkatzen die Schreie bestimmter Jugendlicher mit den Müttern dieser Jugendlichen in Verbindung bringen (Kapitel 3; Cheney und Seyfarth 1980). Ihr Erkennen sozialer Beziehungen beruht offensichtlich auf dem Beobachten des Verhaltens anderer Individuen. Um herauszufinden, ob Meerkatzen ähnliche Beziehungen außerhalb des sozialen Bereiches erkennen, testeten wir, inwieweit sie die Beziehungen anderer Tierarten verstehen, wobei eine dieser Arten für das Alltagsleben der Meerkatzen durchaus wichtig war.

Meerkatzen kommen regelmäßig mit Angehörigen des Volkes der Massai in Berührung, die ihre Viehherden während der Trockenzeit zum Weiden in den Amboseli treiben. Das Nahen von Massaihirten veranlaßt die Meerkatzen zu einem akustisch eigenständigen Alarmruf »fremder Mensch« und zu lautloser Flucht aus dem Gefahrenbereich (Kapitel 4). Die Massai tauchen im Amboseli meist in Begleitung von Rindern, Ziegen und Eseln auf, die ihrerseits für die Meerkatzen keine Gefahr darstellen (Abb. 9.6). Aber da diese Tierarten praktisch immer von Massai begleitet werden, kann ihre Anwesenheit das Nahen einer Gefahr signalisieren.

Wenn die Meerkatzen gelernt haben, die Beziehung zwischen den Massai und ihren Herden in Verbindung zu bringen, würden wir erwarten, daß sie auf das Nahen der Herden mindestens so heftig reagieren wie auf die Massai selbst. Tatsächlich gibt es anekdotische Hinweise, die vermuten lassen, daß Meerkatzen Viehherden mit Massai assoziieren. Eines Tages in der Regenzeit, nachdem einige Monate lang keine Massai im Amboseli gewesen waren, hörte Sandy Andelman, die damals als Studentin in unserem Projekt mitarbeitete, die Affen den eigentümlichen Alarmschrei »fremder Mensch« ausstoßen. Neugierig darauf, ob Massai im Anmarsch waren, guckte sie sich um, sah aber nur eine Herde Impalas. Mitten unter den Impalas befand sich allerdings ein Esel, der sich aus einem nahen Massaidorf hierher verirrt hatte. Die Meerkatzen hatten den Esel gesehen und ihn offensichtlich mit dem Nahen von Massai in Verbindung gebracht.

Wir beschlossen, das Wissen der Meerkatzen um die Beziehung zwischen Massai und Viehherden durch eine Reihe paarweiser Experimente zu testen, bei denen wir ihnen Aufnahmen von Rinder- oder Gnu-Lautäußerungen vorspielten (Einzelheiten finden sich in Cheney und Seyfarth 1985a). Rinder und Gnus sind beide Weidegänger, die Meerkatzen weder bedrohen noch mit

Abb. 9.6: Eine Rinderherde taucht aus einer Staubwolke auf. In der Trockenzeit bringen die Massai ihr Vieh täglich zum Weiden und Tränken in den Amboseli-Nationalpark.

ihnen konkurrieren (Abb. 9.7). Beide machen auch ähnliche Muh-Laute. Allerdings befinden sich Rinder im Gegensatz zu Gnus meist in Begleitung von Massai, so daß wir erwarten könnten, daß die Affen auf Playbacks von Rinder-Muhen stärker reagieren würden. Genau dies fanden wir auch heraus. Playbacks von muhenden Kühen veranlaßten die Meerkatzen signifikant länger in Richtung des Lautsprechers zu blicken als Playbacks muhender Gnus (Abb. 9.8). Ihre größere Aufmerksamkeit gibt zu der Vermutung Anlaß, daß Meerkatzen Kühe mit Gefahr assoziieren und daß sie auf das scheinbare Nahen von Kühen so reagieren, wie sie auf das Nahen der Massai selbst reagieren würden. Interessanterweise scheint diese Verknüpfung nicht so deutlich zu sein, wie sie es wäre, wenn man Menschen vor dasselbe Problem stellen würde. In keinem einzigen Fall nämlich veranlaßten die Playbacks muhender Kühe die Meerkatzen zu einem Alarmruf »fremder Mensch«.

Ein anderer akustischer Hinweis auf das Nahen von Massai-Rindern ist das Läuten von Glocken, denn in jeder Herde gibt es immer einige Kühe, die Glocken um den Hals tragen. Wenn wir den Meerkatzen Aufnahmen von Kuhglocken vorspielten, reagierten sie genauso stark darauf wie auf das Muhen.

Abb. 9.7: Das Gnu ist eine häufige Huftierart im Amboseli-Nationalpark.

Playbacks mit Glockengeläut lösten selbst dann noch intensive Aufmerksamkeit aus, wenn das Geklingel aus über hundert Metern Entfernung ertönte.

Übrigens sind diese Reaktionen auf Kühe und Kuhglocken keineswegs auf Primaten beschränkt. Gelegentlich töten die Massai im Amboseli Nashörner und Elefanten mit Speeren, und beide Arten reagieren heftig auf Playbacks von Muhen und Glockengeläut. Tatsächlich veranlaßte eines unserer Playback-Experimente – zur Bestürzung aller Beteiligten – zwei Nashörner, von Panik ergriffen, explosionsartig aus einem Gestrüpp in der Nähe zu flüchten.

Die starke Reaktion der Meerkatzen auf läutende Glocken resultierte nicht einfach aus einer Tendenz, auf irgendwelche lauten Geräusche zu reagieren. Meerkatzen, die an menschliche Beobachter gewöhnt sind, hören beispielsweise bald damit auf, auf das Geräusch von Autos zu reagieren. Statt dessen schienen die Affen die Glocken mit den Massai zu assoziieren, so wie sie es auch mit den muhenden Kühen machten. Wir wissen allerdings nicht, ob die Affen irgendeinen Unterschied zwischen Läuten und Muhen erkennen. Verstehen sie, daß das eine Geräusch von einem unbelebten Objekt kommt, das andere aber von einem Tier? Auch wissen wir sehr wenig über die mentalen

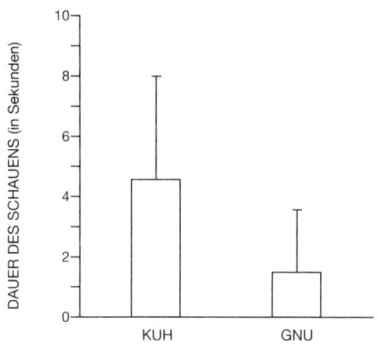

Abb. 9.8: Die Dauer (in Sekunden), mit der die Versuchssubjekte nach Playback-vorführungen von muhenden Kühen und Gnus in Richtung des Lautsprechers blickten. Das Histogramm zeigt Mittelwerte und Standardabweichungen für 19 Versuchssubjekte. Die Dauer der Reaktion war nach Playbacks von muhenden Kühen signifikant länger (zweiseitiger Wilcoxon-Test, $P < 0.05$).

Prozesse, die den Reaktionen der Affen auf Kühe und Glocken zugrunde liegen. Selbstverständlich könnten die Reaktionen der Affen einfach auf Assoziationslernen beruhen; es ist aber auch möglich, daß sie ein etwas komplexeres Verständnis der Beziehung zwischen zwei anderen Arten reflektieren. Eine der offensichtlichen Schwächen von Playback-Experimenten ist es, daß sie Wissen operational definieren, nämlich durch die Antworten, die sie auslösen. Playback-Experimente können ergeben, welcher von zwei Auslösern die geringere Schwelle besitzt, aber sie können nichts über die dem Verhalten zugrundeliegenden kognitiven Mechanismen aussagen.

Sekundäre Hinweise auf Gefahr

Das Muhen von Kühen und das Läuten von Glocken sind akustische Hinweise, die das Nahen einer Gefahr anzeigen. Die Reaktion der Meerkatzen auf diese Geräusche deutet darauf hin, daß sie von diesen Hinweisen Gebrauch machen und daß sie etwas über die Beziehung zwischen zwei anderen Arten – Rindern und Massai – wissen. Merkwürdig nur, daß vieles von dem offensichtlichen Wissen der Meerkatzen um andere Arten in sich zusammenfällt, wenn wir sie daraufhin testen, was sie von *visuellen* Hinweisen wissen, die von anderen Arten kommen.

Selbstverständlich stützen sich Affen auf visuelle Signale, um Nahrung zu lokalisieren und Raubfeinden aus dem Weg zu gehen. Jeder, der einmal die Touristen-Lodges in den ostafrikanischen Nationalparks besucht hat, weiß nur zu gut, daß Paviane und Meerkatzen Experten darin sind, Pappkartons und Touristenbusse mit dem Essen fürs Picknick in Verbindung zu bringen. Kartons, Getränkeflaschen und sogar Touristenbusse sind nur die Verpakkungen, in denen das Essen ausgeliefert wird. Sie sind daher keine sekundären Hinweise auf Nahrung, sondern äußerliche Manifestationen der Nahrung selbst. Demgegenüber ist ein Alarmruf, ob er nun von einer Meerkatze oder einer anderen Art produziert wird, ein echter sekundärer Hinweis; er wird nicht vom Raubfeind selbst produziert, sondern signalisiert die Anwesenheit einer bestimmten Sorte von Gefahr. Alarmrufe sind sekundäre akustische Hinweise auf Raubfeinde. Können Affen auch von sekundären *visuellen* Hinweisen auf Gefahr Gebrauch machen?

Wenn Leoparden Beute machen, schleppen sie sie oft auf einen Baum, wo sie sie, ohne von Löwen oder Hyänen belästigt zu werden, in aller Ruhe fressen können. Dieses Verhalten ist nur für Leoparden typisch, und Menschen lernen schnell, daß ein frischer Kadaver auf einem Baum zuverlässig die Nähe eines Leoparden anzeigt. Alle Meerkatzengruppen unserer Untersuchungspopulation hatten die Gelegenheit zu sehen, wie Leoparden ihre Beute auf einen Baum schleppten. In allen derartigen Fällen, bei denen wir dabei waren, reagierten die Meerkatzen mit wiederholtem Leopardenalarm, auch wenn der Leopard sich schon an seiner Beute gütlich tat. Wir wollten herausfinden, ob Meerkatzen genug über das Verhalten von Leoparden wissen, um zu erkennen, daß auch bei Abwesenheit eines Leoparden ein Kadaver auf einem Baum dieselbe potentielle Gefahr signalisierte wie der Leopard höchstselbst.

Um dieses Experiment durchzuführen, besorgten wir uns zunächst den weichen ausgestopften Balg einer Thomsongazelle, also einer Art, die häufig von Leoparden geschlagen wird. (Dieser Aspekt des Experimentes war eine der etwas bizarreren Unternehmungen bei unserer gesamten Studie.) Dann standen wir am nächsten Tag noch vor Morgengrauen auf und drapierten den »Kadaver« – es war noch dunkel – auf einem Baum, ungefähr 70 bis 75 Meter von den Schlafbäumen der Meerkatzen entfernt (Abb. 9.9). Den »Kadaver« brachten wir in eine Haltung, daß es so aussah, als hätte ein Leopard ihn dort abgelegt (tatsächlich täuschte unser Versuch zumindest den Fahrer eines Touristenbusses, der dachte, ein Leopard wäre in der Gegend). Sobald die Sonne aufging, beobachteten wir das Verhalten der Meerkatzen 2 Stunden lang und notierten in Abständen von 5 Minuten die Blickrichtung so vieler Tiere, wie wir sehen konnten. Insgesamt zeigten wir den »Kadaver« bei fünf Gelegenheiten, einmal einer Paviangruppe und viermal verschiedenen Meerkatzengruppen. Eine der Meerkatzengruppen hatte nur 4 Tage zuvor einen Leoparden mit seiner Beute auf einem Baum gesehen und hatte sogar noch Alarm geschlagen, als der Leopard bei unserem Auftauchen verschwand (für weitere Einzelheiten siehe Cheney und Seyfarth 1985a).

Abb. 9.9: Der ausgestopfte »Kadaver« einer Thomsongazelle wurde auf einen Baum in der Nähe der Schlafplätze der Meerkatzen drapiert.

Trotz der Erfahrung, die alle Gruppen mit Leoparden und Kadavern auf Bäumen hatten, reagierten weder die Paviane noch die Meerkatzen mit Alarmrufen, als sie den einsamen Kadaver auf dem Baum erblickten. Tatsächlich gab es noch nicht einmal erhöhte Aufmerksamkeit für den Kadaver, jedenfalls nicht mehr, als man der Wahrscheinlichkeit nach erwarten konnte. In allen Fällen verhielten sich die Affen, als ob sie nicht erkannten, daß ein Kadaver auf einem Baum die Nähe eines Leoparden signalisiert.

Es ist natürlich möglich, daß der »Kadaver« irgendwie vielleicht doch nicht so realistisch war, wie wir (und der Fahrer des Touristenbusses) es uns einbildeten, und daß die Affen den »Kadaver« einfach nicht als Beute eines Leoparden anerkannten. Dennoch läßt das offensichtliche Unterlassen der Tiere, den »Kadaver« als ungewöhnliches Objekt zu betrachten, den Schluß zu, daß sie nicht gerade sehr viel auf Veränderungen in ihrem Habitat achten, selbst wenn eine solche Veränderung mehr als offensichtlich erscheint.

Erinnern wir uns nur daran, wie die Paviane in der Geschichte, die wir zu Anfang dieses Kapitels erzählten, um den bluttriefenden Büffelkadaver herumspazierten. In Anbetracht dieser Umstände wäre es interessant herauszufinden, wie Meerkatzen oder Paviane auf eine massive, aber im Prinzip irrelevante Veränderung ihrer Umgebung reagieren würden. Wie würden sie beispielsweise reagieren, wenn wir irgendwie in der Lage wären, den Kilimandscharo ein bißchen zu verschieben, so daß er nun im Norden und nicht mehr im Süden läge? Oder was würden sie machen, wenn wir die Sonne dazu

Abb. 9.10: Pythons hinterlassen breite, gerade Spuren, die man nicht mit Spuren irgendwelcher anderen Arten verwechseln kann.

kriegen würden, im Westen aufzugehen? So wie wir es sehen, würden die Affen absolut ungerührt bleiben. Wie sehr wir auch die ortsansässige menschliche Bevölkerung alarmieren und in Schrecken versetzen würden, die Meerkatzen würden wohl mit der Art innerer Ruhe reagieren, wie sie aus tiefster Unwissenheit resultiert.

Um das Wissen der Affen um sekundäre visuelle Hinweise noch weiter zu testen, prüften wir, ob Meerkatzen die Spuren von Pythons erkennen. Pythons erbeuten im Amboseli häufig Meerkatzen (Cheney u. a. 1988), und wenn Meerkatzen einem Python begegnen, reagieren sie mit Alarmrufen und beobachten seinen Weg durch das Gelände aus nächster Nähe (Kapitel 4; Seyfarth, Cheney und Marler 1980b). Pythons hinterlassen klare, breite und gerade Spuren, die absolut unverwechselbar sind und die wir ebenso wie die ansässige Bevölkerung leicht erkennen (Abb. 9.10). Man kann die Frische einer Pythonspur anhand der Klarheit ihrer Umrisse bestimmen und danach, ob sie schon irgendwelche anderen Tiere überquert haben.

Tatsächlich konnten wir oft den Python finden, wenn wir seiner Spur bis in einen nahen Busch folgten. Meerkatzen hatten im Amboseli reichlich Gelegenheit, Pythons zu beobachten und vor ihnen zu warnen, wenn sie unter Hinterlassung ihrer Spur in nahe Büsche verschwanden. Haben die Affen gelernt, daß eine frische Pythonspur eine potentielle Gefahr darstellt?

Um diese Frage zu untersuchen, waren wir sowohl auf Beobachtungen als auch auf Experimente angewiesen (siehe Cheney und Seyfarth 1985a). Zunächst einmal notierten wir immer, wenn ein Python seine Spur im Staub hinterließ und keine Affen in der Nähe waren. Dann beobachteten wir die Affen, wenn sie bei der Nahrungssuche auf die Spur stießen. In keinem Fall zeigten die Affen erhöhte Aufmerksamkeit oder änderten sonstwie ihr Verhalten, wenn sie sich der Spur näherten und sie überquerten. Tatsächlich beobachteten wir mehrfach mit äußerstem Unglauben, daß eine Meerkatze leise einer Pythonspur direkt in einen Busch folgte, um dann, wenn sie dort auf die Schlange stieß, voller Entsetzen mit einem Sprung das Weite zu suchen. Wir versuchten auch fünf Nachbildungen echter Pythonspuren zu machen, indem wir eine künstliche Spur in einem Gebiet hinterließen, dem sich die Affen gerade näherten. Auch diesmal zeigten die Affen keinerlei erhöhte Aufmerksamkeit für die Spuren; sie benahmen sich, als ob sie nicht erkannten, daß dies Gefahr signalisierte.

Betrachten wir schließlich die inkonsistenten Reaktionen der Meerkatzen auf sekundäre Hinweise, die das Nahen von Massaihirten anzeigen. Im Amboseli wirbeln Rinder- oder Ziegenherden riesige dichte Staubwolken auf (Abb. 9.11), die man als Mensch von den helleren und weiter zerstreuten Staubwolken von Wildtieren wie Zebras, Gnus und Elefanten leicht zu unterscheiden lernt. Wir haben schon davon gesprochen, daß Meerkatzen nicht nur auf das leibhaftige Erscheinen von Rindern, Eseln und Ziegen heftig reagieren, sondern auch auf ihr Muhen, das Eselsgeschrei, das Blöken und Glockengeläut, das diese Tiere veranstalten. Seltsamerweise aber scheinen sie niemals die leicht erkennbaren Staubwolken wahrzunehmen, die das Nahen dieser Tiere ankündigen. Tag für Tag beobachten die Meerkatzen teilnahmslos die von einer sich nähernden Viehherde aufgewirbelte Staubwolke und schlagen mit steter Regelmäßigkeit erst dann erstaunt Alarm, wenn die Kühe und Ziegen aus dem Staub auftauchen.

Warum finden wir diese seltsamen Unterlassungen im Erkennen sekundärer Hinweise? Es ist eher unwahrscheinlich, daß die Affen sich auf olfaktorische statt auf visuelle und akustische Hinweise verlassen. Anders als bei vielen anderen Säugern ist der Geruchssinn bei Primaten relativ schwach entwickelt, und zumindest bei Distanzen von mehr als einem Meter dürfte sich der Geruchssinn von Meerkatzen kaum von dem unseren unterscheiden.

Abb. 9.11: Viehherden wirbeln riesige dichte Staubwolken auf, die oft schon zu sehen sind, lange bevor die Viehherden selbst auftauchen, und die man leicht von den weiter zerstreuten Staubwolken unterscheiden kann, die von wildlebenden Huftieren stammen.

Man könnte argumentieren, daß bei jedem der drei Beispiele, die wir beschrieben haben, ein einziger Hinweis kein hinreichender Auslöser ist oder daß der zeitliche Zusammenhang zwischen den Ereignissen nicht eng oder zuverlässig genug ist, um als konsistente Vorhersage für Gefahr benutzt zu werden. Zusammengenommen aber vermitteln diese Einwände nur das schale Gefühl unbefriedigender »Post-hoc«-Erklärungen. Uns bleibt der bestimmte Eindruck, daß die Affen Hinweise ignorieren, von denen man erwarten würde, daß sie sie logischerweise aufnehmen sollten.

Die relative Bedeutung akustischer und visueller Hinweise

Die sekundären Hinweise, die mit den Raubfeinden der Meerkatzen zu tun haben, können in vier grobe Kategorien unterteilt werden, je nachdem ob sie lebendig oder unbelebt sind oder ob es akustische oder visuelle Hinweise sind. Lebende akustische Hinweise sind unter anderen das Muhen von Kühen und die Alarmrufe anderer Arten. Ein lebendiger visueller Hinweis ist beispielsweise das Auftauchen von Rindern oder anderem Vieh. Zu den unbelebten akustischen Hinweisen zählt das Läuten von Kuhglocken, während Staubwolken, Pythonspuren und Kadaver unbelebte visuelle Hinweise darstellen. Meerkatzen scheinen auf alle vier Arten sekundärer Hinweise zu achten, mit Ausnahme des letzten. Warum?

Wenn wir für einen Moment annehmen, daß unsere Kategorien zumindest heuristischen Wert besitzen, dann gibt es wenigstens drei mögliche Erklärungen dafür, daß Meerkatzen offensichtlich nicht auf unbelebte visuelle Hinweise achten. Erstens könnte es sein, daß akustische Hinweise einen geringeren Schwellenwert besitzen als visuelle. Akustische Signale setzen unvermittelter ein, und zumindest von Ratten weiß man, daß sie plötzlich auftretende Ereignisse eher mit anderen plötzlich auftretenden Ereignissen in Verbindung bringen, graduell verlaufende Ereignisse dagegen eher mit anderen graduell verlaufenden Ereignissen (Testa 1974). Es mag daher für Meerkatzen einfacher sein, sekundäre akustische Hinweise auf unmittelbar drohende Gefahr mit etwas zu verbinden und darauf zu reagieren. Diese Erklärung hat allerdings ihre Grenzen, denn vor allem erklärt sie nicht, warum die natürliche Selektion verschiedene Sensibilitäten im visuellen und akustischen Bereich gefördert haben sollte.

Ein weiteres Hauptmerkmal akustischer Hinweise ist ihr enger zeitlicher Zusammenhang mit den Reizen, durch die sie verursacht sind. Visuelle Hinweise stehen dagegen nicht immer in einem so engen Bezug zu den für sie ursächlichen Reizen. So kann eine Pythonspur schon einige Stunden alt sein, wenn die Affen auf sie treffen. Menschen finden es leichter, eine kausale Interpretation anzuwenden, wenn die beteiligten Auslöser räumlich und zeitlich eng benachbart sind (Michotte 1963). Vielleicht macht es das Fehlen eines durchgängigen engen Raum-Zeit-Zusammenhanges, etwa zwischen Pythons und ihren Spuren oder zwischen Leoparden und Kadavern auf Bäumen, den Meerkatzen schwer, zu erkennen, daß diese visuellen Reize Informationen auf einen nahen Raubfeind liefern. Erklärungen, die auf dem Schwellenwert von Auslösern und deren zeitlichem Zusammenhang beruhen, sind aber nicht gänzlich überzeugend. Staubwolken erscheinen beispielsweise in engem zeitlichen Zusammenhang mit dem Auftauchen von Massai, und Kadaver auf Bäumen und Pythonspuren signalisieren oft *tatsächlich* unmittelbare Gefahr. Leoparden bleiben meist einige Tage in dem Gebiet, wo sie eine Beute gerissen haben, und Meerkatzen laufen oft im Gestrüpp Pythons über den Weg, wenn sie nicht auf ihre Spuren geachtet haben.

Wir schätzen, daß wenigstens 70 Prozent aller Todesfälle bei den Meerkatzen im Amboseli auf Raubfeinde zurückzuführen sind, und sowohl Leoparden als auch Pythons erbeuten häufig Meerkatzen (Cheney u. a. 1988; Isbell 1990). Demzufolge würde man einen starken Selektionsdruck erwarten, der Affen begünstigt, die diese manchmal zeitlich nicht so eng zusammenhängenden Hinweise miteinander verbinden können, um so mehr, als sie die Gelegenheit haben, die Räuber, die sie verursachen, zu beobachten. Untersuchungen zum Lernen von Geschmacksaversionen haben gezeigt, daß Tiere den Geschmack einer bestimmten Nahrung mit Krankheit assoziieren können, selbst wenn die beiden Stimuli zeitlich weit auseinander liegen. Ratten und Kojoten lernen beispielsweise schon nach einem einzigen Versuch, Nahrung zu verschmähen, die ihnen nicht bekommen ist, selbst wenn ihnen erst Stunden nach dem Fressen schlecht wurde (Garcia und Koelling 1966). Allerdings haben Untersuchungen zu Geschmacksaversionen auch gezeigt, daß manche zeitlich unzusammenhängenden Reize eher als andere in Zusammenhang gebracht werden, und dies gilt vielleicht auch für visuelle Hinweise, die Raubfeinde hinterlassen.

Ein alternatives Argument, das sich aus der oben beschriebenen bereichsspezifischen Hypothese ergibt, hat als Ausgangspunkt die Vermutung, daß die Meerkatzen im Laufe der Evolution von sekundären visuellen und akustischen Hinweisen zunächst Gebrauch gemacht haben, um Probleme im sozialen Bereich zu lösen. Wenn Affen beim Umgang mit anderen Arten auf visuelle und akustische Signale inkonsistent reagieren, dann ist das eine Folge ihrer Inkonsistenz beim Gebrauch visueller und akustischer Signale in der innerartlichen Kommunikation.

Nehmen wir beispielsweise die verschiedenen Formen, mit denen Affen bei ihren sozialen Interaktionen visuelle und akustische Signale gebrauchen. Meerkatzen benutzen Lautsignale, wenn sie Blickkontakt mit ihrem Gegenüber haben, und auch, wenn sie ihn nicht haben. Ein Affe kann den gewünschten Adressaten direkt angrunzen, er kann aber auch einen Ruf an jemanden richten, der außerhalb seiner Sichtweite ist. Wenn Affen in dichtem Gestrüpp nach Nahrung suchen, kann eine Lautäußerung die Annäherung einer anderen Gruppe signalisieren oder daß eine Schlange in der Nähe ist, und dies ohne jede Unterstützung durch visuelle Informationen. In dieser Hinsicht sind akustische Signale nicht nur rein emotionale Äußerungen, sondern sie besitzen auch Hinweischarakter.

Dagegen sind die einzigen visuellen Signale mit Hinweischarakter, die Meerkatzen benutzen, andere Meerkatzen. Die Annäherung eines ranghohen Jugendlichen kann einem rangniederen Weibchen signalisieren, daß die Mutter des Jugendlichen wohl auch bald auftauchen wird, aber der Gebrauch sekundärer visueller Hinweise erstreckt sich offenbar nicht auf andere Arten oder unbelebte Objekte. Meerkatzen erfinden keine visuellen Symbole, und sie benutzen visuelle Signale (abgesehen von anderen Meerkatzen) auch nicht objektbezogen, um Informationen über etwas, was gerade nicht da ist, weiterzugeben. Zum Beispiel folgen die Affen nicht gegenseitig den eigenen Spuren, wenn sie auf Nahrungssuche sind, sie schauen nicht nach Spuren anderer Gruppen, wenn sie auf Grenzpatrouille sind, und sie produzieren außerhalb ihrer eigenen sozialen Welt keine sichtbaren Zeichen etwa für ihren Rang oder ihre Gruppenmitgliedschaft. Weil das visuelle System sozialer Kommunikation bei den Affen entstanden ist, um den alltäglichen Notwendigkeiten des sozialen Lebens zu begegnen, ist es nicht besonders zur Lösung bestimmter Probleme außerhalb des sozialen Bereiches geeignet. Bei ihren sozialen Interaktionen haben die Affen vielleicht nie erkennen *müssen*, daß ein visueller Hinweis auch ein nicht sichtbares Bezugsobjekt bezeichnen kann. Demzufolge stellen die Affen, wenn sie mit einer Pythonspur oder einem Kadaver auf einem Baum konfrontiert sind, keine Verbindung zwischen diesen Reizen und den Raubfeinden her, die sie verursachen.

Einige dieser Verallgemeinerungen hinsichtlich des Fehlens bezeichnender visueller Hinweise gelten vielleicht für Menschenaffen weniger als für Affen. Die Schimpansen im tansanischen Gombe-Nationalpark bauen beispielsweise jede Nacht Schlafnester, und wenn die Mitglieder einer Gruppe in das Gebiet einer anderen eindringen, zeigen sie gelegentlich aggressives Imponiergehabe, wenn sie auf die leeren Nester der Nachbarn treffen (Goodall u. a. 1979). Schimpansen reagieren also auf Nester, als ob diese andere Schimpansen anzeigen, auch wenn letztere selbst nicht da sind. Ganz ähnlich scheinen einzeln lebende männliche Berggorillas manchmal mit voller Absicht den Fährten anderer Gorillas nachzuspüren, wenn sie eine Gruppe verfolgen (K. Stewart, pers. Mitt.). Im Lichte dieser Beobachtungen wäre es interessant zu sehen, ob Menschenaffen bei den Versuchen, die wir angestellt haben, wohl besser abschneiden würden als die Meerkatzen. Wir werden weiter unten noch darauf eingehen, daß es gute Gründe für die Annahme gibt, daß die Intelligenz von Menschenaffen weniger bereichsspezifisch ist und daß sie bessere »Zugriffsmöglichkeiten« hat als die der Affen.

Eine letzte alternative Erklärung für die Unfähigkeit der Meerkatzen, visuelle Hinweise als Anzeichen für Gefahr zu erkennen, basiert auf der Annahme, daß diese Hinweise ein gewisses Verständnis für Kausalität erfordern.

Zur Zeit wissen wir nicht, ob Affen den Zusammenhang zwischen Ursache und Wirkung verstehen, denn die einzigen systematischen Untersuchungen über kausales Schlußfolgern bei nichtmenschlichen Primaten sind an Schimpansen durchgeführt worden.

Dafür, daß Schimpansen ein gewisses Verständnis für Kausalität haben, gibt es sehr deutliche Hinweise. Premack (1976) bot einer Reihe von sprachtrainierten Schimpansen die Wahl zwischen verschiedenen Werkzeugen, um eine Handlungskette durchzuführen, und fand, daß sie das richtige Werkzeug mit einem hohen Grad an Treffsicherheit auswählten. Wenn den Schimpansen zum Beispiel ein ganzer und ein halber Apfel gezeigt wurde und sie dann zwischen einem Messer, einem Glas Wasser und einem Bleistift wählen konnten, dann nahmen die Tiere das Messer. Premack meint, daß die Schimpansen nicht durch vorherige Assoziationen zwischen bestimmten Objekten und dazugehörigen Werkzeugen auf die richtige Spur hatten kommen können, denn einige der Objekte hatten einen engeren Zusammenhang mit einem der falschen Werkzeuge gehabt. Wenn den Schimpansen beispielsweise ein ganzer und ein zerstückelter Schwamm gezeigt wurde, dann wählten sie eher das Messer als das Glas Wasser, obwohl Schwämme eher etwas mit Wassergläsern zu tun haben als mit Messern. Die vielen Beispiele von Werkzeuggebrauch bei freilebenden Schimpansen deuten auch auf ein gewisses Verstehen von Ursache und Wirkung hin (Überblick bei Nishida 1987; siehe auch die Seiten 392–394). Könnte ein Schimpanse einen geeigneten Stock suchen und so präparieren, daß er damit nach Termiten angeln kann, wenn er nicht den Kausalzusammenhang zwischen der richtigen Art von Stock und dem erfolgreichen Fischen von Termiten verstünde?

Bei ihren sozialen Interaktionen verhalten sich Affen oft so, als würden sie etwas von Kausalzusammenhängen verstehen. Wenn ein jugendlicher Pavian Streit mit der Tochter eines ranghohen Weibchens vermeidet, tut er dies möglicherweise deshalb, weil er erkennt, daß ein Kampf die Mutter des Weibchens veranlassen würde, einzuschreiten. Auch Kummers Mantelpavianweibchen aus Kapitel 7 könnte das rangniedere Männchen außerhalb der Sichtweite des Chefs gegroomt haben, weil es wußte, daß dieser – sollte er es mitkriegen – höchst unwirsch darauf reagieren würde (Kummer 1982). In den meisten Fällen aber könnte das Verhalten von Affen ebensogut auf reinem Assoziationslernen beruhen und keinerlei Verstehen kausaler Verursachung beinhalten. Im Moment haben wir schlicht keinen Beleg, der es uns erlauben würde, eindeutig zwischen diesen beiden Alternativen zu unterscheiden.

Selbst wenn wir die Ansicht akzeptierten, daß Affen kausale Zusammenhänge bei ihren sozialen Interaktionen verstehen – es würde ja so schön passen –, würde sich dieses Verständnis doch offensichtlich nicht auf ihre nichtsoziale Umwelt erstrecken. So wie Meerkatzen anscheinend von Raubfeinden hinterlassene sekundäre Hinweise ignorieren, so ignorieren auch die Paviane im Gombe-Park die Methoden, die Schimpansen zum Termitenangeln entwickelt haben. Obwohl die Paviane reichlich Gelegenheit haben, Schimpansen zu beobachten, imitieren sie die Schimpansen nicht und fressen statt dessen Termiten nur, wenn diese nach einem Regen aus der Erde herauskommen (diskutiert bei Premack 1976). Diese Beobachtungen deuten darauf hin, daß Paviane und andere Affen entweder generell die Fähigkeit vermissen lassen, überhaupt *irgendwelche* Kausalbeziehungen zu erkennen, oder daß diese Fähigkeit stärker auf soziale Interaktionen beschränkt ist als bei Menschenaffen. Natürlich sind Schimpansen beim Erkennen von Kausalzusammenhängen, wenn es um Termiten geht, weniger raffiniert als die ortsansässige Bevölkerung, die, sobald sie erkannt hat, daß Termiten nach Regenfällen aus dem Boden kommen, Regen einfach dadurch simuliert, daß sie Wasser auf die Termitenhügel gießt oder auf die Hügel uriniert. Dieser Akt der Täuschung erfordert, daß Menschen die »Überzeugungen« von Termiten manipulieren, etwas, wozu Schimpansen vielleicht nicht fähig sind.

Kooperation und Reziprozität

Kooperative Allianzen bei Menschen sind oft durch den Austausch von Gütern oder Gefälligkeiten gekennzeichnet. Bemerkenswerterweise kann solch ein Tauschhandel entweder reziproke soziale Interaktionen beinhalten oder den Tausch von Objekten. Menschen können beispielsweise auf der Verhaltensebene kooperative Unterstützung austauschen (wie bei politischen Allianzen), sie können dies durch Individuen tun (der Tausch von Ehegatten zwischen zwei Dörfern) oder auch durch materielle Güter (wie Geld- oder Essensgeschenke, um eine Übereinkunft zu zementieren).

Wenn Affen und Menschenaffen mit Verwandten, aber auch mit nichtverwandten Tieren interagieren, tauschen sie ebenfalls gelegentlich eine Form kooperativen Verhaltens, wie etwa Grooming, gegen eine andere ein, wie eine Allianz oder tolerantes Verhalten an einer Futterstelle (Kapitel 2 und 3). Primaten scheinen in der Lage zu sein, sich an frühere Interaktionen zu erinnern, und ihre kooperativen Handlungen danach auszurichten, wer sich ihnen gegenüber in der Vergangenheit altruistisch benommen hat. Aber während Affen und Menschenaffen oft kooperative *Handlungen* erwidern, scheint Reziprozität unter natürlichen Bedingungen merkwürdigerweise selten den Gebrauch oder Austausch von *Objekten* einzuschließen. Die beiden oft zitierten Ausnahmen dieser Regel – kooperative Jagd und das Teilen von Fleisch bei Schimpansen und vielleicht auch Pavianen – sind einer genaueren Prüfung wert.

Es ist richtig, daß männliche Paviane und Schimpansen gelegentlich gemeinschaftlich jagen und daß dies manchmal auch zu einer gewissen Verteilung der Beute unter Jägern und unbeteiligten Mitläufern führt. Jagd bei Pavianen scheint allerdings eher aus einer Reihe zwar gleichzeitiger, aber doch unabhängiger Aktionen als aus einer genuin kooperativen Unternehmung zu bestehen (Abb. 9.12; Kummer 1968; Altmann und Altmann 1970; Strum 1981). Jagdzüge von Schimpansen beinhalten öfter konzertierte Aktionen und gelegentlich sogar eine gewisse Arbeitsteilung. Im Gombe-Park sind Schimpansen dabei beobachtet worden, wie sie vor der Jagd auf schwierige oder gefährliche Beutetiere wie Paviane oder Wildschweine andere Jagdgenossen anwarben, ganz so, als ob sie erkannt hätten, daß für ihren Jagderfolg weitere Jäger unabdingbar waren (Goodall 1986). Manchmal jagt ein Individuum das Wild, während zwei oder mehr andere Männchen sich so postieren, daß mögliche Fluchtwege versperrt sind (Wrangham 1975; Busse 1978; Teleki 1981; Goodall 1986). Allerdings jagen nicht alle Schimpansen kooperativ, und Fälle echter Arbeitsteilung kann man an den Fingern einer Hand abzählen. Am wichtigsten aber ist, daß Schimpansen ihre Beute in der Regel nur ungern teilen. Männchen geben manchmal nahen Verwandten, einem sexuell attraktiven Weibchen oder auch jemandem, mit dem sie sich gerade gegroomt haben, Fleisch ab. Weitaus häufiger aber bringen sich andere nur dadurch in den Besitz eines Teils der Beute, daß sie danach grabschen, darum kämpfen oder betteln oder die Reste aufsammeln, und nicht durch Teilen oder aktives Tauschen. Jüngste Beobachtungen von Schimpansenjagdzügen im Taiwald an der Elfenbeinküste deuten allerdings darauf hin, daß Kooperation und Teilen doch häufiger vorkommen, als es die Befunde aus dem Gombe-Reservat vermuten lassen (Boesch und Boesch 1989). Gleichwohl scheint das Jagdverhalten von Schimpansen immer noch um nichts mehr kooperativ zu sein als das Jagdverhalten von Wölfen, afrikanischen Wildhunden oder selbst manchen Spinnen (Packer und Ruttan 1988).

Reziprozität tritt bei nichtmenschlichen Primaten also häufiger in Gestalt

Abb. 9.12: Ein Pavianmännchen frißt ein Thomsongazellenkitz, das es gefangen hat, wobei ihm zwei jugendliche Paviane zusehen. Paviane jagen selten kooperativ, und die Jäger teilen selten ihre Beute. Foto: Cynthia Moss.

sozialer Interaktionen wie Grooming oder Allianzen auf als in Form von Austausch materieller Güter. Bevor wir allerdings zu dem Schluß kommen, daß sich Tiere grundsätzlich von Menschen darin unterscheiden, daß sie kooperative Handlungen primär auf soziale Interaktionen beschränken, müssen wir eine Reihe kritischer Vorbehalte zu bedenken geben.

Erstens mag die relative Seltenheit des Teilens von Nahrung bei wildlebenden Affen und Menschenaffen zumindest teilweise daraus resultieren, daß sich ihre Nahrung, wenn wir von Fleisch einmal absehen, einfach nicht zu teilen lohnt. Nichtmenschliche Primaten ernähren sich in erster Linie von Blättern und Früchten, und diese Dinge sind typischerweise so verteilt, daß ein einfaches Monopolisieren durch ein einzelnes Individuum nicht gut möglich ist. Nahrung direkt von einem anderen zu erhalten, mag daher kaum Vorteile haben. Individuen können möglicherweise einen größeren Vorteil aus tolerantem Verhalten an bestimmten Futterstellen oder Fruchtbäumen ziehen, und tatsächlich erlauben manchmal Grooming, sexuelle Kontakte und andere freundliche Interaktionen rangniederen Individuen, in der Nähe von dominanten zu fressen (Kapitel 3; Wrangham 1975; Weisbard und Goy 1976; Smuts 1985; Goodall 1986). Und auch wenn nichtmenschliche Primaten selten materielle Güter für zukünftige Wohltaten tauschen, so gibt es doch solche Verhaltensmuster auch bei *anderen* Tierarten. Bei der Balz vieler Vögel und Insekten bieten die Männchen beispielsweise ihren Partnerinnen Nahrung an, und offensichtlich spielen diese »Geschenke« eine nicht unerhebliche Rolle für die weibliche Partnerwahl. Schließlich teilen nichtmenschliche Primaten zwar selten Nahrung und versorgen andere, soweit sie nicht in unmittelbarer Nähe sind, überhaupt nicht, aber viele Raubtierarten, wie Vampirfledermäuse, Füchse, Schakale, Kojoten, Wölfe, Hyänen und afrikanische Wildhunde, bringen Nahrung zu einem zentralen Bau oder einer Sammelstelle, wo sie ihre Jungen und auch andere Individuen füttern.

Bei manchen Tierarten beinhaltet kooperatives Verhalten also auch den Austausch materieller Güter. Wir wissen allerdings noch nicht, ob solche Verhaltensmuster in irgendeiner Weise modifizierbar sind. Menschen können sehr leicht einen altruistischen Akt auf der Verhaltensebene durch einen auf einer materiellen Ebene ersetzen, aber eine ähnliche Flexibilität in bezug auf die »Währung« reziproker Handlungen ist für andere Tierarten noch nirgends überzeugend dokumentiert worden. Wir benötigen ganz eindeutig noch mehr Untersuchungen, um Kooperation und Reziprozität bei Affen und Menschenaffen gänzlich verstehen zu können. Für den Moment allerdings scheint die Vermutung, daß sich Reziprozität bei Affen und Menschenaffen eher in sozialen Interaktionen als im Austausch materieller Güter manifestiert, auf recht sicheren Beinen zu stehen.

Die Bedeutung ökologischer Faktoren

Die Herausforderung, Nahrungsquellen zu finden und auszubeuten

Manche Nahrung, an der sich nichtmenschliche Primaten gütlich tun, vor allem reife Früchte, kommt nicht überall und nicht zu jeder Zeit vor. Viele Affen- und Menschenaffenarten haben große Streifgebiete und besitzen ein gutes Gedächtnis für die Lage und das Erscheinungsbild von Orten, wo sie Futter und Wasser finden (Clutton-Brock 1977; Rodman 1977; Wrangham

1977; Sigg 1980; Sigg und Stolba 1981). Aus diesem Grund ist gelegentlich die Hypothese aufgestellt worden, daß ökologische Zwänge die Hauptrolle bei der Evolution der Intelligenz von Primaten gespielt haben (z.B. Clutton-Brock und Harvey 1980; Milton 1981, 1988).

Als Beleg für diese Hypothese nimmt Katherine Milton (1988) die Korrelation zwischen Gehirngröße und Ernährungsform. Sie ist der Auffassung, daß der primäre Selektionsdruck, der bei vielen Primaten, einschließlich der frühen Hominiden, zu einem großen Gehirnvolumen geführt hat, die Kosten beim Erwerb hochwertiger Nahrung gewesen ist. Arten, die von Früchten abhängig sind, die in Zeit und Raum nur schwer aufzufinden sind, müssen sich an die Lage weit verstreuter, vergänglicher Nahrungsressourcen erinnern können. Bei Primaten wie bei anderen Tiergruppen gibt es eine positive Korrelation zwischen Gehirnvolumen, Größe des Wohngebietes und bestimmter Nahrung; früchtefressende Gattungen, deren Nahrung größtenteils weit verstreut vorkommt, haben normalerweise ein größeres Gehirn und größere Wohngebiete als blätterfressende Gattungen, deren Nahrung in größerer Menge vorhanden ist. Dagegen gibt es, wie Milton meint, bei den einzelnen Arten keine Korrelation zwischen der Komplexität des Sozialsystems und dem Gehirnvolumen.

Den Zusammenhang zwischen Nahrungssuche und Gehirnvolumen sollte man allerdings nicht als primatologisches Spezifikum ansehen. Schließlich entwickeln nicht nur Primaten, sondern auch noch viele andere Tierarten beträchtliche Fähigkeiten bei der Nahrungssuche. Vögel, Fische und Nagetiere sind in der Lage, die Größe von Nahrungsquellen abzuschätzen, die Qualität von Futterstellen und ihre Erschließungszeit zu vergleichen, sich daran zu erinnern, wo sie Nahrung gehortet haben, Ertragsraten verschiedener Futterstellen zu vergleichen und sogar zu zählen (für Übersichten siehe Gallistel 1989a, 1989b). Nimmt man verschiedene Tiergruppen, so finden wir keine enge Korrelation zwischen diesen Fähigkeiten und ihrem ungefähren Hirnvolumen. Tatsächlich sind vergleichbare Fähigkeiten beim Nahrungserwerb, wie wir sie bei Kohlmeisen oder Hähern finden, für Affen und selbst Menschenaffen bisher nicht dokumentiert. Grundsätzlich hat es sich als schwierig erwiesen, Modelle zum optimalen Nahrungserwerb bei nichtmenschlichen Primaten zu testen; zum Teil ist dies darauf zurückzuführen, daß ökologische Messungen sich immer wieder durch intervenierende soziale Variablen komplizieren. Zum Beispiel kann ein Affe durch die Annäherung eines ranghöheren Individuums beim Fressen unterbrochen werden; daher sagt uns die Zeit, die ein Affe an einer bestimmten Futterstelle zubringt, unter

Umständen recht wenig über die Qualität dieser Futterstelle (siehe z. B. Post, Hausfater und McCuskey 1980; Stacey 1986; van Noordwijk und van Schaik 1987).

Korrelationen zwischen relativer Hirngröße und Qualität der Nahrung mögen übermäßig vereinfacht sein. Aber es wäre gleichermaßen irreführend, Schlußfolgerungen über den Selektionsdruck, der zu einem großen Hirnvolumen führte, aus Korrelationen mit der Sozialstruktur herzuleiten. Wichtig scheinen hier nicht so sehr die grundsätzlichen Merkmale des Sozialsystems einer Art zu sein, sondern eher die Interaktionstypen, die in einem einmal entwickelten System vorkommen. Sowohl Zebras als auch Gorillas leben in Ein-Männchen-Gruppen, die durch das Abwandern der Weibchen gekennzeichnet sind. Zebras und Gorillas ernähren sich auch von gleichmäßig verteiltem Futter relativ geringer Qualität. Dennoch haben Gorillas ein erheblich größeres Gehirn-Körpergewichts-Verhältnis als Zebras; diese Unterschiede lassen sich mit der Art der Nahrung oder den Grundzügen der Sozialstrukturen der beiden Arten so ohne weiteres nicht erklären.

Wir sollten uns auch vor jedem Versuch hüten, Sozialsysteme anhand letztlich doch subjektiv bleibender Einschätzungen hinsichtlich ihrer sozialen Komplexität zu klassifizieren. Müssen sich Arten wie Schimpansen und Klammeraffen, die in Gruppen leben, die sich immer wieder teilen und wieder fusionieren, wirklich an mehr Individuen und soziale Allianzen erinnern als Arten, die in kohäsiveren Gruppen leben? Im Augenblick wissen wir das ganz einfach nicht.

Kein Zweifel, ökologische Faktoren haben bei der Evolution der Intelligenz von Primaten eine Rolle gespielt. Allerdings scheinen nichtmenschliche Primaten, wenn sie ökologische Probleme lösen wollen, Objekte in ihrer physikalischen Umwelt nicht mit dem gleichen Geschick zu manipulieren, mit dem sie einander manipulieren, um soziale Probleme zu lösen. Die Herausforderung, weit verstreute und vergängliche Nahrungsressourcen zu nutzen, hat vielleicht nicht einfach deshalb zu einer Zunahme der Intelligenz geführt, weil das Sammeln von Nahrung selbst schwieriger wurde, sondern auch, weil die ökologische Komplexität verstärkt einen Selektionsdruck auf *soziale* Fähigkeiten ausübte, einschließlich der Fähigkeit, Ressourcen gemeinschaftlich zu verteidigen, unkooperative Betrüger zu entlarven und über Ressourcen zu kommunizieren, die in Raum und Zeit vereinzelt vorkommen. Milton zieht den gleichen Schluß, wenn sie meint, daß die hohe Qualität der Nahrung der frühen Hominiden die Evolution zunehmender kommunikativer und sozialer Fähigkeiten befördert haben könnte.

Wir wollen hier nicht den Verdacht aufkommen lassen, daß Primaten niemals mit ökologischen Problemen und Herausforderungen fertig werden müßten. Reviere von Meerkatzen umfassen selten mehr als 1 Quadratkilometer, aber Schimpansensozietäten kontrollieren Gebiete von mehr als 30 Quadratkilometern, und manche Paviangruppen durchwandern regelmäßig Gebiete von mehr als 100 Quadratkilometern (Cheney 1987; J. Altmann, pers. Mitt.). Oft scheinen die Tiere detailliertes Wissen über die Lage von Futter- und Wasserstellen zu besitzen, und das über riesige Areale. Zum Beispiel erinnerten sich in Siggs und Stolbas (1981) Mantelpavianstudie die Tiere untrüglich auch an selten genutzte Wasserlöcher in ihrem Streifgebiet von 28 Quadratkilometern und suchten sie auf. Ihre Fähigkeit, Wasserlöcher zu lokalisieren, beruhte offensichtlich nicht auf topographischen Wegmarken; vielmehr waren die Tiere äußerst flexibel und nahmen immer den kürzesten Weg zum Wasser. Oft genutzte Wasserlöcher wurden aus den verschiedensten Himmelsrichtungen angesteuert, was darauf hindeutet, daß die Paviane über eine »mentale Landkarte« von vertrauten Gegenden verfügen. In diesen vertrauten Gegenden splitterte sich die Gruppe oft in kleine futtersuchende Untereinheiten auf, um sich dann am Wasserloch wiederzutreffen, so als ob alle Tiere ein gemeinsames Ziel vor Augen hätten. In weniger vertrauten Gebieten dagegen halten die Paviane eher an starren Routen fest (siehe auch Boesch und Boesch 1984; Sigg 1986; Jolly 1988).

Diese Befunde zeigen deutlich, daß die Unterscheidung zwischen sozialem und nichtsozialem Wissen keineswegs einfach zu treffen ist. Wenn eine Gruppe von Mantelpavianen eine andere an einem entfernten Wasserloch wiedertrifft, dann schöpfen die Tiere zweifellos aus ihrem Wissen um das Habitat und aus ihrem Wissen um vertraute Sozialgefährten. Mit diesem Sachverhalt im Hinterkopf sollten wir noch einmal darauf hinweisen, daß das Argument über bereichsspezifische Intelligenz *nicht* ein umfassendes ökologisches Argument einem ebenso umfassenden sozialen gegenüberstellen will. Die Evolution spezialisierter Fähigkeiten zum Lösen sozialer Probleme schließt in gar keiner Weise die Evolution anderer, ähnlich spezialisierter Befähigungen zum Lösen von Problemen in anderen Kontexten aus. Eher besagt die Hypothese, daß *spezifische* Fähigkeiten entstanden sind, um mit spezifischen sozialen oder ökologischen Anforderungen umzugehen. Infolgedessen lassen sich Fähigkeiten, die sich in einem Kontext manifestieren, vielleicht nicht grundsätzlich generalisieren und auf andere Kontexte übertragen. So mag beispielsweise ein männlicher Pavian keine Probleme damit haben, die relativen Rangpositionen anderer Männchen zu beurteilen, aber er kann gleichwohl unfähig sein, die relative Wassermenge in einer Reihe von Behältern einzuschätzen. Oder wenn die Notwendigkeit, weit verstreute und nur kurzzeitig existierende Wasserlöcher auszubeuten, die Evolution eines komplexen räumlichen Gedächtnisses bei Mantelpavianen begünstigt hat, sollten wir nicht unbedingt erwarten, daß Mantelpaviane notwendigerweise auch ein besseres Gedächtnis für die Verwandtschaftsbeziehungen in ihrer Gruppe haben als andere Affen. Statt dessen meinen wir, daß die Affen über ihre Intelligenz weitgehend keine Verfügungsgewalt besitzen; daher wird Wissen, das in einem Bereich erworben wurde, nicht notwendigerweise auf andere Bereiche ausgeweitet. Bislang ist dies natürlich nur eine Hypothese. Es bleibt festzustellen, wie flexibel Affen darin sind, soziale Fähigkeiten (oder solche, die mit dem Nahrungserwerb zu tun haben) in anderen Kontexten anzuwenden.

Werkzeuggebrauch

Die wenigen Experimente, die wir beschrieben haben, sind die einzigen, bei denen versucht wurde, das soziale Wissen von Primaten mit ihrer Leistungsfähigkeit auf anderen Gebieten, außerhalb des sozialen Bereiches, zu vergleichen. Das ist ein wenig unglücklich, denn es gibt zu der Vermutung Anlaß, daß die Primatologie sich immer nur auf die tollen Dinge stürzt, die Affen und Menschenaffen leisten, parallel dazu aber wenig Versuche unternimmt, die Grenzen ihrer Intelligenz festzustellen. Der Mangel an Vergleichen zur Leistungsfähigkeit im sozialen und im nichtsozialen Bereich ist besonders unglücklich im Fall der großen Menschenaffen, denn es scheint durchaus wahrscheinlich, daß die Intelligenz von Menschenaffen (wie die der Menschen) weniger bereichsspezifisch ist und bessere Zugriffsmöglichkeiten hat als die der Affen. Zum Beispiel deuten anekdotische Berichte darauf hin, daß Schimpansen mit Leichtigkeit zwischen lebenden und unbelebten Objekten unterscheiden. Die Schimpansin Vikki war beispielsweise in der Lage, Bilder von lebenden und unbelebten Objekten ohne jedes Training in getrennte Kategorien einzusortieren (Hayes und Nissen 1971). Wir wissen nicht, ob ein Affe fähig wäre, eine ähnliche Klassifikation vorzunehmen.

Mehr als jede andere nichtmenschliche Primatenart konstruieren und benutzen Schimpansen auch Werkzeuge. Werkzeuggebrauch ist für unsere augenblickliche Erörterung relevant, weil im gesamten Tierreich der häufige Gebrauch oder das Herstellen von Werkzeugen unbestreitbar mit größeren Gehirn-Körpergewichts-Verhältnissen in Zusammenhang steht. Werkzeuggebrauch spielt bei nichtmenschlichen Primaten eine ungleich größere Rolle als bei anderen Tiergruppen. Noch interessanter ist vielleicht, daß beim Gebrauch und Herstellen von Werkzeugen Verhaltensmuster beteiligt sind, die man nicht so einfach als sozial oder nichtsozial klassifizieren kann. Auf der einen Seite werden die Werkzeuge selbst aus Objekten wie Zweigen oder Steinen hergestellt, die aus dem sozialen Bereich herauszufallen scheinen. Auf der anderen Seite kann Werkzeuggebrauch und das Erlernen desselben eine hochgradig soziale Angelegenheit sein. Sehr deutlich wird dies in den Beschreibungen von Jane Goodall über die Art und Weise, wie Schimpansenkinder und Jugendliche das Verhalten ihrer Mütter beim Zurichten von Zweigen zum Termiten- und Ameisenangeln nachzuahmen scheinen (van Lawick-Goodall 1970, 1973). Da Werkzeuggebrauch zumindest potentiell etwas mit sozialem Lernen und Imitation zu tun hat, ist die Spekulation verführerisch, daß hier die Barriere zwischen dem sozialen und dem nichtsozialen Bereich in sich zusammenbricht.

Wilde Primaten benutzen Werkzeuge hauptsächlich in drei Kontexten (Beck 1974, 1980; Passingham 1982), wobei die häufigste wohl das Bedrohen und Angreifen von Eindringlingen ist. Alle Menschenaffen und viele waldbewohnende Affen werfen Zweige und Äste nach menschlichen Beobachtern, und Gorillas werfen im Zuge ihrer Brust-Trommel-Imponierveranstaltungen oft mit Pflanzen. In einem bizarren aber einfallsreichen Fall polyspezifischen Miteinanders schmiß ein Kapuzineraffe sogar einmal ein Totenkopfäffchen nach einem menschlichen Beobachter (Boinski 1988). In den meisten Fällen ist es schwierig zu entscheiden, ob solche »Werkzeuge« absichtlich und gezielt eingesetzt wurden. Wenn beispielsweise südafrikanische Bärenpaviane Steine von einem Felsen lösten und auf menschliche Beobachter zurollen ließen, taten sie dies nicht nur, wenn die Beobachter direkt unter dem Felsen standen, sondern auch, wenn sie viel zu weit weg waren, um getroffen werden zu können (Hamilton, Buskirk und Buskirk 1975). Im Gombe-Reservat warfen Schimpansen bei einer Auseinandersetzung um Nahrung Objekte nach Pavianen, trafen sie allerdings nur selten (Goodall 1968). Immerhin warfen die Paviane aber nie Objekte nach den Schimpansen.

Werkzeuggebrauch kommt auch im Kontext der Körperpflege vor. Schimpansen wischen sich Blut und Kot mit Blättern von ihrem Fell ab (McGrew und Tutin 1973); Orang-Utans bauen sich einfache Schirme, um sich vor dem Regen zu schützen (MacKinnon 1974). Der Gebrauch von »Werkzeugen« zur Körperreinigung scheint bei Affen nicht besonders verbreitet zu sein, allerdings ist von einem Pavian berichtet worden, der sich Blut mit

392

einem Maiskolben vom Gesicht abwischte (Goodall, van Lawick und Packer 1973).

Ein dritter Kontext, in dem der Gebrauch von Werkzeugen beobachtet wird, ist der Erwerb und die Aufbereitung von Nahrung. Schimpansen benutzen wenigstens fünf verschiedene Arten von Werkzeugen, um an Termiten, Ameisen und Honig heranzukommen und schwer zu öffnende Nüsse aufzuknacken (Übersicht bei Nishida 1987). In Gefangenschaft haben Schimpansen Stangen benutzt, um Leitern zu bauen (Menzel 1973; de Waal 1982). Wie wir in Kapitel 8 erörtert haben, sind diese Beobachtungen schon deshalb interessant, weil sie auf ein gemeinsames Motiv und die Repräsentation eines Ziels hinweisen.

Schimpansen an der Elfenbeinküste illustrieren durch das Benutzen von einfachen Hämmern und Ambossen zum Knacken von Nüssen Voraussicht bei der Auswahl geeigneter Materialien und ein genaues räumliches Gedächtnis hinsichtlich ihres Wohngebietes (Boesch und Boesch 1983, 1984). Am Beginn einer typischen Nußknacker-Sitzung sammelt ein Schimpanse so viele Nüsse einer bestimmten Sorte, wie er tragen kann, und bringt sie zu einem breiten, flachen Stein oder einer Bodenwurzel, die als Amboß dient. Wenn die Nüsse von der ganz harten Sorte sind, läuft der Schimpanse oft mehr als 40 Meter, um den geeigneten Steinamboß zu finden. Der Weg, den das Tier nimmt, deutet darauf hin, daß es eine mentale Landkarte der Gegend besitzt, die es ihm erlaubt, Distanzen zwischen Bäumen und Steinen zu vergleichen und so die Wegstrecke so kurz wie möglich zu halten (Boesch und Boesch 1984). Oft liegt schon ein Holzknüppel oder Stein (der Hammer) neben dem Amboß, aber in anderen Fällen sucht der Schimpanse sich erst einen Hammer und trägt ihn dann zusammen mit den Nüssen zum Amboß.

Befunde über Werkzeuggebrauch von Primaten unterstützen Laborbefunde über Intelligenzunterschiede bei verschiedenen Primatenspezies in dreifacher Hinsicht (siehe auch die Übersichten von Passingham 1982; Essok-Vitale und Seyfarth 1987). Erstens schneiden Halbaffen bei vielen Tests nicht nur in der Regel schlechter ab als andere Primaten, sondern bei ihnen ist auch Werkzeuggebrauch viel weniger üblich. Zweitens schneiden Menschenaffen bei Intelligenztests praktisch immer mindestens so gut oder besser ab als Affen, und sie benutzen auch Werkzeuge öfter und in vielfältigerer Weise als Affen. Das gilt besonders für die Werkzeugherstellung, nicht so sehr für den Werkzeuggebrauch. Schimpansen, die Termiten angeln und Hämmer benützen, um Nüsse aufzuknacken, sind die einzigen Primaten, die bestimmte Objekte als Werkzeuge auswählen, sie entsprechend zurichten, und dies alles auf eine Weise, die Voraussicht verrät. Drittens schließlich ist auch innerhalb der einzelnen Primatenfamilien Werkzeuggebrauch mit einem großen Hirnvolumen gekoppelt. Sowohl Schimpansen als auch Kapuzineraffen haben ein größeres Gehirn-Körpergewichts-Verhältnis als andere Mitglieder ihrer Familie, und sie benutzen auch Werkzeuge weitaus häufiger. In Gefangenschaft benutzen Kapuzineraffen beispielsweise spontan Werkzeuge und richten sie zu, um damit an Futter heranzukommen (Westergaard und Fragaszy 1987). Obwohl wir vorsichtig mit der Vermutung sein sollten, daß große Hirnvolumina das Resultat irgendeines spezifischen ökologischen oder sozialen Faktors sind, ist es natürlich möglich, daß ökologische Zwänge die Evolution großer Gehirne bei diesen Arten begünstigt haben (siehe auch Parker und Gibson 1977 und Boinski 1988 für Diskussionen). Auf der anderen Seite können wir genausogut das Gegenteil behaupten, so wie das immer mit Hypothesen ist, die sich auf Korrelationen stützen. Vielleicht haben soziale Zwänge Fähigkeiten wie Planung und Voraussicht gefördert und dann wiederum einige Primatenarten in die Lage versetzt, eher als andere Werkzeuge für ihre Zwecke zu nutzen.

Vergleiche zum Werkzeuggebrauch bei verschiedenen Primatenarten sind allerdings ganz und gar nicht völlig widerspruchsfrei. Zum Beispiel gibt es viel mehr Berichte über Werkzeugbenutzung bei Schimpansen als bei Orang-Utans, obwohl Orang-Utans bei vielen Intelligenztests ebensogut abschneiden wie Schimpansen und obwohl niemand, der je mit Orang-Utans in Gefangenschaft gearbeitet hat, ihnen ihre außerordentliche Geschicklichkeit beim Manipulieren von Objekten oder beim Ausbrechen aus ihren Käfigen absprechen würde (z. B. Wright 1972).

Was erstaunlich und verwirrend bleibt, ist die Tatsache, daß sich selbst bei Schimpansen und Kapuzineraffen Werkzeuggebrauch doch in recht engen Grenzen hält. In Gefangenschaft lernen Kapuzineraffen sehr schnell, Werkzeuge zu gebrauchen. Aber trotz vieler tausend Beobachtungsstunden im Freiland gibt es bisher nur einen einzigen Bericht über Kapuzineraffen, die Stöcke für etwas anderes als Imponiergehabe benutzten (Boinski 1988). Wie Hans Kummer (1982) bemerkt hat, kontrastiert der Mangel an solchen Beobachtungen scharf mit den vielen Beispielen, bei denen Primaten einander offenbar als »soziale Werkzeuge« benutzen, um ein bestimmtes Ziel zu erreichen (siehe auch Kummer 1968; Chance und Jolly 1970 sowie die Kapitel 3, 7 und 8).

Soziale Fähigkeiten bei Nichtprimaten

Auch wenn wir uns in diesem ganzen Buch auf das Sozialverhalten von Primaten konzentriert haben, wollen wir natürlich nicht den Verdacht aufkommen lassen, daß Affen und Menschenaffen in bezug auf ihre sozialen Fähigkeiten einzigartig wären. Wenn die soziale Umwelt die Evolution mancher Aspekte des Lernens und des Gedächtnisses gefördert hat, wie etwa die Fähigkeit, Verwandte anderer Gruppenmitglieder zu identifizieren, dann könnten wir erwarten, ähnliche Fähigkeiten bei vielen anderen gruppenlebenden Säugern und auch Vögeln zu finden (Kamil 1987). So haben etwa Langzeituntersuchungen von Cynthia Moss und Jayce Poole ergeben, daß Elefanten in komplexen und vielschichtigen Sozialstrukturen leben, die recht hoch entwickelte Fähigkeiten im Beobachten und Erinnern der Sozialbeziehungen anderer Individuen voraussetzen (Moss und Poole 1983; Moss 1988). Die Weibchen verbringen den größten Teil ihres Lebens mit nahen weiblichen Verwandten. Verschiedene Familien aber schließen sich auch oft zu klar abgegrenzten »Bond groups« oder »Banden« zusammen (Moss 1988). Bestimmte Banden wiederum vereinigen sich regelmäßig mit anderen zu »Clans«. Schließlich kommen Clans gelegentlich zusammen, um große Herden mit mehr als 500 Individuen zu bilden, und alle scheinen sich gegenseitig als Individuen und als Angehörige bestimmter Familien zu erkennen. Es gibt auch zunehmend Hinweise dafür, daß Elefanten nicht nur die jeweils spezifischen familiären Beziehungsmuster verschiedener Gruppen kennen, sondern auch wissen, wo jede Familiengruppe normalerweise ihr Wohngebiet hat (Moss 1988, in Vorb.). Bei Primaten kennt man diese Art einer vielschichtigen sozialen Organisation nur von Mantelpavianen und vielleicht auch von Drills (*Papio leucophaeus*).

Wie andere Beobachter auch (z.B. de Waal 1982; Smuts 1985; Harcourt 1988) haben wir Allianzen als Meßlatte für soziale Fähigkeiten nichtmenschlicher Primaten gewählt. Affen und Menschenaffen scheinen Meister darin zu sein, sich solche Allianzpartner auszusuchen, die ihnen nützlich sein können, und sie scheinen sich insofern von anderen Tierarten zu unterscheiden, als sie ihre Allianzpartner aufgrund ihrer Qualität oder ihres potentiellen Nutzens, also etwa aufgrund ihres Herrschaftsranges, und nicht einfach nur auf der Basis von Wechselseitigkeit aussuchen (Harcourt 1988).

Eines der wichtigsten Merkmale menschlicher Allianzen ist allerdings die

Tatsache, daß sie sich nicht nur auf Individuen beschränken, sondern ganze Gruppen einbeziehen. Zwei Clans tun sich gegen einen dritten zusammen; zwei Nationen unterzeichnen einen Beistandsvertrag gegen eine dritte. Auch bei Affen und Menschenaffen gibt es Allianzen zwischen Gruppen, allerdings auf einer sehr viel beschränkteren Ebene. Die Mitglieder zweier Meerkatzenfamilien derselben Gruppe rivalisieren so lange miteinander, bis eine andere Gruppe in ihr Revier eindringt; dann aber schließen sie sich zusammen, um die eindringende Gruppe wieder hinauszuwerfen. Auch zwei Mantelpavianharems, die normalerweise wenig miteinander interagieren, tun sich zusammen, wenn es darum geht, einen dritten fortzujagen (Abegglen 1984).

Menschliche Gruppen allerdings halten Allianzen auch dann aufrecht, wenn sie selten miteinander Kontakt haben. Deutschland und das Osmanische Reich mußten beispielsweise keinen besonders engen Kontakt miteinander haben, geschweige denn einander mögen, um 1914 eine Allianz gegen Frankreich und Großbritannien zu bilden. Dagegen scheinen Allianzen zwischen Gruppen bei nichtmenschlichen Primaten sich auf Einheiten zu beschränken, die zumindest räumlich häufig Kontakt miteinander haben. Zwei Familien derselben Meerkatzengruppe mögen sich gegen eine andere Gruppe verbünden, aber zwei verschiedene Gruppen, die normalerweise unterschiedliche Gebiete bewohnen, werden nie eine Allianz gegen eine dritte Gruppe bilden. Dasselbe gilt vermutlich auch für Mantelpaviane, denn Allianzen zwischen Harems und Clans scheinen sich auf Gruppen zu beschränken, die häufig auf demselben Schlaffelsen die Nacht verbringen und tagsüber miteinander wandern.

Intergruppen-Allianzen gibt es auch bei Arten, die nicht zu den Primaten gehören. Männliche Delphine haben dauerhafte und vorhersagbare Bindungen untereinander, und alliierte Delphine halten gemeinschaftlich Weibchen von Rivalen fern (Connor u. a. 1992). Gelegentlich arbeiten zwei alliierte Gruppen zusammen, um eine dritte Männchen-Bande zu verscheuchen. Auch bei Elefanten gibt es Hinweise darauf, daß sich Matrilinien gelegentlich vereinen, um eine dritte Familiengruppe zu bedrohen (Moss 1988; Poole, in Vorb.). Auch wenn wir nicht wissen, ob Intergruppen-Allianzen bei diesen Arten ebenfalls vor allem bei solchen Gruppen auftreten, die viel Kontakt miteinander haben, so bleibt es doch möglich, daß Intergruppen-Allianzen zumindest bei manchen Nichtprimaten komplexer sind als die, die wir bei Affen und Menschenaffen finden. Wie auch immer, die unleugbare Existenz von Intergruppen-Allianzen bei anderen Säugern sollte uns nachhaltig daran erinnern, daß soziale Fähigkeiten ganz und gar keine einzigartigen Merkmale von

Primaten sind und daß manche Arten in Wahrheit möglicherweise ein so komplexes Sozialverhalten zeigen, wie wir es bei Affen und Menschenaffen selten oder nie beobachten können.

Nehmen wir als letztes Beispiel den Weißstirnspint (*Merops bullockoides*), einen in Kolonien brütenden Vogel aus der Familie der Bienenfresser, der über weite Teile Ostafrikas verbreitet ist (Emlen 1981; Hegner 1982; Hegner, Emlen und Demong 1982; Emlen 1984; Hegner und Emlen 1987; Emlen und Wrege 1988). Bienenfresser nisten in Höhlen an Flußufern und bilden große Kolonien aus verwandten und nichtverwandten Vögeln. Sie leben zwar als monogame Paare, aber nahe Verwandte nisten in benachbarten Höhlen und besuchen die Höhlen ihrer Nachbarn, wann immer sie wollen. Nichtverwandte werden dagegen aus den Nisthöhlen ausgeschlossen. Die Vögel scheinen Verwandte je nach Verwandtschaftsgrad und Reproduktionswert zu unterscheiden. Wenn ein Paar seine Brut verliert, hilft es oft seinen Verwandten bei der Aufzucht von Jungvögeln, und die Tiere helfen nahen Verwandten eher als entfernteren Verwandten. Gruppen verwandter Vögel verteidigen ein Revier, das bis zu 3 Kilometer vom Brutplatz entfernt sein kann. Jeder Clan kennt die Grenzen seines Reviers, und auch wenn Paare dazu tendieren, an verschiedenen Stellen innerhalb des Reviers zu fressen, jagen alle Mitglieder eines Clans gemeinschaftlich nichtverwandte Vögel aus ihrem Territorium. Auch scheinen die Vögel zwischen nichtverwandten Reviernachbarn und Fremden zu unterscheiden.

Bienenfresser zeigen also in ihrem Freßverhalten ein hochentwickeltes räumliches Gedächtnis und in ihrem Sozialverhalten Fähigkeiten, die an Primaten durchaus erinnern. Sie erinnern sich nicht nur an die Lage und die Grenzen entfernter Nahrungsreviere, sondern scheinen auch Verwandte von Nichtverwandten, nahe Verwandte von entfernteren Verwandten und nichtverwandte Nachbarn von Fremden zu unterscheiden. Bislang können wir unmöglich etwas darüber sagen, ob Bienenfresser sich Primaten auch darin annähern, daß sie sowohl ihre eigenen Sozialbeziehungen als auch die der anderen erkennen, denn die hierfür relevanten Experimente sind noch nicht gemacht worden. Wir wissen auch nicht, ob Bienenfresser irgendwelche ihrer spezifischen Fähigkeiten, die sie bei der Nahrungssuche benutzen, auch bei sozialen Interaktionen einsetzen. Unterscheiden Bienenfresser beispielsweise die Lage der Nisthöhlen nichtverwandter Vögel mit derselben Genauigkeit wie die Grenzen der Nachbarreviere? Wenn Bienenfresser (oder irgendeine andere Art) nicht in der Lage wären, eine Fähigkeit wie ihr räumliches Gedächtnis vom Nahrungskontext auf einen sozialen Kontext auszuweiten, dann wäre dies ein weiterer Beleg für die Annahme einer bereichsspezifischen Intelligenz.

Zusammenfassung

In diesem Kapitel haben wir unseren Versuch, die Grenzen der Intelligenz nichtmenschlicher Primaten aufzuzeigen, weitergeführt. Nachdem wir in Kapitel 8 angenommen hatten, daß Affen nur begrenzt dazu in der Lage sind, anderen Bewußtseinszustände zuzusprechen, haben wir hier die Meinung vertreten, daß Affen auf viele ihrer sozialen Fähigkeiten selbst keine Zugriffsmöglichkeit besitzen. Die natürliche Selektion hat zumindest auf einige Bereiche der Intelligenz von Primaten gewirkt, und dies besonders im Bereich der sozialen Interaktionen. Infolgedessen sind die Fähigkeiten, die wir beobachten, wenn Primaten miteinander interagieren und Sozialbeziehungen beurteilen, in nichtsozialen Kontexten nicht immer ersichtlich.

Sozialgruppen bei Primaten setzen sich aus Tieren unterschiedlichen Alters, unterschiedlicher Rangpositionen und unterschiedlichen Verwandtschaftsgrades zusammen. Um im Wettbewerb miteinander erfolgreich zu sein, muß ein Individuum nicht nur seine eigene soziale Position, sondern auch die der anderen kennen. Gruppenleben übt mit anderen Worten einen starken Selektionsdruck auf die Fähigkeit aus, Tiere in soziale Untereinheiten einzuordnen, transitive Schlüsse zu ziehen, und vielleicht sogar auf die Fähigkeit, gleich und ungleich bei den Sozialbeziehungen von Gruppenkameraden zu unterscheiden. Wir vermuten, daß die Fähigkeit von Affen in Gefangenschaft, Objekte zu klassifizieren, genauso wie die Fähigkeit von Menschenaffen in Gefangenschaft, den Zusammenhang »X ist nicht dasselbe wie Y, aber beide gehören zur Kategorie Z«, zu verstehen, zuerst infolge der Notwendigkeit, einander auf diese Weise zu klassifizieren, entstanden ist.

Trotz vielfältiger Gelegenheiten und eines starken Selektionsdrucks schneiden Affen aber weniger gut ab, wenn sie mit anderen Tierarten oder unbelebten Objekten zu tun haben. Meerkatzen scheinen vielen Aspekten ihrer nichtsozialen Umwelt keine Beachtung zu schenken, selbst dann nicht, wenn es adaptiv wäre. Obwohl die Affen verschiedene Alarmrufe von Vögeln und anderen Nichtprimaten erkennen und auf sie reagieren, scheinen sie visuelle und andere Hinweise auf der Verhaltensebene, die mit manchen Raubfeinden verbunden sind, zu ignorieren. Offenbar erkennen sie weder den Zusammenhang zwischen einem Python und seiner Spur noch, daß ein Kadaver auf einem Baum auf die Nähe eines Leoparden hinweist, und dies, obwohl sie reichlich Gelegenheit hatten, solche Zusammenhänge zu lernen.

Ähnlich verhält es sich mit der Tatsache, daß Meerkatzen und andere Affen zwar viele Formen von Kooperation und Reziprozität in ihren sozialen Interaktionen entfalten, vergleichbare Verhaltensmuster unter Verwendung nichtsozialer Währung (etwa das Teilen von Nahrung) aber verhältnismäßig selten sind. Affen verhalten sich altruistisch und bilden Allianzen, um Ziele auf dem sozialen Sektor zu erreichen, aber sie kooperieren selten, um neue Wege bei der Nahrungsbeschaffung zu lernen.

Schließlich sind Meerkatzen auch schlechte Naturforscher. Sie scheinen wenig geneigt, Informationen über ihre Umwelt zu sammeln, wenn diese Informationen keine direkte Relevanz für ihr eigenes Überleben haben. Meerkatzen scheinen nicht zu wissen, daß Flußpferde sich tagsüber im Wasser aufhalten oder daß bestimmte Watvögel nicht in Trockenwäldern vorkommen. Diese Befunde sind vielleicht nicht besonders erstaunlich, aber sie verweisen auf einen möglichen Unterschied zwischen Affen und Menschen: Menschen wundern sich von Natur aus über vieles in ihrer Umwelt, und Menschen beschäftigen sich mit vielen Dingen, die von äußerst geringem praktischen Überlebenswert sind.

Diese Beobachtungen deuten darauf hin, daß es bei nichtmenschlichen und vielleicht auch bei menschlichen Primaten eine evolutionäre Prädisposition gibt, die es den Individuen leichter macht, Beziehungen zwischen Artgenossen als Beziehungen zwischen Dingen zu verstehen. Bei Menschen ist diese Prädisposition subtiler, aber nichtsdestotrotz in den ersten Jahren der Kindheit offensichtlich, wenn Kinder nämlich bemerkenswert sensitiv auf Gefühle, Verhalten und Sozialbeziehungen anderer Leute zu reagieren scheinen, aber gleichzeitig wenig von der Welt um sie herum zur Kenntnis nehmen.

Affen haben eine Art von Laserstrahl-Intelligenz. Während sie soziale Probleme ohne große Schwierigkeiten oder gar Training lösen, tun sie sich oft schwer, wenn sie mit den gleichen Problemen außerhalb des sozialen Bereiches konfrontiert sind. Sie verallgemeinern ihre sozialen Fähigkeiten nicht ohne weiteres und übertragen sie auf andere Tierarten oder unbelebte Objekte, und in dieser Hinsicht scheinen ihre Fähigkeiten ziemlich beschränkt. Offensichtlich wissen die Tiere nicht, was sie wissen, und offenbar können sie ihr Wissen nicht auf andere Bereiche anwenden.

Es ist vermutet worden, daß eines der wichtigsten Kennzeichen der menschlichen Intelligenz ihre Verfügbarkeit ist: Eine Fähigkeit, die in einem Kontext erworben wird, kann auf einen anderen übertragen, generalisiert werden. Wir benutzen analoges Denken nicht nur, um verschiedene Arten von Verwandtschaftsbeziehungen zu klassifizieren, sondern auch um vergleichsweise unwichtige Probleme wie etwa bei Aufnahmeprüfungen für die Universität zu lösen; wir nutzen unser Klassifikationstalent nicht nur, wenn wir über andere Leute tratschen, sondern auch, wenn wir uns lautstark über die taxonomischen Beziehungen anderer Spezies auseinandersetzen. Wenn einige unserer intellektuellen Fähigkeiten tatsächlich zuerst im Kontext sozialer Interaktionen auftraten, dann ist einer der wesentlichsten Unterschiede zwischen unserer eigenen Intelligenz und der der anderen Primaten vielleicht nicht so sehr irgendein spezifisches Talent, sondern unsere Fähigkeit, Wissen, das in einem bestimmten Kontext erworben wurde, auf neue und andere Kontexte auszuweiten. »Du mußt es nur verbinden«, ermahnte E. M. Forster in *Howard's End*. Vielleicht ist das ein spezifisch menschlicher Rat.

Kapitel 10
Wie Affen die Welt sehen

Am 1. Oktober 1972 druckte die Londoner *Sunday Times* den Nachruf auf Flo, ein altes Schimpansenweibchen, das im Gombe-Nationalpark in Tansania gelebt hatte und mehr als 11 Jahre lang von Jane Goodall beobachtet worden war. Ein Auszug aus diesem Nachruf liest sich wie folgt: »Flo hat der Wissenschaft einen großen Dienst erwiesen. Sie und ihre große Familie haben uns mit einer Fülle von Informationen über das Verhalten von Schimpansen versorgt – kindliche Entwicklung, familiäre Beziehungen, Aggression, Dominanz, Sex ... Aber dies sollte nicht das letzte Wort sein. Es ist wahr, ihr Leben hat einen Sinn gehabt, denn es hat unser menschliches Wissen bereichert. Aber auch wenn niemand die Schimpansen am Gombe erforscht hätte, Flos Leben, reich und voller Kraft und Liebe, hätte immer noch seinen Sinn und seine Bedeutung im Weltengefüge.«

Mit dem letzten Satz kehren wir zum Ausgangsproblem dieses Buch zurück. Wenn kein menschlicher Beobachter Flos Leben interpretiert hätte, könnten wir dann immer noch sagen, sie hätte über Wissen verfügt, Motive, Überzeugungen und Hoffnungen gehabt, und ihr Leben sei voller Kraft und Liebe gewesen? Existieren solche mentalen Zustände wirklich im Gehirn irgendeines Tieres? Oder sind es nur Kunstprodukte, ersonnen von Verhaltensforschern, die versuchen, das, was sie gesehen haben, auf die bestmögliche Art zu beschreiben? Wenn wir nichtmenschliche Primaten beobachten und ihr Sozialverhalten analysieren, nehmen wir dann ihre Geisteswelt oder die unsere unter die Lupe?

Dieses Buch begann mit der Beschreibung des Sozialverhaltens Grüner Meerkatzen. Wir gingen davon aus, daß man das Verhalten von Meerkatzen am besten versteht, wenn man den beteiligten Individuen Wissen, Motive und Strategien unterstellt. Beobachtet man Affen, ist man stets in Versuchung, sie wie kleine Menschlein zu betrachten – nicht nur weil sie uns ein klein bißchen ähnlich sehen, sondern auch weil viele Merkmale ihrer sozialen Organisation, etwa die engen Bindungen zwischen Verwandten und ihr Statusstreben, wie vereinfachte Versionen unserer eigenen sozialen Organisation anmuten. Wichtiger noch, das Vermenschlichen *funktioniert* auch: Als Beobachter kann man oft am ehesten vorhersagen, was ein Affe als nächstes tun wird, wenn man ihm Motive und Strategien unterstellt.

Anthropomorphe Beschreibungen von Sozialverhalten ersetzen allerdings keine Erklärungen. Natürlich kann man das Verhalten eines automatischen Bankschalters auch mit der Annahme beschreiben und vorhersagen, daß er uns bei unseren Bankgeschäften helfen will, aber dieses Motiv ist vermutlich kein zentraler Bestandteil der Tätigkeit dieser Maschine. Ein zweites Ziel unseres Buches war es deshalb, das Wissen und die Motive, die die Affen veranlassen, das zu tun, was sie tun, wie auf dem Seziertisch in seine Einzelheiten zu zerlegen. Sind die Mechanismen, die das Verhalten und die Kommunikation von Meerkatzen steuern – lauter Dinge also, die oberflächlich so menschlich anmuten – den unseren tatsächlich ähnlich? Wenn das so ist, können wir es beweisen? Wenn es nicht so ist, wo liegen die Unterschiede? Was können wir, was Affen nicht können, und inwiefern unterscheidet das ihr Leben – und ihre Sicht der Welt – von dem unseren?

Wahrnehmung von Sozialbeziehungen

Viele Mechanismen, die dem menschlichen Sozialverhalten zugrunde liegen, laufen so automatisch ab, daß wir sie als ganz selbstverständlich hinnehmen. Ohne groß darüber nachzudenken, erkennen wir beispielsweise Individuen wieder, beobachten ihr Verhalten und abstrahieren und beschreiben vor dem Hintergrund vieler verschiedener Interaktionstypen die Beziehungen, die zwei, drei oder auch mehr Personen zueinander haben. Dann vergleichen wir Beziehungen auf wenigstens zwei verschiedene Weisen. Der einfachste Vergleich besteht darin, eine Beziehung direkt einer anderen gegenüberzustellen: Tom und Mary sind sich viel näher als Steve und Shirley, die zur Zeit nicht besonders gut miteinander auskommen. Bei komplexeren Vergleichen klassifizieren wir Beziehungen in Typen wie Liebespaare, Freunde oder Feinde. Dann analysieren wir das Ausmaß, in dem eine bestimmte Bindung den Erwartungen entspricht, die wir an Beziehungstypen der jeweiligen Klasse stellen: Claire kommt mit ihren Eltern gut aus, hat aber eine besonders enge Beziehung zu ihrer Großmutter. Schließlich versuchen wir zu verstehen, *warum* Beziehungen so sind, wie sie sind – warum sie sich voneinander unterscheiden und warum sie einem bestimmten Typus entsprechen oder auch nicht. Dazu suchen wir nach den Motiven (meist mentalen Verfassungen wie Wünschen, Ängsten, Hoffnungen oder Träumen), die Individuen veranlassen, sich so zu verhalten, wie sie es tun: In der Universität sehen Beziehungen zwischen älteren Professoren (den Silberrücken) und ihren verschiedenen Studenten oberflächlich oft gleich aus, weil beide Parteien bestrebt sind, den Anschein lockerer Kollegialität zu wahren. Aber manche Studenten mögen ihre Lehrer nicht besonders, während andere wirklich enge persönliche und fachliche Beziehungen zu ihnen haben. In solchen Fällen beruht unser Verständnis von Beziehungen letztlich auf den Gedanken, Motiven und mentalen Verfassungen, die wir anderen zuschreiben.

Verglichen mit unserem relativ reichen, in sich stimmigen Bild menschlicher Sozialbeziehungen erscheint das Bild der Meerkatzen von den Sozialbeziehungen anderer Meerkatzen wie Picassos kubistische Gitarre: Viele Teile sind da, manche passen sogar zusammen, aber insgesamt sind die Einzelteile ziemlich in Unordnung, und das Bild, das sich am Ende daraus ergibt, ist das eines Puzzles, das nicht richtig zusammengesetzt wurde.

Sicherlich erkennen Meerkatzen, wie viele andere Tierarten auch, Individuen und nehmen von den Interaktionen, die sich zwischen ihnen abspielen, Notiz. Mehr noch: Es scheint, daß die Affen aus ihrer Beobachtung verschiedener Interaktionstypen auf irgendeine Weise – wie es genau funktioniert, wissen wir noch nicht – eine Reihe von Repräsentationen in ihren Köpfen erzeugen, die für verschiedene Arten von Sozialbeziehungen stehen: Mutter-Kind-Beziehungen, Beziehungen zwischen Verwandten, Freundschaften zwischen Männchen und Weibchen. Wir nehmen die Existenz solcher Repräsentationen an, weil Experimente mit Affen in Gefangenschaft gezeigt haben, daß Primaten Beziehungen nach den verschiedenen Bindungs*typen* vergleichen, die sie präsent haben, und eben nicht einfach nur nach den jeweils beteiligten Individuen. Sie beurteilen Mutter-Kind-Paare gleich, selbst wenn es sich einmal um eine Mutter und ihre erwachsene Tochter und ein andermal um eine Mutter und ihren kleinen Sohn handelt (Dasser 1988a). Weiterhin haben wir guten Grund zu der Annahme, daß Affen von solchen Repräsentationen in ihrem täglichen Leben auch Gebrauch machen, denn eine Meerkatze wird einem anderen Individuum eher drohen, wenn jemand aus ihrer eigenen engeren Verwandtschaft vor kurzem mit jemandem aus der engeren Verwandtschaft des Kontrahenten gekämpft hat (Cheney und Seyfarth 1986, 1989). Solche Verhaltensweisen sind schwer zu erklären, es sei denn, man nimmt an, daß Meerkatzen die Ähnlichkeiten zwischen ihren eigenen engen Bindungen und denen der anderen Affen erkennen.

Affen haben sicher mentale Vorstellungen von Sozialbeziehungen, aber vermutlich sind sie nicht so abstrakt und flexibel wie unsere eigenen. Sprache erlaubt uns zum Beispiel, verschiedene Beziehungstypen zu benennen und die Kriterien zu spezifizieren, mit denen wir eine Bindung in die eine oder andere Klasse einordnen. Wir können die verschiedenen Beziehungstypen in allgemeinen und abstrakten Begriffen diskutieren, die ganz unabhängig von den Individuen sind, die wir im Sinn hatten, als wir Beziehungen in Typen zu unterteilen anfingen. Dagegen gibt es bislang keinen Beleg dafür, daß Affen über ihr Wissen um Sozialbeziehungen verfügen können oder daß ihre Klassifikation sozialer Bindungen abstrakt genug ist, um nichtvertraute Individuen oder Sozialstrukturen mit zu umfassen. Wir vermuten, daß ein Affe, der mit den Familien A, B, C, D und E aufgewachsen ist, uns erzählen könnte, daß die Bindung zwischen Mutter A und ihrem Kind A1 zum gleichen Bindungstyp gehört wie die zwischen Mutter C und Kind C1. Wir wissen aber nicht, ob derselbe Affe daraus schließen könnte, daß es Bindungen wie diese auch in vielen anderen Meerkatzengruppen und sogar bei vielen anderen Arten gibt.

Wahrnehmung von Bewußtseinszuständen

Menschen klassifizieren Sozialbeziehungen nicht nur in Typen, sie unterscheiden auch die Motive und Strategien anderer, um damit nach Möglichkeit zu erklären, warum manche Beziehungen sich gleichen und andere ganz verschieden aussehen. Wie Nicholas Humphrey (1983) vermutet, scheint uns bei unserem Bemühen, das Verhalten anderer zu verstehen, oft Introspektion als wichtiger Leitfaden zu dienen. Da wir wissen, daß unsere Handlungen häufig von bestimmten Bewußtseinszuständen verursacht werden, suchen wir bei anderen nach den gleichen Vorgängen.

Dagegen haben wir bislang keinen Beleg dafür, daß Affen sich ihres eigenen Wissens bewußt sind oder daß sie anderen Bewußtseinszustände zuschreiben. Affen sind ohne Zweifel Experten darin, die Handlungen anderer zu beobachten und vorherzusagen, und sie erkennen wahrscheinlich ohne große Schwierigkeiten, daß die Aktionen von Affe X einen bestimmten Effekt auf das Verhalten von Y haben können. Es ist aber höchst unwahrscheinlich, daß Affen die Gedanken, Motive oder Annahmen der anderen berücksichtigen, wenn sie abschätzen, was andere Individuen wohl als nächstes tun werden.

404

Viele dieser Verallgemeinerungen scheinen eher auf Affen als auf Menschenaffen zuzutreffen. Schimpansen erkennen offenbar eher als Affen Gedanken als Ursache von Handlungen, und viele ihrer Verhaltensweisen scheinen darauf zugeschnitten, die Bewußtseinszustände anderer Individuen zu kontrollieren oder zu verändern. Gleichzeitig aber haben wohl sogar Menschenaffen Schwierigkeiten, Unwissenheit oder falsche Überzeugungen bei anderen zu erkennen; obwohl sie anscheinend verstehen, daß andere Individuen Meinungen haben, sind sie nicht fähig, zwischen verschiedenen Meinungen oder auch gar keiner Meinung sicher zu unterscheiden.

Warum ist das Zuschreiben mentaler Zustände so eine wichtige Sache? Schauen wir uns an, was man alles *nicht* tun kann, wenn man anderen keine Bewußtseinszustände zuschreiben oder nicht erkennen kann, daß nicht alle Individuen dieselben Ansichten, Motive und dasselbe Wissen teilen.

Zunächst einmal kann es keine Erziehung geben, jedenfalls nicht in dem Sinn, wie wir sie von uns Menschen kennen. Um unterrichten zu können, muß man den Unterschied zwischen dem eigenen Wissen und dem eines anderen erkennen können und dann konkrete Schritte in Angriff nehmen, um dieses Ungleichgewicht zu beheben. Ohne die Fähigkeit zur Zuschreibung kann man noch nicht einmal mit dem Unterrichten anfangen, denn die, die über Wissen verfügen, bemerken ja gar nicht, daß die Informationen, die andere besitzen, sich von den eigenen erheblich unterscheiden können. Das Übermitteln von Informationen über Raubfeinde bei den Meerkatzen ist ein gutes Beispiel. Erinnern wir uns, daß junge Meerkatzen über die angeborene Neigung verfügen, gegenüber allem, was in der Luft herumfliegt, einen Adleralarmruf auszustoßen. Allerdings unterlaufen ihnen dabei oft Fehler, und sie warnen andere unnötigerweise vor, sagen wir, sich nähernden Tauben (Kapitel 4). Wenn Kinder korrekt vor einem wirklich gefährlichen Raubfeind warnen, dann reagieren die Erwachsenen oft mit eigenen Alarmrufen. Da die Erwachsenen ihre »sekundären Alarmrufe« viel häufiger ausstoßen, wenn das Kind richtig reagiert hat, sieht es so aus, als ob sie die Kinder »lehrten«, welche Vögel wirklich gefährlich sind. Tatsache ist aber, daß die Erwachsenen sich überhaupt keine Mühe geben, die Kinder bei ihrem Lernprozeß zu unterstützen: sie korrigieren die Kinder nie, wenn sie Fehler machen, und sie geben, was selektive Bestärkung angeht, sekundäre Alarmrufe nach berechtigten Alarmrufen von Erwachsenen genauso häufig ab wie nach korrekten Alarmrufen von Kindern (Seyfarth und Cheney 1986).

Junge Meerkatzen lernen demnach allein durch Beobachtungen, ohne jede direkte Anleitung durch die Erwachsenen. Dieses ausschließliche Vertrauen auf Lernen durch Beobachtung ist im Tierreich weit verbreitet (Nishida 1987; Galef 1988) und stellt ein erhebliches Hemmnis für die Weitergabe von Wissen durch kulturelle Traditionen dar (Boyd und Richerson 1985). In unseren Augen läßt sich dies letztlich auf das Unvermögen zurückführen, nämlich zu erkennen, daß sich das, was andere wissen, von dem, was man selbst weiß, unterscheiden kann.

Auch Täuschung, so wie wir sie beim Menschen verstehen, erfordert letztlich, daß man sich und anderen mentale Zustände zuschreiben kann. Wenn wir jemanden anlügen, nehmen wir einen Unterschied zwischen unseren eigenen Gedanken und denen der anderen Person wahr, und wir verlassen uns darauf, daß das, woran jemand glaubt, auch sein Verhalten beeinflussen kann. Wenn wir mit unserer Meinung richtig liegen, daß Affen in einer Welt ohne Zuschreibung leben, dann müßte daraus eigentlich auch folgen, daß sie in einer Welt ohne Täuschung leben. Tatsächlich ist die Sache aber komplizierter.

Das Verhalten und die Lautäußerungen vieler verschiedener Arten haben oft die *Funktion*, andere zu täuschen oder in die Irre zu führen (Kapitel 7). Wenn man allerdings die Fakten genau betrachtet, kommen einem Zweifel über die Flexibilität von Täuschung im Tierreich, und sie ergeben kaum Hinweise dafür, daß anderen mentale Zustände zugeschrieben werden. Kohlmeisen geben beispielsweise an Futterstellen irreführende Alarmrufe ab, und sie sind geschickt genug, falsche Alarmrufe in Abhängigkeit davon einzusetzen, wer sich in der Nähe befindet. Sind die anderen Vögel an der Futterquelle rangtiefer als der Signalsender, dann werden falsche Alarmrufe selten eingesetzt, vermutlich weil der Rufer die Rivalen schon durch bloße Annäherung vertreiben kann. Wenn aber ranghöhere Vögel da sind und ein einfaches Verdrängen daher nicht möglich ist, dann setzen rangniedere Vögel falsche Alarmrufe ein (Möller 1988). Kohlmeisen verfügen also bereits über eine gewisse Flexibilität hinsichtlich betrügerischer Alarmrufe; allerdings sind die Grenzen, die den Kohlmeisen bei ihren Täuschungsmanövern gesetzt sind, ebenso überraschend. Beispielsweise haben wir keinerlei Beleg dafür, daß die Vögel irgendwelche anderen Signale zum Betrügen benutzen oder daß sie betrügerische Signale in irgendwelchen anderen sozialen Kontexten einsetzen (Kapitel 7). Sogar bei nichtmenschlichen Primaten haben wir kaum Belege dafür, daß sie jemals etwas tun, um die *Überzeugungen* anderer und nicht nur deren *Verhalten* zu manipulieren.

Die Ergebnisse, über die wir bislang verfügen, lassen also den Schluß zu, daß Täuschung im Tierreich weniger flexibel eingesetzt wird als bei uns Menschen. Wir vermuten, daß viele Unterschiede zwischen Täuschung bei Menschen und bei nichtmenschlichen Species, genauso wie die Unterschiede zwischen der Erziehung bei Menschen und bei Tieren, letztlich aus dem Unvermögen der meisten Tierarten resultieren, anderen mentale Zustände zuzuschreiben. Täuschung beim Menschen basiert auf der Annahme, daß andere Menschen mentale Verfassungen haben, daß diese mentalen Verfassungen das Verhalten beeinflussen können und daß die mentalen Verfassungen anderer Individuen zum eigenen Nutzen manipuliert werden können. Mit dieser allgemeinen Theorie ausgestattet können Menschen betrügerische Verhaltensweisen in erheblichem Umfang modifizieren, und zwar innerhalb eines Kontextes, aber auch von einem Kontext zum nächsten. Dagegen scheint Täuschung im Tierreich weitgehend auf dem Erkennen von Verhaltenszusammenhängen zu beruhen: Wenn ich dies tue, dann wird er jenes tun. Ohne Lernen und immer wieder neu Lernen, um sich an neue Umstände anpassen zu können, läuft da nichts. Im Ergebnis sieht es dann so aus, daß jede Tierart uns ein oder zwei Beispiele »betrügerischen« Verhaltens zeigen kann, daß aber keine einzige Art, vielleicht mit Ausnahme des Schimpansen, diese Flexibilität, Wandlungsfähigkeit und Vielfalt bei Lügen, Betrug und Halbwahrheiten zeigt, wie sie bei uns Menschen verbreitet ist.

Schließlich schränkt das Unvermögen, anderen mentale Verfassungen zuzuschreiben, auch das Ausmaß ein, mit dem nichtmenschliche Primaten einander Empathie oder Mitleid ausdrücken können. Das junge Schimpansenmännchen Flint zeigte, als seine Mutter Flo starb, viele Verhaltensweisen, die wir beim Menschen mit Trauer in Verbindung bringen. Es mied andere, aß nichts mehr und verbrachte viele Stunden am Tag damit, in einer Ecke zu hokken und mit dem Körper hin- und herzuschaukeln (Goodall 1979). Schließlich starb es.

Aus dieser und auch aus anderen Beschreibungen über Todesfälle bei Schimpansen (Goodall 1971, 1979) wird sehr deutlich, daß diese Tiere Trauer empfinden und den Schmerz des Verlustes, wenn jemand, der ihnen nahe steht, stirbt. Ebenso bemerkenswert ist allerdings der Mangel an Mitleid bei anderen Schimpansen. Obwohl Schimpansen Bewußtseinszustände haben und Trauer über den Verlust enger Freunde empfinden, scheinen sie dieselben mentalen Verfassungen bei anderen nicht wahrzunehmen. Daher sind sie nicht in der Lage, ihren Schmerz zu teilen und Empathie füreinander zu zeigen.

Zusammengenommen beruhen viele fundamentale Unterschiede im Sozialverhalten von Menschen und nichtmenschlichen Primaten auf dem Vorhandensein oder Fehlen einer *Theorie des Geistes* – darauf also, ob Individuen ihr eigenes Wissen erkennen und anderen Bewußtseinszustände zuschreiben. Anscheinend sehen Affen ihre Welt als eine Welt von Dingen, die agieren, und nicht als eine Welt von Personen, die denken und fühlen. Auch wenn sie für das Verhalten anderer Tiere hochsensibel sind, wissen sie doch wenig über das Wissen oder die Motive, die Tiere veranlassen, das zu tun, was sie tun. In der Welt eines Affen existiert das Wissen, über das ein Individuum verfügt, in einer Art Vakuum: Das Tier weiß nicht, was es weiß, und es ist auch nicht in der Lage, Wissen (oder mangelndes Wissen) bei anderen zu erkennen.

Wahrnehmung der Bedeutung von Wörtern

Es gibt weniges, was so schwierig ist, wie die genaue und vollständige Bedeutung eines Wortes oder Satzes zu erfassen. Wenn Kaliban im fünften Akt von Shakespeares *Sturm* sagt: »Welch dreifacher Esel war ich, den Säufer für 'nen Gott zu halten und anzubeten diesen dummen Narrn!« dann vermittelt die Sprache jeder Person auf der Bühne und jedem Zuschauer im Publikum subtile Unterschiede in den Bedeutungsnuancen dessen, was gemeint ist, und mancher wird noch anderen Interpretationen begegnen, wenn er am nächsten Morgen die Meinung des Kritikers in der Zeitung liest. Zuschreibung ist natürlich ein Teil dieses Problems; um Kalibans Bemerkungen interpretieren zu können, benötigen wir nicht nur Informationen über seine sozialen Interaktionen während der letzten Wochen, wir müssen uns auch im Gedankenlesen betätigen und Kalibans Interaktionen aus seiner *eigenen* Perspektive heraus interpretieren. Schließlich werden wir uns mit unserer Analyse völlig verrennen, wenn wir nicht in der Lage sind zu erkennen, daß Kalibans Äußerungen nicht wörtlich genommen werden können.

Selbst beiläufige Bemerkungen, bei denen man nicht auf Bewußtseinszustände oder Metaphern zurückgreifen muß, lassen oft ebenso viele verschiedene Interpretationen zu, wie es Zuhörer gibt, denn ihre Bedeutung hängt nicht nur von ihrem äußeren Bezug ab, sondern auch vom Verhalten dessen, der sie äußert, seinen persönlichen Eigenarten und vom Kontext, in dem die Bemerkung fällt. Ein Mann geht zur Tür und sagt: »Oh, es fängt gerade an zu regnen!« Diese einfache Aussage vermittelt Informationen über ein bestimmtes äußeres Ereignis, die Einstellung des Mannes zu diesem Geschehen, und sein wahrscheinliches Verhalten in dieser Situation; er wird nämlich vielleicht nochmal zurück zur Garderobe gehen und Schirm oder Mantel holen. Die Zuhörer des Mannes könnten aber auch eine Reihe anderer Schlüsse ziehen, wenn sie beispielsweise wüßten, daß das Land gerade mitten in einer Dürreperiode steckt, daß der Mann gerne im Regen spazierengeht, daß er gar keinen Schirm besitzt oder daß er eigentlich vorhatte, jetzt Tennis zu spielen.

Eine Lehre, die wir aus dem Studium der Sprache ziehen können, besteht also darin, daß wir nicht erwarten sollten, die Bedeutung der Lautäußerungen nichtmenschlicher Primaten vollständig erfassen zu können, denn jeder Ruf, der einen bestimmten äußeren Bezug hat, ist gleichzeitig kontextabhängig und steht mit dem Verhalten des Tieres im Zusammenhang. Wir können allerdings das Problem ein wenig zurechtstutzen und einige extremere Hypothesen ausschließen, die in der Vergangenheit vertreten worden sind. Früher hatte man die Möglichkeit von sich gewiesen, daß Affen, Menschenaffen oder überhaupt irgendwelche Tiere Kommunikation benutzen, um etwas *über* Dinge mitzuteilen. Heute gibt es allerdings klare Hinweise dafür, daß die Alarmrufe und Grunzer der Meerkatzen, ihre *Wrrs* und *Chutters* (ebenso wie viele Rufe anderer Arten), ebendiese Funktion haben: Sie versorgen die Zuhörer mit Informationen über Objekte und Ereignisse in der Umgebung. Zwei Arten von Beweismitteln unterstützen diese Sichtweise. Erstens löst das Playback eines Rufes bei Abwesenheit des vermuteten Bezugsobjektes regelmäßig die gleiche Reaktion aus wie das Bezugsobjekt selbst. Ohne jegliche andere Hilfsinformationen löst beispielsweise das Vorspielen eines Leopardenalarms die gleiche Reaktion aus wie der Leopard selbst, und Grunzlaute gegenüber einer anderen Gruppe, *Wrrs* und *Chutters* haben genau den gleichen Effekt, den auch die Nachbargruppe auslösen würde (Kapitel 4). In diesem Sinne dienen Rufe von Meerkatzen dazu, Objekte oder Ereignisse zu kennzeichnen. Zweitens – und dies ist vielleicht noch wichtiger – vergleichen Meerkatzen, wenn sie durch Gewöhnungsexperimente dazu gebracht werden, zwei Lautäußerungen nicht einfach nur anhand ihrer akustischen Eigenschaften, sondern auch in Hinblick auf das, was gemeint ist. Mit anderen Worten, Meerkatzen behandeln Lautäußerungen nicht einfach als physikalische Entitäten, sondern als Laute, die etwas repräsentieren (Kapitel 5).

Um es aber noch einmal zu wiederholen: Daß wir die repräsentative Funktion der Lautäußerungen von Primaten betonen, sollte nicht so aufgefaßt werden, als könnten wir die Bedeutung jedes einzelnen Rufes vollständig charakterisieren. Zweifellos bezeichnen Leopardenalarm, Grunzer, *Wrrs* und *Chut-*

ters nicht nur äußere Bezugsobjekte und Ereignisse, sie liefern der Zuhörerschaft auch Informationen über den Grad der Erregung des Signalsenders, die Nähe der Gefahr, darüber, was der Signalsender wahrscheinlich als nächstes tun wird, und so weiter (z. B. Smith 1977, 1990). Wir betonen die Beziehungsfunktion von Lautäußerungen nicht, weil sie die einzige Funktion wäre, sondern weil man früher geglaubt hatte, daß diese Funktion nicht existiert, und weil sie vielleicht ein wenig Licht auf die mentalen Vorgänge werfen kann, die das Verhalten und die Kommunikation von Meerkatzen steuern.

Da Meerkatzenlaute viele Arten von Informationen übermitteln, wird unsere Beurteilung ihrer Bedeutung unweigerlich lückenhaft bleiben. Beispielsweise ist zur Zeit noch unklar, ob der Alarmruf einer Meerkatze nur als ein Wort aufgefaßt werden kann (Leopard!) oder auch als eine Art Vorschlag, der Informationen über beides enthält: wer das Bezugsobjekt ist und welche Einstellung der Rufer zu der Sache hat (Leopard! Rauf auf die Bäume!). Es ist noch aus einem weiteren Grund schwierig, die genaue Bedeutung eines Rufes zu erfassen: Wenn wir die Bezugsmöglichkeiten eines Leopardenalarms vollständig beschreiben wollen, müssen wir nicht nur die Objekte kennen, die Leopardenalarm auslösen (also die positiven Fälle in dieser Kategorie), sondern auch die Objekte, die einen anderen Ruf oder gar keine Lautäußerung auslösen (also die negativen Fälle). Die Bedeutung jedes Rufes ist also relativ und hängt auch von der Bedeutung anderer Rufe ab. Mit einem so riesigen Repertoire an Wörtern, wie wir es zur Verfügung haben, können wir Bedeutung ziemlich präzise erfassen; bei einem so beschränkten Repertoire wie dem der Meerkatzen bleibt Bedeutung unweigerlich unpräzise.

Zwischen den Vorgängen, auf denen das Sozialverhalten der Meerkatzen beruht, und jenen, auf denen ihre Kommunikation beruht, gibt es wichtige Parallelen. Das Sozialverhalten der Affen scheint seinen Ausgangspunkt darin zu nehmen, daß sie die Interaktionen der anderen beobachten. Anschließend benutzen sie dieses Rohmaterial, um Beziehungen zu erkennen, diese Beziehungen in Typen einzuordnen und basierend auf dieser Klassifikation eine Verhaltensstrategie einzuschlagen. Ähnlich scheint es bei ihrer Lautkommunikation abzulaufen: Anfangs unterscheiden sie zwischen verschiedenen Rufen. Dann lernen sie die Bedeutung jedes Rufes und klassifizieren und vergleichen Lautäußerungen anhand dessen, was gemeint ist.

Lautäußerungen von Meerkatzen verdienen die Bezeichnung *semantisch*, weil ihre Funktion darin besteht, auf Objekte und Ereignisse in der Umgebung hinzuweisen. Rufe von Meerkatzen sind auch im strengeren Sinne semantisch, da ihre Erzeugung und Interpretation vom Bewußtseinstand des

Signalsenders und des Empfängers abhängen. Lautäußerungen erzeugen beim Sender wie beim Empfänger Vorstellungen, und auf der Basis dieser Vorstellungen werden sie verglichen und wird auf sie reagiert. Für eine Meerkatze besteht die Welt aus zwei fundamental unterschiedlichen Arten von Dingen: aus Objekten, wie Leoparden, Schlangen und anderen Meerkatzengruppen, und aus Lautäußerungen, die als Repräsentanten dieser Objekte dienen. Meerkatzen reagieren auf Objekte in Abhängigkeit von deren physischen Eigenschaften; auf Lautäußerungen reagieren sie entsprechend den Dingen, wofür diese stehen. Auch wenn die Lautäußerungen unserer Meerkatzen in diesem strengeren Sinn semantisch sind, so scheinen sie es im strengsten Sinn doch nicht zu sein, denn die Absicht, die Bewußtseinszustände von anderen zu ändern, scheint nicht beteiligt zu sein. Obwohl beim Gebrauch und bei der Interpretation der Rufe Vorstellungen für die Affen eine wesentliche Rolle spielen, gibt es keinen Hinweis darauf, daß Affen (oder selbst Menschenaffen) jemals mit der Absicht Kommunikation betreiben, den Bewußtseinszustand eines Signalempfängers zu ändern oder die Aufmerksamkeit des Empfängers auf den Bewußtseinszustand des Senders selbst zu lenken (Grice 1957; Dennett 1978a). Affen sind nicht in der Lage, mit der Absicht zu kommunizieren, den Bewußtseinszustand anderer zu ändern, weil sie nicht über die Fähigkeit der Zuschreibung verfügen, sie erkennen nicht, daß solche Bewußtseinszustände existieren.

Bereichsspezifische Intelligenz

Viele Tiere sind Spezialisten, die in manchen Bereichen ein wesentlich größeres Geschick an den Tag legen als in anderen. Honigbienen verfügen über unglaublich komplexe Formen der Kommunikation über Nahrung, Biber bauen kunstvolle Dämme und Polarseeschwalben sind hervorragende Navigationskünstler. Aber keine dieser Arten entfaltet vergleichbare Fähigkeiten außerhalb ihres ureigenen Spezialgebietes. Die natürliche Selektion hat, so scheint es, nicht so sehr auf *Generalisten* gesetzt, sondern mehr auf Verhalten, das an recht eng definierte ökologische Bereiche angepaßt ist.

Wir haben uns im Verlauf dieses Buches auf die Fähigkeiten konzentriert, die Meerkatzen und andere Affen auf dem Gebiet sozialer Interaktionen entfalten. Um ganz verstehen zu können, wie Affen die Welt sehen, müssen wir ihr Sozialverhalten aber in einen größeren Zusammenhang stellen und es beispielsweise ihrem Verhalten beim Nahrungserwerb und ihrem Wissen von anderen Arten gegenüberstellen.

Obwohl noch viel zu erforschen bleibt, gibt es doch einige Fakten, die die Annahme stützen, daß auch Affen Spezialisten sind und daß zumindest manche ihrer Fähigkeiten auf dem Gebiet sozialer Interaktionen nicht auf andere Kontexte ausgeweitet werden. Innerhalb ihrer sozialen Gruppen scheinen Affen nicht nur ihren eigenen Platz in der Hierarchie und ihre sozialen Bindungen zu kennen, sondern auch die der anderen. Affen vergleichen anscheinend auch Sozialbeziehungen, indem sie einfache Analogien bilden, um beispielsweise zu erkennen, daß verschiedene Individuen ähnliche Sozialbeziehungen haben. Dagegen scheinen Meerkatzen erstaunlich wenig von der Umgebung zu wissen, in der sie leben. Die Tatsache, daß Meerkatzen nicht gelernt haben, Raubfeinde mit den zu ihnen gehörigen sekundären visuellen Hinweisen in Verbindung zu bringen, zeigt, daß sie nicht einmal dann auf ihre Umgebung achten, wenn es für sie ganz offensichtlich eine Anpassung wäre. So scheinen sie weder auf die Spuren von Schlangen noch auf das Jagdverhalten von Leoparden zu achten. Bei Versuchen, die direkt die Fähigkeiten der Affen, auf verschiedene Arten von Auslösern zu reagieren, vergleichen, schneiden die Meerkatzen erheblich besser ab, wenn die Aufgabe andere Meerkatzen betrifft, als wenn sie mit Vögeln, Flußpferden oder Raubtieren zu tun hat.

Umgekehrt benutzen Primaten zweifellos manche Fähigkeiten beim Aufspüren und Ausbeuten von Nahrungsressourcen, die sie nicht auf ihre sozialen Interaktionen ausweiten. Mantelpaviane, Schimpansen und vermutlich viele andere Arten auch verfügen über mentale Landkarten oder Vorstellungen ihres Wohngebietes; sie benutzen sie, um ihre Wege zum Wasser, zu Früchten oder zu irgendwelchen Werkzeugen möglichst rationell einzuteilen. Es bleibt abzuwarten, ob ähnliche mentale Landkarten bei sozialen Interaktionen benutzt oder gar benötigt werden. Das Argument, daß mentale Repräsentationen, die bei der Futtersuche benutzt werden, ein bißchen mehr oder ein bißchen weniger abstrakt oder komplex sind als solche, die bei sozialen Interaktionen eingesetzt werden, trügt. Die Intelligenz, die Affen auf sozialem Gebiet entfalten, ist der, die sie auf nichtsozialem Gebiet zeigen, nicht überlegen; es ist schlicht eine andere.

Die Frage nach dem bereichsspezifischen Wissen hängt eng mit Dingen wie Bewußtsein und dem Zuschreiben mentaler Zustände zusammen. Ein Individuum, das nicht über sein eigenes Wissen reflektieren kann, um Hypothesen über das, was es weiß, zu bilden, ist per definitionem unfähig, Wissen von einem Kontext auf einen anderen zu übertragen. Wenn Affen, wie es aussieht, nicht wissen, was sie wissen, dann dürfte vieles von ihrem Wissen sozusagen streng auf bestimmte Schubladen verteilt sein und sie dürften selbst kaum Zugriffsmöglichkeiten darauf haben.

Trotz dieser post-hoc-Rationalisierung der Leistungsunterschiede, die Affen in verschiedenen Bereichen zeigen, bleibt das offensichtliche Unvermögen der Meerkatzen, auf biologisch wichtige Merkmale ihrer Umgebung zu achten, überraschend und unbefriedigend. Kann es wirklich wichtiger für das Überleben sein, ein konzeptuelles Verständnis für Sozialbeziehungen zu entwickeln, als die Spur eines Python zu erkennen? Aus Gründen, die nicht gänzlich geklärt sind, scheinen Meerkatzen über einige spezielle Anpassungen (Rozin und Schull 1988) im Bereich ihres Sozialverhaltens zu verfügen, die nicht auf ihre Interaktionen mit anderen Spezies ausgeweitet werden, obwohl man es eigentlich erwarten würde. Wir werden kaum Fortschritte dabei machen, das Denken nichtmenschlicher Primaten zu verstehen, solange wir diesen Dingen nicht auf den Grund gehen.

Zusammenfassung

Wenn wir das Sozialverhalten von Affen erforschen, sind wir ständig in Versuchung, zu anthropomorphisieren und sie so zu behandeln, als wären sie Menschen. Das ist gar nicht gänzlich unangemessen. Wie die Primatologen, die sie studieren, so beobachten auch Meerkatzen soziale Interaktionen und leiten daraus Verallgemeinerungen über die Typen von Beziehungen ab, die zwischen Individuen existieren. Auch benutzen die Affen Laute, um damit Dinge zu repräsentieren, und sie vergleichen verschiedene Lautäußerungen entsprechend ihrer Bedeutung.

Die Art, wie eine Meerkatze die Welt sieht, unterscheidet sich allerdings in vieler Hinsicht stark von unserer Sicht der Welt. Auch wenn ein Affe von abstrakten Konzepten Gebrauch machen kann und Motive, Überzeugungen und Wünsche hat, so sind ihm seine Bewußtseinszustände doch nicht zugänglich: Er weiß nicht, was er weiß. Zudem scheinen Affen auch unfähig, anderen Bewußtseinszustände zuzusprechen oder zu erkennen, daß auch das Verhalten der anderen von Motiven, Überzeugungen und Wünschen bestimmt ist.

Die Unfähigkeit, die eigenen Bewußtseinszustände zu hinterfragen oder anderen mentale Verfassungen zuzusprechen, schränkt die Fähigkeit der Affen, Informationen weiterzugeben, andere zu täuschen oder Empathie für einander zu empfinden, erheblich ein. Es setzt auch dem Ausmaß Grenzen, in dem wir ihre Lautäußerungen semantisch nennen können. Sicher, Rufe dienen dazu, Objekte und Ereignisse in der Umwelt zu bezeichnen, und wie Wörter werden sie auch von den Bewußtseinszuständen derjenigen verursacht, die sie gebrauchen. Anders aber als unsere Sprache werden die Laute der Affen nicht in der Absicht geäußert, die Bewußtseinszustände anderer zu verändern. Obwohl Affen ausgezeichnete Beobachter des *Verhaltens* ihrer Artgenossen sind, scheinen sie weitaus weniger scharfsinnige Beobachter der *Gedankenwelt* ihrer Sozialpartner zu sein und selten so weit hinter die Aktionen anderer Tiere zu kommen, daß sie die Motive, die deren Handeln zugrunde liegen, analysieren könnten. *Wir* schreiben den Tieren Motive, Pläne und Strategien zu, sie selbst tun dies kaum.

Anhang

Das primäre Ziel dieser demographischen Aufzeichnungen ist es, die vollständigen Abstammungslinien der erwachsenen Weibchen und ihrer Kinder unserer drei Studiengruppen vorzustellen. Dahinter steckt aber auch ein leicht frivoler Zweck.

Jeder, der jemals Tiere in ihrer natürlichen Umgebung studiert hat, weiß, daß selbst beim aufregendsten Projekt Momente absoluter Langeweile auftreten. Wenn man Verhalten objektiv erfassen will, kann man sich nicht immer nur auf kämpfende, sich groomende oder kopulierende Tiere konzentrieren, sondern muß bei der Datenaufnahme auch schlafende schwangere Weibchen und einsam umherwandernde männliche Randfiguren berücksichtigen. Während solcher Beobachtungssitzungen ertappt man sich unweigerlich immer wieder dabei, wie man, den Blick starr auf mittlere Entfernung eingestellt, geruhsam über vergangene und zukünftige Probleme nachsinnt.

Eigentlich war unser System, den Meerkatzen Namen zu geben, dazu gedacht, die vielen Stunden ein wenig zu beleben, die wir und unsere Kollegen damit zugebracht haben, schlafende und allein herumstreunende Affen zu beobachten. Und da es bei kleinen Meerkatzenkindern immer wieder unendlich schwierig ist, das Geschlecht zu bestimmen, versuchten wir durch die Vergabe von geschlechtsneutralen Namen jeden möglichen Fehler von vornherein zu vermeiden.

Am Anfang unserer Untersuchung gaben wir allen Weibchen, Männchen und Kindern Namen, die sich auf bestimmte Themen bezogen, also etwa auf Skandale, Gefängnisse, Rätsel, »Länder, die gar keine Länder sind« und so weiter. (Die erwachsenen Weibchen unserer Gruppe A bildeten am Anfang eine Ausnahme.) Jede Alters- und Geschlechtsklasse mit einem bestimmten Thema zu versehen, war nicht besonders originell; Thelma Rowell gab beispielsweise bei ihrer früheren Pavianstudie den erwachsenen Weibchen ihrer Untersuchungsgruppe Namen nach Personen, die in Jane Austens Roman *Emma* vorkamen. Jedes neue Jahr bekamen die Kinder jeder Gruppe in der Geburtensaison Namen nach einem neuen Thema, je nachdem, von wem die Gruppe gerade untersucht wurde. Jedes Thema hat daher seinen eigenen Erzeuger, und außer uns sind noch viele andere für die Namen verantwortlich, die unten aufgelistet werden. Wir überlassen es dem geneigten Leser, zu entschlüsseln, unter welchem Thema jede Gruppe in den einzelnen Jahren stand.

In der Spalte auf der linken Seite finden sich die erwachsenen Weibchen der einzelnen Gruppen im März des Jahres 1977; die Weibchen sind nach abfallendem Rang in der Dominanzhierarchie angeordnet. Die Kinder jedes Weibchens sind unter dem Namen ihrer Mutter aufgelistet und in der Reihe ihres Geburtsdatums angeordnet (die Geburtensaison dauerte immer von Oktober bis Februar). Männchen sind durch das Zeichen ♂ gekennzeichnet. Jahreszahlen unterhalb der Tiere bezeichnen das Jahr ihres Todes. Für ältere erwachsene Weibchen geben wir das ungefähre Geburtsjahr an. * bedeutet Einwanderung in die Gruppe C infolge einer Fusion von 2 Gruppen. ? steht für Kinder, deren Geschlecht wir nicht wissen; bei einem Männchen bezeichnet es das Jahr, in dem es zuletzt gesehen wurde, nachdem es in eine andere Gruppe übergewechselt ist.

GRUPPE A

Geburtsjahr	1975	1976	1977	1978	1979	1980	1981	1982	1983	1984	1985	1986	1987
Disney (1970–81)	♂ Bobby V (1984)		♂ Savarin (1978)		♂ Dixie (1980)								
Lady Bountiful (1970–80)	LaBelle (1977)		Escoffier (1978)		Little (1980)					Snoopy		namenlos (1986)	
Borgia (1969–87)	Leslie (1986)		♂ Claiborne (1986?)		♂ Bantam		♂ Goofy (1986)	♂ Brass Monkey (1983)	♂ Earl Grey (1989)	♂ Wood-stock (1985)		♂ Strawberry (1987)	
Madame Pompadour (1971–78)		♂ Waidus (1977)	♂ Egg McMuffin (1978)			Widmer-pool (1984)		Lead Balloon (1983)	♂ Morning Thunder (1984)	♂ Pig Pen (1987)		? Telluride (1986)	
Anastasia (1970–80)	♂ Del Shannon (1982)		♂ Julian (1986)		♂ Alaking (1980)								

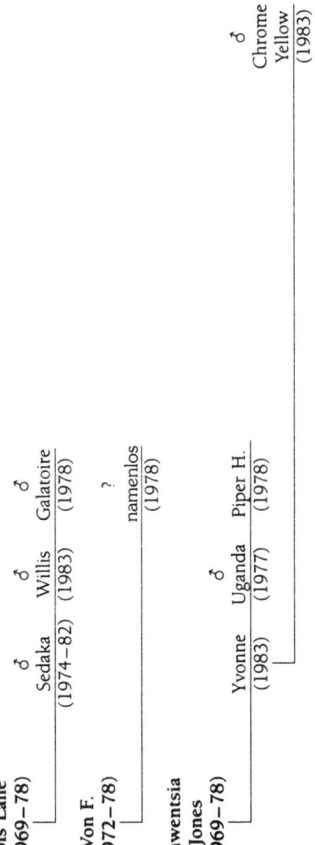

Lois Lane
(1969–78)

♂ Sedaka (1974–82)

♂ Willis (1983)

♂ Galatoire (1978)

Von F.
(1972–78)

? namenlos (1978)

Onwentsia
Jones
(1969–78)

Yvonne (1983)

♂ Uganda (1977)

Piper H. (1978)

♂ Chrome Yellow (1983)

GRUPPE B

Geburtsjahr	1975	1976	1977	1978	1979	1980	1981	1982	1983	1984	1985	1986	1987	1988
Bokassa (1974–80)														
Somoza (1971–80)			♂ Galileo (1980)		Satin Sheets (1980)	Picadilly (1983)	Sing Sing (1983)							
Amin (1972–87)		♂ Kopernikus (1983)	♂ Halley (1980)		Aphro (1988)	♂ Knightsbridge (1981)	Attika (1982)	♂ Big Apple (1983)	♂ Peter Piper (1984)	♂ Betamint (1986)	Acushnet (1989)			
									Unique New York (1987)	♂ Condiment (1985)	Bismarck (1987)		♂ namenlos (1987)	
Franco (1973–81)			♂ Einstein (1980)		Feather (1980)	Victoria (1981)								
Duvalier (1972–81)			♂ Tycho (1987)		♂ Diddle (1980)	Holborn (1984)		? Traffic Jam (1982)	♂ Woodchuck (1986)	♂ Predicament (1985)				

418

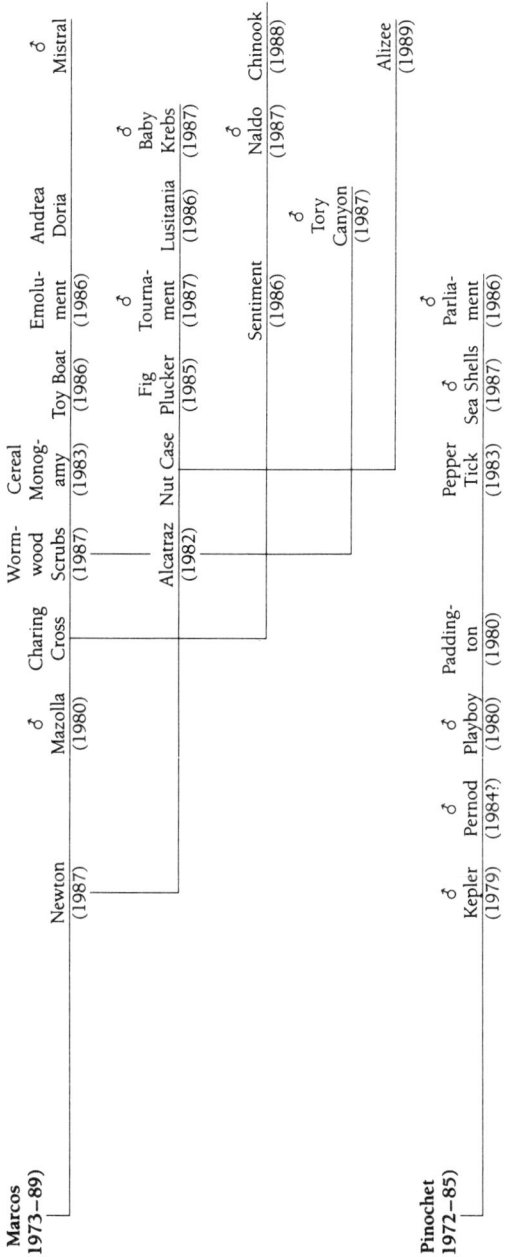

Marcos (1973–89)

Newton (1987)

♂ Mazolla (1980)

Charing Cross

Wormwood Scrubs (1987)

Cereal Monogamy (1983)

Toy Boat (1986)

Emolument (1986)

Andrea Doria

♂ Baby Krebs (1987)

♂ Mistral

Alcatraz (1982)

Nut Case

Fig Plucker (1985)

♂ Tournament (1987)

Lusitania (1986)

Sentiment (1986)

♂ Tory Canyon (1987)

♂ Naldo (1987)

Chinook (1988)

Alizee (1989)

Pinochet (1972–85)

♂ Kepler (1979)

♂ Pernod (1984?)

♂ Playboy (1980)

♂ Paddington (1980)

Pepper Tick (1983)

♂ Sea Shells (1987)

♂ Parliament (1986)

GRUPPE C

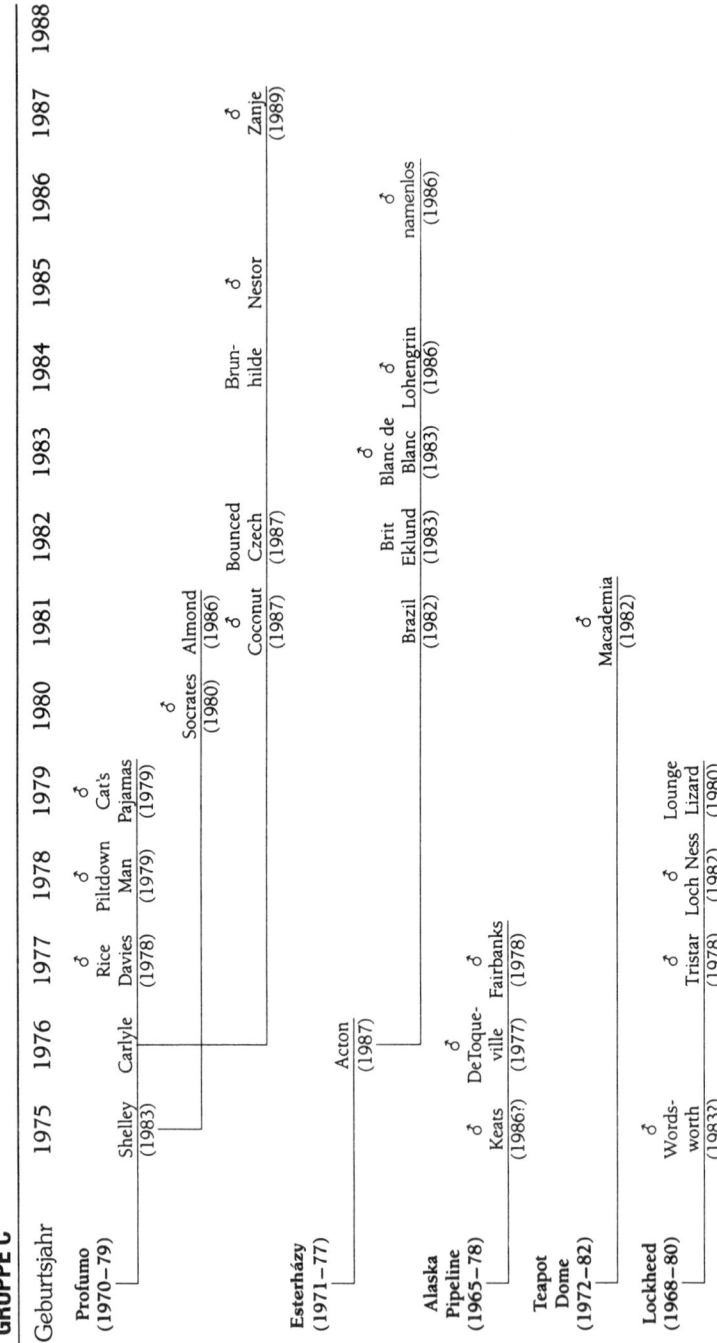

Geburtsjahr	1975	1976	1977	1978	1979	1980	1981	1982	1983	1984	1985	1986	1987	1988

Profumo (1970–79)
Shelley (1983)
Carlyle
♂ Rice Davies (1978)
♂ Piltdown Man (1979)
♂ Cat's Pajamas (1979)
♂ Socrates (1980)
♂ Almond (1986)
♂ Coconut (1987)
Bounced Czech (1987)
Brun-hilde
♂ Nestor (1985)
♂ Zanje (1989)

Esterházy (1971–77)
Acton (1987)

Alaska Pipeline (1965–78)
♂ Keats (1986?)
♂ DeToque-ville (1977)
♂ Fairbanks (1978)
Brazil (1982)
Brit Eklund (1983)
♂ Blanc de Blanc (1983)
Lohengrin (1986)
♂ namenlos (1986)

Teapot Dome (1972–82)
♂ Macademia (1982)

Lockheed (1968–80)
♂ Words-worth (1983?)
♂ Tristar (1978)
♂ Loch Ness (1982)
Lounge Lizard (1980)

420

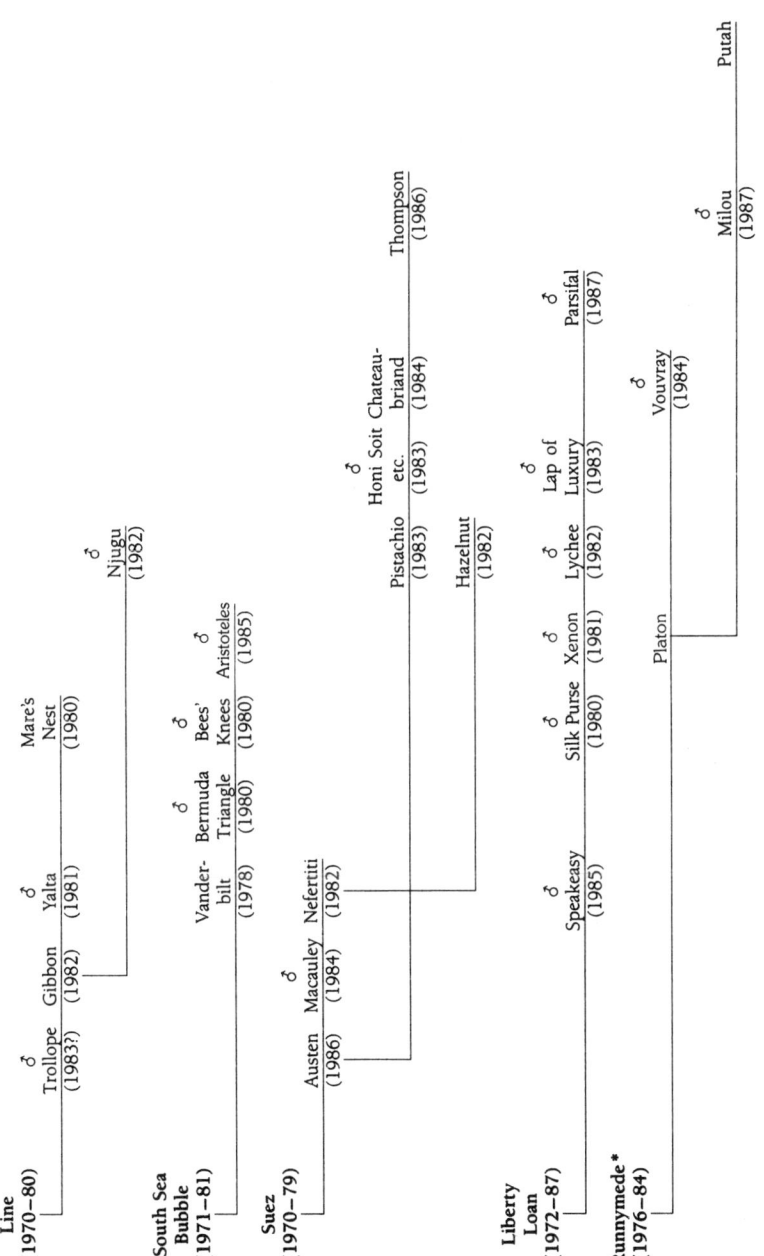

Maginot Line (1970–80) — Trollope (1983?)♂, Gibbon (1982)♂, Yalta (1981)♂, Mare's Nest (1980), Njugu (1982)♂

South Sea Bubble (1971–81) — Vanderbilt (1978), Bermuda Triangle (1980)♂, Bees' Knees (1980)♂, Aristoteles (1985)♂

Suez (1970–79) — Austen (1986)♂, Macauley (1984)♂, Nefertiti (1982), Pistachio (1983), Hazelnut (1982), Honi Soit etc. (1983)♂, Chateaubriand (1984), Thompson (1986)

Liberty Loan (1972–87) — Speakeasy (1985)♂, Silk Purse (1980)♂, Xenon (1981)♂, Lychee (1982)♂, Lap of Luxury (1983)♂, Parsifal (1987)♂

Runnymede * (1976–84) — Platon, Vouvray (1984)♂, Milou (1987)♂, Putah

421

Dank

Der erfreulichste Teil beim Schreiben eines Buches ist, daß sich die Chance bietet, den vielen Menschen zu danken, die, manchmal auch unbeabsichtigt, zu diesem Buch beitrugen. Besonders wenn die Forschungsarbeit an entlegenen Plätzen durchgeführt wird und Freunde und Kollegen über Jahre gebeten wurden, entscheidende Ersatzteile zu befördern, bei der Postzustellung zu helfen, einen Landrover 6 Wochen lang kostenlos auszuleihen oder einen 12 Fuß langen ausgestopften Python durch zwei Polizeikontrollen zu bringen.

Als erstes möchten wir dem Büro des Präsidenten und dem Ministerium für Tourismus und Wildlife der Republik Kenia für die Erlaubnis, von 1977 bis 1990 Forschungsarbeiten im Amboseli-Nationalpark durchzuführen, unseren aufrichtigen Dank ausdrücken. In Kenia stand unsere Arbeit unter der Schirmherrschaft des Instituts für Primatenforschung des Nationalmuseums von Kenia. Wir stehen tief in der Schuld von Jim Else, Mohammed Isahakia, Richard Leakey, Maria Buteyo, Margaret Omoto und Mary Sefu, die unsere Arbeit unterstützten und uns unter unermüdlichen Anstrengungen halfen, grünes Licht für unsere Forschungsarbeiten zu bekommen. Jim und Margaret Else schenkten uns auch in allen Phasen unserer Forschung ihre Gastfreundschaft und unterstützten uns moralisch.

Wir danken Andrew Hill und Claire Infield für ihre Gastfreundschaft in Nairobi während unserer Arbeiten, Cynthia Moss, daß sie ihr Haus von 1980 bis 1983 mit uns teilte und Debbie Snelson für ihre vielfältige Hilfe und Großzügigkeit, einschließlich ihrer Namensvorschläge für die Meerkatzen. Neben vielen anderen Dingen half uns Andrew, einen ausgestopften Leopard und einen ausgestopften Python für unsere Experimente zu besorgen, machte uns mit Oberkellnern in vielen der feinsten Restaurants Nairobis bekannt und nahm uns zu einer Party mit, wo eine Frau mit einem Terrier tanzte. Claire tolerierte unser plötzliches Auftauchen, unsere verspäteten Abreisen und unsere (wohlerzogenen) Kinder: Cynthia und Debbie haben uns bei etlichen phantastischen und verworrenen Begebenheiten des Lebens begleitet, häufiger, als sie sich jemals gerne erinnern werden. In Naivasha stellten Debbie und Charles Nightingale den idealen Platz für eine Feldforschungspause zur Verfügung. Auch halfen sie uns, das Muhen von Kühen aufzunehmen, ohne irgendwelche Fragen zu stellen.

Viele Menschen in Amboseli gestalteten unsere Forschungsarbeit sowohl effizienter als auch höchst angenehm. Wir sind allen Aufsehern und Rangern während unserer Forschungszeit in Amboseli dankbar; insbesondere Joe Kioko und Bob Oguya für ihre Unterstützung und Freundlichkeit. Die ganzen Jahre hindurch ließen die Manager und das Personal von Serena Lodge uns großzügig Nahrungsmittel in ihrer Gefriertruhe aufbewahren und ihren Wasservorrat mitbenutzen. Unser Dank gilt auch Mercy Sikawa und Zippy Sindiyo, die uns halfen, Unterkunft in Ol Tukai zu bekommen.

Wir danken Cynthia Moss, daß sie ihr Camp mit uns teilte und Cynthia, Cyn Jensen, Phyllis Lee, Keith Lindsay und Joyce Poole für ihre Freundschaft während der Zeit, da wir gemeinsam in einem Camp lebten. Susan Alberts, Jeanne und Stuart Altmann, Chris Gakahu, Moses Gumpumulu, Glenn Hausfater, David und Gillie Jackson, Christine Kioko, David Maitumo, Michael Milgroom, Norah Njiraini, Margaret Pertet, Raphael Mututua, Francis Saigilo, Dorcas Saita, Amy Samuels, Joan Silk und Bev und Jeff Walters schenkten uns ihre Freundschaft und leisteten entscheidende logistische Hilfen in allen möglichen Stadien unserer Arbeit. Patrick Mutua half uns, unser Fahrzeug und Ol Tukais Generator funktionsfähig zu erhalten, manches Mal mit Gummibändern und kleinen Steinchen, trotz der höchst einfallsreichen Anstrengungen seiner Assistenten, ihm einen Strich durch die Rechnung zu machen. Besonderer Dank gilt Soila und Serah Sayialel, anfangs für ihre ausgezeichnete Fürsorge um unsere Kinder und später für ihre Freundschaft. Gemeinsam mit Christine und Norah eröffneten Soila und Serah uns eine neue Lebensperspektive im Amboseli-Dorf Ol Tukai und bestätigten die Anekdote über den »dritten Chappati«.

Wir danken Masaku Sila, Cynthias und unser Major Domus für viele Jahre, für seine überragenden Kochkünste und Reinigungsarbeiten und dafür, daß er mit uns seine einzigartige Weltanschauung teilte – sowohl von der »Welt heute« als auch von der Welt, »bevor es Uhren gab«.

Die Langzeitstudie über Grüne Meerkatzen in Amboseli war eine Gemeinschaftsleistung und wäre nicht möglich gewesen ohne die Hilfe und Kooperation jener, die die Grünen Meerkatzen in den Zeiten weiter erforschten, wenn wir in den Vereinigten Staaten waren. Wir danken Sandy Andelman, Marc Hauser, Lynne Isbell, Phyllis Lee und Shari Milgroom, die die demographischen Langzeit-Aufzeichnungen fortführten und zu unserer Forschungsarbeit viel zu vielfältig beitrugen, um es aufzählen zu können. Es ist immer ein Privileg, Kollegen zu haben, die ausgezeichnete Wissenschaftler sind; weit ungewöhnlicher ist es, Kollegen zu haben, die sich als gute Freunde erweisen. Wir schulden ebenfalls unserem Forschungsassistenten, Bernard Musyoka Nzuma, großen Dank, der seit 1981 in unserem Projekt arbeitete. Bernard gab immer sein Bestes, wenn es darum ging, Affen aufzusuchen und aufzuspüren, Verhaltensdaten zu sammeln und Playback-Experimente auszuführen. Er erspähte Löwen und Büffel stets vor uns, fand umherziehende Meerkatzenmännchen, ehe wir es konnten, und teilte die Qual mit uns, Feldexperimente mit unkooperativen Affen durchzuführen.

Besonderer Dank gilt David Klein, der zwischen 1974 und 1976 über Meerkatzen in Amboseli arbeitete und uns mit entscheidendem Rat und demographischen Daten in den ersten Monaten unserer Untersuchung unterstützte. Auch Tom Struhsaker und Lysa Leland, die Amboseli häufig zwischen 1977 und 1986 besuchten, spielten eine wichtige Rolle für unsere Arbeit. Toms Forschungen über Grüne Meerkatzen bildeten den Ausgangspunkt für unsere eigenen Arbeiten, und er stand uns in den vergangenen 11 Jahren beständig mit Rat und Tat zur Seite. Wir danken auch Richard Wrangham, der 1978 über Meerkatzen arbeitete, für seine jahrelange Freundschaft und insbesondere für seinen Landrover, den er uns im Sommer 1988 leihweise zur Verfügung stellte.

In den letzten 6 Jahren haben wir die Arbeiten an Amboseli-Meerkatzen durch Untersuchungen an Primaten in Gefangenschaft ergänzt. Wir sind Michael McGuire und Michael Raleigh für ihre Erlaubnis dankbar, Meerkatzen in Gefangenschaft am Sepulveda Veterans Administration Hospital in San Fernando Valley, Kalifornien, erforschen zu können. Unseren Dank möchten wir auch C. R. Cornelius, Roy Henrickson, Andrew Hendrickx und Bill Mason ausdrücken, die uns ermöglichten, mit Rhesusaffen und Japanmakaken am California Primate Research Center zu arbeiten. Am CPRC sagen wir Jacqueline Dieter und Michael Owren Dank für ihre Hilfe und Jerry Adams, Mark Alves, Art Cabrera, John Steele und Paul Telfer für ihre gekonnte technische Assistenz.

Wir begannen mit unserer Forschungsarbeit über Grüne Meerkatzen im Anschluß an unsere Doktorarbeit an der Rockefeller Universität, wo wir Unterstützung durch ein Stipendium der National Science Foundation (NSF) an Peter Marler, ein Stipendium der National Geographic Society an Peter Marler, ein NSF Stipendium an Dorothy Cheney und ein Stipendium der National Institutes of Health (NIH) Stipendium an Robert Seyfarth erhielten. Als diese Stipendien ausliefen, bekamen wir entscheidende Mittel von der Harry Frank Guggenheim Foundation, um unsere Arbeiten fortzusetzen, und ein Jahr darauf von der NSF. Seit 1980 bis heute wurde unsere Forschungsarbeit durch Mittel der NSF unterstützt; von 1982 bis zum heutigen Tag erfuhren wir auch Unterstützung durch das NIH und die Universität Pennsylvania. Besonders dankbar sind wir Fred Stollnitz, dem Direktor des Tierverhaltensprogrammes der NSF, für seine Unterstützung und Ermutigung und für sein Verständnis, daß Forschung nicht immer Fortschritte macht und Geld nicht immer genau so angelegt wird, wie es ursprünglich geplant war.

Es ist stets eine Zumutung, irgend jemanden zu bitten, ein Manuskript dieses Umfangs zu lesen, und wir schätzen uns glücklich, genügend geduldige Freunde zu haben, die schon die ersten Entwürfe umfassend und konstruktiv kommentiert haben. Dieses Buch wurde durch die Kritiken und Kommentare von Verena Dasser, Lynn Fairbanks, Lila Gleitman, Sandy Harcourt, Robert Hinde, Peter Marler, Barbara Smuts, Kelly Stewart und einem unbekannten Kritiker unermeßlich vorangebracht. Einzelne Kapitel profitierten von den Kommentaren von Jeff Cynx, Randy Gallistel, Marc Hauser, Joe Macedonia, Paul Rozin, John Smith, Charles Snowdon und Andrew Whiten. Ebenso bedeuteten fruchtbare Diskussionen mit Brian Bornstein, Robert Boyd, Tim Caro, Gretchen Chapman, Cindy Fisher, Robert Harding, Bill Mason, Michael Owren, Susan Rakowitz, Steve Robbins, Paul Rozin und Joan Silk einen Gewinn für uns. Besonderen Dank sind wir Daniel Dennett schuldig, nicht nur für viele Ideen und Diskussionen in den vergangenen 8 Jahren und für seine Rezension des gesamten Buches, sondern auch für sein Angebot, uns bei der ›Ausmistung unserer philosophischen Augiasställe‹ zu helfen. Kapitel 1 verdankt einen großen Teil des historischen Überblicks seiner redaktionellen Unterstützung, zumindest insoweit, daß wir ausnahmsweise behaupten können, daß etwaige Fehler die seinen sind und nicht unsere.

Robert Hinde und Peter Marler haben viel mehr für uns getan, als nur unsere Manuskripte zu lesen und zu kommentieren. Als unser Doktorvater brachte uns Robert bei, wie man Forschungen über das Verhalten von Tieren angeht. Auch lenkte und beeinflußte er viele unserer Vorstellungen über die Beziehung zwischen individuellem Verhalten und Sozialstruktur bei Primaten. Peter Marler führte uns in die Untersuchung der vokalen Kommunikation ein, half uns, unsere ersten Feldexperimente auszuführen und war in den letzten 13 Jahren eine stetige Quelle von Ideen, des Ansporns und von hilfreichen Anregungen. Unter den vielfältigen glücklichen Umständen, die unserer Forschung beiseite standen, war vielleicht das größte Glück, Verbindungen zu Robert und Peter zu haben.

Schließlich und endlich möchten wir unseren Forschungssubjekten danken, den Grünen Meerkatzen von Amboseli. Obwohl man nicht sagen kann, daß sie uns freundlich in ihr Leben aufnahmen, so tolerierten sie uns doch mit gleichgültiger Selbstsicherheit. Bei einer erfolgreichen Forschung geht weit mehr auf das »Konto Glück«, als wir uns manchmal vorstellen mögen, und wir haben gewaltig davon profitiert, daß wir solche faszinierenden Tiere studieren konnten. Wir wünschen nur, daß ihr Leben erfreulicher verliefe. Während unserer Meerkatzenstudie schätzten wir uns ungeheuer glücklich, daß wir eine Lebensweise genießen durften, die im Begriff ist, schnell verloren zu gehen. Wir fühlen uns privilegiert, daß wir die Schönheit und Einsamkeit von Amboseli erfahren durften, wie es wohl in Zukunft nur noch wenigen vergönnt sein wird.

Literatur

Abegglen, J.J., 1984, *On socialization in hamadryas baboons*, Cranbury, N.J.: Associated University Presses.

Abercrombie, D., 1967, *Elements of general phonetics*, Edinburgh: Edinburgh University Press.

Alatalo, R. V., A. Carlson, A. Lundberg und S. Ulstrand, 1981, »The conflict between male polygamy and female monogamy: The case of the pied flycatcher *Ficedula hypoleuca*«. *Am. Nat.* Bd. 117, S. 738–53.

Alatalo, R. V., A. Lundberg und K. Stahlbrandt, 1984, »Female mate choice in the pied flycatcher *Ficedula hypoleuca*«. *Behav. Ecol. Sociobiol.* Bd. 14, S. 253–61.

Alexander, R. D., 1987, *The biology of moral systems*, Hawthorne, N. Y.: Aldine.

Allen, C., 1989, Philosophical issues in cognitive ethology, Ph. D. diss., University of California, Los Angeles.

Altmann, J., 1974, »Observational study of behaviour: Sampling methods«. *Behaviour* 49, S. 227–65.

–, 1979, »Age cohorts as paternal sibships«. *Behav. Ecol. Sociobiol.* Bd. 6, S. 161–9.

–, 1980, *Baboon mothers and infants*, Cambridge, Mass.: Harvard University Press.

Altmann, J., S. A. Altmann und G. Hausfater, 1978, »Primate infant's effects on mother's future reproduction«. *Science* Bd. 201, S. 1028–30.

–, 1988, »Determinants of reproductive success in savannah baboons *(Papio cynocephalus)*«. In: *Reproductive success*, Hg. T. H. Clutton-Brock, Chicago University of Chicago Press.

Altmann, S. A., 1967, »The structure of primate social communication«. In: *Social communication among primates*, Hg. S. A. Altmann, Chicago: University of Chicago Press.

Altmann, S. A. und J. Altmann, 1970, *Baboon ecology*, Chicago: University of Chicago Press.

Andelman, S. J., 1985, Ecology and reproductive strategies of vervet monkeys *(Cercopithecus aethiops)* in Amboseli National Park, Kenya, Ph. D. diss., University of Washington.

–, 1987, »Ecological and social determinants of cercopithecine mating patterns«. In: *Ecological aspects of vertebrate social evolution*, Hg. D. I. Rubinstein und R. W. Wrangham, Princeton, N. J.: Princeton University Press.

Anderson, J. R., 1984a, »Monkeys with mirrors: Some questions for primate psychology«. *Int. J. Primatol.* Bd. 5, S. 81–98.

–, 1984b, »The development of self-recognition: A review«. *Develop. Psychobiol.* Bd. 17, S. 35–49.

–, 1986, »Infant stumptailed macaques reared with mirrors or peers: Social responsiveness, attachment, and adjustment«. *Primates* Bd. 27, S. 63–82.

Anderson, C. O. und W. A. Mason, 1974, »Early experience and complexity of social organization in groups of young rhesus monkeys«. *J. Comp. Physiol. Psychol.* Bd. 87, S. 681–90.

Andersson, M., 1980, »Why are there so many threat displays?« *J. Theor. Biol.* Bd. 86, S. 773–81.

Anglin, J. M., 1977, *Word, object and conceptual development*, New York: W. W. Norton.

Armstrong, D. M., 1981, *The nature of mind and other essays,* Ithaca, N. Y.: Cornell University Press.

Armstrong, S. L., L. R. Gleitman und H. Gleitman, 1983, »What some concepts might not be«. *Cognition* Bd. 13, S. 263–308.

Astington, J. W., P. L. Harris und D. R. Olson, Hg. 1988, *Developing theories of mind,* Cambridge: Cambridge University Press.

Axelrod, R. und W. D. Hamilton, 1981, »The evolution of cooperation«. *Science* Bd. 211, S. 1390–96.

Bachmann, C. und H. Kummer, 1980, »Male assessment of female choice in hamadryas baboons«. *Behav. Ecol. Sociobiol.* Bd. 6, S. 315–21.

Balda, R. P. und A. C. Kamil, 1988, »The spatial memory of Clark's nutcrackers *(Nucifraga columbiana)* in an analogue of the radial arm maze«. *Anim. Learn. Behav.* Bd. 16, S. 116–22.

Balda, R. P., A. C. Kamil und K. Grim, 1987, »Revisits to emptied cache sites by nutcrackers«. *Anim. Behav.* Bd. 34, S. 1289–98.

Balda, R. P. und R. J. Turek, 1984, »The cache-recovery system as an example of memory capabilities in Clark's nutcracker«. In: *Animal cognition,* Hg. H. L. Roitblat, T. G. Bever und H. S. Terrace, Hillsdale, N. J.: Lawrence Erlbaum Associates.

Baron-Cohen, S., A. M. Leslie und V. Frith, 1986, »Mechanistic, behavioural and intentional understanding of picture stories in autistic children«. *Br. J. Develop. Psych.* Bd. 4, S. 113–25.

Bateson, P. P. G., 1980, »Optimal outbreeding and the development of sexual preferences in Japanese quail«. *Z. Tierpsychol.* Bd. 53, S. 231–44.

Beck, B. B., 1972, »Tool use in captive hamadryas baboons«. *Primates* Bd. 13, S. 276–96.

–, 1973, »Cooperative tool use by captive hamadryas baboons«. *Science* Bd. 182, S. 594–7.

–, 1974, »Baboons, chimpanzees, and tools«. *J. Hum. Evol.* Bd. 3, S. 509–16.

–, 1980, *Animal tool behavior,* New York: Garland Press.

Beer, C., 1990, »From folk psychology to cognitive ethology«. In: *Cognitive ethology: The minds of other animals (essays in honor of Donald R. Griffin),* Hg. C. A. Ristau, Hillsdale, N. J.: Lawrence Erlbaum Associates.

Bennett, J., 1976, *Linguistic behaviour,* Cambridge: Cambridge University Press.

Bercovitch, F., 1988, »Coalitions, cooperation, and reproductive success among adult male baboons«. *Anim. Behav.* Bd. 36, S. 1198–1209.

Berman, C. M., 1980, »Early agonistic experience and rank acquisition among free-ranging infant rhesus monkeys«. *Int. J. Primatol.* Bd. 1, S. 153–70.

–, 1982, »The ontogeny of social relationships with group companions among free-ranging infant rhesus monkeys I. Social networks and differentiation«. *Anim. Behav.* Bd. 30, S. 149–62.

–, 1983, »Effects of being orphaned: a detailed case study of an infant rhesus«. In: *Primate social relationships: An integrated approach,* Hg. R. A. Hinde, Oxford: Blackwell.

Bitterman, M. E., 1965, »Phyletic differences in learning«. *Am. Psychol.* Bd. 20, S. 396–410.

Boakes, R., 1984, *From Darwin to behaviorism: Psychology and the minds of animals,* Cambridge: Cambridge University Press.

Boesch, C. und H. Boesch, 1983, »Optimisation of nut-cracking with natural hammers by wild chimpanzees«. *Behaviour* Bd. 83, S. 265–86.

–, 1984, »Mental map in wild chimpanzees: An analysis of hammer transports for nut cracking«. Primates Bd. 25, S. 160–70.

–, 1989, »Hunting behavior of wild chimpanzees in the Tai National Park«. *Am. J. Phys. Anthrop.* Bd. 78, S. 547–73.

Boinski, S., 1988, »Use of a club by a wild white-faced capuchin *(Cebus capucinus)* to attack a venomous snake *(Bothrops asper)*«. *Am. J. Primatol.* Bd. 14, S. 177–80.

Boyd, R., 1988, »Is the repeated prisoner's dilemma a good model of reciprocal altruism?« *Ethol. Sociobiol.* Bd. 9, S. 211–22.

Boyd, R. und P. Richerson, 1985, *Culture and the evolutionary process,* Chicago: University of Chicago Press.

Boysen, S. T. und G. G. Berntson, 1989, »Numerical competence in a chimpanzee *(Pan troglodytes)*«. *J. Comp. Psychol.* Bd. 103, S. 23–31.

Bradshaw, J. L. und N. C. Nettleton, 1981, »The nature of hemispheric specialization in man«. *Behav. Brain Sci.* Bd. 4, S. 51–91.

Breslow, L., 1981, »Reevaluation of the literature on the development of transitive inferences«. *Psych. Bull.* Bd. 89, S. 325–51.

Bretherton, I. und M. Beeghley, 1982, »Talking about internal states: The acquisition of an explicit theory of mind«. *Develop. Psych.* Bd. 18, S. 906–21.

Bretherton, I., S. McNew und M. Beeghley-Smith, 1981, »Early person knowledge as expressed in gestural and verbal communication: When do infants acquire a ›theory of mind‹?« In: *Infant social cognition,* Hg. M. E. Lamb und L. R. Sherrod, Hillsdale, N. J.: Lawrence Erlbaum Associates.

Brogden, W. J., 1939, »Sensory pre-conditioning«. *J. Exp. Psychol.* Bd. 25, S. 323–32.

Brooks, R. J. und J. B. Falls, 1975, »Individual recognition by song in white-throated sparrows. III. Song features used in individual recognition«. *Can. J. Zool.* Bd. 53, S. 1749–61.

Brown, L., 1966, »Observations on some Kenya eagles«. *Ibis* Bd. 102, S. 285–97.

Brown, L. H. und D. Amadon, 1968, *Eagles, hawks, and falcons of the world,* New York: McGraw-Hill Book Co.

Brown, R., 1973, *A first language: The early stages,* Cambridge, Mass.: Harvard University Press.

Bryant, P. E. und T. Trabasso, 1971, »Transitive inferences and memory in young children«. *Nature* Bd. 240, S. 456–8.

Bunge, M., 1980, *The mind-body problem, a psychological approach,* New York: Pergamon.

Busse, C. D., 1978, »Do chimpanzees hunt cooperatively?« *Am. Nat.* Bd. 112, S. 767–70.

Busse, C. D. und W. J. Hamilton, III., 1981, »Infant carrying by male chacma baboons«. *Science* Bd. 212, S. 1281–83.

Byrne, R. und A. Whiten, Hg., 1988a, *Machiavellian intelligence: Social expertise and the evolution of intellect in monkeys, apes, and humans,* Oxford: Oxford University Press.

–, 1988b, »Tactical deception of familiar individuals in baboons«. In: *Machiavellian intelligence: Social expertise and the evolution of intellect in monkeys, apes, and humans,* Hg. R. W. Byrne und A. Whiten, Oxford: Oxford University Press.

–, 1988c, »Towards the next generation in data quality: A new survey of primate tactical deception«. *Behav. Brain Sci.* Bd. 11, S. 267–73.

–, 1990, Computation and mindreading in primate tactical deception. In: *Natural theories of mind*, Hg. A. Whiten, Oxford: Blackwell Scientific.

Campbell, D. T. und R. Blake, 1977, »Animal awareness?« *Am. Sci.* Bd. 65, S. 146–7.

Capaldi, E. J. und D. J. Miller, 1988, »Counting in rats: Its functional significance and the independent cognitive processes which comprise it«. *J. Exp. Psychol. Anim. Behav. Proc.* Bd. 14, S. 3–17.

Cargile, J., 1970, »A note on ›iterated knowing‹«. *Analysis* Bd. 30, S. 151–5.

Carpenter, C. R., 1942, »Sexual behaviour of free-ranging rhesus monkeys, *Macaca mulatta.* I. Specimens, procedures, and behavioural characteristics of estrus«. *J. Comp. Psychol.* Bd. 33, S. 113–42.

Caryl, P. G., 1979, »Communication by agonistic displays: What can game theory contribute to ethology?« *Behaviour* Bd. 68, S. 136–69.

Chance, M. R. A., 1961, »The nature and special features of the instinctive social bond of primates«. In: *Social life of early man*, Hg. S. L. Washburn, New York: Viking Fund Publications.

Chance, M. R. A., G. Emory und R. Payne, 1977, »Status referents in long-tailed macaques *(Macaca fascicularis):* Precursors and effects of a female rebellion«. *Primates* Bd. 18, S. 611–32.

Chance, M. R. A. und C. Jolly, 1970, *Social groups of monkeys, apes, and men*, London: Jonathan Cape.

Chance, M. R. A. und A. P. Mead, 1953, »Social behavior and primate evolution«. *Symp. Soc. Exp. Bio., Evol.* Bd. 7, S. 395–439.

Chapais, B., 1981, The adaptiveness of social relationships among adult rhesus monkeys, Ph. D. diss., University of Cambridge.

–, 1983, »Dominance, relatedness and the structure of female relationships in rhesus monkeys«. In: *Primate social relationships: An integrated approach*, Hg. R. A. Hinde, Oxford: Blackwell Scientific.

–, 1988a, »Experimental matrilineal inheritance of rank in female Japanese macaques«. *Anim. Behav.* Bd. 36, S. 1025–37.

–, 1988b, »Rank maintenance in female Japanese macaques: Experimental evidence for social dependency«. *Behaviour* Bd. 104, S. 41–59.

Cheney, D. L., 1977, »The acquisition of rank and the development of reciprocal alliances among free-ranging immature baboons«. *Behav. Ecol. Sociobiol.* Bd. 2, S. 303–18.

–, 1978, »Interactions of immature male and female baboons with adult females«. *Anim. Behav.* Bd. 26, S. 389–408.

–, 1981, »Inter-group encounters among free-ranging vervet monkeys«. *Folia primatol.* Bd. 35, S. 124–46.

–, 1983a, »Extra-familial alliances among vervet monkeys«. In: *Primate social relationships: An integrated approach*, Hg. R. A. Hinde, Oxford: Blackwell Scientific.

–, 1983b, »Proximate and ultimate factors related to the distribution of male migration«. In: *Primate social relationships: An integrated approach*, Hg. R. A. Hinde, Oxford: Blackwell Scientific.

–, 1984, »Category formation in vervet monkeys«. In: *The meaning of primate signals*, Hg. R. Harre und V. Reynolds, Cambridge: Cambridge University Press.

–, 1987, »Interactions and relationships between groups«. In: *Primate societies*, Hg. B. B.

Smuts, D. L. Cheney, R. M. Seyfarth, R. W. Wrangham und T. T. Struhsaker, Chicago: University of Chicago Press.

Cheney, D. L., P. C. Lee und R. M. Seyfarth, 1981, »Behavioral correlates of nonrandom mortality among free-ranging adult female vervet monkeys«. *Behav. Ecol. Sociobiol.* Bd. 9, S. 153–61.

Cheney, D. L. und R. M. Seyfarth, 1977, »Behaviour of adult and immature male baboons during inter-group encounters«. *Nature* Bd. 269, S. 404–6.

–, 1980, »Vocal recognition in free-ranging vervet monkeys«. *Anim. Behav.* Bd. 28, S. 362–7.

–, 1981, »Selective forces affecting the predator alarm calls of vervet monkeys«. *Behaviour* Bd. 76, S. 25–61.

–, 1982a, »How vervet monkeys perceive their grunts: Field playback experiments«. *Anim. Behav.* Bd. 30, S. 739–51.

–, 1982b, »Recognition of individuals within and between groups of free-ranging vervet monkeys«. *Am. Zool* Bd. 22, S. 519–29.

–, 1982c, »Social knowledge in nonhuman primates«. Paper presented at the IXth meeting of the International Primatological Society, Atlanta, Georgia, August 1982.

–, 1983, »Non-random dispersal in free-ranging vervet monkeys: Social and genetic consequences«. *Am. Nat.* Bd. 122, S. 392–412.

–, 1985a, »Social and non-social knowledge in vervet monkeys«. In: *Animal intelligence,* Hg. L. Weiskrantz, Oxford: Clarendon Press.

–, 1985b, »Vervet monkey alarm calls: Manipulation through shared information?« *Behaviour* Bd. 93, S. 150–66.

–, 1986, »The recognition of social alliances among vervet monkeys«. *Anim. Behav.* Bd. 34, S. 1722–31.

–, 1987, »The influence of intergroup competition on the survival and reproduction of female vervet monkeys«. *Behav. Ecol. Sociobiol.* Bd. 21, S. 375–86.

–, 1988, »Assessment of meaning and the detection of unreliable signals by vervet monkeys«. *Anim. Behav.* Bd. 36, S. 477–86.

–, 1989, »Reconciliation and redirected aggression in vervet monkeys, *Cercopithecus aethiops*«. *Behaviour* Bd. 110, S. 258–75.

–, 1990a, »Truth and deception in animal communication«. In: *Cognitive ethology: The minds of other animals (essays in honor of Donald R. Griffin),* Hg. C. A. Ristau, Hillsdale, N. J.: Lawrence Erlbaum Associates.

–, 1990b, »Attending to behaviour versus attending to knowledge: Examining monkey's attribution of mental states«. *Anim. Behav.* Bd. 40, S. 742–53.

Cheney, D. L., R. M. Seyfarth, S. J. Andelman und P. C. Lee, 1988, »Reproductive success in vervet monkeys«. In: *Reproductive success,* Hg. T. H. Clutton-Brock, Chicago: University of Chicago Press.

Cheney, D. L., R. M. Seyfarth und B. B. Smuts, 1986, »Social relationships and social cognition in nonhuman primates«. *Science* Bd. 234, S. 1361–66.

Cheney, D. L., R. M. Seyfarth, B. B. Smuts und R. W. Wrangham, 1987, »The study of primate societies«. In: *Primate societies,* Hg. B. B. Smuts, D. L. Cheney, R. M. Seyfarth, R. W. Wrangham und T. T. Struhsaker, Chicago: University of Chicago Press.

Chevalier-Skolnikoff, S., 1989, »Spontaneous tool use and sensorimotor intelligence in *Cebus* compared with other monkeys and apes«. *Behav. Brain Sci.* Bd. 12, S. 561–88.

Chivers, D. J. und J. MacKinnon, 1977, »On the behavior of siamang after playback of their calls«. *Primates* Bd. 18, S. 943–8.

Chomsky, N., 1972, *Language and mind,* New York: Harcourt, Brace, Jovanovich.

Church, R. M. und W. H. Meck, 1984, »The numerical attributes of stimuli«. In: *Animal cognition,* Hg. H. L. Roitblat, T. G. Bever und H. S. Terrace, Hillsdale, N. J.: Lawrence Erlbaum Associates.

Churchland, P. M., 1984, *Matter and consciousness,* Cambridge, Mass.: MIT/Bradford Books.

Clark, E., 1973, »What's in a word? On the child's acquisition of semantics in his first language«. In: *Cognitive development and the acquisition of language,* Hg. T. Moore, New York: Academic Press.

Clutton-Brock, T. H., 1977, »Some aspects of intraspecific variation in feeding and ranging behaviour in primates«. In: *Primate ecology: Studies of feeding and ranging behaviour in lemurs, monkeys and apes,* Hg. T. H. Clutton-Brock, London: Academic Press.

–, 1988, »Reproductive success«. In: *Reproductive success,* Hg. T. H. Clutton-Brock, Chicago: University of Chicago Press.

Clutton-Brock, T. H. und P. H. Harvey, 1980, »Primates, brains and behaviour«. *J. Zool., London* Bd. 190, S. 309–23.

Coggins, T. E., R. L. Carpenter und N. O. Owings, 1983, »Examining early intentional communication in Down's syndrome and nonretarded children«. *Br. J. Disord. Comm.* Bd. 18, S. 98–106.

Collins, D. A., 1981, Social behaviour and patterns of mating among adult yellow baboons *(Papio c. cynocephalus* L. 1766), Ph. D. diss., Cambridge University.

Colvin, J., 1983a, »Description of sibling and peer relationships among immature male rhesus monkeys«. In: *Primate social relationships: An integrated approach,* Hg. R. A. Hinde, Oxford: Blackwell Scientific.

–, 1983b, »Influences of the social situation on male emigration«. In: *Primate social relationships: An integrated approach,* Hg. R. A. Hinde, Oxford: Blackwell Scientific.

Connor, R. C., R. A. Smolker und A. F. Richards, 1992, »Dolphin alliances and coalitions«. *Coalitions and alliances in humans and other animals,* Hg. A. H. Harcourt und F. B. M. de Waal, Oxford, New York, Oxford University Press.

Cords, M., 1988, »Resolution of aggressive conflicts by immature long-tail macaques, *M. fascicularis«. Anim. Behav.* Bd. 36, S. 1124–36.

Cosmides, L., 1989, »The logic of social exchange: Has natural selection shaped how humans reason?«. *Cognition* Bd. 31, S. 187–276.

Cosmides, L. und J. Tooby, 1989, »Evolutionary psychology and the generation of culture. II. Case study: A computational theory of social exchange«. *Ethol. Sociobiol.* Bd. 10, S. 51–97.

Cowie, R. J., 1977, »Optimal foraging in great tits *(Parus major)«. Nature* Bd. 268, S. 137–9.

Curtiss, S., 1977, *Genie: A linguistic study of a modern-day ›wild child‹,* New York: Academic Press.

Daanje, A., 1941, »Über das Verhalten der Haussperlinge«. *Ardea* Bd. 30, S. 1–42.

D'Amato, M. und M. Colombo, 1988, »Representation of serial order in monkeys *(Cebus apella)*«. *J. Exp. Psychol. Anim. Behav. Proc.* Bd. 14, S. 131–9.

–, 1989, »Serial learning with wild card items by monkeys *(Cebus apella)*: Implications for knowledge of ordinal position«. *J. Comp. Psychol.* Bd. 103, S. 252–61.

–, 1990, »The symbolic distance effect in monkeys (Cebus apella)«. *Anim. Learn. Behav.* Bd. 18, S. 133–40.

D'Amato, M. und D. P. Salmon, 1984, »Cognitive processes in *Cebus* monkeys«. In: *Animal cognition,* Hg. H. Roitblat, T. G. Bever und H. S. Terrace, Hillsdale, N. J.: Lawrence Erlbaum Associates.

D'Amato, M., D. P. Salmon und M. Colombo, 1985, »Extent and limits of the matching concept in monkeys *(Cebus apella)*«. *J. Exp. Psychol. Anim. Behav. Proc.* Bd. 11, S. 35–51.

D'Amato, M., D. P. Salmon, E. Loukas und A. Tomie, 1985, »Symmetry and transitivity of conditional relations in monkeys *(Cebus apella)* and pigeons *(Columba livia)*«. *J. Exp. Ana. Behav.* Bd. 44, S. 35–47.

D'Amato, M. und P. van Sant, 1988, »The person concept in monkeys *(Cebus apella)*«. *J. Exp. Psychol. Anim. Behav. Proc.* Bd. 14, S. 43–55.

Damon, W. und D. Hart, 1982, »The development of self-understanding from infancy through adolescence«. *Child Develop.* Bd. 53, S. 841–64.

Darwin, C., 1859, *The origin of species,* London: Murray; dt. 1963, *Die Entstehung der Arten,* Stuttgart: Reclam.

Dasser, V., 1985, »Cognitive complexity in primate social relationships«. In: *Social relationships and cognitive development,* Hg. R. A. Hinde, A. Perret-Clermont und J. Stevenson Hinde, Oxford: Oxford University Press.

–, 1988a, »A social concept in Java monkeys«. *Anim. Behav.* Bd. 36, S. 225–30.

–, 1988b, »Mapping social concepts in monkeys«. In: *Machiavellian intelligence: Social expertise and the evolution of intellect in monkeys, apes, and humans,* Hg. R. W. Byrne und A. Whiten, Oxford: Oxford University Press.

Datta, S. B., 1983a, »Patterns of agonistic interference«. In: *Primate social relationships: An integrated approach,* Hg. R. A. Hinde, Oxford: Blackwell Scientific.

–, 1983b, »Relative power and the acquisition of rank«. In: *Primate social relationships: An integrated approach,* Hg. R. A. Hinde, Oxford: Blackwell Scientific.

–, 1983c, »Relative power and the maintenance of dominance«. In: *Primate social relationships: An integrated approach,* Hg. R. A. Hinde, Oxford: Blackwell Scientific.

Davies, N. B. und M. Brooke, 1988, »Cuckoos versus reed warblers: Adaptations and counteradaptations«. *Anim. Behav.* Bd. 36, S. 262–84.

Davies, N. B. und T. R. Halliday, 1978, »Deep croaks and fighting assessment in toads, *Bufo bufo*«. *Nature* Bd. 274, S. 683–5.

–, 1979, »Competitive mate searching in common toads, *Bufo bufo*«. *Anim. Behav.* Bd. 27, S. 1253–67.

Davies, N. B. und A. I. Houston, 1981, »Owners and satellites: The economics of territory defence in the pied wagtail, *Motacilla alba*«. *J. Anim. Ecol.* Bd. 53, S. 895–912.

–, 1984, »Territory economics«. In: *Behavioural ecology: An evolutionary approach,* Hg. J. R. Krebs und N. B. Davies, Oxford: Blackwell Scientific.

Davis, H. und S. A. Bradford, 1986, »Counting behaviour by rats in a simulated natural environment«. *Ethology* Bd. 73, S. 265–80.

Davis, R.T., R.W. Leary, D.A. Stevens und R.F. Thompson, 1967, »Learning and perception of oddity problems by lemurs and seven species of monkey«. *Primates* Bd.8, S. 311–22.

Dawkins, R., 1986, *The blind watchmaker*, New York: W.W. Norton; dt. 1987, *Der blinde Uhrmacher*, München: Kindler.

Dawkins, R. und J.R. Krebs, 1978, »Animal signals: Information or manipulation«. In: *Behavioural ecology: An evolutionary approach*, Hg. J.R. Krebs und N.B. Davies, Oxford: Blackwell Scientific; dt. 1981, *Öko-Ethologie*, Berlin/Hamburg: Parey.

Denham, W.W., 1987, *West Indian green monkeys: Problems in historical biogeography*, Basel: Karger.

Dennett, D.C., 1971, »Intentional systems«. *J. Philos.* Bd.68, S.68–87.

–, 1978a, »Beliefs about beliefs«. *Behav. Brain Sci.* Bd. 1, S.568–70.

–, 1978b, *Brainstorms*, Cambridge, Mass.: MIT/Bradford Books.

–, 1983, »Intentional systems in cognitive ethology: The »Panglossian paradigm« defended«. *Behav. Brain Sci.* Bd.6, S.343–55.

–, 1987, *The intentional stance*, Cambridge, Mass.: MIT/Bradford Books.

–, 1988, »The intentional stance in theory and practice«. In: *Machiavellian intelligence: Social expertise and the evolution of intellect in monkeys, apes, and humans*, Hg. R.W. Byrne und A. Whiten, Oxford: Oxford University Press.

Dewsbury, D.A., 1982, »Dominance rank, copulatory behavior and differential reproduction«. *Q. Rev. Biol.* Bd.57, S. 135–59.

–, 1984, *Comparative psychology in the 20th century*, Stroudsburg, Pa.: Hutchinson Ross.

Dickinson, A., 1980, *Contemporary animal learning theory*, Cambridge: Cambridge University Press.

Döhl, J., 1968, »Über die Fähigkeit einer Schimpansin, Umwege mit selbständigen Zwischenzielen zu überblicken«. *Z. Tierpsychol.* Bd.25, S.89–103.

Donaldson, M., 1978, *Children's minds*, New York: W.W. Norton.

Drickamer, L.C., 1974, »A ten-year summary of reproductive data for free-ranging *Macaca mulatta*«. *Folia primatol.* Bd.21, S.61–80.

Dufty, A.M., 1986, »Singing and the establishment and maintenance of dominance hierarchies in captive brown-headed cowbirds«. *Behav. Ecol. Sociobiol.* Bd.19, S.49–55.

Dunbar, R.I.M., 1976, »Some aspects of research design and their implications in the observational study of behaviour«. *Behaviour* Bd.58, S.79–98.

–, 1983a, »Structure of gelada baboon reproductive units. II. Social relationships between reproductive females«. *Anim. Behav.* Bd.31, S.556–64.

–, 1983b, »Structure of gelada baboon reproductive units. III. The male's relationship with his females«. *Anim. Behav.* Bd.31, S.565–75.

–, 1988, *Primate social systems*, Ithaca, N.Y.: Comstock Publishing.

–, 1991, »Functional significance of social grooming in primates«. *Folia primatol.* Bd. 57, S. 121–31.

Dunford, C., 1977, »Kin selection for ground squirrel alarm calls«. *Am. Nat.* Bd.111, S.782–5.

Duvall, S.W., I.S. Bernstein und T.P. Gordon, 1976, »Paternity and status in a rhesus monkey group«. *J. Reprod. Fert.* Bd.47, S.25–31.

432

Eglash, A. R. und C. T. Snowdon, 1983, »Mirror-image responses in pygmy marmosets«. *Am. J. Primatol.* Bd. 5, S. 211–19.

Ehart, C. L. und I. S. Bernstein, 1986, »Matrilineal overthrows in rhesus monkey groups«. *Int. J. Primatol.* Bd. 7, S. 157–81.

Ehart-Seward, C. und C. A. Bramblett, 1980, »The structure of social space among a captive group of vervet monkeys«. *Folia primatol.* Bd. 34, S. 214–38.

Eimas, P. D., P. Siqueland, P. Jusczyk und J. Vigorito, 1971, »Speech perception in infants«. *Science* Bd. 171, S. 303–6.

Elgar, M. A., 1986, »House sparrows establish foraging flocks by giving chirrup calls if the resources are divisible«. *Anim. Behav.* Bd. 34, S. 169–74.

Emlen, S. T., 1971, »The role of song in individual recognition in the indigo bunting«. *Z. Tierpsychol.* Bd. 28, S. 241–6.

–, 1981, »Altruism, kinship, and reciprocity in the white-fronted bee-eater«. In: *Natural selection and social behavior: Recent research and new theory,* Hg. R. D. Alexander und D. Tinkle, New York: Chiron Press.

–, 1984, »Cooperative breeding in birds and mammals«. In: *Behavioral ecology: An evolutionary approach,* Hg. J. R. Krebs und N. B. Davies, Oxford: Blackwell Scientific.

Emlen, S. T. und P. H. Wrege, 1988, »The role of kinship in helping decisions among white-fronted bee-eaters«. *Behav. Ecol. Sociobiol.* Bd. 23, S. 305–15.

Essock-Vitale, S. M., 1978, »Comparison of ape and monkey modes of problem solution«. *J. Comp. Physiol. Psychol.* Bd. 92, S. 942–57.

Essock-Vitale, S. und R. M. Seyfarth, 1987, »Intelligence and social cognition«. In: *Primate societies,* Hg. B. B. Smuts, D. L. Cheney, R. M. Seyfarth, R. W. Wrangham und T. T. Struhsaker, Chicago: University of Chicago Press.

Estep, D. Q., M. E. Johnson und T. P. Gordon, 1981, »The effectiveness of sampling methods in detecting copulatory behaviour in *Macaca arctoides*«. *Am. J. Primatol.* Bd. 1, S. 453–5.

Evans, E. P., 1906 / 1987, *The criminal prosecution and capital punishment of animals,* London: Faber and Faber.

Fady, J. C., 1969, »Les jeux sociaux: le compagnon de jeux chez les jeunes. Observations chez *Macaca irus*«. *Folia primatol.* Bd. 11, S. 134–43.

Fagen, R., 1981, *Animal play behavior,* Oxford: Oxford University Press.

Fairbanks, L. A., 1980, »Relationships among adult females in captive vervet monkeys: Testing a model of rank-related attractiveness«. *Anim. Behav.* Bd. 28, S. 853–9.

–, 1988, »Vervet monkey grandmothers: Effects on mother-infant relationships«. *Behaviour* Bd. 104, S. 176–88.

Fairbanks, L. A. und M. T. McGuire, 1984, »Determinants of fecundity and reproductive success in captive vervet monkeys«. *Am. J. Primatol.* Bd. 7, S. 27–38.

–, 1985, »Relationships of vervet monkey mothers with sons and daughters from one through three years of age«. *Anim. Behav.* Bd. 33, S. 40–50.

–, 1988, »Long-term effects of early mothering behavior on responsiveness to the environment in vervet monkeys«. *Develop. Psychobiol.* Bd. 21, S. 711–24.

Fancher, R. E., 1979, *Pioneers of psychology,* New York: W. W. Norton.

Fedigan, L., 1982, *Primate paradigms: Sex roles and social bonds,* Montreal: Eden Press.

–, 1983, »Dominance and reproductive success in primates«. *Yrbk. Phys. Anthrop.* Bd. 26, S. 91–129.

Fein, D. A., 1972, »Judgments of causality to physical and social picture sequences«. *Develop. Psych.* Bd. 8, S. 147.

Fein, D. A., B. Pennington, P. Markowitz, M. Braverman und L. Waterhouse, 1986, »Toward a neuropsychological model of infantile autism: Are the social deficits primary?« *J. Am. Acad. Child. Psychiatr.* Bd. 25, S. 198–212.

Feldman, H., S. Goldin-Meadow und L. R. Gleitman, 1978, »Beyond Herodotus: The creation of a language by linguistically deprived deaf children«. In: *Action, gesture, and symbol: The emergence of language,* Hg. A. Lock, New York: Academic Press.

Fiske, A. P., in Kürze erscheinend, *The four elementary forms of sociality: Communal sharing, authority ranking, equality matching, and market pricing,* New York: Free Press.

Flavell, J. H., 1985, *Cognitive development,* 2. Aufl., Englewood Cliffs, N. J.: Prentice Hall.

–, 1988, »The development of children's knowledge about the mind: From cognitive connections to mental representations«. In: *Developing theories of mind,* Hg. J. W. Astington, P. L. Harris und D. R. Olson, Cambridge: Cambridge University Press.

Flavell, J. H., S. G. Shipstead und K. Croft, 1978, »Young children's knowledge about visual perception: Hiding objects from others«. *Child Develop.* Bd. 49, S. 1208–11.

Fleagle, J. G., 1988, *Primate adaptation and evolution,* New York: Academic Press.

Fletemeyer, J. R., 1978, »Communication about potentially harmful foods in free-ranging chacma baboons, *Papio ursinus*«. *Primates* Bd. 19, S. 223–6.

Fodor, J. A., 1975, *The language of thought,* Cambridge, Mass.: Harvard University Press.

–, 1983, *The modularity of mind,* Cambridge, Mass.: MIT/Bradford Books.

–, 1985, »Precis of *The modularity of mind*«. *Behav. Brain Sci.* Bd. 8, S. 1–5.

Fodor, J. A. und Z. W. Pylyshyn, 1981, »How direct is visual perception?: Some reflections on Gibson's ›ecological approach‹«. *Cognition* Bd. 9, S. 139–96.

Fossey, D., 1983, *Gorillas in the mist,* Boston: Houghton Mifflin; dt. 1989, *Gorillas im Nebel,* München: Kindler.

Fouts, R. S., D. H. Fouts und D. J. Schoenfeld, 1984, »Sign language conversational interactions between chimpanzees«. *Sign Lang. Stud.* Bd. 34, S. 1–12.

Fouts, R. S., A. D. Hirsch und D. H. Fouts, 1982, »Cultural transmission of a human language in a chimpanzee mother-infant relationship«. In: *Psychobiological perspectives,* Hg. H. E. Fitzgerald, J. A. Mullins und P. Gage, New York: Plenum Press.

Frame, L. H., J. R. Malcolm, G. W. Frame und H. van Lawick, 1979, »Social organization of African wild dogs *(Lycaon pictus)* on the Serengeti plains, Tanzania, 1967–1978«. *Z. Tierpsychol.* Bd. 50, S. 225–49.

Frank, L., 1986, »Social organization of the spotted hyaena *(Crocuta crocuta).* II. Dominance and reproduction«. *Anim. Behav.* Bd. 34, S. 1510–27.

Frank, R. H., 1988, *Passions within reason: The strategic role of the emotions,* New York: W. W. Norton.

Frederickson, W. T. und G. P. Sackett, 1984, »Kin preferences in primates *(Macaca nemestrina)*: Relatedness or familiarity?«. *J. Comp. Psychol.* Bd. 98, S. 29–34.

Freeland, W. J., 1976, »Pathogens and the evolution of primate sociality«. *Biotropica* Bd. 8, S. 12–24.

French, J. A., 1981, »Individual differences in play in *Macaca fuscata*: The role of maternal status and proximity«. *Int. J. Primatol* Bd. 2, S. 237–46.

Fretwell, S. D. und H. L. Lucas, 1970, »On territorial behavior and other factors influencing habitat distribution in birds«. *Acta Biotheoretica* Bd. 19, S. 16–36.

von Frisch, K., 1965, *Tanzsprache und Orientierung der Bienen,* Berlin/Heidelberg: Springer.

Fujita, K., 1987, »Species recognition by five macaque monkeys«. *Primates* Bd. 28, S. 353–66.

Gabow, S. L., 1972, »Dominance order reversal between two groups of free-ranging rhesus monkeys«. *Primates* Bd. 14, S. 215–23.

Galef, B. G., 1988, »Imitation in animals: History, definition, and interpretation of data from the psychological laboratory«. In: *Social learning: Biological and psychological perspectives,* Hg. T. R. Zentall und B. G. Galef, Hillsdale, N. J.: Lawrence Erlbaum Associates.

Gallistel, C. R., 1989a, »Animal cognition: The representation of space, time, and number«. *Ann. Rev. Psychol.* Bd. 40, S. 155–89.

–, 1989b, *The organization of learning,* Cambridge, Mass.: Bradford Books/MIT Press.

Gallistel, C. R. und K. Cheng, 1985, »A modular sense of place?« *Behav. Brain Sci.* Bd. 8, S. 11–12.

Gallup, G. G., 1982, »Self-awareness and the emergence of mind in primates«. *Am. J. Primatol.* Bd. 2, S. 237–48.

Garcia, J. und R. A. Koelling, 1966, »The relation of cue to consequence in avoidance learning«. *Psychonom. Sci.* Bd. 4, S. 123–4.

Gardner, H., 1985, »The centrality of modules«. *Behav. Brain Sci.* Bd. 8, S. 22–23.

–, 1987, *The mind's new science: A history of the cognitive revolution,* 2. Aufl., New York: Basic Books.

Gardner, R. A. und B. T. Gardner, 1969, »Teaching sign language to a chimpanzee«. *Science* Bd. 165, S. 664–72.

–, 1975, »Early signs of language in child and chimpanzee«. *Science* Bd. 187, S. 752–3.

Gaulin, S. J. und R. W. Fitzgerald, 1989, »Sexual selection for spatial-learning ability«. *Anim. Behav.* Bd. 37, S. 322–31.

Gelman, R., 1987, »Cognitive development: Principles guide learning and contribute to conceptual coherence«. Invited address to the American Psychological Association, August 1987.

Gelman, R. und E. Spelke, 1981, »The development of thoughts about animate and inanimate objects«. In: *Social cognitive development,* Hg. J. H. Flavell und L. Ross, Cambridge: Cambridge University Press.

Gill, F. B. und L. L. Wolf, 1977, »Nonrandom foraging by sunbirds in a patchy environment«. *Ecology* Bd. 58, S. 1284–96.

Gillan, D. J., 1981, »Reasoning in the chimpanzee. II. Transitive inference«. *J. Exp. Psychol. Anim. Behav. Proc.* Bd. 7, S. 150–64.

Gillan, D. J., D. Premack und G. Woodruff, 1981, »Reasoning in the chimpanzee. I. Analogical reasoning«. *J. Exp. Psychol. Anim. Behav. Proc.* Bd. 7, S. 1–17.

Gleitman, H., 1986, *Psychology,* 2. Aufl., New York: W. W. Norton.

Gleitman, L. R. und E. Wanner, 1982, »Language acquisition: The state of the art«. In: *Language acquisition: The state of the art,* Hg. L. R. Gleitman und E. Wanner, Cambridge: Cambridge University Press.

Godin, J.-G. J. und M. H. A. Keenleyside, 1984, »Foraging on patchily distributed prey by a cichlid *(Teleosti, Cichlidae)*: A test of the ideal free distribution theory«. *Anim. Behav.* Bd. 32, S. 120–31.

Goodall, J. van Lawick, 1968, »The behaviour of free-living chimpanzees in the Gombe Stream Reserve«. *Anim. Behav. Monogr.* Bd. 1, S. 165–311.

–, 1970, »Tool-using in primates and other vertebrates«. In: *Advances in the study of behaviour,* Bd. 3, Hg. D. S. Lehrman, R. A. Hinde und E. Shaw, New York: Academic Press.

–, 1971, *In the shadow of man,* London: Collins; dt. 1971, *Wilde Schimpansen, 10 Jahre Verhaltensforschung am Gombe-Strom,* Reinbek b. H.: Rowohlt.

Goodall, J., 1973, »Cultural elements in the chimpanzee community«. In: *Precultural primate behaviour,* Hg. E. W. Menzel, Basel: S. Karger.

–, 1979, »Life and death at Gombe«. *Nat. Geogr.* Bd. 155, S. 592–621.

–, 1983, »Population dynamics during a 15 year period in one community of free-living chimpanzees in the Gombe National Park, Tanzania«. *Z. Tierpsychol.* Bd. 61, S. 1–60.

–, 1986, *The chimpanzees of Gombe: Patterns of behavior,* Cambridge, Mass.: Harvard University Press.

Goodall, J., A. Bandora, E. Bergmann, C. Busse, H. Matama, E. Mpongo, A. Pierce und D. Riss, 1979, »Intercommunity interactions in the chimpanzee population of the Gombe National Park«. In: *The great apes,* Hg. D. Hamburg und E. R. McCown, Menlo Park, Calif.: Benjamin/Cummings.

Goodall, J. van Lawick, H. van Lawick und C. Packer, 1973, »Tool-use in free-living baboons in the Gombe National Park, Tanzania«. *Nature* Bd. 241, S. 212–13.

Gould, J. L., 1982, *Ethology: The mechanisms and evolution of behavior,* New York: W. W. Norton.

Gould, J. L. und C. G. Gould, 1982, »The insect mind: Physics or metaphysics«. In: *Animal mind – human mind,* Hg. D. R. Griffin, Berlin, Heidelberg: Springer.

–, 1988, *The honey bee,* New York: W. H. Freeman.

Gouzoules, H., 1975, »Maternal rank and early social interactions of infant stumptail macaques, *Macaca arctoides*«. *Primates* Bd. 16, S. 405–18.

–, 1980, »A description of genealogical rank changes in a troop of Japanese monkeys *(Macaca fuscata)*«. *Primates* Bd. 21, S. 262–7.

Gouzoules, H. und S. Gouzoules, 1989, »Design features and developmental modification of pigtail macaque, *Macaca nemestrina,* agonistic screams«. *Anim. Behav.* Bd. 37, S. 383–401.

Gouzoules, H., S. Gouzoules und P. Marler, 1986, »Vocal communication: A vehicle for the study of social relationships«. In: *The Cayo Santiago macaques: History, behavior, and biology,* Hg. R. G. Rawlins und M. J. Kessler, Albany: State University of New York Press.

Gouzoules, S., 1984, »Primate mating systems, kin associations, and cooperative behavior: Evidence for kin recognition?« *Yrbk. Phys. Anthropol.* Bd. 27, S. 99–134.

Gouzoules, S. und H. Gouzoules, 1987, »Kinship«. In: *Primate societies,* Hg. B. B. Smuts, D. L. Cheney, R. M. Seyfarth, R. W. Wrangham und T. T. Struhsaker, Chicago: University of Chicago Press.

Gouzoules, S., H. Gouzoules und P. Marler, 1984, »Rhesus monkey *(Macaca mulatta)* screams: Representational signalling in the recruitment of agonistic aid«. *Anim. Behav.* Bd. 32, S. 182–93.

Green, S., 1975, »Communication by a graded vocal system in Japanese monkeys«. In: *Primate behavior*, Bd. 4, Hg. L. A. Rosenblum, New York: Academic Press.

Grice, H. P., 1957, »Meaning«. *Phil. Rev.* Bd. 66, S. 377–88.

–, 1969, »Utterer's meanings and intentions«. *Phil. Rev.* Bd. 78, S. 147–77.

Griffin, D. R., 1976, *The question of animal awareness: Evolutionary continuity of mental experience*, New York: Rockefeller University Press.

–, Hg., 1982, *Animal mind – human mind*, Berlin: Springer.

–, 1984, *Animal thinking*, Cambridge, Mass.: Harvard University Press; dt. 1985, *Wie Tiere denken*, München: BLV.

Guardo, C. J. und J. B. Bohan, 1971, »Development of a sense of self-identity in children«. *Child Develop.* Bd. 42, S. 1909–21.

Gyger, M., S. J. Karakashian und P. Marler, 1986, »Avian alarm-calling: Is there an audience effect?« *Anim. Behav.* Bd. 34, S. 1570–72.

Gyger, M., P. Marler und R. Pickert, 1987, »Semantics of an avian alarm call system: The male domestic fowl, *Gallus domesticus*«. *Behaviour* Bd. 102, S. 15–40.

Hall, K. R. L. und I. DeVore, 1965, »Baboon social behavior«. In: *Primate behavior*, Hg. I. DeVore, New York: Holt, Rinehart and Winston.

Hall, K. R. L. und J. S. Gartlan, 1965, »Ecology and behaviour of the vervet monkey. *Cercopithecus aethiops*, Lolui Island, Lake Victoria«. *Proc. Zool. Soc. Lond.* Bd. 145, S. 37–56.

Halliday, T. R., 1976, »The libidinous newt, *Triturus vulgaris*«. *Anim. Behav.* Bd. 24, S. 398–414.

–, 1983, »The study of mate choice«. In: *Mate choice*, Hg. P. P. G. Bateson, Cambridge: Cambridge University Press.

Hamilton, C. R., 1977, »An assessment of hemispheric specialization in monkeys». *Ann. N. Y. Acad. Sci.* Bd. 299, S. 222–32.

Hamilton, W. D., 1964, »The genetical evolution of social behavior«. *J. Theor. Biol.* Bd. 7, S. 1–51.

Hamilton, W. J., R. E. Buskirk und W. H. Buskirk, 1975, »Defensive stoning by baboons«. *Nature* Bd. 256, S. 488–9.

Hamilton, W. J., C. Busse und K. S. Smith, 1982, »Adoption of infant orphan chacma baboons«. *Anim. Behav.* Bd. 30, S. 29–34.

Hansen, E. W., 1976, »Selective responding by recently separated juvenile rhesus monkeys to the calls of their mothers«. *Dev. Psychobiol.* Bd. 9, S. 83–88.

Harcourt, A. H., 1988, »Alliances in contest and social intelligence«. In: *Machiavellian intelligence: Social expertise and the evolution of intellect in monkeys, apes, and humans*, Hg. R. W. Byrne und A. Whiten, Oxford: Oxford University Press.

Harlow, H. F., 1949, »The formation of learning sets«. *Psych. Rev.* Bd. 56, S. 51–65.

Harlow, H. F. und M. K. Harlow, 1965, »The affectional systems«. In: *The behavior of nonhuman primates*, Bd. 2, Hg. A. M. Schrier, H. F. Harlow und F. Stollnitz, New York: Academic Press.

Harper, D. G. C., 1982, »Competitive foraging in mallards: ›Ideal free‹ ducks«. *Anim. Behav.* Bd. 30, S. 575–84.

Hauser, M. D., 1986, »Male responsiveness to infant distress calls in free-ranging vervet monkey«. *Behav. Ecol. Sociobiol.* Bd. 19, S. 65–71.

–, 1988a, »How infant vervet monkeys learn to recognize starling alarm calls: The role of experience«. *Behaviour* Bd. 105, S. 187–201.

–, 1988b, »Invention and social transmission: New data from wild vervet monkeys«. In: *Machiavellian intelligence: Social expertise and the evolution of intellect in monkeys, apes, and humans*, Hg. R. W. Byrne und A. Whiten, Oxford: Oxford University Press.

Hauser, M. D., D. L. Cheney und R. M. Seyfarth, 1986, »Group extinction and fusion in free-ranging vervet monkeys«. *Am. J. Primatol.* Bd. 11, S. 63–77.

Hauser, M. D. und L. A. Fairbanks, 1988, »Mother-offspring conflict in vervet monkeys: Variation in response to ecological conditions«. *Anim. Behav.* Bd. 36, S. 802–13.

Hauser, M. D. und R. W. Wrangham, 1987, »Manipulation of food calls in captive chimpanzees«. *Folia primatol.* Bd. 48, S. 207–10.

Hausfater, G., 1972, »Intergroup behavior of free-ranging rhesus monkeys *(Macaca mulatta)*«. *Folia primatol.* Bd. 18, S. 78–107.

–, 1975, »Dominance and reproduction in baboons *(Papio cynocephalus)*«. *Contributions to primatology*, Bd. 7, Basel: S. Karger.

Hayes, K. J. und C. Hayes, 1951, »The intellectual development of a home-raised chimpanzee«. *Proc. Am. Phil. Soc.* Bd. 95, S. 105–9.

Hayes, K. J. und C. H. Nissen, 1971, »Higher mental functions of a home-raised chimpanzee«. In: *Behavior of non-human primates*, Hg. A. M. Schrier und F. Stollnitz, New York: Academic Press.

Hefner, H. E. und R. S. Hefner, 1984, »Temporal lobe lesions and perception of species-specific vocalizations by macaques«. *Science* Bd. 226, S. 75–76.

Hegner, R. E., 1982, »Central place foraging in the white-fronted bee-eater«. *Anim. Behav.* Bd. 30, S. 953–63.

Hegner, R. E. und S. T. Emlen, 1987, »Territorial organization of the white-fronted bee-eater in Kenya«. *Ethology* Bd. 76, S. 189–222.

Hegner, R. E., S. T. Emlen und N. J. Demong, 1982, »Spatial organization of the white-fronted bee-eater«. *Nature* Bd. 298, S. 264–6.

Henzi, S. P. und J. W. Lucas, 1980, »Observations on the inter-troop movement of adult vervet monkeys *(Cercopithecus aethiops)*«. *Folia primatol.* Bd. 33, S. 220–35.

Herrnstein, R. J., 1970, »On the law of effect«. *J. Exp. Anal. Beh.* Bd. 13, S. 243–66.

–, 1979, »Acquisition, generalization, and discrimination reversal of a natural concept«. *J. Exp. Psychol.: Anim. Behav. Proc.* Bd. 15, S. 116–29.

–, 1985, »Riddles of natural categorisation«. In: *Animal intelligence*, Hg. L. Weiskrantz, Oxford: Clarendon Press.

–, 1990, »Levels of stimulus control: A functional approach«. *Cognition*.

Herrnstein, R. J. und D. Loveland, 1964, »Complex visual concepts in the pigeon«. *Science* Bd. 146, S. 549–51.

Herrnstein, R. J. und W. Vaughan, Jr., 1980, »Melioration and behavioral allocation«. In: *Limits to action*, Hg. J. E. R. Staddon, New York: Academic Press.

Herzog, M. und S. Hopf, 1984, »Behavioral responses to species-specific warning calls in infant squirrel monkeys reared in social isolation«. *Am. J. Primatol.* Bd. 7, S. 99–106.

Hill, A., 1976, »Non-aggressive tactile interactions of *Hippopotamus amphibius* Linn. with *Syncerus caffer* (Sparrman)«. *Mammalia* Bd. 40, S. 161–72.

Hill, W. C. O., 1966, *Primates: Comparative anatomy and taxonomy, Bd. VI*, Edinburgh: The University Press.

Hinde, R. A., 1973, »On the design of check-sheets«. *Primates* Bd. 14, S. 393–406.

–, 1974, *Biological bases of human social behaviour*, New York: McGraw-Hill.

–, 1976a, »Interactions, relationships and social structure«. *Man* Bd. 11, S. 1–17.

–, 1976b, »On describing relationships«. *J. Child Psychol. Psychiatr.* Bd. 17, S. 1–19.

–, 1981, »Animal signals: Ethological and games-theory approaches are not incompatible«. *Anim. Behav.* Bd. 29, S. 535–42.

–, 1982, *Ethology: Its nature and relations with other disciplines*, Oxford: Oxford University Press.

–, 1983a, »A conceptual framework«. In: *Primate social relationships: An integrated approach*, Hg. R. A. Hinde, Oxford: Blackwell Scientific.

–, 1983b, »General issues in describing social behavior«. In: *Primate social relationships: An integrated approach*, Hg. R. A. Hinde, Oxford: Blackwell Scientific.

–, 1987, *Individuals, relationships, and cultures*, Cambridge: Cambridge University Press.

Hinde, R. A. und J. Stevenson-Hinde, Hg., 1973, *Constraints on learning: Limitations and predispositions*, New York: Academic Press.

Hockett, C. F., 1960, »Logical considerations in the study of animal communication«. In: *Animal sounds and communication*, Hg. W. E. Lanyon und W. N. Tavolga, Washington: American Institute of Biological Sciences.

Hogrefe, G. J., H. Wimmer und J. Perner, 1986, »Ignorance versus false belief: A developmental lag in attribution of epistemic states«. *Child Develop.* Bd. 57, S. 567–82.

Holmes, W. G. und P. W. Sherman, 1983, »Kin recognition in animals«. *Am. Sci.* Bd. 71, S. 46–55.

Hood, L. und L. Bloom, 1979, »What, when, and how about why«. *Monogr. Res. Child Dev.* Bd. 44, S. 1–41.

Hoogland, J. L., 1983, »Nepotism and alarm-calling in the black-tailed prairie dog *(Cynomys ludovicianus)*«. *Anim. Behav.* Bd. 31, S. 472–9.

Hopp, S. L., 1985, Differential sensitivity of Japanese macaques *(Macaca fuscata)* to variations along a synthetic vocal continuum, Ph. D. diss., Indiana University.

Horrocks, J. und W. Hunte, 1983, »Maternal rank and offspring rank in vervet monkeys: An appraisal of the mechanisms of rank acquisition«. *Anim. Behav.* Bd. 31, S. 772–82.

Howard, R. D., 1974, »The influence of sexual selection and interspecific competition on mockingbird song *(Mimus polyglottos)*«. *Evolution* Bd. 28, S. 428–38.

Humphrey, N. K., 1974, »Species and individuals in the perceptual world of monkeys«. *Perception* Bd. 3, S. 105–14.

–, 1976, »The social function of intellect«. In: *Growing points in ethology*, Hg. P. P. G. Bateson und R. A. Hinde, Cambridge: Cambridge University Press.

–, 1983, *Consciousness regained*, Oxford: Oxford University Press.

–, 1986, *The inner eye*, London: Faber and Faber.

Hutchins, M. und D. P. Barash, 1976, »Grooming in primates: Implications for its utilitarian function«. *Primates* Bd. 17, S. 145–50.

Imakawa, S., 1988, »Development of co-feeding relationships in immature free-ranging Japanese monkeys«. *Primates* Bd. 29, S. 493–504.

Isbell, L. A., 1990, Influences of predation and resource competition on the social system of vervet monkeys *(Cercopithecus aethiops)*, Ph. D. diss., University of California, Davis.

Itakura, S., 1987a, »Mirror guided behavior in Japanese monkeys *(Macaca fuscata fuscata)*«. *Primates* Bd. 28, S. 149–62.

–, 1987b, »Use of a mirror to direct their responses in Japanese monkeys *(Macaca fuscata fuscata)*«. *Primates* Bd. 28, S. 343–52.

Jackendoff, R. S., 1987, *Consciousness and the computational mind*, Cambridge, Mass.: MIT/Bradford Books.

Jacobson, E. und D. Premack, 1970, »Choice and habituation as measures of response similarity«. *J. Exp. Psychol.* Bd. 85, S. 30–35.

Jerison, H., 1985, »Animal intelligence as encephalisation«. In: *Animal intelligence*, Hg. L. Weiskrantz, Oxford: Clarendon Press.

Johnson-Laird, P. N., 1987, »The mental representation of the meaning of words«. *Cognition* Bd. 25, S. 189–211.

–, 1988, *The computer and the mind: An introduction to cognitive science*, Cambridge, Mass.: Harvard University Press.

Johnston, T. D., 1981, »Contrasting approaches to a theory of learning«. *Behav. Brain Sci.* Bd. 4, S. 125–73.

Jolly, A., 1966, »Lemur social behavior and primate intelligence«. *Science* Bd. 153, S. 501–6.

–, 1985, *The evolution of primate behavior*, 2. Aufl., New York: Macmillan.

–, 1988, »The evolution of purpose«. In: *Machiavellian intelligence: Social expertise and the evolution of intellect in monkeys, apes, and humans*, Hg. R. W. Byrne und A. Whiten, Oxford: Oxford University Press.

–, 1990, »Conscious chimpanzees? A review of recent literature«. In: *Cognitive ethology: The minds of other animals (essays in honor of D. R. Griffin)*, Hg. C. A. Ristau, Hillsdale, N. J.: Lawrence Erlbaum Associates.

Judge, P., 1982, »Redirection of aggression based on kinship in a captive group of pigtail macaques«. *Int. J. Primatol.* Bd. 3, S. 301.

–, 1983, »Reconciliation based on kinship in a captive group of pigtail macaques«. *Am. J. Primatol.* Bd. 4, S. 346.

Jürgens, U., M. Maurus, D. Ploog und P. Winter, 1967, »Vocalization in the squirrel monkey *(Saimiri sciureus)* elicited by brain stimulation«. *Exp. Brain Res.* Bd. 4, S. 114–17.

Jürgens, U. und D. Ploog, 1970, »Cerebral representation of vocalization in the squirrel monkey«. *Exp. Brain Res.* Bd. 10, S. 532–54.

Kahneman, D. und A. Tversky, 1982, »The psychology of preferences«. *Sci. Am.*, S. 160–74.

Kamil, A. C., 1987, »A synthetic approach to the study of animal intelligence«. *Nebr. Symp. on Motivation* Bd. 7, S. 257–308.

Kamil, A. C. und R. Balda, 1985, »Cache recovery and spatial memory in Clark's nutcrackers *(Nucifraga columbiana)*«. *J. Exp. Psych. Anim. Behav. Proc.* Bd. 11, S. 95–111.

Kamil, A. C., J. R. Krebs und H. R. Pulliam, 1987, *Foraging behavior*, New York: Plenum Press.

Kamil, A.C. und H.L. Roitblat, 1985, »The ecology of foraging behavior: Implications for animal learning and memory«. *Ann. Rev. Psych.* Bd.36, S.141–69.

Kamil, A.C., S. Yoerg und K. Clements, 1988, »Rules to leave by: Patch departure in foraging blue jays«. *Anim. Behav.* Bd.36, S.843–53.

Kaplan, J.N., A. Winship-Ball und L. Sim, 1978, »Maternal discrimination of infant vocalizations in the squirrel monkey«. *Primates* Bd.19, S.187–93.

Karakashian, S.J., M. Gyger und P. Marler, 1988, »Audience effects on alarm-calling in chickens«. *J. Comp. Psychol.* Bd.102, S.129–35.

Kaufmann, J.H., 1965, »A three-year study of mating behavior in a free-ranging band of rhesus monkey«. *Ecology* Bd.46, S.500–512.

Kavanaugh, M., 1980, »Invasion of the forest by an African savannah monkey: Behavioural adaptations«. *Behaviour* Bd.73, S.238–60.

Kawai, M., 1958, »On the system of social ranks in a natural group of Japanese monkeys«. *Primates* Bd.1, S.11–48.

Kawamura, S., 1959, »The process of sub-culture propagation among Japanese macaques«. *Primates* Bd.2, S.43–60.

Kawanaka, K., 1973, »Intertroop relations among Japanese monkeys« *Primates* Bd.14, S.113–59.

Keddy, A.C., 1986, »Female mate choice in vervet monkeys *(Cercopithecus aethiops sabaeus)*«. *Am. J. Primatol.* Bd.10, S.125–34.

Keddy Hector, A., 1989, The effects of sexual selection on the mating behavior of vervet monkeys *(Cercopithecus aethiops)* and fruit flies, Ph. D. diss. University of California, Los Angeles.

Keddy Hector, A., R.M. Seyfarth und M.J. Raleigh, 1989, »Male parental care, female choice, and the effect of an audience in vervet monkeys«. *Anim. Behav.* Bd.37, S.262–71.

Killeen, P.R., 1985, »The modularity of behavior«. *Behav. Brain Sci.* Bd.8, S.22–23.

Köhler, W., 1921/1973, *Intelligenzprüfungen an Menschenaffen,* Berlin/Heidelberg: Springer.

Koyama, N., 1967, »On dominance rank and kinship of a wild Japanese monkey troop in Arashiyama«. *Primates* Bd.8, S.189–216.

–, 1970, »Changes in dominance rank and division of a wild Japanese monkey troop in Arashiyama«. *Primates* Bd.11, S.335–90.

Krebs, J.R. und R. Dawkins, 1984, »Animal signals: Mind reading and manipulation«. In: *Behavioural ecology: An integrated approach,* Hg. J.R. Krebs und N.B. Davies, Oxford: Blackwell Scientific.

Krebs, J.R., A. Kacelnik und P. Taylor, 1978, »Test of optimal sampling by great tits«. *Nature* Bd.275, S.27–31.

Krebs, J.R. und R.H. McCleery, 1984, »Optimization in behavioural ecology«. In: *Behavioural ecology: An evolutionary approach,* Hg. J.R. Krebs und N.B. Davies, Oxford: Blackwell Scientific.

Krebs, J.R., D.F. Sherry, S.D. Healy, V.H. Perry und A.L. Vaccarino, 1989, »Hippocampal specialization of food-storing-birds«. *Proc. Natl. Acad. Sci.* Bd.86, S.1388–92.

Kroodsma, D.E., 1976, »The effect of large song repertoires on neighbor ›recognition‹ in male song sparrows«. *Condor* Bd.78, S.97–99.

Kroodsma, D. E. und R. A. Canady, 1985, »Differences in repertoire size, singing behavior, and associated neuroanatomy among marsh wren populations have a genetic basis«. *Auk* Bd. 102, S. 439–46.

Kroodsma, D. E. und J. Verner, 1987, »Use of song repertoires among marsh wren populations«. *Auk* Bd. 104, S. 63–72.

Kummer, H., 1968, *Social organization of hamadryas baboons*, Basel: S. Karger.

–, 1971, *Primate societies*, Chicago: Aldine; dt. 1975, *Sozialverhalten der Primaten*, Berlin/Heidelberg: Springer.

–, 1975, »Rules of dyad and group formation among captive gelada baboons *(Theropithecus gelada)*«. Symp. Vth Congr. Intl. Primatol. Soc. Tokyo: Japan Science Press.

–, 1982, »Social knowledge in free-ranging primates«. In: *Animal mind-human mind*, Hg. D. R. Griffin, Berlin: Springer.

Kummer, H., W. Goetz und W. Angst, 1970, »Cross-species modification of social behavior in baboons«. In: *Old World monkeys: Evolution, systematics and behavior*, Hg. J. R. Napier und P. H. Napier, New York: Academic Press.

–, 1974, »Triadic differentiation: An inhibitory process protecting pair bonds in baboons«. *Behaviour* Bd. 49, S. 62–87.

Ladefoged, P., 1975, *A course in phonetics*, New York: Harcourt, Brace Jovanovich.

Lancaster, J. B., 1975, *Primate behavior and the emergence of human culture*, New York: Holt, Rinehart and Winston.

Lashley, K., 1956, »Cerebral organization and behavior«. In: *The brain and human behavior*, Hg. H. Solomon, S. Cobb und W. Penfield, Baltimore: Williams and Wilkins.

Latimer, W., 1977, »A comparative study of the songs and alarm calls of some *Parus species*«. *Z. Tierpsychol.* Bd. 45, S. 414–33.

Lea, S. E. G., 1984, »In what sense do pigeons learn concepts?« In: *Animal cognition*, Hg. H. L. Roitblat, T. G. Bever und H. S. Terrace, Hillsdale, N. J.: Lawrence Erlbaum Associates.

Lee, P. C., 1983a, »Caretaking of infants and mother-infant relationships«. In: *Primate social relationships: An integrated approach*, Hg. R. A. Hinde, Oxford: Blackwell Scientific.

–, 1983b, »Context-specific unpredictability in dominance interactions«. In: *Primate social relationships: An integrated approach*, Hg. R. A. Hinde, Oxford: Blackwell Scientific.

–, 1983c, »Effects of the loss of the mother on social development«. In: *Primate social relationships: An integrated approach*, Hg. R. A. Hinde, Oxford: Blackwell Scientific.

–, 1983d, »Play as a means for developing relationships«. In: *Primate social relationships: An integrated approach*, Hg. R. A. Hinde, Oxford: Blackwell Scientific.

Leger, D. W. und D. H. Owings, 1978, »Responses to alarm calls by California ground squirrels«. *Behav. Ecol. Sociobiol.* Bd. 3, S. 177–86.

Leger, D. W., D. H. Owings und D. L. Gelfand, 1980, »Single-note vocalizations of California ground squirrels: Graded signals and situation-specificity of predator and socially evoked calls«. *Z. Tierpsychol.* Bd. 52, S. 227–46.

Leslie, A., 1984, »Infant perception of a manual pick-up event«. *Br. J. Develop. Psych.* Bd. 2, S. 19–32.

–, 1987, »Pretense and representation in infancy: The origins of theory of mind«. *Psychol. Rev.* Bd. 94, S. 412–26.

–, 1988, »Some implications of pretense for mechanisms underlying the child's theory of mind«. In: *Developing theories of mind*, Hg. J. W. Astington, P. L. Harris und D. R. Olson, Cambridge: Cambridge University Press.

Liberman, A. M., 1982, »On finding that speech is special«. *Am. Psychol.* Bd. 37, S. 148–67.

Liberman, A. M., F. S. Cooper, D. P. Shankweiler und M. Studdert-Kennedy, 1967, »Perception of the speech code«. *Psychol. Rev.* Bd. 74, S. 431–61.

Lisker, L. und A. Abramson, 1964, »A cross-language study of voicing in initial stops: Acoustical measurements«. *Word* Bd. 20, S. 384–422.

Locke, J., 1690/1964, *An essay concerning human understanding,* Cleveland: World Publishing Co.

Lord, C., 1984, »The development of peer relations in children with autism«. In: *Advances in applied developmental psychology,* Hg. F. J. Morrison, C. Lord und D. P. Keating, New York: Academic Press.

Lorenz, K., 1975, *Evolution and modification of behavior,* Chicago: University of Chicago Press.

Lyons, J., 1972, »Human language«. In: *Non-verbal communication,* Hg. R. A. Hinde, Cambridge: Cambridge University Press.

McGinnis, P. R., 1979, »Sexual behaviour in free-living chimpanzees: Consort relationships«. In: *The great apes: Perspectives on human evolution,* Hg. D. A. Hamburg und E. R. McCowan, Menlo Park, Calif.: Benjamin/Cummings.

McGonigle, B. O. und M. Chalmers, 1977, »Are monkeys logical?« *Nature* Bd. 267, S. 694–6.

McGrew, W. C. und C. E. G. Tutin, 1973, »Chimpanzee tool use in dental grooming«. *Nature* Bd. 241, S. 477–8.

McKenna, J. J., 1978, »Biosocial function of grooming behavior among the common langur monkey *(Presbytis entellus)*«. *Am. J. Phys. Anthrop.* Bd. 48, S. 503–10.

MacKinnon, J. R., 1974, »The ecology and behaviour of wild orangutans *(Pongo pygmaeus)*«. *Anim. Behav.* Bd. 22, S. 3–74.

MacNamara, J., 1982, *Names for things,* Cambridge, Mass.: MIT Press.

Macphail, E. M., 1985, »Vertebrate intelligence: The null hypothesis«. In: *Animal intelligence,* Hg. L. Weiskrantz, Oxford: Clarendon Press.

Markl, H., 1985, »Manipulation, modulation, information, cognition: Some of the riddles of communication«. In: *Experimental behavioral ecology and sociobiology,* Hg. B. Hölldobler und M. Lindauer, Sunderland, Mass.: Sinauer Associates.

Marler, P., 1955, »Studies of fighting in chaffinches. I. Behaviour in relation to the social hierarchy«. *Br. J. Anim. Behav.* Bd. 3, S. 111–17.

–, 1956a, »Studies of fighting in chaffinches. 3. Proximity as a cause of aggression«. *Br. J. Anim. Behav.* Bd. 4, S. 23–30.

–, 1956b, »The voice of the chaffinch and its function as a language«. *Ibis* Bd. 98, S. 231–61.

–, 1961, »The logical analysis of animal communication«. *J. Theor. Biol.* Bd. 1, S. 295–317.

–, 1965, »Communication in monkeys and apes«. In: *Primate behavior,* Hg. I. DeVore, New York: Holt, Rinehart and Winston.

–, 1976a, »An ethological theory of the origin of vocal learning«. *Ann. N. Y. Acad. Sci.* Bd. 280, S. 708–17.

–, 1976b, »On animal aggression«. *Am. Psychol.* Bd. 31, S. 239–46.

–, 1977a, »Primate vocalizations: Affective or symbolic?« In: *Progress in ape research*, Hg. G. H. Bourne, New York: Academic Press.

–, 1977b, »The structure of animal communication sounds«. In: *Recognition of complex acoustic signals*, Hg. T. H. Bullock, Berlin: Springer.

–, 1978, »Affective and symbolic meaning: Some zoosemiotic speculations«. In: *Sight, sound and sense*, Hg. T. A. Sebeok, Bloomington, Ind.: Indiana University Press.

–, 1981, »Birdsong: The acquisition of a learned motor skill«. *Trends Neurosci.* Bd. 4, S. 88–94.

Marler, P., S. Karakashian und M. Gyger, 1990, »Do animals have the option of withholding signals when communication is inappropriate?« In: *Cognitive ethology: The minds of other animals (Essays in honor of Donald R. Griffin)*, Hg. C. A. Ristau, Hillsdale, N. J.: Lawrence Erlbaum Associates.

Marler, P. und S. Peters, 1977, »Selective vocal learning in a sparrow«. *Science* Bd. 198, S. 519–21.

–, 1981, »Birdsong and speech: Evidence for special processing«. In: *Perspectives on the study of speech*, Hg. P. D. Eimas und J. L. Miller, Hillsdale, N. J.: Lawrence Erlbaum Associates.

Marshall, J. C., 1970, »The biology of communication in man and animals«. In: *New horizons in linguistics*, Hg. J. Lyons, Harmondsworth, England: Penguin.

Martin, R. D., 1983, »Human brain evolution in an ecological context«. *Fifty-Second James Arthur Lecture on the Evolution of the Human Brain.* American Museum of Natural History.

Mason, W. A., 1976, »Review of *The question of animal awareness*«, by D. R. Griffin, *Science* Bd. 194, S. 930–31.

–, 1978a, »Environmental models and mental modes: Representational processes in the great apes«. In: *The great apes: Perspectives on human evolution*, Hg. D. A. Hamburg und E. R. McCown, Menlo Park, Calif.: Benjamin / Cummings.

–, 1978b, »Ontogeny of social systems«. In: *Recent advances in primatology*, Bd. 1, Hg. D. J. Chivers und J. Herbert, New York: Academic Press.

–, 1986, »Behavior implies cognition«. In: *Integrating scientific disciplines*, Hg. W. Bechtel, Dordrecht, Netherlands: Martinus Nijhoff.

Mason, W. A. und J. H. Hollis, 1962, »Communication between young rhesus monkeys«. *Anim. Behav.* Bd. 10, S. 211–21.

Massey, C. R. und R. Gelman, 1988, »Preschoolers' ability to decide whether photographed unfamiliar objects can move themselves«. *Develop. Psych.* Bd. 24, S. 307–17.

Matsuzawa, T., 1985, »Use of numbers by a chimpanzee«. *Nature* Bd. 315, S. 57–59.

–, 1988, »Spontaneous pattern construction in a chimpanzee«. In: *Understanding chimpanzees*, Hg. J. Goodall, Chicago: Chicago Academy of Sciences.

May, B., D. B. Moody und W. C. Stebbins, 1989, »Categorical perception of conspecific communicative sounds by Japanese monkeys, *Macaca fuscata*«. *J. Acoust. Soc. Am.* Bd. 85, S. 837–47.

Maynard Smith, J., 1974, »The theory of games and the evolution of animal conflict«. *J. Theor. Biol.* Bd. 47, S. 209–21.

–, 1979, »Game theory and the evolution of behaviour«. *Proc. Roy. Phil. Soc. Lond., B.* Bd. 205, S. 474–88.

–, 1982, *Evolution and the theory of games*, Cambridge: Cambridge University Press.

–, 1984, »Game theory and the evolution of behavior«. *Behav. Brain Sci.* Bd. 7, S. 95–125.

–, 1986, »Ownership and honesty in competitive interactions«. *Behav. Brain Sci.* Bd. 9, S. 742–44.

Maynard Smith, J. und G. R. Price, 1973, »The logic of animal conflicts«. *Nature* Bd. 246, S. 15–18.

Medin, D. L. und E. E. Smith, 1984, »Concepts and concept formation«. *Ann. Rev. Psychol.* Bd. 35, S. 113–38.

Mehlman, P. T. und B. Chapais, 1988, »Differential effects of kinship, dominance, and the mating season on female allogrooming in a captive group of *Macaca fuscata*«. *Primates* Bd. 29, S. 195–217.

Melchior, H. R., 1971, »Characteristics of Arctic ground squirrel alarm calls.«. *Oecologia* Bd. 7, S. 184–90.

Menzel, E. W., 1966, »Responsiveness to objects in free-ranging Japanese monkeys«. *Behaviour* Bd. 26, S. 130–49.

–, 1971, »Communication about the environment in a group of young chimpanzees«. *Folia primatol.* Bd. 15, S. 220–32.

–, 1972, »Spontaneous invention of ladders in a group of young chimpanzees«. *Folia primatol.* Bd. 17, S. 87–106.

–, 1973, »Further observations on the use of ladders in a group of young chimpanzees«. *Folia primatol.* Bd. 19, S. 450–57.

Menzel, E. W., E. S. Savage-Rumbaugh und J. Lawson, 1985, »Chimpanzee *(Pan troglodytes)* spatial problem solving with the use of mirrors and televised equivalents of mirrors«. *J. Comp. Psychol.* Bd. 99, S. 211–17.

Michotte, A., 1963, *The perception of causality*, New York: Basic Books.

Miles, L., 1983, »Apes and language: The search for communicative competence«. In: *Language in primates: Perspectives and implications*, Hg. J. de Luce und T. H. Wilder, New York: Springer.

Miller, A., 1949, The nature of tragedy, *N. Y. Herald Tribune*, March 27, 1949.

Miller, R. E., 1967, »Experimental approaches to the physiological and behavioral concomitants of affective communication in rhesus monkeys«. In: *Social communication among primates*, Hg. S. A. Altmann, Chicago: University of Chicago Press.

–, 1971, »Experimental studies of communication in the monkey«. In: *Primate behavior*, Bd. 2, Hg. L. A. Rosenblum, New York: Academic Press.

Milton, K., 1981, »Distribution patterns of tropical plant food as an evolutionary stimulus to primate mental development«. *Am. Anthropol.* Bd. 83, S. 534–48.

–, 1988, »Foraging behaviour and the evolution of primate intelligence«. In: *Machiavellian intelligence: Social expertise and the evolution of intellect in monkeys, apes, and humans*, Hg. R. W. Byrne und A. Whiten, Oxford: Oxford University Press.

Mineka, S. und M. Cook, 1988, »Social learning and the acquisition of snake fear in monkeys«. In: *Social learning: Biological and psychological perspectives*, Hg. T. R. Zentall und B. G. Galef, Hillsdale, N. J.: Lawrence Erlbaum Associates.

Mitani, J., 1987, »Species discrimination of male song in gibbons«. *Am. J. Primatol.* Bd. 13, S. 413–23.

Mitani, J. und P. Marler, 1989, »A phonological analysis of male gibbon singing behavior«. *Behaviour* Bd. 109, S. 20–45.

Moller, A. P., 1988, »False alarm calls as a means of resource usurpation in the great tit *Parus major*«. *Ethology* Bd. 79, S. 25–30.

Morton, E. S., 1977, »On the occurrence and significance of motivation-structural rules in some bird and mammal sounds«. *Am. Nat.* Bd. 111, S. 855–69.

Moss, C. J., 1988, *Elephant memories*, Boston: Houghton Mifflin; dt. 1990, *Die Elefanten vom Kilimandscharo. 13 Jahre im Leben einer Elefantenfamilie*, Hamburg: Rasch und Röhring.

Moss, C. J. und J. H. Poole, 1983, »Relationships and social structure of African elephants«. In: *Primate social relationships: An integrated approach*, Hg. R. A. Hinde, Oxford: Blackwell Scientific.

Moynihan, M., 1970, »Some behavioral patterns of platyrrhine monkeys. II. *Saguinus geoffroyi* and some other tamarins«. *Smithson. Contrib. Zool.* Bd. 28, S. 1–27.

Munn, C. A., 1986a, »Birds that cry ›wolf‹«. *Nature* Bd. 319, S. 143–5.

–, 1986b, »The deceptive use of alarm calls by sentinel species in mixed species flocks of neotropical birds«. In: *Deception: Perspectives on human and nonhuman deceit*, Hg. R. W. Mitchell und N. S. Thompson, Albany: State University of New York Press.

Myers, R. E., 1976, »Comparative neurology of vocalization and speech: Proof of a dichotomy«. *Ann. N. Y. Acad. Sci.* Bd. 280, S. 745–57.

Myers, S. A., A. Horel und H. S. Pennypacker, 1965, »Operant control of vocal behavior in the monkey *Cebus albifrons*«. *Psychonomic. Sci.* Bd. 3, S. 389–90.

Nagel, T., 1974, »What is it like to be a bat?« *Philos. Rev.* Bd. 83, S. 435–50.

Nelson, K., 1973, »Some evidence for the cognitive primacy of categorization and its functional basis«. *Merril-Palmer Q.* Bd. 19, S. 21–40.

Nice, M. N., 1943, »Studies in the life history of the song sparrow. II. The behavior of the song sparrow and other passerines«. *Trans. Linn. Soc. N. Y.* Bd. 6, S. 1–284.

Nicolson, N., 1987, »Infants, mothers, and other females«. In: *Primate societies*, Hg. B. B. Smuts, D. L. Cheney, R. M. Seyfarth, R. W. Wrangham und T. T. Struhsaker, Chicago: University of Chicago Press.

Nishida, T., 1983, »Alpha status and agonistic alliance in wild chimpanzees *(Pan troglodytes schweinfurthii)*«. *Primates* Bd. 24, S. 318–36.

–, 1987, »Local traditions and cultural transmission«. In: *Primate societies*, Hg. B. B. Smuts, D. L. Cheney, R. M. Seyfarth, R. W. Wrangham und T. T. Struhsaker, Chicago: University of Chicago Press.

Noë, R., 1986, »Lasting alliances among adult male savannah baboons«. In: *Primate ontogeny, cognition, and social behavior*, Hg. J. Else und P. C. Lee, Cambridge: Cambridge University Press.

van Noordwijk, M. und C. van Schaik, 1987, »Competition among female longtailed macaques. *Macaca fascicularis*.«. *Anim. Behav.* Bd. 35, S. 577–89.

Nottebohm, F., 1979, »Origins and mechanisms in the establishment of cerebral dominance«. In: *Handbook of behavioral neurobiology*, Bd. 2, Hg. M. S. Gazzaniga, New York: Plenum Press.

Oden, D. L., R. K. R. Thompson und D. Premack, 1988, »Spontaneous transfer of matching by infant chimpanzees *(Pan troglodytes)*«. *J. Exp. Psych. Anim. Behav. Proc.* Bd. 14, S. 140–45.

Oki, J. und Y. Maeda, 1973, »Grooming as a regulator of behavior in Japanese macaques«. In: *Behavioral regulators of behavior in primates,* Hg. C. R. Carpenter, Lewisburg, PA: Bucknell University Press.

Olivier, R. C. D. und A. Laurie, 1974, »Habitat utilization by hippopotamus in the Mara River«. *E. Afr. Wildl. J.* Bd. 12, S. 249–71.

Olton, D. S., 1985, »The temporal context of spatial memory«. In: *Animal intelligence,* Hg. L. Weiskrantz, Oxford: Clarendon Press.

Olton, D. S. und R. J. Samuelson, 1976, »Remembrance of places passed: Spatial memory in rats«. *J. Exp. Psychol. Anim. Behav. Proc.* Bd. 2, S. 97–116.

Owings, D. und D. Hennessy, 1984, »The importance of variation in sciurid visual and vocal communication«. In: *Biology of ground dwelling squirrels: Annual cycles, behavioral ecology and sociality,* Hg. J. O. Murie und G. R. Michener, Lincoln: University of Nebraska Press.

Owings, D. H. und D. W. Leger, 1980, »Chatter vocalizations of California ground squirrels: Predator- and social-role specificity«. *Z. Tierpsychol.* Bd. 54, S. 163–84.

Owings, D. H. und R. A. Virginia, 1978, »Alarm calls of California ground squirrels«. *Z. Tierpsychol.* Bd. 46, S. 58–70.

Owren, M. J., 1990a, »Acoustic classification of alarm calls by vervet monkeys *(Cercopithecus aethiops)* and humans. I. Natural calls«. *J. Comp. Psychol.* Bd. 104, S. 20–28.

–, 1990b, »Acoustic classification of alarm calls by vervet monkeys *(Cercopithecus aethiops)* and humans. II. Synthetic calls«. *J. Comp. Psychol.* Bd. 104, S. 29–40.

Owren, M. J. und R. H. Bernacki, 1988, »The acoustic features of vervet monkey alarm calls«. *J. Acoust. Soc. Am.* Bd. 83, S. 1927–35.

Owren, M. J., S. L. Hopp, J. M. Sinnott und M. R. Petersen, 1988, »Absolute auditory thresholds in three Old World monkey species *(Cercopithecus aethiops, C. neglectus, Macaca fuscata)* and humans *(Homo sapiens)*«. *J. Comp. Psychol.* Bd. 102, S. 99–107.

Owren, M. J., S. L. Hopp und R. M. Seyfarth, 1990, »Categorical vocal signalling in nonhuman primates«. In: *Nonverbal vocal communication: Comparative and developmental approaches,* Hg. H. Papousek, U. Jürgens und M. Papousek, New York: Cambridge University Press.

Packer, C., 1977, »Reciprocal altruism in olive baboons«. *Nature* Bd. 265, S. 441–3.

–, 1979, »Inter-troop transfer and inbreeding avoidance in *Papio anubis*«. *Anim. Behav.* Bd. 27, S. 1–36.

Packer, C. und L. Ruttan, 1988, »The evolution of cooperative hunting«. *Am. Nat.* Bd. 132, S. 159–98.

Parker, G. A., 1974, »Assessment strategy and the evolution of animal conflicts«. *J. Theor. Biol.* Bd. 47, S. 223–43.

Parker, S. T. und K. R. Gibson, 1977, »Object manipulation, tool use, and sensorimotor intelligence as feeding adaptations in cebus monkey and great apes«. *J. Hum. Evol.* Bd. 6, S. 623–41.

Passingham, R. E., 1982, *The human primate,* San Francisco: W. H. Freeman.

Paton, D., 1986, »Communication by agonistic displays. II. Perceived information and the definition of agonistic displays«. *Behaviour* Bd. 99, S. 157–75.

Patterson, F. G., 1978, »The gestures of a gorilla: Language acquisition in another pongid«. *Brain Lang.* Bd. 5, S. 72–97.

Patterson, F. G. und E. Linden, 1981, *The education of Koko,* New York: Holt, Rinehart and Winston.

Patterson, T. L., L. Petrinovich und D. K. James, 1980, »Reproductive value and appropriateness of response to predators by white-crowned sparrows«. *Behav. Ecol. Sociobiol.* Bd. 7, S. 227–31.

Penfield, W. und L. Roberts, 1966, *Speech and brain mechanisms,* New York: Atheneum.

Pepperberg, I. M., 1983, »Cognition in the African grey parrot: Preliminary evidence for auditory / vocal comprehension of the class concept«. *Anim. Learn. Behav.* Bd. 11, S. 179–85.

–, 1987, »Acquisition of the same / different concept by an African grey parrot *(Psittacus erithacus)*: Learning with respect to categories of color, shape, and material«. *Anim. Learn. Behav.* Bd. 15, S. 423–32.

Pereira, M., 1988, »Effects of age and sex on intra-group spacing behavior in juvenile savannah baboons«. *Anim. Behav.* Bd. 36, S. 184–204.

Perner, J., 1988, »Developing semantics for theories of mind, from propositional attitudes to mental representations«. In: *Developing theories of mind,* Hg. J. W. Astington, P. L. Harris und D. R. Olson, Cambridge: Cambridge University Press.

Perner, J., S. R. Leekam und H. Wimmer, 1987, »Three-year-olds' difficulty with false belief: The case for a conceptual deficit«. *Br. J. Develop. Psych.* Bd. 5, S. 125–37.

Petersen, M. R., M. D. Beecher, S. R. Zoloth, D. B. Moody und W. C. Stebbins, 1978, »Neural lateralization of species-specific vocalizations by Japanese macaques *(Macaca fuscata)*«. *Science* Bd. 202, S. 324–7.

Petersen, M. R., M. D. Beecher, S. R. Zoloth, S. Green, P. Marler, D. B. Moody und W. C. Stebbins, 1984, »Neural lateralization of vocalizations by Japanese macaques: Communicative significance is more important than acoustic structure«. *Behav. Neurosci.* Bd. 98, S. 779–90.

Petrinovich, L., 1974, »Individual recognition of pup vocalizations by northern elephant seal mothers«. *Z. Tierpsychol.* Bd. 34, S. 308–12.

Platt, M. M. und R. L. Thompson, 1985, »Mirror response in a Japanese macaque troop (Arashiyama West)«. *Primates* Bd. 26, S. 300–314.

Ploog, D., 1981, »Neurobiology of primate audio-visual behavior«. *Brain Res. Rev.* Bd. 3, S. 35–61.

Pola, Y. V. und C. T. Snowdon, 1975, »The vocalizations of pygmy marmosets *(Cebuella pygmaea)*«. *Anim. Behav.* Bd. 23, S. 826–42.

Popp, J. W., 1987, »Choice of opponents during competition for food among American goldfinches«. *Ethology* Bd. 75, S. 31–36.

Post, D. G., G. Hausfater und S. A. McCuskey, 1980, »Feeding behavior of yellow baboons *(Papio cynocephalus)*: Relationship to age, gender and dominance rank«. *Folia primatol.* Bd. 34, S. 170–95.

Povinelli, D. J., S. T. Boysen und K. E. Nelson, 1989, »Can chimpanzees guess what others know?« *Am. J. Primatol.* Bd. 18, S. 161.

Premack, D., 1975, »On the origins of language«. In: *Handbook of psychobiology,* Hg. M. S. Gazzaniga und C. B. Blakemore, New York: Academic Press.

–, 1976, *Intelligence in ape and man*, Hillsdale, N.J.: Lawrence Erlbaum Associates.

–, 1983a, »Social cognition«. *Ann. Rev. Psychol.* Bd. 34, S. 351–62.

–, 1983b, »The codes of man and beast«. *Behav. Brain Sci.* Bd. 6, S. 125–67.

–, 1986, *Gavagai*, Cambridge, Mass.: MIT/Bradford Books.

–, 1988, »›Does the chimpanzee have a theory of mind?‹ revisited«. In: *Machiavellian intelligence: Social expertise and the evolution of intellect in monkeys, apes, and humans*, Hg. R. W. Byrne und A. Whiten, Oxford: Oxford University Press.

Premack, D. und A. Premack, 1982, *The Mind of an ape*, New York: W. W. Norton.

Premack, D. und G. Woodruff, 1978, »Does the chimpanzee have a theory of mind?« *Behav. Brain Sci.* Bd. 1, S. 515–26.

Pusey, A. E., 1983, »Mother-offspring relationships in chimpanzees after weaning«. *Anim. Behav.* Bd. 31, S. 363–77.

Pusey, A. E. und C. Packer, 1987, »Dispersal and philopatry«. In: *Primate societies*, Hg. B. B. Smuts, D. L. Cheney, R. M. Seyfarth, R. W. Wrangham und T. T. Struhsaker, Chicago: University of Chicago Press.

Quine, W. v. O., 1960, *Word and object*, Cambridge, Mass.: MIT Press; dt. 1980, *Wort und Gegenstand*, Stuttgart, Reclam.

Rakowitz, S., 1990, The development of deception in children, Ph. D. diss., University of Pennsylvania.

Raleigh, M. und M. T. McGuire, 1989, »Female influences on male dominance acquisition in captive vervet monkeys *(Cercopithecus aethiops sabaeus)*«. *Anim. Behav.* Bd. 37, S. 59–67.

Rasmussen, K. L, R., 1980, Consort behavior and mate selection in yellow baboons *(Papio cynocephalus)*, Ph. D. diss., University of Cambridge.

Rensch, B. und J. Döhl, 1967, »Spontanes Öffnen verschiedener Kistenverschlüsse durch einen Schimpansen«. *Z. Tierpsychol.* Bd. 24, S. 476–89.

Rescorla, R. A., 1985, »Associationism in animal learning«. In: *Perspectives on learning and memory*, Hg. L. Nilsson und T. Archer, Hillsdale, N. J.: Lawrence Erlbaum Associates.

–, 1988, »Pavlovian conditioning: It's not what you think it is«. *Am. Psychol.* Bd. 43, S. 151–60.

Reynolds, P. C., 1981, *On the evolution of human behavior*, Berkeley: University of California Press.

van Rhijn, J. G. und R. Vodegal, 1980, »Being honest about one's intentions: An evolutionarily stable strategy for animal conflicts«. *J. Theor. Biol.* Bd. 85, S. 623–41.

Ristau, C. A., 1990, »Injury feigning and other anti-predator behaviors by plovers: Intentional behavior?« In: *Cognitive ethology: The minds of other animals (essays in honor of Donald R. Griffin)*, Hg. C. A. Ristau, Hillsdale, N. J.: Lawrence Erlbaum Associates.

Roberts, W. A. und D. S. Mazmanian, 1988, »Concept learning at different levels of abstraction by pigeons, monkeys, and people«. *J. Exp. Psychol. Anim. Behav. Proc.* Bd. 14, S. 247–60.

Robinson, B. W., 1967, »Vocalization evoked from forebrain in *Macaca mulatta*«. *Physiol. Behav.* Bd. 2, S. 345–54.

Robinson, J. G., 1981, »Vocal regulation of inter- and intragroup spacing during boundary encounters in the titi monkey, *Callicebus moloch*«. *Primates* Bd. 22, S. 161–72.

–, 1982, »Intrasexual competition and mate choice in primates«. *Am. J. Primatol.* Bd. 1 (Erg.bd.), S. 131–44.

–, 1984, »Syntactic structures in the vocalizations of wedge-capped capuchin monkeys *Cebus nigrivittatus*«. *Behaviour* Bd. 90, S. 46–79.

–, 1988, »Group size in wedge-capped capuchin monkeys *(Cebus olivaceus)* and the reproductive success of males and females«. *Behav. Ecol. Sociobiol.* Bd. 23, S. 187–97.

Robinson, S. R., 1981, »Alarm communication in Belding's ground squirrels«. *Z. Tierpsychol.* Bd. 56, S. 150–68.

Rodman, P. S., 1977, »Feeding behaviour of orangutans of the Kutai Nature Reserve, East Kalimantan«. In: *Primate ecology: Studies of feeding and ranging behaviour in lemurs, monkeys, and apes,* Hg. T. H. Clutton-Brock, London: Academic Press.

Roitblat, H., 1987, *Introduction to comparative cognition,* New York: W. H. Freeman.

Romanes, G., 1882, *Animal intelligence,* London: Kegan, Paul, Trench.

Rosch, E. H., 1973, »On the internal structure of perceptual and semantic categories«. In: *Cognitive development and the acquisition of language,* Hg. T. E. Moore, New York: Academic Press.

–, 1977, »Classification of real-world objects: Origins and representations in cognition«. In: *Thinking: Readings in cognitive science,* Hg. P. N. Johnson-Laird und P. C. Wason, Cambridge: Cambridge University Press.

Rotenberg, K. J., 1982, »Development of character constancy of self and others«. *Child Develop.* Bd. 53, S. 505–15.

Rowell, T. E., 1962, »Agonistic noises of the rhesus monkey *(Macaca mulatta)*«. *Symp. Zool. Soc. Lond.* Bd. 8, S. 91–96.

–, 1966, »Hierarchy in the organization of a captive baboon group«. *Anim. Behav.* Bd. 14, S. 430–43.

–, 1968, »Grooming by adult baboons in relation to reproductive cycles«. *Anim. Behav.* Bd. 16, S. 585–8.

–, 1972, *Social behaviour of monkeys,* Baltimore Penguin Books.

Rowell, T. E. und R. A. Hinde, 1962, »Vocal communication by the rhesus monkey *(Macaca mulatta)*«. *Proc. Zool. Soc. Lond.* Bd. 138, S. 279–94.

Rowher, S., 1982, »The evolution of reliable and unreliable badges of fighting ability«. *Am. Zool.* Bd. 22, S. 531–46.

Rozin, P., 1976, »The evolution of intelligence and access to the cognitive unconscious«. In: *Progress in Psychology,* Bd. 6, Hg. J. N. Sprague und A. N. Epstein, New York: Academic Press.

Rozin, P. und J. Schull, 1988, »The adaptive-evolutionary point of view in experimental psychology«. In: *Handbook of experimental psychology: Motivation,* Hg. R. Atkinson, R. J. Herrnstein, G. Lindsey und R. D. Luce, New York: John Wiley.

Rumbaugh, D., Hg., 1977, *Language learning by a chimpanzee: The Lana project,* New York: Academic Press.

Rutter, M., 1983, »Cognitive deficits in the pathogenesis of autism«. In: *Autism: A reappraisal of concepts and treatment,* Hg. M. Rutter und E. Schopler, New York: Plenum Press.

Ryden, O., 1978, »Differential responsiveness of great tit nestlings, *Parus major,* to natural auditory stimuli«. *Z. Tierpsychol.* Bd. 47, S. 236–53.

Ryle, G., 1949, *The concept of mind*, London: Hutchinson.

Sade, D.S., 1965, »Some aspects of parent-offspring and sibling relations in a group of rhesus monkeys, with a discussion of grooming«. *Am. J. Phys. Anthrop.* Bd. 23, S. 1–18.

–, 1967, »Determinants of dominance in a group of free-ranging rhesus monkeys«. In: *Social communication among primates*, Hg. S. Altmann, Chicago: University of Chicago Press.

–, 1972a, »A longitudinal study of social behavior of rhesus monkeys«. In: *The functional and evolutionary biology of primates*, Hg. R. H. Tuttle, Chicago: Aldine.

–, 1972b, »Sociometrics of *Macaca mulatta* I. Linkages and cliques in grooming matrices«. *Folia primatol.* Bd. 18, S. 196–223.

Sade, D.S., K. Cushing, P. Cushing, J. Dunaif, A. Figueroa, J.R. Kaplan, C. Laurer, D. Rhodes und J. Schneider, 1976, »Population dynamics in relation to social structure on Cayo Santiago«. *Yrbk. Phys. Anthrop.* Bd. 20, S. 253–62.

Samuels, A., J.B. Silk und J. Altmann, 1987, »Continuity and change in dominance relations among female baboons«. *Anim. Behav.* Bd. 35, S. 785–93.

Sands, S.F., C.E. Lincoln und A.A. Wright, 1982, »Pictorial similarity judgments and the organization of visual memory in the rhesus monkey«. *J. Exp. Psych. Gen.* Bd. 111, S. 369–89.

Savage-Rumbaugh, E.S., 1986, *Ape language: From conditioned response to symbol*, New York: Columbia University Press.

Savage-Rumbaugh, E.S. und K. McDonald, 1988, »Deception and social manipulation in symbol-using apes«. In: *Machiavellian intelligence: Social expertise and the evolution of intellect in monkeys, apes, and humans*, Hg. R.W. Byrne und A. Whiten, Oxford: Oxford University Press.

Savage-Rumbaugh, E.S., J.L. Pate, J. Lawson, S.T. Smith und S. Rosenbaum, 1983, »Can a chimpanzee make a statement?« *J. Exp. Psychol.: Gen.* Bd. 112, S. 457–92.

Savage-Rumbaugh, E.S., D.M. Rumbaugh und S. Boysen, 1978, »Linguistically mediated tool use and exchange by chimpanzees *(Pan troglodytes)*«. *Behav. Brain Sci.* Bd. 4, S. 539–54.

Savage-Rumbaugh, E.S., D.M. Rumbaugh, S.T. Smith und J. Lawson, 1980, »Reference: The linguistic essential«. *Science* Bd. 210, S. 922–5.

Schrier, A.M., 1984, »Learning how to learn: The significance and current status of learning set formation«. *Primates* Bd. 25, S. 95–102.

Schrier, A.M., R. Angarella und M.L. Povar, 1984, »Studies of concept formation by stumptail monkeys: Concepts, humans, monkeys, and the letter A«. *J. Exp. Psychol. Anim. Behav. Proc.* Bd. 10, S. 564–84.

Schrier, A.M. und P.M. Brady, 1987, »Categorization of natural stimuli by monkeys *(Macaca mulatta)*: Effects of stimulus set size and modification of exemplars«. *J. Exp. Psych.: Anim. Behav. Proc.* Bd. 13, S. 136–43.

Schusterman, R.J., 1988, »Animal language research: Marine mammals re-enter the controvers«. In: *Evolutionary biology and intelligence*, Hg. H.J. Jerison und I. Jerison, Heidelberg: Springer.

Scott, L.M., 1984, »Reproductive behavior of adolescent female baboons *(Papio anubis)* in Kenya«. In: *Female primates*, Hg. M. Small, New York: Alan Liss.

Searle, J., 1983, *Intentionality: An essay in the philosophy of mind*, Cambridge: Cambridge University Press.

Seligman, M. E. P., 1970, »On the generality of the laws of learning«. *Psych. Rev.* Bd. 77, S. 406–18.

Seligman, M. E. P. und J. L. Hager, 1972, *Biological boundaries of learning*, New York: Appleton-Century-Crofts.

Seyfarth, R. M., 1976, »Social relationships among adult female baboons«. *Anim. Behav.* Bd. 24, S. 917–38.

–, 1977, »A model of social grooming among adult female monkeys«. *J. Theor. Biol.* Bd. 65, S. 671–98.

–, 1978a, »Social relationships among adult male and female baboons. I. Behaviour during sexual consortship«. *Behaviour* Bd. 64, S. 204–26.

–, 1978b, »Social relationships among adult male and female baboons. II. Behaviour throughout the female reproductive cycle«. *Behaviour* Bd. 64, S. 227–47.

–, 1980, »The distribution of grooming and related behaviours among adult female vervet monkeys«. *Anim. Behav.* Bd. 28, S. 798–813.

–, 1981, »Do monkeys rank each other?« *Behav. Brain Sci.* Bd. 4, S. 447–8.

–, 1983, »Grooming and social competition in primates«. In: *Primate social relationships: An integrated approach*, Hg. R. A. Hinde, Oxford: Blackwell Scientific.

Seyfarth, R. M. und D. L. Cheney, 1980, »The ontogeny of vervet monkey alarmcalling behavior: A preliminary report«. *Z. Tierpsychol.* Bd. 54, S. 37–56.

–, 1984a, »Grooming, alliances and reciprocal altruism in vervet monkeys«. *Nature* Bd. 308, S. 541–3.

–, 1984b, »The acoustic features of vervet monkey grunts«. *J. Acoust. Soc. Am.* Bd. 75, S. 1623–28.

–, 1986, »Vocal development in vervet monkeys«. *Anim. Behav.* Bd. 34, S. 1640–58.

–, 1988a, »Do monkeys understand their relations?« In: *Machiavellian intelligence: Social expertise and the evolution of intellect in monkeys, apes, and humans*, Hg. R. W. Byrne und A. Whiten, Oxford: Oxford University Press.

–, 1988b, »Empirical tests of reciprocity theory: Problems in assessment«. *Ethol. Sociobiol.* Bd. 9, S. 181–8.

–, 1990, »The assessment by vervet monkeys of their own and another species' alarm calls«. *Anim. Behav.* Bd. 40, S. 754–64.

Seyfarth, R. M., D. L. Cheney und R. A. Hinde, 1978, »Some principles relating social interaction and social structure among primates«. In: *Recent advances in primatology*, Bd. 1, Hg. D. J. Chivers und J. Herbert, New York: Academic Press.

Seyfarth, R. M., D. L. Cheney und P. Marler, 1980a, »Monkey responses to three different alarm calls: Evidence for predator classification and semantic communication«. *Science* Bd. 210, S. 801–3.

–, 1980b, »Vervet monkey alarm calls: Semantic communication in a free-ranging primate«. *Anim. Behav.* Bd. 28, S. 1070–94.

Shatz, M., H. Wellman und S. Silber, 1983, »The acquisition of mental verbs: A systematic investigation of the first reference to mental state«. *Cognition* Bd. 14, S. 301–21.

Sherman, P. W., 1977, »Nepotism and the evolution of alarm calls«. *Science* Bd. 197, S. 1246–53.

–, 1985, »Alarm calls of Belding's ground squirrels to aerial predators: Nepotism or self-preservation?« *Behav. Ecol. Sociobiol.* Bd. 17, S. 313–23.

Sherman, P. W. und W. G. Holmes, 1985, »Kin recognition: Issues and evidence«. In: *Experimental behavioral ecology and sociobiology*, Hg. B. Hölldobler und M. Lindauer, Stuttgart, G. Fischer.

Sherrod, L. R., 1981, »Issues in cognitive-perceptual development: The special case of social stimuli«. In: *Infant social cognition*, Hg. M. E. Lamb und L. R. Sherrod, Hillsdale, N. J.: Lawrence Erlbaum Associates.

Sherry, D. F., 1985, »Food storage by birds and mammals«. In: *Advances in the study of behavior*, Bd. 15, Hg. J. S. Rosenblatt, C. Beer, M. C. Busnell und P. J. B. Slater, New York: Academic Press.

Sherry, D. F. und D. L. Schacter, 1987, »The evolution of multiple memory systems«. *Psych. Rev.* Bd. 94, S. 439–54.

Shettleworth, S. J., 1984, »Learning and behavioral ecology«. In: *Behavioural ecology: An evolutionary approach*, Hg. J. R. Krebs und N. B. Davies, Sunderland, Mass.: Sinauer Associates.

Shettleworth, S. J. und J. R. Krebs, 1982, »How marsh tits find their hoards: The role of site preference and spatial memory«. *J. Exp. Psych. Anim. Behav. Proc.* Bd. 8, S. 354–75.

–, 1986, »Stored and encountered seeds: A comparison of two spatial memory tasks in marsh tits and chickadees«. *J. Exp. Psych. Anim. Behav. Proc.* Bd. 12, S. 248–57.

Shettleworth, S. J., J. R. Krebs, D. W. Stephens und J. Gibson, 1988, »Tracking a fluctuating environment: A study of sampling«. *Anim. Behav.* Bd. 36, S. 87–105.

Shipley, E. F., C. S. Smith und L. R. Gleitman, 1969, »A study in the acquisition of language: Free responses to commands«. *Language* Bd. 45, S. 322–42.

Shultz, T. R. und K. Cloghesy, 1981, »Development of recursive awareness of intention«. *Develop. Psych.* Bd. 17, S. 465–71.

Sigg, H., 1980, »Differentiation of female positions in hamadryas one-male-units«. *Z. Tierpsychol.* Bd. 53, S. 265–302.

–, 1986, »Ranging patterns in hamadryas baboons: Evidence for a mental map«. In: *Primate ontogeny, cognition, and social behavior*, Hg. J. Else und P. C. Lee, Cambridge: Cambridge University Press.

Sigg, H. und A. Stolba, 1981, »Home range and daily march in a hamadryas baboon troop«. *Folia primatol.* Bd. 36, S. 40–75.

Sigg, H., A. Stolba, J. J. Abegglen und V. Dasser, 1982, »Life history of hamadryas baboons: Physical development, infant mortality, reproductive parameters, and family relationships«. *Primates* Bd. 23, S. 473–87.

Silk, J. B., 1982, »Altruism among female *Macaca radiata*: Explanations and analysis of patterns of grooming and coalition formation«. *Behaviour* Bd. 79, S. 162–88.

–, 1987, »Social behavior in evolutionary perspective«. In: *Primate societies*, Hg. B. B. Smuts, D. L. Cheney, R. M. Seyfarth, R. W. Wrangham und T. T. Struhsaker, Chicago: University of Chicago Press.

Silk, J. B., A. Samuels und P. Rodman, 1981, »The influence of kinship, rank, and sex on affiliation and aggression between adult female and immature bonnet macaques *(Macaca radiata)*«. *Behaviour* Bd. 78, S. 111–77.

Sinnott, J. M., W. C. Stebbins und D. B. Moody, 1975, »Regulation of voice amplitude by the monkey«. *J. Acoust. Soc. Am.* Bd. 58, S. 412–14.

Skinner, B. F., 1957, *Verbal behavior,* New York: Appleton-Century-Crofts.

–, 1974, *About behaviorism,* New York: Knopf.

Smith, E. E. und D. L. Medin, 1981, *Categories and concepts,* Cambridge, Mass.: Harvard University Press.

Smith, W. J., 1965, »Meaning, message, and context in ethology«. *Am. Nat.* Bd. 99, S. 405–9.

–, 1969, »Messages of vertebrate communication«. *Science* Bd. 165, S. 145–50.

–, 1977, *The behavior of communicating: An ethological approach,* Cambridge, Mass.: Harvard University Press.

–, 1986, »Signalling behavior: Contributions of different repertoires«. In: *Dolphin cognition and behavior: A comparative approach,* Hg. R. J. Schusterman, J. A. Thomas und F. G. Wood, Hillsdale, N. J.: Lawrence Erlbaum Associates.

–, 1990, »Animal communication and the study of cognition«. In: *Cognitive ethology: The minds of other animals (essays in honor of Donald R. Griffin),* Hg. C. A. Ristau, Hillsdale, N. J.: Lawrence Erlbaum Associates.

Smuts, B. B., 1980, »Effects on social behavior of loss of high rank in wild adult female baboons *(Papio anubis)*«. Paper presented at the Annual Meeting of the Animal Behavior Society, Ft. Collins, Colo., Juni 9–13.

–, 1983, »Dynamics of ›special relationships‹ between adult male and female olive baboons«. In: *Primate social relationships: An integrated approach,* Hg. R. A. Hinde, Oxford: Blackwell Scientific.

–, 1985, *Sex and friendship in baboons,* New York: Aldine.

–, 1987a, »Gender, aggression, and influence«. In: *Primate societies,* Hg. B. B. Smuts, D. L., Cheney, R. M. Seyfarth, R. W. Wrangham und T. T. Struhsaker, Chicago: University of Chicago Press.

–, 1987b, »Sexual competition and mate choice«. In: *Primate societies,* Hg. B. B. Smuts, D. L. Cheney, R. M. Seyfarth, R. W. Wrangham und T. T. Struhsaker, Chicago: University of Chicago Press.

Snowdon, C. T., 1982, »Linguistic and psycholinguistic approaches to primate communication«. In: *Primate communication,* Hg. C. T. Snowdon, C. H. Brown und M. R. Petersen, New York: Cambridge University Press.

Snowdon, C. T. und J. Cleveland, 1984, »›Conversations‹ among pygmy marmosets«. *Am. J. Primatol.* Bd. 7, S. 15–20.

Snowdon, C. T., J. A. French und J. Cleveland, 1986, »Ontogeny of primate vocalizations: Models from birdsong and human speech«. In: *Current perspectives in primate social behavior,* Hg. D. Taub und F. E. King, New York: Van Nostrand Reinhold.

Snowdon, C. T. und A. Hodun, 1981, »Acoustic adaptations in pygmy marmoset contact calls: Locational cues vary with distance between conspecifics«. *Behav. Ecol. Sociobiol.* Bd. 9, S. 295–300.

Snowdon, C. T. und Y. Pola, 1978, »Interspecific and intraspecific responses to synthesized pygmy marmoset vocalizations«. *Anim. Behav.* Bd. 26, S. 192–206.

Sodian, B. und H. Wimmer, 1987, »Children's understanding of inference as a source of knowledge«. *Child Develop.* Bd. 58, S. 424–33.

Sorce, J. F., R. N. Emde und M. Frank, 1982, »Maternal referencing in normal and Down's syndrome infants: A longitudinal study«. In: *The development of attachment and affiliative systems,* Hg. R. N. Emde und R. Harmon, New York: Plenum Press.

Spetch, M. L. und W. K. Honig, 1988, »Characteristics of pigeons' spatial working memory in an open-field task«. *Anim. Learn. Behav.* Bd. 16, S. 123–31.

Stacey, P. B., 1986, »Group size and foraging efficiency in yellow baboons«. *Behav. Ecol. Sociobiol.* Bd. 18, S. 175–87.

Stammbach, E., 1978, »On social differentiation in groups of captive female hamadryas baboons«. *Behaviour* Bd. 67, S. 322–38.

–, 1987, »Desert, forest, and montane baboons: Multilevel societies«. In: *Primate societies,* Hg. B. B. Smuts, D. L. Cheney, R. M. Seyfarth, R. W. Wrangham und T. T. Struhsaker, Chicago: University of Chicago Press.

–, 1988a, »An experimental study of social knowledge: Adaptation to the special manipulative skills of single individuals in a *Macaca fascicularis* group«. In: *Machiavellian intelligence: Social expertise and the evolution of intellect in monkeys, apes, and humans,* Hg. R. W. Byrne und A. Whiten, Oxford: Oxford University Press.

–, 1988b, »Group responses to specially skilled individuals in a *Macaca fascicularis* group«. *Behaviour* Bd. 107, S. 241–66.

Stammbach, E. und H. Kummer, 1982, »Individual contributions to a dyadic interaction: An analysis of baboon grooming«. *Anim. Behav.* Bd. 30, S. 964–71.

Steklis, H. D. und M. J. Raleigh, 1979, »Behavioral and neurobiological aspects of primate vocalization and facial expression«. In: *Neurobiology of social communication in primates,* Hg. H. D. Steklis und M. J. Raleigh, New York: Academic Press.

Stenmark, G., T. Slagsvold und J. T. Lifjeld, 1988, ,»Polygyny in the pied flycatcher *Ficedula hypoleuca*: A test of the deception hypothesis«. *Anim. Behav.* Bd. 36, S. 1646–57.

Stephens, D. W. und J. R. Krebs, 1986, *Foraging theory,* Princeton: Princeton University Press.

Stern, B. R. und D. G. Smith, 1984, »Sexual behavior and paternity in three captive groups of rhesus monkeys *(Macaca mulatta)*«. *Anim. Behav.* Bd. 32, S. 23–32.

Stewart, K. J. und A. H. Harcourt, 1987, »Gorillas: Variation in female relationships«. In: *Primate societies,* Hg, B. B. Smuts, D. L. Cheney, R. M. Seyfarth, R. W. Wrangham und T. T. Struhsaker, Chicago: University of Chicago Press.

Stich, S. P., 1983, *From folk psychology to cognitive science,* Cambridge, Mass.: MIT Press.

Strong, P. N. und M. Hedges, 1966, »Comparative studies in simple oddity learning. I. Cats, raccoons, monkeys, and chimpanzees«. *Psychonom. Sci.* Bd. 5, S. 13–14.

Struhsaker, T. T., 1967a, »Auditory communication among vervet monkeys *(Cercopithecus aethiops)*«. In: *Social communication among primates,* Hg. S. A. Altmann, Chicago: University of Chicago Press.

–, 1967b, »Behavior of vervet monkeys *(Cercopithecus aethiops)*«. *Univ. Calif. Pub. Zool.* Bd. 82, S. 1–74.

–, 1967c, »Ecology of vervet monkeys *(Cercopithecus aethiops)* in the Masai-Amboseli Game Reserve, Kenya«. *Ecology* Bd. 48, S. 891–904.

–, 1967d, »Social structure among vervet monkeys«. *Behaviour* Bd. 29, S. 83–121.

–, 1971, »Social behavior of mother and infant vervet monkeys *(Cercopithecus aethiops)*«. *Anim. Behav.* Bd. 19, S. 233–50.

–, 1973, »A recensus of vervet monkeys in the Masai-Amboseli Game Reserve, Kenya«. *Ecology* Bd. 54, S. 930–32.

–, 1975, *The red colobus monkey,* Chicago: University of Chicago Press.

455

–, 1976, »A further decline in numbers of Amboseli vervet monkeys«. *Biotropica* Bd. 8, S. 211–14.

Strum, S. C., 1981, »Processes and products of change: Baboon predatory behavior at Gilgil, Kenya«. In: *Omnivorous primates*, Hg. R. S. O. Harding und G. Teleki, New York: Columbia University Press.

–, 1982, »Agonistic dominance in male baboons: An alternative view«. *Int. J. Primatol.* Bd. 3, S. 175–202.

–, 1984, »Why males use infants«. In: *Primate paternalism*, Hg. D. M. Taub, New York: Van Nostrand Reinhold.

Sullivan, K., 1985, »Selective alarm-calling by downy woodpeckers in mixed-species flocks«. *Auk* Bd. 102, S. 184–7.

Suomi, S. J. und C. Ripp, 1983, »A history of motherless mother monkey mothering at the University of Wisconsin Primate Laboratory«. In: *Child abuse: The nonhuman primate data*, Hg. M. Reite und N. G. Caine, New York: Alan Liss.

Sutton, D., C. Larson, E. M. Taylor und R. C. Lindeman, 1973, »Vocalizations in rhesus monkeys: Conditionability«. *Brain Res.* Bd. 52, S. 225–31.

Sutton, D., H. H. Samson und C. R. Larson, 1978, »Brain mechanisms in learned phonotation of *Macaca mulatta*«. In: *Recent advances in primatology*, Bd. 1, Hg. D. J. Chivers und J. Herbert, New York: Academic Press.

Takahata, Y., 1982, »Social relations between adult males and females of Japanese monkeys in the Arashiyama B troop«. *Primates* Bd. 23, S. 1–23.

Talmadge-Riggs, G., P. Winter, D. Ploog und W. Mayer, 1972, »Effect of deafening on the vocal behavior of the squirrel monkey *(Saimiri sciureus)*«. *Folia primatol.* Bd. 17, S. 404–20.

Taub, D. M., 1980, »Female choice and mating strategies among wild Barbary macaques *(Macaca sylvanus L.)*«. In: *The macaques: Studies in ecology, behavior, and evolution*, Hg. D. G. Lindburg, New York: Van Nostrand Rinehold.

Taylor, M., 1988, »The development of children's understanding of the seeing-knowing distinction«. In: *Developing theories of mind*, Hg. J. W. Astington, P. L. Harris und D. R. Olson, Cambridge: Cambridge University Press.

Teleki, G., 1981, »The omnivorous diet and eclectic feeding habits of chimpanzees in Gombe National Park, Tanzania«. In: *Omnivorous primates*, Hg. R. S. O. Harding und G. Teleki, New York: Columbia University Press.

Terrace, H. S., 1979, *Nim: A chimpanzee who learned sign language*, New York: Knopf.

Terrace, H. S., L. A. Pettito, R. J. Sanders und T. G. Bever, 1979, »Can an ape create a sentence?« *Science* Bd. 206, S. 891–902.

Testa, T. J., 1974, »Causal relationships and the acquisition of avoidance responses«. *Psychol. Rev.* Bd. 81, S. 491–505.

Thielke, G. A., 1976, *Bird sounds*, Ann Arbor: University of Michigan Press.

Thompson, N. S., 1986, »Deception and the concept of natural design«. In: *Deception: Perspectives on human and nonhuman deceit*, Hg. R. W. Mitchell und N. S. Thompson, Albany: State University of New York Press.

–, 1988, »Deception and descriptive mentalism«. *Behav. Brain Sci.* Bd. 11, S. 266.

Thornhill, R., 1979, »Adaptive female-mimicking behavior in a scorpion fly«. *Science* Bd. 205, S. 412–14.

456

Tiles, J.E., 1987, »Meaning«. In: *The Oxford companion to the mind*, Hg. R.L. Gregory, Oxford: Oxford University Press.

Tinbergen, N., 1951, *The study of instinct*, New York: Oxford University Press; dt. 1953, *Instinktlehre*, Berlin/Hamburg: Parey.

—, 1953, *The herring gull's world*, London: Collins; dt. 1958, *Die Welt der Silbermöve*, Göttingen: Musterschmidt.

Tomasello, M., M. Davis-Dasilva, L. Camak und K. Bard, 1987, »Observational learning of tool-use by young chimpanzees«. *Hum. Evol.* Bd. 2, S. 175–83.

Trivers, R.L., 1971, »The evolution of reciprocal altruism«. *Q. Rev. Biol.* Bd. 46, S. 35–57.

—, 1985, *Social evolution*, Menlo Park, Calif.: Benjamin/Cummings.

Turner, L.W., 1973, »Vocal and escape responses of *Spermophilus beldingi* to predators«. *J. Mammal.* Bd. 54, S. 990–93.

Uexküll, J. von, 1934, *Streifzüge durch die Umwelten von Tieren und Menschen*, Berlin: Springer.

Vaitl, E., 1978, »Nature and implications of the complexly organized social system in non-human primates«. In: *Recent advances in primatology*, Bd. 1, Hg. D.J. Chivers und J. Herbert, New York: Academic Press.

Vaughan, W., Jr. und S.L. Greene, 1984, »Pigeon visual memory capacity«. *J. Exp. Psych.: Anim. Behav. Proc.* Bd. 10, S. 256–71.

Vessey, S.H., 1971, »Free-ranging rhesus monkeys: Behavioral effects of removal, separation, and reintroduction of group members«. *Behaviour* Bd. 40, S. 216–27.

de Villiers, J.G. und P.A. de Villiers, 1978, *Language acquisition*, Cambridge, Mass.: Harvard University Press.

Visalberghi, E. und D.M. Fragaszy, 1990, »Do monkeys ape?« In: *Comparative developmental psychology of language and intelligence in primates*, Hg. S. Parker und K. Gibson, Cambridge: Cambridge University Press.

Visalberghi, E. und L. Trinca, 1989, »Tool use in capuchin monkeys: Distinguishing between performing and understanding«. *Primates* Bd. 30, S. 511–21.

de Waal, F.B.M., 1982, *Chimpanzee politics*, New York: Harper and Row; dt. 1983, *Unsere haarigen Vettern*, München: Harnack.

—, 1986a, »Conflict resolution in monkeys and apes«. In: *Primates, the road to self-sustaining populations*, Hg. K. Benirschke, Berlin: Springer.

—, 1986b, »Deception in the natural communication of chimpanzees«. In: *Deception: Perspectives on human and non-human deceit*, Hg. R.W. Mitchell und N.S. Thompson, Albany: State University of New York Press.

—, 1986c, »Imaginative bonobo games«. *Zoonooz* Bd. 59, S. 6–10.

—, 1987, »Dynamics of social relationships«. In: *Primate societies*, Hg. B.B. Smuts, D.L. Cheney, R.M. Seyfarth, R.W. Wrangham und T.T. Struhsaker, Chicago: University of Chicago Press.

—, 1989, *Peacemaking among primates*, Cambridge, Mass.: Harvard University Press; dt. 1991, *Wilde Diplomaten*, München/Wien: Hanser.

de Waal, F.B.M. und L.M. Luttrell, 1986, »The similarity principle underlying social bonding among female rhesus monkeys«. *Folia primatol.* Bd. 46, S. 215–34.

—, 1988, »Mechanisms of social reciprocity in three primate species: Symmetrical relationship characteristics or cognition?« *Ethol. Sociobiol.* Bd. 9, S. 101–18.

de Waal, F. B. M. und R.-M. Ren, 1988, »Comparison of the reconciliation behavior of stumptail and rhesus macaques«. *Ethology* Bd. 78, S. 129–42.

de Waal, F. B. M. und A. van Roosmalen, 1979, »Reconciliation and consolation among chimpanzees«. *Behav. Ecol. Sociobiol.* Bd. 5, S. 55–66.

de Waal, F. B. M. und D. Yoshihara, 1983, »Reconciliation and redirected affection in rhesus monkeys«. *Behaviour* Bd. 85, S. 224–41.

Waldman, B., P. Frumhoff und P. Sherman, 1988, »Problems of kin recognition«. *Trends Ecol. Evol.* Bd. 3, S. 8–13.

Walters, J. R., 1981, »Inferring kinship from behaviour: Maternity determinations in yellow baboons«. *Anim. Behav.* Bd. 29, S. 126–36.

–, 1986, »Kin recognition in nonhuman primates«. In: *Kin recognition in animals,* Hg. D. J. Fletcher und C. D. Michener, New York: John Wiley and Sons.

–, 1987, »Transition to adulthood«. In: *Primate societies,* Hg. B. B. Smuts, D. L. Cheney, R. M. Seyfarth, R. W. Wrangham und T. T. Struhsaker, Chicago: University of Chicago Press.

–, Im Druck: »Anti-predator behavior of lapwings: Field evidence of discriminative abilities«. *Wilson Bull.*

Walters, J. R. und R. M. Seyfarth, 1987, »Conflict and cooperation«. In: *Primate societies,* Hg. B. B. Smuts, D. L. Cheney, R. M. Seyfarth, R. W. Wrangham und T. T. Struhsaker, Chicago: University of Chicago Press.

Warren, J. M., 1973, »Learning in vertebrates«. In: *Comparative psychology: A modern survey,* Hg. D. A. Dewsbury und D. A. Rethlingshafer, New York: McGraw-Hill.

–, 1977, »Handedness and cerebral dominance in monkeys«. In: *Lateralization in the nervous system,* Hg. S. Harnad, R. W. Doty, J. Jaynes, L. Goldstein und G. Krauthamer, New York: Academic Press.

Waser, P., 1976, »*Cercocebus albigena:* Site attachment, avoidance, and intergroup spacing«. *Am. Nat.* Bd. 110, S. 911–35.

–, 1977, »Individual recognition, intragroup cohesion, and intergroup spacing: Evidence from sound playback to forest monkeys«. *Behaviour* Bd. 60, S. 28–74.

Washburn, M. F., 1908, *The animal mind,* New York: Macmillan.

Washburn, S. L., 1982, »Language and the fossil record«. *Anthrop. UCLA* Bd. 7, S. 231–8.

Wason, P. C., 1983, »Realism and rationality in the selection task«. In: *Thinking and reasoning: Psychological Approaches,* Hg. J. St. B. T. Evans, London: Routledge and Kegan Paul.

Wason, P. C. und P. N. Johnson-Laird, 1972, *Psychology of reasoning,* London: B. T. Batsford.

Weisbard, C. und R. Goy, 1976, »Effect of parturition and group composition on competitive drinking order in stumptail macaques«. *Folia primatol.* Bd. 25, S. 95–121.

Weiskrantz, L., 1985, »Categorisation, cleverness and consciousness«. In: *Animal intelligence,* Hg. L. Weiskrantz, Oxford: Clarendon Press.

Weiss, M. L., 1987, »Nucleic acid evidence bearing on hominoid relationships«. *Yrbk. Phys. Anthrop.* Bd. 30, S. 41–74.

Wellman, H. M., 1988, »First steps in the child's theorizing about the mind«. In: *Developing theories of mind,* Hg. J. W. Astington, P. L. Harris und D. R. Olson, Cambridge: Cambridge University Press.

Wellman, H. M. und K. Bartsch, 1988, »Young children's reasoning about beliefs«. *Cognition* Bd. 30, S. 239–77.

West-Eberhard, M. J., 1975, »The evolution of social behavior by kin selection«. *Q. Rev. Biol.* Bd. 50, S. 1–33.

Westergaard, G. C. und D. M. Fragaszy, 1987, »The manufacture and use of tools by capuchin monkeys *(Cebus apella)*«. *J. Comp. Psychol.* Bd. 102, S. 152–9.

Western, D., 1983, *A wildlife guide and a natural history of Amboseli,* Nairobi: General Printers.

Western, D. und C. van Praet, 1973, »Cyclical changes in the habitat and climate of an East African ecosystem«. *Nature* Bd. 241, S. 104–6.

Whiten, A. und R. W. Byrne, 1988a, »Taking (Machiavellian) intelligence apart: Editorial«. In: *Machiavellian intelligence: Social expertise and the evolution of intellect in monkeys, apes, and humans,* Hg. R. W. Byrne und A. Whiten, Oxford: Oxford University Press.

–, 1988b, »The Machiavellian intelligence hypothesis: Editorial«. In: *Machiavellian intelligence: Social expertise and the evolution of intellect in monkeys, apes, and humans,* Hg. R. W. Byrne und A. Whiten, Oxford: Oxford University Press.

–, 1988c, »The manipulation of attention in primate tactical deception«. In: *Machiavellian intelligence: Social expertise and the evolution of intellect in monkeys, apes, and humans,* Hg. R. W. Byrne und A. Whiten, Oxford: Oxford University Press.

Whitten, P. L., 1982, Female reproductive strategies among vervet monkeys, Ph. D. diss., Harvard University.

–, 1983, »Diet and dominance among female vervet monkeys *(Cercopithecus aethiops)*«. *Am. J. Primatol.* Bd. 5, S. 139–59.

Whitten, P. L., 1987, »Infants and adult males«. In: *Primate societies,* Hg. B. B. Smuts, D. L. Cheney, R. M. Seyfarth, R. W. Wrangham und T. T. Struhsaker, Chicago: University of Chicago Press.

Wilkinson, G. R., 1984, »Reciprocal food sharing in vampire bats«. *Nature* Bd. 308, S. 181–4.

Wilson, E. O., 1971, *The insect societies,* Cambridge, Mass.: Harvard University Press.

–, 1975, *Sociobiology: The new synthesis,* Cambridge, Mass.: Harvard University Press.

Wilson, W. A., 1975, »Discriminative conditioning of vocalizations in *Lemur catta*«. *Anim. Behav.* Bd. 23, S. 432–6.

Wimmer, H., G. Hogrefe und B. Sodian, 1988, »A second stage in children's conception of mental life: Understanding informational access as origins of knowledge and belief«. In: *Developing theories of mind,* Hg. J. W. Astington, P. L. Harris und D. R. Olson, Cambridge: Cambridge University Press.

Wimmer, H. und J. Perner, 1983, »Beliefs about beliefs: Representation and constraining function of wrong beliefs in young children's understanding of deception«. *Cognition* Bd. 13, S. 103–28.

Wing, L. und J. Gould, 1979, »Severe impairments of social interaction and associated abnormalities in children: Epidemiology and classification«. *J. Aut. Develop. Disord.* Bd. 9, S. 11–29.

Winter, P., P. Handley, D. Ploog und D. Schott, 1973, »Ontogeny of squirrel monkey calls under normal conditions and under acoustic isolation«. *Behaviour* Bd. 47, S. 230–39.

Wittgenstein, L., 1953, Philosophische Untersuchungen, Oxford: Blackwell (dt. u. engl.).

Woodruff, G. und D. Premack, 1979, »Intentional communication in the chimpanzee: The development of deception«. *Cognition* Bd. 7, S. 333–62.

Wrangham, R. W., 1975, The behavioural ecology of chimpanzees in the Gombe National Park, Tanzania, Ph. D. diss., Cambridge University.

–, 1977, »Feeding behaviour of chimpanzees in Gombe National Park, Tanzania«. In: *Primate ecology: Studies of feeding and ranging behaviour in lemurs, monkeys, and apes*, Hg. T. H. Clutton-Brock, New York: Academic Press.

Wrangham, R. W., 1980, »An ecological model of female-bonded primate groups«. *Behaviour* Bd. 75, S. 262–300.

–, 1981, »Drinking competition in vervet monkeys«. *Anim. Behav.* Bd. 29, S. 904–10.

Wright, A. A., H. C. Santiago, P. J. Urcuioli und S. F. Sands, 1983, »Monkey and pigeon acquisition of same / different concept using pictorial stimuli«. In: *Quantitative analyses of behavior: Discriminating processes*, Bd. IV, Hg. M. L. Commons, R. J. Herrnstein und A. R. Wagner, Cambridge, Mass.: Ballinger.

Wright, R. V. S., 1972, »Imitative learning of a flaked-tool technology – the case of an orangutan«. *Mankind* Bd. 8, S. 296–306.

Yamada, M., 1963, »A study of blood-relationship in the natural society of the Japanese macaque: An analysis of co-feeding, grooming, and playmate relationships in Minoo-B troop«. *Primates* Bd. 4, S. 43–65.

Yamaguchi, S. und R. Myers, 1972, »Failure of discriminative vocal conditioning in rhesus monkey«. *Brain Res.* Bd. 37, S. 109–14.

Yasukawa, K., 1979, »A fair advantage in animal confrontations«. *New Sci.* Bd. 84, S. 366–8.

Yates, J. und N. Tule, 1979, »Perceiving surprising words in an unattended auditory channel«. *Q. J. Exp. Psychol.* Bd. 31, S. 281–6.

Yerkes, R. M., 1917, *The mental life of monkeys and apes*, Behavior Monographs, 3, New York: Holt.

–, 1925, *Almost human*, New York: Macmillan.

York, A. D. und T. E. Rowell, 1988, »Reconciliation following aggression in patas monkeys, *Erythrocebus patas*«. *Anim. Behav.* Bd. 36, S. 502–9.

Zoloth, S. R., M. R. Petersen, M. D. Beecher, S. Green, P. Marler, D. B. Moody und W. Stebbins, 1979, »Species-specific perceptual processing of vocal sounds by monkeys«. *Science* Bd. 204, S. 870–72.

Personenregister

Abegglen, J., 396
Abercrombie, D., 138
Abramson, A., 168
Alatalo, R., 248
Alexander, R., 101
Allen, C., 226, 236
Altmann, J., 42, 46, 50, 52, 55, 113, 132, 141, 385, 390
Altmann, S., 55, 141, 142, 385
Amadon, D., 141
Andelman, S., 37, 39, 49, 68, 306, 371
Anderson, C., 355
Anderson, J., 321, 322, 323, 325
Andersson, M., 31, 250, 252
Angarella, R., 122
Anglin, J., 178
Angst, W., 103, 240
Armstrong, D., 319
Armstrong, S., 178
Astington, J., 277
Axelrod, R., 65, 252

Bachmann, C., 104, 251
Balda, R., 24, 351, 352
Barash, D., 57
Baron-Cohen, S., 357
Bartsch, K., 277, 278
Bateson, P., 25
Beck, B., 304, 392
Beeghley, M., 276
Beeghley-Smith, M., 276
Beer, C., 20
Bennett, J., 192, 193
Bercovitch, F., 53, 66, 331, 332
Berkeley, G., 18
Berman, C., 47, 49, 50, 81, 178
Bernacki, R., 150
Bernstein, I., 52, 55
Berntson, G., 126
Bitterman, M., 17
Blake, R., 319
Bloom, L., 356
Boakes, R., 18, 365

Boesch, C., 301, 385, 390, 393
Boesch, H. 385, 390, 393
Bohan, J., 321
Boinski, S., 392, 394
Boyd, R., 102, 274, 406
Boysen, S., 126, 281
Bradford, S., 350
Bradshaw, J., 168
Brady, P., 122
Bramblett, C., 81
Breslow, L., 118
Bretherton, I., 276
Brogden, W., 211
Brooke, M., 265
Brooks, R., 90, 105
Brown, L., 141
Brown, R., 229
Bryant, P., 117
Bunge, M., 319
Buskirk, R., 392
Buskirk, W., 392
Busse, C., 47, 53, 385
Byrne, R., 13, 31, 86, 87, 236, 244, 254, 255, 259, 260, 261, 263, 284, 290, 348

Campbell, D., 319
Canady, R., 344
Capaldi, E., 126
Cargile, J., 195
Caro, T., 298
Carpenter, C., 57
Caryl, P., 248, 249
Chalmers, M., 23, 117, 118, 340
Chance, M., 52, 341, 394
Chapais, B., 51, 52, 62, 64, 68, 82, 308
Cheney, D., 14, 24, 31, 38, 39, 40, 42, 43, 48, 50, 51, 54, 55, 56, 57, 66, 68, 69, 70, 71, 72, 89, 90, 92, 94, 95, 96, 98, 99, 100, 102, 105, 106, 107, 109, 111, 127, 129, 132, 144, 146, 147, 160, 161, 164, 174, 178, 184, 196, 197, 204, 205, 214, 216, 223, 254, 258, 268, 291, 293, 294, 308, 310, 311, 368, 371, 375, 377, 378, 381, 390, 403, 405

Hanser Sachbuch

Frans de Waal
Wilde Diplomaten
Versöhnung und Entspannungspolitik bei
Affen und Menschen
Aus dem Amerikanischen von Ellen Vogel
1991. 296 Seiten. 100 Fotos

»… ein lehrreiches, spannendes und liebevolles Buch über Affen, Menschenaffen und Menschen.«
Frankfurter Rundschau

»De Waal sucht möglichst unvoreingenommen Gemeinsamkeiten im Primaten- und Menschenverhalten herauszuarbeiten, und sein Augenmerk gilt besonders den zum Teil raffinierten Strategien, mit denen Primaten ihre Aggressionen abbauen und Konflikte lösen. In dieser Hinsicht sind die jahrelangen Beobachtungen des Autors eine wahre Goldmine für die Friedensforschung.«
Süddeutsche Zeitung

»Das Buch ist durchweg spannend zu lesen. Abgerundet wird es durch zahlreiche Fotos.«
Die Zeit

»Die Lust an der Aggression ist offenbar nicht stärker als die am Friedenstiften – eine tröstliche Erkenntnis, mit der de Waal die deprimierende Sichtweise der Biologie im Hinblick auf die Situation der Menschheit korrigieren möchte. Damit wird zugleich das inzwischen als zu schlicht empfundene Aggressionsmodell erweitert, mit dem der Verhaltensforscher Konrad Lorenz in den sechziger Jahren Furore machte. Daß Friedenstiften für die Hominoiden ›ebenso natürlich ist wie Kriegführen, ist bislang übersehen worden‹. Der Beweis, daß Aggression keineswegs von Natur aus das letzte Wort ist, sei erbracht.«
Der Spiegel

»Eindrucksvoll zeigt de Waal, daß evolutionäres Überleben unter Primaten nicht allein auf dem Erfolg des Individuums in erbarmungsloser Konkurrenz mit anderen beruht haben kann, sondern auch auf Kooperation zwischen Individuen und Ausgleich innerhalb der Gemeinschaft.«
Bilder der Wissenschaft

Hanser Sachbuch

Robert Delort
Der Elefant, die Biene und der heilige Wolf
Die wahre Geschichte der Tiere
Aus dem Französischen von Josef Winiger
1987. 400 Seiten. 110 Abbildungen

»Was Delort auf den 400 Seiten ausbreitet, ist erstaunlich. Er beherrscht die seltene Kunst, ganze Wissensgebiete dem Laien in kurzen Kapiteln klar und spannend zu schildern: Delort berichtet von den Abenteuern der Paläontologie bis zur chemischen Bekämpfung der Malaria-Mücken, von den Höhlenmalereien des Altmenschen bis zur Gen-Problematik.

Den wirklich spannenden Lesestoff bietet Delort aber im letzten Teil seines Buches. Dort erzählt er ausführlich über die Geschichte der Wölfe, der Heringe, die Nordeuropas Geschichte als Wirtschaftsfaktor mitbestimmten, die Biene, den Elefanten und den Hund. (...)

Robert Delorts Bericht darüber liest sich wie ein Krimi. Bei seinem Buch profitiert der Leser immer wieder davon, daß der Autor nicht nur Naturwissenschaftler, sondern auch Historiker ist.« *Welt am Sonntag*

»Robert Delort (...) schreibt eine Geschichte der Tiere, ihrer Gattungen und Rassen am Beispiel exemplarischer Fälle: Er nennt seine Methode ›historische Zoologie‹, die mehr als nur die Evolution und den biologischen Aspekt von Tieren in den Blick bringen will. Die Geschichte u. a. der Heuschrecke, des Herings und der Katze erzählt er mit ihren Beziehungen zum und ihren Bedeutungen für den Menschen in mehr als 2000 Jahren: als Nutz- und Arbeitstier; als Grundlage für die Nahrungsversorgung und zur Vermeidung bzw. Heilung von Krankheiten; als mythologisches und heiliges zu verehrendes Tier oder als sinnliche Ausgeburt des Teufels und nicht zuletzt als Spiel- und Kampfobjekt. *Nürnberger Zeitung*

Hanser Sachbuch

Midas Dekkers
Geliebtes Tier
Die Geschichte einer innigen Beziehung
1994. 272 Seiten. Mit 118 Abbildungen. Gebunden.

Die Liebe zum Tier kennt viele Spielarten. Von den antiken Mythen bis zur Schmusekatze der Gegenwart war unserem Umgang mit den Mitgeschöpfen immer auch eine körperliche Komponente zu eigen. Denn Menschen erklärt man seine Liebe mit Worten, Tieren aber mit Streicheln. Jedes streichelt auf seine Weise zurück. Ein Schuft, der Schlechtes dabei denkt. Heute jedoch nimmt die Tierliebe geradezu groteske Züge an. Zahllose Menschen teilen das Bett mit ihrem Liebling, und viele Hunde und Katzen werden mehr liebkost als manche Ehepartner. Wo man sie von Menschen nicht bekommt, sucht man die Liebe beim Tier: ein Spiegel der Gesellschaft.

»Sachbuch des Jahres 1992« in den Niederlanden.

Hanser Sachbuch

Stephen Jay Gould
Zufall Mensch
Das Wunder des Lebens als Spiel der Natur
Aus dem Amerikanischen von Friedrich Griese
1991. 392 Seiten. 124 Abbildungen

»Stephen Jay Gould schildert plastisch und spannend, wie sensationelle Fossi-
lienfunde die klassische Evolutionstheorie ergänzen ... *Zufall Mensch* ist ... ein
Meisterwerk der Wissenschaftspublizistik.«   *Bild der Wissenschaft*

»Nicht von jedem Sachbuch läßt sich sagen, daß es informativ und spannend zugleich ist, didaktisch gut aufbereitet und glänzend geschrieben. Doch hier trifft
es zu.«   *Die Welt*